Kurzlehrbücher
für das juristische Studium

Geis
Kommunalrecht

Kommunalrecht

Ein Studienbuch

von

Dr. Max-Emanuel Geis

o. Professor an der Universität Erlangen-Nürnberg

4., neu bearbeitete Auflage, 2016

www.beck.de

ISBN 978 3 406 70256 3

© 2016 Verlag C. H. Beck oHG
Wilhelmstraße 9, 80801 München
Druck und Bindung: Nomos Verlagsgesellschaft mbH & Co. KG
In den Lissen 12, 76547 Sinzheim

Satz: Jung Crossmedia Publishing GmbH
Gewerbestraße 17, 35633 Lahnau

Umschlaggestaltung: Martina Busch, Grafikdesign, Homburg Saar

Gedruckt auf säurefreiem, alterungsbeständigem Papier
(hergestellt aus chlorfrei gebleichtem Zellstoff)

Vorwort zur 4. Auflage

Die Neuauflage des Lehrbuches enthält zahlreiche Ergänzungen und Neuerungen, die durch die Entwicklungen nach Lissabon (u. a. die Einführung einer Europäischen Bürgerinitiative), aber auch durch die Auswirkungen der globalen Finanzkrise auf die Kommunen zugekommen sind (von der Schuldenbremse bis zur Darstellung riskanter Finanzierungsmodelle, etwa dem US-Cross-Border-Leasing, die zeitweise einen regelrechten Boom erfuhren). Insgesamt stellt der Bereich des kommunalen Wirtschaftsrechts wegen seiner überragenden Bedeutung nach wie vor einen Schwerpunkt des Buches dar, selbst wenn dieser Bereich im juristischen Grundstudium noch eher peripher erscheint. Die Ausführungen zu den neuen Steuerungsmodellen wurden erweitert und die Darstellungen zum Landkreis und den kommunalen Spitzenverbänden vertieft.

Zu großem Dank verpflichtet bin ich diesmal vor allem meinen Mitarbeitern Dipl. jur. Peter Reiß und Ass. jur. Akad. Rat Thomas Seefried, die das Manuskript in überaus sorgfältiger Weise betreut haben, und die auch einschlägige Erfahrungen als Kommunalpolitiker und Rechtsanwalt einbringen konnten. Die studentischen Hilfskräfte Alexandra Lörinczy und Markus Schweyer haben sich in mühsamer Kleinarbeit um die Aktualisierung der Normensynopse und die Fahnenkorrektur verdient gemacht.

Rechtsprechung und Schrifttum sind – soweit möglich – bis Juni 2016 berücksichtigt.

Erlangen, im Juli 2016 *Max-Emanuel Geis*

Vorwort

Das Kommunalrecht gehört seit jeher zum Pflichtkanon der juristischen Ausbildung. Zugleich gehört es – zusammen mit dem Polizei- und Sicherheitsrecht – zu den Domänen des Landesrechts, das im Zuge der Föderalismusreform 2006 insgesamt eine deutliche Aufwertung erfahren hat.

Gerade das Kommunalrecht hat sich indes von Anfang an in sehr unterschiedlichen Modellen entwickelt. Seine Entwicklung nach dem Krieg stand in den einzelnen neu entstehenden Ländern sehr unter dem Einfluss der Alliierten in ihren jeweiligen Besatzungszonen. Wenn sich auch die differierenden Landesgesetze in jüngerer Zeit partiell angenähert haben, wirkte auf das Kommunalrecht keine vereinheitlichende Kraft wie der Musterentwurf eines einheitlichen Polizeigesetzes (MEPolG) des „benachbarten" Polizeirechts – was aber im Interesse lebendiger Vielfalt nicht unbedingt ein Nachteil sein muss.

Für den Verfasser eines Kommunalrechtslehrbuchs stellt sich freilich die juristische Gretchenfrage, sich an einer bundesweiten – und dabei entweder nivellierenden oder lexikalisch überbordenden – Darstellung zu versuchen oder sich mit einer länderbezogenen Darstellung zu begnügen, die dann freilich im Rahmen des verfügbaren Platzes wesentlich detaillierter auf die landestypischen Besonderheiten eingehen kann.

Das vorliegende Buch verfolgt einen Mittelweg: Die Institutionen und Handlungsweisen werden schwerpunktmäßig an den Gemeindeordnungen der drei Bundesländer Baden-Württemberg, Bayern und Nordrhein-Westfalen, die unterschiedliche Kommunalrechtstraditionen verkörpern, sowie Sachsens als Vertreter der neuen Bundesländer erläutert, ohne dass dabei der Blick auf Besonderheiten anderer Länder ausgespart wird. Die im Anhang abgedruckte Normensynopse der Gemeindeordnungen in Deutschland soll es dabei ermöglichen, die sich einander entsprechenden Bestimmungen aufzuspüren und gleichzeitig den Haupttext von unübersichtlichen Zitatenkaskaden zu entlasten.

Besonderer Wert wurde auf die Darstellung der kommunalen Wirtschaft und des Systems der Kommunalfinanzen gelegt, die leider im Studium häufig etwas kurz kommen, in der Praxis aber von elementarer Bedeutung sind. Zugleich befinden sich gerade hier wichtige Schnittstellen zu anderen Rechtsgebieten (z. B. zum Gesellschaftsrecht und Abgabenrecht).

Ganz herzlich danke ich den Mitarbeiterinnen und Mitarbeitern an meinem Lehrstuhl, die sich in vielfältiger Weise um die Entstehung dieses Buches verdient gemacht haben: zunächst meinem ehemaligen Mitarbeiter und jetzigen Regierungsrat Herrn *Markus Fischer,* der einen sehr sorgfältig recherchierten Textentwurf für zentrale Teile des Buches und die abschließende Normensynopse erstellt hat, weiter Frau Akad. Rätin a. Z. *Birgit Bachmeier* und Herrn Akad. Rat a. Z. *Sebastian Madeja,* die mich in der Endphase mit wertvollen textlichen Zuarbeiten gerade zum Thema Gemeindewirtschaft und -finanzen tatkräftig unterstützten. Besonders danken möchte ich auch meinem Wissenschaftlichen Assistenten, Herrn *Dr. Daniel Krausnick,* der in bewährter und verlässlicher Weise meine Texte „gegengelesen" hat, und dem ich viele wertvolle Anregungen zur Präzisierung der Darstellung und ihrer Verständlichkeit verdanke.

Vorwort

Unverzichtbar waren auch die vielfältigen Arbeiten meiner studentischen und wissenschaftlichen Hilfskräfte Frau *Mila Atanasova,* Frau *Eva Maria Leibinger,* Herrn *Daniel Eules,* Herrn *Oliver Schmidt* und Herrn *Stefan Thirmeyer,* sei es in der Betreuung von Auflistungen aller Art, des Literatur- und Abkürzungsverzeichnisses, sei es in der Beschaffung auch „abgelegener" Literatur, sei es im technischen Support, vor allem aber auch in der Bereitschaft zur Lektüre der Textteile und (höchst wichtigen) Bewertung aus studentischer Perspektive. Der weit überobligationsmäßige Einsatz aller fand aber sein sicheres Fundament in der Betreuung durch Frau *Marion Pohan,* Sekretariat, die die vielfältigen Aktivitäten aller warmherzig und geduldig koordinierte.

Danken möchte ich last but not least meiner Frau und meinen Kindern, die die zeitliche Bindung meiner Person an vielen Wochenenden mitgetragen haben – insofern hat sich im Vergleich zur Situation während der Zeiten von Promotion und Habilitation nichts Wesentliches verändert.

Jedes Buch – zumal die Erstauflage – ist verbesserungsfähig; für Fehlerhinweise und Verbesserungsvorschläge an meine Anschrift: Prof. Dr. Max-Emanuel Geis, Institut für Staat- und Verwaltungsrecht, Friedrich-Alexander-Universität Erlangen-Nürnberg, Schillerstraße 1, 91054 Erlangen, e-mail: max-emanuel.geis@jura.uni-erlangen.de bin ich allen geneigten Lesern dankbar.

Erlangen, im Juni 2008 *Max-Emanuel Geis*

Inhaltsverzeichnis

Abkürzungsverzeichnis	XVII
Literaturverzeichnis	XXI

Erster Teil. Grundlagen

§ 1. Begriff und Bedeutung des Kommunalrechts 1
    I. Begriff des Kommunalrechts 1
    II. Kommunalrecht im Alltag 1
    III. Kommunalrecht im Studium 2
    IV. Kommunalrecht und Kommunalwissenschaften 2

§ 2. Geschichtliche Entwicklung des Kommunalrechts 3
    I. Die Kommune als Lebensmittelpunkt der societas 3
    II. Die Bedeutung der Städte im Mittelalter 4
    III. Die Entwicklung der Gemeinden in der Neuzeit 8
    IV. Weimarer Republik und Drittes Reich 11
    V. Die Kommunen nach 1945 13
    VI. Die Kommunen in der DDR 15
    VII. Die Kommunen nach der Wiedervereinigung bis heute 18

§ 3. Gemeindeverfassungssysteme 21
    I. Die historische Unterscheidung nach Organstrukturen 21
    II. Dualistische und monistische Aufgabenstruktur 21
        1. Aufgabendualismus 21
        2. Aufgabenmonismus 22
        3. Bewertung 23

§ 4. Rechtlicher Regelungsrahmen 23
    I. Die Gemeinden im Bundesrecht 23
        1. Grundgesetz 23
        2. Bundesgesetze 25
    II. Die Gemeinden im Landesrecht 25
        1. Landesverfassungen 25
        2. Kommunalgesetze der Länder 26
    III. Die Kommunen im Europäischen Recht/Europarecht 28
        1. Recht des Europarats 28
        2. Recht der Europäischen Union 29

Zweiter Teil. Die Gemeinde

§ 5. Allgemeines 33
    I. Die Gemeinde als Gebietskörperschaft des Öffentlichen Rechts ... 33
        1. Selbstverwaltung als Organisationsmodell 33
        2. Das demokratische Element 34
    II. Recht der Gemeinde am eigenen Namen 35

	III. Rechtssystematische Stellung der Gemeinde	37
	1. Rechtsfähigkeit	37
	2. Deliktsfähigkeit	37
	3. Beteiligten-, Partei- und Prozessfähigkeit	38
	4. Grundrechtsfähigkeit	38
	5. Dienstherrenfähigkeit	39
	6. Insolvenzfähigkeit	40
	IV. Die Gemeinde im Verwaltungsaufbau	40

§ 6. Die Selbstverwaltungsgarantie des Art. 28 II GG ... 41
    I. Die Garantie des Typus „Gemeinde" ... 42
    II. Die Garantie der gemeindlichen Selbstverwaltung ... 42
        1. Die Angelegenheiten der örtlichen Gemeinschaft ... 42
        2. Allzuständigkeit der Gemeinden ... 43
        3. Eigenverantwortlichkeit der Gemeinde ... 43
        4. Gesetzesvorbehalt für Eingriffe in das Selbstverwaltungsrecht .. 44
            a) Garantie der Unantastbarkeit des Kernbereichs ... 45
            b) Eingriffe in die übrigen Bereiche; Anforderungen an den Entzug gemeindlicher Aufgaben ... 45
        5. Positive Erweiterungen ... 46
            a) Grundsatz des gemeindefreundlichen Verhaltens ... 46
            b) Mitwirkungsrechte bei übergeordneter staatlicher Planung .. 46
    III. Die Gemeindehoheiten ... 47
        1. Gebietshoheit ... 47
        2. Personalhoheit ... 48
        3. Organisationshoheit ... 48
        4. Satzungshoheit ... 49
        5. Planungshoheit ... 49
        6. Finanzhoheit ... 50
        7. Kulturhoheit ... 51
    IV. Finanzielle Gewährleistungen ... 51
        1. Das Recht auf angemessene Finanzausstattung ... 51
        2. Das Recht auf finanzielle Mindestausstattung ... 52
        3. Verfassungsrechtliche Schranken ... 53
            a) Eingriffe in das Recht auf angemessene Finanzausstattung .. 53
            b) Eingriffe im geschützten Kernbereich ... 54
    V. Gewährleistungen der kommunalen Selbstverwaltung in den Landesverfassungen ... 55
    VI. Weiterentwicklung kommunaler Selbstverwaltung – Das neue Steuerungsmodell ... 57

§ 7. Systematik der gemeindlichen Aufgaben ... 59
    I. Aufgabenarten ... 59
        1. Weisungsfreie Aufgaben ... 60
            a) Freiwillige Aufgaben ... 60
            b) Pflichtaufgaben ... 61
        2. Weisungsaufgaben ... 61
            a) Pflichtaufgaben nach Weisung ... 61

		b) Weisungsaufgaben aufgrund von Bundesrecht	62
	II.	Auferlegung von neuen Pflichtaufgaben	63
	III.	Aufgaben von kreisfreien Gemeinden/Stadtkreisen und Großen Kreisstädten	64

§ 8. Kommunales Satzungsrecht 65
    I. Satzungsautonomie aus Art. 28 II GG 65
    II. Arten gemeindlicher Satzungen 66
        1. Unbedingte Pflichtsatzungen 67
        2. Bedingte Pflichtsatzungen 67
        3. Freiwillige Satzungen 67
    III. Formelle und materielle Anforderungen 68
        1. Formelle Anforderungen 68
        2. Materielle Anforderungen 68
    IV. Einzelprobleme 69
        1. Bekanntmachung 69
        2. Rückwirkung 70
        3. Eingriff in Grundrechte 72
        4. Anzeigepflicht und Genehmigungsvorbehalt 73
        5. Unbeachtlichkeit von Fehlern sowie Heilungsregelungen 74

§ 9. Das Gemeindegebiet 76
    I. Institutionelle Garantie 76
    II. Voraussetzungen für Gebietsänderungen 76
        1. Formelle Voraussetzungen 76
        2. Materielle Voraussetzungen 77

§ 10. Gemeindeeinwohner und Gemeindebürger 78
    I. Einwohner und Bürger 78
        1. Begriff des Gemeindeeinwohners 78
        2. Begriff des Gemeindebürgers 79
        3. Stellung der Ausländer 80
    II. Rechte der Gemeindeangehörigen 81
        1. Anspruch auf Benutzung der öffentlichen Einrichtungen 81
            a) Begriff der öffentlichen Einrichtung 81
            b) Errichtung einer öffentlichen Einrichtung 84
            c) Zulassung zu einer öffentlichen Einrichtung 85
            d) Ausgestaltung des Benutzungsverhältnisses 86
            e) Einschränkungen des Zulassungsanspruchs 89
            f) Rechtsschutz 92
        2. Rechte bürgerschaftlicher Beteiligung 94
            a) Petitions- und Beschwerderecht 95
            b) Bürgerversammlung 95
            c) Bürgerantrag; Bürgerbegehren; Bürgerentscheid 96
    III. Pflichten der Gemeindeangehörigen 100
        1. Tragung der Gemeindelasten 100
        2. Anschluss- und Benutzungszwang 101
        3. Pflicht zur Übernahme ehrenamtlicher Tätigkeiten 102

§ 11. Organe der Gemeinde und Gemeindeverfassung 103
   I. Hauptorgane 103
      1. Gemeinderat 103
         a) Wahl und Amtszeit 103
         b) Rechtsstellung des Organs und seiner Mitglieder 105
         c) Zuständigkeiten 108
      2. Bürgermeister 109
         a) Wahl und Amtszeit 109
         b) Vertretung 112
         c) Zuständigkeiten und Aufgaben 113
            aa) Ratsvorsitz 113
            bb) Geschäfte der laufenden Verwaltung 113
            cc) Übertragene Angelegenheiten 114
            dd) Dringlichkeitsentscheidungen 115
            ee) Leitung der Gemeindeverwaltung 116
            ff) Vertretung der Gemeinde nach außen 118
            gg) Vollzug von Ratsbeschlüssen und Beanstandungsrecht .. 120
   II. Sonstige Organe und Organteile 122
      1. Ausschüsse 122
      2. Fraktionen 127
   III. Ortschafts- und Bezirksverfassung 132
   IV. Die Gemeinderatssitzung 134
      1. Geschäftsordnung des Gemeinderats 134
      2. Verfahrensgang 135
         a) Einberufung 135
         b) Prinzip der Öffentlichkeit 138
         c) Sitzungsordnung und Hausrecht 141
         d) Rede-, Antrags- und Informationsrecht 142
         e) Niederschrift 142
      3. Beschlussfassung 143
         a) Beschlussfähigkeit 143
         b) Beschlüsse 144
         c) Abstimmungen und Wahlen 145
      4. Konsequenzen von Verfahrensfehlern und
         Heilungsmöglichkeiten 146
      5. Ausschluss und Befangenheit 147
         a) Ausschluss- bzw. Befangenheitstatbestände 148
         b) Folgen der Mitwirkung befangener Gemeinderäte und
            Heilungsmöglichkeiten 149

§ 12. Gemeindewirtschaft 151
   I. Der Gemeindehaushalt 151
      1. Grundsätze 152
      2. Die Haushaltssatzung 153
      3. Der Haushaltsplan 154
      4. Finanzplanung 156
   II. Gemeindevermögen 156
   III. Die Finanzierung kommunaler Aufgaben 158

      1. Anteil an den bundesrechtlichen Gemeinschaftssteuern
         (Art. 106 GG) 159
      2. Kommunalabgaben 160
         a) Steuern 161
         b) Beiträge 167
         c) Benutzungsgebühren 171
         d) Verwaltungsgebühren 172
      3. Kommunaler Finanzausgleich 172
         a) Grundidee 172
         b) Verteilungsmodus 173
         c) Besonderheiten der Kreisebene 173
         d) Problembereiche des Finanzausgleichs 174
      4. Sonstige Einnahmen 175
   IV. Wirtschaftliche und nichtwirtschaftliche Betätigung der
       Gemeinde 179
      1. Abgrenzung wirtschaftliche – nichtwirtschaftliche Tätigkeit ... 179
      2. Zulässige kommunale Unternehmensformen 183
         a) Wirtschaftliche Unternehmen 183
            aa) Organisationsformen 183
            bb) Zulässigkeitsvoraussetzungen 188
         b) Nichtwirtschaftliche Unternehmen 195
         c) Rechtsschutz gegen kommunale Wirtschaftstätigkeit;
            Wettbewerbsprobleme 196
            aa) Eröffnung des Verwaltungsrechtswegs 197
            bb) Statthafte Klageart 199
            cc) Klagebefugnis 199
            dd) Begründetheit 201
            ee) Gemeinschaftsrechtliche Verfahren 202
      4. Privatisierung kommunaler Einrichtungen und Betriebe 203
         a) Organisationsprivatisierung 203
         b) Funktionale Privatisierung 205
            aa) Public-Private-Partnership bzw. Öffentlich-Private
                Partnerschaft 206
            bb) Modelle der PPP/ÖPP 206
            cc) Exkurs: Vergaberecht 208
         c) Materielle Privatisierung 211
   V. Rechnungslegung und Rechnungsprüfung 213
      1. Jahresrechnung/Jahresabschluss 213
      2. Kommunales Prüfungswesen 216
         a) Örtliche Rechnungsprüfung 216
         b) Überörtliche Rechnungsprüfung 217
      3. Beteiligungscontrolling 218

§ 13. **Haftung der Gemeinde** 220
   I. Öffentlich-rechtliche Haftung der Gemeinde 220
      1. Unterlassungs- und Beseitigungsansprüche 220
      2. Haftung der Gemeinde auf Ersatz in Geld 221
      3. Rückgriff der Gemeinde gegen Gemeindebedienstete 221

II. Privatrechtliche Haftung der Gemeinde 222
III. Straf- und ordnungswidrigkeitsrechtliche Verantwortung 222

Dritter Teil. Der Landkreis

§ 14. Rechtsstellung und verfassungsrechtlicher Hintergrund 224
    I. Der Landkreis als Gebietskörperschaft des öffentlichen Rechts 224
    II. Die Selbstverwaltungsgarantie der Landkreise 225

§ 15. Organe 228
    I. Kreistag 228
    II. Kreisausschuss 229
    III. Landrat 230
        1. Stellung des Landrats 230
        2. Landesrechtliche Unterschiede 230
        3. Wahl- und Abwahlverfahren 231

§ 16. Aufgaben 232
    I. Die Aufgaben der Landkreise 232
    II. Landkreishoheiten 234
    III. Die Landkreiswirtschaft 234
        1. Allgemeines zur Haushaltswirtschaft 234
        2. Die Kreisumlage 235
        3. Einnahmequellen nach dem Finanzausgleich 236
        4. Die Kreissteuer 236
    IV. Das Regionsmodell als Sonderform der Aufgabenwahrnehmung . . . 236

§ 17. Rechtsstellung der Kreiseinwohner 237

§ 18. Staatliche Verwaltung im Gebiet des Landkreises 238

Vierter Teil. Der Bezirk

§ 19. Rechtsstellung und Organe 240

§ 20. Aufgaben und Aufsicht 241

Fünfter Teil. Kommunale Kooperation

§ 21. Öffentlich-rechtliche Zusammenarbeit 242
    I. Verwaltungsgemeinschaften 242
        1. Ausgestaltung in Baden-Württemberg 243
        2. Ausgestaltung in Bayern 245
        3. Ausgestaltung in Sachsen 247
        4. Kommunenübergreifende Gemeinschaftsbehörden anderer
           Länder 249
    II. Kommunale Zweckverbände 250
    III. Öffentlich-rechtliche Vereinbarungen 252

§ 22. Privatrechtliche Zusammenarbeit ... 253

§ 23. Kommunalverbände ... 253
  I. Öffentlich-rechtliche Verbände ... 253
  II. Kommunale Spitzenverbände ... 254

Sechster Teil. Aufsicht und Rechtsschutz

§ 24. Kommunalaufsicht ... 258
  I. Generelle Prinzipien ... 259
  II. Rechtsaufsicht ... 260
    1. Kontrolle der Gesetzmäßigkeit ... 260
    2. Mittel der Rechtsaufsicht ... 261
      a) Präventive Mittel ... 261
      b) Repressive Mittel ... 262
  III. Fachaufsicht ... 265
    1. Kontrolle von Recht- und Zweckmäßigkeit ... 266
    2. Mittel der Fachaufsicht ... 266
  IV. Verhältnis zwischen Bürger bzw. Gemeindeorganen und Aufsichtsbehörde ... 267

§ 25. Der Kommunalverfassungsstreit ... 269
  I. Der Kommunalverfassungsstreit als Organstreit ... 269
  II. Einzelne Zulässigkeits- und Begründetheitsvoraussetzungen ... 270
    1. Eröffnung des Verwaltungsrechtswegs ... 270
    2. Beteiligten- und Prozessfähigkeit ... 270
    3. Klageart ... 270
    4. Klagebefugnis ... 272
    5. Passivlegitimation ... 273

§ 26. Rechtsschutz der Gemeinde gegen staatliche Maßnahmen ... 274
  I. Verwaltungsgerichtliches Verfahren ... 274
    1. Rechtsschutz gegen Maßnahmen der Rechtsaufsicht ... 274
    2. Rechtsschutz gegen Maßnahmen der Fachaufsicht ... 275
  II. Verwaltungsgerichtliche Normenkontrolle ... 276
  III. Landesrechtliche Normenkontrolle und Landesverfassungsbeschwerde ... 277
  IV. Kommunalverfassungsbeschwerde ... 279
  V. Zivilgerichtliches Verfahren ... 282

Anhang Kommunalgesetze der Bundesländer – Normensynopse – ... 283

Sachverzeichnis ... 307

Abkürzungsverzeichnis

a. A.	anderer Ansicht
a. a. O.	am angegebenen Ort
a. F.	alte Fassung
AG	Aktiengesellschaft
a. M.	anderer Meinung
Abs.	Absatz
Anm.	Anmerkung
AO	Abgabenordnung
AöR	Archiv des öffentlichen Rechts
APoluZg	Aus Politik und Zeitgeschichte (Beilage zur Wochenzeitschrift „Das Parlament")
Art.	Artikel
Aufl.	Auflage
Az.	Aktenzeichen
BauGB	Baugesetzbuch
BauO	Bauordnung
BayVBl.	Bayerische Verwaltungsblätter
Bay	Bayern, bayerisch
BayVerfGH	Bayerischer Verfassungsgerichtshof
Bbg.	Brandenburg
BezO	Bezirksordnung
BGB	Bürgerliches Gesetzbuch
BGBl.	Bundesgesetzblatt
BGH	Bundesgerichtshof
BGHZ	Entscheidungen des Bundesgerichtshofs in Zivilsachen
BT-Drs.	Bundestags-Drucksache
BV	Bayerische Verfassung
BVerfG	Bundesverfassungsgericht
BVerfGE	Entscheidungen des Bundesverfassungsgerichts
BVerwG	Bundesverwaltungsgericht
BVerwGE	Entscheidungen des Bundesverwaltungsgerichts
B.-W., bw.	Baden-Württemberg, baden-württembergisch
BWGZ	Die Gemeinde (Organ des Gemeindetags Baden-Württemberg)
Bay, BY	Bayern, bayerisch
bzw.	beziehungsweise
ders.	derselbe/dieselbe
DGO	Deutsche Gemeindeordnung
DÖV	Die Öffentliche Verwaltung
DVBl.	Deutsches Verwaltungsblatt
ESVGH	Entscheidungssammlung des Hessischen Verwaltungsgerichtshofs und des Verwaltungsgerichtshofs Baden Württemberg
f.; ff.	folgende
FAG	Gesetz über den Finanzausgleich zwischen Bund und Ländern
Fn.	Fußnote
FS	Festschrift
FwG	Feuerwehrgesetz
G. (v.)	Gesetz (vom)
gem.	gemäß
GewArch	Gewerbearchiv
GewStG	Gewerbesteuergesetz
GFRG	Gesetz zur Neuordnung der Gemeindefinanzen (Gemeindefinanzreformgesetz)

GG	Grundgesetz
GkZ, GKZ	Gesetz über kommunale Zusammenarbeit
GmbH	Gesellschaft mit beschränkter Haftung
GO, GemO	Gemeindeordnung
grdl.	grundlegend
GrStG	Grundsteuergesetz
GBl., GVBl.	Gesetzblatt, Gesetz- und Verordnungsblatt
GVG	Gerichtsverfassungsgesetz
GWB	Gesetz gegen Wettbewerbsbeschränkungen
HGrG	Haushaltsgrundsätzegesetz
Hs.	Halbsatz
HKWP I	Handbuch der kommunalen Wissenschaft und Praxis, Band 1 2007 (hrsg. von Mann/Püttner)
HStR	Handbuch des Staatsrechts (hrsg. von Isensee/Kirchhof)
i. d. F.	in der Fassung
i. d. R.	in der Regel
i. S. d.	im Sinne des (der)
i. V. m.	in Verbindung mit
InsO	Insolvenzordnung
JA	Juristische Arbeitsblätter
Jhdt.	Jahrhundert
JURA	Juristische Ausbildung
JuS	Juristische Schulung
JZ	Juristenzeitung
KAG	Kommunalabgabengesetz
KG	Kommanditgesellschaft
KrO	Kreisordnung
KStZ	Kommunale Steuerzeitschrift
KV	Kommunalverfassung
KWG	Kreditwesengesetz, Kommunalgesetz
LKrO	Landkreisordnung
LKV	Landes- und Kommunalverwaltung
LT-Drucks.	Landtags-Drucksache
M.-V.	Mecklenburg-Vorpommern
m. w. N.	mit weiteren Nachweisen
Nds.	Niedersachsen
NdsVBl.	Niedersächsische Verwaltungsblätter
n. F.	neue Fassung
NJ	Neue Justiz
NJW	Neue Juristische Wochenschrift
NRW	Nordrhein-Westfalen
NVwZ	Neue Zeitschrift für Verwaltungsrecht
NVwZ-RR	Rechtsprechungsreport der Neuen Zeitschrift für Verwaltungsrecht
NWVBl.	Nordrhein-Westfälische Verwaltungsblätter
OBG	Ordnungsbehördengesetz
oHG	Offene Handelsgesellschaft
OLG	Oberlandesgericht
OVG	Oberverwaltungsgericht
OVGE	1. Entscheidungssammlung der Oberverwaltungsgerichte Münster und Lüneburg 2. Entscheidungssammlung des Oberverwaltungsgerichts Berlin
PrALR	Allgemeines Landrecht für die Preußischen Staaten

Rh.-Pf.	Rheinland-Pfalz
Rdn.	Randnummer
Rspr.	Rechtsprechung
S.	Seite
S.-A.	Sachsen-Anhalt
S.-H.	Schleswig-Holstein
SA, Sächs	Sachsen, sächsisch
SächsVBl.	Sächsische Verwaltungsblätter
Saarl.	Saarland
s. o.	siehe oben
Thür	Thüringen, thüringisch
ThürVBl.	Thüringische Verwaltungsblätter
UWG	Gesetz gegen den unlauteren Wettbewerb
v. a.	vor allem
VBlBW	Baden-Württembergische Verwaltungsblätter
VersR	Versicherungsrecht
VerwArch	Verwaltungsarchiv
VG	Verwaltungsgericht
VGH	Verwaltungsgerichtshof
vgl.	vergleiche
VwGO	Verwaltungsgerichtsordnung
VwVfG	Verwaltungsverfahrensgesetz
WRV	Weimarer Reichsverfassung
ZBR	Zeitschrift für Beamtenrecht
ZfW	Zeitschrift für Wasserrecht
ZG	Zeitschrift für Gesetzgebung
ZInsR	Zeitschrift für Insolvenzrecht
ZPO	Zivilprozessordnung
ZUM	Zeitschrift für Urheber- und Medienrecht

Teilweise Abweichungen folgen den amtlichen bzw. halbamtlichen Schreibweisen. Ergänzend wird auf *Kirchner, Hildebert,* Abkürzungen der Rechtssprache, 5. Aufl. 2003, verwiesen. Im übrigen gilt für den Text des Lehrbuchs „*Verbum hoc ‚si quis' tam masculos quam feminas complectitur.*" (Corpus Iuris Civilis, Dig. L 16, 1).

Literaturverzeichnis

I. Lehrbücher

Becker, Ulrich	Kommunalrecht, in: ders./Heckmann, Dirk/Kempen, Bernhard/Manssen, Gerrit, Öffentliches Recht in Bayern, 6. Aufl. 2015
Birkenfeld-Pfeiffer, Daniela/Gern, Alfons	Kommunalrecht Hessen, 5. Aufl. 2011
Boettcher, Günter	Kommunalrecht Schleswig-Holstein, 1. Aufl. 1999
Borchmann, Michael/Breithaupt, Dankwart/Kaiser, Gerrit	Kommunalrecht in Hessen, 3. Aufl. 2006
Buhren, Gert	Allgemeines Kommunalrecht Nordrhein-Westfalen, 7. Aufl. 2004
Burgi, Martin	Kommunalrecht, 5. Aufl. 2015
Burgi, Martin	Kommunalrecht, in: Dietlein, Johannes/Burgi, Martin/Hellermann, Johannes, Öffentliches Recht in Nordrhein-Westfalen, 5. Aufl. 2014, § 2
Cronauge, Ulrich	Kommunale Unternehmen, 6. Aufl. 2016
Dreihaus, Hans-Joachim	Erschließungs- und Ausbaubeiträge, 9. Aufl. 2012
Dols, Heinz/Plate, Klaus/Schulze, Charlotte	Kommunalrecht Baden-Württemberg, 7. Aufl. 2012
Engels, Andreas/Krausnick, Daniel	Kommunalrecht, 1. Aufl. 2015
Erbguth, Wilfried/Mann, Thomas/Schubert, Mathias	Besonderes Verwaltungsrecht, 12. Aufl. 2015
Erichsen, Hans Uwe	Kommunalrecht des Landes Nordrhein-Westfalen, 2. Aufl. 1997
Franz, Thorsten	Kommunalrecht für Sachsen-Anhalt, 2004
Gern, Alfons	Deutsches Kommunalrecht, 3. Aufl. 2003
Gern, Alfons	Sächsisches Kommunalrecht, 2. Aufl. 2000
Gern, Alfons	Kommunalrecht Baden-Württemberg, 9. Aufl. 2005
Gern, Alfons/Stubenrauch, Hubert	Kommunalrecht Rheinland-Pfalz, 2008
Hegele, Dorothea/Ewert, Klaus-Peter	Kommunalrecht im Freistaat Sachsen, 3. Aufl. 2004
Henneke, Hans-Günter	Die Kommunen in der Finanzverfassung des Bundes und der Länder, 5. Aufl. 2012
Hofmann, Harald/Muth, Michael/Theisen, Rolf-Dieter/Bätge, Frank	Kommunalrecht in Nordrhein-Westfalen, 14. Aufl. 2010
Ipsen, Jörn	Niedersächsisches Kommunalrecht, 4. Aufl. 2011
Jaeckel, Fritz/Jaeckel, Liv	Kommunalrecht in Sachsen, 2. Aufl. 2002
Kirchgässner, Bernhard	Kommunale Selbstverwaltung – Idee und Wirklichkeit, 1983
Knemeyer, Franz-Ludwig	Bayerisches Kommunalrecht, 12. Aufl. 2007
Kluth, Winfried	Die kommunale Selbstverwaltung und ihre verfassungsrechtliche Garantie; Das Recht der internen Organisation der Gemeinden und Gemeindeverbände – Kommunalverfassungsrecht, in: Wolff, Hans/Bachof, Otto/Stober, Rolf, Verwaltungsrecht II, 7. Aufl. 2010
Kregel, Bernd	Kommunalrecht Sachsen-Anhalt, 3. Aufl. 2005
Lange, Klaus	Kommunalrecht, 1. Aufl. 2013
Lissack, Gernot	Bayerisches Kommunalrecht, 3. Aufl. 2009
Meyer, Hubert	Kommunalrecht, 2. Aufl. 2002
v. Mutius, Albert	Kommunalrecht, 1995
v. Mutius, Albert	Kommunalrecht, in: Schmalz, Hans-Joachim/Ewer, Wolfgang/v. Mutius, Albert/Schmidt-Jortzig, Edzard, Staats- und Verwaltungsrecht für Schleswig-Holstein, 2002, S. 219
v. Mutius, Albert/Rentsch, Harald	Kommunalverfassungsrecht Schleswig-Holstein, Bd. 1 und 2, 6. Aufl. 2003
Nierhaus, Michael	Kommunalrecht für Brandenburg, 2003
Pagenkopf, Hans	Kommunalrecht 2. Aufl. I, 1975, II 1976

Literaturverzeichnis

Püttner, Günter . . . . Kommunalrecht Baden-Württemberg, 3. Aufl. 2005
Schmidt, Thorsten Ingo . . . . Kommunalrecht, 2. Aufl. 2014.
Schmidt-Jortzig, Edzard . . . . Kommunalrecht 1982
Schoch, Friedrich (Hrsg.) . . . . . . Besonderes Verwaltungsrecht, 15. Aufl. 2013
Schwarz, Kyrill-Alexander/
Umbach, Dieter . . . . Kommunalrecht, 2004
Steiner, Udo (Hrsg.) . . . . Besonderes Verwaltungsrecht, 8. Aufl., 2006
Uckel, Herbert/Hauth, Rudolf/
Hofmann, Hans-Gerd . . . . Kommunalrecht in Thüringen (Loseblatt)
Wachsmuth, Hans-Joachim . . . . . Thüringer Kommunalrecht (Loseblatt)
Waechter, Kay . . . . Kommunalrecht, 3. Aufl. 1997
Wohlfahrth, Jürgen . . . . Kommunalrecht für das Saarland, 3. Aufl. 2003
Zacharias, Diana . . . . Nordrhein-Westfälisches Kommunalrecht, 2004

II. Kommentare und Handbücher

Ade, Klaus . . . . Kommunales Beteiligungsmanagement, 2. Aufl. 2005
Ade, Klaus/Faiß, Konrad/Stehle,
Manfred/Waibel, Gerhard . . . . . . Kommunalverfassungsrecht Baden-Württemberg, Stand: Dezember 2015
Bauer, Martin/Böhle, Thomas/
Ecker, Gerhard . . . . Bayerische Kommunalgesetze, Stand: Juli 2015
Blümel, Walter/Hill, Herrmann . . Die Zukunft der kommunalen Selbstverwaltung, 1991
Cholewa, Werner/Dyong, Hartmut/
von der Heide, Hans-Jürgen/Arenz,
Willi . . . . Finanzhilfen an Gemeinden und Gemeindeverbände, 2. Aufl., 1991
Flach, Christian . . . . Kommunales Steuererfindungsrecht und Kommunalaufsicht, F. a. M. 1998
Henneke, Hans-Günter/Pünder,
Herrmann/Waldhoff, Christian . . Recht der Kommunalfinanzen, 2006
Hölzl, Josef/Hien, Eckart/Huber,
Thomas . . . . Gemeindeordnung mit Verwaltungsgemeinschaftsordnung, Landkreisordnung und Bezirksordnung für den Freistaat Bayern, Stand: Februar 2016
Immenga/Mestmäcker . . . . Wettbewerbsrecht, Band 2, 5. Aufl. 2014
Küchenhoff, Günther/Berger, Robert Deutsche Gemeindeordnung, 1935
Kunze, Richard/Bronner, Otto/
Katz, Alfred . . . . Gemeindeordnung für Baden-Württemberg, Kommentar, Loseblatt, 4. Aufl., Stand: Oktober 2015
Mann, Thomas/Püttner, Günter . . Handbuch der kommunalen Wirtschaft und Praxis Band 1, 3. Aufl. 2007, Band 2, 3. Aufl. 2011 (2. Aufl. 1981 ff., hrsg. von Püttner), zit.: HKWP I
Prandl, Josef/Zimmermann, Hans/
Büchner, Hermann . . . . Kommunalrecht in Bayern, Loseblatt, Stand: März 2016
Rehn, Erich/Cronauge, Ulrich/
v. Lennep, Hans Gerd/Knirsch,
Hanspeter . . . . Gemeindeordnung für das Land Nordrhein-Westfalen, Stand: Juni 2015
Schmid, Hansdieter/Reich, Andreas/
Schmid, Willi/Trommer, Friederike Kommunalverfassung für das Land Sachsen-Anhalt, 3 Bde. 2. Aufl. 2015, Loseblatt, Stand: April 2016
Schulz, Norbert/Wachsmuth,
Hans-Joachim/Zwick, Wolfram . . Kommunalverfassungsrecht in Bayern, Stand: Juni 2015
Thimet, Juliane . . . . (Hrsg.), Kommunalabgaben- und Ortsrecht in Bayern, Loseblatt, Stand: Mai 2016
Weber, Martin/Schäfer, Michael/
Hausmann, Friedrich . . . . Praxishandbuch Public Private Partnership, 2006.

Widtmann, Julius/Grasser, Walter/
Glaser, Erhard . . . . Bayerische Gemeindeordnung, Loseblatt, Stand: Dezember 2015
Wuttig, Hans/Thimet, Juliane
(Hrsg.) . . . . Gemeindliches Satzungsrecht und Unternehmesrecht, Loseblatt, Stand: 65. Aktualisierung 2016

III. Fallsammlungen

Brüning, Christoph/Suerbaum,
Joachim . . . . Examensfälle zum Öffentlichen Recht, 2005
Förster, Susanne/Sander, Gerald . . Fälle zum Besonderen Verwaltungsrecht, 3. Aufl., 2006
Geis, Max-Emanuel . . . . Baden-Württembergisches Verwaltungsrecht, 1998
Hofmann, Harald . . . . Praktische Fälle aus dem Kommunalrecht: Klausuraufgaben mit Lösungen und weiterführenden Hinweisen, 9. Aufl. 2011
Knemeyer, Franz-Ludwig . . . . . . Bayerisches Verwaltungsrecht, 4. Aufl. 1995
Schmidt, Thorsten Ingo . . . . Prüfe dein Wissen, Kommunalrecht, 1. Aufl. 2013
Stein, Volker . . . . Fälle und Erläuterungen zum Kommunalrecht, 2001
Stüer, Bernhard . . . . Kommunalrecht Nordrhein-Westfalen in Fällen, 1997

IV. Quellen

Engeli, Christian . . . . Quellen zum modernen Gemeindeverfassungsrecht, 1975
Knemeyer, Franz-Ludwig . . . . . . Die bayerischen Gemeindeordnungen 1808–1945 (Schriften zur öffentlichen Verwaltung Bd. 41), 1994

Erster Teil. Grundlagen

§ 1. Begriff und Bedeutung des Kommunalrechts

I. Begriff des Kommunalrechts

Unter „Kommunalrecht" versteht man den Teil des Besonderen Verwaltungsrechts, der sich mit der Entstehung, der Organisation und den Handlungsformen kommunaler (Selbstverwaltungs-) Gebietskörperschaften befasst.[1] Dazu zählen neben den Gemeinden (Kommunen) auch die Landkreise (in Bayern auch die Bezirke) und die verschiedenen Formen kommunaler Zusammenschlüsse zur gemeinsamen Durchführung von Aufgaben (insb. Verwaltungsgemeinschaften und Zweckverbände[2]). Besondere Formen existieren in den Stadtstaaten Berlin, Hamburg und Bremen, da hier Staatsrecht und Kommunalrecht zusammenfallen: Während in Berlin v. a. die Bezirke die gemeindlichen Aufgaben wahrnehmen (ohne dass ein eigenes Kommunalrecht bestünde[3]), wird das Land Bremen aus den beiden Gemeinden Bremen und Bremerhaven gebildet;[4] in Hamburg wird grundsätzlich nicht zwischen staatlicher und gemeindlicher Ebene differenziert (Art. 4 Verf HH).[5]

II. Kommunalrecht im Alltag

Das Kommunalrecht hat einen janusköpfigen Charakter: Als dogmatisches Rechtsgebiet erscheint es erst relativ spät in der juristischen Ausbildung und wird häufig als etwas sprödes Gebiet des Besonderen Verwaltungsrechts empfunden. Dabei ist es das Recht, mit dem der Einzelne persönlich wohl von frühester Jugend an unmittelbar in Berührung kommt (Kindergarten, Schulen, gemeindliche Infrastruktur), ohne dass er es wahrnimmt. Auch Kinder und Jugendliche können in örtlichen Angelegenheiten betroffen sein. Sicherlich werden einen in jungen Jahren die Fragen des kommunalen Finanzausgleichs noch nicht interessieren. Ob hingegen ein kommunales Jugendzentrum existiert oder mangels gemeindlicher Zuschüsse von der Schließung bedroht ist, ob und wie kulturelle und sportliche Vereine gefördert werden und ob entsprechende Lokalitäten vorhanden sind, das dringt auch schon in das Bewusstsein von Kindern und Jugendlichen. Dazu kommt, dass das erste Erlebnis einer unmittelbar und lebendig praktizierten Demokratie sich auf kommunaler Ebene entwickeln wird, sei es über spezielle Umfragen bei Jugendlichen zu bestimmten jugendrelevanten Themen, oder sei es über die Einrichtung von sog. Jugendgemeinderäten,[6] die beratende Funktion

---

[1] Vgl. hierzu als aktuelle Musterdefinition auch BVerfG, NVwZ 2015, 136, Rn. 132.
[2] Am geläufigsten sind für den Bürger sicher Abfall- und Abwasserzweckverbände sowie Krankenhauszweckverbände und Wasserversorgungszweckverbände.
[3] *Deutelmoser*, Die Rechtsstellung der Bezirke in den Stadtstaaten Berlin und Hamburg, 2000; *Remmert*, LKV 2004, 341.
[4] *Thieme*, DÖV 1993, 361; *Dierksen/Freitag*, NordÖR 2000, 51.
[5] Dazu *Bull*, in: Hoffmann-Riem/Koch (Hrsg.), Hamburgisches Staats- und Verwaltungsrecht, 3. Aufl. 2006.
[6] Vor allem in B.-W. (hier mit der größten Dichte), BY, NRW und R.-P. Dachverbände gibt es in B.-W. und BY; gesetzliche Regelungen finden sich in § 41a GemO BW, § 56b GemO R.-P. Vorbilder finden sich in den französisch-belgischen „conseils des jeunes". Weiterführend *Hermann*, Jugendgemeinderäte in Baden-Württemberg. Eine interdisziplinäre Evaluation, 1996; *Bukow, u. a. (Hrsg.)*, Die Demokratie

in gemeindlichen Angelegenheiten, die die Jugend betreffen, haben können und in denen sich ein aktivbürgerliches Bewusstsein entwickeln kann. Auch in späteren Jahren hat der Bürger, wenn er mit dem „Staat" in Berührung kommt, vor allem mit seiner Gemeinde zu tun, sei es bei der Ausweisung von Baugebieten, beim Besuch kommunaler Einrichtungen wie Theatern, Konzerthäusern, Museen, Sporthallen und Stadien, bei der Inanspruchnahme gemeindlicher Vorsorge-Infrastruktur (Strom, Wasser, Gas, Verkehrsbetriebe, Wohnungsbaugesellschaften) oder schlussendlich bei seiner Bestattung auf dem kommunalen Friedhof.[7]

III. Kommunalrecht im Studium

3   Im Studium ist das Kommunalrecht (Gemeinderecht) ein zentraler und wesentlicher (verbliebener) Teil des Besonderen Verwaltungsrechts. Auch verwaltungswissenschaftliche Studiengänge kommen regelmäßig nicht ohne Kommunalrecht aus. Die Materie ist nicht nur regelmäßiger Pflichtbestandteil des 1. und 2. Staatsexamens, sie ist auch von der Häufigkeit her extrem klausur- und examensrelevant (es gibt praktisch kein Examen ohne zumindest kommunalrechtlichen Aufhänger). Dies liegt an der Zentralität des Kommunalrechts, das eine ideale Grundlage für Fallgestaltungen bietet, die quer durch mehrere Rechtsgebiete laufen und so das Gerüst für komplexe Fragestellungen geben: Die Körperschaftsstruktur erlaubt Ausflüge in das allgemeine Verwaltungsrecht, es ist ideal mit dem Bauplanungsrecht und mit dem Polizei- und Sicherheitsrecht verknüpfbar, mit dem Kommunalverfassungsstreit als Aufhänger können prozessuale Probleme mit solchen der Binnenorganisationen und Außenrechtsbeziehungen verbunden werden. Die verfassungsrechtliche „Überhöhung" in Art. 28 II GG eröffnet weiter den Weg zur Diskussion grundrechtsähnlicher Normstrukturen, zur Darstellung einer der „klassischen" institutionellen Garantien, zum Verfassungsprozessrecht von Bund und Ländern (insb. mit den verschiedenen Formen kommunaler Klagemöglichkeiten). Mit den unterschiedlichen Systemen wird der Blick auf rechtshistorische und föderalistische Bedingungen gelenkt, um schließlich – mit der Frage nach der Grundrechtsfähigkeit von Gemeinden – den Pfad zu rechtsphilosophischen und staatstheoretischen Grundfragen zu beschreiten.

IV. Kommunalrecht und Kommunalwissenschaften

4   Neben dem Kommunalrecht befassen sich auch andere Disziplinen mit dem **Phänomen Kommune** in historischer, soziologischer, politologischer, ökonomischer und städtebaulicher Hinsicht.[8] Die vertiefte wissenschaftliche Erfassung beginnt Anfang des 20. Jahrhunderts mit der Herausgabe des „Kommunalen Jahrbuchs" und der Gründung des „Vereins für Kommunalwirtschaft und Kommunalpolitik" (1911). Nach dem Ersten Weltkrieg erscheint das „Handwörterbuch der Kommunalwissenschaften". Ein wichtiger Meilenstein ist die Gründung des kommunalwissenschaftlichen Instituts der Friedrich-Wilhelms-Universität Berlin 1928 und dem dort von *Kurt Jeserich* ab 1934

---

entdeckt ihre Kinder. Politische Partizipation durch Kinder- und Jugendforen, 2000; *Burdewick*, Jugend-Politik-Anerkennung, 2003.

[7] So auch *Burgi*, KommR, § 1 Rn. 4.
[8] Ausf. zur Entwicklung der Kommunalwissenschaften *Spiegel*, HKWP I, § 2 Rn. 9 ff. Ein typisches Anwendungsbeispiel ist die Entwicklung von städtebaulichen Modellen wie dem – ursprünglich aus England stammenden – Typus „Gartenstadt".

herausgegebenen, interdisziplinär und praxisnah angelegten „Jahrbuch für Kommunalwissenschaft". Nach dem Zweiten Weltkrieg erlangte das erstmals 1956 ff. von *Hans Peters* in Köln herausgegebene „Handbuch der kommunalen Wissenschaft und Praxis (HKWP)"[9] eine zentrale Stellung. Die Berliner Tradition wurde 1962 durch das „Archiv für Kommunalwissenschaften (AfK)"[10] und 1966 durch die Gründung des (außeruniversitären) „Kommunalwissenschaftlichen Forschungszentrums" aufgegriffen, das von dem Verein für Kommunalwissenschaften getragen wurde und 1973 in das „Deutsche Institut für Urbanistik (DIFU)" überführt wurde. Neben zahlreichen universitären Forschungsschwerpunkten[11] befassen sich auch die raumwissenschaftlichen Institute der Wissenschaftsgemeinschaft Gottfried Wilhelm Leibniz (WGL),[12] die „Kommunale Gemeinschaftsstelle für Verwaltungsvereinfachung" (KGSt) in Köln sowie diverse ministerielle Ressortforschungseinrichtungen mit kommunalwissenschaftlichen Fragestellungen. Das Wichtigste unter diesen dürfte das „Bundesinstitut für Bau-, Stadt- und Raumforschung" (BBSR), Bonn, im Bundesamt für Bauwesen und Raumordnung sein, dessen aktuelles Forschungsprogramm u. a. folgende Themen umfasst: Energetische Stadtsanierung, Webbasierte Medien in der Stadtentwicklung, Forschungscluster Smart Cities, Zukünfte der Mobilität in Stadt und Land.

Aktuelle Themen der kommunalwissenschaftlichen Diskussion befassen sich mit der Privatisierung und ihren (nicht immer positiven) Folgewirkungen, zuletzt auch verstärkt mit deren Gegenstück Rekommunalisierung, also der Rückgängigmachung von Privatisierungsmaßnahmen, von Gemeindeeinrichtungen, mit der Umstellung von der Kameralistik zur Doppik, aber auch mit den Auswirkungen des demographischen Wandels auf die Kommunen und – ganz aktuell – mit den Herausforderungen auf dem Gebiet der Integration von Flüchtlingen.[13]   5

§ 2. Geschichtliche Entwicklung des Kommunalrechts

Literatur: *Kroeschell*, Deutsche Rechtsgeschichte, 9. Aufl. Bd. 1 Kap. 18 ff.; *Ellwein*, VerwArch 87 (1996), 1 ff.; *Gern*, DKommR, 1. Kapitel m.w. N.

I. Die Kommune als Lebensmittelpunkt der societas

Kommunen gehören zu den ältesten sozialen, nicht durch Blutsverwandtschaft definierten (agnatischen) Lebensgemeinschaften. Aus der Sippe entwickelte sich in der Frühzeit das Dorf, als Schutz- und Existenzgemeinschaft gegen wilde Tiere, Feinde und Unbilden der Witterung (Pfahldörfer, Höhlendörfer). Dazu trat bald die Funktion einer wirtschaftlichen Schicksalsgemeinschaft, in der Arbeitsteilung und Tauschhandel das Zusammenleben zweckmäßig strukturierte.   1

---

[9] Derzeit in 3. Aufl. 2007 ff. von *Mann/Püttner* editiert.
[10] Ab 2001 in der „Deutschen Zeitschrift für Kommunalwissenschaften (DfK)" aufgegangen.
[11] Insb. Berlin, Potsdam, Speyer, Kiel, Köln, Konstanz, Münster (Freiherr-vom-Stein-Institut), Osnabrück.
[12] Sog. „5R-Institute": Akademie für Raumforschung und Landesplanung (ARL), Hannover; Institut für Regionalentwicklung und Strukturplanung (IRS); Erkner; Institut für ökologische Raumentwicklung (IÖR), Dresden; Institut für Länderkunde (IfL), Leipzig; Institut für Landes- und Stadtentwicklungsforschung (ILS). Dortmund.
[13] Vgl. dazu: Kommunen im Wandel, APoluZg 21–22/2006.

2   Beispiele früher Gemeindeordnungen im römischen Recht sind die Stadtrechte latinischer Vollbürgerstädte (oppida) bzw. Halbbürgerstädte[1] (municipia) seit dem 4. Jhdt. v. Chr. Eine teilweise erhaltene, offenbar einheitliche, jedoch nur für die zweite Gruppe geltende Munizipalordnung erließ Gaius Julius Cäsar 45 v. Chr. (lex Iulia municipalis). Aus der Kaiserzeit datieren weitere Munizipalordnungen für Provinzstädte. Bereits in diesen Ordnungen ist das Prinzip städtischer Selbstverwaltung mit doppelter Organschaft durch Verwaltungsspitze und Senat sowie der Vollversammlung der Bürger ausgeprägt.[2]

3   Im germanischen Kulturkreis bildet sich als Prototyp die dörfliche Siedlungsgemeinschaft, die durch Ackerbau und Viehzucht charakterisiert wird, wie sie etwa in der frühen Rechtsquelle der Lex Salica (um 500) erwähnt wird. Auch hier finden sich bereits die Organe Vollversammlung und Vorsteher (später: Buurmeester; Dorfrichter, Schultheiss, Schultes, Schulze genannt).[3]

4   Die Herausbildung gemeinsamer Rechte (Allmenderechte) und Pflichten (Hand- und Spanndienste, Feuerwehrpflicht, Deichpflicht) spiegelt den Charakter als Schutz- und Erwerbsgemeinschaft deutlich wider. Mit der Entstehung des Lehenswesens und der Grundherrschaft sowie der zunehmenden Macht des Adels ab dem Hochmittelalter wird die Freiheit der Dörfer immer mehr eingeschränkt und geht schließlich ganz verloren. Ein freier Bauernstand und damit freie Bauerngemeinden überleben nur in Friesland und in Tirol.

II. Die Bedeutung der Städte im Mittelalter

Literatur: *Haase (Hrsg.)*, Die Stadt des Mitelalters, 2 Bde., 1969/1972.

5   Die Entwicklung und Festigung des Typs Kommune geht von den Städten im Reich aus. Von der Entstehung her lassen sich mehrere Typen unterscheiden. Den ältesten Typus bilden die **Römerstädte;** sie entstanden aus ursprünglich befestigten Militärlagern, in denen sich auch Handel ansiedelte und einen Zuzug von Zivilpersonen bewirkte (Mainz, Köln, Augsburg, Regensburg, Trier). Verkehrsbedingt entstanden Städte aus **Siedlungen an Furten oder Brücken** auf wichtigen Handels- oder Militärwegen (Frankfurt, Erfurt, Schweinfurt, München) oder Flussmündungen (Hamburg, Bremen, Danzig, Passau). Ca. ab dem 10. Jahrhundert entwickelten sich viele **Städte im Schutz von Burgen,** Königspfalzen, Bischofssitzen oder Adelsresidenzen (Nürnberg, Würzburg, Salzburg, Burghausen). Sie waren begehrt, weil sie wehrhaft ausgestaltet waren und die weltliche oder geistliche Herrschaft Kontinuität und Sicherheit versprach. Der Begriff „Burg" war gleichbedeutend mit Befestigung; so erklärt sich nicht nur die häufige Präsenz in Städtenamen (Augsburg, Würzburg, Regensburg, Freiburg, Ravensburg, Rothenburg, Laufenburg, Salzburg, Straßburg, Wasserburg), sondern auch die Eigenschaft als „Bürger", die den Status der in der Stadt lebenden Freien kennzeichnet.

---

[1] D. h. die eroberten Landstädte, denen die Selbstverwaltung belassen wurde.
[2] *Waldstein/Rainer*, Römische Rechtsgeschichte, 10. Aufl., 2005, § 20 Rn. 8 ff., 22, § 32 Rn. 5; *Bruns-Gradenwitz*, Fontes iuris Romani antiqui I (Neudruck 1958), S. 42 ff.; 147 ff.
[3] *Gall*, in: Borgolte (Hrsg.), Sozialgeschichte des Mittelalters, 1991, 107.

§ 2. Geschichtliche Entwicklung des Kommunalrechts

Ab dem 11. Jahrhundert nahmen die Städte einen großen Aufschwung durch den aufblühenden Fernhandel, der durch technische Innovationen (Pferdegeschirr) die Rentabilität des Handels über Land begründete (der bis dahin in größerem Umfang nur auf Gewässern möglich war). Der dadurch immer bedeutendere und reichere Kaufmannstand prägte die Städte entscheidend. Erreichte die Stadt als Handelszentrum eine gewisse Bedeutung, wurde sie in die Ummauerung der Burg mit einbezogen. Auch wurden die Städte zunehmend attraktiv gegenüber dem armseligen Leben auf dem Land, da sie Arbeit und (vergleichsweisen) Wohlstand versprachen. 6

Ab dem 12. Jahrhundert kam es zu **gezielten Neugründungen** von Städten durch Herzöge, Fürsten und Grafen, die durch ein Netz befestigter **Orte mit Stadt- und Marktrechten** ihre politische und ökonomische Hausmacht stärken und sichern wollten. Einer der rührigsten Städtegründer bzw. -wiedergründer war Heinrich der Löwe, der Widersacher Kaiser Barbarossas; mit seinem Namen sind vor allem die Städte Haldersleben (1150) München (1158), Lübeck (1158 angeeignet), Landsberg (1158) und Schwerin (1160) verbunden. Ein „klassisches" Gründergeschlecht waren die Zähringer Grafen in Baden, auf die u. a. Villingen (1119), Freiburg im Breisgau (1120), Offenburg (1148), Freiburg im Uechtland (1157), Neuenburg am Rhein (1175) sowie Bern (1191) zurückgehen. Die Zähringerstädte folgen dabei einem einheitlichen Plan, der vom lateinischen Kreuz als Grundriss ausgeht; Kirche und Rathaus standen dabei bewusst nie im gleichen Quartier. 7

Standen die deutschen Städte bis ins 12. Jahrhundert unter der Herrschaft eines Stadtherrn oder königlichen Stellvertreters **(Burggraf)**, dem die Privilegien vom König übertragen worden waren (u. a. das Recht zur Hochgerichtsbarkeit), so emanzipierten sie sich ab dem 12. Jahrhundert zunehmend, wenngleich nicht ohne Mühen von ihren Herrschaften. Aufstände gegen die Stadtherren, namentlich die Bischöfe, sind u. a. aus Cambrai, Toul und Köln überliefert. Häufig konnten die Städter jedoch geschickt zwischen weltlichen und geistlichen Herrschaften taktieren und erlangten so weitgehende **Freiheitsverbriefungen und Privilegien** der weltlichen Herrscher (z. B. in Köln 1179: zwischen Kaiser und Erzbischof; in Regensburg 1132: zwischen Herzog und Bischof), ein Spiel, das sich in der Reformation unter Konfessionsgesichtspunkten wiederholte. 8

Einen Sonderfall bildeten die **freien Reichsstädte,** die das Privileg besaßen, nur dem Kaiser selbst unterstellt zu sein (v. a. in Schwaben und Franken) und dafür meist nur geringe Dienste leisten mussten. Merkmal ihrer Stadtverfassungen war die genossenschaftliche Einung aller Bürger, die auf das ganze Stadtgebiet bezogen war und alle Bewohner umfasste. 9

Ausdruck der gegenseitigen Treuegemeinschaft war der immer wieder vollzogene Bürgereid (coniuratio)[4] und die prinzipiell gleiche Rechtsstellung aller Bürger. Im Prinzip hatte jeder, der in die Stadt kam und dieser Gemeinschaft angehören wollte, hierzu die Möglichkeit. Ein berühmter Rechtssatz der mittelalterlichen Stadtverfassung hieß „Stadtluft macht frei": d. h. ein Unfreier, der in die Stadt zieht (d. h. flieht und sich versteckt), erwirbt „nach Jahr und Tag" die persönliche Freiheit.[5] 10

---

[4] Ein Beispiel ist der noch heute gefeierte „Schwörmontag" der ehem. Freien Reichsstadt Ulm, mit dem der Friedensschluß zwischen Patriziern und Handwerkern gefeiert wird.
[5] Die Fristbezeichnung geht auf die Symbolik des Sachsenspiegels zurück.

11 Die grundsätzliche Bürgerfreiheit wurde allerdings durch endogene Zwänge erkauft: Innerhalb der städtischen Gesellschaft herrschte eine strenge soziale Schichtung: die Patrizier; die in Gilden zusammengeschlossenen „mittelständischen" Kaufleute; die in Zünften organisierten Handwerker. **Zünfte und Gilden** waren Zwangsverbände mit eigener, als Privileg erkämpfter Gerichtsbarkeit. Zunft- und Gildenzugehörigkeit war zusammen mit den Voraussetzungen der ehelichen Geburt und einer „ehrbaren" Abstammung Voraussetzung zur Ausübung dieser Berufe.

12 Seit dem 13. Jahrhundert wurden die Städte von gewählten Stadträten regiert, die an die Stelle des vormaligen Vogts rückten. Nach dem Vorbild italienischer Stadtrepubliken stand das aktive Wahlrecht regelmäßig allen Bürgern zu, das passive dagegen nur den „ratsfähigen" Geschlechtern (Patriziern). An der Spitze standen ein oder mehrere Bürgermeister. Der Rat errichtete Behörden und setzte berufsmäßige Beamte ein. Diese waren im Römischen Recht geschulte Juristen. Die bekannteste Figur ist der **Stadtschreiber** als Leiter der Stadtverwaltung (z. B. *Konrad Peutinger* in Augsburg; *Willibald Pirckheimer* in Nürnberg; *Ulrich Zasius* in Konstanz und Freiburg). Der Einfluß des Humanismus führte in den Städten der frühen Neuzeit zum ersten Bildungsbürgertum und zum „Import" der Renaissance in Deutschland.

13 Aufgrund des kaufmännisch dominierten Charakters der Städte entstand sehr bald das Bedürfnis nach rechtlichen Regelungen zur Schlichtung von Streitigkeiten. Denn Systeme wie die Fehde oder die Selbsthilfe waren in einer eng begrenzten Gemeinschaft wie der Stadt undenkbar und hätten sich unter betriebswirtschaftlichen Gesichtspunkten v. a. ertragshemmend (!) ausgewirkt. Daher kam es zur **Entstehung von Stadtrechten.** Bestimmte markante Stadtrechte wurden später von anderen Städten übernommen. So kommt es zu regelrechten **Stadtrechtsfamilien** mit Mutter- und Tochterrechten. Eines der bedeutendsten Stadtrechte ist die **Nürnberger Reformation** (1479). Als erste stadtrechtliche Kodifikation enthielt es Normen zum Privatrecht und zum Prozess und erfuhr als erstes gedrucktes Werk (1488) eine starke Verbreitung im fränkisch-pfälzischen Raum (u. a. von Worms, Tübingen und Frankfurt übernommen).[6] Ähnliche Vorbildfunktion besaßen das **Soester Stadtrecht** für den Nordwesten Deutschlands, das **Kölner Stadtrecht** für die Rheinlande, das **Freiburger Stadtrecht** für den Südwesten Deutschlands, das **Magdeburger Stadtrecht** für den ganzen Osten Deutschlands sowie das überaus wichtige **Lübische Recht,** das als Recht der Hansestädte für die reichen Ostseestädte bis nach Riga übernommen wurde.

Bisweilen waren die Städte freilich einem ebenso schnellen Aufstieg wie einem rasanten Fall unterworfen: So wurden im Mittelalter groß gewordene Städte wie Regensburg (Salzhandel) oder Ravensburg (Osthandel) in der frühen Neuzeit durch Nürnberg und Augsburg abgelöst, die auf Südhandel und Fernhandel gesetzt hatten. Ein markantes Beispiel ist die Stadt Brügge, die um 1300 mit 60000 Einwohner die größte Stadt Mitteleuropas war; ein Jahrhundert später versandete der Binnenhafen, und der lukrative Handel verlagerte sich nach Antwerpen. Bis zur Zäsur des Dreißigjährigen Kriegs erlebten die Städte ein rasantes Wachstum: Am Ende des 15. Jhdt. gab es ca. 4000 Städte in Deutschland, davon freilich 2800 Kleinstädte unter 1000 Einw., 900 Städte bis 2000 Einw., und 200 bis 10000 Einw. Nur ca. 100 Städte hatten über 10000 Einwohner, darunter als führende: Wien, Köln, Franfurt am Main, Lübeck, Straßburg, Ulm,

---

[6] *Stobbe*, RQ. II, 297/298.

Basel, Augsburg, Nürnberg, Hamburg, Rostock, Danzig und Breslau. Gleichwohl erreichten sie nicht die Größe der Städte in Ober- und Mittelitalien oder in Flandern.

Die Entwicklung der Städte war den Landesherren, wenn sie nicht selbst die Gründer waren (und selbst dann), häufig ein Dorn im Auge, da ihre Existenz den eigenen Herrschaftsanspruch de facto einschränkte. Darum hatte schon Friedrich II. im **„Statutum in favorem principum"** (1231/32) die Aufnahme von Unfreien („Stadtluft macht frei.", s. o.) in den königlichen Städten verboten. Gegen die ständige Bedrohung durch die Fürsten bildeten sich eine Anzahl mächtiger Städtebünde: Im Jahre 1254 wurde der **Rheinische Städtebund** (u. a. von Mainz, Worms, Köln, Straßburg, Basel, Bremen), vor allem zur Sicherung des Landfriedens während des Interregnums 1254–1273 gegründet. War dieser zunächst als gegenseitiges Sicherheitsbündnis gedacht, das die Ausstellung von Schutzbriefen und die Sicherung der Kaufleute gegen marodierende Raubritter betrieb, so ist später der Versuch einer eigenen gesamtreichsstädtischen Politik zu registrieren. Konsequent wurden Städtebünde in der **„Goldenen Bulle"** (1356) verboten, um konkurrierenden Machtanballungen entgegenzuwirken. Dennoch konnten die Kaiser trotz Waffengewalt eine Auflösung der Städtebünde lange nicht durchsetzen. Im Gegenteil kam es zu weiteren Vereinigungen, wie dem 1376 gegründeten **Schwäbischen Städtebund** (46 Städte), der sich mit dem Rheinischen Städtebund 1381 zum **Süddeutschen Städtebund** vereinigte. Nach anfänglichen Erfolgen (Sieg über das Heer Karl IV. bei Ulm im Süddeutschen Städtekrieg 1377–1389) unterlag der Städtebund jedoch 1388 in der Schlacht bei Döffingen und Worms dem Heer der fürstlichen Landesherren. Im Landfrieden von Eger (1389) wurden die reichsstädtischen Sonderbünde aufgelöst. Dafür erstritten die Städte zunächst faktisch ab 1582 („votum decisivum") die Teilnahme an Reichstagen als drittes „Kollegium", getrennt in eine „Schwäbische" und eine „Rheinische Bank".[7]

Der berühmteste und mächtigste Städtebund war indes die **Deutsche Hanse** (gegründet 1158) mit dem „Vorort" Lübeck. Vorortfunktionen erfüllten auch Braunschweig, Köln, Danzig für Teilregionen; Mitglieder waren nicht nur die großen Seestädte, sondern auch zahlreiche Flußstädte wie Breslau und Krakau. Die Hanse vertrat zunächst nur Wirtschaftsinteressen (Sicherung von Handelsvorteilen für ihre Mitglieder; Stapelrechte; Errichtung ausländischer Kontore, etwa in Nowgorod, London, Bergen). Aufgrund der überlegenen Bauart ihrer zahlreichen Schiffe, ihres weitverzweigten Niederlassungssystems und der Möglichkeit der **„Verhansung"** (Warenboykott eines Hafens oder Landes) auf Grund von Rezessen (Beschlüssen) erlangte sie eine sehr große wirtschaftliche und politische Machtposition. Stets den Landesfürsten ein Dorn im Auge, war sie jedoch zu mächtig, um „geschluckt" zu werden; sukzessive erlangte die Hanse sogar staatsähnlichen Charakter und führte im eigenen Namen Kriege gegen Dänemark, Spanien, die Niederlande, England und gegen die Skandinavische Union. Nach dem Seekrieg mit Dänemark wurde im Frieden von Stralsund (1370) sogar festgelegt, dass die Wahl des dänischen Königs nur mit Zustimmung der Hanse erfolgen könne. Ähnlich wie in der frühen Neuzeit erfolgte der Niedergang der Hanse im 16. Jhdt. durch die Verlagerung des Handels zum Atlantik nach der Entdeckung der „Neuen Welt" und dem Ausbau des Asienhandels.[8]

---

[7] *Neuhaus*, Das Reich (Enzyklopädie Deutscher Geschichte Bd. 42), 2003, S. 27 f.
[8] Zur Geschichte der Hanse: *Dollinger*, Die Hanse, 5. Aufl., Stuttgart 1998; *Hammel-Liesow*, Hanse, 3. Aufl. 2044; *Pitz*, Bürgereinung und Städteeinung. Studien zum Verfassungsleben der Hansestädte und der deutschen Hanse, 2001.

III. Die Entwicklung der Gemeinden in der Neuzeit

Literatur: *G. Ritter,* Freiherr vom Stein. Eine politische Biographie, 4. Aufl. 1981; *Naunin (Hrsg.),* Städteordnungen des 19. Jahrhunderts, 1984; *F.-L. Knemeyer* (Hrsg.), Die bayerischen Gemeindeordnungen 1808–1945 (Schriften zur öffentlichen Verwaltung Bd. 41), 1994; *v. Unruh,* HKWP I, § 4.

16 In der frühen Neuzeit und im Absolutismus blühen konsequenterweise die **Residenzstädte** (München, Stuttgart, Karlsruhe, Darmstadt, Kassel, Hannover usw.) auf, während die **Landstädte** entweder fest in den Territorialstaaten eingebunden werden oder in einen Dornröschenschlaf versinken. Exemplarisch sei die Stadt Konstanz erwähnt, die einen eklatanten Abstieg von der Konzilsstadt 1414–18 zur randlagigen vorderösterreichischen Landstadt erleben musste. Mit dem Absolutismus und dem Niedergang des Reiches werden die Privilegien der landeseigenen Städte aufgehoben oder widerruflich gestellt. Die Selbstverwaltungstradition wird weitgehend zurückgefahren, die noch existenten Räte sind nur noch subalterne Befehlsempfänger des Landesherrn. Die Bestellung der Bürgermeister, Schultheiße, Schulzen etc. erfolgte obrigkeitlich, durch den Landesherrn (vgl. die **„Communordnung"** des Markgrafen von Baden von 1760), nicht durch Wahl. Unter Friedrich dem Großen können die Städte widerrufliche Privilegien und Freiheiten erlangen. Nach dem **Preußischen Allgemeinen Landrecht** (1794) werden die Dorfvorsteher (Schulze, Landrichter) von der Gutsherrschaft ernannt (II. Teil, 7. Titel, § 47); in den Städten können die örtlichen Statuten eine Wahl des Magistrats vorsehen (II. Teil, 8. Titel, § 120); die Erteilung des Stadtrechts bleibt aber dem Staatsoberhaupt vorbehalten (a. a. O., § 87).

17 Doch erfahren auch die Freien Reichsstädte einen erheblichen Bedeutungsverlust und politisch-wirtschaftliche Isolation. Einen zusätzlichen Aderlaß erleiden sie im 30-jährigen Krieg durch den Verlust von ca. 2/3 ihrer Bevölkerung, der durch das Umland nicht ausgeglichen werden kann. Nur die großen Reichsstädte Nürnberg, Augsburg, Frankfurt, Regensburg und die drei großen Hansestädte Hamburg, Bremen, Lübeck können dieser Entwicklung noch für eine geraume Zeit gegensteuern. Der endgültige Entfall der städtischen Privilegien erfolgt durch die **Mediatisierung 1803/1806,** die nur in der Bundesstadt Frankfurt und den Hansestädten unterbleibt. Alle anderen freien Reichsstädte werden territoriale Bestandteile der neuformierten Staaten.

18 Der Beginn des 19. Jahrhunderts markiert die Wende zum modernen Verständnis der Gemeinde als Gebietskörperschaft mit Selbstverwaltungsrechten. Ausgangspunkt ist Preußen: Nach der verheerenden Niederlage gegen Napoleon bei Jena/Auerstedt 1806, der Flucht der Regierung nach Königsberg und dem Diktat des Tilsiter Vertrags 1807 besteht das Bedürfnis, den Staat zu stabilisieren. Durch den Erlaß der an englischem Vorbild orientierten **Preußischen Städteordnung** (19. 11. 1808) des **Reichsfreiherrn vom und zum Stein** soll ein funktionsfähiges Gerüst der Gemeinden errichtet werden.[9] Sie verbindet die „Reform von oben" mit dem „Aufbau von unten":[10] Durch die Partizipation der Bürger soll deren Identifikation mit dem Staat erreicht werden;[11] gleichzeitig

---

[9] Das Pendant einer allgemeinen Landgemeindeordnung blieb allerdings unverwirklicht. Hier galt die obrigkeitliche Struktur des ALR fort.

[10] Eine Entwicklung, die sich als Ausdruck tiefster staatlicher Depression nach dem zweiten Weltkrieg wiederholt.

[11] So auch die „Nassauer Denkschrift" 1807. Zur Wirkungsgeschichte *Henneke/Rittgen,* Aktivierung bürgerschaftlicher Selbst-Verwaltung in Städten, Kreisen und Gemeinden – zur Bedeutung der Lehren des

wird die ständische Macht der Zünfte und Gilden gebrochen. Die Städte erhalten erstmals das **Recht der Selbstverwaltung,** d. h. das Recht, ihre Angelegenheiten in eigener Verantwortung und in eigenem Namen zu erledigen (§ 108 StO). Das (heute noch geltende) Prinzip des Organdualismus wird begründet: Die vom Volk gewählte Stadtverordnetenversammlung fungiert als Vertretung der Bürgerschaft (Beschlußorgan), §§ 127, 152 StO; zu ihren wichtigsten Kompetenzen zählt das kommunale Steuerbewilligungsrecht. Ein von ihr für 6–12 Jahre gewählter Magistrat fungiert als Vollzugsorgan und besorgt die Angelegenheiten der laufenden Verwaltung (§ 174 StO), ein Begriff, der bis heute Verwendung findet. Das „**Polizeywesen**" bleibt staatliche Aufgabe, kann aber an den Magistrat übertragen werden.[12] Freilich ist die Reform Steins noch kein eigentlich „demokratischer" Ansatz, da sich die Mitwirkung auf die vermögenden Einkommensschichten, namentlich der Grundeigentümer (§ 74d StO) beschränkt: Kraft Bildung und Vermögen wird deren Interesse am Bestand des Gemeinwesens vermutet. Gestützt wird dieser Ansatz dagegen durch den Genossenschaftsgedanken der beginnenden Romantik, der Staat und Kommune als Organismus und als Ort der Vereinigung von Partikularinteressen in einem Ganzen deutet (*Fichte, Hegel,*[13] *Schelling*), dem Personenhaftigkeit und damit Rechtsfähigkeit zukommt.[14]

Im Zeichen der Restauration wird das Kommunalwesen unter **Graf Hardenberg** eher restriktiv fortentwickelt. In der **Revidierten Preußischen Städteordnung** (1831) wird der Magistrat gestärkt, während die Stadtverordnetenversammlung dem Einstimmigkeitsprinzip unterworfen wird. Bei Unstimmigkeiten zwischen Magistrat und Versammlung hat der Staat ein Entscheidungsrecht.[15] Die Aufstellung der Gemeindefinanzen und örtlicher Statuten (Satzungen) unterliegen staatlicher Genehmigung. Die starke aufsichtliche Stellung des Staates entspricht der preußischen Doktrin,[16] dass kommunale Selbstverwaltung nur ein abgeleitetes, jederzeit beschränkbares Recht ist. Allerdings erstritten sich die Städte ein Wahlrecht und entschieden sich ganz überwiegend für die Beibehaltung des Steinschen Rechts. Der Versuch einer einheitlichen **Preußischen Gemeindeordnung** (1850), die zwar liberale Ansätze enthielt, freilich im Zeichen des Dreiklassenwahlrechts stand, scheiterte nach wenigen Jahren. 19

In der Folge kam es daher zu Städteordnungen für verschiedene Landesteile so 1853 für die sechs östlichen Provinzen (Preußen, Brandenburg, Pommern, Posen, Schlesien und Sachsen), für Neuvorpommern und Rügen, 1856 für Westfalen und für die Rheinprovinz.[17] 1891 wurde schließlich die **Landgemeindeordnung für die sieben östlichen Provinzen** erlassen: Dieser Rechtszustand hielt sich bis 1933. Dennoch war die Steinsche Städteordnung Vorbild für die meisten nachfolgenden Kommunalordnungen in Deutschland.[18] 20

Freiherrn vom Stein für die kommunale Selbstverwaltung der Gegenwart, DVBl. 2007, 1253ff.; krit. *Faber,* DVBl. 2008, 437f.
[12] Die Zweiteilung zwischen „eigenen" und „übertragenen" Aufgaben (Weisungsaufgaben) rührt von daher.
[13] Vgl. etwa *Hegel,* Grundlinien der Philosophie des Rechts, 1820/21, § 290.
[14] Von der organischen Staatslehre (Johann Kaspar Bluntschli, Otto Bähr, Otto von Gierke, Adam Müller) übernommen, dazu *Kimminich* (Fn. 28), S. 332f.
[15] Dieses etatistische Element erinnert an die spätere „Lückentheorie" im preußischen Budgetkonflikt 1862.
[16] Vgl. II. Teil, Achter Titel, 2. Abschnitt, § 87 PrALR.
[17] *Kimminich,* Deutsche Verfassungsgeschichte, 2. Aufl. 1987, S. 303f.
[18] *Heffter,* Die deutsche Selbstverwaltung im 19. Jahrhundert, 1950; *Müthling,* Die Geschichte der deutschen Selbstverwaltung, 1966.

Erster Teil. Grundlagen

21 Ganz anders verlief der Umbruch in den Rheinbundstaaten. So setzte in Bayern **Freiherr von Montgelas** die Mediatisierung 1803–1806[19] zielstrebig durch, um das neue, territorial geschlossene Königreich Bayern zu formen. Nach napoleonisch-rationalistischem Vorbild („Mairie-Verfassung") schafft die Bayerische Gemeindeordnung von 1808 die kommunale Selbstverwaltung zu Gunsten einer zentralistischen Verwaltungsstruktur erst einmal ab. Erst durch die Bayerische Verfassung von 1818 und die **Gemeindeordnung** aus dem gleichen Jahre wurde die kommunale Selbstverwaltung wieder eingeführt, einerseits um der erstarkenden liberalen Staatsidee und der Volksrepräsentation entgegenzukommen, aber auch als Korrektur der Politik von Montgelas, der 1817 beim König in Ungnade gefallen war. Dieses Recht galt bis zum Erlaß der **Gemeindeordnung** von **1869,** die die bis heute bestehende starke Stellung des Bürgermeisters schuf.

22 Ähnlich war die Entwicklung im Großherzogtum Baden, für dessen Bildung die Mediatisierung eine wesentliche territoriale Vorbedingung war. Auch hier machte das **Organisationsreskript** des **Freiherrn von Reitzenstein** (1809) die Gemeinden zu untersten staatlichen Verwaltungseinheiten, deren Ortsvorsteher als Organe der Staatsverwaltung eingesetzt wurden.[20] Erst nach dem Impuls der Pariser Julirevolution brachte die **Gemeindeordnung von 1831** in Baden eine Selbstverwaltung der Kommunen durch ein Repräsentativorgan; dafür wurde ein modernes Gemeindebürgerrecht eingeführt und von den Kriterien Grundbesitz bzw. Gewerbe Abstand genommen.[21]

23 Im Vormärz erstarkte der Selbstverwaltungsgedanke mit dem wirtschaftlich aufstrebenden Bürgertum. Dies schlug sich auch in der **Garantie der kommunalen Selbstverwaltung** in § 184 der **Paulskirchenverfassung** (1849) nieder. Bemerkenswert ist jedoch, dass diese in den Grundrechtsteil aufgenommen und damit dem unbegrenzten Zugriff des Staates entzogen ist. Inhaltlich umfasst sie auch die Ortspolizei, die Veröffentlichung des eigenen Haushalts und das Recht auf öffentliche Sitzungen. Zwar ist die Paulskirchenverfassung als solche bekanntlich nie in Kraft getreten. Dennoch ließ sich die erstarkte Idee der kommunalen Selbstverwaltung nicht mehr verdrängen. Wichtige Befürworter sind **Rudolf von Gneist** und **Lorenz von Stein,** der befand, dass „die Freiheit eines Staates wesentlich nach dem Maße der Selbstverwaltung zu messen" sei.[22] Dem steht nicht entgegen, dass weder die Verfassung des Norddeutschen Bundes (1866) noch die Reichsverfassung (1871) „Kommunalartikel" enthalten, da diese als Angelegenheit der Bundesstaaten angesehen wurden. Bis zum Beginn des Kaiserreiches haben sich gleichwohl in ganz Deutschland die Existenz eines kommunalen Repräsentativorgans und das Prinzip der Einwohnergemeinde durchgesetzt.[23]

24 Im 19. Jahrhundert wird der Bereich der „eigenen Angelegenheiten" inhaltlich deutlich angereichert: Die **Modernisierung der Gemeinden** führt zur Schaffung öffentlicher Einrichtungen im Bildungswesen (Schulen sind jetzt staatliche Aufgabe), im Gesundheits-, Wohlfahrts- und Sozialwesen (Bäder, Armen- und Waisenhäuser, Wasser- und Gasversorgung), in der Verkehrsinfrastruktur. Bereits 1801 wird in Göttingen die erste Sparkasse als kommunales Institut gegründet, um für die weniger vermögen-

---

[19] Durch den Reichsdeputationshauptschluß 1803.
[20] *Hug,* Geschichte Badens, 2. Aufl. 1998, S. 208.
[21] *Willoweit,* Deutsche Verfassungsgeschichte, 5. Aufl. 2005.
[22] Zit. nach *Willoweit* (Fn. 21), S. 324.
[23] *Willoweit* (Fn. 21), S. 325.

den Volksschichten eine (bescheidene) Vermögensbildung zu ermöglichen. Bis 1860 existierten bereits 1200, bis 1913 3100 Institute, meist in der Rechtsform einer Anstalt des öffentlichen Rechts. Auf der anderen Seite haben die Gemeinden erhebliche soziale Lasten durch die negativen Folge von Industrialisierung und Pauperismus zu bewältigen. Bis heute sind die Bereiche Fürsorge und Sozialhilfe Aufgaben, die die Gemeinden zu erfüllen haben.[24]

IV. Weimarer Republik und Drittes Reich

Literatur: *Engeli,* Städte und Staat in der Weimarer Republik, in: Kirchgässner/Schadt (Hrsg.), Kommunale Selbstverwaltung – Idee und Wirklichkeit, 1983, S. 163ff.; *Matzerath,* Nationalsozialismus und kommunale Selbstverwaltung, 1970; *ders.,* HKWP I, § 7; *Löw,* Kommunalgesetzgebung im NS-Staat am Beispiel der DGO 1935, 1993; *Rudloff,* HKWP I, § 6.

In den Verfassungsberatungen der Nationalversammlung schälte sich die Erkenntnis heraus, dass die wahlsystematische Homogenität zwischen Reich, Ländern und Gemeinden für die Existenz der neuen Demokratie zwingend notwendig sei und daher die Wahlrechtsgrundsätze auf die Kommunalwahlen uneingeschränkt anwendbar sein müssten (Art. 17 II WRV). Dies bedeutete sowohl die Verwerfung eines Klassenwahlrechts als auch die Verwirklichung des Frauenwahlrechts.[25] 25

Die Weimarer Reichsverfassung von 1919 enthält in Art. 127 WRV enthält erstmals eine echte verfassungsrechtliche **Garantie der kommunalen Selbstverwaltung:** „Gemeinden und Gemeindeverbände haben das Recht der Selbstverwaltung innerhalb der Schranken der Gesetze". Wie in der Paulskirchenverfassung ist dieses Recht dem Grundrechtsteil zugeordnet, woraus teilweise ein subjektiv-öffentliches Recht abgeleitet wurde.[26] Der 1921 gegründete Staatsgerichtshof erkennt in Art. 127 WRV eine objektivrechtliche institutionelle Garantie der Selbstverwaltung,[27] ein Begriff, den Carl Schmitt in seiner Verfassungslehre geprägt hatte.[28] Danach darf der Gesetzgeber die Selbstverwaltung nicht derart einschränken, „dass sie innerlich ausgehöhlt wird, die Gelegenheit zu kraftvoller Betätigung verliert und nur noch ein Schattendasein führen kann" – ein seit dieser Zeit häufig zitiertes geflügeltes Wort. Auch setzte sich die Auffassung des „Verfassungsautors" **Hugo Preuß,** dass das Recht auf kommunale Selbstverwaltung kein abgeleitetes, sondern ein ursprüngliches Recht sei,[29] nicht durch. Teilweise wurde sogar vertreten, dass Demokratie und Selbstverwaltung inkompatibel seien.[30] 26

Eine reichseinheitliche Kommunalstruktur bestand jedoch nicht: Im Wesentlichen standen sich die Bürgermeisterverfassung rheinischer Provenienz und die preußische 27

---

[24] Vgl. dazu die sog. „Reichsgrundsätze über die Voraussetzungen, Art und Maß der öffentlichen Fürsorge" von 1924.
[25] Nachweise bei *Rudloff,* HKWP I, § 6 Rn. 3, sowie *Meyer,* HKWP I, § 20 Rn. 2.
[26] V. a. von *Stier-Somlo,* AöR N.F. 17 (1929), S. 1ff.; a. A. *Anschütz,* Die Verfassung des deutschen Reichs, 8. Aufl (1928), S. 334f., der die Norm für irrelevant hält.
[27] RGZ 126, Anhang. 26; *Engeli,* in: Kirchgässner/Schadt (Hrsg.), Kommunale Selbstverwaltung – Idee und Wirklichkeit, 1983.
[28] *Schmitt,* Verfassungslehre, 3. Aufl. 1928, S. 170f.
[29] *Grassmann,* Hugo Preuss und die deutsche Selbstverwaltung, 1965.
[30] So v. a. *Forsthoff,* Die Krise der Gemeindeverwaltung im heutigen Staat, 1932, S. 21. Ausf. zu dieser Kontroverse *Rudloff,* HKWP I, § 6 Rn. 5f.

Magistratsverfassung gegenüber; im Süden etablierte sich dagegen das Modell einer monistischen Stadtratsverfassung, die dem Gemeindrat sowohl beschließende wie ausführende Funktion zumaß. Um die Rechtszersplitterung in immerhin 26 unterschiedlichen Städteordnungen zu beseitigen, initiierte der Deutsche Städtetag 1930 den **Entwurf einer Reichsstädteordnung**,[31] der die verschiedenen Merkmale zu kombinieren versuchte. Er blieb jedoch ohne sichtbare Folgen, zumal Kommunalrecht als Ländersache galt. Bereits in der Weimarer Zeit tritt jedoch das bis heute zu beobachtende Phänomen auf, dass sich die (Ober-)bürgermeister von der Partei, aus der sie stammen, im Laufe der Zeit eher freimachen und sich als eher überparteilicher „Gemeindevater" begreifen. Auch wandelt sich die Gemeindeverwaltung immer mehr zur bürokratisierten und professionalisierten Entscheidungseinheit um.

28 Im Dritten Reich wurde die kommunale Selbstverwaltung in Umsetzung des Führerprinzips umgehend und zielgerichtet beseitigt. Den Auftakt machte die Gleichschaltung der kommunalen Spitzenverbände im **Deutschen Gemeindetag** durch Gesetz vom 22.5.1933; dieser wurde zukünftig von einem Parteimitglied geleitet. Es folgte das bereits nicht mehr parlamentarisch zustandegekommene **Preußische Gemeindeverfassungsgesetz** vom 15.12.1933, das durch seine besonders volkstümelnde Begrifflichkeit hervorsticht: Neben die Gemeindetypen „Stadt" und „Landgemeinde" sollte das (nicht realisierte) „Bauerndorf" treten, „in dem der überwiegende Teil der Volksgenossen dem Reichsnährstand angehört." Die Gemeindeleitungen wurden nicht mehr gewählt, sondern für 12 Jahre vom Staat im Benehmen mit dem zuständigen Gauleiter berufen. In den Landgemeinden sollten sie „Gemeindeschulzen", in den Bauerndörfern gar „Dorfschulzen" heißen. Auch die Gemeinderäte waren nicht mehr vom Volk durch Wahl legitimiert, sondern wurden dem Gemeindeleiter von der Aufsichtsbehörde auf Vorschlag des Gauleiters nur zur (berufsständischen) Beratung zur Seite gestellt; Abstimmungen waren nicht mehr vorgesehen. Dabei waren der örtliche Leiter der NSDAP und die rangältesten Führer von SA oder SS zwingend zu berufen, im Übrigen waren – der Geschlechterideologie entsprechend – nur Männer für jeweils sechs Jahre berufungsfähig.

29 Nach der Gleichschaltung und Aufhebung der Länder diente dieses Gesetz zum Vorbild für die am 30.1.1935 erlassene reichseinheitliche **„Deutsche Gemeindeordnung" (DGO)**.[32] Dabei erwähnen die Präambel und § 1 II 2 das Selbstverwaltungsgebot ausdrücklich, um es dann umso konsequenter nationalsozialistisch umzuinterpretieren. Immerhin wurde nur zwischen „Städten" und „Gemeinden" unterschieden, die vom Oberbürgermeister bzw. Bürgermeister mit umfassenden Verwaltungsbefugnissen geleitet wurden. Die Gemeinderäte, die in Städten die Bezeichnung „Ratsherr" tragen, werden durch den Beauftragten der NSDAP ernannt, der auf nationale Zuverlässigkeit, Eignung und Leumund der Kandidaten zu achten hat (§ 51 DGO). Die Staatsaufsicht wurde umfassend verankert, eine Beschränkung auf Rechtsaufsicht war nicht vorgesehen (§ 106 DGO).

30 Die Typen „Führerstädte" und „Gauhauptstädte" dienten der zentralistischen Selbstdarstellung des Nationalsozialismus. Den Gemeinden konnten Zusatzbezeichnungen

---

[31] Reichsstädteordnung. Entwurf und Begründung (Schriftenreihe des Deutschen Städtetags), Heft 11, 1930.
[32] Text in http://www.verfassungen.de/de/de33–45/gemeindeordnung35.htm. Dazu: *Matzerath*, HKWP I, § 7 Rn. 16 ff.

als Ehrentitel verliehen werden, die ihre geschichtliche Bedeutung oder ihre Eigenart – bisweilen skurril – heraushoben (§ 9 I 2 DGO), wie z. B. Stadt der Volkserhebung (Graz), Stadt der Bewegung (München), Stadt der Reichsparteitage (Nürnberg), Reichsmessestadt (Leipzig), Stadt der Auslandsdeutschen (Stuttgart), Stadt der Jugend (Landsberg am Lech), Patenstadt des Führers (Linz), Stadt des deutschen Bergsteigers (Innsbruck), Reichsbauernstadt (Goslar), Stadt des KdF-Wagens (Wolfsburg).[33]

Durch die vielfältige Errichtung von Sonderbehörden und parallel agierenden Parteiorganisationen wurden die Kompetenzen der Gemeinden zunehmend ausgehöhlt. Der Anspruch gemeindlicher Allzuständigkeit wurde damit immer mehr gegenstandslos. Im Krieg verlagerten sich die gemeindlichen Aufgaben weitgehend auf die Sicherstellung der existentiellen Grundbedürfnisse der Bevölkerung (Lebensmittelverteilung, Wohnraumbeschaffung, Bewältigung des Flüchtlingsproblems).[34] 31

Obgleich stark ideologisch geprägt, galt die DGO nach dem Krieg in bereinigter und demokratisierter Form bis zum Inkrafttreten neuen Kommunalrechts fort. Einige Regelungen und Institute finden sich auch noch im geltenden Recht wieder, wie etwa die Ermächtigung zur Gründung kommunaler Wirtschaftsunternehmen (§ 67 DGO) einschließlich der Subsidiaritätsklausel, die Vorschriften über den Haushalt und über die Rechnungsprüfung. 32

V. Die Kommunen nach 1945

Literatur: *Maier*, Die Entwicklung der kommunalen Politik und Organisation in den drei westlichen Besatzungszonen, in: Becker/Stammen/Waldmann (Hrsg.), Vorgeschichte der Bundesrepublik Deutschland. Zwischen Kapitulation und Grundgesetz, 1979, S. 341 ff.; *Groh*, HKWP I, § 8; *Loschelder*, Kommunale Selbstverwaltungsgarantie und gemeindliche Gebietsgestaltung, Berlin 1976; *Stüer*, Funktionalreform und kommunale Selbstverwaltung 1980; *v. Oertzen/Thieme* (Hrsg.), Die Kommunale Gebietsreform 1981.

Nach dem Ende des Dritten Reiches wurde der Wiederaufbau der kommunalen Selbstverwaltung von den (West-)Alliierten forciert, um zum einen den demokratischen Gedanken als „bottom-up"-Prinzip vor Ort zu verankern,[35] zum anderen um die im Potsdamer Abkommen festgelegte Machtdezentralisation umzusetzen. Teilweise noch während des Krieges (z. B. in Aachen 1944) setzten die Alliierten eine neue demokratische Stadtverwaltung ein. Dabei war von wesentlicher Bedeutung, dass angesichts des Zusammenbruchs des Dritten Reiches die Kontinuität der Verwaltung auf der Gemeindeebene aufrechterhalten wurde, diese also zeitweise alleiniger Träger der noch vorhandenen staatlichen Gewalt war. Dies stärkte die Vorstellung von der dem Staat „vorgelagerten" Existenz der natürlichen Körperschaft „Gemeinde", was etwa in der Formulierung des Art. 11 II Bay. Verf 1946 zum Ausdruck kommt: „Die Gemeinden sind ursprüngliche Gebietskörperschaften des öffentlichen Rechts." 33

Für die Demokratisierung waren die Alliierten in ihren jeweiligen Besatzungszonen zuständig. Der Rückgriff auf die eigenen Strukturen führt zur Ausprägung unterschiedlicher Modelle.[36] Am schnellsten vollzog sich der Umbau in den Ländern der US-ame- 34

---

[33] Vgl. auch das „Gesetz über die Neugestaltung deutscher Städte" vom 4.10.1937 (RGBl. I, S. 1054).
[34] *Matzerath*, HKWP I, § 7 Rn. 32 ff., 35 ff.; Vgl. auch *Anon.*, Gemeindearbeit im Krieg, Der Gemeindetag 1941, 1 ff.
[35] Vgl. Art. 11 IV BV.
[36] Ausf. zur hist. Entwicklung: *J. Ipsen*, HKWP I, § 24.

rikanischen Zone (Bayern, Württemberg-Baden und Hessen). In den Südländern wurde die sog. **süddeutsche Ratsverfassung** eingeführt: Neben dem Gemeinderat wird auch der Bürgermeister direkt vom Volk gewählt. Er ist politische und administrative Spitze und hat infolge der unmittelbaren Legitimation eine sehr starke Position inne. Die Bayerische Gemeindeordnung wurde bereits am 18.12.1945 – also noch vor dem Inkrafttreten der Verfassung – erlassen. Hessen wechselte dagegen 1952 bewusst von der Bürgermeisterverfassung zur Magistratsverfassung, um von einem „Führer der Gemeinde" Abstand zu nehmen.[37] In der britischen Besatzungszone galt zunächst eine „demokratisch revidierte" Fassung der DGO (von der Militärregierung am 1.4.1946 erlassen) die Gedanken des „Local Self Government" einbezog. Nach mehrfachen Modifikationen und nachdem das Gesetzgebungsrecht auf die Länder übertragen worden war, führten Niedersachsen 1955 und Nordrhein-Westfalen die sog. **norddeutsche Ratsverfassung** ein, die durch eine monistische Struktur gekennzeichnet war: Der Rat ist einziges Organ; der (Ober-)Bürgermeister ist lediglich der gewählte Vorsitzende mit repräsentativen Funktionen, während die administrative Leitung einem (Ober-) Stadtdirektor als leitendem Verwaltungsbeamten übertragen ist. In Schleswig-Holstein und Bremen wurde die **Magistratsverfassung** eingeführt, die durch einen klaren Organdualismus gekennzeichnet ist: Bürgermeister und Beigeordnete bilden den Magistrat, in dem die Kompetenzen verteilt sind, während das Kollegialorgan die Stadtverordnetenversammlung mit einem eigenen gewählten Vorsitzenden fungiert. Das starke gewaltenteilende Element führt zur Notwendigkeit politischer Konsensbildung.

35 Schwieriger waren die Verhältnisse in der französischen Zone (Rheinland-Pfalz, Baden, Württemberg-Hohenzollern); hier wurde in der Gemeindewahlverordnung vom 5.8.1946 teilweise ein rein ehrenamtlicher Bürgermeister ohne direkte Wahl vorgesehen, was zu Verwerfungen führte. Rheinland-Pfalz führte 1948 die Magistratsverfassung ein, während Baden und Württemberg-Hohenzollern zur traditionellen Ratsverfassung zurückkehrten. Bei der Gründung des „Südweststaates" Baden-Württemberg 1953 wurde dann die süddeutsche Ratsverfassung mit einer sehr starken Stellung des Bürgermeisters einheitlich etabliert. Im den folgenden Jahrzehnten näherten sich die Modelle immer mehr der süddeutschen Ratsverfassung an (vgl. dazu § 3 I).

36 Der markanteste Einschnitt im Kommunalbereich war die in den 70er Jahren in ganz Deutschland durchgeführte **Gebietsreform.** Teils aus historischen Gründen, teils durch unterschiedlich starke Entwicklung waren bis Ende der 60er Jahre große Unterschiede bei der Größe von Gemeindeflächen und Einwohnerzahlen entstanden, die zu einem starken Gefälle in Attraktivität, Wirtschaftskraft und Steueraufkommen führten. Angesichts der vorhandenen, durchweg als zu klein angesehenen Gemeinden[38] und Landkreise wurden durch Zusammenlegungen und Gebietsneufestsetzungen wesentlich größere Einheiten geschaffen. Teils führte dies zu neuen größeren, bisweilen als künstlich empfundenen Einheitsgemeinden, teils zu neuen Kooperationsformen (Samtgemeinden, Verbandsgemeinden, Verwaltungsgemeinschaften). Insgesamt reduzierte sich die Zahl der deutschen kreisangehörigen Gemeinden von ca. 24000 auf 8505, die Zahl der kreisfreien Städte (Stadtkreise) von 139 auf 91, und die der Landkreise von 425 auf 237. Dabei gab es durchaus landestypische Unterschiede; so sind etwa die Landkreise in Baden-Württemberg deutlich größer ausgefallen als die bayeri-

---

[37] Dreßler, 50 Jahre Hessische Gemeindeordnung, Inf. HStT 4/2002.
[38] Davon hatten über 40% weniger als 500 Einwohner.

schen. Auch variiert die Zahl der kreisfreien Städte und der Großen Kreisstädte in den einzelnen Ländern stark. In Baden-Württemberg gibt es keine kreisfreien Städte; an ihre Stelle treten die (lediglich neun) Stadtkreise.

Viele **Zusammenlegungen** sollten politische Signale setzen, sind aber z. T. bis heute umstritten. So soll die Doppelstadt Villingen-Schwenningen zugleich verbindendes Glied zwischen Baden und Württemberg sein. Die Fusion der Städte Wetzlar und Gießen zur künstlichen Stadt Lahn sollte ein Gegengewicht zu den hessischen Zentren Frankfurt und Kassel bilden; nach massiven Bürgerprotesten wurde die Fusion nach nur 31 Monaten wieder rückgängig gemacht. Besser geglückte Beispiele sind dagegen die Städte Schwalmstadt (Hessen), Norderstedt (S.-H.) und Albstadt (B.-W.). Flächendeckend wurden jedoch kulturelle und ethnische Unterschiede teilweise zu brachial eingeebnet, viele kleinere Gemeinden und Städte verloren durch die Reform Zentrumsfunktionen (insb. Behörden und Gerichte sowie die wichtige Funktion als Kreissitz einschließlich Landratsamt und Amt des Landrats) und büßten so an Identitätsfaktoren und Lebensqualität ein. Dies führte zu erheblichem Widerstand in der Bevölkerung und zu etlichen Normenkontrollklagen und kommunalen Verfassungsbeschwerden vor den Landesverfassungsgerichten. Nicht wenige Fusionen wurden durch Richterspruch rückgängig gemacht.[39] Besondere Bekanntheit erlangt in Bayern der erfolgreiche Kampf der „Rebellengemeinden" Edling (Oberbayern),[40] Irlbach (Niederbayern),[41] Horgau (Schwaben),[42] und Ermershausen (Unterfranken), in Niedersachsen Gamsen und Aschendorf, in Nordrhein-Westfalen Wesseling[43] und Heimbach.[44]

VI. Die Kommunen in der DDR

Literatur: *Türke,* Demokratischer Zentralismus und kommunale Selbstverwaltung in der Sowjetischen Besatzungszone Deutschlands, 1960; *Broszat/Weber,* SBZ Handbuch, Staatliche Verwaltungen, Parteien, gesellschaftliche Organisationen und ihre Führungskräfte in der Sowjetischen Besatzungszone Deutschlands 1945–1949, München 1990; *Engeli/Haus,* Quellen zum modernen Gemeindeverfassungsrecht in Deutschland, Band 45, 1975; *Engeli,* HKWP I, 1981, S. 114 ff.; *Mampel,* HKWP II, 1982, S. 515 ff.

Die in der **Sowjetischen Besatzungszone** abgehaltenen **Gemeindewahlen im September 1946** waren eines der ersten Zeichen für die politische Aushöhlung der demokratischen Selbstverwaltung und deren institutionelle und soziale Orientierung an ein politisches System sowjetischer Prägung. Eine pseudo-demokratische Legitimation bei diesen Wahlen versuchte die als Zwangsvereinigung aus der SPD und der KPD 1946 hervorgegangene **Sozialistische Einheitspartei Deutschland (SED)** zu erhalten.[45] Mit Hilfe massiver Wahlbehinderungen der bürgerlichen Parteien dachte die sowjetische Militäradministration, einen positiven Ausgang der Wahlen fördern zu können.

---

[39] Von *Oertzen/Thieme* (Hrsg.), Die kommunale Gebietsreform. Schriftenreihe. Nomos, Baden-Baden 1980–1987; Dabei traten die Landesverfassungsgerichte erstmals deutlich in das Rampenlicht, vgl. *Knemeyer/Lorenz,* in: Starck/Stern (Hrsg.), Landesverfassungsgerichtsbarkeit, Bd. III, 1983, S. 143 ff., 193 ff.
[40] BayVerfGH BayVBl. 1981, 399 ff.
[41] BayVerfGH BayVBl. 1984, 430 ff.
[42] BayVerfGH U. v. 27.10.1983 (n. v.).
[43] VerfGH NRW N JW 1976, 1198 (betr. das sog. „Köln-Gesetz").
[44] OVG Münster U. v. 4.8.1972 (n. v.).
[45] *Engeli/Haus,* Quellen, S. 729 ff.

Zwar gelang es der SED, knapp 50% der abgegebenen Stimmen zu erreichen, vor allem auf Grund des unverhältnismäßig hohen Anteils an ungültigen Stimmen (mehr als 10%), jedoch erwiesen sich die im Oktober ausgeschriebenen Kreis- und Landtagswahlen als eine deutliche Absage an die kommunistische Partei.[46] Die Erkenntnis, dass freie demokratische Wahlen ein Hindernis für die Durchsetzung des sowjetischen Regimes und für die zentralistische Umstrukturierung des administrativen Apparats sind, brachte die Entscheidung, keine solchen Wahlen mehr zuzulassen. Um ihre Herrschaft als Minderheit abzusichern, schaltete die SED mit Mitteln des Zwanges und der Pression die Oppositionsparteien aus und ermöglichte die Gewährleistung einer einheitlichen Politik hauptsächlich durch den Abbau der politischen und wirtschaftlichen Selbstverwaltung. Dies offenbart sich insbesondere anhand des Auseinanderfallens von Verfassungsrecht und Verfassungswirklichkeit.

39 Die Diskrepanz zwischen dem normativ behaupteten Rechtszustand und der faktischen Umsetzung der materiellen Rechtslage war eine nicht nur für die DDR, sondern auch für andere Staaten unter sowjetischer Obhut typische Erscheinung. In der SBZ drangen solche Unstimmigkeiten in der **Demokratischen Gemeindeordnung von 1946,** die aus einem Entwurf der brandenburgischen Provinzialverfassung hergeleitet, in allen Ländern (Mecklenburg, Sachsen, Thüringen) und Provinzen (Brandenburg, Sachsen-Anhalt) zur Anwendung kam.[47] De jure verbürgte sie die Rechte einer relativ autonomen Selbstverwaltung und übertrug die kommunale Verwaltungskontrolle auf gewählte Körperschaften. Die Kommunalaufsicht lag bei den nächsthöheren Vertretungsköperschaften – beim Kreistag für die kreisangehörigen Gemeinden und beim Landtag für die kreisfreien. Für die übergeordneten Organe bestand quasi eine Pflicht, „die Entschlusskraft und Verantwortungsfreudigkeit der Gemeindeverwaltung" zu unterstützen und zu fördern.[48] Garantiert wurde die Selbständigkeit der Gemeinden durch ein Recht auf Beschwerde an den Landtag und durch die gemäßigten Kontrollmittel (Aufhebungs- und Unterrichtsrecht) der staatlichen Behörden.[49] An das Prinzip der unechten Magistratsverfassung angelehnt, wurde der Selbstverwaltungsmechanismus von den örtlichen Volksvertretungen, den Räten, den Kommissionen und den Fachorganen gesteuert. Das Gemeindeparlament, auch als „arbeitende Körperschaft" bezeichnet, wurde direkt von den Bürgern gewählt. Es wählte im Folgenden die Kommissionen, die hauptsächlich eine Hilfsfunktion bei der Kontrolle über die Gesetzesdurchführung hatten, sowie die Räte in ihrer Rolle als Kollegialorgane.[50] Die Verfassung der DDR 1949 wies eine eingeschränkte Staatsaufsicht über die Selbstverwaltung nur bezüglich der Berücksichtigung demokratischer Grundsätze an. Dem auf Papier festgelegten Ziel der Neubelebung und Demokratisierung der kommunalen Selbstverwaltung wurde in der Realität eine andere, von der Idee einer Diktatur des Proletariats geprägte Gestalt verliehen. Gestärkt wurde die Vormachtstellung der SED durch zahlreiche **SMAD-Befehle**[51] 1948–1949. In vielen Kommunen verschob sich dadurch die Mehrheit im Stadtparlament zu Gunsten der SED.[52] Die kommunale Exekutive,

---

[46] *Engeli,* HKWP I, S. 114 (122).
[47] *Engeli,* (Fn. 61), S. 114 (127).
[48] § 52 Demokratische GO 1946 (abgedruckt in *Engeli/Haus,* Quellen, 732 ff.).
[49] § 53 Demokratische GO 1946 (abgedruckt in *Engeli/Haus,* Quellen, 732 ff.).
[50] *Mampel,* HKWP II, S. 515 (520 ff.).
[51] Befehle der sowjetischen Militäradministration, die die wirtschaftliche Neuordnung in der Verwaltung institutionalisierten und eine „Entnazifizierung" bezweckten.
[52] *Broszat/Weber,* SBZ Handbuch, 306 ff.

die theoretisch nur parlamentarischer Weisung zu unterliegen hatte, wurde in die einheitliche Gesamtverwaltung integriert. Damit wurde ein Schritt zur Abschaffung der horizontalen Gewaltenteilung gemacht. Wesentliche Elemente der kommunalpolitischen Handlungsfreiheit wie die Polizei und das Schulwesen wandelten sich in staatlich gesteuerte Einheiten, die als Herrschaftsinstrumente zur vertikalen Stabilisierung des Parteikurses dienten.[53] Von nicht geringer Bedeutung waren auch die Eingriffe in die wirtschaftliche Selbstverwaltung. So fasste z. B. 1949 das von der **Deutschen Wirtschaftskommission (DWK)** gegründete Kommunalwirtschaftsunternehmen alle wirtschaftlichen Unternehmen und Einrichtungen (Energieeinlagen, Bauhöfe, bebaute Wohn- und Industriegrundstücke, Verkehrsmittelbetriebe, Gaststätten, Hotels, Theater, Museen, Krankenhäuser) zusammen.[54] Alle örtlichen Vermögenswerte wurden somit in Volkseigentum überführt. Eines der grundlegenden Prinzipien der marxistischen Lehre der Beseitigung von Klassengegensätzen fand hierin seine Bestätigung. Die kommunalrechtlichen Institutionen besaßen nun nur noch repräsentativen Charakter und geringe Möglichkeiten für eigenverantwortliche Betätigung auf örtlicher Ebene. Vielmehr wurden sie zu bloßen „Befehlsempfängern"[55] herabgesetzt. In materiellrechtlicher Hinsicht dienten als Triebfeder für den Aufbau der strikten zentralistischen Hierarchie das Gesetz über die weitere Demokratisierung des Aufbaus und der Arbeitsweise der staatlichen Organe in den Ländern der DDR vom 23.7.1952, das Gesetz über die örtlichen Organe der Staatsmacht vom 17.1.1957 und das Gesetz über die örtlichen Volksvertretungen und ihre Organe (GöV) vom 12.7.1973.[56] Durch die Gleichschaltung der politischen Opposition und die sukzessive, aber gravierende Schwächung des selbstverwaltenden Instrumentariums schaffte die sozialistische Regierung in der DDR die Implementierung von solchen Staatsstrukturprinzipien wie dem demokratischen Zentralismus.

Bereits 1952 wurden die Länder beseitigt und durch Verwaltungsbezirke ohne eigene Souveränität ersetzt. Das **Prinzip des demokratischen Zentralismus** kommt zum ersten Mal implizit im **Gesetz über die örtlichen Organe der Staatsmacht 1957** zum Ausdruck. Dort ist von den Lokalverwaltungsorganen als von „obersten Organen der Staatsmacht" in ihrem Zuständigkeitsbereich die Rede.[57] Hinter diesem Grundsatz verbirgt sich eine weitgehende Vereinheitlichung und Standardisierung von Staats- und Selbstverwaltung. Auf der Grundlage der **Identität von Staat, Partei und Recht** wurden die örtlichen Verwaltungen uniformisiert und ihrer autonomen Entscheidungsmöglichkeiten fast vollständig beraubt. Der Verwaltungsspielraum wurde zu Gunsten der parteibeherrschten zentralen Verwaltungsorganisation erweitert. Unmittelbare Folge davon war die Rechts- und Fachaufsicht der oberen Organe über die unteren sowie die generelle Eingriffsbefugnis der ersteren in die Kompetenzen der untergeordneten Instanzen.[58] Nach und nach setzte sich eine Leitung zentralistischer Natur durch, bei der die örtlichen Volksvertretungen der Umsetzung sozialistischer Machtvorstellungen dienten.[59] Wichtigste Voraussetzungen dafür waren eine einheit-

40

---

[53] *Broszat/Weber,* SBZ Handbuch, 311 f.; *Türke,* Demokratischer Zentralismus, 147 f.
[54] *Broszat/Weber,* SBZ Handbuch, 312.
[55] *Kahl,* Die Staatsaufsicht, S. 332.
[56] *Kahl* (Fn. 55), S. 333.
[57] Vgl. § 1 Abs. 1 Gesetz über die örtlichen Organe der Staatsmacht vom 17.1.1957.
[58] *Engeli/Haus,* Quellen, 731; *Türke,* Demokratischer Zentralismus, 29 f.
[59] *Mampel,* HKWP II, S. 515 (516 f.).

liche Staatsgewalt und einheitliche Staatsverwaltung. Explizit erwähnt wird der Begriff des demokratischen Zentralismus in der Verfassung der DDR 1968/74.[60] Die naturrechtlichen Thesen der Staatsrechtslehre von einer originären Selbstverwaltung vermochten sich nicht durchzusetzen. Vielmehr gewann die Ansicht an Bedeutung, dass die Gemeindegewalt einen derivativen Charakter hat. Diese war im Rahmen einer strengen hierarchischen Struktur vom Staat abgeleitet und stand hiermit im Subordinationsverhältnis zu ihm. Zur Begründung dieser Auffassung bediente man sich der Rechtstheorien von *Paul Laband* (1838–1918) und *Karl Friedrich von Gerber* (1823–1891), die von einem etatistischen Konzept des Staatsaufbaus ausgingen.[61]

41 Nach der Wende wurde am 17.5.1990 das **Gesetz über die Selbstverwaltung der Gemeinden und Landkreise in der DDR (Kommunalverfassung der DDR 1990)** verabschiedet. Dadurch lebte die kommunale Selbstverwaltung wieder auf. Sie verfügte nun über eigene Verantwortung im Bereich der Finanzen und der Übertragung von öffentlichen Aufgaben durch Gesetz und über Satzungshoheit. Die Gemeindevertretung und der Bürgermeister sollten als Selbstverwaltungsorgane zur demokratischen Mitwirkung der Bürger am Gemeindeleben beitragen. Die Staatsaufsicht beschränkte sich auf eine Rechtsaufsicht.[62] Die Normen dieser Kommunalverfassung dienten in den folgenden Jahren als Grundlage für die Ausgestaltung eines demokratischen Gemeinderechts in den neuen Bundesländern Brandenburg, Mecklenburg-Vorpommern, Sachsen, Sachsen-Anhalt und Thüringen.

VII. Die Kommunen nach der Wiedervereinigung bis heute

42 Nach dem Beitritt der DDR zur Bundesrepublik Deutschland am 3.10.1990 erwies sich eine Gemeindegebietsreform in den fünf neuen Ländern für eine demokratische Selbstverwaltung als notwendig. 1993 und 1994 wurde die übergangsweise noch geltende Kommunalverfassung von 1990 durch ländereigene Kommunalgesetze ersetzt. Gemeinsam war ihnen der weitgehende Rückbau staatlichen Einflusses auf die Rechtsaufsicht. Dabei lehnten sich die Landesgesetzgeber stark an jeweilige Vorbilder der alten Länder an, die durch die Abordnung von Beratern und Verwaltungsbeamten „Patenschaften" für die neuen Länder übernommen hatten.[63]

43 **Brandenburg** lehnte sich stark an das Recht Nordrhein-Westfalens an, was sich insbesondere in der kompetenziellen Gleichstellung von Kreisen und Gemeinden, der Garantie der Eigenverantwortung und Selbständigkeit und der Aufgabenhoheit zeigt. Partnerland für den Aufbau einer leistungsfähigen und rechtsstaatlichen Verwaltung in **Mecklenburg-Vorpommern** war v. a. Schleswig-Holstein, da es aufgrund ähnlicher Größe und Strukturen für den Transformationsprozess besonders geeignet erschien; dies schlug sich auch im Kommunalrecht deutlich nieder. Im Bereich der Kommunalaufsicht wurde allerdings das Niedersächsische Recht prägend. **Sachsen** und **Sachsen-Anhalt** standen unter der Ägide von Baden-Württemberg; dies zeigt sich u. a. in der starken Stellung der Bürgermeister und in der nahezu wortgleichen Übernahme von

---

[60] Vgl. Art. 47 Abs. 2 Verfassung der DDR vom 6.4.1968 (in der Fassung vom 7.10.1974).
[61] *Kahl* (Fn. 55), S. 337 ff.
[62] *Kahl* (Fn. 55), S. 334 f.
[63] Zur allg. Orientierung der östlichen Landesverfassungen an die der „alten" Bundesländern vgl. *Stöhr*, Verfassungsrechtliche Garantien für die kommunale Selbstverwaltung in den neuen Bundesländern, Diss. München 1997, 261 f.

Vorschriften. **Thüringen** wurde schließlich – wegen der historischen Nachbarlage – von Bayern betreut, hier zeigen sich Ähnlichkeiten bezüglich des Anspruchs auf Finanzausstattung und der Abgabenhoheit, aber auch bei dem Aufbau der Demokratie von unten nach oben auf örtlicher Ebene.[64]

Auch heute noch erfordert das Kommunalrecht den beständigen Wandel zur Anpassung an aktuelle Bedürfnisse von Gesellschaft und Verwaltungstätigkeit, die selbstverständlich bereits dort denknotwendig Veränderungen erfordert, wo sich die Struktur, die Zusammensetzung oder schlicht die Menge der Bevölkerung ändert. Nachdem in den 1990er Jahren nach der Kommunalrechtsanpassung an die Bundesrepublik in den neuen Bundesländern ein Ausbleiben deutlicher Reformbemühungen in der kommunalen Strukturordnung zu verzeichnen war, sind in den vergangenen Jahren gerade aufgrund Umschichtungen in der Bevölkerungsverteilung Deutschlands erneut in einigen Bundesländern Gebietsreformen vollzogen worden. Brandenburg vollzog eine solche im Jahr 2003, bei der über 300 Gemeinden der Auflösung zugeführt worden. Nicht immer vollzog sich dies dabei ohne letztlich erfolglose Gegenwehr der Gemeinden selbst, die um ihre Selbstverwaltungsrechte kämpften.[65] Als weitere ostdeutsche Länder führten auch Sachsen-Anhalt (2004/2005) und Sachsen (2008) umfangreiche Gebietsreformen durch, die primär Reaktion auf einen Rückgang der Einwohnerzahl bzw. deren Umschichtung zurückzuführen waren. Bestand Sachsen-Anhalt vor der Reform noch aus 1033 Gemeinden, sank deren Zahl im Zuge umfassender Zusammenlegungen auf lediglich 218. In Mecklenburg-Vorpommern wurde, auch aus Gründen der dünnen Besiedelung, die noch deutlich drastischere Reduzierung von zwölf auf sechs Landkreise und die Umwandlung von vier der sechs kreisfreien Städte zu Kreisstädten im Jahr 2011 durchgeführt. Auch hier blieben entsprechende Landesverfassungsbeschwerden final erfolglos.[66] 44

In jüngster Zeit ist auf bundesweiter Ebene ein flächendeckender Einzug des New Public Management und seiner Umsetzung im Kommunalbereich zu beobachten. Hauptproblemfelder sind die Einführung von betriebswirtschaftlichen Elementen in der kommunalen Haushaltsführung, insbesondere die **Ersetzung der klassischen Kameralistik durch die sog. Doppik** und die outputorientierte Sicht bei Verwaltungsentscheidungen durch Einführung von Kosten-Nutzen-Analysen, Budgetierung und dezentraler Ressourcenverantwortung.[67] Aktuelle kommunalrechtliche Themen sind – bedingt durch die medial omnipräsente Finanznot der Gemeinden – überwiegend im Bereich der Gemeindewirtschaft, dem Gemeindehaushalt, der Gemeindeaufgaben, der Privatisierung und im Europarecht angesiedelt. Die zentrale Frage ist, ob denn einerseits die Kommunen überhaupt noch „ihre" Aufgaben wahrnehmen[68], oder durch die immense Aufgabenfülle finanziell, personell und strukturell überfordert werden.[69] Ein Ausweg scheint in der Verbesserung der finanziellen Lage durch moderne, wirtschaft- 45

---

[64] *Stöhr*, Verfassungsrechtliche Garantien für die kommunale Selbstverwaltung in den neuen Bundesländern, Diss. München 1997.
[65] VerfGBbg 95/03; 96/03; 152/03.
[66] VerfGMV, 21/10; 22/10; 23/10; anschaulich zu Argumenten gegen kommunale Gebietsreformen und den geschichtlichen Zusammenhängen auch *Wallerath*, Kommunale Gebietsreformen und Öffentliches Wohl, 52f., in 20 Jahre Verfassungsgerichtsbarkeit in den neuen Ländern, Berlin 2014.
[67] Vgl. dazu unten § 12 V 1.
[68] Vgl. „Weihnachtsmarkturteil": BVerwG, BayVBl. 2010, 376ff.
[69] Siehe dazu: *Geis/Madeja*, Politische Bildung, 2010/1, S. 8 (16ff.).

liche Verwaltungsstrukturen (**neue Steuerungsmodelle**)[70] einschließlich der Privatisierung zu bestehen, um so die Aufgabenerfüllung sicherstellen zu können. Dennoch zeichnet sich ein entgegengesetzter Trend im Rahmen der „Rekommunalisierung" ab[71], da die Privatisierung – nicht zuletzt weil die Finanzkrise u. a. den Zusammenbruch privatwirtschaftlicher Mechanismen zur Folge hatte – nicht den gewünschten (finanziellen) Erfolg eingebracht hat. Daher nehmen sich die Kommunen wieder vermehrt den Aufgaben der infrastrukturellen Grundversorgung, der Verkehrsbetriebe und der sozialen und kulturellen Einrichtungen an. Diese Bestrebungen von kommunaler Seite wurden zur Überwindung der Krisenfolgen vielfach auch mit Bundesmitteln forciert.[72] Vielfach werden Kommunen mit der Übertragung neuer kostenintensiven staatlichen Aufgaben belastet[73], so dass für die eigenen Aufgaben finanzielle und personelle Ressourcen zwangsläufig zurückstehen müssen.[74] Dies könnte unter der nun im Grundgesetz verankerten **„Schuldenbremse"** für Bund und Länder (Art. 109 III GG) eine neue Dimension erreichen.[75] Die Ausweitung der eigenen Einnahmebasis sollte auch vor diesem Hintergrund als eine stetige Stütze im eigenen Haushalt eingezogen werden, die durch zinsgünstige und langfristig rückzahlbare Finanzierungsmöglichkeiten unproblematisch außerhalb bestehender Ergebnishaushalte realisiert werden konnte. Hiervon erhoffen sich Kommunen vielerorts einen Zuwachs an eigener Freiheit – losgelöst vom ständigen Druck der kommunalen Aufsichtsbehörden. Der Zwang zur Selbstbehauptung gilt gleichermaßen auf unionsrechtlicher Ebene. Angefangen beim Kommunalwahlrecht, der Planungshoheit, bis hin zum Beihilfe- und Vergaberecht[76], ist der kommunale Alltag maßgeblich durch das Europarecht geprägt.[77] So sind es nicht nur Kooperationen mit Privaten, sondern auch Bereiche der kommunalen Zusammenarbeit, deren vergaberechtliche Anforderungen genauestens zu untersuchen sind.[78] In diesem Sinne sollte das In-Kraft-Treten des Vertrages von Lissabon[79] die Europafestigkeit der kommunalen Selbstverwaltungsgarantie mit sich bringen.[80] Das Spannungsverhältnis kommunaler Strukturen und dem europäischen Marktverständnis vom Wettbewerb bleibt ein brisantes Thema. So wird jüngst über die Liberalisierung der kommunalen Wasserversorgung als Kernbereich der Daseinsvorsorge durch eine Richtlinie zur Vergabe von Dienstleistungskonzessionen diskutiert.[81] Weitere europarechtliche Einflüsse sind im öffentlichen Rechnungswesen zu beobachten. Danach überlegt die Europäische Kommission für die öffentliche Hand einheitliche Rech-

---

[70] Siehe noch § 6 VI Rn. 35.
[71] Ausf. dazu *H. Bauer,* DÖV 2012, S. 329 ff.
[72] Vgl. *Meyer/Freese,* NVwZ 2009, 609; *Burgi,* KommR, § 18 Rn. 1.
[73] BVerfG, NVwZ 2008, 183 (Hartz IV-Arbeitsgemeinschaften); *Ingold,* DÖV 2010, 134 ff.; *Meßmann,* DÖV 2010, 726 ff.
[74] Dem sollen europäische Fördermittel zur Strukturförderung entgegenwirken, vgl. *Kolb,* LKV 2001, 196 ff.
[75] Vgl. *Groh,* LKV 2010, 1 ff.
[76] Z. B.: *Grziwotz,* KommJur 2010, 250 ff.; zur Ausschreibung von Leistungen der Daseinsvorsorge, *Jennert,* NVwZ 2004, 425 ff. (Altmark Trans Entscheidung); zur Zweckverbandsumlage, *Müller,* NVwZ 2009, 1536 ff.
[77] Dazu: *Meyer,* NVwZ 2007, 20 ff.
[78] Siehe dazu noch § 12 IV Nr. 4.
[79] Mit Wirkung vom 1.12.2009. Eine wesentliche Veränderung bestand in der Fusion von EU und EG.
[80] Ausf. dazu: *Schmidt-Eichstaedt,* KommJur 2009, 249 ff.; dazu noch unter § 4 III.
[81] Dazu: *Bayerischer Städtetag,* Pressemitteilung vom 21.01.2013, www.bay-staedtetag.de.; *Markopoulos,* KommJur 2012, S. 330 ff.

nungslegungsstandards sog. International Public Sector Accounting Standards (IPSAS) einzuführen, wie sie schon bei den für privatrechtliche Unternehmen geltenden International Financial Reporting Standards (IFRS) bekannt sind.[82]

§ 3. Gemeindeverfassungssysteme

I. Die historische Unterscheidung nach Organstrukturen

In der Varianz der Gemeindeverfassungssysteme spiegelten sich in den Anfängen der Bundesrepublik nicht nur der starke Einfluß der Alliierten in ihren jeweiligen Besatzungszonen, sondern auch die weiter zurückreichenden historischen Wurzeln, insbesondere zwischen dem Norden mit seiner preußischen Tradition, die den Bürgermeister als nicht unmittelbar vom Volk gewähltes Teil eines Kollegiums favorisierte, und dem Süden mit der starken Stellung des unmittelbar gewählten Bürgermeisters bzw. Schultes. Danach wurden die Süddeutsche (Gemeinde-)Ratsverfassung, die rheinische Bürgermeisterverfassung, die Magistratsverfassung und die norddeutsche Ratsverfassung unterschieden.[1] Heute haben sich die Kommunalverfassungen der Länder in diesem Punkt weitgehend angeglichen, seit Hessen 1991,[2] Rheinland-Pfalz 1993, das Saarland 1994, Nordrhein-Westfalen 1994[3] und Niedersachsen 1996[4] sowie Schleswig-Holstein 1998[5] die Direktwahl von Bürgermeistern und Stadträten eingeführt haben. Damit hat sich in fast allen Bundesländern der Typus der süddeutschen Ratsverfassung (mit Modifikationen) durchgesetzt;[6] lediglich Hessen hat den Typus der Magistratsverfassung (freilich kombiniert mit der Direktwahl des Bürgermeisters) beibehalten.

1

II. Dualistische und monistische Aufgabenstruktur

1. Aufgabendualismus

Das ältere dualistische Aufgabenverteilungsmodell trennt zwischen Gemeindeaufgaben und Aufgaben des Staates. Dies geht auf das 19. Jahrhundert zurück, in dem trotz immer wieder erhobener Forderungen nach „gemeindlicher Allzuständigkeit" über den Bereich der örtlichen Angelegenheiten hinaus die elementaren Staatsfunktionen – insb. die Aufrechterhaltung der öffentlichen Sicherheit und Ordnung („Policeaufgaben") – stets von diesem beansprucht wurden; eine Dezentralisierung in diesem Punkt war für die restaurative Politik der deutschen Staaten undenkbar. So entwickelte sich die Unterscheidung zwischen den **Angelegenheiten des eigenen Wirkungskreises (Selbstverwaltungsaufgaben),** die ausschließlich von den Gemeinden erledigt werden und **Aufgaben des übertragenen Wirkungskreises (staatliche Aufgaben),** bei denen

2

---

[82] Siehe *Gerhards,* DÖV 2013, 70 ff.
[1] Weiterführend *Gern,* DKommR, Rn. 40 ff.
[2] Infolge der Volksabstimmung v. 20.1.1991 in Art. 138 HessVerf verankert (GVBl. I S. 101); in Kraft getreten am 28.3.1991.
[3] Gesetz zur Änderung der Kommunalverfassung vom 17.5.1994 (GVBl. NW, S. 270). Die erste Direktwahl fand 1999 statt.
[4] Gesetz zur Reform der Niedersächsischen Kommunalverfassung (NdsGVBl., S. 53).
[5] In den Landgemeinden; in den Städten fand schon zuvor eine direkte Wahl statt.
[6] Von *Arnim* ZRP 1995, 340 (351); *Kluth,* in: Wolff/Bachof/Stober, Verwaltungsrecht Bd. 3, 5. Aufl. 2004, § 95 Rn. 7.

der Staat entscheidet, ob er sie durch eigene Behörden erfüllt oder die Gemeinden mit der Erfüllung beauftragt. Im Bereich der Selbstverwaltungsaufgaben wird weiter differenziert zwischen **freiwilligen Selbstverwaltungsaufgaben,** bei denen die Gemeinde frei über das „Ob" und „Wie" der Erledigung entscheiden kann,[7] und **„pflichtigen" Selbstverwaltungsaufgaben,** die die Gemeinde in Angriff nehmen muss, dabei aber (weitgehend) über die konkrete Art der Durchführung befinden kann.[8] Die Auferlegung der Pflichtaufgabe ergibt sich dabei seltener aus dem Kommunalrecht selbst, sondern meist aus Fachgesetzen. Im Bereich der freiwilligen Aufgaben hat die Gemeinde ein **„Aufgabenfindungsrecht",** d. h. sie kann jederzeit bei Bedarf infolge des Wandels der Verhältnisse neue Aufgaben für sich definieren. Dieses Aufgabenfindungsrecht ist nach pflichtgemäßem Ermessen auszuüben; dabei ist jedoch auf die Einhaltung rechtlicher Grenzen zu achten.[9] Die Gemeinde unterliegt jedoch sowohl im freiwilligen wie im pflichtigen Bereich nur der Rechtsaufsicht des Staates, kann also über die Art der inhaltlichen Bewältigung frei befinden.

3   Im Bereich der **Aufgaben des übertragenen Wirkungskreises** unterliegt die Gemeinde dagegen der Fachaufsicht, die sowohl die Rechtmäßigkeit wie die Zweckmäßigkeit des gemeindlichen Handelns kontrolliert und Weisungen erteilen kann. Hierzu zählen traditionell der Bereich des Polizeirechts und des allgemeinen wie besonderen Sicherheits- und Ordnungrechts.[10]

4   Das dualistische Modell ist in Bayern, Mecklenburg-Vorpommern, Niedersachsen, Rheinland-Pfalz, Saarland, Sachsen-Anhalt und Thüringen verwirklicht.

2. Aufgabenmonismus

5   Noch vor Gründung des Bundesrepublik wurde 1948 von den Innenministern der Länder und den kommunalen Spitzenverbänden der Musterentwurf einer Gemeindeordnung erarbeitet, der statt der dualistischen eine monistische Aufgabenstruktur vorsah (Weinheimer Entwurf),[11] um die zentrale Stellung der Gemeinde als Verwaltungsträger im Staat hervorzuheben. Nach dem Prinzip der Einheit der Verwaltung auf Gemeindeebene sind die Gemeinden in ihrem Gebiet ausschließliche und eigenverantwortliche Träger der öffentlichen Verwaltung. Statt der Unterscheidung eigener/übertragener Wirkungskreis (resp. kommunale/staatliche Aufgaben) werden die Bereiche der **(weisungs-) freien Aufgaben,** der **Pflichtaufgaben** und der **Pflichtaufgaben nach Weisung** unterschieden. Dieses Modell haben Baden-Württemberg, Brandenburg, Hessen, Nordrhein-Westfalen, Sachsen und Schleswig-Holstein übernommen.

---

[7] Beispiele sind etwa die Unterhaltung von kulturellen und sportlichen Einrichtungen.
[8] Beispiele sind die Pflicht zur Herstellung und Unterhaltung von Versorgungseinrichtungen (insb. Trinkwasser), die Aufgaben der kreisfreien Gemeinden und Landkreise als öffentliche Träger der Sozialhilfe (§ 96 I BSHG) bzw. der Kinder- und Jugendhilfe (§ 69 I 2 SGB VIII) bis hin zur Vorhaltung von Bestattungseinrichtungen (Friedhöfe, Leichenräume etc.).
[9] Die sich insb. aus den Subsidiaritätsklauseln des Kommunalwirtschaftsrechts ergeben können(vgl. unten § 12 IV 2a) bb).
[10] Hierzu zählen u. a. das Bauordnungsrecht, das Gewerberecht (einschl. Gaststätten- und Handwerksrecht).
[11] Dazu *v. Mutius*, in: Jeserich/Pohl (Hrsg.); Deutsche Verwaltungsgeschichte V, 1987, S. 312 (327); *Mann/Elvers*, HKWP I. Rn. 24 m.w.N.

3. Bewertung

Die Differenz zwischen monistischem und dualistischem System ist kleiner als sie auf den ersten Blick scheint: Die Zugriffsmöglichkeiten des Staates im Wege der Rechtsaufsicht oder der Fachaufsicht sind in beiden Systemen die gleichen. Das Grundgesetz selbst geht eher von der dualistischen Aufgabenstruktur aus, da die Garantie des Art. 28 II GG sich ersichtlich auf die „Angelegenheiten der örtlichen Gemeinschaft" bezieht. Dies steht aber wegen der von der Landeskompetenz abweichenden Regelungen, die Art. 28 II GG nicht direkt widersprechen, nicht entgegen.

Ein wichtiger Unterschied ergibt sich jedoch bei der Rechtsverfolgung vor Gericht: Während im monistischen System jeder Eingriff in das Handeln der Gemeinde eine mögliche Rechtsverletzung – und damit eine Klagebefugnis i.S.d. § 42 II VwGO – begründet, wurde eine solche im dualistischen System für den Bereich der übertragenen Aufgaben überwiegend verneint.[12] Mittlerweile ist aber die Rechtsprechung dazu übergegangen, für bestimmte Fallkonstellationen auch im Bereich des übertragenen Wirkungskreises[13] bzw. im Bereich fachaufsichtlicher Weisungen[14] die Klagebefugnis zu bejahen. Seit Langem bejaht auch der VGH München ein klagefähiges Recht aus Art. 109 II 2 GO BY[15], um Eingriffen in das Verwaltungsermessen Grenzen zu setzen. Insoweit werden auch in diesem Bereich die Konsequenzen der Systemwahl immer marginaler und führen jedenfalls nicht zu einem verfassungsrechtlich relevanten Gefälle. Zunehmend erodieren hierbei, auch durch das Fehlen einer derartigen Systemdifferenzierung auf europäischer Ebene, bei der Umsetzung von EU-Regelungen die bis heute verbliebenen Unterschiede.

§ 4. Rechtlicher Regelungsrahmen

I. Die Gemeinden im Bundesrecht

Literatur: *Lerche,* Strikte Auslegung von Kompetenznormen, in: Geis/Lorenz (Hrsg), FS Maurer, 2001, S. 205 ff.; *Schmidt-Jortzig,* Auswirkungen der Föderalismusreform auf die Kommunen, Der Landkreis 2004, 365 f.; *Schoch,* Die Sicherung der kommunalen Selbstverwaltung als Föderalismusproblem, Der Landkreis 2004, 367 ff.

1. Grundgesetz

Das Grundgesetz erwähnt die Gemeinden nur an wenigen Stellen. Zentrale Vorschrift ist Art. 28 GG. Er garantiert in I 2 die Existenz von gewählten Volksvertretungen in Gemeinden und Kreisen und ordnet hierfür die Geltung der Wahlrechtsgrundsätze (i.S.d. Art. 38 GG) an – eine klare Revision der Rechtslage im Dritten Reich. I 3 erstreckt in Umsetzung von Art. 19 I EGV, nunmehr Art. 22 I AEUV, und der Richt-

---

[12] BVerfG NVwZ 1989, 46; BVerwGE 95, 333 (335); NVwZ 1983, 610; DÖV 1995, 512 f.; *Happ,* in: Eyermann (Hrsg.), VwGO, 11. Aufl. 2000, § 42 Rn. 113 Stw. „Aufsichtsmaßnahmen".
[13] BVerwG DVBl. 2001, 918; DVBl 2003, 269 f.; für eine anschauliche Darstellung mit besonderem Bezug auf das Umweltrecht und die Aarhus-Konvention vgl. *Dietz/Meyer,* Erweiterte Drittanfechtungsklagen von Kommunen, AöR 2015, 198 (232 f.).
[14] BVerwGE 95, 333 (337 ff.) nimmt dies bei der Ausführung staatlicher Aufgaben an, die „mit Rücksicht" auf die Selbstverwaltung auszuführen sind.
[15] VGH München, BayVBl 1977, 152.

linie 94/80/EG des Rates das aktive und passive Wahlrecht auf Bürger der EU/EG.[1] In I 4 wird die Möglichkeit zu einer direkten Demokratie nach schweizer Vorbild eröffnet; bislang wurde jedoch hiervon noch nicht Gebrauch gemacht.

2   Art. 28 II 1 enthält mit der Garantie des kommunalen Selbstverwaltungsrechts die „Magna Charta der Kommunen". Er gilt auch für die Gemeindeverbände (= Kreise), allerdings nur im Rahmen der diesen gesetzlich zugewiesenen Aufgaben (insoweit relativiert sich die Schutzwirkung einer institutionellen Garantie). Im Rahmen der „großen" Verfassungsreform 1994 wurde die Selbstverwaltungsgarantie ausdrücklich um das Recht auf finanzielle Austattung (S. 3)[2] und 1997 zusätzlich um die Gewerbesteuergarantie ergänzt (S. 3 Hs. 2).[3]

3   Art. 84 GG weist den Ländern im Bereich der Bundesaufsichtsverwaltung die Einrichtung der Behörden zu. Während früher Ausnahmen mit Zustimmung des Bundesrates oder kraft ungeschriebener Gesetzgebungskompetenzen möglich waren, wurde durch die Föderalismusreform eine Aufgabenübertragung an Gemeinden und Gemeindeverbände seitens des Bundes kategorisch ausgeschlossen (Art. 84 I 7 GG).[4] Sinn dieser verfassungsrechtlichen „Firewall" war es, die Gemeinden vor der Auferlegung von Folgekosten insb. im Sozialrecht zu schützen, zumal im Verhältnis Bund – Gemeinden der **Konnexitätsgrundsatz** nicht gilt. Damit sollte zugleich die Selbstverwaltungshoheit und die finanzielle Leistungsfähigkeit der Kommunen gestärkt werden. Dies geschah vor dem Hintergrund, dass die Kommunen sich im Gesetzgebungsverfahren mangels Mitbestimmung gegen eine Aufgabenübertragung nicht wehren können. Der umgekehrte Fall zu Art. 84 I 7 GG ist, dass sich der Bund von einer Aufgabe zurückzieht. Im Schrifttum nicht unumstritten wird das nunmehr zuständige Land für die Aufgabenübertragung an die Kommunen verpflichtet, den finanziellen Ausgleich für die ehemalige Aufgabe des Bundes (auch in seiner konkreten Ausführungsart) zu tragen.[5]

4   Schon im Jahre 1967 hatte das BVerfG die bundesgesetzliche Bestimmung der kreisfreien Gemeinden und Landkreise als örtliche Träger der Wohlfahrtspflege (§ 96 BSHG) und der Jugendwohlfahrt (§ 12 JWG[6]) und als aufgrund der bis ins Kaiserreich zurückreichenden historischen Tradition der kommunalen Armenhilfe als Annexkompetenz für überwiegend zulässig erachtet.[7] Auch die bundesrechtliche Bestimmung der Gemeinden zu Trägern der Bauleitplanung wurde als Annexkompetenz zu Art. 74 I Nr. 18 GG gerechtfertigt,[8] ebenso die Bestimmung von kreisfreien Gemeinden und Kreisen als Träger der Alters-Grundsicherung nach ehemals § 4 I GSiG, nunmehr § 3 II SGB XII.[9] Im Übrigen war im Zuge der Hartz-Reformen umstritten, inwieweit den Gemeinden neue Zuständigkeiten durch Bundesgesetz aufoktroyiert werden konn-

---

[1] Eingefügt durch G. v. 21.12.1992 (BGBl. I, S. 2086). Vgl. dazu unten III.
[2] G. zur Änd. des GG v. 27.10.1994 (BGBl. I, 3146).
[3] G. zur Änd. des GG v. 20.10.1997 (BGBl. I, 2470).
[4] G. v. 28.8.2006 (BGBl. I, 2034).
[5] Vgl. VerfGH NRW, DVBl. 2010, 1561 ff.; kritisch dazu: *Engelken,* DÖV 2011, 745 ff.
[6] Vorgänger des Kinder- und Jugendhilfegesetzes (KJHG = SGB VIII).
[7] BVerfGE 22, 180 (210).
[8] BVerfGE 77, 288 (299 ff.).
[9] BayVGH, NVwZ 2004, 1382. GSiG aufgehoben mWv 1.1.2005 durch G v. 27.12.2003 (BGBl. I S. 3022), ersetzt durch SGB XII.

ten;[10] mit der genannten Neuregelung des Art. 84 I 7 GG, die als lex posterior auch der Konstruktion entsprechender ungeschriebener Gesetzgebungskompetenzen entgegensteht, ist diese Streitfrage klar entschieden. Infolgedessen erlangte das Aufgabenübertragungsverbot als Pendant zur Hochzonung bzw. dem Aufgabenentzug in Rechtsprechung und Literatur erneute Aufmerksamkeit.[11] Eine Gegenausnahme bildet nur Art. 108 IV 2, V, VII GG (Gemeindefinanzverwaltung).

Dritter Anknüpfungsbereich sind die Regelungen der Finanzverfassung (Art. 106 V-IX, Va, VI GG), die den Kommunen einen Anteil am Steueraufkommen zuweist und insoweit den – jüngeren – Art. 28 II 3 GG bereits vorweggenommen hat. Art. 107 II GG legt schließlich die Grundlage für den kommunalen Finanzausgleich.

2. Bundesgesetze

Das Kommunalrecht stellt eine der seltenen Materien dar, für die der Bund keine Gesetzgebungskompetenz (weder nach Art. 73 noch nach Art. 74 GG) besitzt und die deshalb zum „Krongut" der Landesgesetzgebung gehört. Nur für bestimmte Verwaltungsrechtsmaterien finden sich vereinzelte Anknüpfungspunkte, so in Art. 74 I Nr. 18 GG (städtebaulicher Grundstücksverkehr, Bodenrecht), in Art. 74 I Nr. 27 (Statusrechte und -pflichten der Gemeindebeamten) und die erwähnten sozialrechtlichen Trägerzuweisungen. Nur vereinzelt, beispielsweise für den Vollzug des SGB II hinsichtlich der Grundsicherung für Arbeitssuchende, entledigt sich der Bundesgesetzgeber dieses Grundprinzips des föderalen Staatsaufbaus der Bundesrepublik,[12] was in besonderer Weise anhand des Art. 91e GG deutlich wird. Dieser statuiert für die Ausführung von Bundesgesetzen auf dem Gebiet der Grundsicherung für Arbeitsuchende zu Gunsten von Gemeinden und Gemeindeverbände als Organisationseinheiten der Länder eine hinsichtlich Art. 28 II GG aufgabenerweiternde Kooperationspflicht und für sog. Optionskommunen gar die Chance zur alleinigen Wahrnehmung der Aufgabe.[13] Derartige Konstellationen bleiben jedoch auf Einzelfälle beschränkt, die jeweils speziell durch verfassungsrechtliche Kodifizierung legitimiert sein müssen und den Kernbereich der drei Staatsfunktionen in den Ländern unangetastet lassen müssen.[14]

II. Die Gemeinden im Landesrecht

1. Landesverfassungen

Die Verfassungen aller Bundesländer – mit Ausnahme der Stadtstaaten Berlin und Hamburg, wohl aber der Freien Hansestadt Bremen, die aus den beiden Gemeinden Bremen und Bremerhaven besteht – enthalten Garantien für Gemeinden und Gemein-

---

[10] Vgl. *Schoch*, NVwZ 2004, 1273; *Lühmann*, DÖV 2004, 677 ff.; *Henneke*, DÖV 2005, 177 ff.; *Rugel/Vorholz*, DVBl. 2005, 403 ff.
[11] Vgl. BVerfG, NVwZ 2008, 183 (Hartz IV-Arbeitsgemeinschaften); *Ingold*, DÖV 2010, 134 ff.: zum Aufgabenübertragungsverbot als Hindernis bauplanungsrechtlicher Gesetzgebung des Bundes; *Meßmann*, DÖV 2010, 726 ff.
[12] BVerfG, NVwZ 2015, 136 (137).
[13] Vgl. *Meyer*, Das SGB II und die Kommunen, NVwZ 2015, 116 (120).
[14] Vgl. BVerfG, NVwZ 2015, 136 (Rn. 83).

Erster Teil. Grundlagen

deverbände[15] (Kreise), die dem Art. 28 GG dogmatisch entsprechen, im Umfang jedoch häufig erheblich über diesen hinausgehen, wie die folgende Übersicht zeigt:

8 **Baden-Württemberg:** Art. 71–76 LV B.-W.; **Bayern:** Art. 10–12, Art. 83 BayVerf; **Brandenburg:** Art. 97–100 BbgVerf; **Bremen:** Art. 143–149 BremVerf; **Hessen:** Art. 137, 138 HessVerf; **Mecklenburg-Vorpommern:** Art. 72–75 Verf M.-V.; **Niedersachsen:** Art. 57–59 NdsVerf; **Nordrhein-Westfalen:** Art. 78, 79 VerfNRW; **Rheinland-Pfalz:** Art. 49, 50 Verf R.-P.; **Saarland:** Art. 117–124 SaarlVerf; **Sachsen:** Art. 82 II, 84–90 SächsVerf; **Sachsen-Anhalt:** Art. 87–90 Verf LSA; Schleswig-Holstein: Art. 46–49 Verf S.-H.; **Thüringen:** Art. 91–95 ThürVerf.

2. Kommunalgesetze der Länder

9 Zentrale Regelungskomplexe sind die **Gemeindeordnungen** (Kommunalverfassungsgesetze) und **Landkreisordnungen** (in Bayern auch die Bezirksordnung), die fast alle in den letzten Jahren grundlegend reformiert worden sind. Dazu treten eine größere Anzahl von ergänzenden Gesetzen und Verordnungen, die insbesondere die Gemeindewahlen **(Kommunalwahlgesetze),** die Abgabenerhebung **(Kommunalabgabengesetze),** Haushaltsführung und Wirtschaftstätigkeit, Zuständigkeitsverlagerungen, die Rechtsstellung der kommunalen Wahl- und Lebenszeitbeamten sowie die verschiedenen **Formen kommunaler Zusammenarbeit** regeln. Zunehmende Konjunktur haben (oft sektoral oder örtlich begrenzte) Experimentiergesetze[16] im Rahmen der Verwaltungsvereinfachung und -modernisierung wie das Bayerische **Modellkommunengesetz** v. 10.4.2007 (GVBl., S. 271), das für ausgewählte Gemeinden probeweise Lockerungen der staatlichen Aufsicht vorsieht. Im Folgenden werden die wichtigsten Gesetze aufgelistet (Die jeweils aktuellen Fassungen und Novelierungen finden Sie unter www.beck-online.de, www.juris.de und www.lexsoft.de/lexisnexis/justizportal_nrw.cgi).

10 **Baden-Württemberg:** Gemeindeordnung (GemO B.-W.) v. 24.7.2000 (GBl. S. 582, ber. 698); Kreisordnung (LKrO B.-W.) v. 19.6.1987 (GBl. S. 289); Gesetz über kommunale Zusammenarbeit (GKZ B.-W.) v. 16.9.1974 (GBl. S. 408, ber. 1975 S. 460, 1976 S. 408).

Bayern: Gemeindeordnung für den Freistaat Bayern (GO BY) v. 22.8.1998 (GVBl. S. 796, BayRS 2020-1-1-I); Landkreisordnung für den Freistaat Bayern (LKrO BY) v. 22.8.1998 (GVBl. S. 826); Gesetz über die kommunale Zusammenarbeit (KommZG BY) v. 20.6.1994 (GVBl. 1994 S. 555); Verwaltungsgemeinschaftsordnung für den Freistaat Bayern (VGemO BY) v. 1.1.1983 (BayRS 2020-2-1-I); Bezirksordnung für den Freistaat Bayern (BezO) v. 22.8.1998 (GVBl. S. 851, BayRS 2020-4-2-I).

Brandenburg: Kommunalverfassung des Landes Brandenburg (BbgKVerf) v. 18.12.2007 (GVBl. I/07, [Nr. 19], S. 286),

Gesetz über kommunale Gemeinschaftsarbeit (GKG Bbg) v. 28.5.1999 (Neufassung; GVBl. I S. 194).

---

[15] Der Begriff der „Gemeindeverbände" wird im GG und in den Landesverfassungen als Synonym für „Kreise" (in Bayern auch für „Bezirke") gebraucht, nicht etwa für die Verbände i. S. d. kommunalen Zusammenarbeit (insb. Zweckverbände).
[16] Vertiefend *Göhring*, Experimentierklauseln im Kommunalrecht, 2003: *Oebbecke*, DÖV 1995, S. 701 (708 f.).

Hessen: Gemeindeordnung (HessGO) v. 7.3.2005 (GVBl. I S. 142); Kreisordnung (HessKrO) v. 3.3.2005 (GVBl. I S. 183); Gesetz über kommunale Gemeinschaftsarbeit (KGG Hes) v. 16.12.1969 (GVBl. I S. 307).

Mecklenburg-Vorpommern: Kommunalverfassung für das Land Mecklenburg-Vorpommern (KV M-V) v. 13.7.2011 (GVOBl. M-V. S. 777).

Niedersachsen: Niedersächsische Kommunalverfassungsgesetz (NKomVG) v. 01.11.2011 (Nds.GVBl. 16/2012 S. 251)Niedersächsisches Gesetz über die kommunale Zusammenarbeit (NKomZG) v. 19.2.2004 (GVBl. S. 63). **Nordrhein-Westfalen:** Gemeindeordnung (GO NRW) v. 14.7.1994 (GV. NRW. S. 666 ff.); Kreisordnung (KrO NRW) v. 14.7.1994 (GV NRW S. 646/SGV NW 2021); Gesetz über kommunale Gemeinschaftsarbeit (GkG NRW) v. 1.10.1979 (GV NRW S. 621/SGV NRW 202).

Rheinland-Pfalz: Gemeindeordnung (GemO Rh.-Pf.) v. 31.1.1994 (GVBl. S. 153); Landkreisordnung (LKrO Rh.-Pf.) v. 31.1.1994 (GVBl. S. 188).

Saarland: Gemeindeordnung (Kommunalselbstverwaltungsgesetz KSVG) v. 27.6.1997 (Amtsbl. S. 682); Kreisordnung (KSVG) v. 27.6.1997 (Amtsbl. S. 682); Gesetz über die kommunale Gemeinschaftsarbeit (KGG SL) v. 27.6.1997 (Amtsbl. S. 723).

Sachsen: Gemeindeordnung für den Freistaat Sachsen (SächsGemO) v. 3.3.2014 (SächsGVBl. S. 822, 841); Landkreisordnung für den Freistaat Sachsen (SächsLKrO) v. 19.7.1993 (GVBl. S. 577); Sächsisches Gesetz über kommunale Zusammenarbeit (SächsKomGZ) v. 19.8.1993.

Sachsen-Anhalt: Kommunalverfassungsgesetz des Landes Sachsen-Anhalt (KVG LSA) v. 17.06.2014 (GVBl. S. 288); Gemeindeordnung für das Land Sachsen-Anhalt (GO LSA) v. 10.8.2009 (GVBl. LSA S. 383); Gesetz über kommunale Gemeinschaftsarbeit (GKG – LSA) v. 26.2.1998 (GVBl. S. 81).

Schleswig-Holstein: Gemeindeordnung (GO SH) v. 28.2.2003 (GVOBl. S. 57); Kreisordnung (KrO SH) v. 28.2.2003 (GVOBl. 2003, S. 94); Gesetz über die kommunale Zusammenarbeit (GkZ SH) v. 28.2.2003 (GVOBl. Schl.-H. S. 122).

Thüringen: Thüringer Gemeinde- und Landkreisordnung (Thüringer Kommunalordnung ThürKO) v. 28.1.2003 (GVBl. S. 41); Thüringer Gesetz über die kommunale Gemeinschaftsarbeit (ThürKGG) v. 10.10.2001 (GVBl. 2001 S. 290).

Die **Stadtstaaten** haben naturgemäß kein ausgeformtes Kommunalrecht, da dieses mit dem Landesverfassungsrecht weitgehend zusammenfällt. In **Berlin** enthält jedoch das Bezirksverwaltungsgesetz i. d. F. v. 10.11.2011 (GVBl. S. 693) Regelungen kommunalrechtlichen Charakters. Das Gleiche gilt in der **Hansestadt Hamburg** für das Bezirksverwaltungsgesetz i. d. F. v. 6.7.2006 (HmbGVBl., S. 904, zul. geändert am 30.10.2012, HmbGVBl. S. 449, 452) und in der **Hansestadt Bremen** für das Ortsbeirätegesetz v. 2.2.2010 (BremGBl., S. 130, zuletzt geändert d. G v. 23.4.2013, BremGBl., S. 115). Zudem haben alle Stadtstaaten Gesetze über Eigen- und Wirtschaftsbetriebe erlassen.

III. Die Kommunen im Europäischen Recht/Europarecht

Literatur: *Henneke,* Kommunen und Europa, 1999; *Schaffarzik,* Handbuch der Europäischen Charta der kommunalen Selbstverwaltung, 2002; *ders.,* Kommunale Selbstverwaltung im europäischen Mehrebenensystem, in: HKWP I, § 14; *Knemeyer,* Die Europäische Charta der kommunalen Selbstverwaltung, DÖV 1988, 997; *ders. (Hrsg.),* Kommunale Selbstverwaltung in Ost und West, 2003; *Würtenberger,* Auf dem Weg zu lokaler und regionaler Autonomie in Europa, in: Geis/Lorenz (Hrsg.), FS Maurer, 2001, S. 1053 ff.; *Schmidt,* Sind die EG und die EU an die Europäische Charta der kommunalen Selbstverwaltung gebunden, EuR 2003, 936; *Jarass/Beljin,* Unmittelbare Anwendung des EG-Rechts und EG-rechtskonforme Auslegung, JZ 2003, 768 ff.; *Schneider,* Kommunaler Einfluss in Europa, 2004.

1. Recht des Europarats

12 In Bezug auf die Kommunen sind im Europäischen Recht zwei Ebenen zu unterscheiden: Zum einen die des Europarats, zum anderen die der Europäischen Union (EU). Der 1949 gegründete Europarat hat von jeher den Schutz der Kommunen und der kommunalen Selbstverwaltung als essentiellen Bestandteil der Demokratie gesehen, wie etwa der 1951 eingerichtete „Rat der Gemeinden und Regionen Europas" zeigt. Konkrete Festlegungen scheiterten aber lange an der stark unterschiedlichen Binnenstruktur der Mitgliedstaaten. Erst Anfang der achtziger Jahre gewannen die Prinzipien der Dezentralisierung und der Subsidiarität supranational an Bedeutung und lenkten das politische Interesse auf die Leistungsfähigkeit und Integrationsbedeutung der „kleinen Einheiten". Als Meilenstein kann daher die 1985 vom Europarat verabschiedete **„Europäische Charta der kommunalen Selbstverwaltung"** (Europäische Kommunalcharta – EKC)[17] gelten, die mittlerweile in den meisten Mitgliedstaaten ratifiziert worden ist[18] und damit völkerrechtliche Bindung genießt. Sie verbürgt ein Mindestmaß kommunaler Autonomie durch Auflistung einer Vielzahl von konkreten Selbstverwaltungsgarantien wie z. B. die Allzuständigkeit und Eigenverantwortung der kommunalen Gebietskörperschaften, ein Anhörungsrecht bei Gebietsänderungen und die Körperschaft betreffenden Planungsentscheidungen, die Garantie ausreichender Finanzmittel einschließlich des Konnexitätsprinzips und die Steuerhoheit einschließlich des Hebesatzrechts. Allerdings gestattet es die „Flexibilitätsklausel" (Art. 12 EKC) den Mitgliedstaaten nicht, der ganzen Charta zustimmen zu müssen, sondern nur lediglich 20 aus 30 Grundsätzen auswählen zu dürfen, von denen 10 aus dem Katalog des Art. 12 I EKC entnommen sein müssen. Auch bestimmt Art. 13 EKC, dass die Mitgliedstaaten den Kreis der verpflichteten Körperschaften variieren können. In der Bundesrepublik gilt die Charta im Rang eines Bundesgesetzes und betrifft neben den Gemeinden partiell auch die Landkreise.[19]

13 Teilweise als „Magna Charta der kommunalen Grundrechte" gefeiert,[20] stellt die EKC sicher einen wichtigen Impuls für die politische Stellung der kommunalen Selbstverwaltung dar, die rechtliche Bedeutung jedenfalls für Deutschland bleibt aber überschaubar. Insbesondere hat der Europarat keine direkte Möglichkeit, die Einhaltung der Charta in den Mitgliedstaaten zu überwachen. Er kann nur durch Beschlüsse und Empfehlungen sowie bei der Vorbereitung völkerrechtlicher Verträge auf diese hinwir-

---

[17] Amtl. dt. Übersetzung: http://conventions.coe.int/Treaty/ger/Treaties/Html/122.htm.
[18] In Deutschland durch Bundesgesetz vom 22.1.1987 (BGBl. II, S. 65).
[19] Art. 13 EKC gestattet eine differenzierte Anwendung der Garantien.
[20] Vgl. etwa die Bewertung durch den Rat der Gemeinden und Regionen Europas (http://www.rgre.de/schlagzeilen/resolutionen/eu_charta/euro_ch.htm).

ken.²¹ Auch die sanktionslose Pflicht der Mitgliedstaaten, dem Generalsekretär des Europarats alle einschlägigen Informationen über von ihnen getroffene Maßnahmen zur Umsetzung der Charta zu übermitteln (Art. 14 EKC), befördert die Effektivität der Charta kaum.²² Der seit 2003 bestehende **„Kongress der Gemeinden und Regionen des Europarates"**²³ kann mit 2/3-Mehrheit allerdings seinerseits Empfehlungen und Stellungnahmen an die Organe des Europarats richten und Resolutionen verfassen. Auf Vermittlung kommunaler Spitzenverbände kann sich auch eine einzelne Gemeinde an den Kongress wenden und die Einhaltung der Charta auf politischem Wege überprüfen lassen, womit zwar keine justizielle Beschwerdemöglichkeit, aber immerhin eine Kontrolle durch ein unabhängiges Sachverständigengremium gegeben ist.

2. Recht der Europäischen Union

Dagegen ist die kommunale Selbstverwaltung im Recht der Europäischen Union – also dem eigentlichen „Europarecht" – derzeit noch nicht positivrechtlich verankert: Die Verträge zur EWG, zur EG und zur EU enthielten keine Garantie der kommunalen Selbstverwaltung. Dies lag vor allem an den unterschiedlichen Staatskonstruktionen der Mitglieder. Ebenso wie die ursprüngliche Entwicklung beim Europarat war auch das frühere Recht der EWG bzw. der EG ebenso föderalismus- wie kommunalblind, da die Binnenstrukturen als innerstaatliche Angelegenheiten angesehen werden. Auch aus Art. 6 III EUV (Schutz der nationalen Identität) und Art. 5 II EGV (Subsidiaritätsprinzip) folgte ursprünglich nichts anderes, da sich beide Normen nur auf das Verhältnis EU/EG – Mitgliedstaaten, nicht aber auf die Ebene unterhalb der Nationalstaatlichkeit beziehen. Die 2005 gescheiterte Europäische Verfassung hätte in Art. I-5 erstmals eine Garantie der kommunalen Selbstverwaltung und die Erweiterung des Subsidiaritätsprinzips auf die Binnenstruktur der Mitgliedstaaten enthalten.²⁴ Dagegen beinhaltete die im Jahre 2000 in Nizza proklamierte EU-Grundrechte-Charta²⁵ konsequenterweise keine entsprechende Regelung, weil die kommunale Selbstverwaltung europaweit nicht als Grundrecht angesehen wird. Der nun vollständig ratifizierte Vertrag von Lissabon²⁶ sieht allerdings in Art. 4 II 1 der konsolidierten Fassung des Vertrages über die Europäische Union (AEUV) vor, dass die Union als Teil der mitgliedstaatlichen Identität auch die „verfassungsmäßigen Strukturen einschließlich der regionalen und lokalen Selbstverwaltung" achtet. Ebenso wird in Art. 5 III des Vertrages über die Europäische Union die Subsidiarität des gemeinschaftlichen Handelns auch gegenüber der regionalen und lokalen Ebene der Mitgliedstaaten betont. Damit sind zumindest die regionalen und lokalen Handlungsebenen in die Entscheidung, wann ein Fall der Subsidiarität der Union vorliegt, miteinzubeziehen.

14

Neben dem geschriebenen Recht kennt das Europarecht außerdem die Rechtsquelle der allgemeinen Rechtsgrundsätze, die auf den gemeinsamen rechtlichen Fundamentalentscheidungen aller Mitgliedstaaten beruhen. Von einem erheblichen Teil der Literatur wird die EKC des Europarats als Ausprägung eines solchen allgemeinen Rechts-

15

---

²¹ *Schaffarzik,* HKWP I, § 14 Rn. 8f.
²² A.A. *Knemeyer,* Bayerisches Kommunalrecht, 12. Aufl. 2007, Rn. 37 m.w.N.
²³ Vormals „Ständige Konferenz der Gemeinden und Regionen".
²⁴ Art. I-5 I 1, Art. I-9 III 1 Verfassungsvertrag (ABl. EG C 310, S. 1).
²⁵ Vom 7.12.2000 (ABl. EG C 364/1).
²⁶ ABl. EG C 83/18 vom 30.03.2010.

grundsatzes angesehen, der deswegen auch in der EU normative Geltung habe.²⁷ Das ist jedoch eher abzulehnen: Zum einen sind Europarat und Europäische Union in ihrer Zusammensetzung nicht deckungsgleich, zum anderen ist die EU/EG auch nicht Vertragspartei der Charta. Weiter verhindert die Flexibilitätsklausel, von einem gesicherten fundamentalen Bestand zu sprechen,²⁸ zumal auch nur wenige Staaten in Europa der kommunalen Selbstverwaltung ein dem Art. 28 II GG vergleichbares Schutzniveau einräumen. Schließlich wurde auch bei der beabsichtigten Aufnahme in die EU-Verfassung nicht von einer schon vorliegenden dezidierten Geltung ausgegangen.²⁹

16 Indes werden die Kommunen vom Europarecht keinesfalls völlig ignoriert; es gibt durchaus Anknüpfungspunkte schon im derzeit gültigen Vertragstext:

Der 1994 geschaffene Ausschuss der Regionen,³⁰ der beratende Funktion bei der gemeinschaftlichen Rechtsetzung hat, sieht eine **Repräsentation** nicht nur der regionalen, sondern auch der **„lokalen Gebietskörperschaften"** vor (Art. 300 III AEUV). Der Begriff der lokalen Gebietskörperschaften dient als Oberbegriff für die ortsbezogenen Verwaltungseinheiten eines Staates, so dass er synonym für Gemeinden und Gemeindeverbände i. S. d. Art. 28 II GG benutzt wird.³¹ Allerdings gibt es keine verbindliche Quote, so dass über die verfahrensmäßige Beteiligung hinaus die tatsächlichen Einflussmöglichkeiten beschränkt bleiben. So weist das deutsche Recht gerade 3 von 24 Ausschusssitzen den Kommunen zu, die von den drei kommunalen Spitzenverbänden auf Bundesebene besetzt werden.³² Ferner ist an Art. 14 AEUV zu denken, der die Bedeutung der Dienste von allgemeinem wirtschaftlichen Interesse in der Union betont. Ein Großteil dieser Dienste ist Bestandteil der kommunalen Daseinsvorsorge.

17 Am deutlichsten wurde der Einfluss des Europarechts auf das Kommunalrecht in der **Einführung des kommunalen Wahlrechts für EU-Bürger,** das nach den Vorgaben von Art. 19 I EGV (nunmehr Art. 22 I AEUV) und der Richtlinie 94/80/EG des Rates³³ in Art. 28 I 3 GG und nachfolgend im Kommunalwahlrecht aller Bundesländer verankert wurde.

18 Aus der Sicht der EU sind die Kommunen im Übrigen Teile des Mitgliedstaates Bundesrepublik und damit Verpflichtete des EU-Rechts,³⁴ d. h. Einwohner und Bürger

---

²⁷ *Klein,* VVDStRL 50 (1991), S. 56 (76 f.); *Würtenberger,* in: Geis/Lorenz (Hrsg.), FS für Hartmut Maurer, 2001, S. 1053 (1059 ff.); *Engel,* in: Knemeyer (Hrsg.), Kommunale Selbstverwaltung in Ost und West, 2003, S. 37 (43 ff.); *Schaffarzik,* HKWP I, § 14 Rn. 23 ff., 32 m. w. N.

²⁸ H. M.; vgl. *Erichsen,* Kommunalrecht NRW, 2. Aufl. 1997, S. 423 f.; *Schoch,* in: Henneke (Hrsg.), Kommunen und Europa 1999, S. 11 (37), *Löwer,* in: v. Münch/Kunig, GG, Bd. 2, 5. Aufl. 2001, Art. 28 Rn. 95 a; *Groß,* DVBl. 2002, 1182 (1188); *Röhl,* in: Schoch (Hrsg.) Besonderes Verwaltungsrecht, 1. Kap. Rn. 11 f.; *Ruffert,* HKWP I, § 38 Rn. 8 ff. m. w. N.

²⁹ Zumal auch an dem vorlegenden Europäischen Konvent keine kommunalen Repräsentanten beteiligt wurden; unverbindlich hierzu auch Oppermann, DVBl. 2003, 1165 (1170).

³⁰ Durch den Vertrag von Maastricht als Art. 7 II EGV eingefügt.

³¹ *Blanke,* in: Grabitz/Hilf/Nettesheim, AEUV, 48. EL. 2012, Art. 300 Rn. 77.

³² § 14 S. 2 des Gesetzes über die Zusammenarbeit von Bund und Ländern in Angelegenheiten der EU vom 12.3.1993 (Sartorius I, Nr. 97). Sogar dies musste den Bundesländern abgetrotzt werden. Dazu auch unten § 25 II.

³³ ABl. EG Nr. L 368, S. 38.

³⁴ Deutlich gemacht auch durch die staatlich-administrative Einordnung als Local Administrative Unit 2 (LAU-2) für Gemeinden und Local Administrative Unit 1 (LAU-1) für u. A. Verwaltungsgemeinschaften, vgl. die Mitteilung der Kommission an das Europäische Parlament und den Rat über die Zweck-

können sich auch den Kommunen gegenüber auf EU-/EG-Recht berufen. Der Einfluss des Europarechts erstreckt sich dabei prinzipiell auf alle Kommunalhoheiten: Art. 28 I 3 GG beeinflusst die Organisationshoheit; die Arbeitnehmerfreizügigkeit nach Art. 45 ff. AEUV wirkt auf die Personalhoheit ein; die Planungshoheit wurde z. B. durch die UVP-Richtlinie[35] und die Fauna-Flora-Habitat-Richtlinie (FFH)[36] eingeschränkt;[37] desgleichen tangieren diverse EU-Förderprogramme die kommunale Kulturhoheit. Schließlich sind Unternehmen der kommunalen Daseinsvorsorge öffentliche Unternehmen i. S. d. Art. 14, 106 ff. AEUV; die Kommunen unterliegen auch insoweit dem Beihilferecht, den Wettbewerbsregeln des Gemeinsamen Marktes und den Grundfreiheiten, wenn auch Art. 106 II AEUV gewisse Erleichterungen enthält. Sie müssen ferner in ihrer Rechtsanwendung den Grundsatz der europarechtsfreundlichen Auslegung beachten.[38] Im Gegenzug setzt das marktfreiheitlich geprägte Unionsrecht und das Wettbewerbsrecht des AEUV hinsichtlich der wirtschaftlichen Betätigung der Kommunen im Ausland – entgegen dem kommunalen Selbstverwaltungsrecht, das auf örtliche Angelegenheiten beschränkt ist – grundsätzlich keine Grenzen; gleichwohl dies der Entscheidung des Landesgesetzgebers vorbehalten ist.[39]

Dennoch bleibt es auf europäischer Ebene bei der Frage, wie die Kommunen ihre Stellung bzw. ihr kommunales Selbstverwaltungsrecht behaupten können. Vorweggenommen sei, dass trotz der angedeuteten Berücksichtigung der Kommunen, weiterhin von einer schwachen Stellung des kommunalen Selbstverwaltungsrechts gesprochen werden kann.[40] Von den Gemeinden organisierte Wirtschaftsbereiche der Daseinsvorsorge – und damit ein Herzstück kommunaler Selbstverwaltung – werden unter den europarechtlichen Liberalisierungsprozessen und dem Wettbewerb als Ordnungsprinzip stark beeinträchtigt.[41] Eine zentrale Aufgabe der Kommunen bzw. der Politik wird es daher sein, dass den Aufgaben der kommunalen Daseinsvorsorge als „besondere Aufgaben" i. S. d. Art. 106 II AEUV ein entsprechender Wettbewerbsfreiraum erhalten bleibt. Enormer Reformbedarf besteht nicht nur auf der nationalen Ebene, sondern auch in der vorzeitigen Beteiligung der Kommunen bei der Rechtsetzung der EU, die bislang im Ausschuss der Regionen überwiegend durch die Länder wahrgenommen wird. Hier gilt es, die Zusammenarbeit zwischen Kommunen und Ausschuss der Regionen bzw. den vertretenden kommunalen Spitzenverbänden erheblich zu verbessern.[42] Nicht in jedem EU-Staat existieren dabei Körperschaften, die hinsichtlich ihrer gebietsbezogen originären Rechte mit den deutschen Kommunen vergleichbar sind. Um ihre hierbei herausragende Stellung im Rahmen der Selbstverwaltung erhal-

19

---

mäßigkeit des Erlasses europaweiter Vorschriften für die Schaffung weiterer Gliederungsebenen in der NUTS-Klassifikation vom 6.10.2005 (KOM/2005/0473 endg.).

[35] UVP-Richtlinie Nr. 85/337/EWG (ABl. EG L 175, 40); umgesetzt im UVPG i. d. F. v. 25.6.2005 (Sartorius I, 295), zur Bindung der kommunalen Planungshoheit insb. Anlage Zf. 18); dazu etwa *Ziekow*, Umweltverträglichkeitsprüfung und raumbezogene Gesamtplanung, in: ders.(Hrsg.), Bauplanungsrecht vor neuen Herausforderungen, 1999, S. 9 ff.
[36] FFH-Richtlinie Nr. 92/43/EWG (ABl. EG L 206, 7).
[37] Zum Einfluß des Europarechts auf die Planungshoheit vgl. *Erbguth*, DÖV 2005, 533, sowie die einschlägigen Kommentierungen zu § 1a BauGB.
[38] Für weitere Einzelheiten wird auf die Darstellungen des Europarechts verwiesen.
[39] Hierzu: *Wolff*, DÖV 2011, S. 721 ff.
[40] Ausf. dazu: *Schmidt-Eichstaedt*, KommJur 2009, 249 ff.
[41] Paradigmatisch der Bereich der kommunalen Wasserversorgung im Rahmen der EU-Wirtschaftsverfassung *Markopoulos*, KommJur 2012, S. 330 ff.
[42] Siehe ausf. § 23 II.

ten zu können, muss dabei in der Umsetzung europäischen Richtlinienrechts in der Bundesrepublik und den Ländern darauf geachtet werden, dass weit gefasste Begrifflichkeiten der europäischen Rechtsetzung beispielsweise bei der Verleihung von Klagebefugnissen nicht denknotwendig auf den Privatsektor beschränkt sein müssen, sondern häufig auch eine Subsumtion des Gemeindebegriffes unter diese Normen möglich ist.[43]

---

[43] Vgl. eingehender und insbesondere für die erweiterte Klagebefugnis im europarechtlichen Kontext bei umweltrechtlichen Problematiken *Dietz/Meyer,* Erweiterte Drittanfechtungsklagen von Kommunen, AöR 2015, 198 (223f.).

Zweiter Teil. Die Gemeinde

§ 5. Allgemeines

I. Die Gemeinde als Gebietskörperschaft des Öffentlichen Rechts

1. Selbstverwaltung als Organisationsmodell

Die Gemeinde ist der **Prototyp einer öffentlich-rechtlichen Gebietskörperschaft.** 1
Als solche ist die Rechtsnatur der Gemeinde landesrechtlich festgelegt.[1] Ihre Rechtsfähigkeit wurzelt aufgrund des gesetzlichen Gründungsakts im öffentlichen Recht. Deshalb ist sie eine Körperschaft des öffentlichen Rechts und unterfällt zugleich der Überkategorie der juristischen Personen des öffentlichen Rechts. Zu diesen zählen neben der Körperschaft, die Anstalt und die Stiftung öffentlichen Rechts. Eine **Körperschaft** ist eine „mitgliedschaftlich verfaßte und unabhängig vom Wechsel der Mitglieder bestehende Organisation, die ihre Individualität als Rechtssubjekt nicht der Privatautonomie ihrer Mitglieder verdankt (wie der Verein), sondern einem Hoheitsakt (Gesetz oder Verwaltungsakt)".[2] **Gebietskörperschaft** bedeutet, dass die Mitgliedschaft durch die formale Zugehörigkeit zu einem bestimmten Gebiet – dem Gemeindegebiet – definiert wird, die ihrerseits vom Wohnsitz nach § 7 BGB abhängt[3] (im Gegensatz zur Personalkörperschaft, bei der die Mitgliedschaft von zusätzlichen persönlichen Merkmalen abhängt). Auch ein Zweitwohnsitz (vgl. § 7 II BGB) begründet die Körperschaftsmitgliedschaft; eine Person kann also gleichzeitig Mitglied mehrerer Gemeinden sein. Ein Beispiel: Der Hauptwohnsitz ist ausschlaggebend für die einkommensteuerrechtliche Zuordnung des Einwohners im Rahmen der Verteilung der Steueranteile nach Art. 106 V, VII GG, vgl. auch §§ 8, 9 AO; dagegen kann die Mitgliedschaft durch einen Nebenwohnsitz Anknüpfungspunkt für eine sog. Zweitwohnungssteuer sein. Weitere relevante Gebietskörperschaften sind die Bundesrepublik Deutschland, die einzelnen Bundesländer und unter den Kommunen die Bezirke (nur in Bayern), die Landkreise und Gemeinden.

Häufig wird die Gemeinde auch als **Prototyp mittelbarer Staatsverwaltung** verstanden.[4] Im Gegensatz zur unmittelbaren Staatsverwaltung, bei der der Staat durch eigene Behörden staatliche Verwaltungsaufgaben wahrnimmt, werden diese Aufgaben bei der mittelbaren Staatsverwaltung von einer verselbständigten juristischen Person öffentlichen Rechts (hier: Gemeinde) wahrgenommen.[5] Dies ist richtig, erfasst aber gleichwohl den Charakter der Gemeinde nicht erschöpfend. Zwar entspricht ihre Ausgestaltung als eigenständige Rechtspersönlichkeit dem klassischen Verständnis mittelbarer Staatsverwaltung, wie es auch Art. 87 III GG zugrunde liegt; dennoch geht der Begriff der Selbstverwaltung, der die aktive Einbeziehung der Mitglieder (Bürger) in die Entscheidungsprozesse umfasst, deutlich darüber hinaus: Rechtsfähige Anstalten und Stiftungen sind zwar Institutionen der mittelbaren Staatsverwaltung, nicht aber zwingend solche der Selbstverwaltung. 2

---

[1] § 1 IV GemO B.-W.; Art. 1 GO BY; § 1 II HessGO; § 1 II GO NRW; § 1 III SächsGO.
[2] *Peine*, AVwR, Rn. 35; *Maurer*, AVwR, § 23.
[3] Vgl. dazu BVerfGE 52, 95 (117f.).
[4] Vgl. BVerfG, LKV 1995, 187 (188).
[5] Dazu *Gern*, DKommR, Rn. 119.

2. Das demokratische Element

3   Die Gemeinde ist ein unverzichtbarer Träger des Demokratieprinzips, aus dem nach allgemeiner Auffassung die Gedanken der Selbstverwaltung und der Autonomie folgen.[6] Dies ergibt sich schon aus ihrer historischen Stellung gerade nach dem Zweiten Weltkrieg, mit der das **Prinzip der vertikalen Gewaltenteilung** seinen Ausgang noch vor der Herstellung der föderalistischen Struktur nahm. Exemplarisch wird dies deutlich in Art. 11 der Verfassung des Freistaates Bayern vom 2.12.1946 als eine der frühen Länderverfassungen. Dort heißt es in Absatz 2: „Die Gemeinden sind ursprüngliche Gebietskörperschaften des öffentlichen Rechts." und in Absatz 4: „Die Selbstverwaltung der Gemeinden dient dem Aufbau der Demokratie in Bayern". Mit diesen Sätzen, die selbstverständlich auch in den anderen Bundesländern Geltung beanspruchen können, wird zum einen ausgedrückt, dass die Demokratie als Staatsform nur dann integrative Wirkung entfalten kann, wenn sie nach dem **Bottom-Up-Grundsatz** konstruiert ist, also den Staatsaufbau ausgehend von der kleinsten Einheit des Individuums über die lokalen und regionalen Zusammenschlüsse hin zum föderalen Gesamtstaat vornimmt. Diese Sichtweise korrespondiert wesentlich besser mit der liberalen Vorstellung, dass auch der demokratische Staat um des Individuums willens da ist, nicht umgekehrt (also die Vorstellung einer oktroyierten Demokratie). Wenn bereits auf der überschaubaren lokalen Ebene das Volk seine Repräsentanten bestimmen kann (wobei vor allem der Persönlichkeit der Kandidaten, erst in zweiter Linie der Parteizugehörigkeit ein hoher Stellenwert zukommt), wird Demokratie „erlebbar" und „begreifbar".

4   Dazu tritt die historische Erkenntnis, dass die Gemeinden schon „da" waren, während die Länder und der „neue" Staat Bundesrepublik erst nach und nach gegründet wurden.[7] Der Begriff der „Ursprünglichkeit" zeichnet den Umstand nach, dass die zeitweise „fehlende" Staatlichkeit durch die Ausübung der gemeindlichen Hoheitsgewalt sublimiert wurde – und zwar durchaus hocheffektiv. Allerdings kann der Begriff nicht staatstheoretisch im Sinne einer originären, zweiten Quelle der Staatsgewalt überhöht werden, was zeitweise versucht wurde.[8]

5   Die Bedeutung der Institution Gemeinde zeigt sich schließlich darin, wichtigste Ausnahme vom Grundsatz der uneingeschränkten Rückführbarkeit der Legitimationskette auf das Gesamtvolk zu sein.[9] So erlauben (und verpflichten) Art. 28 II, Art. 20 II GG dem Gesetzgeber, für den kommunalen Bereich eine Form der Selbstverwaltung zu schaffen, deren Entscheidungen auf die Legitimation durch das „kommunale" Teilvolk zurückzuführen sind. Die Gewähr der Wahlrechtsgrundsätze des Art. 28 I 2 GG stellt dabei sicher, dass das erforderliche **Legitimationsniveau** erhalten wird.[10] Dabei ist durchaus die demokratisch-politische Komponente dieses Legitimationsniveaus ein hohes Gut, dass auch von der Rechtsprechung nicht vorschnell verworfen

---

[6] Vgl. BVerfGE 33, 125 (129); 107, 59 (91). *Hendler,* Selbstverwaltung als Ordnungsprinzip, S. 302 ff., 1984.

[7] Hier geht es um die tatsächliche Ausübung hoheitlicher Gewalt, nicht um die Diskussion um Staatskontinuität im völkerrechtlichen Sinne.

[8] Etwa bei *Burmeister,* Verfassungstheoretische Neukonzeption der kommunalen Selbstverwaltung, 1977; gegen solche Ansätze insb. BVerfGE 83, 60 (72 f.).

[9] BVerfGE 38, 258 (271); 47, 253 (275); 77, 1 (40); 83, 60 (71); 93, 37 (66); 107, 59 (87).

[10] Zum Kriterium des Legitimationsniveaus im Bereich der Selbstverwaltung BVerfGE 83, 60 (72 f.); 93, 37 (66 f.).

wurde. Die Reduzierung der kommunalen Ebene auf bloße Verwaltungseinheiten wird diesem Legitimationsmodell nämlich gerade nicht gerecht.[11]

II. Recht der Gemeinde am eigenen Namen

Das Recht am eigenen Namen, das in den Gemeindeordnungen regelmäßig verankert ist,[12] ist ein wichtiger Bestandteil der kommunalen Selbstverwaltungsgarantie.[13] In aller Regel ist das der **historisch überkommene Name,** der mit oder ohne Namenszusatz bestehen kann.[14] Namenszusätze wie „Universitätsstadt" dürfen vom Staat also nicht aufoktroyiert werden.[15] Der Name der Gemeinde ist gegenüber Privaten nach § 12 BGB direkt, im öffentlich-rechtlichen Bereich analog geschützt,[16] darf also ohne Einwilligung nicht von Dritten verwendet und vermarktet werden, soweit dies über eine reine Herkunftsbezeichnung hinausgeht. Gegen Verstöße – insbesondere bei unbefugter Werbung oder Verwendung im Internet – hat die Gemeinde einen Unterlassungsanspruch[17] nach § 1004 BGB analog und Schadensersatzansprüche nach § 823 BGB, u. U. auch nach § 16 UWG. Eine Gemeinde hat jedoch nur dann z. B. den Vorrang für eine Internet-Namens-Domain, wenn sie gegenüber dem gleichnamigen Unternehmen eine überragende (auch historische) Bedeutung hat.[18] 6

Davon zu unterscheiden ist der vergleichsweise neue Trend, als Kommune sog. regionale Top-Level-Domains (regTLD) führen und vermarkten zu dürfen. Die ICANN, die internationale Vergabestelle für Domainendungen, hatte mit Wirkung ab 2012 entschieden, nicht nur die bundesweite Endung .de zuzulassen, sondern auch Internetdomains mit regionalen Endungen zu ermöglichen. Auf diesem Wege wurden in Deutschland die Domainendungen .berlin, .hamburg und .koeln (und auch .cologne) verfügbar gemacht, die, nach Lizenzgebührenrichtung an die ICANN, von jeweils einem Anbieter privatwirtschaftlich vermarktet werden. Dabei erfolgte bislang jede Vermarktung entweder durch kommunale Unternehmen oder durch Unternehmen mit kommunaler Beteiligung, für .berlin zumindest unter ausdrücklicher Billigung durch die Stadt Berlin. Sollten weitere derartige Domains in den nächsten Jahren angestrebt werden, werden sich bezüglich dieses Namensrechtes denknotwendigerweise die selben Fragen wie auch bei den Stadtname .de Domains stellen müssen. Für diese regTLDs wird sich allerdings wohl kaum bestreiten lassen können, dass entsprechende Namensrechte verhindern, dass eine breitenwirtschaftliche Vermarktung gegen den Willen der Kommune erfolgen kann. 6a

---

[11] Vgl. hinsichtlich derartiger Elemente übersehender Entwicklungen in Thüringen § 14 I. Rn. 3a.
[12] Vgl. z. B. § 5 I GemO B.-W.; Art. 2 GO BY; § 12 I HessGO; § 13 NdsGO; § 13 I GO NRW; § 5 I SächsGO.
[13] BVerfGE 44, 351, *Pappermann,* DÖV 1980, 353; *Gern,* DKommR, Rn. 128.
[14] Vgl. die amtlichen Ortsnamen Bad Homburg vor der Höhe, Frankfurt am Main/an der Oder, Freiburg im Breisgau, Hansestadt Lübeck/Rostock, Landsberg am Lech, Radolfzell am Bodensee u. v. a.
[15] Wie bei zahlreichen Ortsnamenzusätzen in der ehemaligen DDR, z. B. „Lutherstadt", „Ostseebad", die aber nach der Wende freiwillig weitergeführt wurden.
[16] BGH NJW 1975, 2015.
[17] BVerwG DÖV 1980, 97; BGH NJW 1963, 2267; VGH B.-W. bwVPr. 1979, 14; *Gern,* DKommR, Rn. 128 m.w.N.
[18] Siehe OLG München ZUM-RD 2002, 246 ff.

7 Aus touristisch-kommerziellen Gründen sehr begehrt ist der Zusatz „Bad",[19] der durch den Zusatz Heilbad, Kneippheilbad, Schroth-Heilbad oder Luftkurort ergänzt werden kann. Dies setzt eine entsprechende landesrechtliche Anerkennung voraus.[20]

8 Ebenfalls unter das Selbstverwaltungsrecht und Namensrecht der Gemeinden fällt die **Benennung von Ortsteilen,** die z. B. in BW durch die Landesregierung, in BY durch die Rechtsaufsichtsbehörde oder in Hessen und R.-P. auf Antrag von der Aufsichts- und Dienstleistungsdirektion vorgenommen wird,[21] sowie **Orts- und Straßenbezeichnungen** in der Gemeinde.[22] Bei der Benennung von Straßen, Ortsteilen, Neubauvierteln, Wegen, Plätzen und Brücken durch dingliche Allgemeinverfügung (§ 35 S. 2 VwVfG) haben die Gemeinden i. d. R. einen weiten Ermessensspielraum, der nur durch die Ordnungs- und Erschließungsfunktion (Verbot gleich lautender Bezeichnungen, insb. nach Zusammenlegungen) und das Willkürverbot begrenzt wird. Die Anlieger haben ebenfalls einen Anspruch auf ermessensfehlerfreie Entscheidung; in jüngerer Zeit sind dabei vor allem Fälle von Straßennamen mit Bezug zur NS-Zeit oder zur DDR-Zeit immer wieder Streitobjekt.[23]

9 Auch das Recht der Namenswahl bei Neubildungen und Zusammenlegungen ist geschützt, fällt jedoch nicht unter den Kernbereich des Art. 28 II GG, so dass die Landesgesetzgebung die Namensgebung „hochzonen" kann. Je nach Landesrecht kann die Namensbezeichnung oder -änderung mit einer entsprechenden (3/4 oder 2/3) Mehrheit des Gemeindesrates[24] oder von der zuständigen Aufsichtsbehörde oder Ministerium[25] vorgenommen werden. Die Gemeinde ist aber in jedem Falle anzuhören und hat – ungeachtet eines staatlichen Ermessensspielraums – ein Recht auf ermessensfehlerfreie Entscheidung.[26]

10 Nicht zum Namensrecht gehört die Bezeichnung als Stadt oder – in Bayern – als Markt, die entweder kraft Herkommens besteht, oder vom Staat verliehen werden kann. Die Verleihung ist ein Verwaltungsakt (Allgemeinverfügung); die Gemeinde hat hierauf zwar keinen Anspruch, jedoch einen solchen auf ermessensfehlerfreie Entscheidung. Die Verleihung des Prädikats „Stadt" hat Auswirkungen auf die innere Gemeindeverfassung und auf die Amtsbezeichnungen (und Besoldungseinstufung) von Organen und Bediensteten,[27] und ist zudem eine kommunalpolitisch häufig begehrte Aufstockung und Prestigeerhöhung. Teilweise ist das Verleihungsverfahren rechtlich geregelt.[28]

---

[19] Art. 2 III GO BY.
[20] Z. B. Art. 2 III GO BY; § 11 II GO S.-H.
[21] Vgl. § 5 III, IV GemO B.-W.; Art. 2 II GO BY; § 12 S. 2 HessGO; § 4 IV GO R.-P. Dabei dürfte es sich um ein Relikt Montgelas'schen Zentralismus handeln.
[22] Z. B. § 5 IV Gem B.-W.; § 5 IV SächsGO; § 5 III KO Th; § 11 IV KommV Bbg.; in BY versteckt in Art. 52 BayStrWG geregelt.
[23] BVerwG NVwZ-RR 1990, 207; OVG Berlin NVwZ 1994, 922 I; VGH München NVwZ-RR 1996, 344; DÖV 2010, 906; *Ennuschat,* LKV 1993, 43 ff.; *Gern,* DKommR Rn. 133.
[24] § 13 I GO NRW; § 11 I GO S.-H.
[25] Vgl. § 5 I GemO B.-W.; Art. 2 II Nr. 1 GO BY; § 12 HessGO; § 4 I GO R.-P.
[26] Nicht dagegen der einzelne Bürger.
[27] So wird der Gemeinderat zum Stadtrat, die Gemeindebeamten erhalten meist das Präfix Stadt- (Stadtarchivar, Stadtrechtsrat, Stadtkämmerer, Stadtschulrat etc.).
[28] Z. B. in § 2 DVO GemO B.-W.

Zu den geschützten Identitätssymbolen der Gemeinden gehören auch das **Wappen-** 11
und Fahnenrecht, das insbesondere vor rechtsmissbräuchlicher Inanspruchnahme in
der Werbung schützt, sowie das **Siegelrecht.**[29]

III. Rechtssystematische Stellung der Gemeinde

1. Rechtsfähigkeit

Als Körperschaft des Öffentlichen Rechts ist die Gemeinde sowohl im Privatrecht als 12
auch im Öffentlichen Recht **rechtsfähig.** Sie besitzt allgemein die Fähigkeit Träger
von Rechten und Pflichten zu sein, kann also unter ihrem Namen Verbindlichkeiten
eingehen und Trägerin von Vermögensrechten sein; namentlich kann sie i. S. des Zivilrechts Eigentümerin und Inhaberin beschränkt dinglicher Rechte sein. In der Praxis
wichtig ist auch ihre passive Erb- und Vermächtnisfähigkeit. Als juristische Person
wird sie durch den (ersten) Bürgermeister gesetzlich vertreten,[30] der in Städten bestimmter Größe (Stadtkreisen, kreisfreien Städten und Großen Kreisstädten) die
Amtsbezeichnung Oberbürgermeister trägt.

2. Deliktsfähigkeit

Die Gemeinde ist **deliktsfähig:** Sie haftet **im Privatrechtsverkehr** nach §§ 89, 31 13
BGB für ihre Organe. Dazu zählen neben dem ersten Bürgermeister/Oberbürgermeister und den weiteren vertretungsberechtigten Bürgermeistern auch die Amtsleiter (**Repräsentantenhaftung**). Für sonstige Gemeindebedienstete haftet die Gemeinde nach
§ 831 BGB, hat also in diesen Fällen eine Exkulpationsmöglichkeit. Voraussetzung für
eine Delikthaftung der Gemeinde ist, dass die Schadenszufügung bei der Ausübung
der obliegenden Verpflichtungen der genannten Amtsträger eintritt; sie müssen also
im Rahmen der kommunalen Verbandskompetenz handeln; überschreiten sie diese
oder handeln nur „bei Gelegenheit", haften nur sie selbst deliktisch („Si excedit, privatus est.").[31]

Handelt die Gemeinde hoheitlich, dann gelten die Vorschriften über die **Amtshaftung** 14
(§ 839 BGB i. V. m. Art. 34 GG) als lex specialis. Voraussetzung ist eine rechtswidrige
und schuldhafte **Amtspflichtverletzung,** die einem Dritten gegenüber besteht und die
einen Schaden innerhalb des Schutzbereichs der verletzten Amtspflicht zur Folge
hat.[32] „Dritter" kann nicht nur ein Privater sein, sondern auch andere juristische Personen des öffentlichen Rechts – insbesondere andere Gemeinden, sofern diese die
Rolle eines „Interessen-Gegners" haben.[33]

Beispielsfälle für kommunale Amtspflichtverletzungen sind etwa: 15
- die rechtswidrige schuldhafte Versagung des Einvernehmens nach § 36 BauGB,[34]
- die Verletzung der straßenrechtlichen Verkehrssicherungspflicht,[35]

---

[29] Vgl. § 6 GemO B.-W.; Art. 4 GO BY; § 14 GO HE; § 14 GO NRW; § 6 SächsGO.
[30] Vgl. § 42 I 2 GemO B.-W; Art. 38 GO BY.
[31] BGHZ 20, 119 (126); NJW 1986, 2940.
[32] Ausf. *Ossenbühl/Cornils,* Staatsrecht, 6. Aufl. 2013, S. 14 ff.
[33] BGHZ 32, 146. Zu verneinen ist dies im Verhältnis zwischen geschädigter Körperschaft und Anstellungskörperschaft eines Beamten, die sich nicht wie Dritte gegenüberstehen, sondern sich die gemeinsame Aufgabe zu erfüllen haben wie ein Internum darstellt.
[34] BGH DÖV 2011, 44. Vgl. zur Problematik *Zeiler,* KommJur 2009, 288 ff.
[35] Räumen und Streuen – BGH NVwZ 1991, 1212; Bodenschwellen – BGH NJW 1991, 2824.

- die rechtswidrige Nichtzulassung eines Kirmes- (Jahrmarkt)-Bewerbers,[36]
- eine fehlerhafte Besetzung einer beamtenrechtlichen Planstelle (Konkurrentenklage).[37]

3. Beteiligten-, Partei- und Prozessfähigkeit

16 Die **Parteifähigkeit** der Gemeinde im Zivilprozess ergibt sich aus § 50 ZPO, die **Beteiligtenfähigkeit** im Verwaltungsprozess aus §§ 61 Nr. 1, 47 II 1 VwGO. Die Beteiligungsfähigkeit im Verwaltungsverfahren ergibt sich aus § 11 Nr. 1 VwVfG. Handlungsfähig ist die Gemeinde gem. § 12 I Nr. 3 VwVfG erst durch ihre gesetzlichen Vertreter oder durch besonders Beauftragte. Die Handlungsfähigkeit entspricht der Prozessfähigkeit im Verwaltungsprozess. Für Gemeinden ist aufgrund des weiten Anwendungsbereichs des Begriffs der „Vereinigung" § 62 III VwGO einschlägig[38], setzt aber eine gesetzliche Vertretung voraus. **Gesetzlich vertreten** wird die Gemeinde im Prozess wiederum durch den ersten (Ober-)Bürgermeister (§ 51 I ZPO, § 62 I Nr. 1 VwGO), der diese Funktion freilich auf seinen Stellvertreter oder auf nachgeordnete Amtsträger delegieren kann.

4. Grundrechtsfähigkeit

17 Gemeinden sind nach ganz h. M. **nicht grundrechtsfähig** i. S. von Art. 19 III GG. Sie sind zwar juristische Personen, jedoch solche des Öffentlichen Rechts. Da sie – wenn auch in weiterem Sinne – Teil des Staates sind, fehlt es nach Auffassung des BVerfG an der grundrechtstypischen Gefährdungslage zwischen Staat und Individuum.[39] Nach herkömmlicher Ansicht widerspräche die Grundrechtsfähigkeit der Kommunen auch dem Grundsatz, dass öffentlich-rechtliche Rechtsträger nicht zugleich Grundrechtsberechtigte und -verpflichtete sein können. Das überzeugt allerdings nicht ganz, da diese Möglichkeit immerhin bei den Hochschulen für Art. 5 III GG und bei den öffentlich-rechtlichen Rundfunkanstalten für Art. 5 I 2 GG bejaht wird. Die Auffassung des BVerfG führt immerhin zu der (von der h. M. hingenommenen) Paradoxie, dass eine Gemeinde zivilrechtliche, grundbuchfähige Eigentümerin i. S. der §§ 903 ff. BGB sein kann, sich aber insoweit nicht auf Art. 14 GG berufen kann.[40] Abweichend hatte der BayVerfGH 1984 judiziert, dass sich die Kommunen im Privatrechtsverkehr zumindest auf den Gleichheitssatz (Art. 118 I BV) und die Eigentumsfreiheit (Art. 103 I, Art. 159 BV) berufen können, da insoweit eine grundrechtstypische Gefährdungslage zu bejahen sei.[41] Diese Entscheidung blieb aber singulär und fand auch keine Nachahmer in anderen Bundesländern. Die Tendenz des BayVerfGH scheint, zumindest beim Eigentumsrecht, gegen eine Grundrechtsfähigkeit der Gemeinde zu gehen.[42]

18 Kraft Bundesrecht können sich Gemeinden daher nur auf Art. 28 II GG als subjektives Recht berufen. Die dortige Garantie der kommunalen Selbstverwaltung wird auch nicht als grundrechtsähnliches Recht angesehen, da sonst Art. 93 I Zf. 4b GG keine eigenständige Kommunalverfassungsbeschwerde konstituieren müsste. Hinsichtlich

---

[36] OLG Hamm NVwZ 1993, 506.
[37] BGH NJW 1995, 2344.
[38] *Kopp/Schenke,* VwGO, 18. Aufl. 2012, § 62 Rn. 14.
[39] BVerfGE 61, 82 (103) – Sasbach.
[40] Vgl. *Hufen,* Staatsrecht II, Grundrechte, 2007, § 6 Rn. 38 ff.
[41] BayVerfGH, BayVBl. 1984, 655; a. A. *Lissack,* Bayerisches Kommunalrecht, 3. Aufl. 2009, § 1 Rn. 31 ff.
[42] Vgl. BayVerfGH, BayVBl. 2001, 339 f.

des Rechts auf kommunale Selbstverwaltung im Landesverfassungsrecht ist die Situation gespalten: Singuläre Rechtsbehelfe wie kommunale Normenkontrollklagen in B.-W., SA, Bbg, Bremen und Rh.Pf. sprechen gegen die Grundrechtsähnlichkeit, die Möglichkeit zur Landesverfassungsbeschwerde in NRW, Hessen, M.-V., Nds., Saarl., S.-A., bzw. zur Popularklage in BY sprechen dafür.[43]

Nicht grundrechtsfähig sind nach Auffassung des Bundesverfassungsgerichts auch **privatrechtliche Gesellschaften** zur Erfüllung öffentlicher Aufgaben, deren Anteile von einer oder mehreren Gemeinden gehalten werden (AG, GmbH), da auch insofern der Rückbezug zum Individuum fehlt.[44] Zu weit geht allerdings eine Kammerentscheidung des BVerfG, die dies sogar für **gemischt-wirtschaftliche Unternehmen** annimmt,[45] da ansonsten die Gesellschaftsanteile privater Dritter systemwidrig aus dem Grundrechtsschutz herausfallen. Diese Frage gewinnt v. a. aufgrund der Privatisierung an Bedeutung, da Kooperationen von Gemeinde und Privaten wie die Public-Private-Partnership auch in Form von gemischt-wirtschaftlichen Unternehmen durchgeführt werden. Es existieren unterschiedliche Ansatzpunkte zur Ermittlung der Grundrechtsfähigkeit. Abgestellt wird auf die beherrschende gesellschaftliche Stellung privater Dritter, auf deren Entscheidungsmöglichkeit hinsichtlich Gründung oder Auflösung des Unternehmens und/oder deren Einflussnahme auf die Geschäftsführung des Unternehmens.[46] Daher dürften zumindest **gemeindliche Minderheitsbeteiligungen** den Grundrechtsschutz einer Gesellschaft nicht beeinträchtigen. Anders wird dies nur im Einzelfall sein können, wenn trotz Minderheitsbeteiligung durch die Kommune vergleichbarer Einfluss auf das Unternehmen ausgeübt wird oder werden kann.[47] Dies kann unter anderem durch privatrechtliche Vereinbarungen der Fall sein. Gleichzeitig treten in Form der Landesvorschriften, die für die Beteiligung der Gemeinde an einem privatrechtlichen Unternehmen eine angemessene Einflussnahme auf die Gesellschaft verlangen[48], Konflikte zur Grundrechtsfähigkeit auf. Eine spiegelbildliche Problematik dazu ist die Frage der Grundrechtsbindung privatrechtlicher Unternehmen, an denen die öffentliche Hand beteiligt ist (dazu § 12 IV 4 d).[49]

19

Systematisch nicht bruchlos, in der Sache aber einleuchtend, können sich die Kommunen dagegen nach h. M. gegen eine **Verletzung der Justizgrundrechte** aus Art. 101 I 2 GG (Recht auf den gesetzlichen Richter) und Art. 103 I GG (rechtliches Gehör) im Wege der Verfassungsbeschwerde wehren.[50] Tatsächlich geht es hier nicht um den Schutz des „personellen Substrats", sondern um die Wahrung subjektiver Rechte, die letztlich im Rechtsstaatsprinzip wurzeln.

20

5. Dienstherrenfähigkeit

Gemeinden sind **dienstherrenfähig** (§ 2 BeamtStG, der den früheren § 2 BRRG mit Wirkung vom 1.4.2009 ersetzt hat), d. h., sie haben das Recht eigene (kommunale)

21

---

[43] Siehe dazu unten § 26 III.
[44] BVerfGE 45, 63 (78 ff.); 68, 193 (212 f.). Zu kommunalen Gesellschaften vgl. unten IV 2.
[45] BVerfG-K NJW 1990, 1783; krit. *Jarass*, in: ders./Pieroth, GG, Art. 19 Rn. 13 m.w.N.
[46] Siehe dazu *Storr*, Der Staat als Unternehmer, 2001, S. 243 f.
[47] Vgl. für die Einordnung in zivilrechtlicher Hinsicht BGHZ 69, 334.
[48] Vgl. § 103 I GemO B.-W.; Art. 92 I GO BY; § 108 I GO NRW; § 96 I SächsGO.
[49] Siehe dazu BVerfG, NJW 2011, 1201 ff. „Fraport".
[50] *Maurer*, Staatsrecht I, 5. Aufl. 2007, § 9 Rn. 35; § 20 Rn. 140.

Beamte zu beschäftigen.[51] Sie sind insofern Träger aller beamtenrechtlichen Rechte und Pflichten; sie tragen insbesondere die Besoldungs- und Versorgungslasten, die in den kommunalen Haushalt einzustellen sind.

6. Insolvenzfähigkeit

Literatur: *Borchert,* Beschränkte Insolvenzfähigkeit für Kommunen, Die Gemeinde SH 2004, *Faber,* Insolvenzfähigkeit für Kommunen?, DVBl. 2005, 933 ff.; *Hornfischer,* Die Insolvenzfähigkeit von Kommunen, 2010; *v. Lewinski,* Öffentlichrechtliche Insolvenz und Staatsbankrott, 2011.

22   Gemeinden sind nach § 12 I Nr. 2 InsO **nicht insolvenzfähig,** wenn das Landesrecht dies bestimmt ().[52] Nach h. M. ist aber der mit einem Insolvenzverfahren in der Regel für den Schuldner verbundene Verlust des Rechts, das zur Insolvenzmasse gehörende Vermögen zu verwalten oder über es zu verfügen (§ 80 I InsO), schon mit dem im Rahmen der kommunalen Selbstverwaltungsgarantie gewährleisteten Recht auf finanzielle Mindestausstattung (Art. 28 I 3 GG) nicht zu vereinbaren (arg. e Art. 115c III GG).[53] Zudem ist dem Kernbereich des kommunalen Selbstverwaltungsrechts die Funktionsfähigkeit seiner Organe zu entnehmen.[54] Überlegungen zu einer – auf den Bereich der freiwilligen Aufgabenerfüllung beschränkten – „Teilinsolvenz"[55] führen zu Unklarheiten im Rechtsverkehr, vor allem aus Sicht möglicher Gläubiger, und sind daher abzulehnen. Außerdem würde eine Insolvenzfähigkeit die Mündelsicherheit von Kommunalobligationen und ähnlichen Wertpapieren (§ 1803 BGB)[56] sowie die Bonität von Kommunen in Frage stellen. Die Diskussion um die Möglichkeit einer staatlichen Insolvenz facht jedoch auch die Überlegungen für die Gemeindeebene neu an. Insbesondere wird angeführt, dass mangels Insolvenzfähigkeit eine Kommune ihre finanzielle Krise nicht aktiv bewältigen könnte, vielmehr noch sollte sie die Chance und ein Recht darauf haben, sich zu sanieren.[57]

IV. Die Gemeinde im Verwaltungsaufbau

23   Die Gemeinden sind grundsätzlich nicht in die Hierarchie der zwei- oder dreistufigen staatlichen Verwaltungsbehörden (Ministerium – Mittelbehörde – Unterbehörde) eingegliedert. Ihr originärer Tätigkeitsbereich ist der ihrer **„eigenen Aufgaben"** (meist als **Grundsatz der Allzuständigkeit**[58] bezeichnet). Dies schließt nicht aus, dass ihnen neben der Verwaltung ihres eigenen Aufgabenbereichs durch Gesetz auch staatliche Aufgaben zur Erledigung zugewiesen werden. Man spricht insofern von **„übertragenen Aufgaben"** oder – da der Staat in diesem Bereich das Recht auf fachaufsichtliche

---

[51] Vgl. StGH B.-W. ESVGH 24, 155 (164); *Gern,* DKommR Rn. 159.
[52] Z. B. § 12 II InsO i. V. m. § 127 GemO B.-W. i. V. m. § 45 bwAGGVG; Art 77 GO BY; § 146 HessGO; § 128 II GO NRW, § 135 II NdsGO.
[53] Vgl. ausf. *Lehmann,* Die Konkursfähigkeit juristischer Personen des öffentlichen Rechts, 1999, S. 102 ff.
[54] Vgl. BayVerfGH, DÖV 1997, 1044 (1044).
[55] *Paulus,* in: ZInsR 2003, S. 863 ff. *Borchert,* Die Gemeinde SH 2004, S. 2 f.; weitergehend *Hornfischer,* Insolvenzfähigkeit, 2010; abl. *Faber,* DVBl. 2005, 933 (946), die als Alternative ein besonderes Insolvenzverfahren für Kommunen erwägt. Vgl. auch die kleine Anfrage der F.D.P. in BT-Drs. 15/4968.
[56] Vgl. dazu unten § 13 IV.
[57] Dazu ausf. *v. Lewinski,* Öffentlichrechtliche Insolvenz, 2011, S. 172 f.; *Hornfischer,* Insolvenzfähigkeit, 2010, S. 118 ff.
[58] BVerfGE 107, 1 (17).

Weisung behält – von „Weisungsaufgaben". Regelmäßig sind den kreisfreien Städten bzw. Stadtkreisen (meist auch den Großen Kreisstädten) die **Aufgaben der unteren staatlichen Verwaltungsbehörden** für ihr Gebiet übertragen.[59] Daneben haben die Landesgesetzgeber die Möglichkeit, einzelne Aufgaben auch an die kreisangehörigen Gemeinden zu übertragen. Die Gemeinden werden aber dadurch nicht Staatsbehörden. Konsequenterweise hat der Staat daher in der Regel bei Entscheidungen, für die die Gemeinden zuständig sind, kein **Selbsteintrittsrecht**,[60] sondern ist auf die Möglichkeit aufsichtlicher Mittel beschränkt.

Wegen dieser Stellung der Gemeinden außerhalb des allgemeinen Verwaltungsaufbaus hat es sich – vor allem aus politikwissenschaftlicher und verwaltungswissenschaftlicher Sicht – eingebürgert, von der **Trias „Bund – Länder – Gemeinden"** oder auch von der „Dritten Säule" der Verwaltung zu sprechen.[61] Tatsächlich sind die Gemeinden – gerade auch über ihre Spitzenverbände – eine eigenständige politische Kraft, die durchaus in der Lage ist, die kommunalen Interessen auch gegenüber ihrer Landesregierung und dem Bund zu vertreten, selbst wenn ihre Spitzen von der gleichen Partei gestellt werden. 24

Staatsrechtlich sind die Gemeinden und Gemeindeverbände aber Bestandteile der Länder.[62] Dies zeigt sich nicht zuletzt daran, dass die Gemeinden keine – wie Bund und Länder – Elemente der Gewaltenteilung aufweisen. Insbesondere ist der Gemeinderat (Stadtrat) entgegen einem häufigen Sprachgebrauch kein „Gemeindeparlament", also kein Organ der Legislative, sondern ein Exekutivorgan[63]. Ebenso sind die Gemeinderatsmitglieder keine Abgeordneten, wenn auch die Rechtsstellung in Vielem vergleichbar ist.[64] Gemeindliche Gerichte im Sinne der dritten Gewalt (Art. 92 GG) gibt es nicht; historisch gewachsene Eigentümlichkeiten wie die kommunalen **Feldgeschworenen** in Bayern[65] sind der Verwaltung, die sog. **Ortsgerichte** in Hessen[66] als Stellen der freiwilligen Gerichtsbarkeit der Landesjustiz zuzurechnen. Auch das Grundgesetz sieht die Finanzautonomie der Gemeinden als Teilbereich der Landeshoheit (Art. 106 VI GG); und schließlich leiten die Gemeinden als Glied der mittelbaren Staatsverwaltung ihre hoheitlichen Befugnisse vom Land ab.[67] 25

§ 6. Die Selbstverwaltungsgarantie des Art. 28 II GG

Literatur: *Hendler,* Das Prinzip Selbstverwaltung, in: HStR IV, § 106; *Püttner,* Die kommunale Selbstverwaltung, in: HStR IV, § 107; *Dreier,* in: ders. GG II, Art. 28 II GG m.w.N.; *Köster,* Die Reform der Gemeindeordnung durch das Gesetz zur Stärkung der kommunalen Selbstverwaltung – GO-Reformgesetz, in: NWVBl. 2008, 49 ff.

---

[59] Vgl. § 13 I, § 16 LVG B.-W.; Art. 9 I, II GO BY.
[60] Dies ergibt sich im Gegenschluss aus dem Landesrecht, vgl. z. B. Art. 3b I BayVwVfG.
[61] Vgl. dazu *Thieme,* Verwaltungslehre, 4. Aufl. 1984, S. 89 ff.
[62] BVerfGE 22, 180 (203); 39, 96 (109); 86, 148 (215); 107, 1 (11).
[63] Beachte Wortlaut „Verwaltung": § 23 GemO B.-W.; Art. 29 GO BY; § 40 I GO NRW; § 28 I SächsGO.
[64] Vgl. *Geis,* BayVBl. 1992, 41 ff.
[65] Art. 11–13 AbmarkungsG BY.
[66] Hessisches Ortsgerichtsgesetz vom 6. Juli 1952 (GVBl. S. 124) i. d. F. vom 2.4.1980 (GVBl. I, 114).
[67] BVerfG, LKV 1995, 187 (188); *Maunz,* in: Isensee/Kirchhof, HStR IV, 2. Aufl. 1999, § 94 Rn. 4; *Dittmann,* in: Isensee/Kirchhof, HStR VI, 3. Aufl. 2008, § 127 Rn. 9.

I. Die Garantie des Typus „Gemeinde"

1 Art. 28 II GG garantiert zum einen die Existenz des Typus „Gemeinde" als selbständige Verwaltungseinheit mit eigener Rechtspersönlichkeit. Sie ist die unterste öffentliche Gebietskörperschaft (neben den „höheren" Landkreisen und Bezirken[1]). Sie ist jedoch keine eigene staatliche Organisationsebene im Sinne der häufig verwendeten Trias „Bund – Länder – Gemeinden", sondern Teil des Bundeslandes, dem sie zugehört (vgl. oben § 5 IV). In Berlin und Hamburg sind Bundesland und Gemeinde identisch, dagegen besteht das Bundesland Bremen aus den beiden Gemeinden Bremen und Bremerhaven. Der Schutz des Rechtsinstituts „Gemeinde" (nicht dagegen der Fortbestand einzelner Gemeinden) ist nach h. M. eine **institutionelle Garantie**.[2]

II. Die Garantie der gemeindlichen Selbstverwaltung

1. Die Angelegenheiten der örtlichen Gemeinschaft

2 Nach der gängigen Formulierung des Bundesverfassungsgerichts sind **Angelegenheiten der örtlichen Gemeinschaft** „diejenigen Bedürfnisse und Interessen, die in der örtlichen Gemeinschaft wurzeln oder auf sie einen spezifischen Bezug haben (…), die also den Gemeindeeinwohnern gerade als solchen gemeinsam sind, indem sie das Zusammenleben und -wohnen der Menschen in der politischen Gemeinde betreffen …".[3] Diese etwas tautologische Definition bedarf der weiteren Konkretisierung. Ein wichtiger Aspekt des **Ortsbezugs** ergibt sich aus der Tradition,[4] was der Ausbildung „neuer" örtlicher Angelegenheiten aber nicht entgegensteht (dynamisches Verständnis). Leistungsfähigkeit und Verwaltungskraft bestimmen den Ortsbezug nicht, da überforderte Gemeinden sich zur Erfüllung der Aufgabe auch zu einem Gemeindeverband oder einer Verwaltungsgemeinschaft zusammenschließen können. Hilfreich sind Aufzählungen wie in Art. 83 BV,[5] dessen Katalog eine beträchtliche Anzahl von klassischen Feldern erwähnt, die Angelegenheiten der örtlichen Gemeinschaft sind und damit zum eigenen Wirkungskreis der Gemeinden gehören.

3 Wenn eine eindeutige Kompetenz auf Bundes- oder Landesebene vorhanden ist (z. B. Art. 73 Nr. 1 GG „Verteidigung"), dann handelt es sich nicht um eine Angelegenheit der örtlichen Gemeinschaft. Prototypisch (und bewährte „Klausurklassiker") waren die Fälle, in denen sich im Gefolge des NATO-Doppelbeschlusses 1979[6] eine große Anzahl von Gemeinden aus politischen Gründen zur atomwaffenfreien Zone erklärte: Allgemeiner politischer Widerstand begründet kommunalrechtlich gesehen keinen Ortsbezug.[7] Angelegenheit der örtlichen Gemeinschaft wurden nur dann für gegeben

---

[1] Landkreise existieren in allen Bundesländern mit Ausnahme der Stadtstaaten. Dagegen existiert nur in Bayern eine der Verwaltungseinheit „Regierungsbezirk" entsprechende Gebietskörperschaft „Bezirk" (Art. 1 BayBezO).
[2] *Schmidt-Aßmann*, in: FS 50 Jahre BVerfG, 2001, Bd. 2, S. 804 (807 ff.); *Dreier*, in: ders. (Hrsg.), GG, Art. 28 Rn. 89 m. w. N.; *Reich* in: Schmid/Reich/Schmid/Trommer, KommVerf. S.-A., C § 1 Rn. 8.
[3] BVerfGE 79, 127 (151 f.) – Rastede; 83, 363 (382).
[4] Z. B. der Bezug zu historischen Ereignissen (Volksfeste, Theaterspiele, Weihnachtsmärkte: BVerwG, Urteil vom 27.5.2009, NVwZ 2009, 1305 ff. dazu noch § 12 IV Nr. 4c).
[5] Aufgenommen in Art. 57 GO BY.
[6] Durch den u. a. ab 1983 die Aufstellung atomarer, gegen den Ostblock gerichtete Pershing-II-Raketen und Marschflugkörper (cruise missiles) seitens der NATO in Deutschland ermöglicht wurde.
[7] Auch wenn ein „globaler Ortsbezug" rhetorisch durch das seit den 80er Jahren verbreitete politische

angesehen, wenn auf dem konkreten Gemeindegebiet Raketen stationiert werden sollten.[8] Wie in diesen Fällen wird eine trennscharfe Abgrenzung dabei nicht immer möglich sein; in zahlreichen Grenzfällen muss je nach Größe der Gemeinden, (gewollte) Vernetzung mit dem Umland und Größe des Einzugsbereichs kommunaler Einrichtungen beurteilt werden, ob die Angelegenheiten der örtlichen Gemeinschaft betroffen sind (z. B. bei weiterführenden Schulen, Ergänzungsschulen, ÖPNV). Im Zweifel wird man sich jedoch – dem Subsidiaritätsprinzip der Rastede-Rechtsprechung (siehe hierzu auch § 6 II 4) entsprechend – für das Vorliegen eines Ortsbezugs aussprechen. Teilweise wird vertreten, die Örtlichkeit auf Sachverhalte zu erstrecken, die nicht im Gemeindegebiet angesiedelt sind, aber als Vorstufe örtlicher, gemeindlicher Tätigkeit dienen. So soll inzwischen in vielen Kommunen das Friedhofsrecht, das den örtlichen Angelegenheiten zuzurechnen ist, qua Satzung in völkerrechtskonformer Auslegung der „Örtlichkeit" verhindern, dass in Kinderarbeit im Ausland hergestellte Grabmale aufgestellt werden.[9]

2. Allzuständigkeit der Gemeinden

Mit der **Allzuständigkeit** bzw. dem **Grundsatz der Universalität** des gemeindlichen Wirkungskreises wird etwas über den Wesensgehalt der gemeindlichen Selbstverwaltung ausgesagt. Dazu gehört die Befugnis der Gemeinde, sich ohne besondere Kompetenztitel allen Angelegenheiten der örtlichen Gemeinschaft – sofern nicht gesetzlich an andere Träger übertragen – anzunehmen.[10] Zugleich bedeutet dies, dass es keinen festen Aufgabenbestand der Gemeinde gibt, vielmehr sind die Aufgaben „zukunftsoffen"[11]. Dies entspricht der monistischen Aufgabentheorie (siehe oben § 3 II), nach der der Gemeinde in ihrem räumlichen Gebiet die Erfüllung aller öffentlicher Aufgaben zusteht, es sei denn, ein Gesetz bestimmt etwas anderes.[12] Von letzterer Möglichkeit haben die Länder zu Lasten der kreisangehörigen Gemeinden umfangreich Gebrauch gemacht (sog. „Hochzonung"), namentlich im Versorgungs- und Abfallrecht.[13]

4

In der Rechtsprechung und Literatur wird der Begriff meistens mit dem Aufgabenfindungsrecht in den Angelegenheiten des örtlichen Wirkungskreises gleichgesetzt,[14] ohne zwischen monistischem und dualistischem System zu unterscheiden. Freilich hat die Begriffsverwendung im dualistischen System genau genommen einen eher heuristischen Sinn.

5

3. Eigenverantwortlichkeit der Gemeinde

Im Bereich der örtlichen Angelegenheiten ist die Gemeinde grundsätzlich (im Rahmen der Gesetze) frei in der Ausübung ihrer Aufgaben (vgl. Art. 28 II 1 GG). Bei freiwilligen Aufgaben gilt dies im vollen Umfang, also auch das „Ob" der Aufgabenwahrnehmung. Im Bereich der Pflichtaufgaben haben die Gemeinden nur für die konkrete

6

Schlagwort eines drohenden „nuklearen Holocausts" hergestellt wurde; vgl. BVerwGE 87, 228; VGH Mannheim, BWGZ 1984, 448 (452).
[8] Z. B. in Neckarsulm, Mutlangen, Neu-Ulm.
[9] Vgl. dazu *Lorenzmeier,* BayVBl. 2011, 485 ff.
[10] BVerfGE 79, 127 (LS. 2, 146).
[11] BVerfGE 23, 355 (367).
[12] Art. 6 I GO BY.
[13] Vgl. § 6, § 6a LAbfG B.-W., mit der Möglichkeit der Rückübertragung.
[14] Vgl. BVerfGE 21, 117 (128 f.); 79, 127 (146); NVwZ 2003, 850 f.; *Tettinger,* HWKP I, § 11 Rn. 6; *Burgi,* KommR, § 6 Rn. 27.

Art der Durchführung (das „Wie") einen Entscheidungsspielraum. Verantwortlich ist die Gemeinde als Teil der Exekutive dabei nur für die Übereinstimmung ihres Handelns mit Recht und Gesetz (Art. 20 III GG); dem entspricht das Institut der Rechtsaufsicht (dazu unten § 24 II). Die Garantie der Eigenverantwortlichkeit richtet sich nicht nur gegen den heute eher theoretischen Fall einer völligen Fremdbestimmung durch den Staat (wie bei der „Gleichschaltung" im Dritten Reich); viel umfangreicher sind die Fälle, in denen der Entscheidungsfreiraum der Gemeinden sowohl durch vielfältige gezielte rechtliche Beschränkungen als auch durch faktische Nebenwirkungen in Regelungen aus ganz entfernten Bereichen immer weiter eingeschränkt wird. Dabei sind die Beeinträchtigungen je für sich zwar rechtlich hinnehmbar, schlagen aber irgendwann in der Summe zur faktischen Blockade der Gemeindepolitik um („Salamitaktik"). Auch der umgekehrte Fall – die Übertragung von Aufgaben – ist möglich. Werden im Zuge dessen Regelungen erlassen, die die Festlegung von Abläufen und Entscheidungszuständigkeiten für die Aufgabenwahrnehmung betreffen oder in denen die Aufgabenwahrnehmung gleichzeitig verschiedenen Behörden überlassen wird, so kann dies der gemeindlichen Eigenverantwortlichkeit entgegenstehen.[15] Dies tritt vor allem im Bereich der sog. Gemeindehoheiten zu Tage (dazu III). So wird die Gemeinde in ihrer Planungshoheit durch höhere Fach- oder Raumplanung erheblich limitiert. Die Möglichkeit zur eigenverantwortlichen Erledigung gemeindlicher Aufgaben lässt sich nur verwirklichen, wenn den Gemeinden vom Staat ein entsprechendes Finanzierungssystem bereitgestellt wird (dazu ausf. § 12 III). Zum Teil massive Eingriffe ergeben sich mittelbar aus dem Steuerrecht oder auch aus dem Kulturverwaltungsrecht: Die Neuordnung steuerlicher Subventionen, wie der Entfall der Pendlerpauschale im Einkommensteuerrecht ab 2007 (nunmehr wieder eingeführt), kann mittelfristig zu Bevölkerungsbewegungen weg vom „flachen Land" führen, die ihrerseits sinkende Steueraufkommen zur Folge haben: ländliche Gemeinden „bluten aus", eigenverantwortliche Aufgabenerfüllung wird dadurch sukzessiv zur Illusion. Zu ähnlichen Effekten kann eine rationalisierende Schulpolitik führen, die durch den Wegfall der ortsansässigen kleinen Schulen zu einer Vernichtung wichtiger kultureller Mittelpunkte führt.

4. Gesetzesvorbehalt für Eingriffe in das Selbstverwaltungsrecht

7   Nach der Formulierung des Art. 28 II GG ist die Selbstverwaltung „im Rahmen der Gesetze" gewährleistet, steht also unter einem Gesetzesvorbehalt. Eingriffe können nur durch oder aufgrund eines Gesetzes erfolgen. Sie können sowohl in Form des Aufgabenentzugs, als auch in Form der Aufgabenzuweisung auftreten.[16] Der Gesetzesvorbehalt bezieht sich dabei auf alle Elemente des Art. 28 GG, sowohl auf die Eigenverantwortlichkeit (Art und Weise der Erledigung) als auch auf die Zuständigkeit für die Aufgabenerledigung.[17] Der Gesetzgeber kann den Gemeinden Aufgaben also – unbeschadet der landesverfassungsrechtlichen Garantien – entziehen. Aus dem Wesen als institutionelle Garantie folgt jedoch, dass hierbei auch für den Gesetzgeber Grenzen bestehen; vergleichbar denen der Grundrechtsdogmatik. Zentrale Bedeutung hat dabei der **Rastede-Beschluss** des BVerfG vom 23.11.1988.[18] Darin tritt das Gericht einmal

---

[15] Vgl. BVerfGE 91, 228 (236); 119, 331 ff. (Hartz IV – Arbeitsgemeinschaft); s. a. *Löwer*, in: von Münch/Kunig, GG, 5. Aufl. 2001, Art. 28 Rn. 72 f. m. w. N.
[16] Dazu BVerfGE 119, 331 (353 f.).
[17] Vgl. BVerfGE 79, 127 (143).
[18] BVerfGE 79, 127 (150 ff.).

der Auffassung des BVerwG entgegen, das eine Aufgabenverteilung bzw. -verlagerung danach beurteilt hatte, welche Ebene die „geeignetere" sei.[19] Vielmehr enthalte Art. 28 GG ein **Aufgabenverteilungsprinzip** zu Gunsten der kreisangehörigen Gemeinden; die örtlichen Aufgaben dürfen danach nicht bereits zur bloßen Verwaltungsvereinfachung oder zur Zuständigkeitskonzentration, um die Rentabilität des Kreishandelns zu sichern, entzogen werden, sondern nur dann, wenn ansonsten eine ordnungsgemäße Aufgabenerfüllung nicht gewährleistet wäre. Damit ist eine **„Hochzonung"** von Aufgaben am Maßstab der **Subsidiarität** zu messen. Des Weiteren differenziert das Gericht zwischen dem unantastbaren **„Kernbereich"**[20] und dem **„Randbereich"**.

a) Garantie der Unantastbarkeit des Kernbereichs

Eingriffe in den Kernbereich der kommunalen Selbstverwaltung sind generell unzulässig. Freilich ist die Bestimmung des Kernbereichs schwierig; entsprechend viele Ansätze haben sich daran versucht. Die ältere Subtraktionsmethode, die fragt, ob nach Entzug der Aufgabe noch genug „Substanz" übrig bleibt, wird von der h. M. als zu unkonturiert abgelehnt, da im Laufe der Zeit immer mehr Substanz schleichend verloren gehen könnte. Sicherlich muss bei einer Eingrenzung der spezifischen geschichtlichen Entwicklung und Erscheinungsform des Selbstverwaltungsrechts (in Deutschland) Rechnung getragen werden.[21] Der Kernbereich dient als gesetzgeberische Grenze, die nach st. Rspr. der Aushöhlung des Wesensgehalts der Selbstverwaltungsgarantie entgegensteht.[22] Etwas einfacher hat es der BayVerfGH erklärt, der den Kernbereich mit den in Art. 83 BV erwähnten Aufgaben nahezu gleichgesetzt hat.[23] Danach dürfen die Inhalte des Art. 83 I BV zwar modifiziert, aber nicht vollständig entzogen werden. Jedenfalls umfasst der Kernbereich die **Garantie der Gemeindehoheiten** (vgl. unten III) und den **Grundsatz der Allzuständigkeit**[24] in eigenen Angelegenheiten als solchen, sowie das **Recht auf finanzielle Mindestausstattung**[25] (dazu unten IV). Unzulässige Eingriffe in den Kernbereich wären z. B. die nur noch enumerative Aufzählung der gemeindlichen Zuständigkeiten und die gänzliche Abschaffung einer der kommunalen Hoheiten (etwa die Umwandlung der kommunalen Bauleitplanung zur staatlichen Aufgabe).

8

b) Eingriffe in die übrigen Bereiche; Anforderungen an den Entzug gemeindlicher Aufgaben

Ein Eingriff in den Randbereich liegt nach der Substraktionsmethode immer dann vor, wenn es sich um eine Angelegenheit der örtlichen Gemeinschaft handelt, die aber nicht den Kernbereich betrifft. Doch auch der Randbereich steht dem gesetzgeberischen Zugriff nicht vollständig offen, weil ansonsten die „Systementscheidung des GG zugunsten der kommunalen Selbstverwaltung" nicht beachtet würde.[26] Ein Ein-

9

---

[19] BVerwGE 67, 321 ff.; dieser Ansatz entsprach nur bedingt einer Anwendung des Verhältnismäßigkeitsprinzips, weil die Stufen der Erfoderlichkeit und der Angemessenheit ausgeblendet waren.
[20] BVerfGE 79, 127 (146) assoziert den Kernbereich in dogmatischer Anlehnung an Art. 19 Abs. 2 GG mit dem Wesensgehalt.
[21] BVerfGE 59, 216 (266); 76, 107 (118); 79, 127 (146).
[22] BVerfGE 1, 167 (174f.); 76, 107 (118).
[23] Vgl. BayVerfGH 10, 113 (121); 40, 53 (56).
[24] So BVerfGE 79, 127 (146).
[25] S. a. *Dittmann*, in: Isensee/Kirchhof, HStR VI, 3. Aufl. 2008, § 127 Rn. 30.
[26] *Knemeyer*, KommR, S. 47.

griff muss danach zunächst einem **legitimen Zweck** dienen; die ordnungsgemäße Erfüllung kommunaler Aufgaben ist generell ein legitimer Zweck. Rein finanzielle Zwecke reichen nach h. M. dagegen nicht aus, sofern die Kostenbelastung die ordnungsgemäße Aufgabenerfüllung nicht verhindert. Zudem muss der Eingriff geeignet und erforderlich sein. Während in der Rastede-Entscheidung der nahe liegende Begriff der „**Verhältnismäßigkeit**" wegen seiner grundrechtsdogmatischen Prägung noch vermieden wurde, wendet ihn nun das BVerfG als **Schranken-Schranke** des Art. 28 II GG an.[27]

5. Positive Erweiterungen

a) Grundsatz des gemeindefreundlichen Verhaltens

10 Ähnlich dem Prinzip der Bundestreue[28] oder dem Prinzip hochschulfreundlichen Verhaltens[29] ist von der Literatur auch der **Grundsatz des gemeindefreundlichen Verhaltens** entwickelt worden.[30] Danach sind staatliche Eingriffe gegenüber den Gemeinden so zu gestalten, dass vor allem das Selbstverwaltungsrecht möglichst schonend behandelt wird. Doch sind auch Einwirkungen im Bereich der übertragenen Aufgaben möglichst „substanzerhaltend" vorzunehmen. Letztlich handelt es sich um eine besondere Ausprägung des Verhältnismäßigkeitsgrundsatzes, dessen Anwendung zwischen Teilen des Staates – wie erwähnt – nicht ganz unumstritten ist.[31]

b) Mitwirkungsrechte bei übergeordneter staatlicher Planung

11 Die Planungshoheit der Gemeinde kann mit übergeordneten staatlichen Planungen kollidieren. Im Fall einer übergeordneten staatlichen Planung wird das kommunale Selbstverwaltungsrecht, die Planungshoheit, beschränkt.[32] Dies gilt zum einen für den **Vorrang bestimmter (privilegierter) Fachplanungen** gegenüber der kommunalen Bauleitplanung (§ 38 BauGB),[33] zum anderen für die **Bindungswirkung von Zielen der staatlichen Raumordnungs- und Landesplanung** (§ 4 I 1 ROG).[34] Die Wahrung der kommunalen Planungshoheit erfolgt in diesem Fall durch die obligatorische Beteiligung (Anhörungsrecht der Gemeinde) und die – möglichst frühzeitige – Berücksichtigung der städtebaulichen Belange im Rahmen der planerischen Abwägung (**Kompensationslösung**).[35] Im Falle der Raumplanung werden die kommunalen Planungsbelange zusätzlich durch das sog. **Gegenstromprinzip** (§ 1 III ROG) geschützt. Ihre Nichtberücksichtigung kann zu Abwägungsfehlern führen. Auch hat die Gemeinde gegen den Fachplanungsträger einen Anspruch auf Entschädigung und Kostenersatz, wenn sie auf Grund des Fachplanungsvorhabens ihre eigene Bauleitpla-

---

[27] BVerfGE 103, 332 (366 f.).
[28] Ausf. *Bauer,* Die Bundestreue, 1992; *Messerschmidt,* DV 1990, 425.
[29] Vgl. *Geis,* in: ders./Geis, HRG, Bd. 2, § 58 Rn. 45 m. w. N.
[30] *Macher,* Der Grundsatz gemeindefreundlichen Verhaltens, 1971; *Waechter,* KommR, Rn. 135, 197.
[31] *Jestaedt,* HStR II, 3. Aufl. 2004, § 29 Rn. 65.
[32] Siehe: *Steiner,* in: ders. (Hrsg.), Besonderes Verwaltungsrecht, Kap. I, Rn. 24.
[33] Vgl. BVerwG, NVwZ-RR 1998, 542; *Erlenkämper,* NVwZ 1999, 1296; *Stüer,* NVwZ 2004, 814.
[34] Für Einzelheiten muss hier auf die Darstellungen des Raumordnungsrechts verwiesen werden, vgl. etwa *Battis,* Öffentliches Baurecht und Raumplanungsrecht, 5. Aufl. 2006; *Steiner,* in: ders. (Hrsg.), Raumordnungs- und Landesplanungsrecht, 8. Aufl. 2006, Kap. VI.
[35] Weiterführend BVerfG, DVBl. 2001, 1415; BVerwGE 81, 95 (106); BVerwG, NVwZ 1986, 837; BayVGH, BayVBl. 1986, 370; VGH Mannheim, NVwZ 1998, 221; *Erlenkämper,* NVwZ 1999, 1296.

nung nicht mehr durchsetzen kann.³⁶ Die fachgesetzlichen Beteiligungs- und Anhörungsrechte sind daher von der Garantie des Art. 28 II 1 GG umfasst (sog. **Erstreckungsgarantien**).³⁷

III. Die Gemeindehoheiten

Als Körperschaft des öffentlichen Rechts ist die Gemeinde Hoheitsträger.³⁸ Dabei kann man sieben „Hoheiten" unterscheiden, die sich freilich teilweise im Anwendungsbereich überschneiden:

1. Gebietshoheit

Die Gemeinde ist auf ihrem Hoheitsgebiet Träger der Hoheitsgewalt, d. h. jede Person und jede Sache, die sich im Gemeindegebiet befindet, ist der Rechtsmacht der Gemeinde unterworfen (insb. auch Nichtmitglieder wie Gäste, Durchreisende oder Touristen).³⁹ Inhaltlich korrespondiert hiermit das **Prinzip der Allzuständigkeit** (vgl. Art. 6 BayGO) im Bereich der örtlichen Aufgaben. Die Gebietshoheit schließt nicht aus, dass eine Gemeinde außerhalb ihrer Grenzen Versorgungseinrichtungen unterhält (bspw. Landschulheime oder Wasserversorgungsanlagen). Im Gegenzug kann ein Landratsamt in der zentralen kreisfreien Stadt, also „exterritorial" angesiedelt sein. Die Gemeindegewalt endet aber stets an den Staatsgrenzen. Eine Besonderheit ist die einzige deutsche Exklave Büsingen am Hochrhein, die als Gemeinde zum Land Baden-Württemberg gehört, aber ganz von Schweizer Hoheitsgebiet umschlossen wird.⁴⁰ Eine Ausprägung der Gebietshoheit ist das **Regionalprinzip der Sparkassen** hinsichtlich ihrer Zweigstellen; danach ist eine „exterritoriale" Filialgründung nur bei Zustimmung der fremden Gebietskörperschaft oder durch ministerielle Genehmigung zulässig.⁴¹

Die Gebietshoheit garantiert gegenüber dem Staat keinen territorialen Besitzstand. Gemeindegebiete können daher vom jeweiligen Bundesland neu geordnet und Gemeindegrenzen verschoben werden. Grundsätzlich gehört jedes Grundstück zu einer bestimmten Gemeinde. Eine Ausnahme bilden die sog. **„gemeindefreien (ausmärkischen) Gebiete/Grundstücke"**,⁴² die sich aus historischen Gründen in aktuell noch fünf Bundesländern⁴³ erhalten haben. Unter diese regelmäßig unbewohnten Gebiete fallen etwa Forste/Wälder, Seen und Gebirgslandschaften sowie Truppenübungsplätze. Die kommunalen Aufgaben in diesen Gebieten tragen die Eigentümer. Soweit es sich um hoheitliche Aufgaben handelt, werden diese von den entsprechenden Landkreisen erfüllt.⁴⁴ Einzige staatliche Aufgabe, bezüglich gemeindefreier Gebiete nicht

---

³⁶ § 38 S. 3 i. V. m. § 37 III BauGB.
³⁷ BVerwG, BayVBl. 1969, 244 (245); *von Mutius,* BayVBl. 1988, 643 ff.; ders., Kommunalrecht, § 4 Rn. 173; *Röhl* in: Schoch (Hrsg.), Besonderes Verwaltungsrecht, 1. Kap. Rn. 16 ff.
³⁸ Vgl. *Knemeyer,* Bayerisches Kommunalrecht, Rn. 17.
³⁹ BVerfGE 52, 95 (118).
⁴⁰ Zu den Besonderheiten der Exklave Büsingen, insb. aus steuerrechtlicher Sicht vgl. *Ebke,* in FS Maurer, S. 869 ff.
⁴¹ § 2 II, III SpG B.-W.; § 2 III, IV SpkO BY; § 1 II SpkG NRW.
⁴² Vgl. § 7 III 2 GemO B.-W.; Art. 11 I 2 GO BY; § 16 I HessGO.
⁴³ Wobei in rückläufiger Tendenz aktuell noch 227 gemeindefreie Gebiete im Bundesgebiet bestehen, im Einzelnen 194 in BY, 25 in Nds, 4 in Hessen und jeweils 2 in BW und S-H.
⁴⁴ Im Dritten Reich oblag die Wahrnehmung der öffentlichen Aufgaben in gemeindefreien Gebieten und gemeindefreien „Gutsbezirken" den Eigentümern bzw. Gutsbesitzern; vgl. dazu § 119 Nr. 2 DGO v.

den Landkreisen obliegen kann, ist die Bauleitplanung – ist diese Aufgabe doch einzig den Gemeinden in ihrem jeweiligen Gemeindegebiet auferlegt. Insoweit ist in landesgesetzlichen Regelungen der Aufgabenübertragung auf den Landkreis[45] explizit die Bauleitplanung als exkludiert anzusehen.[46]

2. Personalhoheit

15 Der Gemeinde kommt hinsichtlich der Auswahl und Einstellung die **Personalhoheit** zu, d. h. sie kann nach den Vorgaben des Art. 33 II GG ihre Bediensteten selbst aussuchen, die Kriterien für Aufstieg und Beförderung festlegen sowie die Anstellungsrechtsverhältnisse regeln etc.[47] Als Arbeitgeberin unterliegt sie dabei den allgemeinen arbeitsrechtlichen und tarifvertraglichen Regelungen, insb. den Gleichstellungsregeln.

16 Als juristische Person des öffentlichen Rechts besitzt die Gemeinde zudem **Dienstherreneigenschaft,** d. h. sie kann eigene Beamte in einem öffentlich-rechtlichen Anstellungsverhältnis beschäftigen (§ 2 BeamtStG).[48] Für diese gelten die allgemeinen beamtenrechtlichen Regeln (Beamtenrecht, Besoldung, Beihilfe, Versorgung und Personalvertretung) des jeweiligen Bundeslandes. Dienstvorgesetzter ist der (Ober-)Bürgermeister.

3. Organisationshoheit

17 **Organisationshoheit** bedeutet, dass die Binnenorganisation im Ermessen der Gemeinde steht. Sie kann grundsätzlich autonom über die Einrichtung von Dezernaten und Ämtern,[49] über die Aufgaben- und Geschäftsverteilungen und über die Art und Anzahl ihrer Planstellen (Stellenpläne) einschließlich der zugewiesenen Sachausstattung entscheiden. Oft sind Organisationsentscheidungen auch als politische Signale gewollt, wie die Schaffung (und Abschaffung) von Kulturbürgermeistern, Kulturreferenten, Umweltdezernenten, Migrationsbeauftragten oder Ausländerbeiräten etc.

18 Einschränkungen sind generell zulässig, sofern sie eher punktueller Natur sind und den Gemeinden einen Mitwirkungsspielraum belassen; unzulässig wäre nur der gänzliche Entzug der Organisationshoheit.[50] Typische Einschränkungen ergeben sich zum einen dann, wenn das Kommunalrecht oder Nebengesetze die Einrichtung bestimmter Behörden oder Ämter obligatorisch vorschreibt (z. B. Gemeindekassen, unabhängige **Rechnungsprüfungsämter,**[51] haupt- oder nebenamtliche **Frauen- bzw. Gleichstel-**

30.1.1935 (RGBl. I, 4) und die „Verordnung über gemeindefreie Grundstücke und Gutsbezirke" vom 15.11.1938 (RGBl. I, 1631).
[45] Wie u. a. Art. 10a V BayGO; § 17 NdsGfrGVO.
[46] Vgl. *Armbrecht,* Zur Zulässigkeit der Bauleitplanung in gemeindefreien Gebieten, BayVBl. 2012, 102 (105).
[47] Vgl. BVerfGE 9, 268 (289 f.); 17, 172 (182); 91, 228 (245).
[48] Siehe oben § 5 Rn. 21. Vgl. etwa §§ 42–44 GO BY (vgl. insb. § 42 III).
[49] Die Gemeinde entscheidet bspw., ob sie ein eigenes Umweltdezernat einrichtet oder dies dem Wirtschaftsdezernat angliedert, ob sie ein separates Tourismus- und Informationsbüro unterhält, oder dies im Bürgermeisterbüro oder im Kulturamt ansiedelt, ob sie „Stabsstellen" oder zeitlich befristete Organisationseinheiten unterhält (z. B. zur Durchführung einer Landesgartenschau, von Stadtjubiläen, zur Organisation von Städtepartnerschaften u. v. m.). Auch die Einrichtung von kommunalen Frauenbüros und -häusern fällt hierunter.
[50] BVerfG NVwZ 1995, 677 ff.; BVerwG NVwZ 1985, 416.
[51] Vgl. §§ 93, 109 Art. 100, 104 GO BY; vgl. dazu unten § 13 V 2a).

lungsbeauftragte[52] und Ortssprecher), zum anderen durch landeshaushaltsrechtliche **Kommunal-Stellenobergrenzenverordnungen,** die eine überzogene Entwicklung der Personalkosten im Interesse eines geordneten Gemeindehaushalts vermeiden sollen.[53] Letztlich wird damit also bewirkt, beispielsweise die Grundsätze sparsamer und wirtschaftlicher Haushaltsführung ohne die spätere Notwendigkeit aufsichtlicher Maßnahmen durchzusetzen. Verpflichtende Festsetzungen hinsichtlich der Gemeindeorganisation ergeben sich stellenweise auch durch Bundesgesetze; so normieren beispielsweise die §§ 69 III, 70 I SGB VIII in den meisten Ländern für die Landkreise und kreisfreien Städte die Pflicht, ein Jugendamt mit Verwaltungsapparat und einem Jugendhilfeausschuss einzurichten.

4. Satzungshoheit

Unter **Satzungshoheit** versteht man die Kompetenz zur Rechtsetzung (Gesetze im materiellen Sinne) in allen Angelegenheiten des eigenen, örtlichen Wirkungskreises. Dieses Recht folgt der Eigenschaft als Selbstverwaltungskörperschaft und unterliegt daher nicht den Einschränkungen, die an Rechtsverordnungen zu richten sind (vgl. Art. 80 I 2 GG). Diese Eigenschaft tritt am deutlichsten in der in einigen Ländern zu erlassenden **Hauptsatzung** hervor,[54] die hinsichtlich verschiedener kommunalverfassungsrechtlicher Fragen die landeskommunalrechtlichen Regelungen ausfüllt. Typischerweise wird die Benutzung der gemeindlichen Einrichtungen durch Satzung geregelt. Weitere Anwendungsbereiche sind die Satzungen nach dem BauGB wie Bebauungsplan § 10 BauGB oder Veränderungssperre § 16 I BauGB (Überschneidungsbereich zur Planungshoheit), die Haushaltssatzung und die Abgabensatzungen (Überschneidungsbereich zur Finanzhoheit). Dazu treten Satzungskompetenzen in besonderen Materien wie dem Abfallrecht,[55] Forst- und Agrarrecht,[56] Umweltrecht,[57] Ortsbaurecht,[58] Straßenrecht[59] u. a. 19

5. Planungshoheit

Unter den Begriff der kommunalen Planungshoheit fällt v. a. das **Recht auf Gestaltung der örtlichen Entwicklung,** insbesondere im Bereich der Bauleitplanung (Aufstellung von Flächennutzungsplänen und Bebauungsplänen). Im weiteren Sinne umfasst dies auch das Recht zur konzeptionell-gestalterischen Stadtentwicklung („Recht 20

---

[52] § 5 GO NRW; § 64 SächsGO; § 2 III GO SH sieht die Einrichtung hauptamtlicher Frauenbeauftragter in Gemeinden über 15000 Einw. vor; meist ist die Bestellung obligatorischer kommunaler Gleichstellungsbeauftragter in gesonderten Gleichstellungsgesetzen der Länder geregelt (z. B. Art. 20 BayGlG); zur Zulässigkeit solcher Verpflichtungen BVerfG NVwZ 1995, 677; vertiefend *I. A. Mayer,* NVwZ 1994, 1182; NVwZ 1995, 663.
[53] Vgl. exemplarisch die bayerische „Verordnung über Stellenobergrenzen im kommunalen Bereich" (Kommunal-Stellenobergrenzenverordnung – KommStOV) vom 28.9.1999, BayRS 2032-2-24-I, oder die hessische Kommunale Stellenobergrenzenverordnung – KomStOVO) vom 24. April 2007 (GVBl. I S. 289).
[54] Vgl. § 4 II GemO B.- W; § 7 III GO NRW; § 4 II SächsGO.
[55] § 8 LAbfG B.-W.; Art. 7 BayAbfG; §§ 5, 9 LAbfG NRW.
[56] § 25a LLG B.-W.; § 28 NRG B.-W.
[57] Bekanntestes Beispiel ist die Baumschutzsatzung, vgl. etwa § 45 LandschG NRW; § 23 NatSchG S.-A. – Satzungen möglich für geschützte Landschaftsbestandteile; § 19 SaarlNatSchG; manche Bundesländern regeln diese Materie allerdings durch Rechtsverordnung (z. B. Art. 12 BayNatSchG), und gehn daher vom staatlichen Charakter aus. Vertiefend *Otto,* NJW 1996, S. 356 ff.
[58] Art. 81 BayBO; § 86 LBO NRW.
[59] §§ 19 25 StrWG NRW; Art. 47 III BayStrWG.

am eigenen Ortsbild"),⁶⁰ das sich etwa in Sanierungsplänen (§ 136 BauGB) und Entwicklungs- (§§ 165 ff. BauGB) und Erhaltungsatzungen nach §§ 172 ff. BauGB niederschlägt. Auch das neuere investorenfreundliche Instrument des Vorhaben- und Erschließungsplans (§§ 11, 12 BauGB) ist von erheblicher Bedeutung für die wirtschaftliche Entwicklung der Gemeinde. Für weitere Einzelheiten muss hier auf die Darstellungen zum Baurecht verwiesen werden.

21 Art. 28 II GG garantiert den Gemeinden insoweit einen Grundbestand an eigenverantwortlicher Planung, darunter fällt auch die sog. **negative Planungshoheit,** also das Recht, bestimmte Bereiche unbeplant zu lassen. Deutlich wird der Stellenwert dieser Eigengestaltungsmöglichkeit, wenn man sich erinnert, dass diese gerade im Dritten Reich nicht bestand; auf die besonderen Programmatiken, die bestimmten Städten aufoktroyiert wurden und die auch bauliche Festlegungen nach sich zogen, wurde im historischen Teil ausführlich eingegangen (vgl. oben § 2 IV). Doch auch die DDR schränkte die örtliche Planung zentralistisch und massiv ein.⁶¹

6. Finanzhoheit

22 Unter Finanzhoheit versteht man das **Recht auf eigenverantwortliche Einnahmen- und Ausgabenwirtschaft** einschließlich Haushaltsführung und Vermögensverwaltung im Rahmen der vom Staat überlassenen Einnahmequellen.⁶² Sie wurde schon seit jeher aus dem kommunalen Selbstverwaltungsrecht abgeleitet, hat aber seit der Verfassungsreform von 1994 in Art. 28 II 3 GG positiven Ausdruck gefunden. Die Finanzhoheit nimmt im Rahmen des Selbstverwaltungsrechts einen besonderen Stellenwert ein, denn eine eigenveranwortliche Tätigkeit wäre ohne finanzielle Kapazitäten nicht möglich.⁶³ Die Finanzhoheit schützt nicht vor der Auferlegung weiterer Aufgaben oder ihrer Aufrechterhaltung. Nach Maßgabe des Landesverfassungsrechts bedingt aber das Konnexitätsprinzip einen finanziellen Ausgleich bei Aufgabenzuweisung (dazu unten § 7 II). Das **Konnexitätsprinzip** gilt jedoch nicht nur als Ausgleich für Aufgaben des übertragenen Wirkungskreises, sondern auch für Aufgaben des eigenen Wirkungskreises bei Zuweisung neuer Pflichtaufgaben.⁶⁴ Infolgedessen kommt dem (strikten) Konnexitätsprinzip weit mehr Bedeutung zu als dem finanziellen Ausgleich, vielmehr stellt er zugleich die finanzielle Grundlage gemeindlicher Selbstverwaltung sicher.⁶⁵

23 Ein wesentlicher Teil der Finanzhoheit ist die **Abgabenhoheit.**⁶⁶ Sie umfasst das **Recht, eigene** Abgabensatzungen nach Maßgabe von Bundes- oder Landesrecht zu erlassen **(Satzungshoheit),** das Recht, die Abgabensatzungen zu vollziehen **(Verwaltungshoheit)** sowie das Recht, den Ertrag aus einer Abgabe zu vereinnahmen **(Ertragshoheit).**

---

⁶⁰ Vgl. *Blümel,* Das Selbstgestaltungsrecht der Städte und Gemeinde, in: ders. (Hrsg.), FS Ule, 1987, S. 19 ff.; *Manssen,* Stadtgestaltung durch örtliche Bauvorschriften, 1990.
⁶¹ Vgl. die kommunistischer Ideologie folgenden „16 Grundsätze des Städtebaus" (1959), insb. Grundsatz 3: „Die Bestimmung und Bestätigung der städtebaulichen Faktoren ist ausschließlich Angelegenheit der Regierung".
⁶² BVerfG, NVwZ 1987, 123.
⁶³ *Püttner,* DÖV 1994, 552 (553); *Groh,* LKV 2010, 1 (5).
⁶⁴ Vgl. *Zieglmeier,* NVwZ 2008, 270 (272).
⁶⁵ NWVerfGH, Urteil vom 23.3.2010, VerfGH 19/08, NVwZ-RR 2010, 705 (705).
⁶⁶ Siehe noch § 12 III 2.

7. Kulturhoheit

Ein ganz signifikanter Bereich gemeindlicher Selbstverwaltungsaufgaben ist die Erhaltung und Pflege der örtlichen Kultur. Tatsächlich realisiert sich ein gewichtiger Teil der sog. **Kulturhoheit der Länder**[67] auf Gemeindeebene. Die Schaffung kultureller Einrichtungen „vor Ort" gehört zu den genuinen Aufgaben einer Gemeinde. Dies betrifft nicht nur den Bildungsbereich (Schulen und Volkshochschulen) oder Einrichtungen der sog. „Hochkultur" (Museen, Theater, Konzertsäle, Opernhäuser etc.), sondern auch die Förderung von Einrichtungen der sog. Alternativkultur oder der Stadtteilkultur.[68] Kulturpflege und -förderung in der Gemeinde erfüllt eine zentral wichtige, bürgernahe Integrationsaufgabe. Daher ist die Förderung des „sozio-kulturellen Bereichs", z. B. die Schaffung und/oder Förderung von Kulturtreffs und -zentren, Begegnungs- und Stadtteilzentren, Jugendzentren und -cafés etc., ein nicht zu unterschätzendes kommunales Aufgabengebiet. Die Kulturhoheit der Gemeinden ist mit Ausnahme bestimmter sektoraler Gesetze (Schulgesetze und Archivgesetze) kaum normativen Einschränkungen unterworfen. Sie vollzieht sich vor allem im Bereich der Leistungsverwaltung, die durch Zuschüsse (Subventionen) die Entwicklung der örtlichen Kulturszene fördert.[69]

24

IV. Finanzielle Gewährleistungen

Literatur: *Pechstein,* Kommunaler Finanzausgleich – Grundstrukturen und Probleme, in LKV 1991, 289 (291); *Hoppe,* Der Anspruch der Kommunen auf aufgabengerechte Finanzausstattung, DVBl. 1992, 117 ff.; *Schoch,* Verfassungsrechtlicher Schutz der kommunalen Finanzautonomie, 1997; *Schoch/Wieland,* Finanzierungsverantwortung für gesetzgeberisch veranlasste kommunale Aufgaben, 1995; *Henneke,* Landesverfassungsrechtliche Finanzgarantien der Kommunen im Spiegel der Rechtsprechung, Der Landkreis 2004, 166 ff., 2005, 276 ff.; *Nierhaus,* Verfassungsrechtlicher Anspruch der Kommunen auf finanzielle Mindestausstattung, LKV 2005, 1 ff.

1. Das Recht auf angemessene Finanzausstattung

Das Grundgesetz hat in Art. 28 II GG nicht nur die kommunale Selbstverwaltung an sich garantiert, sondern auch die Existenz eines Finanzierungssystems, das dafür sorgt, dass den Kommunen aus dem staatlichen Steueraufkommen ein erheblicher Anteil zufließt. Seit der einigungsbedingten, großen Verfassungsänderung von 1994 bestimmt Art. 28 II 3 GG[70] zusätzlich, dass diese Verfassungsgarantie auch die **Grundlagen der finanziellen Eigenverantwortung** umfasst, zu denen obligatorisch (mindestens) eine

25

---

[67] Grdl. *Häberle,* Kulturpolitik in der Stadt, 1979; *ders.,* Kulturhoheit im Bundesstaat – Entwicklungen und Perspektiven, in: Jahrbuch für Kulturpolitik 2 (2001), S. 115 ff.; *Hufen,* NVwZ 1983, 516 ff.; *Geis,* DÖV 1992, 522 ff.; *Steiner,* HStR IV, 3. Aufl. 2006, Rn. 21 ff.

[68] Die Ausweitung eines zuvor bildungsbürgerlich-idealistisch aufgeladenen Kulturverständnisses auf ein alle Volksschichten ergreifendes „demokratisches" Kulturverständnis nahm in den 70er Jahren gerade von bestimmten Städten ihren Ausgang (*Hilmar Hofmann* – Frankfurt; *Hermann Glaser* – Nürnberg); auch die Arbeit der Kulturpolitischen Gesellschaft e. V. wäre ohne ihre Verankerung in den Kommunen nicht denkbar. Vgl. dazu grdl. *Schwencke,* Demokratisierung des kulturellen Lebens, in: Hoffmann (Hrsg.), Perspektiven der kommunalen Kulturpolitik, 1974; *Häberle,* Kulturpolitik (Fn. 58), S. 23 ff.; *Hoffmann,* Kultur für alle, 2. Aufl. 1981; *Geis,* Kulturstaat und kulturelle Freiheit, 1990, *S. Scheytt,* Kommunales Kulturrecht, 2005, Rn. 99 ff.; sowie zuletzt Deutscher Bundestag (Hrsg.), Kultur in Deutschland (Schlussbericht der Enquete-Kommission), 2008, S. 71.

[69] Z. B. durch Subventionen an Theater- und Museumsvereine oder an örtliche Brauchtumsvereine.

[70] 42. ÄndG vom 27.10.1994, BGBl. I, S. 3146.

wirtschaftsbezogene Steuerquelle mit Hebesatzrecht gehört (regelmäßig die Gewerbesteuer[71]). Ähnliche, z. T. noch weitergehende Gewährleistungen finden sich in den Landesverfassungen; auch in Art. 9 EKC (vgl. unten V) wird die Finanzausstattung aufgegriffen.

26 Inhaltlich umfasst die Verfassungsgarantie nach h. M. im Schrifttum und nach der Rechtsprechung der Landesverfassungsgerichte das **Recht der Gemeinden auf angemessene Finanzausstattung** gegenüber dem jeweiligen Bundesland, d. h. eine solche, die ihnen eine angemessene und kraftvolle Erfüllung ihrer Aufgaben erlaubt.[72] Ohne reale finanzielle Möglichkeit zur eigenständigen politischen Gestaltung würden die Gemeinden zu reinen nachgeordneten Verwaltungsebenen degenerieren, was der Geschichte und dem Zweck der kommunalen Selbstverwaltungsgarantie diametral zuwiderliefe.[73] Allerdings hat sich das Bundesverfassungsgericht zu einer entsprechenden dogmatischen Aussage bislang nicht durchringen können.[74]

27 Mit der Garantie einer angemessenen Finanzausstattung ist jedoch über die konkrete Höhe und Art der staatlichen Leistungen noch nichts ausgesagt. Dem Gesetzgeber wird hierbei angesichts der Komplexität des Finanzierungssystems (vgl. unten § 12 III) ein sehr weiter Gestaltungsspielraum eingeräumt, der einer isolierten Bewertung und Korrektur einzelner Elemente entgegensteht.[75]

2. Das Recht auf finanzielle Mindestausstattung

28 Die Annahme eines qualifizierten Kernbereichsschutzes („Rastede") führt zur Anerkennung des **Rechts auf finanzielle Mindestausstattung,** in dem der Ermessensspielraum des Gesetzgebers seine Grenzen findet. In BY ist seit 2013 durch Volksentscheid eine angemessene Finanzausstattung sogar explizit von Verfassungsrang.[76] Diese ist so zu bemessen, dass die Kommunen in der Lage sind, alle ihre Aufgaben (sowohl des eigenen als auch des übertragenen Wirkungskreises, sowohl pflichtige als auch freiwillige Selbstverwaltungsaufgaben[77]) übernehmen zu können. Die Garantie des Art. 28 II 3 GG ist dabei dynamisch: Sie verlangt nicht nur die Existenz an sich, sondern verhindert auch eine sukzessive oder faktische Aushöhlung der Finanzkraft, die zu einer Reduktion auf die allernotwendigsten Aufgaben zwingt und so das – dann nur noch virtuell vorhandene – Selbstverwaltungsrecht auszehren würde.[78]

---

[71] Vgl. dazu unten § 12 III.
[72] HessStGH NVwZ 2013, 1151 (1152); StGH B.-W. ESVGH 44, 1(5); ESVGH 49, 242 ff. = DVBl. 1999, 1351 ff.; Nds. StGH DVBl. 1995, 1175; DVBl. 1998, 185 ff.; *Stern*, Staatsrecht II, 1980, S. 150 ff.; *Pechstein*, LKV 1991, 289 (291); *Hoppe*, DVBl. 1992, 117 (119); *Birk/Inhester*, DVBl. 1993, S. 1205 ff.; *Löwer*, in: von Münch/Kunig, Grundgesetz-Kommentar, Bd. 2, 3. Aufl. 1995, Rn. 90; *Stober*, Kommunalrecht in der Bundesrepublik Deutschland, 3. Aufl. 1996, S. 183 f.; *Schoch*, Verfassungsrechtlicher Schutz der kommunalen Finanzautonomie, Stuttgart u. a. 1997, S. 139 ff., alle mit zahlreichen weiteren Nachweisen.
[73] Vgl. *Maurer*, in: Schoch (Hrsg.), Selbstverwaltung der Kreise in Deutschland, 1996, S. 1 ff.
[74] BVerfGE 26, 172 (181); 71, 25 (36 f.); 86, 148 (218 f.).
[75] StGH B.-W. ESVGH 44, 1(7); ESVGH 49, 242 ff. = DVBl. 1999, 1351 ff.; BayVerfGH BayVBl. 1996, 462 (463) = NVwZ-RR 1997, 301 (303); BayVBl. 1997, 303 (304); VerfGH NRW DVBl. 1993, 1205 (1206); NVwZ 1997, 793 (794); DVBl. 1998, 185 (187).
[76] Art. 83 II 3 BV.
[77] HessStGH, NVwZ 2013, 1151.
[78] BVerfGE 79, 127 (148); 83, 383 (386); ebenso StGH B.-W ESVGH 12, 6 (9); 22, 202 (206 ff.); *Schoch*, Verfassungsrechtlicher Schutz der kommunalen Finanzautonomie, S. 111. BVerwG DVBl. 2013, 651 ff., sieht auch einen Verstoß gegen das Recht auf finanzielle Mindestausstattung, wenn durch

Daher muss den Gemeinden über die reine Kostendeckung der fixen, vorgegebenen Aufgaben hinaus ein nennenswerter finanzieller Freiraum zur eigenständigen Disposition verbleiben.[79] Im Schrifttum wurde hierzu die Doktrin der **„freien Spitze"** (kommunale Mindestquote) entwickelt: Mindestens 5–10% des Gesamtfinanzbedarfs müssten nach Bedienung aller finanziellen Verpflichtungen zur freien politischen Verwendung für den Bereich der eigenen Aufgaben offen stehen.[80] Die Rechtsprechung war dieser Auffassung allerdings lange Zeit nicht gefolgt, um den Gesetzgeber im Bereich Haushalt und Finanzausgleich nicht zu binden. Inzwischen liegt zumindest für das Land Hessen eine Entscheidung dahingehend vor, dass ein Mindestmaß an Finanzausstattung auch explizit für den freiwilligen Selbstverwaltungsaufgabenbereich erforderlich ist.[81] Es dürfte wohl einzig eine Frage der Zeit sein, bis sich auch andere Landesverwaltungsgerichtsbarkeiten dem anschließen. Die erwähnte Komplexität von Finanzierungssystemen mag ein Grund sein, einen weiten Beurteilungsspielraum hinsichtlich der Finanzausstattung zu geben – für die effektive Wahrnehmung kommunaler Aufgaben muss parallel zum Konnexitätsgrundsatz jedenfalls auch die Mindestausstattung von Gemeinden bei massiver Unterversorgung gerichtlich überprüfbar sein.

29

3. Verfassungsrechtliche Schranken

a) Eingriffe in das Recht auf angemessene Finanzausstattung

Die Annahme eines weitergehenden Kernbereichsschutzes wirkt sich auf der Schrankenebene aus. Während das Recht auf *angemessene* Finanzausstattung als Teilbereich der Selbstverwaltungsgarantie grundsätzlich dem Gesetzesvorbehalt des Art. 28 II GG unterliegt, soll der Schutz des Kernbereichs vorbehaltlos gelten. Im ersteren Fall besteht – wie erwähnt – ein weiter, wenn auch nicht unendlicher Gestaltungsspielraum des Gesetzgebers. Die Rechtsprechung v. a. der Landesverfassungsgerichte hat eine Schranken-Schranken-Dogmatik entwickelt. Wie jede staatliche Tätigkeit unterliegt der Gesetzgeber dem **Willkürverbot;** dieses ist verletzt, wenn unter Gleichheitsaspekten nicht gerechtfertigte Differenzierungen zu systemwidrigen Benachteiligungen bestimmter Gemeinden führen oder solche ohne plausible Gründe von dem selbst gesetzten Regelungssystem abweichen.[82] Daneben zieht der **Grundsatz der Verhältnismäßigkeit** Schranken: Soweit Finanzausgleichsleistungen zwischen verschiedenen kommunalen Aufgabenträgern in Rede stehen, muss der Gesetzgeber bei deren Ausgestaltung die allseitigen, grundsätzlich gleich gewichtigen Belange zu einem angemessenen Ausgleich bringen.[83] Das gleiche gilt auch im Verhältnis Land – Kommunen: Da die Aufgaben des Landes und die der Kommunen prinzipiell als gleichwertig anzuerkennen sind, verbietet es das **Gebot gemeindefreundlichen Verhaltens,** finanzielle

30

---

die Erhebung einer Kreisumlage mit progressivem Anteil allein dadruch oder im Zusammenwirken mit anderen Umlagen eine betroffene Gemeinde auf Dauer strukturell unterfinanziert ist.

[79] *Hofmann-Hoeppel,* Die (finanz-) verfassungsrechtliche Problematik des BSHG-Vollzuges durch die kommunalen Gebietskörperschaften, 1992, S. 135; Otting, DVBl. 1997, 1258 (1261); *Hufen,* DÖV 1998, 278.

[80] Zur „freien Spitze" etwa *Schoch,* Verfassungsrechtlicher Schutz der kommunalen Finanzautonomie, 1997, S. 187; *Otting,* DVBl. 1997, 1258 (1261); *Hufen,* DÖV 1998, 185 (187); *Henneke,* NdsVBl. 1998, 25 (31); *Geis,* FS Maurer 2001, S. 79 (84).

[81] HessStGH, NVwZ 2013, 1151.

[82] StGH B.-W. ESVGH 24, 155(164); VBlBW 1998, 295(298).

[83] BVerfGE 26, 228 (245); BayVerfGH BayVBl. 1993, 177 (178f.); NVwZ-RR 1997, 301 (303).

„Schieflagen" oder generelle Finanzknappheit in Land und Kommunen einseitig zu Lasten der letzteren gehen zu lassen.[84] Indessen ist die Schuldenbremse bzw. das Neuverschuldungsverbot für die Länder mit den potentiellen Auswirkungen auf die Finanzsituation der Kommunen und deren Selbstverwaltungsgarantie kritisch zu betrachten.[85] Bedingen daher externe politische Faktoren, die nicht in die Sphäre der Gemeinden fallen, ungewöhnliche Kostensteigerungen, so widerspricht es dem Gebot gemeindefreundlichen Verhaltens, dass diese Kosten nahezu uneingeschränkt an die Gemeinden „durchgereicht" werden; typische Fälle sind die Sozialhilfe- und vormalig auch die Asylkosten; wobei letztere nunmehr seit dem 01.01.2016 durch Finanzierungsübernahme des Bundes keinen Problemfall im Rahmen des gemeindefreundlichen Verhaltens mehr darstellen dürften.

b) Eingriffe im geschützten Kernbereich

31 Ist dagegen der erwähnte Kernbereich betroffen, geht die überwiegende Meinung davon aus, dass der Anspruch auf eine finanzielle Mindestausstattung einfachgesetzlich nicht einschränkbar ist bzw. der Gesetzesvorbehalt nicht anwendbar ist.[86] Umgekehrt sind Eingriffe in diese Mindestaustattung stets eine Verletzung des Kernbereichs.[87] Ein rechtswidriger Eingriff liegt dementsprechend vor, wenn den Kommunen keine insgesamt für die Aufgabenerfüllung ausreichende Finanzausstattung gewährt wird bzw. wenn eine offensichtliche Disproportionalität von wahrzunehmenden Aufgaben und der Mittelzuweisung besteht.[88] Auch im Kernbereich gilt jedoch – als verfassungsimmanente Schranke – stets der **Vorbehalt der finanziellen Leistungsfähigkeit** des Landes.[89] Doch darf dieser Vorbehalt nicht als Blankoformel verwendet werden. Nach dem Grundsatz der **Gleichwertigkeit von Landes- und Kommunalaufgaben** (§ 24 I StabG) gilt das **Prinzip aufgabengerechter Verteilungssymmetrie.**[90] Der (Landes-)gesetzgeber darf die finanziellen Ressourcen nicht einseitig für die Erfüllung der Landesaufgaben verbrauchen, sondern hat das Spannungsverhältnis durch eine gerechte und der Gleichwertigkeit der Landes- und Kommunalaufgaben entsprechende Verteilung bestehender Lasten und beschränkter Einnahmen zum Ausgleich zu bringen; er muss ein Finanzausgleichssystem bereitstellen, das beiden Seiten die jeweils verfügbaren Mittel aufgabengerecht und gleichmäßig zur Verfügung stellt und Engpässe auf beide Seiten verteilt. Ist eine Erweiterung der Finanzmittel seitens des Landes

---

[84] BayVerfGH BayVBl. 1989, 237; ebenso BVerfGE 26, 172 (181); *Stern,* Staatsrecht I, 2. Aufl. 1984, S. 418 f. m.w.N.
[85] *Henneke,* Die Kommunen in der Finanzverfassung des Bundes und der Länder, 5. Aufl. 2012, S. 209 ff.; *Groh,* LKV 2010, 1 ff.
[86] BayVerfGH BayVBl. 1993, 177 (178); BayVBl. 1997, 303 (304); NdsStGH DVBl. 1998, 185 (197); *Henneke,* Der Landkreis 1997, S. 586; *Stern,* Staatsrecht I, S. 422.
[87] NdsStGH DVBl. 1998, 185 (187); *Schoch,* Der verfassungsrechtliche Schutz der kommunalen Finanzautonomie, 1997, S. 148 ff. (153).
[88] NdsStGH DVBl. 1998, 185 (187); *Henneke,* NdsVBl. 1998, 25 (28).
[89] VerfGH NRW DÖV 1989, 310 (311); DÖV 1993, 1003 (1004); DVBl. 1999, 391 (393); BayVerfGH BayVBl. 1993, 177; 1996, 462 (464); BayVBl. 1997, 177 (179); BayVBl. 1997, 303 (304); BayVBl. 2008, 172 (175); NdsStGH, DVBl. 1998, 185 (187); StGH B.-W. ESVGH 44, 1(7), ESVGH 49, 242 ff. = DVBl. 1999, 1351 ff.; *Hoppe,* DVBl. 1992, 117 (119 f.); krit. *Henneke,* DÖV 1998, 330 (334).
[90] NdsStGH DVBl. 1998, 26; DVBl. 1998, 185 (187) m. Anm. *Kirchhof;* StGH B.-W. DVBl. 1999, 1351 ff.; *Henneke,* NdsVwBl. 1998, 25 (31).

nicht möglich, sind die Kommunen inhaltlich von Aufgaben zu entlasten oder der Verteilungsmodus im Finanzausgleich zu modifizieren.[91]

Angesichts der Schwierigkeit einer quantitativen Grenzziehung hat sich der StGH B.-W. in seinem vielbeachteten Normenkontrollurteil vom 10.5.1999 für eine **prozedurale Lösung** entschieden: Der Schutz des „unantastbaren Kernbereichs des kommunalen Selbstverwaltungsrechts" könne nicht beziffert werden, zumal die Garantie nur unter Berücksichtigung auch der Aufgaben des Landes gelten könne. Hinzu kommt der Konflikt zwischen Gestaltungsfreiheit des Gesetzgebers und finanzieller Unterwanderung der kommunalen Selbstverwaltung. Dies begründet den erschwerten Rechtsschutz der Gemeinden gegen Kürzungen der Finanzausstattung, z. B. durch geringere Landeszuweisungen i. R. d. des Finanzausgleichs.[92] Ein gerechtes Finanzausgleichssystem bedürfe daher prozeduraler Absicherungen, die den Geboten der Transparenz und Publizität entsprechen sollen und sicherstellen, dass die Grundlagen für einen aufgabengerechten Finanzausgleich auf der Basis einer umfassenden Ausgaben- und Einnahmenanalyse nachvollziehbar ermittelt werden; hierfür wird die Schaffung einer unabhängigen Kommission zur Ermittlung des kommunalen Finanzbedarfs, der **Gemeindefinanzkommission,** vorgeschlagen.[93] In dieser fungierten die kommunalen Spitzenverbände des Landes als Betroffenenvertreter. Dogmatisch handelte es sich hierbei um eine Übertragung der Lehre vom „Grundrechtsschutz durch Verfahren" auf das kommunale Selbstverwaltungsrecht. Der BayVerfGH hat sich dieser prozeduralen Lösung vor kurzem angeschlossen.[94] 32

V. Gewährleistungen der kommunalen Selbstverwaltung in den Landesverfassungen

Literatur: *Knemeyer,* Zur notwendigen Garantie kommunaler Selbstverwaltung in den neuen Landesverfassungen, LKV 1991, 49; *Meyn,* Thüringer Kommunalordnung und Verfassungsrecht, KV 1995, 265; *Henneke,* Der Landkreis 2005, 255 ff.; *Schmidt,* Finanzierungspflichten und Konnexitätsprinzip, 2016

Nahezu alle Landesverfassungen enthalten ebenfalls Garantien der kommunalen Selbstverwaltung, wenn auch in unterschiedlichem Umfang (vgl. oben § 4 II 1). Gemeinsam ist den Verfassungen die Beschränkung auf rechtsaufsichtliche Kontrolle im Selbstverwaltungsbereich der Gemeinden und Gemeindeverbände (Kreise).[95] Im Vergleich zu Art. 28 II GG wird das Selbstverwaltungsrecht in B.-W. ausdrücklich auch den Zweckverbänden und sonstigen Körperschaften und Anstalten des öffentlichen Rechts gewährt (Art. 71 VerfB.-W., zu letzteren ebenso Art. 57 I VerfNds). BY benennt, vergleichbar auch Art. 78 VerfNRW, als Beispiel gemeindlicher Selbstverwaltung ausdrücklich die Wahl der Bürgermeister und Vertretungskörper (Art. 11 II VerfBY) In SA werden explizit die Gemeindeverbände einbezogen (Art. 84 VerfSachsen). Die Finanzgarantien des Art. 28 II 3 GG wurden in einigen Landesverfassungen bereits früher gewährt. Über das Bundesrecht hinaus haben jedoch nunmehr seit 2006 alle Bundesländer mittlerweile das sog. **strikte Konnexitätsprinzip** verankert, nach dem der Lan- 33

---

[91] StGH B.-W. ESVGH 44, 1 (6); NdsStGH DVBl. 1998, 185 (187).
[92] *Leisner-Egensperger,* DÖV 2010, 705 ff.
[93] StGH DVBl. 1999, 1351 (1358).; als Vorbild dient die „Kommission zur Ermittlung des Finanzbedarfs der Rundfunkanstalten" (KEF).
[94] VerfGH BY BayVBl. 2008, 172 LS 10 und S. 177 (betr. die Bezirksumlage).
[95] Vgl. Art. 97 I 2 VerfBbg; Art. 137 III 2 VerfHess; Art. 49 III 2 Verf R.-P.

desgesetzgeber bei einer Neuübertragung von Aufgaben konkrete Aussagen für den finanziellen Ausgleich an Gemeinden und Gemeindeverbände treffen muss.[96] In den Ländern der Bundesrepublik wird letztlich also ein gesetzes- oder zumindest regelungskausaler Konnexitätsgrundsatz herangezogen.[97] In Bayern wurde seine Aufnahme in Art. 83 III, VII BV zum 1.1.2004 durch Volksentscheid bewirkt, ebenso in NRW zum 16.6.2004 und in Hessen in Art. 137 VerfHess. Noch weiter geht Art. 78 III VerfNRW, der die Gemeinden über eine finanziellen Ausgleich aufgrund einer Kostenfolgeabschätzung generell vor übermäßiger Belastung durch übertragene Aufgaben schützt. Art. 72 I 2 VerfM.-V. stellt die Pflicht zur Erledigung der öffentlichen Angelegenheiten unter den Vorbehalt der Leistungsfähigkeit, was freilich als Legitimation zur Hochzonung von Aufgaben dienen kann. Bis zum Jahr 2006 galt in manchen Bundesländern zumindest der **relative („gelockerte") Konnexitätsgrundsatz,** nach dem jedenfalls Festlegungen über die Deckung der Kosten im Rahmen des Gesamtfinanzausgleiches getroffen werden mussten, Aussagen über die Deckung von Mehrbelastungen fehlten jedoch. Die abgeschwächte Form des Konnexitätsprinzips wurde insbesondere im Zeitraum zwischen 1998 und 2006 durch eine Neuorientierung in der Betrachtung der Finanzierung kommunaler Aufgabenerfüllung nach und nach aus den Landesverfassungen verbannt und machte der strikteren Regelung Platz.[98] Zurückgegangen war dies auf länderübergreifende Verfassungsgerichtsentscheidungen kurz vor diesem Zeitraum des Umdenkens, die Aufgaben und deren Finanzierung in stärkerem Zusammenspiel begriffen haben.[99] Aus diesem aufgabenkongruenten Finanzierungsverständnis hat sich in Niedersachsen, dem letzten Bundesland, dass eine strikte Konnexitätsregelung verankert hat, nicht nur eine unmittelbare Ausgleichspflicht bei Aufgabenübertragung, sondern sogar eine gesetzlich verankerte Finanzierungsminderungsoption für den Aufgabenwegfall durchgesetzt (Art. 57 IV 3 HS. 2 NV).[100] Art. 97 IV VerfBbG und Art. 83 VII 1 BV enthalten ein eigenes Anhörungsrecht der kommunalen Spitzenverbände bei allen Gesetzen und Rechtsverordnungen, die die Gemeinden berühren; in Baden-Württemberg und Bayern wurde darüber hinaus zur Umsetzung des Konnexitätsprinzips ein Konsultationsverfahren vor Änderungen zur Pflicht gemacht (§ 71 III 4, IV LV BW, Art. 83 VII 2 BV).[101] Teilweise haben die Landesgesetzgeber bei der Einführung des Konnexitätsprinzips dessen Striktheit jedoch ausweislich entsprechender Begründungen dahingehend abgeschwächt, dass erst ab Überschreitung einer gewissen Erheblichkeitsschwelle der Neuaufgabentransferierung dessen Bindungen greifen sollen.[102]

---

[96] Teilweise umstritten wohl nur für die Länder Hessen und Rheinland-Pfalz, so *Lohse,* Kommunale Aufgaben, kommunaler Finanzausgleich und Konnexitätsprinzip, S. 143.

[97] Im Gegensatz zur Bundesebene, wo auf den Vollzug abgestellt wird, vgl. hierzu *Schmidt,* Finanzierungspflichten und Konnexitätsprinzip, S. 42.

[98] Vgl. zu diesem Prozess ausführlich *Henneke,* Flächendeckende verfassungsrechtliche Ausformung des Grundsatzes: „Keine neuen Aufgaben ohne Deckung", Der Landkreis 4–5/2006, 258 ff.

[99] Baden-Württemberg: DÖV 1999, 73; DVBl. 1998, 1276; DVBl. 1999, 1351; Bayern: DÖV 1997, 639; BayVBl. 1997, 303; Brandenburg: DÖV 1998, 336; NVwZ-RR 1990, 90; Niedersachsen: NVwZ-RR 1998, 529; DÖV 1998, 382; NRW: NVwZ-RR 1999, 81; Sachsen-Anhalt: NVwZ-RR 1999, 96; 1999, 393; Rheinland-Pfalz: NVwZ-RR 1998, 607.

[100] Vgl. eingehender *Henneke,* Triale Finanzgarantie für die Kommunen, NdsVBl. 2006, 89 ff.

[101] Dazu die Konsultationsvereinbarung vom 21.5.2004 (GVBl., S. 218); s. a. *Zieglmeier,* NVwZ 2008, 270 ff.

[102] So u. A. in Niedersachsen, Nds. LT-Drs. 15/2517; vgl. a. *Trips,* Die Konnexitätsregelung in der Niedersächsischen Verfassung, NVwZ 2015, 102 (106).

Bei einem Verstoß gegen das Konnexitätsprinzip ist dabei jedoch nie die Aufgabenübertragung an sich unwirksam – vielmehr kann nur die Einführung einer gesetzlichen Regelung für den finanziellen Ausgleich gefordert werden.[103] Die Schaffung einer Kompensationsregelung ist dabei, entsprechend dem Rang des Konnexitätsprinzips, verfassungsrechtlicher Art, wodurch der Verwaltungsrechtsweg grundsätzlich nicht eröffnet ist.[104] Praktisch relevant sind diese Garantien dennoch, da sie regelmäßig durch besondere landesverfassungsrechtliche Rechtsbehelfe verteidigt werden können.[105] In Bayern besteht bei Verletzungen der Art. 11 II, Art. 83 BV die Möglichkeit der Popularklage.[106] Inwieweit aufgrund eines faktisch vorliegenden „Unterlassens" des Gesetzgebers zur Gewähr eines Ausgleichs die Verfassungsbeschwerde zum Bundesverfassungsgericht zulässig sein kann, ist umstritten und wird teilweise daran festgemacht, ob im Aufgabenübertragungsgesetz eine Kompensation festgelegt wurde oder nicht (Differenzierung zwischen sog. „echtem" und „unechtem" Unterlassen).[107] Zu unterscheiden ist diese Problematik von der Frage nach einer „Mehrbelastungsausgleichspflicht" in den Fällen, in denen eine durch Landesrecht an die Kommunen delegierte Aufgabe durch Bundesrecht eine Quantitätssteigerung erfährt – hier wird in der Rechtsprechung bisher ein Rückgriff auf das Konnexitätsprinzip ablehnend betrachtet.[108]

34

VI. Weiterentwicklung kommunaler Selbstverwaltung – Das neue Steuerungsmodell

Bei den aktuellen Kommunalreformen liegt der Schwerpunkt auf der Modernisierung der Verwaltungsstrukturen. Für die Weiterentwicklung der kommunalen Selbstverwaltung bedienen sich die Länder sog. **„Experimentierklauseln"**, die abweichend von geltendem Recht die Erprobung neuer Verfahren, insbesondere **„neuer Steuerungsmodelle"** ermöglichen.[109] Davon umfasst sind vor allem das Haushalts- und Rechnungswesen, aber auch (je nach Bundesland) die Verfahrensvereinfachung, die Verwaltungsführung und das Personalwesen.[110] Das neue Steuerungsmodell (**„New Public Management"**), enthält zwei wesentliche Modernisierungsansätze. Zum einen versteht es die kommunale Verwaltung als „Dienstleistungsunternehmen" mit dezentraler Führungs- und Organisationsstruktur und dem Bürger als Kunden, zum anderen soll das Verwaltungshandeln von einer Inputsteuerung (feste Finanzmittelvorgaben im Haushaltsplan) zur Outputsteuerung (am Leistungsergebnis oder am „Produkt" der

35

---

[103] Vgl. *Schmidt*, Finanzierungspflichten und Konnexitätsprinzip, S: 73 ff.
[104] *Lange*, Das Konnexitätsprinzip und die kommunale Verfassungsbeschwerde gegen gesetzgeberisches Unterlassen, DÖV 2014, 793, *797*.
[105] Dazu noch § 26 III.
[106] Vgl. *Meder*, Die Verfassung des Freistaats Bayern, 4. Aufl. 1992, Art. 11 Rn. 5 und Art. 98 Rn. 7; *Knemeyer*, Bayerisches Kommunalrecht, 12. Aufl. 2007 Rn. 30.
[107] Vgl. *Lange*, Das Konnexitätsprinzip und die kommunale Verfassungsbeschwerde gegen gesetzgeberisches Unterlassen, DÖV 2014, 793, *798 f.*, insbesondere auch mit Kritik an diesem Differenzierungskriterium.
[108] Vgl. VerfGH NRW, DÖV 2015, 207 (209 ff.); VerfGH RP, B. v. 30.10.2015 – N 65/14 mit Anmerkung *Henneke*, DVBl. 2015, 1581.
[109] Ehemals § 146 GemO B.-W., am 09.5.2009 aufgehoben; Art. 117a GO BY; § 126 GO NRW; § 131 SächsGO.
[110] *Schneider*, in: Schmidt-Aßmann/Hofmann-Riem, Verwaltungsorganisationsrecht als Steuerungsressource, 1997, S. 118.

Verwaltung orientierten Steuerung) umgestellt werden.[111] Diese ökonomische Zielsetzung steht in engem Zusammenhang mit dem Wechsel von der Kameralistik zur kaufmännischen doppelten Haushaltsführung (**Doppik**), die die kommunalen Aktivitäten produktorientiert im Kontenplan einstellt.[112] Damit sollen sowohl die internen Verwaltungsstrukturen, als auch die Leistungsbeziehung zum Bürger optimiert werden. Im Fokus der Modernisierungsmaßnahmen steht die Dezentralisierung der kommunalen Verwaltungsorganisation, bei der das Zentralorgan Gemeinderat die Ziele vorgibt, deren Umsetzung aber durch die Verwaltung erfolgt.[113] An dieser Umsetzungsübertragung setzen nunmehr Elemente strategischer Verwaltungssteuerung ein: Durch konzernähnliche Strukturen erhalten die einzelnen Fachabteilungen innerhalb der Verwaltung Zielvorgaben, die sie mit Hilfe eigener Handlungs- und Gestaltungsspielräume und einem haushaltsgemäßen Budget verfolgen. Bewertet und evaluiert werden entsprechende Maßnahmen und Projekte sodann anhand der Erhebung sogenannter Kennzahlen, also betriebswirtschaftlicher Indikatoren. So sollen haushaltsrechtliche Ressourcenverantwortung und Fachverantwortung gebündelt werden.[114] Signifikant ist dies für die Frage des „make-or-buy": Die Verwaltungseinheit kann aufgrund ihrer gebündelten Budget-und Fachverantwortung entscheiden, ob es kostengünstiger ist, den internen Servicebereich oder einen externen Anbieter mit der Durchführung der Leistung zu beauftragen („out-sourcing").[115] Vereinzelt hat diese Praxis Kritik dahingehend erfahren, dass sie einer Verlagerung von Zuständigkeiten des Gemeinderates aus dem Gemeindeaufbau heraus gleichkomme, sofern der Gemeinderat seinem Einzelweisungsrecht verlustig werden würde.[116] Dies wird jedoch vor dem Hintergrund, dass durch die öffentlich-rechtlichen Kontrakte des Rates mit einzelnen Verwaltungseinheiten lediglich einseitige Verpflichtungsgeschäfte zur Verantwortungs- nicht jedoch zur Kompetenzübertragung begründet werden, nicht zur Rechtswidrigkeit derartiger Steuerungsmodelle führen können.[117] Insoweit limitiert der Gemeinderat durch die partiell autonome Budgetverwaltung seine Weisungsrechte also lediglich auf Ausnahmefälle.[118] Trotz der mit dem „Neuen Steuerungsmodell" erhofften Effektivitäts- und Effizienzgewinne, stößt diese Art der Verwaltungsmodernisierung auf Kritik. Die wünschenswerte ökonomische Verwaltungsstruktur darf nicht dazu führen, dass Zielvereinbarungen oder die „Produktorientierung" der Verwaltung die Vernachlässigung kommunaler Aufgabenerfüllung zur Folge hat. Ebenso ist intrakommunalen Kompetenzverschiebungen entgegenzuwirken, wenn durch die Dezentralisierung Gemeinderat und Verwaltung in ihren Verantwortungsbereichen getrennt

---

[111] *Beck/Schürmeier*, LKV 2004, 488 (489); *Mehde*, Neues Steuerungsmodell und Demokratieprinzip, 2000, S. 85 ff.; s. a. *Pünder*, Die Kommunen vor den Herausforderungen der Doppik, in: Ipsen, J. (Hrsg.), Unternehmen Kommune? (17. Bad Iburger Gespräche), 2007, S. 130 ff.; *Pünder*, in: Henneke/ders./Waldhoff, Recht der Kommunalfinanzen, 2006, § 5 Rn. 7.
[112] Dazu noch § 12 V.
[113] Vgl. KGSt (Kommunale Gemeinschaftsstelle für Verwaltungsmanagement), Das neue Steuerungsmodell, Bericht, Konturen, Umsetzung, Bericht Nr. 5/1993, S. 16 f.
[114] Vgl. dazu ausf.: *Kluth*, in: Wolff/Bachof/Stober, VerwR Bd. 3, 5. Aufl. 2004, § 80 Rn. 329; *Mehde*, Neues Steuerungsmodell und Demokratieprinizp, 2000, S. 96 ff.; *Shirvani*, DVBl. 2009, 29 (30 f.).
[115] Vgl. *Pünder*, in: Henneke/ders./Waldhoff, Recht der Kommunalfinanzen, 2006, § 5 Rn. 27.
[116] Vgl. *Wallerath*, Kontraktmanagement und Zielvereinbarungen, DÖV 1997, 53 (66 f.).
[117] Vgl. *Oebbecke*, Verwaltungssteuerung im Spannungsfeld von Rat und Verwaltung, DÖV 1998, 853 (858 f.).
[118] Vgl. *Wallerath*, DÖV 1997, 53 (66).

sind.[119] Letztlich werden sich diese Fragestellungen oder Kritikpunkte noch in der Praxis bewähren müssen. Eine vollständige Umsetzung des „Neuen Steuerungsmodells" hat aufgrund der vielen komplexen Themen bisher noch nicht stattgefunden, und wird noch geraume Zeit in Anspruch nehmen.

§ 7. Systematik der gemeindlichen Aufgaben

Literatur: Schwarz, Kommunale Aufgaben und Formenmissbrauch bei Aufgabenübertragung, NVwZ 1997, 238; *Henneke,* Organisation kommunaler Aufgabenerfüllung – Optimierungspotentiale im Spannungsfeld von Demokratie und Effizienz, DVBl. 1997, 1270; *Jochum,* Der „Stadtkreis: Ein neues Modell zur Bewältigung interkommunaler Konflikte, DÖV 2005, 632; *Hartmann/Messmann,* Fortgeschrittenenklausur – Öffentliches Recht: Gemeindliche Pflichtaufgaben und grundgesetzliche Kostenerstattung, JuS 2006, 246 ff.; *Burgi,* Künftige Aufgaben der Kommunen im sozialen Bundesstaat, DVBl. 2007, 70; *Rennert,* Die Klausur im Kommunalrecht, JuS 2008, 119; *Zieglmeier,* Das strikte Konnexitätsprinzip am Beispiel der Bayerischen Verfassung, NVwZ 2008, 270 ff.

I. Aufgabenarten

Der Landesgesetzgeber hat zunächst – wie erwähnt – bei der Ausgestaltung der gemeindlichen Aufgaben eine Grundsatzentscheidung zwischen zwei Konzeptionen zu treffen: Er muss festlegen, ob die Gemeindeaufgaben in einem monistischen oder in einem dualistischen Modell organisiert werden. Diese Entscheidung ist freilich historisch weitgehend festgelegt und erfolgt.[1] Nach der Wiedervereinigung sind die neuen Bundesländer insoweit ihren jeweiligen „Patenländern" gefolgt.

Auf der verwaltungsrechtlichen Ebene ist die Relevanz der Unterscheidung zwischen monistischem und dualistischem Modell letztlich gering. Bedeutung erlangt die Unterscheidung der beiden Modelle aber auf der verfassungsrechtlichen Ebene hinsichtlich der Dogmatik des kommunalen Selbstverwaltungsrechts. Denn das Grundgesetz schützt in Art. 28 II GG nur die Ausübung der Angelegenheiten der örtlichen Gemeinschaft, also die Selbstverwaltungsaufgaben. Im Umkehrschluss betrachtet das Grundgesetz alle übrigen Aufgaben als staatliche. Werden diese durch Gesetz den Gemeinden übertragen, kann sie sich gegenüber staatlichen Weisungen demnach nicht auf Art. 28 II GG berufen.[2]

Auch wenn dem Grundgesetz eine Unterscheidung zwischen Selbstverwaltungsangelegenheiten und übertragenen Angelegenheiten zugrunde liegt, kann auch das monistische Modell mit seiner Unterscheidung zwischen weisungsfreien Aufgaben und Weisungsaufgaben dem Grundgesetz gerecht werden.[3] Denn die Grenzziehung zwischen weisungsfreien Angelegenheiten und Weisungsangelegenheiten erfolgt entlang derselben Grenzlinie wie die zwischen Selbstverwaltungsangelegenheiten und übertragenen Angelegenheiten – und muss wegen Art. 28 II GG auch entlang dieser Grenzlinie verlaufen. Landesverfassung und einfaches Gesetzesrecht vermögen sie nicht zu verschieben, ohne Art. 28 II GG zu verletzen.[4]

---

[119] Siehe *Burgi,* KommR, § 10 Rn. 16.
[1] Vgl. oben § 3 II; hierzu auch *Burgi,* KommR, § 8 Rn. 4 ff.
[2] Zur Problematik der gesetzlichen Festsetzung von Pflichtaufgaben auf dem Gebiet der Selbstverwaltung ohne eigenen, substantiellen Autonomiegehalt *Schwarz,* NVwZ 1997, 238 ff.
[3] Vgl. *Gern,* DKommR, Rn. 231.
[4] Vgl. *Burgi,* KommR, § 8 Rn. 6.

4 In BY wurde das dualistische Modell verwirklicht, also mit einer Unterscheidung zwischen eigenem Wirkungskreis der Gemeinde (Art. 7 GO BY) und übertragenem Wirkungskreis (Art. 8 GO BY). Der eigene Wirkungskreis umfasst die Selbstverwaltungsangelegenheiten i. S. d. Art. 28 II GG. Anhaltspunkte hierzu liefern die Kataloge des Art. 57 GO BY und des Art. 83 BV. Die Gemeindeordnungen von B.-W., NRW und SA verwirklichen hingegen ein monistisches Modell und unterscheiden zwischen weisungsfreien Aufgaben und Weisungsaufgaben.

5 Da die Bedeutung der Unterscheidung der Modelle auf der verwaltungsrechtlichen Ebene gering ist, erfolgt die weitere Darstellung der beiden Aufgabenblöcke nicht nach Ländern getrennt mit monistischem Ansatz (B.-W., NRW, SA) und dualistischem Ansatz (BY). Terminologisch wird im Sinne des monistischen Modells zwischen Weisungsaufgaben und weisungsfreien Aufgaben unterschieden, was der Unterscheidung in BY zwischen eigenem Wirkungskreis (Selbstverwaltungsangelegenheiten) und übertragenem Wirkungskreis entspricht.[5]

1. Weisungsfreie Aufgaben

6 Weisungsfreie Aufgaben sind (wie Aufgaben des eigenen Wirkungskreises) den Selbstverwaltungsangelegenheiten i. S. d. Art. 28 II GG zuzuordnen, so dass dessen Voraussetzungen vorliegen müssen. Zu den weisungsfreien Aufgaben gehören zum einen von der Gemeinde freiwillig wahrgenommene Aufgaben (hierzu unter a)) und zum anderen Aufgaben, zu deren Wahrnehmung die Gemeinde durch Gesetz verpflichtet ist (hierzu unter b)).

a) Freiwillige Aufgaben

7 Kraft ihres Selbstverwaltungsrechts steht der Gemeinde auch ein Aufgabenerfindungsrecht zu. Sie kann also freiwillig aus politischen, wirtschaftlichen, sozialen, ökologischen etc. Interessen selbst bestimmen, welche Aufgaben sie über die gesetzlich angeordneten hinaus wahrnimmt. Die Gemeinde übt ihr Wahlrecht hinsichtlich der freiwilligen Aufgaben nach pflichtgemäßem Ermessen aus. Umfasst ist davon sowohl das Entschließungsermessen („Ob"), als auch das Auswahlermessen („Wie"). Es ist allerdings nicht ausgeschlossen, dass dieses Ermessen sowohl zugunsten als auch zuungunsten einer Aufgabenwahrnehmung auf Null reduziert ist.[6] Denkbar ist eine solche Ermessensreduzierung insbesondere aufgrund von Grundrechten der Bürger und aufgrund des Sozialstaats[7]- oder Rechtsstaatsprinzips.[8]

8 An möglichen freiwilligen Aufgaben der Gemeinden sind insbesondere die folgenden zu nennen: soziale Einrichtungen, Erholungseinrichtungen, Sportanlagen, Vereinsförderung, Verkehrseinrichtungen, Partnerschaften mit anderen Gemeinden sowie kulturelle Einrichtungen wie Museen, Büchereien, Gemeindearchiven, Volkshochschulen, Musikschulen und Theatern. Daneben sind auch noch vielfältige Formen kommunaler Wirtschaftsförderung denkbar.

---

[5] Zusammenfassend zur Unterscheidung von Selbst- und Fremdverwaltungsaufgaben, *Rennert*, JuS 2008, 119 (120).
[6] S. hierzu *Di Fabio*, VerwArch 1995, 214 ff.; *Gern*, DVBl 1987, 1194 ff.
[7] Weiterführend zu den kommunalen Aufgaben im Sozialbereich *Burgi*, DVBl. 2007, 70 ff.
[8] S. hierzu *Schoch*, DVBl 1994, 962 ff.

b) Pflichtaufgaben

Weisungsfreie Pflichtaufgaben werden der Gemeinde durch Parlamentsgesetz auferlegt. Ein formelles Gesetz ist wegen Art. 28 II GG notwendig, da die Verpflichtung zur Aufgabenwahrnehmung einen Eingriff in das kommunale Selbstverwaltungsrecht darstellt. Wenn bei einer freiwilligen Aufgabe das Ermessen der Gemeinde auf Null reduziert ist, dann steht sie letztlich einer Pflichtaufgabe gleich. Das „Ob" der Aufgabenwahrnehmung ist der Gemeinde vorgegeben, hinsichtlich des „Wie" bleibt die Gemeinde aber frei. 9

Ausgeschlossen ist allerdings eine materielle Privatisierung von Pflichtaufgaben, also ihre Entlassung aus der kommunalen Verantwortung.[9] So hat das BVerwG im heftig kritisierten „Weihnachtsmarkturteil" die Übertragung der Veranstaltung des Offenbacher Weihnachtsmarktes an einen privaten Verein verboten.[10] Denkbar ist es darüber hinaus, dass der Gesetzgeber einzelne Vorgaben bezüglich des „Wie" macht. Werden diese jedoch zu intensiv, so läge ein – verfassungswidriger – Formenmissbrauch vor, da dann de facto eine Pflichtaufgabe nach Weisung bestünde.[11] 10

Zu den weisungsfreien Pflichtaufgaben gehören die Erschließungslast (§ 123 I BauGB), der Erlass von Bauleitplänen (§ 2 I BauGB), die Unterbringung von Asylbewerbern (inklusive der Umsetzung des Asylbewerberleistungsgesetzes) und Obdachlosen, die Aufstellung und Unterhaltung einer Feuerwehr, die Einrichtung öffentlicher Schulen, die Straßenreinigung, die Abwasserbeseitigung, die Gewässerunterhaltung und die Bereitstellung von Kindergartenplätzen. 11

2. Weisungsaufgaben

Weisungsaufgaben sind (formell) Gemeindeaufgaben. Beliehen mit der Aufgabe wird die Gemeinde und nicht ein Organ von ihr. Bei Weisungsaufgaben liegt also ein Fall mittelbarer Staatsverwaltung durch selbständige öffentlich-rechtliche Körperschaften vor und nicht nur ein Fall der Organleihe. Bei der in einigen Ländern gegebenen Zuständigkeit des Bürgermeisters für Weisungsaufgaben handelt es sich also um eine innergemeindliche Organzuständigkeit und nicht um eine unmittelbare Zuständigkeit des Bürgermeisters zum Handeln für den Staat.[12] In Ausnahmefällen ordnet das Gesetz allerdings tatsächlich eine Organleihe an (etwa § 9 IV OBG NRW; § 122 i. V. m. § 124 GO NRW), wobei der Bürgermeister dann quasi als verlängerter Arm des Staates handelt.[13] 12

a) Pflichtaufgaben nach Weisung

Hinsichtlich derjenigen Pflichtaufgaben der Gemeinde, bei denen ein Weisungsrecht des Staates besteht, ist die Terminologie in den Bundesländern uneinheitlich. In den Ländern mit dualistischem Aufgabenmodell ist vom übertragenen Wirkungskreis der Gemeinde die Rede, in den Ländern mit monistischem Modell von Pflichtaufgaben 13

---

[9] Weiterführend *Kahl*, LKRZ 2010, 81 ff.; *Stein*, DVBl. 2010, 563 ff.; *Hofmann*, VBlBW 1994, 121; *Schoch*, DVBl 1994, 962.
[10] BVerwG, DVBl. 2009, 1382 ff.; dazu noch § 12 IV 4 c).
[11] S. hierzu *Schwarz*, NVwZ 1997, 237.
[12] S. hierzu BVerwG, NVwZ-RR 1990, 44.
[13] S. hierzu BVerwG, NVwZ-RR 1990, 44; *Burgi*, KommR, § 8 Rn. 10 f.

nach Weisung. Bei beiden Typen handelt es sich um Auftragsangelegenheiten, die für die Übertragung auf die Gemeinde einer Rechtsgrundlage bedürfen.

14 Verwaltungsrechtlich handelt es sich stets um Gemeindeaufgaben, die die Gemeinde im eigenen Namen ausführt. Alle in diesem Rahmen vorgenommenen Rechtsakte werden der Gemeinde zugerechnet, diese ist damit auch der Rechtsträger dieses Handelns im Sinne von § 78 I Nr. 1 VwGO.[14]

15 Soweit und solange keine staatliche Weisung ergangen ist, handelt die Gemeinde auch bei diesen Aufgaben eigenverantwortlich. Ergeht jedoch eine Weisung, ist die Gemeinde daran gebunden, ohne dass ihr demgegenüber eine eigene Rechtsposition zusteht. Der Staat ist auch nicht verpflichtet die Gemeinde bei der Weisungserteilung anzuhören oder ihre Belange zu berücksichtigen. Ob er von seinem Weisungsrecht Gebrauch macht, entscheidet er nach pflichtgemäßem Ermessen.

16 Begrenzt ist das Weisungsrecht lediglich in BY, wo Art. 109 II 2 GO seine Ausübung an strenge Voraussetzungen knüpft. Auf deren Einhaltung hat die Gemeinde einen Anspruch, weshalb ihr in BY auch im übertragenen Wirkungskreis eine eigene Rechtsposition, die prozessual eine Klagebefugnis verleiht, gegenüber dem Staat zusteht.

b) Weisungsaufgaben aufgrund von Bundesrecht

17 Die durch die Föderalismusreform von 2006[15] neu eingefügten Art. 84 I 7 GG und Art. 85 I 2 GG verbieten die unmittelbare Übertragung von Aufgaben durch Bundesgesetz auf Gemeinden. Aus diesen Gründen und unter Berücksichtigung der Selbstverwaltungsgarantie hat auch das Bundesverfassungsgericht die sog. „Mischverwaltung" weitgehend abgelehnt.[16] Die Zuweisung von Weisungsaufgaben kann damit nur durch Landesgesetz erfolgen (Bundesgesetze, die vor In-Kraft-Treten der Föderalismusreform am 1. September 2006 erlassen worden sind, und mit den neuen Bestimmungen unvereinbar sind, gelten aber gemäß Art. 125a I 1 GG fort; sie können jedoch gemäß Art. 125a I 2 GG durch Landesrecht ersetzt werden). Ungeachtet dessen kann sich der Charakter einer Gemeindeaufgabe als Weisungsaufgabe aber mittelbar aus einem Bundesgesetz ergeben.

18 Wenn ein Bundesgesetz im Wege der Bundesaufsichtsverwaltung nach Art. 84 GG durch die Länder (Art. 83 GG) ausgeführt wird, dann obliegt dem Land die Bestimmung der Organisation der Verwaltung. Entscheidet sich das Land dafür, die Ausführung den Gemeinden zu übertragen, so kann das Land wählen, ob es die Angelegenheit als weisungsfreie oder als Weisungsaufgabe ausgestaltet. Wenn aber ein mit Zustimmung des Bundesrates erlassenes Bundesgesetz von der Möglichkeit des Art. 84 V GG Gebrauch macht, ein Weisungsrecht der Bundesregierung an das Land vorzusehen, dann müssen die staatlichen Behörden des Landes die Möglichkeit haben, die Weisung an die ausführende Gemeinde weiterzureichen. In diesem Fall ist damit durch das Bundesgesetz determiniert, dass die Aufgabe vom Land nur dann an die Gemeinde delegiert werden darf, wenn das Land diese als Weisungsaufgabe ausgestaltet. Insofern kann hier von Weisungsaufgaben kraft Bundesrechts gesprochen werden.[17] Einzige

---

[14] S. a. *Riotte/Waldecker*, NWVBl 1995, 401 ff.
[15] Gesetz vom 28.8.2006, BGBl I, S. 2034 ff.
[16] Vgl. BVerfGE 119, 331.
[17] Vgl. *Burgi*, KommR, § 8 Rn. 9.

Durchbrechung dieses Grundsatzes im föderalen Staatsaufbau ist derzeit Art. 91e GG, der die grundgesetzliche Stellung der Kommunen über Art. 28 II GG hinaus dahingehend präzisiert, dass grundsätzlich Mischverwaltung dort zulässig sein kann, wo sie lediglich die Aufgabenwahrnehmungsoption vermittelt und die Untergrenzen föderaler Organisation nicht unterläuft.[18]

Wenn ein Gesetz im Wege der Bundesaufsichtsverwaltung (Art. 85 GG) ausgeführt wird, dann steht den obersten Bundesbehörden kraft Grundgesetz (Art. 85 III GG) ein Weisungsrecht an die Länder zu. Auch in diesen Fällen muss ein Land, das die Aufgabe den Gemeinden zuweisen möchte, diese als Weisungsaufgabe ausgestalten, um etwaige Weisungen von Bundesseite weitergeben zu können. 19

Das Weisungsrecht des Bundes nach Art. 84 V GG und nach Art. 85 III GG hat nicht nur zur Folge, dass bei einer Übertragung an die Gemeinden die Aufgaben als Weisungsaufgaben ausgestaltet sein müssen. Darüber hinaus darf das Landesrecht in diesen Fällen das Weisungsrecht auch nicht beschränken, wie dies etwa in Art. 109 II 2 GO BY für die Angelegenheiten des übertragenen Wirkungskreises der bayerischen Gemeinden erfolgt ist. Die GO BY trägt der grundgesetzlichen Vorgabe dadurch Rechnung, dass es für die genannten Fälle die Beschränkungen außer Kraft setzt: Art. 109 II 2 Nr. 2 GO BY. 20

II. Auferlegung von neuen Pflichtaufgaben

Formelle Voraussetzung einer Auferlegung einer neuen Pflichtaufgabe ist ein formelles Gesetz, und zwar – nachdem gemäß Art. 84 I 7, Art. 85 I 2 GG n. F. die Übertragung durch Bundesgesetz ausscheidet – ein Landesgesetz.[19] Eine Übertragung durch Rechtsverordnung oder Verwaltungsvorschrift scheidet also aus.[20] Das Erfordernis eines formellen Gesetzes ergibt sich auch daraus, dass mit der Auferlegung einer Pflichtaufgabe ein Eingriff in das kommunale Selbstverwaltungsrecht einhergeht, dessen Beschränkung oder Ausgestaltung Art. 28 II GG und die Länderverfassungen allein dem (Parlaments-)Gesetzgeber überantworten.[21] 21

Neben dieser formellen Voraussetzung müssen die Länder auch noch materiellen Anforderungen genügen, insbesondere darf das kommunale Selbstverwaltungsrecht nicht durch die übermäßige Übertragung von Weisungsaufgaben ausgehöhlt werden. Darüber hinaus muss hinsichtlich der Aufgabenfinanzierung vor allem auch ein etwaiges durch Landesverfassungsrecht angeordnetes **Konnexitätsprinzip** beachtet werden.[22] Nach teilweise vertretener Meinung kann dies allerdings nur für Sach- und Zweckaufgabenübertragung Geltung beanspruchen, die möglicherweise korrespondierenden Organisations- und Existenzaufgaben könnten als bloße Grundstruktur der Aufgabenerbringung hiervon nicht betroffen sein.[23] Vor dem Hintergrund, dass durch die hierdurch vollzogene Spaltung kommunaler Aufgaben letztlich das strikte Konnexitäts- 22

---

[18] Vgl. *Meyer*, Das SGB II und die Kommunen, NVwZ 2015, 116 (120).
[19] § 2 II GemO B.-W.; Art. 8 I GO BY; § 3 I GO NRW; § 2 II GO SA.
[20] Hierzu *Schlarmann/Otting*, VBlBW 1999, 121.
[21] Zu den grundgesetzlichen Möglichkeiten einer Kostenerstattung bei gemeindlichen Pflichtaufgaben siehe die Fallbearbeitung von *Hartmann/Messmann*, JuS 2006, 246 ff.
[22] Ausführlich zum Konnexitätsprinzip *Zieglmeier*, NVwZ 2008, 270 ff.
[23] Vgl. MVVerfG, NVwZ 2010, 250; *Engelken*, Das Konnexitätsprinzip im Landesverfassungsrecht, 2012, S. 15.

prinzip in seiner Ausprägung als Verursacherprinzip unterminiert werden würde.[24] Eine andere Frage, die das Verhältnis Bund, Land und Kommune betrifft, ist die Anwendung der Konnexität im Verhältnis Land und Kommune für Aufgaben, aus denen sich der Bund zurückgezogen hat. Der VerfGH NRW hat hierzu entschieden, dass die Länder zum finanziellen Ausgleich von Aufgabenübertragungen an die Kommunen verpflichtet sind, die nunmehr durch die Aufhebung der Aufgabenzuweisung durch den Bund entstehen.[25]

III. Aufgaben von kreisfreien Gemeinden/Stadtkreisen und Großen Kreisstädten

23 Die unter I. beschriebenen Aufgaben sind von allen Gemeinden wahrzunehmen. Darüber hinaus sehen die Gemeindeordnungen vor, dass besonders große Gemeinden – dies indiziert eine entsprechende Leistungsfähigkeit – auch noch weitere Aufgaben erfüllen müssen. Die Terminologie und die Rechtslage divergiert hierbei in den Bundesländern:

24 In B.-W. können gemäß § 3 I GemO B.-W. besonders leistungsfähige Gemeinden auf ihren Antrag hin zu **Stadtkreisen** erklärt werden.[26] Die Stadtkreise gehören keinem Landkreis an und entsprechen damit den kreisfreien Städten. Sie nehmen alle Aufgaben des Landkreises wahr, und zwar sowohl dessen Selbstverwaltungsaufgaben als auch dessen Aufgaben als untere staatliche Verwaltungsbehörde. Des Weiteren können Gemeinden mit mehr als 20000 Einwohnern zu **Großen Kreisstädten** erklärt werden (§ 3 II GemO B.-W.). Sie nehmen einen Teil der Aufgaben des Landratsamts als unterer staatlicher Verwaltungsbehörde wahr (näher §§ 13, 16 LVG B.-W.).

25 In BY findet sich eine Dreiteilung zwischen kreisfreien und kreisangehörigen Gemeinden und den Großen Kreisstädten. Mit Zustimmung des Landtags können Gemeinden mit mehr als 50000 Einwohnern zu kreisfreien Gemeinden erklärt werden (Art. 5 III 1 GO BY). Gemäß Art. 9 I GO BY nehmen sie im eigenen Wirkungskreis alle Aufgaben des eigenen Wirkungskreises der Landkreise wahr und im übertragenen Wirkungskreis alle Aufgaben des übertragenen Wirkungskreises der Landkreise. Hinzu tritt das Aufgabenspektrum des Landratsamtes als untere staatliche Verwaltungsbehörde, weshalb die kreisfreie Gemeinde insoweit als Kreisverwaltungsbehörde tätig ist (Art. 9 I 1 Hs. 1, 2 GO BY). Dies muss sich aus dem Gesetz ergeben, da der Gemeinde eine staatliche Aufgabe übertragen wird. Dennoch wird die kreisfreie Gemeinde dadurch nicht zur Staatsbehörde, sondern bleibt stets selbst eigenverantwortlich und passivlegitimiert. Aus Gründen des öffentlichen Wohls können kreisfreie Gemeinden auf Antrag oder von Amts wegen in einen Landkreis eingegliedert werden; ebenso können Gemeinden mit mehr als 30000 Einwohnern zu Großen Kreisstädten erklärt werden (Art. 5a I, IV GO BY). Der Status einer Großen Kreisstadt setzt voraus, dass eine entsprechende Leistungs- und Verwaltungskraft vorhanden ist, da sie nach Maßgabe der GrKrV BY gemäß Art. 9 II GO BY im übertragenen Wirkungskreis einen Teil der Aufgaben des Landratsamtes als unterer staatlicher Verwaltungsbehörde mitzuerledigen hat.

---

[24] *Trips,* Die Konnexitätsregelung in der Niedersächsischen Verfassung, NVwZ 2015, 102 (104).
[25] VerfGH NRW, DVBl. 2010, 1561 ff.; kritisch: *Engelken,* DÖV 2011, 745 ff.
[26] Dazu gehören die Städte ab 100000 Einwohner sowie aus historisch-politischen Gründen die Stadt Baden-Baden. Vgl. auch *Jochum,* DÖV 2005, 632 ff.

In NRW wird zwischen kreisfreien und kreisangehörigen Gemeinden unterschieden. 26
Kreisfreie Gemeinden nehmen alle Aufgaben der Landkreise wahr. Die kreisangehörigen Gemeinden werden nach der Einwohnerzahl eingeteilt in Kleine kreisangehörige Gemeinden, Mittlere kreisangehörige Gemeinden und Große kreisangehörige Gemeinden. Die Bestimmung einer kreisangehörigen Gemeinde zum nächsthöheren Gemeindetypus erfolgt entweder auf Antrag oder von Amts wegen, wenn an drei aufeinanderfolgenden Stichtagen die in § 4 II, III GO NRW festgelegte Einwohnerzahl überschritten ist. Gleiches gilt für den umgekehrten Fall des Rückgangs der Einwohnerzahl (§ 4 IV, V GO NRW). Mittlere und Große kreisangehörige Gemeinden nehmen nach Maßgabe von § 4 I GO NRW zusätzliche Aufgaben wahr, die ihnen durch Gesetz oder Rechtsverordnung übertragen werden.

In SA wird zwischen kreisangehörigen Städten und Gemeinden sowie kreisfreien 27
Städte unterteilt (§ 3 I SächsGO). Kriterien hierzu sind wiederum Leistungsfähigkeit und Einwohnerzahl. Besonders leistungsfähige Gemeinden können zu kreisfreien Städten erklärt werden. Die kreisfreien Städte gehören nicht einem Landkreis an, nehmen aber alle Aufgaben des Landkreises wahr, und zwar sowohl dessen Selbstverwaltungsaufgaben als auch dessen Aufgaben als untere staatliche Verwaltungsbehörde (§ 3 III SächsGO). Des Weiteren können Gemeinden mit mehr als 17500 Einwohnern zu Großen Kreisstädten erklärt werden (§ 3 II SächsGO), vorausgesetzt, sie können die Gewähr für die Erfüllung der Aufgaben übernehmen. Sie nehmen einen Teil der Aufgaben des Landratsamts als unterer staatlicher Verwaltungsbehörde wahr.

§ 8. Kommunales Satzungsrecht

Literatur: *Morlok*, Die Folgen von Verfahrensfehlern am Beispiel von kommunalen Satzungen, 1988; *Maurer*, Rechtsfragen kommunaler Satzungsgebung, DÖV 1993, 184; *Oebbecke*, Kommunale Satzungsgebung und verwaltungsgerichtliche Kontrolle, NVwZ 2003, 1313.

I. Satzungsautonomie aus Art. 28 II GG

Die Satzungsautonomie der Gemeinden folgt aus Art. 28 II GG.[1] Kraft ihrer Satzungs- 1
autonomie besitzen die Gemeinden das Recht, nach Maßgabe der Gesetze die Angelegenheiten der örtlichen Gemeinschaft zu regeln. Dieses Recht nimmt die Gemeinde eigenverantwortlich wahr und umfasst zugleich die Befugnis, Satzungen zu erlassen. Diese Rechtsetzungshoheit ist für vielfältige Bereiche sowohl intern, z. B. für gemeindliche Eigenbetriebe, Haushaltssatzung, sowie extern für die Eingriffs-, Leistungs- und Planungsverwaltung (z. B. Bebauungsplan, Abwassersatzung, Abgabensatzungen) relevant.

Die Satzungsautonomie ist Teil des unantastbaren Kernbereichs der Selbstverwaltungs- 2
garantie, soweit sie den Inhalt hat, dass die Gemeinden überhaupt in abstrakt-genereller Form Regelungen erlassen dürfen. Die Reichweite des Kernbereichs wird jedoch offengelassen.[2] Nach Meinung des VerfGH BY gehöre das Recht, Abgabensatzungen zu erlas-

---

[1] Vgl. BVerfGE 12, 235; BVerwGE 6, 247; 32, 361; BVerwG, NJW 1993, 411; *Burgi*, KommR, § 15 Rn. 5.
[2] Siehe z. B. BVerfG, DVBl. 1982, 27 ff.

sen, zum Kernbereich der Selbstverwaltungsgarantie.[3] Dieser Streit ist seit Einführung von Art. 28 II 3 GG nun jedenfalls auf der Ebene des Bundesrechts obsolet geworden, da das Recht zum Erlass von Abgabensatzungen nun durch diese Norm geschützt ist; andererseits beinhalten die Kommunalabgabengesetze Anforderungen und Vorbehalte für Kommunalabgaben. Daher ist die Satzungsbefugnis im Einzelnen grundsätzlich nur dem Randbereich des Selbstverwaltungsrechts zuzuordnen, da diese durch (verhältnismäßiges) formelles Gesetz eingeschränkt wird. Für Auftragsangelegenheiten wird die Satzungsbefugnis durch spezielle Ermächtigungsgrundlagen der Landesgesetzgeber vorgegeben[4], und die allgemeine Ermächtigung zum Satzungserlass[5] wird durch besondere Ermächtigungen (z. B. §§ 10, 16, 25 BauGB; Straßengesetze etc.) modifiziert.

3   Hintergrund der Satzungsautonomie ist, dass durch die Überlassung der Regelungsbefugnis gesellschaftliches Engagement initiiert werden soll, da so Entscheidungen vor Ort getroffen werden können, womit der räumliche Abstand zwischen Normgeber und Normadressat so gering wie möglich gehalten werden kann. Indessen ist der Geltungsbereich der Rechtsetzungshoheit auf das Gemeindegebiet beschränkt. In personeller Hinsicht ist der Geltungsbereich auf die Einwohner und Personen, die gemeindliche Einrichtungen nutzen oder sich auf dem Gemeindegebiet tätig werden.

4   Kraft ihrer Satzungsautonomie verfügen die Kommunen hinsichtlich der Satzungen über weitreichende Gestaltungsfreiheit.[6] Die Gemeinde ist berechtigt, die Angelegenheiten der örtlichen Gemeinschaft in der ihren eigenen Zweckvorstellungen entsprechenden Art und Weise zu normieren. Die Gemeinde entscheidet autonom über „Ob" und „Wie" ihrer Satzungstätigkeit. Eine Einschränkung der Satzungsautonomie erfahren Satzungsnormen mit Strafsanktionen, sog. „bewehrte Satzungen".[7] Die Verhängung von Geldbußen auf satzungsrechtlicher Grundlage erfordert ein formelles Gesetz.[8] Darüber hinaus muss die Satzung den Anforderungen formeller Gesetze entsprechen (vgl. Bestimmtheitsgrundsatz Art. 103 II GG) und die Ermächtigungsgrundlage zitieren.[9] Insoweit enthält Art. 103 II GG einen strengen Gesetzesvorbehalt, der es der Exekutive und der Judikative verwehrt, eigenständig über die Voraussetzungen eines Bußgeldes zu entscheiden.[10]

II. Arten gemeindlicher Satzungen

5   Der Begriff Satzung als solcher ist nicht umstritten. Es besteht Einigkeit darüber, dass darunter Rechtsnormen zu verstehen sind, die von einer juristischen Person des öffentlichen Rechts innerhalb ihrer durch Gesetz vermittelten Autonomie als öffentlichrechtlicher Rechtssatz erlassen werden, der Wirksamkeit für die Personen entfaltet, die ihr angehören bzw. unterworfen sind.[11]

---

[3] BayVerfGH, NVwZ 1989, 551; 1993, 164. Ausführlich zu den Grenzen der verwaltungsgerichtlichen Kontrolle kommunaler Satzungsgebung *Oebbecke*, NVwZ 2003, 1313.
[4] § 4 I 2 GemO B.-W.; Art. 23 S. 2 GO BY; § 4 I 2 SächsGO.
[5] § 4 I 1 GemO B.-W.; Art. 23 S. 1 GO BY; § 7 I 1 GO NRW; § 4 I 1 SächsGO.
[6] Vgl. BVerfGE 9, 337; VGH München, NVwZ 1987, 154.
[7] Vgl. § 142 GemO B.-W.; Art. 24 II 2 GO BY; § 7 II GO NRW; § 124 SächsGemO.
[8] *Ossenbühl*, in: Isensee/Kirchhof, Handbuch des Staatsrechts, Bd. V, 3. Aufl., § 105 Rn. 36.
[9] Siehe BVerfG, NVwZ 1990, 751 ff.
[10] BVerfGE 47, 109 (120).
[11] S. zum Satzungsbegriff *Gern*, DKommR, Rn. 249.

Satzungen sind abstrakt-generelle Regelungen. Gemeinsam mit den Rechtsverordnungen gehören sie zur Gruppe der abstrakt-generellen Rechtssätze mit Außenwirkung, wohingegen Verwaltungsvorschriften abstrakt-generelle Rechtssätze ohne Außenwirkung sind. Satzungen sind Gesetze im materiellen, nicht aber auch im formellen Sinne. Anders als bei der Gesetzgebungstätigkeit der Legislative handelt es sich beim Satzungserlass um Verwaltungstätigkeit im materiellen Sinn. 6

Bei Angelegenheiten der örtlichen Gemeinschaft ist das Satzungsrecht umfassend. Im übertragenen Wirkungskreis hingegen besteht grundsätzlich kein Recht der Gemeinden zum Erlass von Satzungen.[12] Hier ist ein Satzungserlass wie bereits erörtert nur dann möglich, wenn ein Gesetz dies ausdrücklich zulässt. Daher ist eine Abgrenzung des Wirkungskreises erforderlich, um eine entsprechende Satzungskompetenz der Gemeinde zu überprüfen. Exemplarisch wird hierzu diskutiert, ob Satzungsregelungen für Informationsfreiheit im eigenen Wirkungskreis (i. R. ihrer Organisationshoheit) erlassen werden.[13] 7

Zu unterscheiden sind unbedingte Pflichtsatzungen, bedingte Pflichtsatzungen und freiwillige Satzungen. 8

1. Unbedingte Pflichtsatzungen

Wenn die Gemeinde zum Erlass einer Satzung gesetzlich verpflichtet ist, spricht man von einer unbedingten Pflichtsatzung.[14] Hierzu zählen die **Hauptsatzung** (§ 4 II GemO B.-W.; § 7 III GO NRW; § 4 II SächsGO) und die **Haushaltssatzung.** Letztere ist nach ihrer Rechtsnatur eine „nur-formelle Satzung", da sie keinen Regelungsgehalt mit Außenwirkung hat und weder Ansprüche noch Verbindlichkeiten begründet.[15] 9

2. Bedingte Pflichtsatzungen

Satzungen, die nur in bestimmten Konstellationen erlassen werden müssen, nennt man bedingte Pflichtsatzungen.[16] Hierunter fallen etwa **Benutzungsgebührensatzungen** für öffentliche Einrichtungen, wenn das Kommunalabgabenrecht vorsieht, dass Benutzungsgebühren erhoben werden. Aber auch die Satzungen über die Festsetzung der Hebesätze bei den Realsteuern nach § 16 GewStG und § 25 GrStG (vgl. dazu unten § 12 III). Auch der Bebauungsplan (§ 10 BauGB) zählt zu dieser Kategorie. 10

3. Freiwillige Satzungen

Freiwillige Satzungen, in manchen Bundesländern auch „fakultative" Satzungen genannt, sind diejenigen Satzungen, bei denen die Gemeinde nach eigenem Ermessen entscheidet, ob sie erlassen werden. Hierunter fallen z. B. Satzungen über die Benutzung öffentlicher Einrichtungen oder Satzungen über die pauschale Kostenerstattung für Leistungen der kommunalen Feuerwehr (vgl. Art. 28 IV BayFwG). 11

---

[12] Vgl. BayObLG, DÖV 1982, 601; OLG Karlsruhe, NJW 1978, 1637; *Gern,* KommR SA, Rn. 264.
[13] *Schrader,* BayVBl. 2012, 289 ff.
[14] *Kluth,* Landesrecht Sachsen-Anhalt, § 2, Rn. 216; *Widtmann/Grasser/Glaser,* Bay GO, Art. 23, S. 2, Rn. 2.
[15] *Maurer* Allg. VerwR, S. 72, Rn. 20; *Wolff/Bachof* VerwR I, S. 263, Rn. 63.
[16] Näher hierzu *Gern,* DKommR, Rn. 268; *Hofmann/Muth/Theisen,* KommR NRW, S. 246.

III. Formelle und materielle Anforderungen

1. Formelle Anforderungen

12 Formelle Anforderungen[17] an Satzungen finden sich in den Gemeindeordnungen sowie in den Spezialgesetzen, die die Rechtsgrundlage der Satzungen bilden. Das VwVfG ist auf Satzungen nicht anzuwenden, da es gemäß § 9 VwVfG nur für Verwaltungsakte und öffentlich-rechtliche Verträge gilt.

13 Zuständig für den Beschluss über die Satzung ist der Gemeinderat (**Organkompetenz**). Die Gemeindeordnungen schließen eine Übertragung der Kompetenz auf beschließende Ausschüsse aus[18], wobei teilweise Ausnahmen für baurechtliche Satzungen gemacht werden (vgl. Art. 32 II 2 Nr. 2 GO BY). Eine Eilzuständigkeit des Bürgermeisters zum Erlass von Satzungen ist in den Gemeindeordnungen nicht normiert. Im Hinblick auf Art. 28 I 2 GG, der die Beschlussfassung grundsätzlich der gewählten Volksvertretung zuweist, kann eine übergesetzliche Zuständigkeit auch nicht ohne weiteres begründet werden. Allenfalls bei Gefahr im Verzug, z. B. wenn durch Zeitablauf irreparable Schäden eintreten würden, ist eine Eilbefugnis des Bürgermeisters dennoch zu rechtfertigen.[19]

2. Materielle Anforderungen

14 Satzungen sind Gesetze im materiellen Sinn. Damit müssen sie sich wie auch Rechtsverordnungen am höherrangigen Recht messen lassen. Nach dem Vorrang des Gesetzes dürfen Satzungen nicht im Widerspruch zu formellen Gesetzen, freilich auch nicht zu höherrangigen Rechtsverordnungen, stehen.

15 Daneben müssen Satzungen den Anforderungen genügen, die für alle Gesetze im materiellen Sinne gelten. Hierfür sind die Grundsätze der Bestimmtheit und des Vertrauensschutzes zu achten.[20] Zudem gilt der Grundsatz der Verhältnismäßigkeit; Eingriffe in Grundrechte müssen also geeignet, erforderlich und angemessen sein.[21] Kollidierenden Rechtsgütern ist gegebenenfalls im Wege einer Güterabwägung Rechnung zu tragen.[22]

16 Ein häufiges Problem der materiellen Rechtmäßigkeit von Satzungen ist der Maßstab des Art. 3 I GG. Die unterschiedliche Behandlung von Sachverhalten im Rahmen des Gleichheitssatzes sind durch vernünftige Sachgründe zu rechtfertigen.[23] Dem Normgeber steht aber eine weitreichende Einschätzungsprärogative zu. Auch ist es nicht notwendig, dass er die objektiv gerechteste Lösung trifft.[24] Im Übrigen ist zu beachten, dass Art. 3 I GG nur im Verhältnis der Normadressaten der Rechtsnormen ein und desselben Normgebers gilt. Das bedeutet, dass der Normadressat einer Satzung sich insoweit nicht auf Art. 3 I GG berufen kann, als er im Vergleich zu einem Adressaten

---

[17] S. zu diesen auch *Burgi*, KommR, § 15 Rn. 21 ff.
[18] § 39 II Nr. 3 GemO B.-W.; Art. 32 II 2 Nr. 2 GO BY; § 41 I GO NRW; § 41 II Nr. 3 SächsGO.
[19] Zur Eilzuständigkeit des Bürgermeisters zum Erlass einer Veränderungssperre, VGH München, NVwZ-RR 2007, 481.
[20] Vgl. BVerfGE 21, 79; 22, 345; BVerwG, NVwZ 1990, 86.
[21] Vgl. BVerfGE 8, 310; BVerwG, DVBl 1994, 217; OVG Münster, NVwZ-RR 1994, 256.
[22] S. hierzu *Gern*, DÖV 1986, 462.
[23] Vgl. BVerfGE 71, 58.
[24] Vgl. VGH Mannheim, ESVGH 26, 55.

einer Satzung einer anderen Gemeinde ungleich behandelt wird. Im Übrigen sind kommunale Satzungen in sachlicher, personeller, örtlicher und inhaltlicher Hinsicht materiell beschränkt: Sachlich sind sie auf den jeweils gesetzlich bestimmten Aufgaben- und Zuständigkeitsbereich der Selbstverwaltungskörperschaft limitiert.[25] Personell betrifft der Anwendungsbereich nur die Mitglieder der Körperschaft, also die Gemeindeangehörigen.[26] Örtlich sind kommunale Satzungen auf das Gemeindegebiet begrenzt. Inhaltlich sind der Gesetzesvorbehalt und der Vorrang des Gesetzes einzuhalten.[27]

IV. Einzelprobleme

1. Bekanntmachung

Satzungen werden erst wirksam, wenn sie öffentlich bekanntgemacht worden sind (§ 4 III 1 GemO B.-W.; Art. 26 II GO BY; § 7 IV GO NRW; § 4 III 1 SächsGO). Als Ausprägung des Rechtsstaatsprinzips[28] kann nur durch das Erfordernis der Bekanntmachung sichergestellt werden, dass der Normadressat von der Rechtsnorm Kenntnis erlangt und sich nach ihr richten kann.

17

Bekanntzumachen ist grundsätzlich der vollständige Wortlaut der Satzung.[29] In bestimmten Fällen ist dies jedoch nicht möglich oder zumindest nicht praktikabel. Dies gilt z. B. wegen seines Umfangs für den Haushaltsplan der Gemeinde. Hier reicht es aus, wenn bekanntgemacht wird, dass die Möglichkeit besteht, Einsicht zu nehmen (§ 81 III GemO B.-W.; Art. 65 III GO BY; § 80 VI GO NRW; § 76 III SächsGO). Bei einem Bebauungsplan genügt die Bekanntmachung der Genehmigung bzw. des Beschlusses über den Bebauungsplan (§ 10 III BauGB). Darüber hinaus besteht generell die Möglichkeit der Auslegung zur Einsichtnahme und der bloßen Bekanntmachung der Möglichkeit hierzu, wenn Pläne oder zeichnerische Darstellungen Bestandteil der Satzung sind. In diesem Fall spricht man von einer **Ersatzbekanntmachung.**

18

Die Gemeindeordnungen enthalten nähere Bestimmungen zur gebotenen Form der öffentlichen Bekanntmachung von Satzungen. In der Regel wird das Einstellen in das gemeindliche **Amtsblatt** (bzw. bei Fehlen eines eigenen Amtsblattes und Zugehörigkeit zu einer Verwaltungsgemeinschaft in deren Amtsblatt) oder in die örtliche Tageszeitung verlangt (im Detail: § 1 DV GemO B.-W.; Art. 26 II GO BY; § 4 BekV NRW; § 1 BekV SA). In bestimmten Fällen ist in diesen Normen auch die Möglichkeit eines Anschlags an der kommunalen Verkündungstafel vorgesehen, allerdings ist dann auf diesen Anschlag im Amtsblatt bzw. in der Tageszeitung hinzuweisen.[30] Besitzt eine Gemeinde kein eigenes Amtsblatt, so sind Satzungen im Amtsblatt des Landkreises bzw. des Landratsamtes bekanntzumachen und zusätzlich auf den genannten Gemeindetafeln anzuschlagen. Wenn die einschlägige Gemeindeordnung bzw. Bekanntmachungsverordnung der Gemeinde mehrere Optionen zur Wahl stellt, dann ist die Gemeinde verpflichtet, durch Satzung näher zu regeln, wie die Bekanntma-

19

---

[25] BVerfGE 12, 319 (325); *Maurer* Allg. VerwR, S. 73, Rn. 23.
[26] *Maurer,* DÖV 1993, 184 (187).
[27] *Battis,* Allg. VerwR, S. 32.
[28] S. hierzu BVerwG, NJW 1983, 1570; NVwZ-RR 1993, 262; VerfGH BY, BayVBl 1990, 78.
[29] Vgl. VGH Mannheim, ESVGH 32, 91; *Gern,* KommR SA, Rn. 298; *Rehn/Cronauge,* GO NRW, § 7 V 3.
[30] S. hierzu VGH Mannheim, ESVGH 13; 23; 19, 25; *Widtmann/Grasser,* GO BY, Art. 26 Rn. 8.

chungen vorzunehmen sind. Es wäre mit dem Rechtsstaatsprinzip unvereinbar, wenn die Gemeinde eine Satzung auf verschiedene Arten bekannt machen könnte.

20 Der einzelne Zeitungsunternehmer hat aus Art. 5 I GG keinen Anspruch auf Berücksichtigung als Verkündungsblatt, wenn die Gemeinde die Bekanntmachungen in eigenen Druckerzeugnissen vornimmt. Sollte sich die Gemeinde aber entschließen, einer Zeitung ihre amtlichen Mitteilungen zuzuleiten, so haben die anderen örtlichen Tageszeitungen einen Anspruch auf Gleichbehandlung.[31]

21 Bei außergewöhnlichen Eilfällen kann die normale Form der Bekanntmachung durch eine vereinfachte Bekanntmachung (**Notbekanntmachung**) erfolgen. In § 1 IV DV GemO B.-W. ist dies explizit geregelt, in den anderen Ländern gilt dies kraft Gewohnheitsrechts.

22 Fehlt es an einer ordnungsgemäßen Bekanntmachung, so ist die Satzung nichtig.[32] Ob ein Fehler der Bekanntmachung hinreichend gewichtig ist, um die Rechtsfolge der Nichtigkeit auszulösen, ist anhand des Zwecks des Veröffentlichungsgebots zu ermitteln – also des Ziels, dem Bürger die Möglichkeit zu geben, sich über die geltenden Rechtsnormen zu informieren. Das Rechtsstaatsprinzip gebietet es hierbei, dass auch bezüglich dieser formellen Fragen nicht allzu großzügig verfahren wird. Deshalb muss z.B. eine Satzung als nichtig angesehen werden, wenn der notwendige Hinweis auf den Anschlag der Satzung an der Verkündungstafel der Gemeinde unterbleibt. Ebenso ist eine Satzung nichtig, wenn die der Bekanntmachung vorhergehende Ausfertigung (Art. 26 II 1 GO BY; § 4 IV Nr. 1 SächsGO) fehlerhaft erfolgte. Dazu zählen Fälle, in denen der Bürgermeister die Originalurkunde nicht eigenhändig unterzeichnet, sondern einen Faksimilestempel für ausreichend ansieht, weil die Sitzungsniederschrift schon persönlich unterzeichnet wurde. Die mit der Ausfertigung bezweckte Überprüfung der Identität von Satzungsbeschluss und Niederschrift ist damit nicht erfüllt.[33]

23 Die öffentliche Bekanntmachung muss nicht zwingend sofort nach dem Beschluss des Gemeinderats erfolgen. Wichtig ist jedoch, dass aus rechtsstaatlichen Gründen der Zeitraum zwischen dem Beschluss und der Bekanntmachung nicht endlos lange sein darf. Ein Zeitraum von zwei bis drei Monaten ist unbedenklich. Wenn sehr viel mehr Zeit verstrichen ist, dann muss der Gemeinderat einen neuen Satzungsbeschluss fassen.

2. Rückwirkung

24 Ein sehr häufiges Problem im Zusammenhang mit gemeindlichen Satzungen ist die Frage, inwieweit Regelungen rückwirkend erlassen werden dürfen. Rückwirkend ist eine Rechtsnorm dann, wenn ihr normativ bestimmter zeitlicher Geltungsbereich vor dem Zeitpunkt beginnt, an dem die Rechtsnorm wirksam geworden ist. Unkompliziert ist eine Rückwirkung dann, wenn sie den Bürger nicht belastet. Eine solche Rückwirkung ist immer zulässig. Belastet die rückwirkende Norm hingegen einen Bürger, besteht ein Konflikt mit dem **Gebot des Vertrauensschutzes** als Ausfluss des Rechtsstaatsprinzips.

---

[31] Vgl. BVerwG, DVBl 1992, 431.
[32] Vgl. OVG Münster, NWVBl 1992, 288; VGH Mannheim, NVwZ-RR 1989, 269.
[33] Str. BayVGH, BayVBl. 2004, 22; a. A. BayVGH, Urteil vom 02.5.2007, Az. 25 N 04.777.

Das Bundesverfassungsgericht hat in seiner Rechtsprechung zur Rückwirkung früher 25
mit der Unterscheidung zwischen echter und unechter Rückwirkung operiert.[34] Später
war stattdessen auch häufig von tatbestandlicher Rückanknüpfung bzw. Rückbewirkung von Rechtsfolgen die Rede.[35] Eine **echte Rückwirkung** bzw. Rückbewirkung
von Rechtsfolgen liegt vor, wenn für einen abgeschlossenen Sachverhalt eine andere
als die bislang geltende Rechtsfolge angeordnet wird. Eine unechte Rückwirkung
bzw. tatbestandliche Rückanknüpfung ist demgegenüber gegeben, wenn der Sachverhalt, für den eine neue Rechtsfolge bestimmt wird, zwar schon begonnen hat, aber
noch nicht abgeschlossen ist.

Unechte Rückwirkungen waren im Zuge dieser Rechtsprechungssystematik grund- 26
sätzlich verfassungsgemäß. Verfassungswidrig war eine solche Rückwirkung nur dann,
wenn ausnahmsweise Umstände vorliegen, aufgrund derer eine Abwägung zwischen
dem Interesse des Staates an der Rückwirkung und der Vertrauensposition des Bürgers
ein anderes Resultat zur Folge hatte.[36] Eine echte Rückwirkung war hingegen grundsätzlich verfassungswidrig. Eine Ausnahme von diesem Grundsatz wurde nur dann anerkannt, wenn der Bürger im konkreten Fall kein schutzwürdiges Vertrauen auf die
Fortgeltung der bisherigen Rechtslage besaß.[37]

In jüngeren Entscheidungen steht die dargelegte Unterscheidung für das Bundesver- 27
fassungsgericht nicht mehr im Zentrum der Beurteilung der Verfassungsmäßigkeit[38],
sondern nimmt direkt eine Abwägung zwischen der Vertrauensposition des Bürgers
und dem Interesse des Staates an der Rückwirkung vor. Auch mit der neuen Methode
gelangt das Bundesverfassungsgericht zu dem Ergebnis, dass die bislang als unechte
Rückwirkung bezeichneten Fallkonstellationen in der Regel verfassungsgemäß sind.
Die früher als echte Rückwirkung bezeichneten Konstellationen sind demgegenüber
nur dann verfassungsgemäß, wenn die Abwägung aus einem der folgenden Gründe
zugunsten des Interesses des Staates an der Rückwirkung ausfällt: wenn die Rechtslage
lückenhaft oder unklar ist und deshalb kein Vertrauen in den Fortbestand der Rechtslage bestehen kann,[39] unabweisbare Gründe des Gemeinwohls zwingend die Rückwirkung notwendig machen,[40] durch die Rückwirkung für den Bürger nur ein marginaler
Schaden entsteht,[41] oder wenn zum Zeitpunkt, auf den zurückgewirkt wird, mit der
rückwirkenden Änderung zu rechnen war.[42] Tatsächlich hat sich in der Frage, ob
Rückwirkungen zulässig sind, wenig geändert – lediglich die Einordnung der Rechtmäßigkeitsfragen wurde in eine kasuistischere Betrachtung überführt. Ein gesetzlicher
Sonderfall der Rückwirkung ist das sog. „ergänzende Verfahren" beim Erlass von Bebauungsplänen gem. § 214 IV BauGB. Auf Grundlage der ungültigen Satzung erlassene rechtswidrige Verwaltungsakte werden dabei nachträglich auf eine rechtmäßige
Rechtsgrundlage gestellt.[43] Die Intention dabei liegt in der „Rettung" des langwierigen

---

[34] BVerfGE 57, 391; 68, 306; 72, 196; 72, 242.
[35] BVerfGE 101, 263; 105, 37. Zusammenfassend *Dreier*, in: ders. (Hrsg.), GG, Art. 20 Rn. 164.
[36] S. etwa BVerfGE 36, 73; 78, 284; 89, 66; 103, 403. Zusammenfassend *Dreier* (Fn. 19), Rn. 166.
[37] S. etwa BVerfGE 72, 258; 97, 79; 101, 263. Zusammenfassend *Degenhart*, Staatsrecht I, Rn. 372.
[38] So etwa in BVerfG, NJW 1983, 2757; DVBl 1983, 733; NJW 1984, 2567.
[39] Vgl. BVerfGE 11, 64; 45, 173; 88, 404; 98, 37. Zusammenfassend *Jarass*, in: ders./Pieroth, GG, Art. 20 Rn. 72.
[40] Vgl. BVerfGE 72, 258; 101, 263; *Dreier* (Fn. 19), Rn. 158.
[41] Vgl. BVerfGE 30, 367; 72, 258; 95, 86; BVerwGE 118, 288. *Dreier* (Fn. 19), Rn. 162.
[42] Vgl. BVerfGE 8, 274; 37, 397; 45, 173; 88, 404. *Degenhart* (Fn. 21), Rn. 372.
[43] BVerwG, ZfBR 2004, 390 ff.

und komplizierten Bauleitplanverfahrens, indem nicht jedweder Fehler zur Nichtigkeit führt.

3. Eingriff in Grundrechte

28 Wenn eine Satzung in Grundrechte eingreift, dann bedarf es einer konkreten Ermächtigung durch ein formelles Gesetz. Die allgemeinen Regelungen zum Satzungserlass stellen keine hinreichend bestimmte Befugnisnorm dar.[44] Das kommunale Selbstverwaltungsrecht berechtigt aus sich selbst heraus nicht zu Grundrechtseingriffen.[45] Keiner konkreten Befugnisnorm bedarf es jedoch, wenn eine Satzung Zwangsbestimmungen enthält, die bestimmen, wie die Satzungsregelungen für Anstalten oder öffentliche Einrichtungen durchzusetzen sind. Auch bewehrte Satzungen, die für den Fall der Zuwiderhandlung gegen Gebote oder Verbote ein Bußgeld vorsehen, sind zulässig.[46] Bußgeldbestimmungen müssen aber hinreichend bestimmt gefasst sein, um den strengen Vorgaben von Art. 103 II GG genügen zu können.

29 Der Gesetzesvorbehalt hat die Nebenfolge, dass eine analoge Anwendung sowohl der Befugnisnorm für die Satzung als auch der Satzung selbst nur in sehr eingeschränktem Maße möglich ist.[47] Eine Satzung darf auch dann nicht entgegen dem Vorbehalt des Gesetzes erlassen werden, wenn die Gemeinde die vorhandenen Gesetze als unzureichend ansieht, weil sie etwa der Meinung ist, dass diese den grundrechtlichen Schutzpflichten nicht genügen.[48]

29a Aktuell prominenteste Problemstellung des satzungsmäßigen Grundrechtseingriffs stellen die bereits erwähnten Friedhofssatzungen dar, in denen die Kommune vorschreibt, dass Grabmale aus ausbeuterischer Kinderarbeit auf den örtlichen Friedhöfen nicht aufgestellt werden dürfen. Diese Bestrebungen nach Menschenrechtsschutz durch kommunales Regelungsengagement greifen durchaus deutlich in die Berufsfreiheit, konkreter in die gewerbliche Betätigungsfreiheit, also in Art. 12 I 2 GG ein. Auch der satzungsmäßige Grundrechtseingriff kann jedoch gerechtfertigt sein – einzig fehlt es hierzu bisher in den meisten Ländern noch an einer tauglichen Rechtsgrundlage, ist doch allein die bloße Ermächtigung zum Erlass von Friedhofssatzungen in den Gemeindeordnungen hierfür nicht ausreichend.[49] Darüber hinaus darf auch die Auswahl geeignet qualitativer Zertifikate aus Verhältnismäßigkeitsgründen wohl nicht ohne Weiteres der Kommune überlassen bleiben.[50] Entsprechende Satzungen sind daher in den vergangenen Jahren häufig für rechtswidrig erklärt worden.[51] In einigen Ländern wurde auf Grundlage dieser und vorangegangener Entscheidungen bereits eine entsprechende Rechtsgrundlage geschaffen[52] oder befindet sich eine solche zumindest in der parlamentarischen Diskussion.[53]

---

[44] Vgl. BVerwG, NVwZ 1990, 867; BGHZ 61, 15; VGH Mannheim, VBlBW 1982, 235; *Burgi*, KommR, § 15 Rn. 36.
[45] BVerwGE 90, 359 (363); VGH München NVwZ, 1998, 540.
[46] § 142 GemO B.-W.; Art. 24 II 2 GO BY; § 7 II GO NRW; § 124 SächsGO.
[47] S. hierzu *Gern*, NVwZ 1995, 1145.
[48] Vgl. VGH München, DÖV 1992, 587.
[49] Vgl. Krajewski, Kommunaler Menschenrechtsschutz durch Verbote von Grabmalen aus ausbeuterischer Kinderarbeit, DÖV 2014, 721, 727.
[50] VGH Mannheim, DÖV 2014, 680; dem folgend auch *Krajewski* (Fn. 50), DÖV 2014, 721, 728.
[51] Zuletzt BVerwG, DÖV 2014, 345; VGH Mannheim, DÖV 2014, 680.
[52] So u. A. § 8 IV BestattG Saarl, § 4 V BremFriedhG, § 4a I BestG NRW, § 15 BestattG BW.
[53] So u. V. in Bayern (Bay LT-Drs. 16/5922) und Hessen (Hess LT-Drs. 18/2392).

4. Anzeigepflicht und Genehmigungsvorbehalt

In B.-W., NRW und SA besteht eine Pflicht zur Anzeige von Satzungen bei der Rechtsaufsichtsbehörde, in NRW jedoch nur, sofern dies gesetzlich vorgeschrieben ist (§ 4 III GemO B.-W.; § 7 I GO NRW; § 4 III 2 SächsGO). Durch die Anzeige soll die Rechtsaufsichtsbehörde in die Lage versetzt werden, ihre Aufsichtsbefugnisse wahrzunehmen. In BY und Hessen gibt es hingegen keine allgemeine Anzeigepflicht. 30

In den meisten Bundesländern besteht keine generelle Vorlagepflicht der Satzung bei der Rechtsaufsichtsbehörde. Teilweise muss im Voraus eine Vorlage an die Rechtsaufsichtsbehörde erfolgen (z. B. ist in Thüringen die Satzung vor ihrer Bekanntmachung der Rechtsaufsichtbehörde gem. § 21 III 1 ThürKO vorzulegen). In diesen Fällen darf der Satzungsbeschluss erst dann vollzogen werden, wenn die Rechtsaufsichtsbehörde die Satzung für rechtmäßig erklärt hat oder wenn ein Monat ohne Erklärung der Rechtsaufsichtsbehörde verstrichen ist. 31

Für bestimmte Arten von Satzungen sehen die Gemeindeordnungen oder Spezialgesetze Genehmigungspflichten durch die Rechtsaufsichtsbehörde vor, so etwa § 10 II BauGB für bestimmte Bebauungspläne. Die Tätigkeit der Rechtsaufsichtsbehörde im Genehmigungsverfahren stellt einen Fall präventiver Aufsichtstätigkeit dar.[54] Die Auferlegung einer Genehmigungspflicht verletzt nicht die kommunale Selbstverwaltungsgarantie, wenn und soweit sie zur sachgerechten Durchführung der Rechtsaufsicht notwendig ist.[55] 32

Hinsichtlich des Prüfungsumfangs der Aufsichtsbehörde ist zwischen eigenem und übertragenem Wirkungskreis bzw. zwischen weisungsfreien und weisungspflichtigen Aufgaben zu unterscheiden. Im weisungsfreien Bereich ist die Aufsichtsbehörde sowohl generell als auch im Genehmigungsverfahren auf die Prüfung beschränkt, ob die Satzung formell und materiell rechtmäßig ist.[56] Es ist jedoch möglich, die Genehmigung der Satzung in der Weise auszugestalten, dass die Aufsichtsbehörde auch eine Zweckmäßigkeitsprüfung vornehmen darf. Eine solche Genehmigung in Zusammenwirkung nennt man **Kondominialakt**.[57] In diesem Fall darf die Aufsichtsbehörde gleichberechtigt mit der Gemeinde über das „Ob" und den Inhalt der Satzung mitentscheiden. Die Einführung des Erfordernisses eines Kondominialakts unterliegt aber verfassungsrechtlichen Grenzen. Denn der Sache nach kommt ein solches Erfordernis der Hochzonung der Aufgabe auf staatliche Stellen nahe.[58] Deshalb muss die Notwendigkeit eines Kondominialakts an Art. 28 II GG und damit letztlich an der Rechtsprechung des Bundesverfassungsgerichts in der Rastede-Entscheidung[59] gemessen werden. Danach ist eine Güterabwägung vorzunehmen, bei der die Aspekte zugunsten der faktischen Hochzonung gegenüber den Belangen der Gemeinde überwiegen müssen.[60] 33

---

[54] S. hierzu v. Mutius, KommR, Rn. 354.
[55] Vgl. StGH B.-W., VBlBW. 1956, 88.
[56] S. hierzu VerfGH BY, NVwZ 1989, 551; Articus/Schneider, GO NRW, § 7 Ziff. 2.
[57] Vgl. Gern, KommR SA, Rn. 309.
[58] Vgl. Gern, DKommR, Rn. 292.
[59] BVerfG, NVwZ 1989, 347; Prägnant hierzu v. Mutius, KommR, Rn. 177 f.
[60] Zur Problematik des Kondominialakts OVG Münster, NVwZ 1988, 1156; 1990, 689; Schoch, NVwZ 1990, 801.

34 Ein Kondominialakt ist nur dann statthaft, wenn das Gesetz dies zweifelsfrei ausdrücklich anordnet. Denn wegen Art. 28 II GG darf bei einem Genehmigungserfordernis grundsätzlich nur die Rechtmäßigkeit der Satzung überprüft werden. Wenn die Prüfung der Aufsichtsbehörde auf die Rechtmäßigkeit beschränkt ist, dann hat die Gemeinde im Fall der Rechtmäßigkeit der Satzung aufgrund von Art. 28 II GG einen Anspruch auf Erteilung der Genehmigung. Wenn hingegen das Gesetz einen Kondominialakt anordnet, dann verfügt die Gemeinde lediglich über einen Anspruch auf ermessensfehlerfreie Entscheidung.

35 Die Genehmigung ist ein Verwaltungsakt, wobei die Regelung nur gegenüber der Gemeinde wirkt. Im Verhältnis zum Bürger ist die Genehmigung nur ein unselbständiger Teil des Rechtssetzungsverfahrens. Bis zur Bekanntmachung der Satzung kann die Genehmigung unter den Voraussetzungen von § 48 VwVfG zurückgenommen bzw. unter denen von § 49 VwVfG widerrufen werden. Mit der Bekanntgabe der Satzung verliert die Genehmigung jedoch ihre rechtliche Eigenständigkeit, weshalb eine Rücknahme oder ein Widerruf fortan ausscheidet.[61] Umgekehrt ist es im Übrigen so, dass die Aufhebung einer genehmigungspflichtigen Satzung keiner Genehmigung bedarf. Ohne erforderliche Genehmigung ist die Satzung rechtswidrig und daher unwirksam. Sie darf auch nicht vollzogen werden (so explizit § 119 II SächsGO).

36 Wenn die Gemeinde im übertragenen Wirkungskreis bzw. im weisungspflichtigen Bereich ausnahmsweise durch Satzung handeln darf, dann kann sie sich insoweit nicht auf die Selbstverwaltungsgarantie des Art. 28 II GG berufen. Im übertragenen Wirkungskreis ist die Aufsichtsbehörde generell nicht auf die Rechtmäßigkeitsprüfung beschränkt.[62] Die Gemeinde hat insoweit nur dann einen eigenverantwortlichen Bereich, als er ihr durch Gesetz zugewiesen wird, wie etwa durch Art. 109 II 2 GO BY. Von solchen besonders zugewiesenen eigenen Entscheidungsbefugnissen abgesehen kann im übertragenen Bereich die Genehmigung nach freiem Ermessen der Aufsichtsbehörde erteilt oder versagt werden. Die Gemeinde besitzt demnach auch kein subjektives öffentliches Recht auf Erteilung. In einer solchen Konstellation ist die Genehmigung kein Verwaltungsakt i. S. v. § 35 VwVfG, da die staatliche Aufsicht eine übertragene (staatliche) Aufgabe überprüft und es daher an der Außenwirkung fehlt (str.).[63]

5. Unbeachtlichkeit von Fehlern sowie Heilungsregelungen

37 Da das VwVfG keine Anwendung findet,[64] ist eine Satzung – anders als ein rechtswidriger Verwaltungsakt gemäß § 43 VwVfG – grundsätzlich unwirksam (bzw. bei einem Verstoß gegen Europarecht unanwendbar). Zu beachten ist allerdings, dass die Verletzung einer bloßen Ordnungsvorschrift, also einer unwesentlichen Verfahrensvorschrift, nicht die Unwirksamkeit zur Folge hat.[65] Ob eine solche unwesentliche Verfahrensvorschrift vorliegt ist danach zu bemessen, inwieweit von ihrer Einhaltung der Satzungsinhalt abhängen kann. In diesem Zusammenhang ist vor allem auch bedeutsam, inwieweit subjektive Rechte der Normbetroffenen von der Verfahrensvorschrift geschützt werden. In BY gibt es darüber hinaus eine Unbeachtlichkeitsregelung für die Verletzung der Befangenheitsvorschrift: Nach Art. 49 IV GO BY ist der Beschluss

---

[61] Vgl. BVerwG, VBlBW 1988, 45.
[62] Vgl. § 118 II GemO B.-W.; Art. 109 II 1 GO BY; § 119 II GO NRW; § 111 II SächsGO.
[63] Dazu noch § 24 und § 26 I.
[64] S. oben unter 3.
[65] Vgl. VGH Mannheim, NVwZ 1994, 195; *Hofmann/Muth/Theisen*, KommR NRW, S. 291.

nur dann ungültig, wenn die Mitwirkung des Auszuschließenden für das Abstimmungsergebnis entscheidend war. Daneben sieht zum Teil Bundesrecht die Unbeachtlichkeit von Fehlern vor. Zu nennen ist hier allen voran § 214 BauGB für Bebauungspläne.

Neben der vollständigen Nichtigkeit einer Satzung ist noch ihre Teilnichtigkeit 38 denkbar. Eine Satzung ist dann teilnichtig – also nur insoweit nichtig, als ihr Mangel reicht –, wenn die Schaffung nur des fortbestehenden Teils im Rahmen des Gestaltungsspielraums des Normgebers gelegen hätte, wenn dem Fortbestehen also weder Verfassungsrecht noch einfaches Recht entgegenstehen.[66]

Ein zur Unwirksamkeit führender Verfahrensfehler kann häufig geheilt werden. Die 39 Unwirksamkeit ist dann also lediglich eine schwebende. Eine Heilung tritt aber nicht dadurch ein, dass sich höherrangiges Recht ändert und dieselbe Satzung fortan rechtmäßig erlassen werden könnte.

Eine Heilung durch Beseitigung des vorliegenden Mangels ist in den meisten Bundes- 40 ländern mit Ausnahme von BY vorgesehen, abgesehen von der in allen Bundesländern geltenden Regelung der §§ 214, 215 BauGB für Bauleitpläne. In B.-W., NRW und SA sind Verletzungen von Verfahrens- und Formvorschriften unbeachtlich, wenn sie nicht innerhalb von einem Jahr gerügt werden (§ 4 IV GemO B.-W.; § 7 VI GO NRW; § 4 IV SächsGO). Zugleich ist nach diesen Vorschriften für gesetzlich bestimmte Fälle die Heilung ausgeschlossen. Hierunter fallen etwa Verstöße, die der Bürgermeister beanstandet hat, Verstöße gegen die Ausfertigungspflicht, die Vorschriften über die Bekanntmachung, das Genehmigungserfordernis, die Vorschriften über die Öffentlichkeit der Gemeinderatssitzung und die Anzeigepflicht. Die Heilung tritt allerdings nur dann ein, wenn auf ihre Möglichkeit in der Satzung hingewiesen wird (§ 4 IV GemO B.-W.; § 7 VI GO NRW; § 4 IV SächsGO).

Zu beachten ist, dass die Heilungsvorschriften nur für die Verletzung von Verfahrens- 41 und Formvorschriften gelten. Bei materieller Rechtswidrigkeit der Satzung scheidet hingegen eine Heilung in jedem Fall aus.[67] Zu beachten ist aber ungeachtet dessen, dass bundesrechtliche Heilungsvorschriften – wie die genannten § 214, § 215 BauGB – den Vorschriften der Gemeindeordnung vorgehen.

Prüfungsschema Satzungen

I. Formelle Anforderungen
  1. Zuständigkeit
     – Verbandskompetenz
     – Organkompetenz: Gemeinderat; keine Übertragung auf beschließende Ausschüsse (Ausnahme: Art. 32 II 2 Nr. 2 Bay GO für Bebauungspläne und alle sonstigen Satzungen nach den Vorschriften des 1. Kapitel des BauGB)
     – Grds. keine Eilkompetenz des Bürgermeisters
  2. Verfahren
     – Beschlussfassung des Gemeinderats (siehe Übersicht)
  3. 3. Form
II. Materielle Anforderungen
  1. Rechtsgrundlage

---

[66] Ausführlich hierzu *Gern*, NVwZ 1987, 851 ff.
[67] Vgl. *Gern*, KommR SA, Rn. 318.

> 2. Kein Verstoß gegen höherrangiges Recht (ggf. Inzidentprüfung)
> 3. Bestimmtheitsgrundsatz
> 4. Anforderungen des Vertrauensschutzes
> 5. Grundsatz der Verhältnismäßigkeit (geeignet, erforderlich und angemessen)

§ 9. Das Gemeindegebiet

Die Problematik der Neufestlegung des Gemeindegebiets stellte sich gerade im Zusammenhang mit den Gemeindegebietsreformen. Seitdem diese im Wesentlichen abgeschlossen sind, hat sich die Bedeutung der Thematik verringert. Doch auch heute noch wird zuweilen Bedarf an Änderungen des Gemeindezuschnitts gesehen. Neben reinen Gebietsänderungen (der Verlauf der Gemeindegrenze ändert sich) gibt es in diesem Kontext auch Eingemeindungen, Ausgliederungen und Zusammenschlüsse von Gemeinden. Eine stets zu beachtende Frage ist in diesem Zusammenhang, welches Recht nach der Gebietsänderung in den betroffenen Gemeinden und Gemeindeteilen anzuwenden ist. Dabei sind Fragen wie das Nebeneinander fortgeltender Satzungen, die Ablösung einer Satzung oder der Erlass einer rückwirkenden Satzung zur Schließung einer Regelungslücke zu entscheiden.[1]

I. Institutionelle Garantie

1 Die Selbstverwaltungsgarantie des Art. 28 II GG und die entsprechenden Vorschriften der Landesverfassungen garantieren lediglich die Institution Gemeinde als solche, es besteht also nur eine institutionelle Garantie. Nicht garantiert werden demgegenüber der Bestand und das Gebiet der einzelnen Gemeinden. Da der Kernbereich von Art. 28 II GG nicht tangiert wird,[2] können einfachgesetzliche Gebietsänderungen – wie auch Ausgliederungen, Eingemeindungen und Zusammenlegungen – vorgesehen werden. Dies bedeutet aber nicht, dass die einzelne Gemeinde einer Gebietsänderung – oder gar ihrer Auflösung – völlig ohne rechtlichen Schutz gegenübersteht. Kraft der Verfassung müssen bestimmte Voraussetzungen eingehalten werden.[3] Zum Teil sind diese Voraussetzungen zusätzlich auch noch einfachgesetzlich positiviert.

II. Voraussetzungen für Gebietsänderungen

1. Formelle Voraussetzungen

2 Freiwillige Gebietsänderungen können in B.-W. und SA mit Genehmigung des Rechtsaufsichtsbehörde durch Vereinbarung der betroffenen Gemeinden vorgenommen werden (§ 8 II GemO B.-W.; § 9 I i. V. m. § 8 I 1 Nr. 2 SächsGO). Notwendig ist die Billigung durch eine qualifizierte Mehrheit des Gemeinderats. Des Weiteren sind die Bürger des unmittelbar betroffenen Gebiets vor dem Abschluss der Vereinbarung zu hören (§ 8 II 3 GemO B.-W.; § 8a I SächsGO). Die Vereinbarung ist als öf-

---

[1] Vgl. dazu ausf. zur Gebietsreform in Sachsen-Anhalt, *Druschel,* LKV 2010, 253 ff.; zum Eingemeindungsvertrag, *Braun,* KommJur 2011, 8 ff.
[2] BVerfG DÖV 1979, 135; DVBl 1992, 960; NVwZ 1993, 261; *Articus/Schneider,* GO NRW, § 17 Ziff. 1; *Widtmann/Grasser,* GO BY, Art. 10 Rn. 5.
[3] Instruktiv zu derartigen Fragen VerfGH Brandenburg, DÖV 1995, 331.

fentlich-rechtlicher Vertrag im Sinne von §§ 54 ff. VwVfG zu klassifizieren. Der Bescheid, mit dem die Rechtsaufsichtsbehörde die Vereinbarung genehmigt, stellt der Gemeinde gegenüber einen konstitutiven Ermessensverwaltungsakt dar.[4] Zentrale Ermessensgesichtspunkte sind die die Gebietsänderung tragenden Gründe des öffentlichen Wohls einerseits und die kommunale Selbstverwaltungsgarantie andererseits.[5] Die Gemeinden haben einen Anspruch auf fehlerfreie Ermessensausübung, nicht aber auf die zweckmäßigste Entscheidung. In BY und NRW können dagegen auch freiwillige Gebietsänderungen nur durch formelles Gesetz oder durch Rechtsverordnung vorgenommen werden (Art. 12 I 1 GO BY; § 19 III 1 GO NRW).

In allen Ländern können zwangsweise Gebietsänderungen grundsätzlich nur durch formelles Gesetz nach **Anhörung** der Gemeinden und der Bürger erfolgen (§ 8 III GemO B.-W.; Art. 11 IV, Art. 12 I GO BY; § 19 II, III GO NRW; § 8 III SächsGO). Diese muss über die Kernelemente der Neugliederungsüberlegungen und in Betracht gezogener Alternativen aufklären.[6] Lediglich bei Änderungen von geringer Bedeutung genügt in B.-W. (§ 8 VI GemO B.-W.) und in BY (Art. 12 I 2 GO BY) eine Rechtsverordnung, in NRW gar eine bloße Regierungsentscheidung (§ 19 III GO NRW). Auch in diesen Fällen müssen aber die Gemeinden und die Bürger angehört werden. Wird die Zuordnung der betroffenen Gemeinden zu den Landkreisen verändert, dann sind auch die Landkreise zu hören 3

2. Materielle Voraussetzungen

Aufgrund des Selbstverwaltungsrechts nach Art. 28 II GG und den entsprechenden Vorschriften der Landesverfassungen besteht die materielle Voraussetzung, dass Gebietsänderungen nur nach Anhörung der betroffenen Gemeinden und nur dann vorgenommen werden, wenn für sie Gründe des öffentlichen Wohls gegeben sind.[7] Diese Bedingungen – aber auch nur diese und nicht der Fortbestand jeder einzelnen Gemeinde – sind Teil des Kernbereichs der Selbstverwaltungsgarantie. 4

Gründe des öffentlichen Wohls sind alle Interessen der Allgemeinheit an der Grenzänderung, die den unveränderten Bestand der Grenzen überwiegen.[8] In Betracht kommen damit etwa die Schaffung einer einheitlichen Umwelt- und Lebensqualität, die Erhöhung der Effizienz der kommunalen Verwaltung, die Sicherung der örtlichen Verbundenheit der Einwohner, die Förderung der Ziele der Raumordnung,[9] die Stärkung der kommunalen Verwaltungskraft und die Verringerung des Gefälles der Lebensqualität zwischen Ballungsräumen und dünn besiedelten Gegenden. Von zentraler Bedeutung ist das Ziel der **Stärkung der Leistungs- und Verwaltungskraft** der betroffenen Gemeinden für die Verbesserung einer funktionstüchtigen kommunalen Selbstverwaltung. Vor dem Hintergrund des Demokratieprinzips ist es nur in leistungsfähigen, gefestigten Kommunen zu erwarten, dass die Bürger bereit sind, sich für das Gemeinwesen zu engagieren. Die weiteren legitimen Gründe finden ihre Rechtfertigung überwiegend im Sozialstaatsprinzip und in Art. 3 I GG. 5

---

[4] Vgl. VGH Mannheim, ESVGH 27, 150.
[5] Vgl. BVerfG, DVBl 1992, 960.
[6] Vgl. SächsVerfGH, LKV 1995, 115 (116); *Wallerath*, Kommunale Gebietsreformen und Öffentliches Wohl, 62 f., in 20 Jahre Verfassungsgerichtsbarkeit in den neuen Ländern, Berlin 2014.
[7] So z. B. BVerfG, DVBl 1992, 960.
[8] Vgl. *Articus/Schneider*, GO NRW, § 17 Ziff. 2; *Gern*, DKommR, Rn. 202.
[9] Hierzu *Knemeyer*, LKV 1993, 178.

6 Der zentrale Begriff des öffentlichen Wohls ist ein unbestimmter Rechtsbegriff, der einen Beurteilungsspielraum für den Gesetzgeber eröffnet,[10] und durch diesen auch konkretisierend ausgefüllt werden muss.[11] Letztlich ist hier eine Güterabwägung vorzunehmen zwischen dem Gewicht der Rechtfertigungsgründe für die Gebietsänderung einerseits und dem Selbstverwaltungsrecht andererseits. Das Demokratieprinzip und der Grundsatz der Gewaltenteilung haben diesbezüglich zur Folge, dass den staatlichen Stellen, die die Entscheidung zu treffen haben, ein eigener Gestaltungsspielraum zukommt, der gerichtlicher Kontrolle nicht unterliegt. Das Gericht darf die Entscheidung nur dann aufheben, wenn die ihr zugrunde liegenden Feststellungen und Wertungen eindeutig widerlegbar sind oder sie evident die verfassungsrechtliche Ordnung verletzen.[12] Gleiches gilt, wenn die Abwägung zwischen dem Selbstverwaltungsrecht einerseits und den Gemeinwohlbelangen andererseits evident fehlerhaft ist.[13] Hingegen darf das Gericht keinesfalls versuchen, selbst die optimale Lösung zu ermitteln und diese Bewertung zur Grundlage seiner Entscheidung machen.[14] Wenn die Gebietsänderung im Rahmen einer größeren Gebietsreform erfolgt, dann muss das Gericht jedoch nachprüfen, ob die Entscheidung systemgerecht ist oder ob sie in gleichheitswidriger Weise aus dem System ausbricht.[15]

7 Zu beachten ist bei Gebietsänderungen auch der Grundsatz der Verhältnismäßigkeit. Aus diesem kann sich in Einzelfällen sogar eine Reduzierung des Entscheidungsspielraums bis auf Null ergeben.[16] Konkret bedeutet dies, dass die **Auflösung einer Gemeinde** nur möglich ist, wenn mildere Mittel wie z. B. die Bildung einer Verwaltungsgemeinschaft ausscheiden.[17] Aus dem Verhältnismäßigkeitsgrundsatz kann sich bei Auflösung einer Gemeinde wegen Erfordernissen des Bergbaus auch das Gebot ergeben, die Einwohner in einer neu zu schaffenden Gemeinde anzusiedeln.[18]

§ 10. Gemeindeeinwohner und Gemeindebürger

I. Einwohner und Bürger

1. Begriff des Gemeindeeinwohners

1 Gemeindeeinwohner ist, wer seinen Wohnsitz in der Gemeinde hat (§ 10 I GemO B.-W.; nicht ausdrücklich: Art. 15 I GO BY; § 21 I GO NRW; § 10 I SächsGO). Der hierfür maßgebende Wohnsitzbegriff ist ein spezifisch öffentlich-rechtlicher. Maßgebend ist hierbei eine objektive Beurteilung, ob die Person in der Gemeinde eine Wohnung innehat und zu erwarten ist, dass die Wohnung auf Dauer beibehalten wird.[1] Es müssen also objektive Umstände vorliegen, die als Indiz für eine Wohnnutzung dienen

---

[10] Vgl. BVerfG, DVBl 1992, 961; VGH München, DVBl 1977, 823.
[11] Vgl. BbgVergG, LVerfGE 2, 125 (136f.) und eingehender zu diesem Prozess *Wallerath*, (Fn. 6) 58f.
[12] Vgl. VerfGH SA, LKV 2000, 21.
[13] Vgl. StGH B.-W., ESVGH 25, 1.
[14] Vgl. VerfGH NW, OVGE 26, 270; VerfGH BY, DVBl 1975, 28.
[15] Vgl. VerfGH SA, LKV 2000, 21.
[16] Hierzu näher *Gern*, DVBl 1987, 1194.
[17] Vgl. StGH B.-W., ESVGH 25, 2.
[18] Vgl. *Gern*, LKV 1997, 433.
[1] Vgl. VGH Mannheim, VBlBW 1993, 226; BFH, BStBl II 1979, 335; *Articus/Schneider*, GO NRW, § 21 Ziff. 1; *Rehn/Cronauge*, GO NRW, § 21 I 1.

können. Damit unterscheidet sich der öffentlich-rechtliche Wohnsitzbegriff vom privatrechtlichen nach § 7 BGB, bei dem maßgebend auf die subjektive Seite abgestellt wird.

Der Zeitraum der Benutzung ist nicht ausschlaggebend, womit auch eine vorübergehende Nutzung, etwa zum Zwecke des Studiums,[2] erfasst wird – ein nur einige Tage langer Aufenthalt, z. B. für einen Urlaub oder eine Krankenhausbehandlung, ist aber nicht ausreichend. Dies hat zur Folge, dass ein Wohnsitz in mehreren Gemeinden zugleich vorliegen kann. Das Bürgerrecht besteht dann in derjenigen Gemeinde, in der der Hauptwohnsitz i. S. v. § 12 II 1 Melderechtsrahmengesetz liegt, vgl. § 12 II GemO B.-W.; § 15 I SächsGO. Der Gemeinde steht weder aus Art. 28 II GG noch aus einfachgesetzlichem Recht ein Unterlassungsanspruch hinsichtlich der Feststellung des Hauptwohnsitzes durch eine andere Gemeinde zu.[3]

Als Wohnung im Sinne der genannten kommunalrechtlichen Vorschriften gelten auch Wochenendhäuser, ortsfeste Wohnwagen sowie möblierte Zimmer, also alle umschlossenen Räume, die auf Dauer zum gewöhnlichen Aufenthalt genutzt werden.

2. Begriff des Gemeindebürgers

Literatur: *Fügemann*, Die Gemeindebürger als Entscheidungsträger, DVBl. 2004, 343.

Während der Begriff des Gemeindeeinwohners an das Kriterium Wohnsitz anknüpft, ist der Begriff des Gemeindebürgers enger. Sein Anknüpfungspunkt ist das kommunale Wahlrecht: § 12 GemO B.-W.; Art. 15 II GO BY; § 21 II GO NRW; § 15 I SächsGO. Dementsprechend gelten nur Deutsche und Ausländer als Gemeindebürger, die Staatsangehörige eines EU-Mitgliedsstaates (Art. 28 I 3 GG; Art. 22 AEUV) sind. Darüber hinaus muss die in den Gemeindewahlgesetzen festgelegte Mindestverweildauer von zwei bis sechs Monaten erfüllt sein und das Mindestwahlalter erreicht sein, das für das aktive Wahlrecht in BY und SA bei 18 Jahren, in B.-W. und NRW bei 16 Jahren liegt. Das reduzierte Wahlalter in den beiden letztgenannten Ländern resultierte dabei aus Diskussionen anlässlich einer Absenkung des Wahlalters, die in den vergangenen Jahren bundesweit vielfach aufgekommen sind. Die vormals für Kommunalwahlen bundesweit weitgehend gleiche Festsetzung des Mindestalters für das aktive Wahlrecht wurde dabei von einigen Ländern, so neben den genannten auch in HH, Nds., S.-H., Bbg., Berlin und Bremen durchbrochen. Einzig für das passive Wahlrecht gilt in allen Ländern der Bundesrepublik nach den jeweiligen Landesgesetzen ein Mindestalter von 18 Jahren. Dieses Bürgerrecht endet, gleich ob passives oder aktives Wahlrecht, mit dem Wegzug aus der Gemeinde oder dem Verlust der deutschen Staatsangehörigkeit oder der Staatsangehörigkeit eines EU-Mitgliedsstaates. In BY wurde zur Kommunalwahl 2014 dabei eine Neuerung eingeführt, die hinsichtlich des Wegzuges teilweise Einschränkungen vornimmt: Die Voraussetzung, dass ein Kandidat für das Amt eines Gemeinderatsmitglieds den „Schwerpunkt seiner Lebensbeziehungen", also im Regelfall den Erstwohnsitz, im jeweiligen Gebiet nachweisen musste, wurde dabei gestrichen. Nunmehr reicht hierfür aus, seit mindestens drei Monaten einen (Zweit-)Wohnsitz zu besitzen oder ohne eine Wohnung zu haben sich gewöhnlich in der Kommune aufzuhalten.

---

[2] Vgl. BVerwG, NJW 1992, 1121; VGH Mannheim, ESVGH 13, 136.
[3] Vgl. VGH Mannheim, NVwZ 1987, 512.

5 Gemeindebürgern stehen alle Rechte zu, die an den Status des Gemeindeeinwohners anknüpfen. Darüber hinaus haben sie das aktive und passive Wahlrecht, das Recht zur Teilnahme an Bürgerversammlungen, an Bürgerbegehren und Bürgerentscheiden und das Recht zur Einsichtnahme in Unterlagen der Gemeinderatssitzungen.[4] Die Gemeindebürger haben zudem über die Pflichten jedes Gemeindeeinwohners hinaus die gesetzlich vorgesehene (§§ 15 f. GemO B.-W.; Art. 19 GO BY; § 28 GO NRW; §§ 17 f. SächsGO) Pflicht zur Übernahme gemeindlicher Ehrenämter.

6 Die Gemeinden können einzelne ihrer Bürger zu Ehrenbürgern ernennen[5], um die Verdienste bestimmter Personen für die Gemeinde zu ehren. Das Ehrenbürgerrecht knüpft nicht an die Gemeindebürgerschaft an. Die Verleihung des Ehrenbürgerrechts stellt einen begünstigenden Verwaltungsakt dar.[6]

3. Stellung der Ausländer

7 Ausländische Gemeindeeinwohner haben grundsätzlich die gleichen Rechte wie deutsche, als Bürger gelten aber nur solche der EU-Mitgliedsstaaten. Das gilt insbesondere bezüglich kommunaler Satzungen sowie öffentlicher Einrichtungen der Gemeinde. Umgekehrt haben sie auch in derselben Weise wie deutsche Gemeindeeinwohner die Gemeindelasten zu tragen. Nach freiem Ermessen können die Gemeinden bei Bedarf Ausländerausschüsse, Ausländerbeiräte und Ausländerbeauftragte einsetzen.[7] Deren Aufgabe besteht darin, auf die Integration der Ausländer hinzuarbeiten. Über Eingriffsbefugnisse verfügen sie nicht.[8]

8 Bei Kommunalwahlen haben die Staatsbürger eines EU-Mitgliedstaates das aktive und passive Wahlrecht (Art. 28 I 3 GG, Art. 22 AEUV).[9] Ohne weitere Grundgesetzänderung sind die Landesgesetzgeber aber nicht befugt, allen Ausländern das kommunale Wahlrecht einzuräumen, da gemäß Art. 20 II GG in Deutschland alle Staatsgewalt vom Volk ausgeht und mit Volk das deutsche Volk gemeint ist.[10]

9 In vielen Gemeinden existieren Ausländerausschüsse als beratende Gemeinderatsausschüsse. Häufig werden Ausländer als sachkundige, nicht stimmberechtigte Mitglieder in diese Ausschüsse berufen. Zum Teil führen Ausländerausschüsse die Bezeichnung Ausländerbeirat. Die Institution Ausländerbeirat ist in einigen Gemeinden nicht als Gemeinderatsausschuss ausgestaltet, sondern als Gremium sui generis, das mit Gemeinderatsmitgliedern und gleichberechtigt mit Ausländern besetzt ist. In NRW sind Ausländerbeiräte, seit 18.7.2009 sog. Integrationsräte, in der GO explizit vorgesehen (§ 27 GO), in SA können sie über die gesetzliche Regelung zu den Beiräten (§ 47 GO) geschaffen werden. Wenn derartige Gremien in der GO nicht vorgesehen sind, dann stellt sich das Problem, dass die die Gemeinde repräsentierenden Institutionen in der GO an sich abschließend benannt sind. Solange jedoch dem Ausländerbeirat lediglich beratende Funktion zukommt, ist dessen Einrichtung im Hinblick auf das kommunale Selbstverwaltungsrecht (Art. 28 II GG) als rechtmäßig einzustufen.[11]

---

[4] Weiterführend zur Organstellung des Gemeindebürgers *Fügemann*, DVBl. 2004, 343 ff.
[5] § 22 GemO B.-W.; Art. 16 GO BY; § 34 GO NRW; § 26 SächsGO.
[6] Vgl. *Gern*, DKommR, Rn. 596.
[7] S. hierzu *Articus/Schneider*, GO NRW, § 27 Ziff. 1.
[8] Vgl. *Rehn/Cronauge*, GO NRW, § 27 I.
[9] Näher hierzu *Wollenschläger/Schraml*, BayVBl 1995, 385.
[10] Vgl. BVerfG, NJW 1991, 162.
[11] Näher zur Beteiligung von Ausländern an der Gemeindeverwaltung *Karpen*, NJW 1989, 1012 ff.

Daneben gibt es in vielen Gemeinden Ausländerbeauftragte. In SA ist diese Institution in § 64 GO näher geregelt. Die Gemeinde kann als Ausländerbeauftragten einen Gemeindebediensteten oder einen ehrenamtlich Tätigen einsetzen.

II. Rechte der Gemeindeangehörigen

1. Anspruch auf Benutzung der öffentlichen Einrichtungen

Literatur: *Ehlers*, Rechtsprobleme der Nutzung kommunaler öffentlicher Einrichtungen Teil 1 und 2, JURA 2012, S. 692 ff.; S. 849 ff.

a) Begriff der öffentlichen Einrichtung

Zur Erfüllung ihrer **Aufgaben im wirtschaftlichen, sozialen und kulturellen Bereich** schaffen die Gemeinden öffentliche Einrichtungen. Im Bereich der **Daseinsvorsorge** sind öffentliche Einrichtungen[12] das bedeutendste Instrumentarium zur Erfüllung der gemeindlichen Aufgaben.

Ganz allgemein ist unter einer **öffentlichen Einrichtung** jede (organisatorische) **Zusammenfassung von Personen und Sachmitteln** zu verstehen, die **im öffentlichen Interesse** unterhalten wird und die durch einen gemeindlichen **Widmungsakt** der allgemeinen Benutzung durch Gemeindeangehörige und ortsansässige Vereinigungen zugänglich gemacht wird.[13] Diese Definition impliziert, dass sich aus der Zusammenfassung von Sachmitteln und Personen die Organisationsform der Anstalt des öffentlichen Rechts ergibt, die über entsprechende Nutzer – im Gegensatz zu den Mitgliedern einer Körperschaft – verfügt. Jedoch ist der Begriff der öffentlichen Einrichtung umfassender zu verstehen, so dass es nicht unbedingt auf den dauernden Bestand sachlicher Mittel ankommt, sondern bereits die Trägerschaft der Gemeinde oder eine spezielle Organisationsform ausreicht.[14]

So fallen unter den Begriff der öffentlichen Einrichtung: die öffentliche Wasserversorgung,[15] die Abwasserbeseitigung,[16] die Stromversorgung,[17] gemeindliche Anschlagtafeln,[18] das kommunale Archiv einer Gemeinde,[19] Jugendhäuser, -treffs und -zentren, Stadthäuser und -hallen, Sporthallen,[20] Verkehrslandeplätze nach § 6 LuftVG,[21] Sportboothäfen (Marinas),[22] Theater, Büchereien, Museen,[23] Schwimmbäder,[24] Freizeit-, Bildungs- und Begegnungsstätten, Messeplätze;[25] Volksfeste wie das Münchener

---

[12] s. hierzu § 10 II GemO B.-W.; Art. 21 GO BY; § 8 GO NRW; § 10 II SächsGO.
[13] Vgl. VGH München, BayVBl 1960, 102 f.; *Gern*, DKommR, Rn. 528. Ausführlich *Hofmann/Muth/Theisen*, KommR NRW, S. 225; *Püttner*, KommR B.-W., Rn. 285 ff.; *Gern*, KommR SA, Rn. 585; *Burgi*, KommR, § 16 Rn. 5.
[14] *Bauer/Böhler/Ecker*, Bayerische Kommunalgesetze, 91. EL 2008, Art. 21 GO, Rn. 4.
[15] Vgl. VGH München, BayVBl 2001, 752.
[16] Vgl. VGH München, BayVBl 2000, 208; BayVBl 2003, 435; BayVBl 2004, 144; OVG Münster, ZfW 2005, 124; DÖV 2003, 418.
[17] Vgl. VGH Mannheim, NVwZ 1991, 583.
[18] Vgl. VGH Mannheim, ESVGH 23, 26; NVwZ 1999, 565; VGH München, BayVBl 1968, 67.
[19] Vgl. VG Augsburg, Beschluss vom 7. Juni 2001, Az.: Au 8 E 01.762.
[20] Vgl. VGH Mannheim, VBlBW 2002, 483.
[21] Vgl. VGH Mannheim, VBlBW 1981, 157; kritisch *Horn*, VBlBW 1992, 5.
[22] Vgl. VGH Mannheim, ESVGH 47, 207; VBlBW 1998, 58.
[23] Vgl. *Püttner*, Kommunalrecht B.-W., Rn. 287.
[24] Vgl. VGH Mannheim, ESVGH 25, 203.
[25] Vgl. VGH Mannheim, NVwZ-RR 1992, 500.

Oktoberfest,[26] der Cannstatter Wasen und der Hamburger Dom;[27] Jahrmärkte und Dulten; Musikschulen,[28] Obdachlosenunterkünfte,[29] Asylbewerberwohnheime,[30] Friedhöfe[31] und Krematorien, die Oberammergauer Passionsspiele,[32] gemeindliche Zuchtbullen,[33] Informationsschriften[34] und in gewissen Konstellationen sogar das Betreiben einer Internet-Domain[35]. Zwischen Schrifttum und Rechtsprechung umstritten ist die Einordnung kommunaler Mietspiegel.[36]

14 Eine öffentliche Einrichtung darf auf dem Gebiet einer anderen Gemeinde nur dann betrieben werden, wenn die andere Gemeinde hierzu ihre Zustimmung erklärt[37] oder wenn die beiden Gemeinden im Wege kommunaler Zusammenarbeit eine entsprechende öffentlich-rechtliche Vereinbarung schließen.

15 Die Einrichtung wird im öffentlichen Interesse unterhalten, wenn die Gemeinde in Erfüllung ihrer Aufgabenwahrnehmung bzw. zur Daseinsvorsorge tätig wird.[38] Durch die Widmung erhält die Einrichtung erst den **Status einer öffentlichen Sache.** Dabei handelt es sich um einen Akt zur Zweckbestimmung der Einrichtung[39] und zur Festlegung von Nutzung und Benutzerkreis. Zugleich sind dies die obligatorischen Inhalte der Widmung. Die Widmung kann sowohl durch Rechtsnorm (z. B. Satzung), wie auch durch einen dinglichen Verwaltungsakt (§ 35 S. 2 VwVfG) erfolgen. Die Gemeinde hat bezüglich der Form der Widmung grundsätzlich ein Wahlrecht. Das Ermessen der Gemeinde ist jedoch auf Null reduziert, wenn die besondere Komplexität der Sachgesamtheit und das Zusammenwirken bestimmter Träger die Notwendigkeit begründen, dass klare Verhältnisse geschaffen werden, indem durch einen Rechtsakt die Schnittstellen klar und präzise definiert werden.[40] Möglich ist eine Widmung auch im Wege der bloßen tatsächlichen Inbetriebnahme, also gewissermaßen konkludent oder stillschweigend.[41]

16 Maßgeblich dafür, dass von einer **konkludenten Widmung** gesprochen werden kann, ist der nach außen erkennbare Behördenwille, dass die Sache künftig einem bestimmten Zweck dienen soll.[42] Fehlt es dabei an einer eindeutigen Erklärung, so hat die Rechtsprechung einen derartigen Erklärungswillen aus Indizien abgeleitet. In Betracht als derartige Indizien kommen etwa eine Benutzungsordnung, allgemeine Vertragsbe-

---

[26] Vgl. VGH München, BayVBl 1982, 656 ff.; BayVBl 2001, 666.
[27] Vgl. VG Augsburg, NVwZ-RR 2001, 468; VG Freiburg, NVwZ-RR 2002, 139. Zur Problematik näher *Lässig,* NVwZ 1983, 18; *Peltner,* JA 1982, 262.
[28] Vgl. OVG Münster, DÖV 1995, 515.
[29] Vgl. OVG Lüneburg, DÖV 1986, 341; DÖV 2004, 963; VGH Mannheim, NVwZ-RR 1997, 123.
[30] Vgl. VGH Mannheim, Urteil vom 22. Juli 1996, Az.: 2 S 1132/94.
[31] Vgl. VGH Mannheim, ESVGH 18, 218, 219.
[32] Vgl. VGH München, NJW 1991, 1498. Hierzu eingehend *Lerche,* FS Heckel, 1999, S. 399 ff.
[33] Vgl. VGH Mannheim, ESVGH 22, 129.
[34] Vgl. VG Minden, NJW 1992, 523.
[35] OVG Münster, B. v. 19. 5. 2015 – 15 A 86/14.
[36] Dafür auch *Gern,* DKommR, Rn. 528; a. A. BVerwGE 100, 262.
[37] Vgl. BVerwG, NVwZ 1990, 657; VGH Mannheim, NVwZ 1990, 390.
[38] Vgl. dazu *Lissack,* Bayerisches Kommunalrecht, 3. Aufl. 2009, § 2 Rn. 45.
[39] Siehe VGH München BayVBl. 1982, 656.
[40] Vgl. VGH München, BayVBl 2000, 632; VGH München, B. v. 24. 8. 2004 – 4CS04.1120.
[41] Vgl. *v. Mutius,* Kommunalrecht, Rn. 639; *Gern,* KommR SA, Rn. 586; VGH München, U. v. 21. 12. 2000 – 23 B 00.2132.
[42] Vgl. *v. Mutius,* KommR, Rn. 640.

dingungen, die Vergabepraxis oder tatsächliches Verhalten. Allein in der Duldung des Badens in einem gemeindeeigenen Baggersee liegt noch keine konkludente Widmung vor, wohl aber bei Ausstattung mit Badeeinrichtungen (Toiletten, Stege, Schwimmfloß) und der Förderung der Aufsicht durch die Wasserwacht.[43]

Für den Fall, dass nach diesen Indizien ein Erklärungswille bezüglich der Natur der Sache nicht feststellbar sein sollte, hat die Rechtsprechung eine **Vermutungsregel** aufgestellt, nach der für die Allgemeinheit nutzbare (und der Daseinsvorsorge dienende)[44] **kommunale Einrichtungen im Zweifel als öffentliche Einrichtungen anzusehen** sind.[45] Die Gemeinde kann diese Vermutung nur dann widerlegen, falls es ihr gelingt, den Nachweis zu führen, dass sie die Bereitstellung in eindeutiger Weise so beschränkt hat, dass die Einrichtung als private betrieben werden soll.[46] 17

Öffentlich sind auch Einrichtungen solcher Art, deren vom Widmungszweck erfasster Nutzerkreis über die Einwohner der Gemeinde oder die in den Gemeindeordnungen als Benutzungsberechtigte ausgewiesenen Personen und Vereinigungen hinausgeht. Die Tatsache, dass die Trägerschaft oder das **Benutzungsverhältnis** privatrechtlich ausgestaltet sind, hindert nicht den publizistischen Charakter einer Einrichtung. Soweit sich die Gemeinde entweder allein oder in Zusammenarbeit mit anderen kommunalen Körperschaften des öffentlichen Rechts entscheidenden Einfluss auf die Zweckbestimmung und den Betrieb vorbehalten hat, bleibt eine kommunale Einrichtung z. B. auch dann öffentlich, wenn die Gemeinde nur mittelbarer Träger ist, ihr nur das Nutzungsrecht zusteht oder die Einrichtung gar durch Dritte betrieben wird. Entscheidend ist, dass die Gemeinde noch die **Verfügungsgewalt** innehat, ansonsten könnte die Zweckbestimmung nicht entsprechend durchgesetzt werden. So auch im Fall privatrechtlicher Unternehmen, an denen die Gemeinde ganz oder zum Teil beteiligt ist (Messehalle GmbH). Freilich können auch wirtschaftliche Unternehmen i. S. der Gemeindeordnungen öffentliche Einrichtungen sein.[47] 18

Keine öffentlichen Einrichtungen sind demzufolge unter anderem: Sachen im Gemeingebrauch (z. B. Straßen und Parkplätze), weil die Benutzung von Gesetzes wegen nicht auf Gemeindeangehörige beschränkt ist,[48] Grünstreifen,[49] eine ehemalige Fabrikhalle, für die eine gastronomische Nutzung beabsichtigt ist, solange insoweit sich noch keine permanente Übung ergeben hat,[50] Verwaltungsgebäude (z. B. Rathäuser und Schulen), denn sie sind bloße Mittel zur Vornahme von Amtshandlungen,[51] Vermögensgegenstände des Finanzvermögens, gemeindliche Amtsblätter, da sie lediglich Veröffentlichungsorgan für die Gemeinde sind.[52] 19

---

43 Vgl. *Gern*, DKommR, Rn. 529.
44 *Köster*, KommJur 2007, 244 (245).
45 Vgl. VGH München, BayVBl 1991, 86; VGH Mannheim, ESVGH 47, 207.
46 Vgl. OVG Münster, NJW 1976, 821; s. a. BGH, NJW 1975, 107.
47 Vgl. *Gern*, DKommR, Rn. 529.
48 Vgl. *v. Mutius*, KommR, Rn. 637; OVG Münster, OVGE 24, 179; VGH Mannheim, ESVGH 32, 43.
49 Vgl. VGH Mannheim, ESVGH 23, 197; *Gern*, KommR SA, Rn. 587.
50 Vgl. VGH München, Beschluss vom 23. August 2004, Az.: 4 CE 04.1778: nur eine private Einrichtung oder bloßes Fiskalvermögen.
51 Vgl. VGH Mannheim, Urteil vom 23.2.1982, Az.: 1 S 2536/81.
52 Vgl. *Gern*, DKommR, Rn. 531. S. hierzu auch *Hermann/Schiffer*, VBlBW. 2004, 163 ff.

20 Wenn die Gemeinde in ihrer tatsächlichen Vergabepraxis die öffentliche Einrichtung regelmäßig über den Rahmen der Widmung hinaus vergibt, so kommt es in Betracht, hierin eine konkludente Änderung der Widmung zu sehen. Sollte dies zu verneinen sein, so ist es daneben aber auch möglich, dass durch die tatsächliche Vergabepraxis über den Widmungszweck hinaus ein Anspruch aufgrund Art. 3 I GG auf Zulassung entsteht.[53]

b) Errichtung einer öffentlichen Einrichtung

21 Hinsichtlich der Organisationsform verfügt die Gemeinde über ein **Formenwahlrecht**. Aufgrund dessen kann eine kommunale Einrichtung entweder öffentlich-rechtlich oder privatrechtlich organisiert sein.[54] In Betracht kommen also die (unselbständige) Anstalt oder Stiftung des öffentlichen Rechts sowie der Regiebetrieb oder der Eigenbetrieb als wirtschaftliches Unternehmen in öffentlich-rechtlicher Form, die GmbH oder die AG (oder auch eine GmbH&Co KG) als wirtschaftliches oder als nichtwirtschaftliches Unternehmen in privatrechtlicher Form und schließlich die öffentlich-rechtliche bzw. privatrechtliche Trägerschaft von Dritten. Die **Organisationsgewalt** der Gemeinden ließe darüber hinaus auch eine Änderung der Organisation für die Zukunft zu.[55]

22 Für die Schaffung von öffentlichen Einrichtungen besitzt der Gemeinderat die **Organkompetenz**. Er entscheidet nach pflichtgemäßem Ermessen über die Notwendigkeit einer Einrichtung. Die Entscheidung muss hierbei an den **lokalen Bedürfnissen** und an der **Leistungsfähigkeit der Gemeinde** ausgerichtet werden. Zusätzlich ist die wirtschaftliche Leistungskraft der Abgabepflichtigen ein Gesichtspunkt, der berücksichtigt werden muss. Im Bereich der Pflichtaufgaben steht der Gemeinde, soweit es um das „Ob" der Einrichtung geht, kein Ermessen zu. Zur Sicherstellung der Erfüllung der Pflichtaufgaben sind gegebenenfalls andere, weniger wichtige, freiwillige Projekte zurückzustellen. Die Entscheidung bezüglich der Schaffung neuer Einrichtungen darf aber jedenfalls nicht gegen höherrangiges Recht verstoßen. So wäre die Schaffung eines Gemeinderundfunk- oder Gemeindefernsehsenders als Verstoß gegen das Prinzip der Staatsfreiheit unzulässig[56]

23 Der einzelne Einwohner hat grundsätzlich **keinen** gerichtlich durchsetzbaren **Anspruch auf die Schaffung oder die Erweiterung einer öffentlichen Einrichtung** durch die Gemeinde.[57] Dies gilt auch für den Bereich der Pflichtaufgaben. Es besteht in diesem Bereich zwar eine Verpflichtung der Gemeinde, mangels drittschützenden Charakters der die Pflicht begründenden Norm begründet diese kein subjektiv öffentliches Recht des begünstigten Gemeindeangehörigen. Hierfür fehlt es an einer hinreichenden, im Gesetz angelegten Abgrenzbarkeit der geschützten Interessen und der Individualisierbarkeit des Kreises der berechtigten Personen.[58] Ein Anspruch auf Schaffung einer öffentlichen Einrichtung besteht aber ausnahmsweise in dem Fall,

---

[53] Vgl. VGH Mannheim, NVwZ 1998, 540.
[54] Vgl. *Hofmann/Muth/Theisen*, KommR NRW, S. 226; VG Augsburg, NVwZ-RR 2001, 468; *Gern*, KommR SA, Rn. 588.
[55] Vgl. *Gern*, DKommR, Rn. 532. S. hierzu auch *v. Danwitz*, JuS 1995, 1.
[56] Vgl. BVerfG, NJW 1987, 239; VerfGH BY, NVwZ 1987, 213.
[57] Vgl. OVG Münster, ZfW 2005, 124; VG Karlsruhe, Beschluss vom 27. Mai 2004, Az.: 5 K 1461/04; *Gern*, KommR SA, Rn. 590.
[58] Vgl. OVG Münster, ZfW 2005, 124.

dass Pflichten vorliegen, die auch im Interesse des Einzelnen liegen, soweit nicht das Bedürfnis des Einwohners schon von anderer Seite gedeckt wird (z. B. künstliche Rinderbesamung[59]).

Für die **Beseitigung einer öffentlichen Einrichtung** gelten dieselben Grundsätze wie für ihre Schaffung. Ein Grundrechtsschutz (insbesondere aus Art. 14 GG) auf den Fortbestand einer Einrichtung und damit verbunden auf weitere Nutzungsmöglichkeit besteht nur in wenigen Ausnahmefällen. Ein solcher Fall wäre z. B. dann gegeben, wenn die Existenz der öffentlichen Einrichtung eine öffentlich-rechtliche Rechtsposition darstellt, die als Äquivalent für eine eigene, vermögenswerte Leistung des Benutzers zu sehen ist.[60] In der Regel wird man das nur dann annehmen können, wenn der Benutzer die Herstellungskosten durch Beiträge selbst mitfinanziert hat. Auch dann erfährt das Eigentumsrecht des Benutzers allerdings eine Einschränkung durch die **Sozialbindung des Eigentums** (Art. 14 II GG), so dass auch dann eine Änderung oder Schließung der Einrichtung hingenommen werden muss.[61] Der Grundsatz des Vertrauensschutzes kann im Einzelfall fordern, dass die Schließung rechtzeitig angekündigt wird und angemessene Auslauffristen gewährt werden.

24

Sowohl Entwidmung als auch Schließung einer Einrichtung müssen als **actus contrarius** zur Widmung in derselben Rechtsform erfolgen. Im Regelfall handelt es sich hierbei wiederum um Verwaltungsakte nach § 35 S. 2 VwVfG.[62] Beschließt eine Gemeinde, eine öffentliche Einrichtung nicht weiter zu betreiben, so ist darin eine Entwidmung zu sehen, es sei denn die tatsächliche Übung der Gemeinde verhält sich widersprüchlich. In diesem Fall würde sich ein Konflikt mit dem Gleichbehandlungsgebot des Art. 3 I GG ergeben.[63]

25

c) Zulassung zu einer öffentlichen Einrichtung

Die Einwohner der Gemeinde und die ihnen gleichgestellten Personen und Vereinigungen haben ein subjektives öffentliches Recht in Form eines Anspruchs auf Benutzung der öffentlichen Einrichtungen. Liegen die Voraussetzungen vor, besteht ein gebundener Anspruch. Für alle Gemeindeangehörigen gelten dabei die gleichen Grundsätze. Die Gemeinde ist verpflichtet, die Einwohner im Rahmen des geltenden Rechts und insbesondere in den Grenzen der jeweiligen Benutzungsordnung (bzw. Widmung) zu den Einrichtungen zuzulassen. Dabei hat sie die Grundrechte des Einzelnen und den Gleichheitsgrundsatz zu beachten.[64] Ganz besonders klausurrelevant ist der Fall der Überlassung einer Halle für eine überörtliche Parteiveranstaltung,[65] namentlich für radikale, aber nicht verbotene Parteien.

26

---

[59] Vgl. VGH Mannheim, VBlBW 1971, 106.
[60] Vgl. BVerfGE 53, 257, 289.
[61] S. hierzu auch VGH Kassel, NJW 1979, 886.
[62] S. hierzu VGH Kassel, NVwZ 1989, 779; BVerwG, DÖV 1993, 355. Zu Abwehransprüchen gegen Beeinträchtigungen, die von öffentlichen Einrichtungen ausgehen, s. VGH Mannheim, VBlBW 1988, 433; VBlBW 2002, 483; VGH München, NVwZ 1989, 269; OVG Münster, NVwZ-RR 1989, 263; VGH Kassel, NVwZ 1997, 304.
[63] Vgl. VGH München, BayVBl 2005, 23.
[64] Vgl. VGH Freiburg, DVBl 1955, 745; VGH Mannheim, DÖV 1968, 179; NVwZ 1990, 93. Zum Ausschluss von der Teilnahme an den Passionsspielen in Oberammergau s. VGH München, NJW 1991, 1498.
[65] Vgl. BVerwG NJW 1990, 134; VGH München, NJW 1989, 2491; VGH Kassel, NJW 1993, 2331; OVG Weimar, NJ 2005, 230; OVG Lüneburg, DVBl 2007, 517.

27 Wird eine Einrichtung in privatrechtlicher Form betrieben (z. B. GmbH, AG), können die Einwohner unter anderem einen **öffentlich-rechtlichen Verschaffungsanspruch gegen die Gemeinde** geltend machen, der eine entsprechende Einflussnahme der Gemeinde bei der juristischen Person des Privatrechts zum Inhalt hat. Möglich ist aber auch die Geltendmachung eines Anspruchs unmittelbar gegen den Privaten vor der ordentlichen Gerichtsbarkeit. Für den letztgenannten Fall gilt das **Verwaltungsprivatrecht,** wenn der Dritte – z. B. wegen einer Mehrheitsbeteiligung der Gemeinde am Unternehmen – unter dem beherrschenden Einfluss der Gemeinde steht. Das Gebot der Gleichbehandlung führt zur Pflicht wettbewerbsneutralen Verhaltens, wovon auch das Verbot eines Konkurrentenschutzes bei der Zulassung umfasst ist.[66] Eigene kommunale Reservierungswünsche können schon wegen der Berücksichtigung von Art. 3 I GG keinen generellen Vorrang genießen.[67]

28 Über die Zulassung selbst entscheidet die Gemeinde entweder einseitig durch Verwaltungsakt oder durch öffentlich-rechtlichen Vertrag (§§ 54 ff. VwVfG). Der Nutzungsanspruch beinhaltet nicht nur das „Ob" der Nutzung, sondern kann auch einen Anspruch auf eine bestimmte Qualität der Leistung beinhalten. So besteht bei einer kommunalen Wasserversorgungseinrichtung ein Anspruch darauf, dass sauberes Trinkwasser geliefert wird.[68]

d) Ausgestaltung des Benutzungsverhältnisses

29 Nach allgemeiner Auffassung haben die Gemeinden im Bereich der **Leistungsverwaltung** ein **Formenwahlrecht** sowohl hinsichtlich der Organisation ihres Handelns, als auch hinsichtlich der sich daraus ergebenden Rechtsbeziehungen.[69] Eine Gemeinde als Trägerin einer öffentlichen Einrichtung kann sich für die Ausgestaltung des Benutzungsverhältnisses öffentlich-rechtlicher und privatrechtlicher Handlungsformen bedienen. Das Wahlrecht ist unabhängig von einem für die Leistungsgewährung kausalen Anschluss- und Benutzungszwang.[70]

30 Die **Art des Nutzungsverhältnisses**[71] ist durch Auslegung zu ermitteln. Als Kriterien für die Auslegung fungieren die gewählten Handlungsformen, also entweder der öffentlich-rechtliche oder der privatrechtliche Vertrag, die Art der Gegenleistung, also Entgelt bzw. Beitrag oder Gebühr, die Form der Ausgestaltung der Benutzungsordnung als Satzung, als öffentlich-rechtliche Anstaltsordnung oder als allgemeine Benutzungsbedingungen in Gestalt von Allgemeinen Geschäftsbedingungen. Im Übrigen sind für die Abgrenzung auch noch die Form der Veröffentlichung, der systematische Zusammenhang der Regelungen und die Art der Entscheidungsbefugnisse, sowie eventuelle Hinweise auf Rechtsmittel von Relevanz. Bei Unklarheiten hinsichtlich der Auslegung ist im Zweifel von einem öffentlich-rechtlichen Benutzungsverhältnis auszugehen. Es besteht dann Akzessorietät zur Organisationsform.

---

[66] Vgl. VGH Kassel, NJW 1987, 145.
[67] Vgl. VGH Mannheim, NVwZ-RR 1994, 111.
[68] Vgl. VGH München, BayVBl 2001, 752.
[69] Siehe dazu *Püttner,* KommR B.-W., Rn. 280; *Gern,* KommR SA, Rn. 591; *Brüning,* LKV 2000, 54 ff.
[70] Vgl. BGH, NJW 1992, 171; s. a. *Gern,* DKommR, Rn. 535.
[71] Ausf. dazu *Ehlers,* JURA 2012, 692 (695 ff.).

Wird die Einrichtung von einer Person des Privatrechts getragen, so ist auch das Benutzungsverhältnis grundsätzlich privatrechtlicher Natur, es sei denn, der Private ist beliehen. Dieser kann sich auch öffentlich-rechtlicher Handlungsformen bedienen. Bei **privatrechtlicher Ausgestaltung des Benutzungsverhältnisses** sind die Grundsätze des **Verwaltungsprivatrechts** anzuwenden, denn schließlich ist eine gemeindliche Einrichtung, die von der Gemeinde in privater Rechtsform betrieben wird, „materiell öffentliche Verwaltung und darum gem. Art. 1 III GG im Einklang mit den Grundrechten zu führen".[72] Bei der Ausgestaltung des Benutzungsverhältnisses ist auf die Erreichung des Widmungszwecks zu achten sowie darauf, dass die höherrangigen Rechtsnormen eingehalten werden. So ist z. B. eine Obdachlosenunterkunft oder ein Frauenhaus so zu gestalten, dass Menschenwürdegebot (Art. 1 I GG) und Persönlichkeitsrecht (Art. 1, 2 I GG) nicht verletzt werden.[73]

31

Für die Inanspruchnahme ihrer öffentlich-rechtlichen Einrichtungen können die Gemeinden bei öffentlich-rechtlichen Benutzungsverhältnissen nach den Kommunalabgabengesetzen Gebühren oder Beiträge erheben (s. dazu unten § 12 III 2). Sind die Benutzungsverhältnisse privatrechtlich ausgestaltet, so können auch privatrechtliche Vertragsentgelte verlangt werden.[74] Die Einzelheiten der Benutzung sind entweder durch öffentlich-rechtliche Satzung (vgl. Art. 24 I Nr. 1 GO BY) oder durch privatrechtliche allgemeine Geschäftsbedingungen – unter Beachtung der BGB-Klauselverbote – zu regeln. Der Gemeinde steht bei der Ausgestaltung der Satzung ein weiter **Gestaltungsspielraum** zu, der zum einen in der Widmung und zum anderen in der anerkannten Anstaltsgewalt seine Basis findet. Grenzen hierfür resultieren aus der Zweckbestimmung der Einrichtung, dem so genannten Anstaltszweck, sowie aus den allgemeinen öffentlich-rechtlichen Bindungen der Körperschaft. Allen voran sind diesbezüglich das Rechtsstaatsprinzip[75] (Art. 20 III GG) und das Willkürverbot zu nennen. Benutzungsregelungen, die mit Belastungen für den Einzelnen verbunden sind, müssen durch den Einrichtungszweck gerechtfertigt werden können.[76] Zu rechtfertigen wäre z. B. das Verbot der Tierhaltung in Obdachlosenunterkünften.[77]

32

Darüber hinaus bedürfen derartige Einschränkungen in Hinblick auf den Gesetzesvorbehalt einer Rechtsgrundlage in Form eines formellen Gesetzes. In BY statuiert Art. 24 II GO BY eine Pflicht des Grundstückseigentümers zur Duldung von Leitungen.[78] In B.-W. und NRW wird diese Obliegenheit des Eigentümers durch die Anstaltsgewalt gerechtfertigt.[79] Die Befugnis, das Benutzungsverhältnis durch Satzung oder Rechtsverordnung generell zu regeln und es im Einzelfall näher auszugestalten, ist Ausfluss der Anstaltsgewalt und findet in ihr ihre Rechtsgrundlage.[80]

33

---

[72] Vgl. BVerwG, NVwZ 1991, 59 m.w.N.; dazu *Maurer*, AVwR, § 17 I.
[73] Vgl. VGH Mannheim, VBlBW 1993, 304, 1994, 157; OVG Berlin NVwZ-RR 1990, 194; VGH München NVwZ-RR 1991, 196.
[74] S. hierzu BGH, NJW 1992, 171; *Gern*, KommR SA, Rn. 604.
[75] Vgl. VGH Mannheim, ESVGH 25, 208.
[76] Vgl. VGH Mannheim, VBlBW 1993, 227 m.w.N.; *Gern*, DKommR, Rn. 550.
[77] Vgl. OVG Lüneburg, DÖV 1986, 341 m.w.N.
[78] Vgl. *Koekl*, BayVBl 1996, 685; VGH München, BayVBl 1995, 52.
[79] Zur Regelung des Benutzungsverhältnisses durch eine Sonderverordnung s. VGH Mannheim, NVwZ-RR 1994, 920, 921.
[80] Vgl. OVG Münster, DÖV 2003, 418; *Gern*, KommR SA, Rn. 613.

34 Hinsichtlich der Haftung untersteht die Gemeinde bei privatrechtlichen Benutzungsverhältnissen den allgemeinen vertraglichen und deliktischen Regeln des BGB und der sonstigen spezialgesetzlichen Regeln. Solche ergeben sich z. B. aus der **Gefährdungshaftung** nach § 22 WHG a. F. für die Abwasserbeseitigung[81] oder für Rohrleitungsanlagen nach § 2 Haftpflichtgesetz.[82] Hat das Benutzungsverhältnis öffentlich-rechtlichen Charakter, so haftet die Gemeinde nach vertraglichen und vertragsähnlichen Grundsätzen sowie aus Amtshaftung (§ 839 BGB i. V. m. Art. 34 GG) auf Schadensersatz.[83] Beispiele für eine Haftpflicht sind: Durch Lieferung von metallagressivem Wasser werden Schäden verursacht; aufgrund von Mängeln im Schlachthof wird Fleisch ungenießbar;[84] durch verstopfte öffentliche Abwasserkanäle entstehen bei einem Kanalbenutzer Überschwemmungsschäden;[85] trotz Sturmwarnung wird vom Hafenkapitän eines gemeindeeigenen Bootshafens die Belegung mit einem weiteren Boot abgelehnt.[86]

35 Der Benutzer hat jedoch in Ermangelung einer planwidrigen Gesetzeslücke keinen Anspruch auf Rücktritt oder Minderung in analoger Anwendung der §§ 434, 437 BGB.[87] Er haftet für **Leistungsstörungen** bei öffentlich-rechtlichem und privatrechtlichem Benutzungsverhältnis nach denselben Grundsätzen.[88] Ihre öffentlich-rechtlichen Ansprüche hat die Gemeinde durch allgemeine Leistungsklage vor dem Verwaltungsgericht geltend zu machen. Hierfür besteht auch ein Rechtsschutzbedürfnis, da in diesem Fall der einfachere Weg des Leistungsbescheids nicht zulässig ist.

36 Bei beiden Arten von Benutzungsverhältnissen kann die Gemeinde ihre Haftung beschränken. Im Bereich der öffentlich-rechtlichen Einrichtungen, die einem Anschluss- und Benutzungszwang unterliegen, kann durch öffentlich-rechtlichen Vertrag (§§ 54 ff. VwVfG) die vertragliche oder durch Satzung die vertragsähnliche Haftung grundsätzlich auf Vorsatz und grobe Fahrlässigkeit beschränkt werden. Allerdings darf dem Benutzer dadurch kein unbilliges Opfer abverlangt werden. Die **Haftungsbeschränkung** muss sachlich gerechtfertigt sein und den Grundsätzen der Verhältnismäßigkeit entsprechen. Außerdem darf sie nicht im Widerspruch zu den allgemeinen fürsorglichen Aufgaben der Gemeinde stehen, und sie darf die Verantwortung für Schäden nicht ausschließen, die auf unübersehbare Missstände zurückzuführen sind.[89] Die Amtshaftung kann jedoch mit Blick auf den Vorrang des Gesetzes (Art. 20 III GG) generell nicht durch eine Satzung eingeschränkt werden.[90] Grundsätzlich bestehen für privatrechtliche Benutzungsverhältnisse die gleichen Möglichkeiten der Haftungsbegrenzung. Soweit allerdings das Benutzungsverhältnis durch Allgemeine Geschäftsbedingungen geregelt wird, sind die Vorschriften der §§ 305 ff. BGB zu beachten. Im Bereich der

---

[81] S. hierzu BGH, ZfW 1982, 214; ZfW 1984, 350 m.w.N.
[82] S. hierzu BGH, DÖV 1990, 209.
[83] Vgl. BGHZ 59, 303; 61, 7; BGH, NJW 1990, 1167; VGH Mannheim, NVwZ-RR 1991, 325; *Gern*, KommR SA, Rn. 606.
[84] Vgl. BGHZ 61, 7.
[85] Vgl. OVG Lüneburg, NVwZ 1991, 81.
[86] Vgl. Rheinschifffahrtsobergericht Karlsruhe, VersR 1997, 704.
[87] Noch zur alten Rechtslage vor der Schuldrechtsreform von 2002: VGH Mannheim, ESVGH 26, 157.
[88] Vgl. VGH Mannheim, VBlBW 1982, 369; NVwZ-RR 1991, 325; OVG Münster, NVwZ 1987, 1105; BVerwG, NVwZ 1989, 1058.
[89] Vgl. BGH, NJW 1973, 1741 m.w.N.; a. A. *Reither*, BayVBl 1990, 711, nach dem ein formelles Gesetz als Rechtsgrundlage erforderlich ist.
[90] Vgl. BGHZ 61, 14; BGH, NJW 1984, 617.

öffentlichen Wasserversorgung darf nach Maßgabe des § 6 AVB-WasserV eine Haftungsbeschränkung vorgenommen werden. Für die Elektrizitätsversorgung gelangt hier Ziff. II Nr. 5 AVB-Elektrizität entsprechend zur Anwendung.

e) Einschränkungen des Zulassungsanspruchs

Literatur: *Schmidt,* Der Anspruch der Nichteinwohner auf Nutzung kommunaler Einrichtungen, DÖV 2002, 696; *Zilkens,* Der praktische Fall – Öffentliches Recht: Hausverbot im Planungsamt, JuS 2003, 165.

Eine Begrenzung findet der allgemeine Zulassungsanspruch darin, dass er grundsätzlich nur für Gemeindeeinwohner oder ihnen gleichgestellte Personen oder Vereinigungen gilt, wenn nicht auch Ortsfremde von der Widmung umfasst sind. Für die Zulassung juristischer Personen sowie nichtrechtsfähiger und teilrechtsfähiger Personenvereinigungen ist Voraussetzung, dass sie ihren **Sitz im Gemeindegebiet** haben und dass der räumliche Schwerpunkt ihrer Tätigkeit im Gemeindegebiet liegt.[91] Für die Nutzung öffentlicher Einrichtungen zur Durchführung von **Veranstaltungen** ist zudem erforderlich, dass diese **widmungsgemäß** sind und dass sie **Ortsbezug** aufweisen.[92] Gebietsfremde haben zwar keinen Zulassungsanspruch. Es besteht allerdings ein Anspruch auf ermessensfehlerfreie Entscheidung, der sich durch Ermessensbindung wegen ständiger Übung aufgrund von Art. 3 I GG zu einem Zulassungsanspruch verdichten kann.[93] Eine Ausnahme gilt nach den Gemeindeordnungen von B.-W. und NRW nur für Grundbesitzer und Gewerbetreibende (auch in Form juristischer Personen und Personenvereinigungen), die nicht in der Gemeinde wohnen. Sie sind berechtigt, diejenigen Einrichtungen der Gemeinde zu benutzen, die für Grundbesitzer und Gewerbetreibende bestehen (s. hierzu §§ 10 III, IV GemO B.-W.; §§ 8 III, IV GO NRW; § 10 III, V SächsGO). 37

Für Parteien gilt hinsichtlich des Zulassungsanspruchs § 5 I des Parteiengesetzes. Danach haben alle Parteien einen Anspruch auf Gleichbehandlung, der je nach der individuellen Bedeutung herabgestuft sein kann, solange das zur Erreichung ihres Zwecks erforderliche Mindestmaß noch erreicht werden kann. Zu beachten ist Art. 21 II GG, nach dem alleine das Bundesverfassungsgericht über das Parteiverbot zu entscheiden hat. Ist eine Partei also noch nicht verboten, so kann ihr auch, unabhängig von ihrer politischen Ausrichtung, nicht der Zugang zu öffentlichen Einrichtungen verwehrt werden.[94] 38

Der Zulassungsanspruch besteht nur im Rahmen des tatsächlich und rechtlich Möglichen.[95] Außerdem wird der Zulassungsanspruch durch die Zweckbestimmung (Widmung) der öffentlichen Einrichtung limitiert.[96] Dementsprechend wäre also etwa z. B. ein generelles Verbot der widmungsfremden Überlassung von Schulhallen an politische Parteien zulässig.[97] 39

---

[91] Vgl. VGH Mannheim, NVwZ-RR 1989, 135; *Gern,* KommR SA, Rn. 598.
[92] Vgl. VGH Mannheim, NVwZ-RR 1988, 43; s. hierzu auch VGH Mannheim, NVwZ 1987, 701.
[93] Vgl. BVerwGE 39, 235; VGH Mannheim, NVwZ 1990, 94. Weiterführend *Schmidt,* DÖV 2002, 696ff.
[94] Vgl. *Burgi,* KommR, § 16 Rn. 28. Vgl. i. ü. § 10 Rn. 26.
[95] Vgl. VGH Mannheim, NVwZ-RR 1990, 502.
[96] Vgl. OVG Lüneburg, NVwZ 1996, 810; VGH Mannheim, NVwZ-RR 1989, 135; VGH Kassel, NJW 1987, 145; OVG Münster, DÖV 1995, 515; *Axer,* NVwZ 1996, 114.
[97] Vgl. VGH Mannheim, NVwZ-RR 1988, 42.

40 Bei der Ausgestaltung der **Zweckbestimmung** hat die Gemeinde einen sehr **weiten Gestaltungsspielraum**. So ist z. B. die Beschränkung der Nutzung eines Festplatzes auf wenige Veranstaltungen im Jahr rechtmäßig.[98] Ebenso ist aus sachlichen Gründen die Limitierung auf wenige Attraktionen zulässig,[99] genauso, wie auch die Bevorzugung von Vereinen, die typische Hallensportarten betreiben, bei der Vergabe von Hallen nicht zu beanstanden ist.[100] Zulässig sind auch Auflagen i. S. d. § 36 VwVfG und andere der in § 36 II VwVfG genannten Nebenbestimmungen, soweit sie der Sicherung des Widmungszwecks zu dienen geeignet sind.[101]

41 Der Zulassungsanspruch richtet sich nach der **Kapazität der Einrichtung.** Wenn die Grenzen der Kapazität erreicht sind, muss eine Bewerberauswahl nach dem Gebot der sachgerechten Bewerberauswahl erfolgen.[102] Der ansonsten gebundene Anspruch auf Zulassung schlägt hier in einen Anspruch auf fehlerfreie Ermessensentscheidung um.[103] Hierfür gelten drei zentrale Prinzipien, die in der Rechtsprechung genannt werden: das **Prioritätsprinzip**,[104] der **Wirtschaftlichkeitsgrundsatz**[105] und der **Grundsatz der Chancengleichheit.** Als wichtigstes Auswahlkriterium dient die Bewerberauswahl nach „bekannt und bewährt" und ist zugleich ein legitimer Aspekt für die Ermessensausübung,[106] solange auch neue Bewerber eine Zulassungschance erhalten.[107] Zudem steht der sachliche Grund dem Gleichheitssatz i. S. d. Art. 3 I GG nicht entgegen. Aus dem Gleichheitssatz ergibt sich nicht die Pflicht zur Einführung eines abwechselnden Zulassungssystems[108], sofern der Veranstaltungszweck und das Interesse des Veranstalters und der Veranstaltungsbesucher gewahrt werden. Demgegenüber ist es unzulässig, einen grundsätzlich geeigneten Bewerber durch ein Zulassungssystem auf Dauer und gänzlich auszuschließen.[109] Bei der Zulassung von Verbänden zu einem Messeplatz ist es zulässig, sich an der Zahl der Mitglieder zu orientieren.[110] Bei der Zulassung zu einem bestimmten Kindergarten dürfen soziale Kriterien bei der Auswahl berücksichtigt werden, was gerade auch in Anbetracht des Sozialstaatsprinzips (Art. 20 I GG) gerechtfertigt ist.[111] Sofern es in der Gemeinde mehrere geeignete gleichartige Einrichtungen gibt, können die Bewerber auf die einzelnen Einrichtungen verteilt werden. Die Zulassung setzt stets die gebotenen Mitwirkungshandlungen des Interessenten voraus. Die Gemeinde hat diesbezüglich auch die Möglichkeit, Ausschlusstermine festzusetzen.[112]

---

[98] Vgl. OVG Münster, NVwZ 1987, 518; VGH Mannheim NVwZ-RR 1992, 500.
[99] Vgl. VGH München, GewArch 1996, 477.
[100] Vgl. VGH Mannheim, DÖV 1988, 478.
[101] Vgl. VGH Mannheim, VBlBW 1995, 18.
[102] Vgl. *Hofmann/Muth/Theisen*, KommR NRW, S. 227; *Gern*, KommR SA, Rn. 600.
[103] Vgl. VGH München, Beschluss vom 2. Dezember 2003, Az.: 7 CE 03.2722; Beschluss vom 13. November 2001, Az.: 4 CE 01.2829.
[104] Vgl. VGH München, BayVBl 1982, 658.
[105] Vgl. OVG Münster, OVGE 24, 182.
[106] Vgl. BVerwG, GewArch 1978, 381; DÖV 1982, 82; VGH Mannheim, NVwZ-RR 2001, 159; BayVGH, NVwZ 1982, 120 ff.
[107] Vgl. VG Stuttgart, GewArch 2001, 87.
[108] Vgl. BVerwG, NVwZ 1982, 194 (195).
[109] Vgl. BVerwG, GewArch 1976, 379.
[110] Vgl. VGH Mannheim, VBlBW 1993, 225.
[111] Vgl. VGH München, Beschluss vom 2. Dezember 2003, Az.: 7 CE 03.2722.
[112] Vgl. VGH München, BayVBl 2001, 666.

Die Gemeinde ist verpflichtet, den Bewerbern durch entsprechende Verfahrensvorkehrungen die Möglichkeit zu gewährleisten, ihre Rechte wahrzunehmen. Ein solcher Anspruch auf **Rechtsschutz durch Verwaltungsverfahren** hat auch den Inhalt, gegebenenfalls dann, wenn der zunächst ausgewählte Bewerber auf seinen Anspruch verzichtet, eine neue Ausschreibung durchzuführen.[113] Wenn sich Zulassungsentscheidungen bezüglich einer öffentlichen Einrichtung mit mehr Bewerbern als verfügbaren Plätzen häufen, dann hat die Gemeinde erforderlichenfalls allgemeine Zulassungsrichtlinien aufzustellen. Die Organkompetenz hierfür liegt beim Gemeinderat.[114]

42

Die in den Gemeindeordnungen enthaltenen Ermächtigungsgrundlagen zur Schaffung und zum Betrieb öffentlicher Einrichtungen führen nach allgemeiner Auffassung auch zu einer **Annexkompetenz** hinsichtlich der Gewährungleistung des reibungslosen Betriebs. In Verbindung mit der Anstaltsgewalt ergeben sich dann die Aufgabe und die Befugnis für die Gemeinden, Störungen von der Einrichtung fernzuhalten.[115] Bei konkret zu erwartenden Schädigungen der Gemeinde oder bei Nichteinhaltung der Benutzungsordnung darf dann die Zulassung unter Beachtung des Verhältnismäßigkeitsgrundsatzes begrenzt oder verweigert werden.[116] Störer dürfen gegebenenfalls von der Benutzung exkludiert werden.[117] Dies gilt auch dann, wenn ein Anschluss- und Benutzungszwang verhängt worden sein sollte.[118]

43

Bei entsprechend gefahrgeneigten Veranstaltungen ist die Zulassung auch unter der aufschiebenden Bedingung einer **Haftungsübernahme** des Veranstalters zulässig. Denkbar sind hier sowohl eine Sicherheitsleistung in Form einer Kaution oder einer Bürgschaft oder auch der Abschluss einer Haftpflichtversicherung. Inhaltlich rechtfertigt sich diese Voraussetzung mit der Aufgabe der Gemeinden, ihre Vermögensgegenstände wirtschaftlich und pfleglich zu behandeln;[119] verfahrenstechnisch werden Bedingungen durch § 36 II Nr. 2 VwVfG geregelt.

44

Die Einschränkung oder der Ausschluss von der Benutzung können sich aus dem Polizei- und Sicherheits- (Ordnungs-)recht und speziell aus dem Verhältnismäßigkeitsgrundsatz ergeben. Eine Einschränkung der Benutzung ist dann nicht mehr hinzunehmen, wenn sich dadurch ein polizeiwidriger Zustand ergeben würde, z. B. bei einer Liefersperre für Wasser bei Gesundheitsgefährdung.[120] Bei einem privatrechtlich geregelten Benutzungsverhältnis gilt für die Sperre der Wasserlieferung § 33 AbwasserV.

45

Wird bei einer Veranstaltung mit hoher Wahrscheinlichkeit gegen höherrangiges Recht verstoßen, so kann die Zulassung versagt werden. Insoweit ganz besonders relevant ist die Beeinträchtigung der Meinungsfreiheit (Art. 5 I GG), deren Grenzen im Rahmen einer Veranstaltung in einer öffentlichen Einrichtung nicht überschritten werden dürfen. Die Tatsache, dass die Veranstaltung an sich oder die dabei geäußerte

46

---

[113] Vgl. VGH Mannheim, NVwZ-RR 2004, 63.
[114] Vgl. VGH Mannheim, ESVGH 53, 251.
[115] Vgl. OVG Münster, NVwZ 1995, 814.
[116] Vgl. VGH München, NVwZ 1991, 906; NJW 1969, 1078.
[117] Vgl. OVG Münster, DÖV 1995, 515; Zur Problematik der Hausverbote siehe die Besprechung einer Examensklausur von *Zilkens,* JuS 2003, 165.
[118] Vgl. OVG Münster, DÖV 1995, 138.
[119] Vgl. Gern, KommR SA, Rn. 601.
[120] Vgl. OVG Münster, NJW 1993, 414; OLG Hamm, NJW 1981, 2437.

Meinung unerwünscht ist, begrenzt die Zulassung allerdings nicht.[121] Dasselbe gilt für eine befürchtete Beschädigung des öffentlichen Ansehens der Gemeinde. Veranstaltungen von Parteien verstoßen unabhängig vom Thema der Veranstaltung immer gegen höherrangiges Recht, wenn vom Bundesverfassungsgericht ein Verbot nach Art. 21 GG ausgesprochen wurde. Für Gruppierungen, die keine Parteien sind, gilt das gleiche, wenn sie gemäß § 3 Vereinsgesetz verboten wurden.[122]

47 Die Zulassung kann weiterhin versagt werden, wenn die **Aufrechterhaltung der öffentlichen Sicherheit und Ordnung** mit polizeilichen Mitteln nicht gewährleistet werden kann und wenn die Versagung der Veranstaltung die einzige Möglichkeit zur Herstellung rechtmäßiger Zustände ist.[123] Eine Versagung ist auch dann möglich, wenn die dringende Gefahr besteht, dass Parteiorgane im Rahmen einer Parteiveranstaltung zur Begehung von Ordnungswidrigkeiten aufrufen[124] oder wenn die Gefahr strafbarer Handlungen bei Nutzung besteht.[125] Auch für diese Fälle ist eine Zulassung unter Auflagen möglich, wenn auf diese Weise das Sicherheitsrisiko vermindert werden kann. Auflagen sind aber dann nicht zulässig, wenn damit nicht der Widmungszweck verfolgt wird oder der Zulassungsanspruch faktisch ausgehöhlt wird.[126]

48 Im Falle der **rechtswidrigen Benutzung** einer öffentlichen Einrichtung kann die Gemeinde die Benutzung untersagen. Die Ermächtigungsgrundlage hierfür ist umstritten. Die Befugnis wird entweder auf die allgemeinen kommunalrechtlichen Regeln über die Berechtigung zum Betrieb öffentlicher Einrichtungen gestützt, teilweise aber auch auf die gewohnheitsrechtliche Anstaltsgewalt. Der VGH Mannheim hat hierfür die polizeiliche Generalklausel herangezogen.[127]

f) Rechtsschutz

Literatur: *Bickenbach*, Städtisches Messezentrum, JuS 2006, 1091; *Schönberger/Reimer*, Boot ohne Hafen, Jura 2006, 139; *Rennert*, Die Klausur im Kommunalrecht, JuS 2008, 211.

49 Beim Rechtsschutz ist nach dem Klagebegehren zwischen dem „Ob" der Zulassung und dem „Wie" der Zulassung (dem Benutzungsverhältnis) zu unterscheiden. Das Recht auf **Zulassung** zur Einrichtung (das „Ob") ist, anders als bei der Ausgestaltung des Benutzungsverhältnisses, immer öffentlich-rechtlich, da in den Gemeindeordnungen ein Recht auf Benutzung der Einrichtung eingeräumt ist.[128] Folglich ist, soweit der Anspruch auf Zulassung öffentlich-rechtlicher Natur ist, der Verwaltungsrechtsweg (§ 40 VwGO) gegeben, auch wenn Organisationsform oder Benutzungsverhältnis privatrechtlich ausgestaltet sind.[129] Privatrechtlicher Natur mit der Folge der Zuständig-

---

[121] Vgl. VGH Mannheim, VBlBW 1983, 35; NVwZ 1990, 93.
[122] Vgl. VGH München, NJW 1989, 2492. Zum Widerruf der Zulassung nach § 49 VwVfG s. VGH Mannheim, NVwZ 1990, 93.
[123] Vgl. BVerfG, DVBl 1985, 1006; VGH München, NJW 1989, 2492; VGH Mannheim, DVBl 1990, 1044; *Ehlers*, JURA 2012, 692 (697).
[124] Vgl. VGH Mannheim, NJW 1987, 2698.
[125] Vgl. VGH Kassel, NJW 1993, 2331.
[126] *Köster*, KommJur 2007, 244 (247).
[127] Vgl. VGH Mannheim, VBlBW 1992, 25.
[128] Vgl. BVerwG, NVwZ 1991, 59; VGH Mannheim, ESVGH 25, 203, 204; *Gern*, DKommR, Rn. 536; *Burgi*, KommR, § 16 Rn. 33. Zur Zulassungsklage in der Klausur siehe *Rennert*, JuS 2008, 211 ff.
[129] Vgl. VGH Mannheim, ESVGH 53, 251; OVG Münster, NJW 1976, 820, 821; BVerwG, NJW 1990, 134.

keit der ordentlichen Gerichte nach § 13 GVG ist eine Klage nur dann, wenn sie gegen eine mit dem Betrieb der Einrichtung beauftragte juristische Person des Privatrechts gerichtet ist, die nicht zu öffentlich-rechtlichem Handeln ermächtigt ist.[130]

Für Klagen auf **Zulassung von Nichteinwohnern** steht ebenfalls der Rechtsweg zu den ordentlichen Gerichten offen. Die in den Gemeindeordnungen fundierten Zulassungsansprüche führen grundsätzlich nicht zu ihren Gunsten zu einem Sonderrecht. Ausnahmsweise besteht ein solches Recht aber für die den Gemeindeeinwohnern gleichgestellten, auswärtig wohnenden Grundbesitzer und Gewerbetreibenden. Eine öffentlich-rechtliche Klage ist im Übrigen dann zulässig, wenn die Einrichtung schon nach ihrem Widmungszweck auch für Nichteinwohner offen stehen soll.[131] Privatrechtlich ist schließlich auch die Klage auf Zulassung zu einem nach § 69 GewO festgesetzten Markt, der von der Gemeinde veranstaltet wird. § 69 GewO konstituiert nicht öffentlich-rechtliche Sonderrechte.[132]

50

Der Rechtsweg hinsichtlich des **Benutzungsverhältnisses** (das „Wie") ist davon abhängig, ob das Benutzungsverhältnis öffentlich-rechtlich (also durch öffentlich-rechtliche Benutzungsordnung, durch öffentlich-rechtlichen Vertrag oder durch Verwaltungsakt) oder privatrechtlich (also durch allgemeine Benutzungsbedingungen oder durch privatrechtlichen Vertrag) ausgestaltet ist. Sofern sich die Gemeinde für eine privatrechtliche Ausgestaltung entscheidet, ist sowohl das Benutzungsverhältnis als auch der Rechtsweg zweistufig (entsprechend der sogenannten **Zweistufentheorie**[133]). Ein Unterlaufen des öffentlich-rechtlichen Zulassungsanspruchs durch die Verweigerung eines zivilrechtlichen Nutzungsvertrags ist unzulässig.[134]

51

Ist der Verwaltungsrechtsweg gegeben, so ist dementsprechend die Verpflichtungsklage (§ 42 I Alt. 2 VwGO) die statthafte Klageart, da mit der Zulassung ein Verwaltungsakt begehrt wird.[135] Sofern ein Mitbewerber zugelassen worden ist, muss in der Regel – entsprechend den allgemeinen Grundsätzen über Konkurrentenklagen[136] – zusätzlich eine Anfechtungsklage (§ 42 I Alt. 1 VwGO) gegen die Zulassung des Konkurrenten erhoben werden, um zu vermeiden, dass die Zulassung des Konkurrenten bestandskräftig wird. Denn dies hätte zur Folge, dass der zu vergebende Platz besetzt ist und besetzt bleibt und eine isolierte Verpflichtungsklage auf Zulassung ins Leere gehen würde. Betreibt die Gemeinde die öffentliche Einrichtung in rechtlich verselbständigter Form, wie z. B. eine Stadthalle der Gemeinde, die als GmbH, AG oder rechtsfähige Anstalt öffentlichen Rechts geführt wird, kommt nur ein Verschaffungsanspruch gegen die Gemeinde in Betracht. Die Gemeinde selbst kann in diesen Fällen nicht selbst den Anspruch erfüllen bzw. selbst einen Verwaltungsakt auf Zulassung erlassen. Dieser Anspruch ist also mittels Leistungsklage durchzusetzen, indem die Gemeinde ihre Einflussnahme gegenüber der öffentlichen Einrichtung geltend macht. Im Fall einer juristischen Person des Privatrechts, die die öffentliche Einrichtung betreibt, besteht auch die Möglichkeit, diese direkt vor der ordentlichen Gerichtsbarkeit

52

---

[130] Vgl. BVerwG, NVwZ 1991, 59.
[131] Vgl. *Gern,* DKommR, Rn. 536; VGH Mannheim, NVwZ 1987, 701.
[132] Vgl. OVG Koblenz, NVwZ 1987, 519; a. A. VG Freiburg, VBlBW 1988, 312.
[133] Vgl. BVerwG, NVwZ 1991, 59 m.w.N.; *Püttner,* KommR B.-W., Rn. 281.
[134] Vgl. VGH München, NVwZ 1995, 812.
[135] Vgl. *Hufen,* Verwaltungsprozessrecht, § 15 Rn. 6.
[136] S. hierzu *Würtenberger,* Verwaltungsprozessrecht, 2. Aufl. 2006, Rn. 330, BVerwG, NVwZ 1995, 478; VGH München, DVBl 1993, 274.

zu verklagen. Da sich die Gemeinde über die Privatrechtsform nicht ihrer öffentlichrechtlichen Bindung entziehen können soll, würde über die Grundsätze des Verwaltungsprivatrechts[137] kein anderes Ergebnis zu erwarten sein, gleichwohl dem Zivilrecht der Kontrahierungszwang fremd ist.[138]

Zulassung zu öffentlichen Einrichtungen

I. Begriff der öffentlichen Einrichtung
  1. organisatorische Zusammenfassung von Personal- und Sachmitteln,
  2. die im öffentlichen Interesse unterhalten werden,
  3. die durch einen gemeindlichen Widmungsakt der allgemeinen Benutzung durch Gemeindeangehörige und ortsansässigen Vereinigungen zugänglich gemacht werden:
     – durch Rechtsnorm
     – durch dinglichen Verwaltungsakt, § 35 S. 2 VwVfG
  4. und in der Verfügungsgewalt der Gemeinde stehen.
II. Zulassung zu einer öffentlichen Einrichtung
  1. Personenkreis:
     – Gemeindeangehörige und ihnen gleichgestellte Personen (auch Ortsfremde, wenn von der Widmung erfasst)
     – juristische Personen
     – nichtrechtsfähige und teilrechtsfähige Personenvereinigungen mit Sitz im Gemeindegebiet und räumlichem Schwerpunkt der Tätigkeit im Gemeindegebiet
  2. Widmungsgemäße Veranstaltung
  3. Ortsbezug der Veranstaltung
  4. Tatsächliche und rechtliche Möglichkeit der Zulassung (z. B. Kapazitätsgründe, kein Verstoß gegen höherrangiges Recht)
  5. Ermessensentscheidung:
     – Prioritätsprinzip
     – Wirtschaftlichkeitsgrundsatz
     – Grundsatz der Chancengleichheit
III. Rechtsfolge
  1. Zulassungsanspruch
  2. öffentlich-rechtlicher Verschaffungsanspruch gegen die Gemeinde (wenn die Einrichtung in Privatrechtsform betrieben wird)

---

2. Rechte bürgerschaftlicher Beteiligung

Literatur: *Schliesky*, Aktuelle Probleme bei Bürgerbegehren und Bürgerentscheid, DVBl. 1998, 169 ff.; *Huber*, Die Vorgaben des Grundgesetzes für kommunale Bürgerbegehren und Bürgerentscheide. In: AöR 126 (2001), S. 165 ff.

53 In allen Bundesländern sehen die Gemeindeordnungen eine Vielzahl an Möglichkeiten der Bürger vor, auf die Gemeindepolitik Einfluss zu nehmen.[139] Die Optionen reichen von informellen Maßnahmen wie bloßen Beschwerden bis hin zu förmlichen Verfahren wie dem von Bürgerbegehren und Bürgerentscheid.[140]

---

[137] Siehe oben 1 c).
[138] Dazu auch ausführlich *Ehlers*, JURA 2012, 849 (855); *Gern*, DKommR, Rn. 537.
[139] Grundlegend hierzu *Blanke/Hufschlag*, JZ 1988, 653 ff.
[140] Für einen Überblick zu den Rechtsproblemen bei Bürgerbegehren/Bürgerentscheiden vgl. *Schliesky*, DVBl. 1998, 169 ff.

a) Petitions- und Beschwerderecht

Das Petitionsrecht nach Art. 17 GG besteht auch gegenüber der Gemeinde. Dabei ist jedoch zu beachten, dass im Regelfall auch ergänzende kommunalgesetzliche Landesregelungen hinsichtlich Eingaben und Beschwerden ein Petitionsrecht und damit letztlich ein Antragsrecht an den Gemeinderat selbst nicht begründen, da das Petitionsrecht nicht zur Überwindung von Zulässigkeitsgrenzen dienlich sein kann – es statuiert letztlich nur eine Behandlungspflicht im Rahmen des üblichen Geschäftsgangs.[141] Neben der Petitionseinreichung im Rahmen des üblichen Geschäftsgangs kommt daher vielfach der direkte Gang zu Gemeinderatsmitgliedern oder -Fraktionen in Betracht, die im Rahmen der politischen Willensbildung auf kommunaler Ebene die Interessen von Bürgern durchsetzen können. Zur Effektivierung des Vorbringens können sich die Petenten zu **Bürgerinitiativen** zusammenschließen. Bürgerinitiativen steht das Grundrecht der Vereinigungsfreiheit (Art. 9 I GG) zu.[142] Regelungen zur Institution Bürgerinitiative finden sich in den Gemeindeordnungen indes nicht.

54

b) Bürgerversammlung

Alle Gemeindeordnungen sehen mittlerweile die Abhaltung von Bürgerversammlungen vor (vgl. § 20a GemO B.-W.; Art. 18 GO BY; § 23 II GO NRW; § 22 SächsGO). In den Bürgerversammlungen werden die Gemeindebürger über aktuelle Entwicklungen der Gemeindepolitik unterrichtet. Die Bürger haben dabei die Möglichkeit, Anregungen und Kritik vorzubringen. Häufig werden Bürgerversammlungen auch genutzt, um ein Stimmungsbild der Bürgerschaft zu geplanten Maßnahmen einzuholen. Bindende Beschlüsse vermag die Bürgerversammlung nicht zu fassen. Der Gemeinderat darf sich stets ohne Weiteres über ihre Empfehlungen hinwegsetzen.[143] Der Gemeinderat ist allerdings verpflichtet, sich innerhalb der im Gesetz genannten Frist mit dem Vorbringen der Bürgerversammlung zu befassen.

55

Gegenstand der Bürgerversammlungen sind die Angelegenheiten des eigenen Wirkungskreises der Gemeinde. Übertragene Angelegenheiten sind nur insoweit Gegenstand der Bürgerversammlungen, als die Gemeinde über Entscheidungsmöglichkeiten verfügt.[144] Wenn einer Gemeinde Einflussmöglichkeiten auf überörtliche Verfahren zustehen – wie z. B. Anhörungsrechte, dann kann sich die Bürgerversammlung hiermit befassen, soweit es um die Erstellung der Stellungnahme der Gemeinde geht.[145] Allgemeine Themen, die keinen Bezug zur Gemeinde aufweisen, sind nicht zulässig.[146]

56

An den **Bürgerversammlungen** dürfen **nur** die **Gemeindebürger** – also nicht alle Gemeindeeinwohner – teilnehmen.[147] Große Gemeinden, die über eine Ortschafts-/Be-

57

---

[141] Vgl. BVerfG NJW 1992, 3033; exemplarisch in BY ist dies hinsichtlich des Petitionsrechts aus Art. 56 III BayGO. Zwar ist hier der Adressat von Eingaben und Beschwerden der Gemeinderat, dieser muss jedoch nicht zwangsläufig eine Petition selbst behandeln – die Zuständigkeit richtet sich nach der festgelegten Geschäftsverteilung, sodass auch ein Erster Bürgermeister selbst oder ein Ausschuss zuständig sein kann, vgl. spezifisch zur bayerischen Regelung auch *Widtmann/Grasser/Glaser*, Bayerische Gemeindeordnung, Art. 56 Rn. 19.
[142] S. hierzu VGH Mannheim, ESVGH 30, 158.
[143] Vgl. VGH Mannheim, VBlBW 1991, 216.
[144] S. hierzu VGH Mannheim, VBlBW 1984, 149.
[145] Vgl. BVerwG, NVwZ 1988, 751.
[146] BVerfGE 79, 127 (147).
[147] Vgl. VGH München, NVwZ-RR 1990, 210.

zirksverfassung verfügen, können auch Bürgerversammlungen abhalten, die auf die jeweilige Ortschaft/den Bezirk beschränkt sind.

58 In NRW liegt die Einberufung im Ermessen der Gemeinde (§ 23 II GO NRW), wohingegen in B.-W., BY und SA eine Pflicht zur regelmäßigen Einberufung von Bürgerversammlungen besteht.[148] Der Gemeinderat hat stets die Möglichkeit, eine Einberufung zu erzwingen. Daneben kann auch ein bestimmtes Quorum der Bürgerschaft eine Einberufung herbeiführen. Der Gemeinderat entscheidet darüber, ob ein Antrag auf Einberufung die gesetzlichen Vorgaben erfüllt. Wird dies als gegeben angesehen, muss die Bürgerversammlung innerhalb von drei Monaten einberufen werden.[149] Ein einzelner Gemeindebürger hat hingegen keinen Anspruch auf Einberufung einer Bürgerversammlung.[150]

c) Bürgerantrag; Bürgerbegehren; Bürgerentscheid

Literatur: *Muckel,* Bürgerbegehren und Bürgerentscheid – wirksame Instrumente unmittelbarer Demokratie in den Gemeinden?, NVwZ 1997, 223; *Schmitt,* Grenzen des Plebiszits auf kommunaler Ebene, DÖV 1998, 824; *Jaroschek,* Der praktische Fall – Öffentliches Recht: Eine Ortsumgehung mit Hindernissen, JuS 2000, 52 ff.; *Ritgen,* Zu den thematischen Grenzen von Bürgerbegehren und Bürgerentscheid, NVwZ 2000, 130; *Meyer,* Rechtsschutz bei kommunalen Bürgerbegehren und -entscheiden, NVwZ 2003, 183; *Frotscher/Knecht,* Bürgerbegehren zur Festlegung der Zahl hauptamtlicher Beigeordneter, DÖV 2005, 797.

59 Die unmittelbarsten Wege der Einflussnahme der Bürgerschaft auf die Gemeindeverwaltung sind **Bürgerantrag, Bürgerbegehren und Bürgerentscheid**.[151] Durch einen Bürger- oder Einwohnerantrag kann ein bestimmter Anteil der Bürgerschaft erreichen, dass der Gemeinderat sich mit einer bestimmten Angelegenheit befassen muss: § 20b GemO B.-W.; Art. 18b GO BY; § 25 GO NRW; § 23 SächsGO. Der Gegenstand eines Bürgerantrags ist grundsätzlich nicht auf Angelegenheiten des eigenen Wirkungskreises beschränkt, da in den Gemeindeordnungen auf „Angelegenheiten des Wirkungskreises", „gemeindliche Angelegenheiten" oder auf bestimmte Angelegenheiten, für die der Rat gesetzlich zuständig ist, Bezug genommen wird. Teilweise wird verlangt, dass übertragene Angelegenheiten nur dann in einem Bürgerantrag thematisiert werden dürfen, wenn Selbstverwaltungsangelegenheiten zumindest mittelbar tangiert sind.[152] In allen vier Ländern hat ein Bürgerantrag ferner zur Voraussetzung, dass innerhalb des letzten Jahres nicht schon ein Bürgerantrag zur selben Thematik gestellt worden ist.[153] In B.-W. ist gemäß § 20b I i. V. m. § 21 II GO ein Bürgerantrag des Weiteren auch dann ausgeschlossen, wenn über die Angelegenheit kein Bürgerentscheid stattfinden darf.

60 In B.-W. und BY sind nur Gemeindebürger antragsberechtigt. In SA und NRW hingegen sind nicht nur Gemeindebürger, sondern alle volljährigen Gemeindeeinwohner antragsberechtigt. Nach allen Gemeindeordnungen muss der Bürgerantrag mit einer Begründung versehen und inhaltlich hinreichend bestimmt sein.

---

[148] § 20a II GemO B.-W.; Art. 18 I GO BY; § 22 II SächsGO.
[149] S. hierzu *Schmitt Glaeser/Horn,* BayVBl 1993, 1 ff.
[150] Vgl. VGH München, NVwZ-RR 1996, 459.
[151] Siehe Fallbearbeitung bei *Jaroschek,* JuS 2000, 52 ff. zusammenfassend *Muckel,* NVwZ 1997, 223 ff.
[152] Vgl. VGH Mannheim, VBlBW 1988, 217.
[153] Zusammenfassend zu den Grenzen des *Plebiszits Schmitt,* DÖV 1998, 824 ff.

Über die **Zulässigkeit des Bürgerantrags** entscheidet der Gemeinderat. Bejaht er sie, 61
so muss er innerhalb der im Gesetz genannten Frist die Thematik behandeln. Bei der
Beratung muss er den Antragstellern Gelegenheit zur Stellungnahme geben.

Die Zulassung eines Bürgerantrags ist ein Verwaltungsakt. Gegen ihre Verneinung 62
können die Antragsteller daher mit der Verpflichtungsklage (§ 42 I Alt. 2 VwGO) in
Form der Versagungsgegenklage vorgehen.[154]

In B.-W., BY, NRW und SA gibt es ferner das **Institut des Bürgerbegehrens:** § 21 III 63
GemO B.-W.; Art. 18a GO BY; § 26 I GO NRW; §§ 24f. SächsGO. Mittels eines
Bürgerbegehrens beantragt ein Teil der Bürgerschaft die Durchführung eines Bürgerentscheids.[155] Während in B.-W., NRW und SA grundsätzlich alle Gemeindeangelegenheiten Gegenstand eines Bürgerbegehrens sein können, ist in BY der Anwendungsbereich des Bürgerbegehrens auf Angelegenheiten des eigenen Wirkungskreises
beschränkt (Art. 18a I GO BY).[156]

Ein Bürgerbegehren ist unzulässig, wenn nicht ein hinreichender Zeitraum seit einem 64
vorangegangenen Bürgerentscheid verstrichen ist. Zum Teil ergibt sich dies aus dem
Gesetz (§ 21 III 2 GemO B.-W.; Art. 18a III GO BY; § 26 V 2 GO NRW), ansonsten
aus dem Verbot des Rechtsmissbrauchs, das hier durch die Gedanken des Rechtsfriedens und der Sparsamkeit der Verwaltung akzentuiert wird.[157] Dieses Verbot betrifft
nur identische Begehren. Damit bleibt es z.B. zulässig, ein neues Bürgerbegehren
durchzuführen, wenn eine öffentliche Einrichtung, auf die sich das Bürgerbegehren
bezieht, eine erhebliche Veränderung erfahren hat.[158] Für den Fall, dass sich ein Bürgerbegehren gegen einen Gemeinderatsbeschluss richtet, sehen die Gemeindeordnungen zum Teil **Fristen** vor (B.-W., NRW: sechs Wochen; SA: zwei Monate). Die Frist
beginnt neu zu laufen, wenn der Gemeinderat nach neuer Diskussion einen älteren
Beschluss wiederholt.[159]

Für die Antragsteller ergibt sich beim Vorgehen gegen einen Gemeinderatsbeschluss 65
häufig ein Sicherungsinteresse, da die Durchführung des Bürgerbegehrens keine aufschiebende Wirkung hat.[160] Es besteht die Gefahr, dass sich durch die Vollziehung
des Beschlusses die Angelegenheit erledigt, ehe es zu einem Bürgerentscheid kommt.
Das Gebot effektiven Rechtsschutzes nach Art. 19 IV GG gebietet es daher, die Sicherung der Durchführung von Bürgerbegehren und Bürgerentscheid im Wege einer
einstweiligen Anordnung in Form einer Sicherungsanordnung nach § 123 I S. 1
VwGO als möglich anzusehen.[161]

Die Gemeindeordnungen sehen für Bürgerbegehren die **Schriftform** sowie eine **Be-** 66
gründungspflicht vor (§ 21 III GemO B.-W.; Art. 18a IV GO BY; § 26 II GO

---

[154] Zur klausurrelevanten Thematik des vorläufigen Rechtsschutzes gegen die Zurückweisung OVG Koblenz, NVwZ-RR 1995, 411.
[155] Vgl. hierzu das Beispiel eines Bürgerbegehrens zur Festlegung der Zahl hauptamtlicher Beigeordneter, *Frotscher/Knecht*, DÖV 2005, 797 ff.
[156] Ausführlich zu den thematischen Grenzen des Bürgerbegehrens *Ritgen*, NVwZ 2000, 129 ff.
[157] S. hierzu VGH München, NVwZ-RR 1998, 258; VGH Mannheim, VBlBW 1992, 421.
[158] Vgl. *Gern*, DKommR, Rn. 591.
[159] Vgl. VGH Mannheim, NVwZ-RR 1994, 110.
[160] Vgl. VGH Mannheim, NVwZ-RR 1994, 110.
[161] Vgl. OVG Bautzen, NVwZ-RR 1998, 253; a. A. VGH Mannheim, NVwZ 1994, 397. S. hierzu auch BayVerfGH, NVwZ-RR 2000, 238; VGH München, NVwZ-RR 1997, 485; NVwZ-RR 1998, 252.

NRW; § 25 II SächsGO).¹⁶² B.-W. (§ 21 III GO), NRW (§ 26 II GO) und SA (§ 25 II SächsGO) sehen ferner die Obliegenheit zur Vorlage eines Kostendeckungsvorschlags vor. Hierin muss die Höhe der einmaligen und der laufenden Kosten prognostiziert und für beide ein Finanzierungsvorschlag unterbreitet werden.¹⁶³ Das Bürgerbegehren ist **inhaltlich hinreichend bestimmt** zu formulieren. Der Gemeinderat ist berechtigt, sprachliche Defizite der Antragsformulierung durch geeignete punktuelle Optimierungen zu bereinigen. Inhaltliche Änderungen darf der Gemeinderat aber nicht vornehmen.¹⁶⁴ Entscheidend ist jedoch die Formulierung der zur Entscheidung bringenden Frage. Teilweise verlangt das Landesrecht hierfür eine Fragestellung, die eindeutig mit „ja" oder „nein" beantwortet werden kann. In diesem Zusammenhang wäre es unzulässig, eine sachlich fachfremde Materie mit der eigentlichen Frage zu verbinden, so dass der Bürger gezwungen wäre, mit einer Stimmabgabe mehrere Fragen einheitlich zu beantworten (Koppelungsverbot).¹⁶⁵

67 Die Zulässigkeit des Bürgerbegehrens setzt voraus, dass es ein bestimmtes Quorum der Gemeindebürger unterschrieben hat. In B.-W. (§ 21 III GemO) liegt das Quorum bei 10% (gestaffelt nach Gemeindegröße), in SA bei 15% (§ 25 I SächsGO), in BY (Art. 18a VI GO) und NRW (§ 26 IV GO) ist es in Abhängigkeit von der Gemeindegröße zwischen 3% bis 10% gestaffelt. Die Sammlung der Unterschriften erfolgt eigenverantwortlich durch die Vertreter des Bürgerbegehrens. Die Unterschriftenlisten müssen das Bürgerbegehren und seine Vertreter genau bezeichnen.¹⁶⁶

68 Für die Entscheidung über die Zulässigkeit des Bürgerbegehrens ist der Gemeinderat zuständig: § 21 IV GemO B.-W.; Art. 18a VIII GO BY; § 26 Abs. 6 GO NRW; § 25 III GO SA. Der Gemeinderat überprüft die Vereinbarkeit des Bürgerbegehrens mit der gesamten Rechtsordnung.¹⁶⁷ Er hat insofern ein uneingeschränktes materielles Prüfungsrecht über die Rechtmäßigkeit der Maßnahmen und Ziele des Bürgerbegehrens.¹⁶⁸

69 Wird die Zulässigkeit des Bürgerbegehrens vom Gemeinderat verneint, so kann Verpflichtungsklage (§ 42 I Alt. 2 VwGO) in Form der Versagungsgegenklage erhoben werden.¹⁶⁹ Außer in BY (§ 68 I S. 2 VwGO i. V. m. Art. 18a VIII 2 GO BY), NRW und NS ist jedoch zuvor gemäß § 68 II VwGO ein Vorverfahren durchzuführen. Die Klage ist gegen die Gemeinde zu richten.¹⁷⁰ Da hier auf Klägerseite kein Organ oder Organteil der Gemeinde agiert, handelt es sich bei einem solchen Prozess nicht um einen Kommunalverfassungsstreit.

70 Hält der Gemeinderat das Bürgerbegehren für zulässig, so hat er zwei Möglichkeiten: Zum einen kann er einen dem Anliegen des Bürgerbegehrens entsprechenden Beschluss fassen. In diesem Fall kommt es nicht zu einem Bürgerentscheid: § 21 IV 2

---

¹⁶² Zu den Anforderungen, die an eine ordnungsgemäße Begründung zu stellen sind, OVG Münster, NVwZ 2002, 766.
¹⁶³ S. hierzu VGH Mannheim, VBlBW 1983, 269.
¹⁶⁴ Vgl. VGH München, NVwZ-RR 1999, 600.
¹⁶⁵ VerfGH BY, BayVBl. 2008, 82 ff.; VGH München, BayVBl. 2009, 245.
¹⁶⁶ S. hierzu VGH München, NVwZ-RR 1996, 285; NVwZ-RR 1997, 109; NVwZ-RR 1999, 603.
¹⁶⁷ Vgl. VGH München, NVwZ-RR 1999, 141.
¹⁶⁸ BayVGH, BayVBl. 1998, 209 ff.
¹⁶⁹ S. hierzu *Meyer*, NVwZ 2003, 183 ff.
¹⁷⁰ Vgl. VGH Mannheim, VBlBW 1983; 313; VBlBW 1984, 149; NVwZ 1985, 288.

§ 10. Gemeindeeinwohner und Gemeindebürger

GemO B.-W.; Art. 18a XIV 1 GO BY; § 24 V SächsGO. Zum anderen kann er einen entsprechenden Beschluss verweigern. In diesem Fall muss sodann ein Bürgerentscheid durchgeführt werden, in BY und NRW innerhalb von drei Monaten.

Ein **Bürgerentscheid** kann also von den Bürgern durch Bürgerbegehren erzwungen werden. Daneben gibt es noch eine weitere Möglichkeit der Veranlassung eines Bürgerentscheids: In B.-W. (§ 21 I GO), BY (Art. 18a II GO) und SA (§ 24 GO) kann der Gemeinderat mit Zweidrittelmehrheit die Durchführung eines Bürgerentscheids über eine Sachfrage beschließen (sog. **Ratsbegehren**). In NRW ist die Möglichkeit eines Ratsbegehrens durch die Gesetzesnovelle ab dem 17.10.2007 eingeführt worden (§ 26 I 2 GO NRW). Diese Art der Beteiligung ist auch in den Landkreisordnungen für den Kreistag vorgesehen (siehe dazu § 15 I). 71

Voraussetzung für ein Ratsbegehren ist, dass eine **wichtige Gemeindeangelegenheit** zur Abstimmung gestellt wird. Maßgebend für das somit entscheidende Kriterium der Wichtigkeit ist die Bedeutung für das Gemeindeleben und für den Gemeindehaushalt.[171] Während in BY nur Angelegenheiten des eigenen Wirkungskreises zur Abstimmung gestellt werden (Art. 18a I, II GO BY) dürfen,[172] gibt es in B.-W., NRW und SA eine derartige Beschränkung für Bürgerentscheide nicht. In allen Ländern gibt es jedoch einen **Negativkatalog** (§ 21 II GemO B.-W.; Art. 18a III GO BY; § 26 V GO NRW; § 24 II SächsGO), durch den bestimmte Materien aus dem Anwendungsbereich des Bürgerentscheides ausgeklammert werden. Hierzu gehören unter anderem in BY die Haushaltssatzung[173] sowie Angelegenheiten, für die nach Art. 37 GO der erste Bürgermeister zuständig ist, und in NRW Angelegenheiten, für die der Gemeinderat nicht zuständig ist. 72

Wenn ein Bürgerentscheid durchzuführen ist, sind die Gemeindeorgane verpflichtet, ihren Standpunkt zu der zur Abstimmung gestellten Frage darzulegen. In BY gibt es in diesem Zusammenhang die Sonderregelung (Art. 18a XV GO), dass der Gemeinderat und die Vertreter des Bürgerbegehrens Anspruch darauf haben, ihren Standpunkt in den Gemeindeorganen in gleichem Umfang darzustellen. 73

In B.-W. und SA sehen die Gemeindeordnungen ein **Zustimmungsquorum** von 25% vor. Das bedeutet, dass der Bürgerentscheid nur dann verbindlich ist, wenn die Seite, die die größere Stimmenzahl erzielt hat, mindestens 25% der Stimmen der Stimmberechtigten erzielt hat. In NRW beträgt das Quorum gestaffelt nach Gemeindegröße von mindestens 10% bis maximal 20%. In BY ist die Höhe des Zustimmungsquorums (zwischen 10% und 20%) gemäß Art. 18a XII GO wiederum von der Einwohnerzahl abhängig. 74

Ein hiernach verbindlicher Bürgerentscheid hat die Rechtswirkung eines entsprechenden Gemeinderatsbeschlusses (so explizit Art. 18a XIII 1 GO BY). Die Gemeindeordnungen sehen eine **Sperrfrist** vor, innerhalb der die Entscheidung nur durch einen neuen Bürgerentscheid abgeändert werden kann. Deren Dauer liegt in B.-W. (§ 21 VII 2 GO) und SA (§ 24 IV 2 GO) bei drei Jahren, in NRW (§ 26 VIII GO) bei zwei 75

---

[171] S. hierzu OVG Münster, NVwZ-RR 2002, 766; VGH Mannheim, NVwZ 1985, 288.
[172] S. hierzu VGH München, NVwZ-RR 1999, 139.
[173] Zur Ablehnung eines Volksbegehrens wg. Haushaltsbezug: VerfGH BY, BayVBl. 2008, 466 ff. (Volksbegehren Transrapid); zur Zulassung eines Volksbegehrens zur Abschaffung der Studienbeiträge (mangels Haushaltsbezug), VerfGH BY, Entscheidung vom 22.10.2012, Vf. 57-IX-12.

Jahren und in BY (Art. 18 a XIII 2 GO) bei einem Jahr. Auf die Einhaltung der Sperrfrist hat jeder Gemeindebürger einen Anspruch. Ihre Nichteinhaltung begründet eine Verletzung subjektiven Rechts i. S. von § 42 II VwGO und erlaubt es jedem Gemeindebürger, gegen entgegenstehende Gemeinderatsbeschlüsse eine Leistungs- oder Feststellungsklage zu erheben. Darüber hinaus können die Initiatoren des Bürgerbegehrens mittels einer Sicherungsanordnung gem. § 123 I 1 VwGO die Durchführung des Bürgerbegehrens gegen die Schaffung „vollendeter Tatsachen" durch die Gemeinde/den Landkreis verhindern, falls mangels Entscheidung über die Zulässigkeit des Bürgerbegehrens noch keine Sperrwirkung eingetreten ist.[174]

75a Ein neues Modell der Bürgerbeteiligung wurde auf europäischer Ebene durch den Vertrag von Lissabon in Form der sog. „Europäischen Bürgerinitiative" geschaffen (Art. 11 IV AEUV). Diese Form direkter Demokratie in der EU[175] ermöglicht es den Bürgern der Mitgliedstaaten, der Europäischen Kommission Anregungen zu Themen zu unterbreiten („bottom up"-Prinzip), zu denen es zur Umsetzung der Verträge eines Rechtsaktes bedarf. Die verfahrensmäßigen Bestimmungen werden gem. Art. 24 AEUV durch Verordnungen des Europäischen Parlaments und des Rates festgelegt. Art. 11 IV EUV nennt zwei wesentliche Anforderungen für die Durchführung einer Initiative. Zum einen müssen sich mindestens eine Million Unionsbürgerinnen und Unionsbürger zusammenschließen, zum anderen müssen diese unterschiedlichen Mitgliedstaaten angehören bzw. aus einer erheblichen Anzahl von Mitgliedstaaten stammen. Die Mindestzahl der Mitgliedstaaten ist wiederum Gegenstand der genannten Verordnungen. Die materiellen Initiativgegenstände der Europäischen Bürgerinitiative sind, entsprechend einem kommunalen Bürgerbegehren, auf den Zuständigkeitsbereich der Union (vgl. Art. 5 I 1, II EUV) und der Europäischen Kommission beschränkt.[176]

III. Pflichten der Gemeindeangehörigen

1. Tragung der Gemeindelasten

76 Zu den von den Gemeindeeinwohnern zu tragenden Gemeindelasten gehören die **Abgabenlast** (zum Kommunalabgabenrecht ausführlich unter § 12 III 2) und die Gemeindedienste.

77 In B.-W., BY und SA können die Gemeindeeinwohner zur Mitwirkung an Pflichtaufgaben der Gemeinde und zur Hilfeleistung bei Notfällen herangezogen werden: § 10 V GemO B.-W.; Art. 24 I Nr. 4 GO BY; § 10 IV SächsGO. Bei diesen **Gemeindediensten** handelt es sich um eine Folgeerscheinung der im Mittelalter zu erbringenden **Hand- und Spanndienste**. Die Gemeinden regeln die Heranziehung in einer Satzung, in der die Voraussetzungen und das Ausmaß festgelegt sind. Die konkrete Heranziehung erfolgt durch Verwaltungsakt. Der Einsatz der Gemeindeeinwohner für Gemeindedienste liegt im Ermessen der Gemeinde. Der verfassungsrechtliche Maßstab für die Zulässigkeit von Gemeindediensten ergibt sich aus Art. 12 II GG. Danach müssen die

---

[174] BayVGH, BayVBl. 2003, 600.
[175] Siehe dazu ausf. *Guckelberger*, DÖV 2010, 745 ff.
[176] So unterfällt z. B. der Austritt aus der Union (Art. 50 EUV) aufgrund des „nationalen Charakters" nicht der europäischen Bürgerinitiative, *Guckelberger*, DÖV 2010, 745 (751).

Dienstpflichten herkömmlich, allgemein und gleich sein.[177] Des Weiteren muss das Gebot der Verhältnismäßigkeit beachtet werden.

2. Anschluss- und Benutzungszwang

Die Gemeinden haben in allen Bundesländern die Möglichkeit, ihre Bürger zum Anschluss an öffentliche Einrichtungen wie die Straßenreinigung, die Wasserversorgung und die Abwasserbeseitigung und zu deren Benutzung zu verpflichten: § 11 GemO B.-W.; Art. 24 GO BY; § 9 GO NRW; § 14 SächsGO. In einigen Bundesländern besteht auch die Möglichkeit, die Bürger zum Anschluss an bestimmte Einrichtungen der Energieversorgung zu zwingen, wie z. B. die Fernwärmeversorgung (Art. 24 I GO BY, § 9 GO NRW, § 14 I SächsGO). 78

Wenn ein **Anschlusszwang** besteht, dann ist jeder Betroffene verpflichtet, die Vorrichtungen zu erstellen, die für den Anschluss notwendig sind. Die Gemeindeeinwohner müssen gegebenenfalls alle notwendigen technischen Verbindungen zur Einrichtung schaffen, wie Leitungen, Kanäle oder andere Transportwege. 79

Ein **Benutzungszwang** hat zur Folge, dass die Betroffenen zur Inanspruchnahme der Einrichtung sowohl berechtigt als auch verpflichtet sind. Damit geht ein Verbot einher, konkurrierende Einrichtungen gleicher oder ähnlicher Art zu benutzen.[178] Daraus ergibt sich, dass Anschluss- und Benutzungszwang nicht identisch sind. Es ist durchaus möglich, zwar einen Anschlusszwang zu verhängen, aber nicht zugleich auch einen Benutzungszwang. Denkbar ist des Weiteren auch die Benutzung einer öffentlichen Einrichtung durch Bürger, die einem verhängten Anschlusszwang nicht unterfallen. 80

Problematisch ist häufig die Vereinbarkeit eines Anschluss- und Benutzungszwangs mit den Grundrechten. Denn häufig gehen mit dem Anschluss- und Benutzungszwang Eingriffe in die Grundrechte aus Art. 14, Art. 12 I und Art. 2 I GG einher. Eine Verletzung von Art. 14 I GG liegt grundsätzlich nicht vor, da das Eigentum nur in der Ausgestaltung geschützt ist, die es durch den Gesetzgeber gefunden hat (Art. 14 I 2 GG). Derartige Inhalts- und Schrankenbestimmungen sind in Anbetracht der **Sozialpflichtigkeit des Eigentums** (Art. 14 II GG) gerechtfertigt. Bei dieser Festlegung von Inhalt und Schranken des Eigentums muss der Gesetzgeber jedoch den Grundsatz der Verhältnismäßigkeit beachten. Eine unverhältnismäßige Belastung, etwa in Form eines Sonderopfers, das der Betroffene zu erbringen hat, geht aber mit der Verhängung eines Anschluss- und Benutzungszwangs grundsätzlich nicht einher. Wenn damit jedoch ausnahmsweise die Opfergrenze für den Betroffenen überschritten wird (z. B. dann, wenn ein Metzger, der über eine eigene Schlachtvorrichtung verfügt, zur Benutzung des gemeindlichen Schlachthofs[179] oder eine Gärtnerei mit Tiefbrunnen zur betrieblichen Benutzung der Wasserversorgung gezwungen wird), dann muss die Satzung, die den Anschluss- und Benutzungszwang verhängt, Ausnahmeklauseln für Härtefälle verhängen. Anderenfalls wäre sie nichtig, da sie dann wie eine **Enteignung** bzw. ein **enteignungsgleicher Eingriff** wirken würde.[180] 81

---

[177] S. hierzu *Gubelt*, in: von Münch/Kunig, GG, Art. 12 Rn. 84 ff.
[178] Vgl. BVerwGE 62, 224.
[179] Vgl. OVG Münster, OVGE 18, 71.
[180] Vgl. VGH München, DÖV 1988, 302; NVwZ-RR 1995, 345.

82 Auch eine Verletzung von Art. 12 I GG liegt bei einem Anschluss- und Benutzungszwang in der Regel nicht vor. Dies gilt auch dann, wenn dadurch bisher tätige private Anbieter ihren Markt verlieren. Obwohl mit dem Anschluss- und Benutzungszwang häufig die Freiheit der Berufswahl beschränkt wird, ist der Eingriff auch in dieser dritten Stufe der **Drei-Stufen-Lehre** des Bundesverfassungsgerichts[181] gerechtfertigt. Dies gilt jedenfalls dann, wenn durch die Anordnung wesentliche Umweltgefahren oder Gefahren für die Volksgesundheit abgewendet werden.[182]

83 Schließlich wird auch Art. 2 I GG durch einen Anschluss- und Benutzungszwang in der Regel nicht dadurch verletzt, dass der Betroffene seinen Bedarf nicht mehr auf andere Weise decken darf. Zur verfassungsmäßigen Ordnung, durch die das Grundrecht eingeschränkt werden darf, zählt nach der Rechtsprechung des Bundesverfassungsgerichts jede verfassungsgemäß zustande gekommene Rechtsnorm. Wenn der Anschluss- und Benutzungszwang sich also im Rahmen der gesetzlichen Ermächtigung hält und verhältnismäßig ist, dann ist der Eingriff gerechtfertigt.

84 Ein Anschluss- und Benutzungszwang ist nur dann rechtmäßig, wenn ein **öffentliches Bedürfnis** hierfür vorliegt. Ein solches ist gegeben, wenn in hinreichendem Maße Gründe des öffentlichen Wohls für den Anschluss- und Benutzungszwang sprechen. Zur Beurteilung dessen ist es geboten, von einem objektiven Maßstab aus zu beurteilen, ob durch den Anschluss- und Benutzungszwang im Endergebnis die Lebensqualität der Mehrheit der Einwohner gefördert wird.[183] Entscheidend ist also nicht, dass es jedem einzelnen Einwohner besser geht, sondern der Gemeinschaft.[184] Unproblematisch liegt ein öffentliches Bedürfnis dann vor, wenn durch den Anschluss- und Benutzungszwang die **Volksgesundheit** gefördert wird. Denkbar ist es aber auch, dass allein Überlegungen zur **Rentabilität** öffentlicher Einrichtungen einen Anschluss- und Benutzungszwang tragen.[185] **Bloße fiskalische Erwägungen,** also die Absicht, Gewinn zu erzielen, rechtfertigen einen Anschluss- und Benutzungszwang **hingegen nicht.**[186] Unter dem Gesichtspunkt des Anschluss- und Benutzungszwangs aus Gemeinwohlgründen werden umwelttechnische Modernisierungen insbesondere zu Gunsten des Klimaschutzes durch die Kommunen diskutiert.[187] Ebenso werden vor dem Hintergrund gering besiedelter Gemeindegebiete und dem demographischen Wandel kostengünstige Alternativen zu zentralen Entsorgungssystemen der Kommunen u. a. auch Befreiungen vom Anschluss- und Benutzungszwang durch dezentrale Entsorgungsmodelle thematisiert.[188]

3. Pflicht zur Übernahme ehrenamtlicher Tätigkeiten

85 Die Gemeindeeinwohner sind zur Übernahme von Ehrenämtern verpflichtet (§ 15 GemO B.-W.; Art. 19 GO BY; § 28 GO NRW; § 17 SächsGO). Ehrenamtliche Betätigung bedeutet die unentgeltliche Tätigkeit von Gemeindeeinwohnern in einem öffentlich-rechtlichen Rechtsverhältnis sui generis bei der Erfüllung öffentlicher Aufga-

---

[181] Grdl. BVerfGE 7, 377.
[182] Hierzu BVerfGE 39, 168; 65, 339; BVerwG, DÖV 1981, 917.
[183] S. hierzu VGH Mannheim, VBlBW 1982, 54.
[184] Vgl. VGH München, NVwZ-RR 1995, 345.
[185] Vgl. BVerwG, NVwZ 1986, 754; VGH München, NVwZ-RR 1995, 345.
[186] Vgl. VGH Mannheim, VBlBW. 1982, 134.
[187] Siehe ausf. dazu: *Kahl*, ZUR 2009, 395 ff.
[188] *Laskowski*, ZUR 2012, 597 ff.

ben durch die Gemeinde. Die Verpflichtung dient dem Zweck, die Arbeitsfähigkeit der Gemeinde und eine ordnungsgemäße Gemeindeverwaltung zu gewährleisten.[189] Die Ablehnung eines Ehrenamts sowie der Rücktritt von einem ausgeübten Ehrenamt haben nach obigen Vorschriften zur Voraussetzung, dass hierfür ein wichtiger Grund vorliegt. Als wichtige Gründe sind insbesondere anerkannt: anhaltende Krankheit, längere unabdingbare Abwesenheit, hohes Alter, schwere familiäre Belastungen sowie die Ausübung bestimmter anderer öffentlicher Ämter.

Zu den kommunalen Ehrenämtern gehört insbesondere das des Gemeinderatsmitglieds. Die Ablehnung der Wahl zum Gemeinderat oder der Rücktritt vom Gemeinderatsmandat sind also nur aus wichtigem Grund möglich. Das Amt des ersten Bürgermeisters kann hauptberuflich oder als Ehrenamt ausgestaltet sein (s. hierzu unter § 11 I 2). Ist es als Ehrenamt ausgestaltet, so sind Wahlablehnung und Rücktritt gemäß obigen Vorschriften nur aus wichtigem Grund möglich. Demgegenüber kann ein hauptberuflicher Bürgermeister jederzeit auch ohne wichtigen Grund zurücktreten. 86

§ 11. Organe der Gemeinde und Gemeindeverfassung

I. Hauptorgane

Die Möglichkeiten der Landesgesetzgeber, die Stellung der Hauptorgane der Gemeinde auszugestalten, wurden oben dargestellt. Im Folgenden wird das herrschende Modell der Bürgermeisterverfassung dargestellt, wie es sich etwa – mit Abweichungen – in B.-W., BY, NRW und SA herausgebildet hat. Hauptorgane einer Gemeinde sind danach der Gemeinderat und der Bürgermeister.[1] 1

1. Gemeinderat

Literatur: *von Arnim,* Auf dem Weg zur optimalen Gemeindeverfassung?, DVBl. 1997, 749; *Knemeyer,* Die duale Rat-Bürgermeister-Verfassung als Leitverfassung nach den Kommunalverfassungsreformen, JuS 1998, 193; *Eyermann,* Akteneinsicht durch kommunale Mandatsträger, NVwZ 2005, 43; *Nolte,* Das freie Mandat der Gemeindevertretungsmitglieder, DVBl. 2005, 870; *von Lennep,* Die Änderung des Kommunalwahlrechts in NRW, in: NWVBl. 2008, 98.

a) Wahl und Amtszeit

Die **Zusammensetzung des Gemeinderates,** insbesondere die Zahl seiner Mitglieder, ist den Gemeinden als zwingendes Recht durch die Gemeindeordnungen vorgegeben. Die Zusammensetzung im Einzelnen und die Wahl der Mitglieder ist in den Ländern uneinheitlich:[2] 2

In B.-W. besteht der Gemeinderat aus dem den Vorsitz führenden und stimmberechtigten Bürgermeister und die ehrenamtlichen Mitglieder (§ 25 GemO B.-W.). Die Gemeinderäte werden auf fünf Jahre gewählt (§ 30 I GemO B.-W.). Bei der Wahl der ehrenamtlichen Mitglieder wird ein **personalisiertes Verhältniswahlsystem** nach freien Listen angewendet. Die Wahlvorschläge der Parteien und Wählergruppen enthalten höchstens so viele Kandidaten wie Gemeinderatsmitglieder zu wählen sind. Die Zahl 3

---

[189] S. hierzu VGH Mannheim, VBlBW. 1984, 281.
[1] Vgl. § 23 GemO B.-W.; Art. 29 GO BY; § 40 GO NRW; §§ 27 I, 28 I SächsGO.
[2] Zusammenfassend zu den Unterschieden beim Wahlrecht zum Gemeinderat in den einzelnen Bundesländern *von Arnim,* DVBl. 1997, 749 (756 ff.).

der Stimmen jedes Wählers entspricht der der Gemeinderatsmitglieder. Es ist gestattet zu **panaschieren** (Wahl von Kandidaten verschiedener Listen) und zu **kumulieren** (mehrere Stimmen können einem Bewerber gegeben werden; in B.-W. bis zu drei). Die Zuteilung der Sitze auf die Parteien und Wählergruppen erfolgte für Gemeinde- und Landtagswahlen früher zumeist nach dem d'Hondtschen Höchstzahlverfahren, heute beschränkt sich dessen Anwendung jedoch auf SA und das Saarland[3] (SA § 21 KomWG). Weitere Sitzzuteilungsverfahren sind das Sainte-Lague/Schepers, das in NRW und B.-W. praktiziert wird (BW § 25 KomWG, NRW § 33 KomWG) und das Verfahren nach Hare/Niemeyer, welches in BY, Nds. und inzwischen auch in den meisten anderen Ländern zur Anwendung kommt. Da das d'Hondtsche Verfahren größere Parteien bzw. Wählergruppierungen bevorzugt, hat sich dessen Akzeptanz für die adäquate Übertragung des Wahlergebnisses in Sitzzahlen in der Diskussion reduziert – insbesondere auch, weil zunehmend das Argument der Bildung stabiler „Regierungen" auf kommunaler Ebene als deutlich weniger relevant eingestuft wird.

4 In BY besteht der Gemeinderat aus dem ersten Bürgermeister als stimmberechtigtem Vorsitzenden und den ehrenamtlichen Gemeinderatsmitgliedern (Art. 31 I GO BY). Er wird, im Gegensatz zu den Gemeinderäten im Rest der Republik, auf sechs Jahre gewählt (Art. 23 I GLKrWG). Der Bürgermeister ist kein Gemeinderatsmitglied, ist aber zu deren Zahl für die Bestimmung der Beschlussmehrheit (Art. 47 II, Art. 31 II 2 GO BY) hinzuzurechnen. Auch in BY kommt ein personalisiertes Verhältniswahlsystem nach freien Listen bei der Wahl der Gemeinderäte zur Anwendung, wobei das Wahlsystem auch hier das Kumulieren und Panaschieren vorsieht (Art. 34 Nr. 3, 4 GLKrWG). Die weiteren Modalitäten sind im GLKrWG BY geregelt und sind denen in B.-W. vergleichbar.

5 In NRW besteht der Gemeinderat aus den gewählten Gemeinderatsmitgliedern und dem Bürgermeister. Seit Übernahme des süddeutschen Kommunalverfassungssystems in NRW führt auch dort der Bürgermeister den Vorsitz. Er ist im Gemeinderat stimmberechtigt und ist ein Mitglied des Rats kraft Gesetzes(§ 40 II GO NRW). Die Wahl der Gemeinderatsmitglieder erfolgt nach personalisiertem Verhältniswahlrecht mit geschlossenen Listen auf fünf Jahre. Jeder Wähler hat nur eine Stimme und jede Partei oder Wählergruppe stellt in jedem Wahlbezirk nur einen Kandidaten auf. Ähnlich wie bei der Bundestagswahl sind zum einen die Bewerber gewählt, die in ihrem Wahlbezirk die meisten Stimmen erhalten haben. Die Verteilung der übrigen Sitze erfolgt entsprechend den Stimmanteilen der Parteien und Wählergruppen; zur Besetzung dieser Sitze haben die Parteien Reservelisten aufgestellt. Weitere Einzelheiten sind dem KomWG NRW zu entnehmen.

6 In SA besteht der Gemeinderat aus den gewählten Gemeinderäten und dem Bürgermeister. Der Bürgermeister ist stimmberechtigt und führt den Vorsitz (§§ 29, 36 I SächsGO). Die Wahlperiode des Gemeinderats beträgt fünf Jahre (§ 33 I SächsGO). In SA kommt ein personalisiertes Verhältniswahlsystem nach freien Listen bei der Wahl der Gemeinderäte zur Anwendung (§ 30 II SächsGO). Die näheren Regelungen sind im KomWG Sachsen zu entnehmen und sind zu denen in B.-W. sehr ähnlich.

7 In allen Ländern gelten die **Wahlrechtsgrundsätze** der Allgemeinheit, Unmittelbarkeit, Freiheit, Gleichheit und der geheimen Wahl (Art. 28 I 2 GG). Ebenso besitzen

---

[3] Zur Verfassungsmäßigkeit des d'Hondtschen Verfahrens, BayVerfGH, NVwZ 2010, 257 ff.

in allen Ländern nicht nur Deutsche das aktive und das passive Wahlrecht, sondern auch Unionsbürger, also die Staatsangehörige eines EU-Mitgliedsstaates (Art. 20 II 2b AEUV, Art. 28 I 3 GG). Das aktive Wahlrecht – die Berechtigung zu wählen – variiert hinsichtlich der Altersgrenze in den Bundesländern. In NRW besteht die Wahlberechtigung ab Vollendung des 16. Lebensjahres (§ 7 KomWG NRW), in B.-W., BY und SA ab dem 18. Lebensjahr (§ 14 GemO B.-W.; Art. 21 I GLKrWG; § 16 I SächsGO). Das passive Wahlrecht – die Wählbarkeit – liegt einheitlich beim 18. Lebensjahr (§ 28 I GemO B.-W.; Art. 21 GLKrWG; § 12 KomWG NRW; § 31 I SächsGO).

Im Rahmen der Durchführung der Wahl – wie etwa bei der Zuteilung und Bemessung von **Wahlwerbezeiten** im Rundfunk oder der Zulassung zu öffentlichen Einrichtungen für **Wahlveranstaltungen** – stehen als Folge von Art. 28 II GG örtlich ausgerichtete „Rathausparteien" (= Wählergruppen ohne Parteistatus) den Parteien i. S. v. Art. 21 GG gleich.[4] 8

In nahezu keinem Gemeindewahlrecht gibt es eine 5%-Klausel oder eine vergleichbare **Sperrklausel** für kleine Parteien; das BVerfG hat sie im Bereich der Kommunen als regelmäßig verfassungswidrig angesehen, weil sie eine Ungleichgewichtung von Wählerstimmen zur Folge hat.[5] Einzig für die Kommunalwahlen in Bremen, das traditionell für die Stadt Bremen und die Stadt Bremerhaven zusätzlich zum Landtag auch Kommunalvertretungen wählt, besteht auch heute noch eine 5%-Klausel (§ 7 VII BremWahlG), während bei der Wahl der Berliner Bezirksverordnetenversammlungen eine 3%-Klausel greift (§ 22 II LWG Berlin). Demzufolge sind in den Gemeinderäten in nahezu der gesamten Bundesrepublik auch viele kleine Parteien anzutreffen, die den Einzug in die Landesparlamente und den Bundestag ansonsten regelmäßig verfehlen. Dies wird, gerade im Zusammenhang mit dem d'Hondt-Sitzzuteilungsverfahren stellenweise in großen Räten als problematisch wahrgenommen, weshalb unter anderem in NRW wieder sehr konkret über eine Einführung einer niedrigeren Sperrklausel diskutiert wird.[6] Ob dies vor dem verfassungsgerichtlichen Leitsatz, dass nur bei einiger Wahrscheinlichkeit von Funktionsbeeinträchtigungen der kommunalen Vertretungsorgane ausnahmsweise eine derartige Regelung möglich sein soll, zulässig ist, bleibt abzuwarten. In allen Bundesländern existieren dagegen Bestimmungen über **Inkompatibilitäten** mit dem Amt des Gemeinderatsmitglieds in den Kommunalwahlgesetzen. Ihre Grundlage finden sich in Art. 137 I GG, demzufolge die Wählbarkeit von Angehörigen des Öffentlichen Dienstes beschränkt werden darf. Ausgeschlossen wird – mit vielen Unterschieden zwischen den Bundesländern im Detail – die Wählbarkeit von Bediensteten der Gemeinde oder der Aufsichtsbehörden sowie von Verwaltungsrichtern. Zum Teil wird auch die Nichtwählbarkeit von Bediensteten gemeindlicher Unternehmen bestimmt. 9

b) Rechtsstellung des Organs und seiner Mitglieder

Der Gemeinderat ist – neben dem Bürgermeister – **Hauptorgan der Gemeinde.** Er nimmt die grundlegenden Weichenstellungen in der Gemeinde vor (näher hierzu c). Das Verhältniswahlrecht hat zur Folge, dass der Gemeinderat ein **verkleinertes Spiegelbild der Gemeindebürgerschaft** in ihrer politischen Zusammensetzung darstellt. 10

---

[4] Vgl. BVerfGE 12, 25; VGH München, NVwZ-RR 1991, 1527.
[5] BVerfGE 120, 82ff.; s. a. Theis, KommJur 2010, 168 (168f.).
[6] Vgl. den Gesetzentwurf des Kommunalvertretungsstärkungsgesetz vom 22.09.2015, LT-Drs. 16/9795.

Während in kleineren Gemeinden die politische Zusammensetzung des Gemeinderates in der Regel nur von begrenzter Bedeutung ist, sind die Abläufe in den großen Städten durchaus vergleichbar mit denen in Landesparlamenten und im Bundestag. Es werden Koalitionen gebildet, Duldungsvereinbarungen geschlossen, und gegen die Mehrheitsfraktionen formiert sich die Opposition. Anders als in den Landesparlamenten und im Bundestag müssen diese Verhältnisse aber keineswegs mit der Verwaltungsleitung übereinstimmend sein. Die Direktwahl des Bürgermeisters hat vielmehr zur Folge, dass seine politische Ausrichtung zu der des Gemeinderates entgegengesetzt sein kann.

11 Der Gemeinderat ist **kein Parlament.** Die umgangssprachliche Bezeichnung „Kommunalparlament" ist deswegen dogmatisch verfehlt. Vielmehr ist er trotz seiner unmittelbar demokratisch bestimmten und heterogenen Zusammensetzung ein Verwaltungsorgan. Daher stehen den Gemeinderatsmitgliedern die üblichen Rechte von Parlamentsangehörigen – insbesondere Immunität und Indemnität – nicht zu.[7] Es besteht lediglich ein allgemeines Behinderungsverbot gegenüber der Mandatsausübung der Gemeinderatsmitglieder.[8] Ein „Selbstauflösungsrecht" vergleichbar dem Bundestag (i. d. Fällen des Art. 63 IV GG, Art. 68 GG) oder der Landtage (vgl. Art. 43 I VerfB.-W.; Art. 18 I VerfBY; Art. 35 I VerfNRW; Art. 58 VerfSN) hat der Gemeinderat nicht; ebenso ist ein kollektiver Verzicht auf die Gemeinderatsmandate unzulässig.[9]

11a Die Mitglieder des Gemeinderates sind Beamte im haftungsrechtlichen Sinne.[10] Obgleich die Ratsmitglieder also ehrenamtlich tätig sind, handelt es sich dennoch bei der Wahrnehmung von Gemeinderatstätigkeiten um die Ausübung eines anvertrauten Amtes im Sinne des Art. 34 S. 1 GG. Das einzelne Gemeineratsmitglied ist damit im Rahmen seiner Tätigkeit durch die Fassung von rechtswidrigen Beschlüssen regelmäßig im Außenverhältnis nicht für die Rechtsverletzung von Dritten haftungsrechtlich belangbar.[11] Die hierdurch entstehenden Schäden des Bürgers trägt zunächst die Kommune. Das bedeutet jedoch nicht, dass diese nicht unter bestimmten Voraussetzungen die haftungsresultierten Nachteile auf Gemeinderatsmitglieder abwälzen dürfe.[12] Aus Art. 34 S. 2 GG ergibt sich, dass dieser Rückgriff jedoch nur bei Vorsatz und grober Fahrlässigkeit erfolgen darf. Eine solche Fahrlässigkeit ist dabei nicht vorschnell abzutun – trifft die Gemeinderatsmitglieder doch eine umfangreiche Vorbereitungspflicht hinsichtlich ihrer Beschlüsse und sind sie überdies nicht völlig rechtlich Unbedarften gleichzustellen[13] Allenfalls die Beweisfrage dürfte die Kommune vor Herausforderungen stellen.[14] Entsprechend kann also auch durch die grob fahrlässige Verkennung von Umständen dazu führen, dass die Kommune Ratsmitglieder in Regress nimmt. Proble-

---

[7] Vgl. OVG Koblenz, NVwZ-RR 1996, 1133.
[8] Weiterführend zum freien Mandat der Gemeinderatsmitglieder *Nolte,* DVBl. 2005, 870 ff.
[9] Dazu: OVG Lüneburg, NdsVBl. 2007, 219 ff.; VG Osnabrück, NVwZ-RR 2006, 278 ff.
[10] Vgl. BGH, NVwZ-RR 2003, 403.
[11] *Mager,* Die Haftung von Gemeinderatsmitgliedern, der gemeindehaushalt – Sonderausgabe zum 50. Geburtstag von Herrn Prof. Dr. Martin Burgi, 2014, 3 (4).
[12] Vgl. VG Minden, Urt. v. 19.6.2008 – 3 L 314/08.
[13] BGH, NVwZ 1986, 504; OLG Naumburg, Urt. v. 14.09.2005 – 6 U 130/03; BGH NVwZ 2006, 117.
[14] *Mager,* Die Haftung von Gemeinderatsmitgliedern, der gemeindehaushalt – Sonderausgabe zum 50. Geburtstag von Herrn Prof. Dr. Martin Burgi, 2014, 3 (4).

matisch ist dabei jedoch die Frage, gegenüber welchen Mitglieder und in welcher Höhe die Schadentragungspflicht aus Kausalitätsgesichtspunkten greifen kann.[15]

Gemeinderäte dürfen Ansprüche und Interessen eines Dritten gegen die Gemeinde nicht geltend machen, soweit sie nicht als gesetzlicher Vertreter handeln und soweit die Ansprüche oder Interessen mit dem Gemeinderatsmandat im Zusammenhang stehen (§ 17 III GemO B.-W.; Art. 50 GO BY; § 32 GO NRW; § 19 III SächsGO). Über das Vorliegen dieser Voraussetzungen entscheidet der Gemeinderat. Bejaht er sie, so ergeht ein Verwaltungsakt gegenüber dem betroffenen Gemeinderatsmitglied. 12

Durch dieses **Vertretungsverbot** soll die Gemeindeverwaltung von allen Einflüssen frei gehalten werden, durch die die Objektivität eines Gemeinderatsmitglieds beeinträchtigt werden könnte. Es soll vermieden werden, dass Gemeinderatsmitglieder ihren Einfluss im Gemeinderat ausnutzen, um die Interessen des Dritten zu fördern und sich damit nicht mehr allein am öffentlichen Wohl orientieren.[16] Angesichts dieses Zwecks kommt es für die Einschlägigkeit des Vertretungsverbots nicht darauf an, ob ein Interessenkonflikt beim Ratsmitglied besteht oder zumindest droht. Vielmehr zielt die Schutzrichtung des Verbots nicht auf das Gemeinderatsmitglied ab, das in eine Konfliktsituation geraten könnte, sondern auf den Gemeinderat, der vor unlauterer Einflussnahme jedenfalls mittelbar Betroffener geschützt werden soll. Das Vertretungsverbot steht also in einer Reihe mit den Befangenheitsvorschriften. 13

Gegenständlich betrifft das Vertretungsverbot sowohl privatrechtliche als auch öffentlich-rechtliche Ansprüche des Dritten. Sein Anwendungsbereich erstreckt sich sowohl auf den eigenen als auch den übertragenen Wirkungskreis der Gemeinde,[17] nicht aber auch auf Kommunalverfassungsstreitigkeiten.[18] Hier wird ohnehin nur ein intrapersonaler Streit ausgefochten, bei dem Interessen Dritter nicht tangiert werden. Vom Vertretungsverbot umfasst ist nach dem regelmäßigen Wortlaut in den Kommunalgesetzen auch nur die Geltendmachung von Ansprüchen des Dritten – in Bußgeldsachen ist daher die Vertretung von Betroffenen auch gegen eine hierfür zuständige kommunale Behörde möglich.[19] 14

Inzwischen kann die lange Zeit umstrittene Frage als geklärt betrachtet werden, ob das Vertretungsverbot verfassungskonform ist. Das Bundesverfassungsgericht hat die Vereinbarkeit mit Art. 12 I, Art. 2 I, Art. 3 I und Art. 33 II GG überzeugend bejaht.[20] Im Hinblick auf den schwerwiegenden Eingriff in die Berufsfreiheit von Rechtsanwälten gebietet es jedoch eine verfassungskonforme Auslegung des Vertretungsverbots: Es dürfe nicht auf den Sozius des Rechtsanwalts[21] oder den in Bürogemeinschaft[22] mit dem Gemeinderatsmitglied praktizierenden Rechtsanwalt erstreckt werden. 15

Eine **Verletzung des Vertretungsverbots** hat nicht die Unwirksamkeit der vom betroffenen Gemeinderatsmitglied als Vertreter vorgenommenen Rechtshandlungen zur 16

---

[15] Vgl. hierzu auch VG Minden, Beschluss v. 26.5.2008 – 3 L 231/08.
[16] S. hierzu BVerwG, NJW 1984, 377.
[17] Vgl. BVerwG, NJW 1984, 377.
[18] Vgl. VGH Kassel, NVwZ 1987, 919.
[19] BVerfGE 41, 231.
[20] BVerfG, NJW 1988, 694.
[21] BVerfG, NJW 1981, 418.
[22] OVG Münster, NJW 1981, 2212.

Folge. Ein Gericht ist aber befugt, einen Prozessbevollmächtigten, der gegen das gesetzliche Vertretungsverbot verstößt, zurückzuweisen.[23]

16a Grundsätzlich sind Gemeinderatsmitglieder nicht hauptberuflich, sondern im Nebenamt tätig. Zur Ausübung ihres Ehrenamtes sind Gemeinderatsmitglieder im Rahmen der meisten Kommunalverfassungen explizit von ihrem öffentlichen oder privaten Arbeitgeber freizustellen, soweit es sich um unmittelbar mit dem Mandat zusammenhängende Tätigkeiten handelt.[24] Für Beamte und Angestellte des öffentlichen Dienstes ist eine entsprechende gesetzliche Regelung regelmäßig vorgesehen. Häufig vertreten wird ein derartiger Anspruch auch in den Ländern (BY), in denen eine solche Regelung nicht besteht – wofür mitunter § 616 BGB herangezogen wird, da das Mitglied durch einen in seiner Person liegenden Grund ohne Verschulden an der Arbeitsleistung gehindert sei. Ob die Wahrnehmung einer Nebentätigkeit tatsächlich ein in der Person liegender Grund ist, ist zweifelhaft. Zumeist wird vielmehr angenommen, dass diese Frage auf Grundlage des jeweiligen Arbeitsvertrages zu entscheiden sei und kein pauschaler Anspruch für eine Tätigkeitsfreistellung bestehe. Selbst bei Bestehen eines Freistellungsanspruches muss dieser jedoch nicht die Lohnfortzahlung durch den Arbeitgeber beinhalten. Um einen Nachteil entsprechender Freistellungen für den Arbeitgeber abzufedern kann dieser sich letztlich durch einen Erstattungsanspruch von den finanziellen Nachteilen durch die Gemeinde freistellen lassen.

c) Zuständigkeiten

17 Dem Gemeinderat kommt – als Ausfluss von Art. 28 I 2 GG – die Führungsrolle in der Gemeindeverwaltung zu. Im Einzelnen ergeben sich seine Kompetenzen aus der Arbeitsteilung mit dem anderen Hauptorgan der Gemeinde, dem Bürgermeister.[25] Letztlich sind die Kompetenzen des Gemeinderats komplementär zu denen des Bürgermeisters (§ 24 I GemO B.-W.; Art. 29, Art. 30 II GO BY; § 41 GO NRW; § 28 I SächsGO).

18 Als unmittelbarer politischer Vertretung der Gemeindebürger kommt dem Gemeinderat die Aufgabe zu, die grundlegenden Weichen zu stellen. Hierzu hat er alle für die Gemeinden wichtigen Entscheidungen zu treffen, sofern nicht ausnahmsweise hierfür eine Zuständigkeit des Bürgermeisters gegeben ist. Im Gemeinderat wird der Wille der Gemeinde gebildet, indem die Vertreter der politischen Gliederungen der Bürgerschaft zusammen kommen und ihre Meinungen in Beratungen und Abstimmungen zusammenführen.[26]

19 Dem Gemeinderat sind eine Reihe von **Aufgaben kraft Gesetzes vorbehalten,** wobei die Gemeindeordnungen in Details divergieren: der Erlass von Satzungen (insbesondere der Hauptsatzung) und Rechtsverordnungen, die Änderung des Gemeindegebiets, der Erlass des Haushaltsabzugs, die Bestimmung von Abgaben, die Schaffung öffentlicher Einrichtungen, die Gründung wirtschaftlicher Unternehmen, die Festlegung allgemeiner Grundsätze der Gemeindeverwaltung, die Entscheidung über die Rechts-

---

[23] Vgl. BVerfG, NJW 1980, 33.
[24] Vgl. zur Abgrenzung auch BayVerfGH, BayVBl. 2015, 779.
[25] Zur Kompetenzverteilung zwischen Gemeinderat und Bürgermeister siehe *von Arnim*, DVBl. 1997, 749 (755).
[26] S. hierzu BVerwG, NVwZ 1988, 837.

verhältnisse der Gemeindebediensteten und nicht zuletzt auch seine eigene Selbstorganisation durch den Erlass seiner Geschäftsordnung und die Bildung von Ausschüssen.

In B.-W. und NRW kann der Gemeinderat weitere Aufgaben an sich ziehen (§ 39 III GemO B.-W.; § 41 III GO NRW). Umgekehrt kann er in B.-W., BY und NRW einzelne seiner Aufgaben auf den Bürgermeister übertragen (§ 24 I GemO B.-W.; Art. 37 II GO BY; § 41 II GO NRW). 20

Das Verhältnis des Gemeinderats zum Bürgermeister ist zum einen von der Komplementarität bei den Zuständigkeiten geprägt, zum anderen existiert zwischen beiden ein System von „checks and balances". Während einerseits der Bürgermeister im Gemeinderat den Vorsitz führt, seine Sitzungen vorbereitet und seine Beschlüsse vollzieht oder von einem Widerspruchsrecht Gebrauch macht, gehört es andererseits zu den Aufgaben des Gemeinderats, die Amtsführung des Bürgermeisters sowie die von ihm geleitete Gemeindeverwaltung zu kontrollieren. 21

Um seine Kontrollbefugnis gegenüber dem Bürgermeister und der Gemeindeverwaltung effektiv ausüben zu können, stehen dem Gemeinderat umfangreiche Rechte zu. Die Gemeindeordnungen sehen mit einzelnen Unterschieden **Fragerechte, Unterrichtungsrechte** und **Akteneinsichtsrechte** vor (§ 24 GemO B.-W.; Art. 30 GO BY; § 55 GO NRW; § 28 SächsGO).[27] Diese gesetzlich vorgesehenen Rechte dürfen nicht durch die Geschäftsordnung oder einen Geschäftsordnungsbeschluss beschnitten werden. Zurückgewiesen werden dürfen aber rechtsmissbräuchlich gestellte Fragen, wie Scheinfragen oder strafbare Fragen. Begrenzt werden die Informationsrechte des Gemeinderats ferner durch Geheimhaltungsvorschriften. Des Weiteren sind die Erfordernisse des Datenschutzes zu beachten. Der Gedanke des Datenschutzes hat keinen Vorrang vor dem Informationsrecht des Gemeinderats, doch bedarf es bei der Beeinträchtigung datenschutzrechtlich relevanter Positionen Überlegungen im Hinblick auf den Grundsatz der Verhältnismäßigkeit: Die Kontrollmaßnahme muss erforderlich sein und ihr Nutzen darf nicht außer Verhältnis zum datenschutzrechtlichen Schaden stehen. 22

Die Kontrollbefugnisse stehen grundsätzlich nicht nur dem Gemeinderat als Gesamtorgan zu, sondern jedem einzelnen Gemeinderatsmitglied. Wird die Ausübung vom Bürgermeister verwehrt, können die Rechte gerichtlich mittels Kommunalverfassungsstreitverfahren durchgesetzt werden. 23

2. Bürgermeister

Literatur: *Rothe*, Die Rechte und Pflichten des Vorsitzenden des Gemeinderats, NVwZ 1992, 529; *Thieme*, Der Oberbürgermeister als Stadtoberhaupt, DÖV 1997, 948ff.; *von Arnim*, Auf dem Weg zur optimalen Gemeindeverfassung?, DVBl. 1997, 749; *Sensburg*, Der Bürgermeister als falsus procurator, NVwZ 2002, 179; *Oebbecke*, Amtliche Äußerungen im Bürgermeisterwahlkampf, NVwZ 2007, 30.

a) Wahl und Amtszeit

Wahl und Rechtsstellung des Bürgermeisters unterscheiden sich in den Ländern in zahlreichen Einzelheiten, weshalb die Darstellung nach Ländern getrennt erfolgt:[28] 24

---

[27] S. hierzu u. a. BVerwG, NVwZ-RR 1990, 208; VGH Mannheim, VBlBW 2003, 190; NVwZ-RR 1989, 91; VG Gelsenkirchen, NWVBl 1995, 111. Zusammenfassend *Eiermann*, NVwZ 2005, 43 ff.
[28] Zusammenfassend zu den Unterschieden bei der Stellung des Bürgermeisters in den einzelnen Bundesländern siehe *von Arnim*, DVBl. 1997, 749 (753 f.). Zur wiederkehrenden Problematik der Zulässigkeit amtlicher Äußerungen im Bürgermeisterwahlkampf ausführlich *Oebbecke*, NVwZ 2007, 30 ff.

25 In B.-W. ist der Bürgermeister neben dem Gemeinderat eines der zwei Verwaltungsorgane der Gemeinde (§ 23 GemO B.-W.).[29] Er wird von den Gemeindebürgern gemäß § 45 GemO B.-W. in allgemeiner, unmittelbarer, freier, gleicher und geheimer Wahl auf acht Jahre (§ 42 III GemO B.-W.) gewählt. Die Wahl richtet sich nach den Grundsätzen der Mehrheitswahl. Die Wahl im ersten Wahlgang setzt voraus, dass der Gewählte mehr als die Hälfte der gültigen Stimmen erhalten hat (§ 45 I GemO B.-W.). Erreicht dies keiner der Bewerber, so erfolgt zwei bis vier Wochen nach dem ersten Wahlgang ein zweiter Wahlgang in Form einer Neuwahl. Bei dieser Neuwahl kann (aber muss nicht) jeder Bewerber des ersten Wahlgangs erneut teilnehmen. Auch gänzlich neue Bewerber dürfen am zweiten Wahlgang teilnehmen. Im zweiten Wahlgang ist derjenige gewählt, der die meisten Stimmen erhalten hat, auch wenn dies weniger als 50% sind (§ 45 II GemO B.-W.). Bei Stimmengleichheit entscheidet das Los. Das aktive wie auch passive Wahlrecht besitzen alle Deutschen und alle in Deutschland lebenden Staatsangehörigen eines anderen EU-Mitgliedsstaates (Unionsbürger). Kandidaten müssen mindestens 25 Jahre alt sein, dürfen jedoch das 68. Lebensjahr nicht vollendet haben.[30] Weitere Wählbarkeitsvoraussetzungen normiert § 46 II GemO B.-W.

26 In Großen Kreisstädten und Stadtkreisen lautet die Amtsbezeichnung des Bürgermeisters gemäß § 42 IV GemO B.-W. **Oberbürgermeister.**[31] Ob der Bürgermeister ehrenamtlich oder hauptberuflich tätig ist, ist von der Einwohnerzahl der Gemeinde abhängig: Er ist gemäß § 42 II 1 GemO B.-W. Ehrenbeamter auf Zeit, sofern die Gemeinde weniger als 2000 Einwohner aufweist. Anstelle einer Besoldung erhält er lediglich eine Aufwandsentschädigung. Des Weiteren sind für ihn die Vorschriften des LBG B.-W. für Ehrenbeamte mit der Spezialregelung des § 134 LBG B.-W. anzuwenden. Bei Gemeinden mit mehr als 500, aber weniger als 2000 Einwohnern entscheidet die Gemeinde in ihrer Hauptsatzung, ob das Bürgermeisteramt hauptberuflich oder ehrenamtlich ausgestaltet werden soll. Ab 2000 Einwohnern ist der erste Bürgermeister immer hauptberuflicher Beamter. Auf ihn finden die Vorschriften für Beamte auf Zeit des LBG B.-W. Anwendung.

27 Auch in BY ist der **erste Bürgermeister** zweites selbständiges Hauptorgan neben dem Gemeinderat. Er ist kommunaler Wahlbeamter i. S. d. Art. 1 Nr. 1 KWBG BY, Art. 34 I 1 GO BY und wird auf sechs Jahre unmittelbar durch die Gemeindebürger gewählt (Art. 41, 42 GLKrWG). Während das aktive Wahlrecht auch volljährigen Staatsangehörigen eines anderen EU-Mitgliedsstaates zusteht, haben das passive Wahlrecht gemäß Art. 39 I GLKrWG BY nur Deutsche i. S. d. Art. 116 I GG inne. Die Vereinbarkeit dieser Einschränkung mit dem Europarecht ist umstritten.[32] Gerechtfertigt wird sie mit den besonderen hoheitlichen Aufgaben des ersten Bürgermeisters, die oft ein besonderes Maß an Verschwiegenheit und Verfassungstreue voraussetzen. Die Wählbarkeit setzt weiterhin die Vollendung des 18. Lebensjahres voraus. Am Tag des Beginns der Amtszeit darf der erste berufsmäßige Bürgermeister (und auch der Landrat) das 67. Lebensjahr nicht vollendet haben (Art. 39 II 2 GLKrWG).[33] Eine gegen diese Altersgrenze eingelegte Popularklage wurde als unbegründet abgewiesen, da diese mit

---

[29] Zur Stellung des Bürgermeisters in B.-W. ausführlich *Quecke*, VBlBW 1992, 407.
[30] Zur Verfassungsmäßigkeit einer solchen Altersbegrenzung BVerfG, LKV 1993, 423.
[31] Zur Stellung des Oberbürgermeisters weiterführend *Thieme*, DÖV 1997, 948 ff.
[32] Diese bejaht das VG Ansbach, NVwZ 1999, 342; BayVerfGH, BayVBl. 1997, 495 ff.
[33] Wobei bis einschließlich der Kommunalwahl 2014 noch eine Altersgrenze von 65 Jahren galt.

dem Grundsatz der effektiven und kontinuierlichen Amtsführung[34] einen rechtmäßigen Zweck verfolgt und auch im Sinne des § 8 I AGG angemessen ist.[35]

Die Amtsbezeichnung **Oberbürgermeister** wird in Großen Kreisstädten und kreisfreien Gemeinden geführt (Art. 34 I 2 GO BY). Ob der erste Bürgermeister hauptamtlich oder ehrenamtlich tätig ist, ist von der Gemeindegröße abhängig: In Großen Kreisstädten, kreisfreien Gemeinden und sonstigen Gemeinden mit mehr als 5000 Einwohnern ist er stets **berufsmäßiger Bürgermeister,** also hauptberuflicher Beamter auf Zeit (Art. 34 I 3 GO BY). Bei kreisangehörigen Gemeinden mit 5000 bis 10000 Einwohnern kann der Gemeinderat allerdings vor der Wahl bestimmen, dass das Bürgermeisteramt als ehrenamtliches ausgestaltet ist (Art. 34 II 1 GO BY). Bei Gemeinden mit weniger als 5000 Einwohnern ist der erste Bürgermeister grundsätzlich ehrenamtlich tätig. Der Gemeinderat kann jedoch vor der Wahl festlegen, dass das Bürgermeisteramt hauptberuflich geführt wird (Art. 34 II 2 GO BY). Ein ehrenamtlich tätiger Bürgermeister ist Ehrenbeamter auf Zeit. Die beamtenrechtliche Stellung sowohl des hauptamtlichen als auch des nebenamtlichen Bürgermeisters richtet sich nach dem KommWBG.

28

In NRW ist der Bürgermeister seit 1999 zweites selbständiges Hauptorgan neben dem Gemeinderat (vgl. § 62 GO NRW). Er wird direkt durch die Gemeindebürger in allgemeiner, unmittelbarer, gleicher und geheimer Wahl auf die Dauer von sechs Jahren gewählt (§ 65 I 1 GO NRW). Während das Wahlrecht bei Kommunalwahlen in NRW nunmehr bereits allen Bürgern ab der Vollendung des 16. Lebensjahres zusteht, sind als Bürgermeister nur Deutsche und EU-Ausländer wählbar, die das 23. Lebensjahr vollendet haben (§ 65 II GO NRW). Umstritten war die Abschaffung der Stichwahl für Bürgermeister- und Landratswahlen in NRW im Jahr 2007, da insoweit die demokratische Legitimation eines Bürgermeisters nicht durch die Mehrheit der Stimmen zustande kommen musste.[36] Vor dem Hintergrund dieser Bedenken wurde die Stichwahl nach einem Regierungswechsel 2011 wieder eingeführt (§ 46c II GO NRW).[37]

29

In NRW besteht die Möglichkeit einer Abwahl des Bürgermeisters durch die Gemeindebürger (§ 66 GO NRW). Die Einleitung eines Abwahlverfahrens setzt einen mit Zweidrittelmehrheit gefassten Beschluss des Gemeinderats voraus (§ 66 S. 2 GO NRW). Die Abwahl ist erfolgt, wenn sich bei der dann stattfindenden Abstimmung der Gemeindebürger eine Mehrheit von mindestens 25 % der Wahlberechtigten dafür ausspricht (§ 66 S. 5 GO NRW). Die plebiszitäre Abwahl des Bürgermeisters (und auch des Landrats, siehe dazu § 15 III Nr. 3) ist nicht unkritisch zu betrachten.[38] Zum einen setzt sich das Abwahlverfahren darüber hinweg, dass der Bürgermeister in demokratischer Wahl gewählt wurde, zum anderen wird der Konflikt durch den Gemeinderat in Gang gesetzt, aber vom Volk entschieden, ohne dass die absolute Mehrheit notwendig ist. Droht ein Abwahlverfahren zu misslingen, resultiert daraus ein beträchtliches Spannungsverhältnis zwischen Gemeinderat und Bürgermeister, das den Gemeinderat nötigen wird, die Abwahl trotz Neutralitäts- und Sachlichkeitsgebot

30

---

34 Vgl. BVerfG NVwZ 1997, 1207.
35 VerfGH BY, Entscheidung vom 19.12.2012, Vf. 5-VII-12.
36 A. A. VerfGH NRW, Urteil vom 26.5.2009, Az.: VerfGH 2/09; vgl. *Mehde,* DVBl. 2010, 465 (467).
37 Erfolgt durch das Gesetz zur Wiedereinführung der Stichwahl vom 3.5.2011 (GVBl. 237).
38 Dazu weiterführend am Beispiel Hessen, *Schmehl,* KommJur 2006, 321 ff.

amtlichen Handelns zu forcieren.[39] Zwar ist eine direkte plebiszitäre Abwahl als Kontrollinstrument nicht in Frage zu stellen, die Verknüpfung mit der Gemeinderatsinitiative ist jedoch unausgewogen. Ein besseres Abwahlmodell findet sich in Sachsen (s. u.).

31 Der Bürgermeister ist kommunaler Wahlbeamter (§ 62 I 1 GO NRW). Er hat keinen Vorgesetzten. Für die Ausübung seiner Amtsgeschäfte steht ihm ein Verwaltungsvorstand zur Seite. Dieser besteht aus dem Bürgermeister selbst, dem Kämmerer sowie den hauptamtlichen Beigeordneten (§ 70 I 1 GO NRW). Die Festlegung der Zahl der Beigeordneten erfolgt in der Hauptsatzung. Sie müssen die für ihr Amt erforderliche Qualifikation nachweisen (§ 71 III 1 GO NRW) und werden vom Gemeinderat auf die Dauer von acht Jahren gewählt (§ 71 I GO NRW). Gemäß § 70 II GO NRW wirkt der Verwaltungsvorstand insbesondere mit bei den Grundsätzen der Organisation und Verwaltungsführung, der Planung von Verwaltungsaufgaben mit besonderer Bedeutung, der Aufstellung des Haushaltsplans und den Grundsätzen der Personalführung und Personalverwaltung. Der Bürgermeister ist verpflichtet, den Verwaltungsvorstand regelmäßig zur gemeinsamen Beratung einzuberufen (§ 70 III GO NRW).

32 In SA schließlich ist der Bürgermeister ebenfalls zweites selbständiges Hauptorgan neben dem Gemeinderat. Er wird von den Gemeindebürgern in allgemeiner, unmittelbarer, freier, gleicher und geheimer Wahl (§ 48 I 1 SächsGO) auf sieben Jahre (§ 51 III 1 SächsGO) gewählt. Das aktive Wahlrecht besitzen Deutsche und EU-Ausländer. Wählbar sind hingegen nur Deutsche (§ 49 I 1 SächsGO).[40] Die aktive Wahlberechtigung ist an die Vollendung des 18. Lebensjahres geknüpft, das passive Wahlrecht steht nach einer Herabsetzung des Mindestalters nunmehr allen Personen im Alter zwischen 18 und 64 Jahren zu (§ 49 I 1, 2 SächsGO). Gemeindebedienstete können nicht zugleich Bürgermeister sein (§ 51 II 6 SächsGO).

33 Wie in NRW kann auch in SA der Bürgermeister vorzeitig abgewählt werden (§ 51 VII-IX SächsGO). Zur Verfahrenseinleitung ist ein Bürgerbegehren (§ 51 VIII GO SA) oder ein mit Dreiviertelmehrheit gefasster Gemeinderatsbeschluss (§ 51 IX SächsGO) erforderlich. In der sodann stattfindenden Abstimmung der Gemeindebürger muss zur Abwahl des Bürgermeisters eine Mehrheit hierfür stimmen, wobei diese Mehrheit immerhin mindestens 50 % der Wahlberechtigten ausmachen muss (§ 51 VII 2 SächsGO).

34 Der Bürgermeister führt in kreisfreien Städten und Großen Kreisstädten die Amtsbezeichnung Oberbürgermeister (§ 51 IV SächsGO). Es gilt der Grundsatz, dass der Bürgermeister in Gemeinden ab 5000 Einwohnern hauptamtlicher Beamter auf Zeit und in Gemeinden bis 5000 Einwohnern Ehrenbeamter auf Zeit ist (§ 51 II 1 SächsGO). In Gemeinden ab 2000 Einwohnern kann allerdings durch die Hauptsatzung bestimmt werden, dass der Bürgermeister hauptamtlicher Beamter auf Zeit ist (§ 51 II 2 SächsGO).

b) Vertretung

35 Da eine ordnungsgemäße Verwaltung auch bei Abwesenheit des ersten Bürgermeisters gewährleistet sein muss, ist nach allen Gemeindeordnungen die **Bestellung von Stell-**

---

[39] Siehe *Schmehl*, KommJur 2006, 321 (321).
[40] Zur europarechtlichen Problematik derartiger Beschränkungen VG Ansbach, NVwZ 1999, 324.

vertretern als obligatorisch vorgesehen.[41] Die Ausgestaltung der Stellvertretung ist in den Ländern höchst unterschiedlich. Zum Teil werden den Gemeinden mehrere Modelle als Optionen angeboten, wobei vor allem die Größe der Gemeinde für deren Auswahlentscheidung von besonderer Bedeutung ist. Für die Ausübung dieses Wahlrechts und die Wahl der Stellvertreter selbst ist der Gemeinderat zuständig. Die in den Gemeindeordnungen vorgesehenen Modelle reichen von Stellvertretern aus der Mitte des Gemeinderats bis hin zu hauptamtlichen Beamten. Solche können sowohl solche aus der Gemeindeverwaltung als auch externe **Beigeordnete** sein. Hinsichtlich der Reichweite der Stellvertretungsbefugnisse und der Voraussetzungen eines Vertretungsfalles bestehen große Unterschiede zwischen den Bundesländern. Näheres ist den Kommunalgesetzen zu entnehmen: §§ 48 f. GemO B.-W.; Art. 39 GO BY; §§ 67 f. GO NRW; § 54 ff. SächsGO.

Die Rechtshandlungen des Stellvertreters werden hierbei in einigen Ländern dem ersten Bürgermeister zugerechnet, und über dessen Vertretungsmacht für die Gemeinde erfolgt die Zurechnung an diese. Zum Teil wird dem Stellvertreter aber auch eine eigene originäre Vertretungsmacht für die Gemeinde eingeräumt. Wenn dies der Fall ist, dann kann die Vertretungsmacht zwar vom Gemeinderat mit Wirkung für das Innenverhältnis beschränkt werden, nicht aber auch für das Außenverhältnis (abgesehen von der Vertretung in privatrechtlichen Angelegenheiten, bei denen die zivilrechtlichen Grundsätze über den Missbrauch der Vertretungsmacht zur Anwendung kommen). Hier gelten dieselben Grundsätze wie für die Vertretungsmacht des ersten Bürgermeisters (s. hierzu unter c) ff)). 36

c) Zuständigkeiten und Aufgaben

Die Zuständigkeiten bzw. Aufgaben des ersten Bürgermeisters sind enumerativ in den Gemeindeordnungen benannt: 37

aa) Ratsvorsitz

In B.-W., BY, NRW und SA übt der Bürgermeister den Vorsitz im Gemeinderat aus (§ 42 I 1 GemO B.-W.; Art. 36 S. 1 GO BY; § 40 II GO NRW; §§ 36 I, 51 I 1 SächsGO)[42], und er verfügt in diesen Ländern über das Stimmrecht im Gemeinderat. Mit dem Vorsitz im Gemeinderat geht eine Reihe von Aufgaben einher. Zu nennen sind hier insbesondere: die Einberufung der Sitzung, die Festlegung der Tagesordnung sowie die Leitung der Gemeinderatssitzungen (Eröffnung und Beendigung der Sitzung; Festlegung des Verfahrens im Gemeinderat; Ausübung von Ordnungsgewalt und Hausrecht). 38

bb) Geschäfte der laufenden Verwaltung

Eine Kernkompetenz des Bürgermeisters ist die Erledigung der **Geschäfte der laufenden Verwaltung:** § 44 II GemO B.-W.; Art. 37 I Nr. 1 GO BY; § 53 II SächsGO. In der GO NRW gibt es keine explizite Regelung dieser Art, doch gelten dort gemäß § 41 III GO alle Geschäfte der laufenden Verwaltung als auf den Bürgermeister übertragen, sofern sich nicht der Gemeinderat Kompetenzen aus diesem Bereich vorbehält.[43] 39

---

[41] Zur Stellvertretung des Bürgermeisters ausführlich *Brunner*, BayVBl 1993, 37.
[42] Zu den Rechten und Pflichten des Vorsitzenden des Gemeinderats weiterführend *Rothe*, NVwZ 1992, 529 ff.
[43] S. hierzu *Burgi*, KommR, § 13 Rn. 22 f.

40 Als Geschäfte der laufenden Verwaltung sind diejenigen Geschäfte anzusehen, die für die Gemeinde **keine grundsätzliche Bedeutung** aufweisen, nicht von großer wirtschaftlicher Relevanz sind und im Verwaltungsalltag häufig wiederkehren. Diese Voraussetzungen bringen es mit sich, dass die Zuordnung bzw. Nichtzuordnung einer Angelegenheit zu den Geschäften der laufenden Verwaltung von der Gemeindegröße, der Gemeindestruktur, regionalen Besonderheiten und der Finanzkraft der Gemeinde abhängig ist.[44]

41 Der gesetzliche Begriff der „Geschäfte der laufenden Verwaltung" ist allein durch Gesetzesauslegung und Berücksichtigung der Umstände der jeweiligen Gemeinde zu konkretisieren. Dementsprechend hat die Gemeinde nicht die Möglichkeit, den Begriff durch ihre Hauptsatzung konkreter zu fassen. Versucht sie dies dennoch, so kann eine entsprechende Bestimmung in eine Übertragung der genannten Kompetenzen auf den Bürgermeister umgedeutet werden. Umgekehrt ist allerdings die Nichtzuordnung bestimmter Angelegenheiten zu den Geschäften der laufenden Verwaltung durch die Hauptsatzung rechtlich belanglos.

42 Der Begriff „Geschäfte der laufenden Verwaltung" ist ein unbestimmter Rechtsbegriff ohne Beurteilungsspielraum. Der Bürgermeister entscheidet selbst und eigenverantwortlich, ob seine Voraussetzungen vorliegen. Ist der Gemeinderat anderer Ansicht, so kann er die seiner Meinung nach ihm zustehenden Kompetenzen mittels eines gerichtlichen Kommunalverfassungsstreitverfahrens verteidigen. In Zweifelsfällen ist eine Vermutung zugunsten des Gemeinderats anzunehmen.[45]

43 Bestimmte Arten von Geschäften sind – vorbehaltlich etwaiger Besonderheiten in einzelnen Gemeinden – regelmäßig nicht der laufenden Verwaltung zuzurechnen. Hierzu zählen namentlich die Benennung von Straßen,[46] die Zusicherung der Einstellung eines leitenden Beamten, längerfristige Entscheidungen über die Zuteilung gemeindlicher Räume, der Erlass von Richtlinien für die Zulassung von Bewerbern zu Märkten und Volksfesten[47] oder für die Vergabe von Plakattafeln,[48] ein Grundstückstauschvertrag[49] und die Bestimmung der Abrechnungsgebiete nach § 130 BauGB.[50]

cc) Übertragene Angelegenheiten

44 In B.-W., NRW und SA erledigt der Bürgermeister Angelegenheiten des übertragenen Wirkungskreises in eigener Zuständigkeit (§ 44 III GemO B.-W.; § 62 III GO NRW; § 53 III SächsGO). In B.-W. und SA sehen die Gemeindeordnungen allerdings explizit vor, dass der Gemeinderat auch bei übertragenen Angelegenheiten für den Erlass von Satzungen und Rechtsverordnungen zuständig ist. In NRW gilt dasselbe, ohne dass eine spezielle Regelung existiert.

45 Handelt der Bürgermeister in Erledigung übertragener Angelegenheiten, so handelt er nicht als Organ des Staates – der die Aufgabe der Gemeinde (nicht ihm!) übertragen hat – sondern als Organ der Gemeinde. Es liegt also kein Fall der Organleihe vor, son-

---

[44] S. hierzu BGH, NJW 1980, 117; NVwZ-RR 1997, 725; OLG Karlsruhe, VBlBW 1984, 320.
[45] OLG Hamm, MittBayNot 2012, 416; BayObLG, BayVBl. 1973, 131.
[46] Vgl. VGH Mannheim, VBlBW 1992, 142.
[47] Vgl. VGH Mannheim, VBlBW 1991, 185; VBlBW 1991, 381.
[48] Vgl. VGH Mannheim, VBlBW 1987, 344.
[49] Vgl. BGH, NVwZ-RR 1997, 725.
[50] Vgl. VGH Mannheim, ESVGH 22, 21.

dern eine innergemeindliche Zuständigkeitsregelung. Der Gemeinderat muss den Bürgermeister im Rahmen seiner Zuständigkeit unterstützen, indem er ihm für die Erledigung übertragener Angelegenheiten die notwendigen finanziellen und personellen Mittel bewilligt.

In BY hingegen bestehen bei der Kompetenzverteilung zwischen Gemeinderat und erstem Bürgermeister keine Unterschiede zwischen eigenen und übertragenen Angelegenheiten. In beiden Fällen gilt dieselbe Aufteilung der Kompetenzen nach Maßgabe der Art. 29, 37 GO BY. 46

Nicht verwechselt werden darf die eben thematisierte Zuständigkeit des Bürgermeisters für die Erledigung von Angelegenheiten des übertragenen Wirkungskreises der Gemeinde – also von materiell staatlichen Aufgaben, die durch Gesetz formell der Gemeinde zugewiesen wurden – mit der **Übertragung von Kompetenzen,** die nach dem Gesetz dem Gemeinderat zustehen, durch diesen an den Bürgermeister. Die Möglichkeit einer solchen Übertragung besteht nach allen Gemeindeordnungen: § 44 II 3 GemO B.-W.; Art. 37 II GO BY; § 41 II GO NRW; § 53 II SächsGO. Fast alle Kompetenzen des Gemeinderates kommen für eine Übertragung in Betracht. Ausgenommen sind lediglich Kompetenzen, die durch Gesetz ausschließlich dem Gemeinderat zugewiesen sind – wie z. B. die Zuständigkeit des Gemeinderats für die Abberufung des Leiters des Rechnungsprüfungsamts (§ 109 IV GemO B.-W.; Art. 104 III GO BY; § 104 II GO NRW; § 103 IV SächsGO) – und Aufgaben hinsichtlich der Eigenorganisation des Gemeinderats wie der Erlass einer Geschäftsordnung. Erfolgt die Übertragung durch die Hauptsatzung, so kann die Rückübertragung nur durch eine entsprechende Änderung der Hauptsatzung erreicht werden. 47

dd) Dringlichkeitsentscheidungen

Wenn eine unaufschiebbare, dringliche Angelegenheit vorliegt, für die an sich der Gemeinderat zuständig ist, dann steht dem ersten Bürgermeister in den meisten Ländern ein Eilentscheidungsrecht zu, falls eine Gemeinderatssitzung nicht mehr rechtzeitig einberufen werden kann und ohne diese Eilentscheidung erhebliche Nachteile oder Gefahren drohen (vgl. § 43 IV GemO B.-W.; Art. 37 III GO BY; § 52 III SächsGO). In NRW ist für Eilentscheidungen dagegen zunächst der Hauptausschuss, also ein Gemeinderatsausschuss, zuständig. Nur wenn auch der Hauptausschuss nicht rechtzeitig einberufen werden kann, entscheidet der Bürgermeister im Einvernehmen mit einem Gemeinderatsmitglied (4-Augen-Prinzip). Eine solche Entscheidung bedarf jedoch der Genehmigung, also nachträglichen Zustimmung, des Gemeinderats (§ 60 I GO NRW). Hier hat sich die ursprünglich wesentlich schwächere Stellung des Bürgermeisters noch erhalten. Demgegenüber handelt es sich bei den **Eilentscheidungskompetenzen** des Bürgermeisters in B.-W., BY und SA um originäre Kompetenzen des Bürgermeisters, die – soweit sie ausgeübt werden – die ursprünglichen Kompetenzen des Gemeinderats ersetzen. Der Gemeinderat ist also an die Eilentscheidung des Bürgermeisters in derselben Weise gebunden, wie wenn er sie selbst getroffen hätte. Allerdings besteht eine Pflicht des Bürgermeisters, den Gemeinderat in der nächsten Sitzung über seine Anordnungen in Kenntnis zu setzen. 48

Eine Angelegenheit ist dann **dringlich,** wenn ihr Aufschub **erhebliche Nachteile** für die Gemeinde zur Folge hätte. Dies sind unbestimmte Rechtsbegriffe, die keinen Beurteilungsspielraum eröffnen. Der Bürgermeister entscheidet eigenverantwortlich 49 selbst über das Vorliegen der Voraussetzungen. So kann er im Rahmen seiner Eilentscheidungskompetenz sogar eine Satzung, wie z. B. eine Veränderungssperre i. S. d. §§ 14, 16 I BauGB erlassen.[51] Hält der Gemeinderat die Voraussetzungen nicht für gegeben, so kann er im Wege eines gerichtlichen Kommunalverfassungsstreitverfahrens mittels einer Feststellungsklage nach § 43 I VwGO die Kompetenzverletzung feststellen lassen.[52] Das erforderliche berechtigte Interesse an der Feststellung wird in der Regel bereits aus der stets gegebenen Wiederholungsgefahr resultieren.

50 Das Eilentscheidungsrecht besteht nicht bei Angelegenheiten, die durch lex specialis gegenüber der Eilentscheidungsnorm dem Gemeinderat als ausnahmslose ausschließliche Kompetenz zugewiesen sind. Darunter fällt z. B. die Zuständigkeit des Gemeinderats für die Abberufung des Leiters des Rechnungsprüfungsamts (vgl. oben Rn. 47).

ee) Leitung der Gemeindeverwaltung

51 Der Bürgermeister leitet die Gemeindeverwaltung (§ 44 I GemO B.-W.; Art. 37 IV, 43 III GO BY; § 62 I 2 GO NRW; § 53 I SächsGO). Daraus resultieren das Recht und die Pflicht, die Organisation der Gemeindeverwaltung vorzugeben. Er trägt die **Verantwortung** für einen **ordnungsgemäßen Gang der Verwaltung** und die **sachgerechte Aufgabenerfüllung**.[53] Dies bedeutet insbesondere, dass er die Aufgabe hat, die Organisationsstruktur der Gemeindeverwaltung festzulegen und jedem Gemeindebediensteten seinen Aufgabenbereich zuzuweisen. Er kann hierbei auch Beamte oder Angestellte der Gemeinde mit seiner Vertretung beauftragen. In BY besteht gemäß Art. 39 II GO die Besonderheit, dass der erste Bürgermeister Verwaltungsaufgaben auch an Gemeinderatsmitglieder übertragen darf.

52 Die **Ausübung der Organisationsgewalt** erfolgt durch öffentlich-rechtliche Akte, die aber mangels Außenwirkung keine Verwaltungsaktsqualität aufweisen. In Bezug auf privatrechtliche Rechtsgeschäfte ist jedoch auch eine privatrechtliche Bevollmächtigung nach den §§ 164 ff. BGB möglich.[54] In solcher Weise können auch natürliche oder juristische Personen privatrechtlich bevollmächtigt werden, die außerhalb der Gemeindeverwaltung stehen.

53 Durch die **Zuweisung von Vertretungsbefugnissen** werden Gemeindebedienstete nicht selbst zu Organen der Gemeinde, vielmehr handeln sie stets in Vertretung des Bürgermeisters. Durch die interne Vertretungsregelung werden also letztlich die organschaftlichen Befugnisse des Bürgermeisters ausgeübt. Dies gilt sowohl für das öffentlich-rechtliche als auch für das privatrechtliche Handeln. Folglich kann der Bürgermeister nur Befugnisse übertragen, die ihm auch selbst originär zustehen. Entscheidungskompetenzen, die originär dem Gemeinderat zustehen, kann der Bürgermeister nicht delegieren; allerdings auch nicht pauschal die ihm zustehende Eilkompetenz. Unzulässig wäre es auch darüber hinaus, wenn der Bürgermeister eine der ihm gesetzlich zugewiesenen Kompetenzen, wie z. B. seine Dienstvorgesetzteneigenschaft, komplett delegieren würde; dies würde der der gesetzlichen Regelung zugrunde liegenden Wertung widersprechen.

---

[51] Vgl. VGH München, NVwZ-RR 2007, 481; OVG Schleswig, NordÖR 2002, 155.
[52] Siehe OVG Münster, NVwZ 1989, 989.
[53] S. hierzu VGH Mannheim, NVwZ 1985, 671.
[54] S. hierzu BGH, DÖV 1998, 1012; *Gern*, DKommR, Rn. 374; *Kohler-Gehrig*, VBlBW 1996, 441; *ders.*, VBlBW 1997, 12. Zur Prozessbevollmächtigung BVerwG, NVwZ 1996, 798.

Die Vertretungsbefugnis eines Gemeindebediensteten endet mit der Grenze der Delegation. Überschreitet ein Gemeindebediensteter diese Grenze, so kann er auch im Außenverhältnis nicht wirksam für die Gemeinde handeln. Bei privatrechtlichem Handeln gelten jedoch die allgemeinen Regeln hinsichtlich Anscheins- und Duldungsvollmacht.

54

Die technische Umsetzung der Ausübung der Organisationsgewalt erfolgt zumeist abstrakt-generell durch einen **Geschäftsverteilungsplan,** der bei Bedarf durch Einzelweisungen konkretisiert und ergänzt wird. Im Geschäftsverteilungsplan und bei Bedarf auch in weiteren Organisationsakten erfolgt auch die Schaffung von Dezernaten, Ämtern und Abteilungen der Gemeindeverwaltung. Einer bestimmten Form bedürfen die Organisationsakte des Bürgermeisters nicht. Nach freiem Ermessen kann der Bürgermeister diese auch jederzeit widerrufen.

55

Bestandteil der Organisationsgewalt des Bürgermeisters ist auch die Befugnis, sog. „Beauftragte" einzusetzen.[55] Als **Beauftragte** werden Personen bezeichnet, die organisatorisch nicht unmittelbar in die allgemeine Gemeindeverwaltung integriert sind, sondern über eine zumindest organisatorisch gesehen mehr oder weniger unabhängige Position verfügen. Beauftragte werden häufig in Handlungsfeldern eingesetzt, denen die Gemeinde durch ihre Absonderung von der allgemeinen Gemeindeverwaltung besonderen Stellenwert zusprechen möchte. So werden z. B. Schwerbehindertenbeauftragte oder Ausländerbeauftragte eingesetzt. Daneben wird auch häufig ein Bürgerbeauftragter eingesetzt, dessen Aufgabe darin besteht, als unbürokratischer Mittler zwischen Bürgerschaft und Gemeindeverwaltung zu fungieren.

56

Die früher hier ebenfalls angesiedelte Einsetzung von Gleichstellungsbeauftragten ist allerdings mittlerweile fast überall verpflichtend in den Gleichstellungsgesetzen vorgesehen. Solche gesetzlichen Verpflichtungen zur Schaffung von **gemeindlichen Gleichstellungsbeauftragten** sind verfassungsgemäß.[56] Der hierin liegende Eingriff in das kommunale Selbstverwaltungsrecht ist verfassungsrechtlich zu rechtfertigen, da der Kernbereich der Selbstverwaltungsgarantie nicht angetastet wird, der verfolgte Zweck von hohem rechtlichem Wert ist und der Eingriff nicht unverhältnismäßig erscheint (s. oben § 6 III 3).

57

Ohne ausdrückliche Zuweisung von Entscheidungsbefugnissen verfügen die Beauftragten im Übrigen nicht – quasi kraft Amtes – über Kompetenzen.[57] Die Einsetzung von Beauftragten ist daher rechtlich unproblematisch, solange ihnen nicht gestaltende Kompetenzen in der Art übertragen werden, dass die an sich zuständigen Hauptorgane (Bürgermeister/Gemeinderat) ihren Einfluss verlieren. Eine solche Abkopplung der Beauftragten von den Gemeindeorganen scheitert schon an der unzureichenden demokratischen Legitimation der Beauftragten. Die Zuerkennung von Unabhängigkeit der Beauftragten durch die SächsGO (§ 64 III) ist daher trotz der nur beratenden Funktionen der Beauftragten wegen der exponierten Stellung und eingeschränkten Kontrolle nicht unbedenklich, doch hat das Bundesverfassungsgericht entsprechende

58

---

[55] Zum Beauftragtenwesen umfassend *Heitmann,* NJW 1996, 904 ff.
[56] Vgl. BVerfG, DVBl 1995, 290. S. hierzu *Niebaum,* DÖV 1996, 900.
[57] Vertiefend zur Thematik *Erlenkämper,* NVwZ-RR 1986, 999; *Fuchs,* DÖV 1986, 363; OVG Münster, NVwZ-RR 1995, 98.

Regelungen mit dem Argument gebilligt, dass für lediglich beratende Tätigkeit ein niedrigeres Legitimationsniveau ausreiche.[58]

59 Zur Zuständigkeit des Bürgermeisters für die Leitung der Gemeindeverwaltung gehört auch sein Status als **oberster Dienstvorgesetzter** aller Beamten, Angestellten und Arbeiter der Gemeinde (§ 44 IV GemO B.-W.; Art. 37 IV GO BY; §§ 73 II, 62 I GO NRW; § 53 IV SächsGO). Er ist oberste Dienstbehörde sowie Dienststellenleiter im Sinne der Beamtengesetze für die Beamten der Gemeinde. Aus der Eigenschaft oberster Dienstvorgesetzter zu sein, resultiert die Befugnis des Bürgermeisters, allen Gemeindebediensteten sachliche **Weisungen** erteilen zu dürfen. Die Weisungen können auch in abstrakt-genereller Form ergehen, also in Form von **Verwaltungsvorschriften.** Des Weiteren ist er auch für die beamtenrechtlichen Entscheidungen in persönlichen Angelegenheiten der Beamten zuständig, sowie für die arbeitsrechtlichen Entscheidungen hinsichtlich der Angestellten und Arbeiter. Hierbei sind die Arbeitnehmerschutzbestimmungen des Arbeitsrechts und des einschlägigen Tarifvertrags (für die Gemeinden ist dies der TV-ÖD) zu beachten.

60 Mit der Eigenschaft des Bürgermeisters, oberster Dienstvorgesetzter der Beamten und Angestellten zu sein, geht auch seine Befugnis einher, diesen Dienstposten, also Ämter im funktionellen Sinne, zuzuweisen. Er hat auch das Recht, Umsetzungen vorzunehmen und bei der Ausübung dieses Rechts einen sehr weitreichenden Ermessensspielraum. Lediglich das Willkürverbot setzt seiner Organisationsgewalt in diesem Punkt Grenzen.[59]

61 Die Befugnis des Bürgermeisters zur Leitung der Gemeindeverwaltung umfasst auch seine Ordnungsgewalt. In den Gebäuden der Gemeinde steht ihm außerdem das **Hausrecht** zu.[60]

ff) Vertretung der Gemeinde nach außen

62 Zu den Aufgaben des Bürgermeisters gehört die Vertretung der Gemeinde nach außen (§ 42 I 2 GemO B.-W.; Art. 38 I GO BY; § 63 GO NRW; § 51 I SächsGO).[61] Die Vertretung hat organschaftlichen Charakter. Die öffentlich-rechtlichen und privatrechtlichen Rechtsakte des Bürgermeisters sind also nicht eigene Rechtsakte des Bürgermeisters, die der Gemeinde mittels Stellvertretungsrechts zugerechnet werden, sondern originäre Rechtsakte der Gemeinde.

63 Die **Vertretungsbefugnis im Außenverhältnis** korrespondiert nicht zwingend mit der Entscheidungskompetenz im gemeindlichen Innenverhältnis. Auch wenn demnach die Möglichkeit besteht, dass der Bürgermeister im Außenverhältnis wirksam handelt ohne im Innenverhältnis dazu befugt zu sein, ist die Vertretungsbefugnis des Bürgermeisters nicht durch den Gemeinderat beschränkbar. In BY vertritt die Rechtsprechung, dass Art. 38 I GO BY lediglich ein (formelles) Vertretungsrecht beinhalte, nicht aber die Vertretungsmacht.[62] Insoweit handelt es sich nach dieser Rechtsprechung bei Art. 38 I GO BY um eine Schutzvorschrift zu Gunsten der Gemeinde.[63] Die Vertre-

---

[58] BVerfG, DVBl 1995, 290; vertiefend hierzu *Hill*, DVBl 1993, 977; *Mayer*, NVwZ 1995, 663.
[59] Siehe BVerwG, NVwZ 1992, 572.
[60] Dazu: OVG Münster, NVwZ RR 1989, 316; NVwZ-RR 1991, 36.
[61] S. hierzu *Burgi*, KommR, § 13 Rn. 24 ff.
[62] OLG München, Beschluss vom 28.01.2013, 34 Wx 390/12; BayObLGZ 1997, 37 (41).
[63] Vgl. VGH München, BayVBl. 2012, 177 (178).

tungsmacht ergibt sich erst im Weiteren durch einen Beschluss des Gemeinderats oder aus dem Gesetz.[64] Eine Umgehung durch die Annahme einer den zivilrechtlichen Vorschriften entsprechenden Geschäftsführung ohne Auftrag im öffentlichen Recht muss demnach ausscheiden.[65] Nach anderer Ansicht ist die Vertretungsmacht des Bürgermeisters nach außen unbeschränkt und für die Gemeinde bindend.[66] Die Rechtssicherheit für Außenstehende gebietet die Unbeschränkbarkeit der Vertretungsbefugnis durch andere Gemeindeorgane.[67] Auch durch die Hauptsatzung oder eine andere Satzung kann sie nicht eingeschränkt werden. Die Unbeschränktheit und Unbeschränkbarkeit der Vertretungsmacht im Außenverhältnis ändert aber nichts daran, dass bei privatrechtlichen rechtsgeschäftlichen Willenserklärungen des Bürgermeisters die allgemeinen zivilrechtlichen Regeln über den Missbrauch der Vertretungsmacht zur Anwendung kommen.[68] Privatrechtliche Rechtsgeschäfte des Bürgermeisters im Namen der Gemeinde sind demnach bei Fehlen der Zuständigkeit im gemeindlichen Innenverhältnis dann (aber auch nur dann) unwirksam, wenn der Vertragspartner das Fehlen der Zuständigkeit im Innenverhältnis kennt oder infolge grober Fahrlässigkeit nicht kennt. Allzu groß ist die praktische Bedeutung dieser Einschränkung jedoch nicht, da die Anforderungen an das Vorliegen von grober Fahrlässigkeit hoch sind. Denn von Außenstehenden können detaillierte kommunalrechtliche Kenntnisse und Kenntnisse über Vorgänge in der Gemeindeverwaltung der am Vertragsverhältnis beteiligten Gemeinde nicht erwartet werden. Die dargelegten Regeln hinsichtlich privatrechtlicher Rechtsgeschäfte gelten auch für vom Bürgermeister vorgenommene Prozesshandlungen, da nach §§ 51 f. ZPO, § 62 VwGO das Prozessrecht an die Regelungen zur privatrechtlichen Geschäftsfähigkeit anknüpft.[69]

Von der Problematik der Vertretungsmacht ist die Einhaltung etwaiger Formvorschriften bei Abgabe einer Erklärung durch den Bürgermeister zu unterscheiden. Die Gemeindeordnungen enthalten **Formvorschriften** für Erklärungen des Bürgermeisters, durch die er die Gemeinde verpflichtet (§ 54 I GemO B.-W.; Art. 38 II GO BY; § 64 I GO NRW; § 60 I SächsGO). Sie sind schriftlich abzugeben – für Erklärungen in elektronischer Form ist eine dauerhaft überprüfbare Signatur erforderlich – und müssen die Unterschrift des Bürgermeisters, das Dienstsiegel und die Amtsbezeichnung enthalten. Die Formvorschriften gelten nur dann, wenn der Bürgermeister Geschäfte im Außenverhältnis vornimmt, für die er im Innenverhältnis über keine originäre Zuständigkeit verfügt. Handelt es sich um Geschäfte der laufenden Verwaltung oder hat er eine formentsprechende Vollmacht inne, so müssen sie nicht beachtet werden (§ 54 IV GemO B.-W.; Art. 38 II 2 GO BY; § 64 II, III GO NRW; § 60 IV SächsGO).[70] 64

Verstöße gegen die Formvorschriften haben die Nichtigkeit des vorgenommenen Rechtsakts zur Folge.[71] NRW normiert ausdrücklich, dass Erklärungen, die nicht den 65

---

[64] St. Rspr. in Bayern: BayObLG, BayVBl. 1986, 476; BayVBl. 1997, 286.
[65] Vgl. VGH München, BayVBl. 2012, 177; der einzig nach den Grundsätzen von Treu und Glauben nach § 242 BGB im Einzelfall eine Durchbrechung dieses Prinzips akzeptiert.
[66] Siehe VGH B.-W., NVwZ 1990, 892; LG Stuttgart, NVwZ 1982, 57; BGH, NJW 1980, 117; *Schlüter*, VBlBW 1987, 54 (60 f.).
[67] Vgl. VGH Mannheim, VBlBW 1982, 50.
[68] Zu dieser Thematik BGH, NJW 1980, 117; MDR 1966, 670; VGH Mannheim, VBlBW 1982, 50.
[69] S. hierzu BGH, NJW 1998, 379.
[70] S. hierzu BGH, DVBl 1996, 371.
[71] BGH, NJW 1980, 117 (118).

Formvorschriften des Gesetzes entsprechen, die Gemeinde nicht binden (§ 64 IV GO NRW). In B.-W., BY und SA ergibt sich dies für Willenserklärungen zum Abschluss eines öffentlich-rechtlichen Vertrages aus § 59 I VwVfG i. V. m. § 125 BGB und für sonstige öffentlich-rechtliche Akte aus einer Analogie zu § 125 BGB. Davon zu unterscheiden sind die Fehlerfolgen bei privatrechtlichen Rechtsgeschäften. Bei diesen kann zur Begründung der Nichtigkeit nicht auf § 125 BGB zurückgegriffen werden, da die Länder infolge von Art. 55 EGBGB nicht über die Gesetzgebungskompetenz zur Normierung privatrechtlicher Formvorschriften verfügen.[72] Oben genannte Formvorschriften sind daher nicht als Formvorschriften i. S. d. § 125 BGB zu verstehen, sondern als Beschränkungen der Vertretungsmacht. Bei ihrer Verletzung handelt der Bürgermeister im zivilrechtlichen Bereich daher als **falsus procurator**.[73] Da diese Vorschriften auch die Vertretungsbefugnis des Bürgermeisters regeln, ist bei fehlender schriftlicher Verpflichtungserklärung ein Mangel in der Vertretungsmacht gegeben, mit der Folge schwebender Unwirksamkeit gem. § 177 I BGB.[74] Eine nachträgliche Genehmigung ist nach den §§ 177 ff. BGB möglich, bedürfte zur Wirksamkeit aber der Schriftform.[75] Nach anderer Ansicht ist über § 125 S. 1 BGB die Nichtigkeit mangels Formeinhaltung gegeben.[76] Zu beachten ist des Weiteren, dass die Berufung der Gemeinde auf die Nichtigkeit eines öffentlich-rechtlichen oder privatrechtlichen Rechtsakts des Bürgermeisters in einzelnen Fällen gegen Treu und Glauben verstoßen kann.[77] Dies muss jedoch auf Ausnahmefälle bzw. auf Fälle, in denen ein Festhalten an der Nichtigkeit schlechthin unerträglich wäre, beschränkt werden, da die genannten Vorschriften nicht zum Schutz Dritter geschaffen wurden, sondern gerade wegen des öffentlichen Interesses an der Wahrung der gemeindlichen Kompetenzordnung.[78]

66 Wenn der Bürgermeister wegen Missbrauchs der Vertretungsmacht oder wegen Verstoßes gegen Formvorschriften als falsus procurator gehandelt hat, dann haftet er nicht nach § 179 BGB.[79] Dies ergibt sich aus Art. 34 S. 1 GG, wonach die Haftung für das Fehlverhalten von Beamten den Staat und nicht diesen persönlich trifft. Denkbar ist demnach lediglich ein Amtshaftungsanspruch gegen die Gemeinde nach § 839 BGB i. V. m. Art. 34 GG. Konkret kommt ein Amtshaftungsanspruch jedoch kaum in Betracht, da die die Vertretungsmacht des Bürgermeisters ausgestaltenden Vorschriften – wie erwähnt – ausschließlich im öffentlichen Interesse bestehen und damit keine Amtspflichten begründen, die i. S. des § 839 I BGB, Art. 34 S. 1 GG einem Dritten gegenüber bestehen.

gg) Vollzug von Ratsbeschlüssen und Beanstandungsrecht

67 Der Bürgermeister ist für den Vollzug der Beschlüsse des Gemeinderats zuständig (§ 43 I GemO B.-W.; Art. 36 S. 1 GO BY; § 62 II GO NRW; § 52 I SächsGO). Damit hat der Bürgermeister die Aufgabe, den geäußerten Willen des Gemeinderats in rechtlicher und tatsächlicher Hinsicht zu realisieren. Ohne den Vollzug haben die Ge-

---

[72] BGH, NJW 1980, 117 (118); s. a. BGH, NJW 1966, 2402 (2403).
[73] Vgl. *Ludwig/Lange*, NVwZ 1999, 136; ausf. dazu *Sensburg*, NVwZ 2002, 179 ff.
[74] BGHZ 32, 375 (380 f.); OLG München, NVwZ 1985, 293 f.
[75] BayOblGZ 1971, 299 (303).
[76] Siehe *Bauer/Böhler/Ecker*, Bayerische Kommunalgesetze, Art. 38 GO, Rn. 13 m. w. N.
[77] Vgl. BGH, NJW 2001, 2626.
[78] Vgl. BGH, NJW 1995, 3389.
[79] Vgl. BGH, NJW 2001, 2626; zum Schadensersatzanspruch gegen einen Bürgermeister: VG München, BayVBl. 2011, 674 f.

meinderatsbeschlüsse noch keine Außenwirkung, vielmehr sind diese vollzugsbedürftig durch den Bürgermeister.[80]

Der Gemeinderat hat dem Bürgermeister gegenüber einen – gegebenenfalls im Wege eines gerichtlichen Kommunalverfassungsstreitverfahrens einklagbaren – **Anspruch auf Vollzug seiner Beschlüsse.** Dritte haben hingegen keinen Anspruch auf Vollzug der Gemeinderatsbeschlüsse durch den Bürgermeister, da die den Vollzug anordnenden Normen der Gemeindeordnung nur die innergemeindliche Zuständigkeit regeln und damit nicht dem Schutz Dritter dienen. Dies ändert aber nichts daran, dass ein Dritter einen besonderen Anspruch gegen die Gemeinde auf Erlass eines Verwaltungsaktes haben kann. Auch wenn der Erlass eines Verwaltungsaktes ohne Vollzugsakt des Bürgermeisters nicht möglich ist, bleibt es dabei, dass sich der Anspruch des Dritten allein gegen die Gemeinde und nicht gegen den Bürgermeister richtet und nur gegen diese eingeklagt werden kann. 68

Dem Bürgermeister steht gegenüber bestimmten Beschlüssen des Gemeinderats ein **Beanstandungsrecht** zu. In allen Ländern ausreichend für die Aussetzung der Vollziehung ist es, wenn der Bürgermeister einen Beschluss des Gemeinderats für rechtswidrig hält (§ 43 II GemO B.-W.; Art. 59 II GO BY; § 54 GO NRW; § 52 II SächsGO). Für die Beurteilung der Rechtswidrigkeit ist allein die subjektive Sicht des Bürgermeisters maßgeblich. In B.-W., NRW und SA reicht es zudem bereits aus, wenn der Bürgermeister den Beschluss für das Wohl der Gemeinde gefährdend hält: § 43 II GemO B.-W.; § 54 I GO NRW; § 52 II SächsGO. Hierunter fällt insbesondere die Konstellation, dass der Bürgermeister angesichts der Haushaltslage die Umsetzung eines Gemeinderatsbeschlusses für nicht finanzierbar sieht. Das Rügerecht des Bürgermeisters besteht auch gegenüber Beschlüssen der beschließenden Ausschüsse: § 43 III GemO B.-W.; Art. 59 II GO BY; § 54 III GO NRW; § 41 V SächsGO. 69

Entscheidet sich der Bürgermeister für eine Beanstandung, so hat seine Rüge **aufschiebende Wirkung.** In B.-W., NRW und SA ist der Gemeinderat daraufhin verpflichtet, erneut zu beraten, sich mit den Einwendungen des Bürgermeisters zu befassen und erneut zu entscheiden. Falls der Gemeinderat wiederum in derselben Weise beschließt, so ist die Angelegenheit der Rechtsaufsichtsbehörde vorzulegen; in BY erfolgt dies gemäß Art. 59 II GO ohne weiteres auf die Rüge des Bürgermeisters hin. 70

Mangels Regelungscharakters und Außenwirkung ist die **Beanstandung des Bürgermeisters kein Verwaltungsakt.** Auch der Gemeinderat kann also nicht auf die Aufhebung der Beanstandung klagen, sondern geht aus seinem Anspruch auf Vollzug vor. Als unselbständige Verfahrenshandlung kann er von Dritten nicht isoliert zum Gegenstand eines Verwaltungsprozesses gemacht werden. Möglich ist auch hier allein, dass ein Dritter einen bestehenden allfälligen Anspruch auf Erlass des Verwaltungsaktes im Wege der Verpflichtungsklage gegen die Gemeinde geltend macht. Genauso wenig kann ein Dritter einen einklagbaren Anspruch auf die Vornahme einer Beanstandung durch den Bürgermeister haben. Da es sich bei der Aussetzungspflicht des Bürgermeisters folglich nicht um eine einem Außenstehenden gegenüber bestehende Amtspflicht handelt, kann das Unterbleiben eines Widerspruchs des Bürgermeisters auch niemals 71

---

[80] Ähnlich dazu: VGH Mannheim, DÖV 1988, 476; NVwZ-RR 1996, 89; *Ruff*, KommJur 2009, 201 (205).

einen Amtshaftungsanspruch eines Dritten nach § 839 BGB i.V.m. Art. 34 GG auslösen.

72 Die eingeholte Entscheidung der Rechtsaufsichtsbehörde hat nach dem Recht von B.-W., NRW und SA der Gemeinde gegenüber Regelungscharakter und damit Verwaltungsaktsnatur. In BY hingegen ist die Entscheidung der Rechtsaufsichtsbehörde nach Art. 59 II GO mangels Regelungscharakters kein Verwaltungsakt,[81] da die GO BY das Handeln der Rechtsaufsichtsbehörde nach Art. 59 II GO BY und nach Art. 111 ff. GO BY systematisch trennt. Die Rechtsaufsichtsbehörde hat aber jederzeit die Möglichkeit, die Rüge des Bürgermeisters zum Anlass zu nehmen, ein förmliches rechtsaufsichtliches Verfahren nach den Art. 111 ff. GO BY einzuleiten und im Rahmen dessen eine förmliche Beanstandung nach Art. 112 GO BY auszusprechen, die dann Verwaltungsaktscharakter aufweist. Hiergegen könnte die Gemeinde mit Widerspruch – nach Maßgabe des Landesrechts – und Anfechtungsklage vorgehen. Der Bürgermeister kann jedoch nicht dagegen vorgehen, da ihm ein Konflikt mit dem Gemeinderat um den Vollzug eines Gemeinderatsbeschlusses auch bei einer Beanstandung keine eigene Rechtsposition verschafft, die er gegenüber der Rechtsaufsichtsbehörde bzw. ihrem Rechtsträger geltend machen könnte; auch nicht im Wege eines Kommunalverfassungsstreits.

II. Sonstige Organe und Organteile

1. Ausschüsse

Literatur: *Pünder*, Rechtswissenschaftliche Forschung im Wandel der Zeit, DVBl. 2002, 381; *Geelings/Maaß*, Die Beachtung des Demokratieprinzips bei der Besetzung kommunaler Ausschüsse, DÖV 2005, 797.

73 Die Gemeindeordnungen sehen regelmäßig sowohl **beschließende** als auch **beratende Gemeinderatsausschüsse** vor. Beschließende Ausschüsse werden an Stelle des Gemeinderats tätig, beratende Ausschüsse unterstützen den Gemeinderat i.d.R. durch Vorbereitung von Sachverhalten und fachlichem Know-How. Diese sollen den Gemeinderat zum einen entlasten, damit dieser sich darauf konzentrieren kann, die wesentlichen gemeindlichen Aufgaben auszuführen, für die eine Übertragung auf einen Ausschuss nicht möglich ist.[82] Zum anderen bieten die Ausschüsse eine Plattform für eine sachkundige Vorberatung von Fach- und Detailfragen, wodurch die Entscheidungsbasis des Gemeinderates aufbereitet wird.[83] Die Ausschüsse sind keine Organe der Gemeinde, sondern **Organteile** des Gemeinderats mit einer eigenen Innenrechtsposition.[84] Diese kann im Wege des Kommunalverfassungsstreits gerichtlich geltend gemacht werden.[85] In den Gemeindeordnungen werden zum Teil **Pflichtausschüsse**[86] (obligatorische Ausschüsse) angeordnet, wie z.B. in BY der Ferienausschuss[87] (Art. 32 IV), in NRW der Finanzausschuss, der Rechnungsprüfungsausschuss oder der Haupt-

---

[81] Vgl. *Widtmann/Grasser*, GO BY, Art. 59 Rn. 9.
[82] Vgl. BVerwG, NVwZ-RR 1988, 42; NVwZ 1993, 375, 376; *Hofmann/Muth/Theisen*, KommR NRW, S. 413; *Gern*, KommR SA, Rn. 435.
[83] Vgl. *Gern*, DKommR, Rn. 408.
[84] Vgl. *v. Mutius*, KommR, Rn. 733; *Gern*, KommR SA, Rn. 435.
[85] Vgl. *Gern*, DKommR, Rn. 408.
[86] Zu diesen näher *Hofmann/Muth/Theisen*, KommR NRW, S. 415.
[87] Zu diesem eingehend *Grasser*, BayVBl 1989, 385 ff.

§ 11. Organe der Gemeinde und Gemeindeverfassung

ausschuss (zu diesen § 57 II). Pflichtiger Ausschuss ist in jeder kreisfreien Stadt und jedem Landkreis als Träger der Jugendhilfe stets qua Bundesrecht auch der Jugendhilfeausschuss (§ 70 I SGB VIII), der allerdings in seiner Stellung als einerseits Teil des Jugendamtes, andererseits als Teil der Vertretungskörperschaft einzigartig ist. Die Größe und die Anzahl der Ausschüsse müssen in einem vertretbaren Verhältnis zur Gemeindegröße stehen. Des Weiteren ist die Akzessorietät der Zuständigkeiten der Ausschüsse zu denen des Gemeinderats zu beachten: Nur für Gegenstände, für die der Gemeinderat zuständig ist, kann eine Ausschusszuständigkeit geschaffen werden.[88] Die Ausschüsse sind ihrerseits nicht zur Schaffung von Unterausschüssen berechtigt.[89] Des Weiteren dürfen auch keine Untersuchungsausschüsse, die mit denen nach Art. 44 GG vergleichbar wären, gebildet werden.[90] Der Gemeinderat kann Ausschüsse – sofern es keine gesetzlich vorgeschriebenen Ausschüsse sind – jederzeit wieder auflösen.[91] In NRW ist hierbei zu beachten, dass der Bürgermeister bei einer solchen Auflösungsentscheidung volles Stimmrecht nach § 40 II 2 GO NRW besitzt.[92]

Die §§ 39f. GemO B.-W., Art. 32 GO BY, § 57 GO NRW und §§ 41ff. SächsGO **74** sind die Rechtsgrundlagen für die Bildung beratender und beschließender Ausschüsse. Die beschließenden Ausschüsse haben in BY die Bezeichnung **Gemeindesenate** (Art. 32 II 1 GO BY). In B.-W. können beschließende Ausschüsse nur durch die Hauptsatzung kreiert werden. Nur für die Erledigung singulärer Angelegenheiten können gemäß § 39 I GO B.-W. beschließende Ausschüsse auch durch Gemeinderatsbeschluss gebildet werden. Dagegen reicht in BY und NRW für die Bildung beschließender Ausschüsse stets ein schlichter Gemeinderatsbeschluss bzw. eine Bestimmung in der Geschäftsordnung aus. Typischer Fall ist die Einsetzung eines Bausenats bzw. -ausschusses.

Beratende Ausschüsse werden in B.-W., BY, NRW und SA durch schlichten Gemein- **75** deratsbeschluss geschaffen. Zu einem ordnungsgemäßen Verwaltungsverfahren gehört, dass sich der Gemeinderat vor der Beschlussfassung mit der Materie befasst hat. Unterbleibt eine solche Befassung, hat dies aber nicht die Rechtswidrigkeit des Gemeinderatsbeschlusses zur Folge. Möglich ist aber die Rechtswidrigkeit eines Gemeinderatsbeschlusses, wenn bei der Vorberatung im Ausschuss Verfahrensfehler begangen wurden, etwa weil befangene Gemeinderatsmitglieder mitwirkten.[93] Von der inhaltlichen Themenbehandlung eines Punktes in der Vorberatung zu trennen ist jedoch, wenn im Rahmen der Vorberatung lediglich Verfahrensfragen geklärt werden, wie wenn über die Einzelfrage der Behandlung oder Nichtbehandlung von verspätet eingegangenen Einwendungen im Bebauungsplanverfahren nichtöffentlich beraten wird – dies stellt keinen Verstoß gegen den Öffentlichkeitsgrundsatz dar.[94]

Die **Zuständigkeit der Ausschüsse** ergibt sich grundsätzlich aus den jeweils getroffe- **76** nen Regelungen der Gemeindeordnungen, den erlassenen Hauptsatzungen, Geschäftsordnungen oder den hierzu ergangenen Gemeinderatsbeschlüssen. Sie bezieht

---

[88] Vgl. *v. Mutius*, KommR, Rn. 731.
[89] Eingehend hierzu *Gern*, VBlBW 1993, 127.
[90] Vgl. *v. Mutius*, KommR, Rn. 740; *Püttner*, KommR B.-W., Rn. 216.
[91] S. hierzu näher *Beckmann*, NWVBl 1994, 126ff.
[92] Vgl. OVG Münster, NWVBl 2004, 436.
[93] Vgl. *Hofmann/Muth/Theisen*, KommR NRW, S. 418.
[94] Vgl. VGH BW, DVBl. 2011, 912.

sich entweder auf die Vorberatung oder (bei beschließenden Ausschüssen) die Entscheidung bestimmter Aufgabengebiete oder einzelner Aufgabenbereiche. Dabei ist sowohl eine temporäre als auch eine ständige, fortdauernde Übertragung möglich. Wichtig ist aber in jedem Fall, dass die jeweils übertragenen Aufgaben hinreichend präzise bestimmt sind.[95]

77 Manche Aufgaben sind stets dem Gemeinderat vorbehalten. Diese **Vorbehaltsaufgaben** dürfen wegen ihrer besonderen Bedeutung nicht übertragen werden. Dazu gehören beispielsweise der Erlass von Satzungen und Rechtsverordnungen. Auch hinsichtlich der Vorbehaltsaufgaben sind die beschließenden Ausschüsse zum Zwecke der Vorberatung mit der Materie zu befassen.

78 Die **beschließenden Ausschüsse**[96] entscheiden innerhalb ihrer Zuständigkeit völlig selbständig. Ihre Entscheidung tritt an die Stelle solcher des Gemeinderats. Der nunmehr zuständige Ausschuss ist auch an vorherige Entscheidungen des Gemeinderats nicht gebunden. So kann sich z. B. ein beschließender Bauausschuss über bereits vorgenommene und formal vom Satzungsbeschluss über einen Bebauungsplan getrennte Teil-Abwägungsentscheidungen des Gemeinderats hinwegsetzen.[97] Wenn ein beschließender Ausschuss zuständig ist, ist es auch unzulässig, dass der Gemeinderat über den Gegenstand auch nur berät. Der Bürgermeister darf dann, sofern ihm nach Landesrecht ein formelles Vorprüfungsrecht zukommt, den Beratungsgegenstand erst gar nicht in die Tagesordnung aufnehmen.[98] Ungeachtet dessen besteht die Möglichkeit, sofern im Einzelfall außergewöhnliche Umstände vorliegen, dem Gemeinderat Angelegenheiten zur Beschlussfassung vorzulegen.

79 Zum Teil wird in der Geschäftsordnung bestimmt, dass der Gemeinderat den Ausschüssen Weisungen erteilen und jede Angelegenheit an sich ziehen darf. Soweit die Beschlüsse der beschließenden Ausschüsse noch nicht vom Bürgermeister vollzogen sind, kann der Gemeinderat diese aufheben oder ändern.[99] Ist der Beschluss eines beschließenden Ausschusses jedoch vollzogen oder bedarf er keiner Vollziehung, so steht dem Gemeinderat kein Reklamationsrecht zu.[100]

80 Die Ausschüsse setzen sich aus ihrem Vorsitzenden (in BY gemäß Art. 33 II GO BY der erste Bürgermeister, sofern der Vorsitz nicht auf eine der anderen dort genannten Personen übertragen worden ist) und einer in der Gemeindeordnung, der erlassenen Hauptsatzung, der Geschäftsordnung oder dem entsprechenden Gemeinderatsbeschluss festgelegten Zahl von weiteren Mitgliedern zusammen. Des Weiteren können als Mitglieder sachkundige Einwohner und Sachverständige hinzugewählt oder berufen werden.[101] Diesen zusätzlich Gewählten steht zuweilen, aber nicht zwingend ein Stimmrecht zu. Soweit den hinzugewählten Mitgliedern ein Stimmrecht zukommt, erscheinen diese Regelungen im Hinblick auf Art. 28 I 2 GG nicht unbedenklich, da nach dieser Vorschrift die Willensbildung der Gemeinde ausschließlich deren gewähl-

---

[95] Vgl. VGH Mannheim, VBlBW 1985, 63.
[96] Zu deren Kompetenzen *Deubert*, BayVBl 1994, 747f.
[97] Eingehend hierzu *Jäde*, BayVBl 1995, 652f.
[98] Vgl. VGH München, DÖV 1987, 446, 447.
[99] Vgl. VGH Mannheim, VBlBW 1985, 64; *Gern*, KommR SA, Rn. 437.
[100] Vgl. *Grasser*, BayVBl 1994, 385f.
[101] Dazu: *Hofmann/Muth/Theisen*, KommR NRW, S. 420; weiterführend *Pünder*, DVBl. 2002, 381ff.

ten Vertretern zusteht, so dass die Einbindung und das Stimmrecht der genannten Personen nicht ohne Weiteres verfassungsgemäß sind.[102]

Die Mitglieder der Ausschüsse und deren Stellvertreter werden durch Wahl aus der Mitte des Gemeinderates bestimmt (§§ 40 f. GemO B.-W.; Art. 33 GO BY; § 58 GO NRW; § 42 SächsGO).[103] Falls über die Zusammensetzung des Ausschusses keine Einigung gelingt, werden auf der Basis von Wahlvorschlägen der Fraktionen und der anderen im Rat vertretenen Gruppen nach den Grundsätzen der Verhältniswahl die Mitglieder gewählt. Das konkrete Wahlverfahren unterscheidet sich in BY, B.-W., NRW und SA in vielen Details. Falls nur ein einziger gültiger oder überhaupt kein einziger Wahlvorschlag unterbreitet wird, findet eine Mehrheitswahl statt. Da die **Zusammensetzung** der Ausschüsse **proportional** zur Zusammensetzung des Gesamtgemeinderats ist, ergibt sich ein Spiegelbild der Zusammensetzung der politischen Kräfteverhältnisse im Gemeinderat (**Prinzip der Weitergabe der Repräsentation**).[104] Geringe Abweichungen verstoßen hierbei weder gegen das Demokratieprinzip noch gegen das Gebot des Minderheitenschutzes oder die Chancengleichheit der Parteien, und zwar weder unter landesrechtlichen noch unter bundesrechtlichen Gesichtspunkten, selbst wenn bei kleinen Ausschüssen u. U. nicht alle Fraktionen einen Sitz innehaben; der Ausschuss muss auch nicht deswegen eine bestimmte Mindestgröße haben, um allen Fraktionen einen Sitz zu gewährleisten.[105] Aus diesem Grund ist qua Landesrecht auch die Anwendung des d'Hondtschen Sitzzuteilungsverfahrens auf Basis der Gemeinderatsmitglieder für die Ausschussbesetzungen zulässig. Werden diese Abweichungen jedoch umfangreicher, so bestehen Einschränkungen hinsichtlich der möglichen Besetzungsmodalitäten, würde doch andernfalls das „Spiegelbildlichkeitsgebot" über Gebühr strapaziert.[106] **Fraktionslose Gemeinderatsmitglieder** haben keinen – der Wüppesahl-Rechtsprechung des Bundesverfassungsgerichts zu fraktionslosen Abgeordneten vergleichbaren[107] – Anspruch darauf, zumindest mit beratender Stimme in einem Ausschuss vertreten zu sein.[108] Den – gegebenenfalls im Wege des Kommunalverfassungsstreits einklagbaren – Anspruch auf eine adäquate Vertretung im Ausschuss können lediglich die Fraktionen geltend machen, nicht aber auch einzelne Gemeinderatsmitglieder, erst recht nicht einzelne Gemeindebürger.[109]

81

---

[102] Vgl. OVG Münster, NVwZ-RR 1990, 505.
[103] Zur Rechtsstellung der Ausschussmitglieder eingehend *Streinz*, BayVBl 1983, 705 ff., 745 ff.
[104] VGH Mannheim, DÖV 1988, 477; BVerwG, NVwZ 1993, 375, 377; VGH München, NVwZ-RR 1993, 503; *v. Mutius*, KommR, Rn. 737.*Gern*, KommR SA, Rn. 441.
[105] Vertiefend BVerwGE 119, 505 ff.; DVBl 1994, 216; BVerwG, NVwZ-RR 1988, 42; VGH München, BayVBl 2004, 429; *Randak*, BayVBl 2004, 705 ff.; *Geerlings/Maaß*, DÖV 2005, 644 ff.; *Goerlich/Schmidt*, LKV 2005, 7 ff.; *Krüper*, NWVBl 2005, 97 ff. zur aktuellen Thematik der Anwendung des d'Hondt'schen Verfahrens bei der Ausschussbesetzung.
[106] So ist beispielsweise in BY für den Fall der sog. „Überaufrundung", also den Fall, in dem eine Wählergruppierung stimmenanteilsmäßig nicht nur auf die nächste Sitzzahl, sondern gar auf die übernächste aufgerundet wird, das d'Hondt Verfahren nicht mehr wählbar, vgl. BayVGH, DVBl. 2004, 1051. Auch sog. „Pattauflösungsregeln" müssen in der Folge unzulässig sein, wenn diese zu Überaufrundungen führen, vgl. BayVGH DÖV 2015, 672 mit Anmerkung *Reiß*, KommP Wahlen 2015, 73.
[107] BVerfGE 80, 188 ff.
[108] Vgl. VGH München, BayVBl 1993, 180; *Gern*, KommR SA, Rn. 446.
[109] Vgl. VGH München, Beschluss vom 3. Dezember 1997, Az.: 4 N 96.190 sowie BayVBl 1995, 117, 118.

82 Gemeinderatsausschüsse können zu jeder Zeit aufgelöst oder umgestaltet, ihre Mitglieder jederzeit abgewählt werden. Die vorzeitige **Abberufung eines Ausschussmitgliedes** durch die Fraktion ist jedoch nur bei Vorliegen eines wichtigen Grundes möglich.[110] Streitigkeiten über die Mitgliedschaft in einem Ausschuss können stets in Form eines Kommunalverfassungsstreits vor die Verwaltungsgerichte gebracht werden, da die Mitgliedseigenschaft im Ausschuss ein gerichtlich wehrfähiges subjektives öffentliches Recht darstellt.

83 Wird ein Gemeinderatsmitglied nicht in einen Ausschuss des Gemeinderats gewählt, so liegt darin keine rechtswidrige Versagung seiner Mitwirkungsrechte i. S. v. Art. 28 I 2, 20 I und 2 GG und den Vorschriften der Gemeindeordnungen.[111] Es besteht demzufolge kein Anspruch für ein einzelnes Gemeinderatsmitglied, in einen Ausschuss gewählt zu werden. Ist ein Gemeinderatsmitglied nicht in einem Ausschuss vertreten, steht ihm auch kein Rederecht in den Ausschusssitzungen zu.[112] Es hat jedoch einen Anspruch darauf, jederzeit öffentlichen und auch nichtöffentlichen Sitzungen als Zuhörer beiwohnen zu dürfen[113] und Akteneinsicht hinsichtlich der Ausschusssitzungen zu nehmen.[114]

84 Aufgrund des dem Kommunalrecht zugrunde liegenden Prinzips der repräsentativen Demokratie haben Gemeinderatsfraktionen nicht ohne Weiteres unabhängig von der Zahl ihrer Mitglieder einen Anspruch darauf, in jedem Ausschuss mit ihren Fraktionsmitgliedern vertreten zu sein.[115] In NRW haben jedoch nach § 58 I GO NRW Fraktionen, die in einen Ausschuss kein Mitglied entsenden dürfen, das Recht, ein Gemeinderatsmitglied oder einen sachkundigen Bürger zu bestimmen, der sodann vom Gemeinderat zum Mitglied des Ausschusses bestellt wird und an den Ausschusssitzungen mit beratender Stimme mitwirkt.

85 Ist die Zusammensetzung des Ausschusses in irgendeiner Weise fehlerhaft (z. B. Vorliegen eines Hinderungsgrundes oder Ausschluss eines Ausschussmitglieds zu Unrecht), sind die gefassten Beschlüsse nichtig. Etwas anderes gilt in dem Fall, dass gesetzlich die Möglichkeit zur Heilung vorgesehen ist oder dass der Verstoß nach den hierfür relevanten Normen unbeachtlich ist.[116]

86 Der Geschäftsgang in den Ausschüssen entspricht nach den Gemeindeordnungen im Großen und Ganzen den Normen über den Geschäftsgang des Gemeinderats (§§ 39, 41 GemO B.-W.; Art. 33, 55 GO BY; § 58 GO NRW; § 41 SächsGO).[117] Abwei-

---

[110] Vgl. BayVGH, BayVBl. 1988, 433: Durch Bestellung für Ausschusssitz durch die Fraktion entsteht ein subjektiv-öffentliches Mitgliedschaftsrecht, das nur aus wichtigem Grund entzogen werden kann; *Gern*, Deutsches Kommunalrecht, Rn. 415; a. A. *Erdmann*, DÖV 1988, 914f.: immer zulässig. Nach der Sonderregel in Art. 27 III 2 LKrO BY für den Kreisausschuss verliert das aus seiner Fraktion ausgeschlossene Mitglied kraft Gesetzes auch seine Ausschusssitze, die er aufgrund des Fraktionsvorschlags erhalten hat; str. ist allerdings, ob dies für die Gemeindeebene analog gilt oder e contrario gerade nicht gilt, vgl. auch *Streinz*, BayVBl. 1983, 705/709.
[111] Vgl. VGH München, NVwZ 1990, 1197.
[112] Vgl. BVerwG, NVwZ-RR, 1994, 109; VGH Mannheim, NVwZ 1990, 893; kritisch hierzu jedoch *Schwerdtner*, VBlBW 1993, 328.
[113] Vgl. VGH Mannheim, VBlBW 1988, 409, 410.
[114] Eingehend hierzu *Eiermann*, NVwZ 2005, 43 ff.
[115] Vgl. BVerwG, NVwZ-RR 1993, 209; weiterführend *Geerlings/Maaß*, DÖV 2005, 644 ff.
[116] S. hierzu umfassend *Hirte*, DÖV 1988, 108 ff.
[117] S. hierzu *Streinz*, BayVBl 1983, 705 ff., 745 ff.

chungen können durch die Hauptsatzung und durch die Geschäftsordnung getroffen werden. Zu den Sitzungen müssen nur die Ausschussmitglieder geladen werden; die Ladung erfolgt, gleich wer den Vorsitz im Ausschuss führt, stets durch den Bürgermeister als Kopf der Verwaltung. Gemeinderatsmitglieder, die dem Ausschuss nicht angehören, können aber beanspruchen, über den Ort, die Zeit und die Tagesordnung informiert zu werden.[118] In NRW müssen gemäß § 58 II GO NRW Tagesordnung, Ort und Zeit nicht öffentlich bekannt gemacht werden.

Die Sitzungen der beschließenden Ausschüsse sind öffentlich, da grundsätzlich auf die Regelungen für den Gemeinderat verwiesen wird. Sitzungen beratender Ausschüsse sind regelmäßig landesrechtlich nichtöffentlich (§ 41 III GemO B.-W.; § 43 II SächsGO). In BY wird dies offengelassen (Art. 55 I GO). Indessen besteht ein Wahlrecht in den Geschäftsordnungen. Die Nichtöffentlichkeit der Sitzung verstößt nicht gegen das Demokratieprinzip, es sei denn es würden Gegenstände zur Vorberatung und zur Beschlussfassung behandelt.[119] 87

Eine fehlerhafte oder unterlassene Vorberatung in einem Ausschuss wirkt sich nicht auf die Wirksamkeit des nachfolgenden Beschlusses des Gemeinderates aus. Verschiedene Ausschüsse können ihre Sitzungen gemeinsam abhalten und gemeinsam beraten. Jedoch müssen die Beschlussfähigkeit und die Stimmabgabe für jeden Ausschuss getrennt ermittelt werden.[120] In NRW können gemäß § 57 IV GO NRW die Beschlüsse der beschließenden Ausschüsse erst dann vollzogen werden, sobald eine von der Geschäftsordnung bestimmte Frist verstrichen ist und weder der Bürgermeister noch ein Fünftel der Ausschussmitglieder Einspruch eingelegt hat. Gegebenenfalls entscheidet der Rat über diesen Einspruch. 88

In B.-W. ist es gemäß § 33a GemO B.-W. möglich, durch die Hauptsatzung einen Ältestenrat für den Gemeinderat zu bilden – vergleichbar mit dem in staatlichen Parlamenten.[121] Ein solcher ist aber kein Ausschuss, sondern ein Organteil des Gemeinderats. Vorsitzender des Ältestenrats ist gemäß § 33a I 2 GemO B.-W. der Bürgermeister. Der Ältestenrat leistet dem Bürgermeister hinsichtlich der Aufstellung der Tagesordnung und bezüglich des Verhandlungsgangs im Gemeinderat Zuarbeit. Gemäß § 33a II GemO B.-W. sind die Einzelheiten betreffend den Ältestenrat in der Geschäftsordnung zu regeln. 89

2. Fraktionen

Literatur: *Erdmann,* DÖV 1988, 910; *Schmidt-Jortzig,* Zum Rechtsschutz gegen Fraktionsausschlüsse im Gemeinderat, NVwZ 1994, 116 ff.; *Suerbaum,* HKWP I, S. 535 ff.

Bei Fraktionen handelt es sich um **Vereinigungen politisch gleichgesinnter Mandatsträger.**[122] Durch die Fraktionen ist eine effektivere Arbeit im Gemeinderat möglich, da sie sich mit den im Gemeinderat zu behandelnden Materien bereits vorher auseinandersetzen können. Sie sind ein Instrument zur Arbeitsteilung im Gemeinde- 90

---

[118] Vgl. *Gern,* DKommR, Rn. 417.
[119] Siehe dazu VGH München, NVwZ-RR 1990, 432 (432 f.).
[120] Vgl. *Gern,* DKommR, Rn. 417.
[121] Näher hierzu *Püttner,* KommR B.-W., Rn. 217.
[122] Vgl. VGH München, BayVBl 1986, 466; BVerwG, NVwZ 1993, 375, 376; *Gern,* KommR SA, Rn. 460. Zum Begriff der Gemeinderatsfraktion ausführlich *Rothe,* DVBl 1988, 382 ff.

rat.¹²³ Die effektive Durchführung einer solchen Arbeitsteilung bringt es mit sich, dass von den einzelnen Fraktionsmitgliedern grundsätzlich ein gewisses Maß an Fraktionsdisziplin erwartet wird.¹²⁴

91 In NRW und SA ist die Fraktion in der Gemeindeordnung ausdrücklich geregelt (§ 56 GO NRW; § 35a SächsGO), wohingegen in BY und B.-W. keine derartige Regelung existiert. Ungeachtet dessen sind auch in B.-W. und BY Fraktionen auf Kommunalebene angesichts der durch sie erreichten Verwaltungsvereinfachung anerkannt. Letztlich ergibt sich die Möglichkeit zur Fraktionsbildung aus der Befugnis der Gemeindevertretung, ihre interne Organisation und das Prozedere ihres Entscheidungsprozesses in eigener Verantwortung zu regeln.¹²⁵ Daher werden Regelungen zu den Fraktionen in den Geschäftsordnungen getroffen.

92 In diesen sind Vorschriften zur Gründung bzw. zur erforderlichen Anzahl an Gemeinderäten für eine Fraktion enthalten (§ 56 I GO NRW; § 35a I 2 SächsGO). Dazu korrespondierend endet eine Fraktion durch freiwillige Auflösung, durch Unterschreitung der vorgesehenen Mindestfraktionsstärke oder auch mit Ende der Wahlperiode der Mitglieder, da insoweit der Grundsatz der Diskontinuität gilt.¹²⁶ Die Fraktionen gelten bis zu ihrer vollständigen Abwicklung als weiter fortbestehend.¹²⁷

93 Welche **Rechtsnatur eine Fraktion** innehat und wie sich ihre Rechtsverhältnisse gestalten, war lange umstritten. Teilweise wurde sie dem Öffentlichen Recht,¹²⁸ teilweise dem Privatrecht¹²⁹ zugerechnet. Auch finden sich Auffassungen, die zwischen Handlungsbefugnissen aus speziell öffentlichem Recht einerseits und aus Privatrecht andererseits unterscheiden. Vorzugswürdig ist für das **Außenverhältnis** zum Gemeinderat bzw. zur Gemeinde die Auffassung, die die Fraktionen als öffentlich-rechtliche Zusammenschlüsse¹³⁰ sieht: Die Existenz von Fraktionen dient der Förderung der Mitgliedschaftsrechte der Gemeinderatsmitglieder und der Bündelung der Entscheidungsfindung und ist daher als öffentlich-rechtliches Annexrecht des Mitgliedschaftsrechts anzusehen. Zudem sind Fraktionen Organteile des Gemeinderats (s. a. § 35a SächsGO).¹³¹ Für das **fraktionsinterne** Verhältnis, also das Verhältnis des Mitglieds zu seiner Fraktion (Aufnahme, Austritt, Ausschluss), galt in Bayern bis vor wenigen Jahren die Zuordnung zum Privatrecht.¹³² Danach war von einem nichtrechtsfähigen Verein des Bürgerlichen Rechts auszugehen, da es sich um einen Zusammenschluss mehrerer Personen zur Verfolgung eines gemeinsamen, nicht wirtschaftlichen Zwecks handelt.

---

¹²³ Vgl. *Hofmann/Muth/Theisen,* KommR NRW, S. 365.
¹²⁴ S. hierzu *Hofmann/Muth/Theisen,* KommR NRW, S. 366 f.
¹²⁵ Vgl. *v. Mutius,* KommR, Rn. 715.
¹²⁶ Vgl. *Gern,* DKommR, Rn. 425.
¹²⁷ Vgl. OVG Münster, NVwZ-RR 1993, 263.
¹²⁸ So *Hofmann/Muth/Theisen,* KommR NRW, S. 364; *Schmidt-Jortzig/Hansen,* NVwZ 1994, 116, 117; *Hölzl/Hien,* BayGO, Art. 33 Anm. 8; OVG Münster, NJW 1989, 1105; VG Darmstadt NVwZ-RR 1990, 104.
¹²⁹ So VGH München, NJW 1988, 2754; NVwZ-RR 1993, 503; der VGH München hat seine Rechtsprechung hierzu jedoch inzwischen geändert und die Zurechnung zum Privatrecht nunmehr abgelehnt, vgl. VGH München, BayVBl. 2015, 343 (344).
¹³⁰ Vgl. *Gern,* DKommR, Rn. 420; *Papsthart,* BayVBl. 2016, 361 (365).
¹³¹ Vgl. BVerwG, DÖV 1992, 832; *Gern,* KommR SA, Rn. 460; VGH München, BayVBl. 2015, 343 (344), m.w.N.
¹³² Vgl. VGH München, NJW 1988, 2754 ff.; BayVBl. 1989, 433 ff.; a. A. VGH Hessen, HGZ 1987, 209 ff.

In der Folge war für entsprechende Sachverhalte der Zivilrechtsweg eröffnet. Hinsichtlich dieser primär bayerischen Ansicht hat die Rechtsprechung einen Schwenk vollzogen: Nachdem zunächst noch die engültige Entscheidung hierüber offen gelassen wurde,[133] wurde nunmehr in aktuellster Rechtsprechung die Zugehörigkeit zu einer „organisierten Staatlichkeit"[134] bejaht, woraus sich auch für das Innenverhältnis der Fraktion die Zugrundelegung von öffentlich-rechtlichen Grundsätzen abgeleitet. Damit ist nunmehr der Verwaltungsrechtsweg zu beschreiten.[135]

Eine Fraktion wird durch freie **öffentlich-rechtliche Vereinbarung** der entsprechenden Gemeinderatsmitglieder gegründet, niemand muss einer Fraktion beitreten. Unzulässig ist der Beitritt zu Fraktionen im Hinblick auf § 33 I 1 BeamtStG für Beamten der Gemeinde.[136] Grundsätzlich ist regelmäßige Voraussetzung für die gemeinsame Mitgliedschaft in derselben Fraktion die Mitgliedschaft in derselben Partei oder Wählergruppe.[137] Diese Voraussetzung ist allerdings primär faktischer Natur – nicht selten schließen sich gerade Ratsmitglieder, die einzige Vertreter ihrer Partei oder Wählergruppe sind, mit anderen zusammen, um bei der Vergabe von Ausschusssitzen berücksichtigt zu werden. In NRW ist dieser Zusammenschluss von Mitgliedern unterschiedlicher Parteien explizit gesetzlich legitimiert (§ 56 I GONRW).[138] Darüber hinaus ist auch die Aufnahme sogenannter Hospitanten, die keiner Fraktion angehören, möglich (§ 56 IV GONRW).

94

Aus dem Begriff „Zusammenschluss" ergibt sich, dass eine Fraktion mindestens zwei Mitglieder haben muss;[139] das entspricht auch ihrem Zweck, die Arbeit im Gemeinderat zu erleichtern, indem bereits vorher eine gemeinsame Teilwillensbildung und eine Formulierung der politischen Position stattfindet. Aus der Einbindung der Fraktionen in den Gemeinderat ergeben sich für diese Grenzen der Gründungsfreiheit, insbesondere für eine notwendige Mindestanzahl an Mitgliedern. Dem Gemeinderat steht dabei ein weites Ermessen zu, das aber durch den Hintergrund der Existenz von Fraktionen und das Grundgesetz auch Grenzen hat.[140] Der Gemeinderat ist insbesondere an die Schranke des Willkürverbots, den Grundsatz der Chancengleichheit und das Gebot des Minderheitenschutzes gebunden.[141] Im Einzelfall kann daher auch die Festlegung einer Mindestfraktionsstärke von bis zu 10% der Gemeinderatsmitglieder noch möglich sein.[142] Eine Mindestanzahl von 5% oder etwas darüber wird wohl jedenfalls, zumindest in größeren Räten, als zulässig erachtet werden müssen.[143] Die Voraussetzungen für den Fraktionsstatus können sowohl durch eine Satzung als auch durch die Geschäftsordnung festgelegt werden. Soweit wegen der Festsetzung einer Mindeststärke einzelne Gemeinderatsmitglieder keiner Fraktion angehören, muss dafür Sorge getragen werden,

95

---

[133] Vgl. VGH München, Beschluss v. 13.2.2007 – 4 C 06.2676.
[134] Vgl. VGH München, BayVBl. 2015, 343 (344).
[135] Vgl. *Papsthart*, BayVBl. 2016, 361 (366).
[136] Vgl. BVerwG, NVwZ 1993, 375, 377. S. hierzu umfassend *Kottke*, BayVBl 1987, 417ff.
[137] Vgl. *v. Mutius*, KommR, Rn. 715; *Schuegraf*, BayVBl 1969, 116ff.
[138] S. hierzu *Hofmann/Muth/Theisen*, KommR NRW, S. 366.
[139] Vgl. *Hofmann/Muth/Theisen*, KommR NRW, S. 367; *Püttner*, KommR B.-W., Rn. 218; BVerwG, DÖV 1979, 790.
[140] Vgl. *v. Mutius*, KommR, Rn. 718; *Püttner*, KommR B.-W., Rn. 218; VGH Mannheim, DÖV 1989, 596. Eingehend hierzu *Fröhlinger*, DVBl 1982, 682ff.
[141] Vgl. *v. Mutius*, KommR, Rn. 718.
[142] Vgl. VGH München, NVwZ-RR 2000, 811.
[143] Vgl. VGH Kassel, DÖV 2007, 848.

dass auch die fraktionslosen Gemeinderatsmitglieder ihre Mitwirkungsrechte effektiv ausüben können.[144] Es besteht aber kein Anspruch des fraktionslosen Gemeinderatsmitglieds auf Gleichbehandlung mit den fraktionsgebundenen Mitgliedern. Etwaige Nachteile sind durch die Zwecke, die Fraktionen erfüllen, gerechtfertigt.[145] Überschritten wäre aber die Grenze des Zulässigen, wenn sich der Gemeinderat zu einer **Benachteiligung der fraktionslosen Mitglieder** durch einen Missbrauch seiner Organisationsgewalt leiten ließe.[146] Letztlich muss bei derartigen Regelungen das Interesse des Gemeinderats an effektiver Arbeit gegen das Recht des fraktionslosen Mitglieds an vollständiger Wahrnehmung seines Mandats abgewogen werden.[147] Jedenfalls kann das fraktionslose Mitglied nicht verlangen, entsprechend der Rechtsprechung des BVerfG über fraktionslose Abgeordnete[148] behandelt zu werden.[149]

96 Durch eine Satzung oder die Geschäftsordnung können den Fraktionen durch den Gemeinderat kraft seiner Selbstorganisationshoheit **spezifische Fraktionsrechte** zugebilligt werden (wie z. B. Haushaltsmittel für sachliche und personelle Aufwendungen).[150] Diese Rechte sind dann öffentlich-rechtlicher Natur und führen zur öffentlich-rechtlichen Teilrechtsfähigkeit der Fraktionen. Eine Beleihung ist damit aber nicht verbunden, da keine Hoheitsrechte, sondern nur Innenrechtspositionen übertragen werden. Aus den zwingenden Vorschriften der Gemeindeordnungen ergeben sich Grenzen der Zubilligung von Fraktionsrechten. Insbesondere dürfen die Einzelmitgliedschaftsrechte der Gemeinderatsmitglieder nicht eingeschränkt werden.[151]

97 Auf Grund der publizistischen Aufgabenzuweisung an die Fraktionen unterliegt ihre innere Ordnung öffentlich-rechtlichen Anforderungen, insbesondere dem Rechtsstaatsprinzip und dem Demokratieprinzip (so explizit § 56 II GO NRW).[152]

98 Da nunmehr auch die bayerische Rechtsprechung umgeschwenkt ist, ist ein **Fraktionsausschluss** nach allgemeiner Ansicht dem öffentlichen Recht zuzuordnen. Die Rechtsnatur des Ausschlusses ist eine öffentlich-rechtliche organinterne Rechtshandlung und ist somit im Kommunalverfassungsstreitverfahren überprüfbar.[153] Ein Fraktionsausschluss ist in Rechtsanalogie zu §§ 626 I, 723 I 2 BGB, § 89a I HGB, § 10 IV PartG lediglich **aus wichtigem Grund** und als ultima ratio zulässig.[154] Insofern ist auf die Besonderheiten des konkreten Falles abzustellen. Nicht ausreichend ist jedenfalls ein abweichendes Verhalten in Einzelfragen, wohl aber eine Entfernung von den Grundwerten der Partei. Der Fraktionsausschluss ist durch Mehrheitsbeschluss zu fassen, da das Ausschlussverfahren rechtstaatlichen Grundsätzen zu entsprechen hat. Dritte dürfen an einem solchen Beschluss nicht mitwirken. In NRW sind die Fraktio-

---

[144] Umfassend hierzu *Hellermann*, Jura 1995, 145 ff.
[145] Vgl. *v. Mutius*, KommR, Rn. 719.
[146] Vgl. *v. Mutius*, KommR, Rn. 720.
[147] Vgl. VGH Mannheim, NVwZ-RR 1989, 425.
[148] BVerfGE 80, 188 ff.
[149] Vgl. *Hofmann/Muth/Theisen*, KommR NRW, S. 365 f.; s. o. Rn. 81.
[150] Näher hierzu *Hofmann/Muth/Theisen*, KommR NRW, S. 368; *Gern*, KommR SA, Rn. 462.
[151] Vgl. *Gern*, DKommR, Rn. 422.
[152] Vgl. OVG Lüneburg, DÖV 1993, 1101.
[153] Zum Rechtsschutz gegen Fraktionsausschlüsse im Gemeinderat *Schmidt-Jortzig*, NVwZ 1994, 116 ff. A. A. VGH München NJW 1988, 2754.
[154] Vgl. OVG Münster NJW 1989, 1105; NVwZ 1993, 399; OVG Lüneburg, NVwZ 1994, 506. *Erdmann*, DÖV 1988, 907 ff.

nen verpflichtet, sich ein Statut zu geben, in dem die genaueren Regelungen niedergelegt sind.[155]

Nicht dem öffentlichen Recht, sondern dem Privatrecht unterliegen die Rechtsbeziehungen zwischen Fraktionen und Dritten. Mangels Privatrechtsfähigkeit werden die Rechtsakte dabei nicht der Fraktion, sondern den Mitgliedern zur gesamten Hand zugerechnet. Im Gegensatz zu ihrer öffentlich-rechtlichen Verfasstheit ist die Fraktion privatrechtlich nicht teilrechtsfähig.[156]

99

Eine Unterstützung der Fraktionen seitens der Gemeinde durch **Finanzbeihilfen** in Gestalt von Sach- oder Geldzuwendungen ist im Hinblick auf deren Funktion zwar zulässig, jedoch nicht zwingend notwendig. Eine Ausnahme dazu stellt die Pflicht zur finanziellen Unterstützung von Fraktionen in NRW dar (§ 56 III GO NRW).[157] Finanzierungshilfen dürfen aber stets nur für die konkrete Erfüllung der kommunalen Funktionen oder für deren Geschäftsführung vergeben werden, anderenfalls drohte auf Grund der engen Verbindung der Fraktionen mit den jeweiligen Parteien die Gefahr der verbotenen verschleierten Parteifinanzierung. Bei der Vergabe finden die für Zuschüsse geltenden Regeln Anwendung.[158]

100

Im Hinblick auf die einzelnen Gemeinderatsmitglieder kann der für die Arbeit in der Fraktion aufgebrachte Zeitaufwand bei der Höhe der Aufwandsentschädigung für die Tätigkeit im Gemeinderat adäquat berücksichtigt werden, da auch diese Arbeit zu der ehrenamtlichen Tätigkeit der Mandatsträger gehört.[159]

101

Die Gemeinde kann bzw. ist auf Grund der Funktion der Fraktionen unter Wahrung des Gleichheitsgrundsatzes in einem gewissen Maße auch verpflichtet, durch sonstige Unterstützung der Fraktionen deren Arbeit zu befördern. Dies kann beispielsweise dadurch geschehen, dass Unterlagen überlassen werden oder dass Auskünfte erteilt werden. Jedoch läuft die Zuweisung hauptberuflicher Fraktionsassistenten durch die Gemeinden ebenso wie deren Finanzierung sowohl dem Grundsatz der parteipolitischen Neutralität der Gemeinden als auch dem Grundsatz der ehrenamtlichen Wahrnehmung der Gemeinderatsmandate zuwider und ist daher unstatthaft.[160] In NRW können aber hauptberufliche Mitarbeiter der Fraktion auch Ratsmitglied sein (§ 56 IV GO NRW).

102

Im Kommunalverfassungsstreit genießen die Fraktionen Beteiligtenfähigkeit (§ 61 Nr. 2 VwGO), sofern sie in ihren Rechten als Fraktion betroffen sind. Auch besteht für Gemeinderatsmitglieder, die der Ansicht sind, ihnen stehe das Recht auf Bildung einer Fraktion zu, die Möglichkeit, ihren Fraktionsstatus im Kommunalverfassungsstreit überprüfen zu lassen.[161] Die im Rahmen des Kommunalverfassungsstreits anfallenden gerichtlichen und außergerichtlichen Kosten muss im Innenverhältnis regelmäßig die Gemeinde übernehmen.[162]

103

---

[155] Vgl. *Gern*, DKommR, Rn. 423.
[156] Vgl. *Gern*, DKommR, Rn. 424; a. A. VG Schleswig, NVwZ-RR 1991, 510.
[157] S. hierzu OVG Münster, NVwZ-RR 2003, 376.
[158] Vgl. *Gern*, DKommR, Rn. 426.
[159] Vgl. VG Münster, NVwZ-RR 1992, 266.
[160] Vgl. *Gern*, DKommR, Rn. 426. S. hierzu umfassend *v. Mutius*, KommR, Rn. 721 ff.; *Rothe*, DVBl 1993, 1042 ff.
[161] Vgl. VGH Mannheim, VBlBW 1989, 155 f.
[162] Vgl. OVG Münster, DVBl 1992, 444; *Gern*, KommR SA, Rn. 467.

III. Ortschafts- und Bezirksverfassung

104 Angesichts der Größe mancher Gemeinden und angesichts des Umstandes, dass der heutige Zuschnitt der Gemeindegrenzen die Folge zahlreicher Eingemeindungen einst selbständiger Gemeinden ist, ist es ein wichtiges Gebot der Bürgernähe, dass die Gemeinden ihren inneren Strukturen dadurch Rechnung tragen, dass sie über Untergliederungen verfügen, die bestimmte Aufgaben dezentral wahrnehmen. Diese Untergliederungen heißen **Ortschaften** und **Gemeindebezirke**. Politisch sind sie meist ein Kind der Gemeindegebietsreformen der 70er Jahre; mit ihnen sollte der regelmäßig als gravierend empfundene Wegfall der politischen Selbständigkeit kleiner Gemeinden durch die Einräumung eines begrenzten Selbstverwaltungsbereich kompensiert werden und der schlagartige Amtsverlust vieler Bürgermeister durch das Amt eines Ortsvorstehers bzw. -sprechers „versüßt" werden, um sonst drohende gravierende Wahlniederlagen „aufzufangen". Die Regelungen der Gemeindeordnungen zur Ortschafts- und Bezirksverfassung divergieren zwischen den Bundesländern stark, weshalb diese getrennt voneinander dargestellt werden sollen:

105 In B.-W. existieren die **Institute Gemeindebezirk und Ortschaft**. Gemäß § 64 GemO B.-W. können Gemeindebezirke in Gemeinden mit mehr als 100000 Einwohnern sowie in Gemeinden mit räumlich getrennten Ortsteilen errichtet werden. Hierbei ist es auch möglich, dass mehrere aneinander angrenzende Ortsteile einen gemeinsamen Gemeindebezirk bilden. Als Organ des Gemeindebezirks fungiert ein Bezirksbeirat. Seine Mitglieder werden vom Gemeinderat zu Beginn der Wahlzeit aus dem Kreis der im Gemeindebezirk wohnenden Bürger bestellt (gemäß § 65 IV GemO B.-W. kann in Gemeinden mit mehr als 100000 Einwohnern in der Hauptsatzung auch bestimmt werden, dass die Bezirksbeiräte direkt durch die Wahlberechtigten des Gemeindebezirks zu wählen sind). Zu berücksichtigen bei der politischen Zusammensetzung des Bezirksbeirats ist das Wahlergebnis bei der Gemeinderatswahl im jeweiligen Gemeindebezirk. Der Bezirksbeirat hat letztlich nur beratende Funktion dem Gemeinderat gegenüber. Er ist in allen bedeutenden Angelegenheiten zu hören, die den Gemeindebezirk betreffen.

106 Gemäß §§ 67, 68 I GemO B.-W. können in B.-W. ferner in Gemeinden mit räumlich getrennten Ortsteilen Ortschaften durch die Hauptsatzung eingeführt werden. **Ortschaften** sind **nicht rechtsfähige Körperschaften des öffentlichen Rechts.**[163] Organe der Ortschaften sind der **Ortsvorsteher** (§ 68 III GemO B.-W.) und der **Ortschaftsrat** (§ 68 II GemO B.-W.). Der erste Bürgermeister kann aufgrund seiner Organisationshoheit (§ 44 I 2 GemO B.-W.) eine eigene örtliche Verwaltung schaffen (§ 68 IV GemO B.-W.). Die Ortschaftsräte werden gleichzeitig mit den Gemeinderäten gewählt (näher: § 69 II GemO B.-W.). Der Ortschaftsrat ist zuständig für die Erledigung der ortschaftsbezogenen Angelegenheiten, die der Gemeinderat ihm durch die Hauptsatzung übertragen hat (§ 70 II 1 GemO B.-W.). Daneben hat er nur beratende Funktionen: Er berät die örtliche Verwaltung (§ 70 I 1 GemO B.-W.) und hat dem Gemeinderat gegenüber ein Anhörungsrecht zu allen wichtigen Angelegenheiten, die die Ortschaft berühren. Der Ortsvorsteher ist der Vorsitzende des Ortschaftsrates (§ 79 III GemO B.-W.). Er wird vom Gemeinderat auf Vorschlag des Ortschaftsrates aus dem Kreis der Wahlberechtigten der Ortschaft gewählt (§ 71 I GemO B.-W.). Der

---

[163] Vgl. *Gern*, DKommR, Rn. 632.

§ 11. Organe der Gemeinde und Gemeindeverfassung

Ortsvorsteher ist zur Vertretung des Bürgermeisters beim Vollzug der Beschlüsse des Ortschaftsrates und bei der Leitung der örtlichen Verwaltung befugt. Er darf an den Gemeinderatssitzungen und den Sitzungen der Gemeinderatsausschüsse mit beratender Stimme teilnehmen (§ 71 IV GemO B.-W.).

In BY existieren die **Institute Stadtbezirk und Ortschaft.** Gemeinden mit mehr als 100000 Einwohner werden in **Stadtbezirke** eingeteilt (Art. 60 I 1 GO BY). In den Stadtbezirken kann die Gemeinde Bezirksverwaltungsstellen sowie vorberatende Bezirksausschüsse bilden (Art. 60 II 1 GO BY), für die Stadt München ist die Existenz von Bezirksausschüssen vorgegeben (Art. 60 II 3 GO BY). Es besteht darüber hinaus auch die Möglichkeit der Übertragung von Entscheidungskompetenzen des Gemeinderates auf die Bezirksausschüsse (Art. 60 II 2 GO BY). Die politische Zusammensetzung der Bezirksausschüsse muss spiegelbildlich zum Wahlergebnis bei der Gemeinderatswahl im jeweiligen Stadtbezirk sein (Art. 60 III 1 GO BY). Der Bezirksausschuss verfügt über ein Initiativrecht. Der Gemeinderat muss seine Eingaben binnen drei Monaten behandeln (Art. 60 IV GO BY). 107

Ortschaften sind Gemeindeteile, die am 18. Januar 1952 noch selbständig waren. Gemäß Art. 60a I 1 GO BY ist auf Antrag eines Drittels der wahlberechtigten Bürger der Ortschaft eine Ortsversammlung einzuberufen. Diese wählt aus ihrer Mitte in geheimer Wahl einen Ortsprecher, sofern sie kein Mitglied des Gemeinderates stellen. Der Ortssprecher kann an allen Sitzungen des Gemeinderats mit beratender Stimme teilnehmen und Anträge stellen (Art. 60a II 1 GO BY). Er verliert sein Amt nicht allein dadurch, dass durch Ausfall und Nachrücken von Gemeinderatsmitgliedern nachträglich eine Vertretung des Gemeindeteils im Gemeinderat entsteht, sondern bleibt bis zur nächsten Kommunalwahl im Amt (Art. 60a I 3 GO BY). 108

In NRW existieren die **Institute Stadtbezirk** (in kreisfreien Städten; §§ 35–38 GO NRW) und **Gemeindebezirk** (in kreisangehörigen Gemeinden; § 39 GO NRW). Die kreisfreien Städte müssen das gesamte Stadtgebiet in **Stadtbezirke** einteilen (§ 35 I GO NRW), deren Zahl zwischen drei und zehn liegen muss (§ 35 III GO NRW). In jedem Stadtbezirk ist eine **Bezirksverwaltungsstelle** einzurichten (näher hierzu: § 38 GO NRW). Als Organ des Stadtbezirks fungiert eine **Bezirksvertretung.** Sie wird von den Wahlberechtigten des Stadtbezirks direkt gewählt (§ 36 I GO NRW). Die Bezirksvertretung wählt aus ihrer Mitte ihren Vorsitzenden (§ 36 III 2 GO NRW), der die Bezeichnung Bezirksvorsteher führt (§ 36 II 2 GO NRW). Gemeinderatsmitglieder, die nicht zugleich auch Mitglieder der Bezirksvertretung sind, haben das Recht, mit beratender Stimme an den Sitzungen der Bezirksvertretung teilzunehmen (§ 36 VI GO NRW). Die Bezirksvertretung hat eine Reihe von Entscheidungskompetenzen in Angelegenheiten, die den Stadtbezirk besonders betreffen (näher hierzu § 37 I GO NRW). Ferner muss der Gemeinderat die Bezirksvertretung in allen anderen wichtigen Angelegenheiten, die den Stadtbezirk berühren, anhören (§ 37 V GO NRW). 109

In den kreisangehörigen Gemeinden kann das Gemeindegebiet in **Gemeindebezirke** (Ortschaften) eingeteilt werden (§ 39 I 1 GO NRW). In jedem Gemeindebezirk hat der Gemeinderat entweder Bezirksausschüsse zu bilden oder Ortsvorsteher zu wählen (§ 39 II 1 GO NRW). Entscheidet er sich für Bezirksausschüsse, so kann die Gemeinde im Gemeindebezirk Bezirksverwaltungsstellen einrichten (§ 39 II 2 GO NRW). Bezirksausschüsse werden vom Gemeinderat Entscheidungskompetenzen übertragen, die sich ohne Beeinträchtigung der einheitlichen Entwicklung der gesamten Gemeinde 110 innerhalb eines Gemeindebezirks erledigen lassen (§ 39 III 1 GO NRW). Der Ortsvorsteher vertritt die Belange des Gemeindebezirks gegenüber dem Gemeinderat; ist er nicht Gemeinderatsmitglied, darf er an den Gemeinderatssitzungen nicht einmal mit beratender Stimme mitwirken, kann aber mit der Erledigung laufender Angelegenheiten des Gemeindebezirks beauftragt werden (§ 39 VII GO NRW). Der Gemeinderat hat den Ortsvorsteher unter Berücksichtigung des im jeweiligen Gemeindebezirk bei der Gemeinderatswahl eingetretenen Ergebnisses zu wählen (§ 39 VI 1 GO NRW).[164]

111 In SA existieren die **Institute Bezirksverfassung** und **Ortschaftsverfassung**. Gemäß § 70 I 1 SächsGO können die kreisfreien Städte durch die Hauptsatzung das Stadtgebiet in Stadtbezirke einteilen. In den Stadtbezirken können Verwaltungsstellen errichtet und **Stadtbezirksbeiräte** geschaffen werden (§ 70 II, III SächsGO). In wichtigen Angelegenheiten ist der Beirat vom Gemeinderat anzuhören (§ 71 II 1 SächsGO). Die Mitglieder des Stadtbezirksbeirats werden vom Gemeinderat aus dem Kreis der Bürger des Stadtbezirks gewählt (§ 71 I 1 SächsGO). Die politische Zusammensetzung des Stadtbezirksbeirats orientiert sich hierbei am Wahlergebnis der Gemeinderatswahl im jeweiligen Stadtbezirk (§ 71 I 3 SächsGO).

112 Verfügt eine kreisangehörige Gemeinde über abgrenzbare Ortschaften, so kann sie eine **Ortschaftsverfassung** einführen und in den Ortschaften eine örtliche Verwaltung einrichten (§ 65 I, IV SächsGO). Organe der Ortschaft sind der Ortschaftsrat und der Ortsvorsteher (§ 65 III SächsGO). Die Mitglieder des Ortschaftsrates werden von den wahlberechtigten Bürgern der Ortschaft direkt gewählt (§ 66 I 1 SächsGO). Der Ortschaftsrat hat eine Reihe von Kompetenzen hinsichtlich ortschaftsbezogener Angelegenheiten, die der Gemeinderat durch die Hauptsatzung erweitern kann (§ 67 I, II 1 SächsGO). Vorsitzender des Ortschaftsrates ist der Ortsvorsteher, der vom Ortschaftsrat gewählt wird (§§ 66 III, 68 I 1 SächsGO). Der Ortsvorsteher vertritt den ersten Bürgermeister beim Vollzug der Beschlüsse des Ortschaftsrats und darf an den Sitzungen des Gemeinderats mit beratender Stimme teilnehmen (§ 68 II 1, III SächsGO).

IV. Die Gemeinderatssitzung

Literatur: *Raum*, Das Recht auf Rücknahme von Vorschlägen von der Tagesordnung der Gemeinderatssitzung, NVwZ 1990, 144; *Zilkens/Elschner*, Der Schutz personenbezogener Daten in nicht öffentlichen Sitzungen der kommunalen politischen Vertretung am Beispiel der GO NRW, DVBl. 2002, 163 ff.

113 Beschlüsse des Gemeinderats können nur in einer ordnungsgemäß einberufenen und geleiteten Sitzung gefasst werden. Eine Sitzung liegt vor, wenn der Gemeinderat nach seiner Einberufung zusammengekommen ist und wenn der Vorsitzende seine Leitungsbefugnis ausübt.[165]

1. Geschäftsordnung des Gemeinderats

114 Der Gemeinderat hat nach den Gemeindeordnungen aller Länder die Pflicht zum Erlass einer Geschäftsordnung: § 36 II GemO B.-W.; Art. 45 I GO BY; § 47 II GO NRW; § 38 II SächsGO. In der **Geschäftsordnung** regelt der Gemeinderat die Einzelheiten seines Geschäftsgangs. Ebenso kann sie verbindliche Richtlinien zur Erleichterung von Beurteilungsspielräumen (z. B. bzgl. des Begriffs „Geschäfte der laufenden

---

[164] S. hierzu OVG Münster, NVwZ-RR 1989, 660; *Articus/Schneider*, GO NRW, § 39 Ziff. 3.
[165] Vgl. *Gern*, DKommR, Rn. 445.

Verwaltung") enthalten.¹⁶⁶ Wegen des Selbstorganisationsrechts des Gemeinderats hat er einen großen Ermessensspielraum hinsichtlich der zu regelnden Inhalte. Die Gemeindeordnungen sehen jedoch einen Mindestinhalt vor. Hierzu gehören in B.-W., NRW und SA das **Verfahren des Fragerechts** und das **Verfahren der Anhörung** (§ 33 IV GemO B.-W.; § 48 I GO NRW; § 44 VII SächsGO), in B.-W. und SA das **Verfahren für die Stellung und die Behandlung von Anfragen** (§ 24 IV GemO B.-W.; § 28 V GO SA), in BY und NRW die Form und die Frist der Einladungen zu den Sitzungen (Art. 45 II GO BY; § 47 II GO NRW), in BY die Zusammensetzung der Ausschüsse (Art. 33 I GO BY) und in NRW die Bildung von Fraktionen (§ 56 IV GO NRW), den **Ablauf der Beratung und Abstimmung** (§ 50 I GO NRW) und die **Ordnung der Sitzung** (§ 51 II GO NRW). Die Regelungen müssen sich innerhalb der Grenzen halten, die durch einfachgesetzliches Recht – insbesondere die Gemeindeordnungen – und das Verfassungsrecht gezogen sind. Trifft die Geschäftsordnung Regelungen, die damit nicht in Einklang stehen, ist sie insoweit teilnichtig.

Die Geschäftsordnung ist ein **Rechtssatz im materiellen Sinn**. Sie entfaltet jedoch **keine Außenwirkung,** da sie nur das Innenrechtsverhältnis des Gemeinderats regelt.¹⁶⁷ Die Geschäftsordnung ist eine im Rang unter dem Landesrecht stehende Rechtsnorm im Sinne von § 47 I Nr. 2 VwGO und kann daher im verwaltungsgerichtlichen Normenkontrollverfahren vom Oberverwaltungsgericht/Verwaltungsgerichtshof auf seine Wirksamkeit überprüft werden.¹⁶⁸ Davon umfasst sind auch in der Geschäftsordnung enthaltene Richtlinien, die das Landesgesetz verbindlich konkretisieren.¹⁶⁹   115

2. Verfahrensgang

a) Einberufung

Die **Einberufung** muss **schriftlich** und **mit angemessener Frist** durch den Vorsitzenden (Bürgermeister) erfolgen. Mangels Außenwirkung handelt es sich dabei nicht um einen Verwaltungsakt.¹⁷⁰ Der Gemeinderat hat **kein Selbstversammlungsrecht,** sodass das Abhalten einer Sitzung ohne Einberufung durch den Vorsitzenden nicht rechtswirksam ist.¹⁷¹   116

Die Einberufung hat gegenüber allen Mitgliedern des Gemeinderats zu erfolgen, auch wenn abzusehen ist, dass einzelne Mitglieder wegen Abwesenheit oder Krankheit möglicherweise verhindert sind.¹⁷² Dies korrespondiert mit der Pflicht der Gemeinderatsmitglieder an Sitzungen teilzunehmen und andererseits mit dem Recht der Mitglieder entsprechend mitzuwirken und abzustimmen (vgl. § 34 III GemO B.-W.; Art. 48 I GO BY). In der Ladung ist der **Ort und Uhrzeit der Sitzung** anzugeben. Deren Festlegung steht im pflichtgemäßen Ermessen des Vorsitzenden¹⁷³, dem durch   117

---

[166] VGH München, NVwZ-RR 2007, 405 ff.
[167] S. hierzu BVerfG, NVwZ 1984, 430; BVerwG, NVwZ 1985, 39; VGH München, NVwZ-RR 1995, 49.
[168] BVerwG, NVwZ 1988, 1119; VGH München, NVwZ-RR 1990, 432.
[169] Dazu VGH München, NVwZ-RR 2007, 405 ff.
[170] Vgl. *Gern,* DKommR, Rn. 445.
[171] Vgl. *Gern,* DKommR, Rn. 446; *Hölzl/Hien,* GO BY, Art. 46 Anm. 4; *Heid/Becker/Decker/Kirchhof,* § 34 Anm. 1.
[172] Vgl. *Hölzl/Hien,* GO BY, Art. 47 Anm. 2a.
[173] Vgl. VGH Mannheim, NVwZ-RR 1992, 204; VBlBW 1983, 106.

den Öffentlichkeitsgrundsatz und dem Willkürverbot Grenzen gesetzt sind.[174] Wenn die Sitzung unterbrochen wird, muss sie erneut einberufen werden, falls dies dem Vorsitzenden im Hinblick auf den Termin der Fortsetzungssitzung noch möglich ist.[175]

118 Hinsichtlich der **Einberufungsfrist** besteht in B.-W. keine gesetzliche Regelung; in Notfällen kann ohne Frist, formlos und nur unter Angabe der Verhandlungsgegenstände einberufen werden (§ 34 II GemO B.-W.; s. a. § 36 III SächsGO). In NRW (§ 47 II GO) ist die Einberufungsfrist in der Geschäftsordnung des Gemeinderats zu regeln. Gleiches gilt für BY (Art. 45 II GO), wobei wie auch in SA (§ 36 III GO), eine „angemessene Frist" erforderlich ist. Im Regelfall wird eine Frist von drei Tagen ausreichend sein.[176] Lediglich bei besonders komplizierten oder umfangreichen Beratungsgegenständen ist eine Frist von einer Woche erforderlich.[177] Schließlich liegt der Normzweck darin, den Gemeinderatsmitgliedern eine entsprechende (inhaltliche) Vorbereitung auf die Sitzung zu ermöglichen.

119 Eine **Pflicht zur Einberufung** besteht nur dann, wenn die Geschäftslage dies erfordert.[178] Unterlässt der Vorsitzende in einem solchen Fall die Einberufung, kann die Rechtsaufsichtsbehörde die Einberufung erzwingen. Der Rat muss jedoch unverzüglich einberufen werden, wenn ein Teil der Gemeinderatsmitglieder dies verlangt. Das Quorum hierfür liegt in B.-W. (§ 34 I GemO), BY (Art. 46 II 3 GO) und SA (§ 36 III GO) bei einem Viertel, in NRW (§ 47 I GONRW) bei einem Fünftel der Gemeinderatsmitglieder.

120 Die **Tagesordnung** der Sitzung muss den Ratsmitgliedern rechtzeitig zugehen. Die Anforderungen an die Tagesordnung sind hoch. Etwaige Fehler können – vorbehaltlich einer Heilung – einer ordnungsgemäßen Ladung entgegenstehen und damit zur Beschlussunfähigkeit des Gemeinderats führen. In der Regel wird die Tagesordnung mit der Ladung versandt. Zulässig ist es aber auch (bis auf BY, Art. 46 II 2 GO), die Tagesordnung unabhängig von der Ladung zuzuleiten.[179] Dabei sind die erforderlichen Unterlagen zur Vorbereitung der Sitzung beizulegen.[180] Diese **Beratungsunterlagen** müssen es den Gemeinderäten ermöglichen, sich über die zur Beratung und Entscheidung anstehenden Beratungsgegenstände näher zu informieren sowie die Meinungsbildung und die Vorbesprechung in den Fraktionen zu erleichtern.[181] Welche Unterlagen notwendig sind, um die Erreichung dieses Zweckes zu sichern, kann nicht generell bestimmt werden, sondern nur im Hinblick auf die konkreten Beratungsgegenstände.[182] Bei unkomplizierten Beratungsgegenständen kann mit **Tischvorlagen** gearbeitet werden. Der Volltext einer Satzung, über die zu beschließen ist, muss jedoch nicht unbedingt den Gemeinderatsmitgliedern zugesandt werden;[183] es reichen Textauszüge, die Änderungen oder kontroverse Punkte referieren. Von der Zusendung von Unterlagen

---

[174] S. hierzu OVG Münster, NVwZ 1990, 186. Willkürlich wäre ein Sitzungstermin um Mitternacht.
[175] Vgl. *Gern*, DKommR, Rn. 449.
[176] Vgl. *Hölzl/Hien*, GO BY, Art. 47 Anm. 2b; *Heid/Becker/Decker/Kirchhof*, § 34 Anm. 2.
[177] Vgl. VGH Mannheim, NVwZ-RR 1990, 370.
[178] Vgl. *Gern*, DKommR, Rn. 454; *Hölzl/Hien*, GO BY, Art. 46 Anm. 4.
[179] Vgl. VGH Mannheim, NVwZ-RR 1996, 594.
[180] Vgl. *Heid/Becker/Decker/Kirchhof*, § 34 Anm. 3.
[181] Vgl. *Gern*, DKommR, Rn. 451.
[182] S. hierzu VGH Mannheim, NVwZ 1989, 154; NVwZ-RR 1990, 370.
[183] Vgl. VGH Mannheim, VBlBW 1989, 260.

ist abzusehen, wenn das öffentliche Wohl oder berechtigte Interessen Einzelner dies gebieten.[184]

Ein Gegenstand darf nur dann in der Sitzung beraten werden, wenn er auch in der Tagesordnung aufgeführt ist. Lediglich bei nichtöffentlichen Sitzungen kann ein Beratungsgegenstand nach der Rechtsprechung nachträglich durch einstimmigen Beschluss aller Gemeinderatsmitglieder zum Gegenstand gemacht werden.[185] Fehlt auch nur ein Mitglied, so ist die Beratung eines nicht in der Tagesordnung genannten Gegenstandes also stets ausgeschlossen. In der Literatur ist diese Ansicht zunehmend in Kritik geraten, wird durch die Umgehung einer vorherigen Bekanntmachung doch letztlich der Öffentlichkeitsgrundsatz verletzt.[186] Zumindest für Thematiken, die in nicht-öffentlicher Sitzung zu beraten sind, werden derartige Bedenken damit keine Rolle spielen. 121

Für die **Aufstellung der Tagesordnung** ist der Vorsitzende zuständig (§ 34 I 1 GemO B.-W., Art. 46 II 2 GO BY, § 48 I 1 GONRW). In NRW hat er dabei gemäß § 48 I 2 GONRW Vorschläge aufzunehmen, die ihm innerhalb einer in der Geschäftsordnung zu bestimmenden Frist von einem Fünftel der Ratsmitglieder oder einer Fraktion vorgelegt werden. Es ist jedoch anerkannt, dass ein Gemeinderatsmitglied aufgrund seines Mitwirkungsrechts auch ohne Regelung in der Gemeindeordnung einen Anspruch auf Aufnahme eines Tagesordnungspunktes hat.[187] Dieser Anspruch ist, um den ordnungsgemäßen Sitzungsablauf nicht zu gefährden, einschränkbar, insbesondere wenn die erforderlichen Formvorschriften nicht eingehalten werden oder der Antrag missbräuchlich ist. 122

In der Tagesordnung müssen die Beratungsgegenstände vollständig und mit korrekter Bezeichnung aufgeführt sein. Sachanträge unter der Bezeichnung „Nachtrag", „Sonstiges" oder „Verschiedenes" sind nicht ausreichend[188], da sich das Gemeinderatsmitglied nicht entsprechend vorbereiten kann. Der Vorsitzende kann vor Sitzungsbeginn einzelne Tagesordnungspunkte („TOPs") vertagen; gänzlich von der Tagesordnung kann er sie nur streichen, wenn er zulässigerweise ein formelles Vorprüfungsrecht ausübt (nicht in BY). Nach Sitzungsbeginn besteht die Möglichkeit, dass der Gemeinderat durch Beschluss Tagesordnungspunkte streicht,[189] umstellt oder vertagt. 123

Alle Beratungsgegenstände müssen Angelegenheiten der Gemeinde sein (Verbandskompetenz) und zum Zuständigkeitsbereich des Gemeinderats gehören (Organkompetenz). Ob diese Voraussetzungen vorliegen, ist vom Vorsitzenden zu prüfen. Diese Befugnis widerspricht nicht der Stellung des Gemeinderates und des Vorsitzenden in der Kommunalverfassung.[190] 124

---

[184] Vgl. *Heid/Becker/Decker/Kirchhof*, § 34 Anm. 3.
[185] Vgl. exemplarisch für Bayern VGH München, BayVBl. 1987, 239 (241).
[186] Vgl. *Pahlke*, KommP BY 2015, 127 (129).
[187] VGH München, BayVBl. 1980, 657; NVwZ 1988, 83 (85).
[188] Dazu VGH München, NVwZ 1988, 83 (86).
[189] Zum Recht auf Rücknahme von Vorschlägen von der Tagesordnung Raum, NVwZ 1990, 144 ff.
[190] Vgl. *Schwerdtner*, VBlBW 1984, 239; *Gern*, DKommR, Rn. 456; a. A. OVG Münster, NVwZ 1984, 325.

b) Prinzip der Öffentlichkeit

125 Zeit, Ort und Tagesordnung der Sitzung sind rechtzeitig öffentlich und ortsüblich bekannt zu machen (§ 34 I GemO B.-W.; Art. 52 I GO BY; § 48 I GO NRW; § 36 IV SächsGO). Sitzungen des Gemeinderats sind grundsätzlich öffentlich (§ 35 GemO B.-W.; Art. 52 GO BY; § 48 II GONRW; § 37 SächsGO). Die **Öffentlichkeit der Sitzung** stellt – als Ausprägung des Demokratieprinzips – einen tragenden **Grundsatz des Kommunalrechts** dar. Sie dient dazu, das Interesse der Bürger an der Selbstverwaltung zu fördern sowie dem Gemeindebürger Einblick in die Tätigkeit des Gemeinderats zu geben. Damit wird eine Grundlage für die effektive Kontrolle der Verwaltung und für die Ausübung des Wahlrechts durch die Gemeindebürger geschaffen.[191] Gemeinderatsbeschlüsse, die ohne Vorliegen der rechtlichen Voraussetzungen für einen Öffentlichkeitsausschluss gefasst werden, sind verfahrensfehlerhaft; der Beschluss ist ggf. ungültig.[192]

126 Öffentlichkeit der Sitzung bedeutet, dass die Sitzung in einem Raum stattfindet, den während der Sitzung grundsätzlich jedermann betreten kann (vgl. Art. 52 IV GO BY); es muss nicht der Ratssaal sein, geeignet ist auch ein ausreichend Raum bietender, z. B. angemieteter Veranstaltungssaal oder ein Saal in einem Gasthaus, sofern der gewöhnliche Gastbetrieb in dieser Zeit ausgeschlossen ist. Zugangshindernisse in tatsächlicher Hinsicht bringen nur dann die Verletzung des Öffentlichkeitsprinzips mit sich, wenn sie dem Vorsitzenden bekannt oder infolge von Fahrlässigkeit nicht bekannt sind. Nicht verletzt ist das Öffentlichkeitsprinzip auch dann, wenn das Zugangshindernis aus dem Bereich des Interessenten stammt[193], oder wenn ein Ausnahmetatbestand gegeben ist (s. u. Rn. 131).

127 Ausreichend zur Wahrung des Öffentlichkeitsprinzips ist es, wenn es für alle Interessenten nach einheitlichen Grundsätzen möglich ist, den Sitzungsraum zu betreten und sich darin aufzuhalten.[194] Erlaubt sind Beschränkungen des öffentlichen Zugangs, insbesondere ist die Gemeinde nicht verpflichtet, für sämtliche Gemeindeeinwohner Plätze anzubieten. Es genügt, wenn die Gemeinde so viele Plätze zur Verfügung stellt, wie es dem typischen Interesse an den Gemeinderatssitzungen entspricht; für Einzelfragen kann auf den Parallelfall der Gerichtsöffentlichkeit verwiesen werden. Zulässig ist es auch, den Sitzungssaal während der Sitzungsdauer oder von Fall zu Fall zu wechseln.[195]

128 Personen, die die Sitzung zu **Störungen** ausnutzen, können ausgeschlossen werden. Zur Vermeidung von Störungen kann die Gemeinde auch vorbeugende Maßnahmen treffen, wenn sie notwendig sind, um einen ungestörten Verlauf der Sitzung zu sichern.[196] Die Anordnung derartiger Maßnahmen steht im Ermessen des Vorsitzenden.[197]

---

[191] Siehe VGH Mannheim, ESVGH 17, 118; OVG Münster, DVBl 1990, 160; *Ruff*, KommJur 2009, 201 (202).
[192] VGH München, BayVBl. 2009, 344 (345); weiterführend *Pahlke*, BayVBl. 2010, 357 ff.
[193] Vgl. VGH Mannheim, VBlBW 1983, 106.
[194] Vgl. *Gern,* DKommR, Rn. 466.
[195] Vgl. VGH Mannheim, ESVGH 27, 150.
[196] Z. B. das Verbot des Zutritts in angetrunkenem Zustand oder in unangemessener Kleidung.
[197] Vgl. VGH Mannheim, VBlBW 1983, 106.

Aufgrund der Presse- und der Rundfunkfreiheit nach Art. 5 I Satz 2 GG haben Presse, Rundfunk und Fernsehen einen **Anspruch auf Erteilung von Auskünften** zu Gemeinderatssitzungen. Wenn Pressevertreter Tonbandaufnahmen von der Gemeinderatssitzung machen wollen, steht dem Vorsitzenden ein Zurückweisungsrecht zu, da anderenfalls die Gefahr besteht, dass eine freie und ungezwungene Diskussion, die für das Funktionieren der Selbstverwaltung von essentieller Bedeutung ist, nicht zustande kommt.[198] Gleiches gilt erst recht für Bild- oder Tonaufzeichnungen von Vertretern von Rundfunk und Fernsehen.[199] Teilweise werden Film- und Tonaufnahmen nur zugelassen, wenn es die Hauptsatzung der Gemeinde vorsieht.[200] Immer mehr Kommunen haben jedoch von sich aus Initiative dahingehend entfaltet, Gemeinderats- und teilweise sogar Ausschusssitzungen per Livestream oder zum späteren Abruf online verfügbar zu machen. Diese Praxis stößt, gedeckt durch das Sitzungsgestaltungsrecht des Vorsitzenden und einer Aufnahme in die Geschäftsordnung kommunalrechtlich auf keine Hindernisse – wohl allerdings auf ebensolche datenschutzrechtlicher, persönlichkeitsrechtlicher oder mitgliedschaftsrechtlicher Natur. Für die Abrufbarkeit über das Internet ist nach Ansicht von Datenschutzbeauftragten nämlich die ausdrückliche Zustimmung aller gefilmten Beteiligten erforderlich, gleich ob Mitglied des Gremiums, Mitarbeiter der Kommune oder Zuschauer. Für den Zuschauer greift hier dessen individuelles Persönlichkeitsrecht. Obgleich sich das Ratsmitglied in der Ausübung seines öffentlichen Ehrenamtes auf dieses nicht berufen kann, steht doch zu befürchten, dass sich Mitglieder des Rates nur noch eingeschränkt frei äußern möchten. Weil also bereits eine verweigerte Zustimmung aus dem Zuschauerraum die Übertragung insoweit unzulässig macht, wird in der Regel einzig der aktuelle Redner abgebildet – verweigert dieser jedoch seine Zustimmung, sei nach der überwiegenden Ansicht die Übertragung während des Redebeitrages zu unterbrechen, da in der Abwägung mit der Pressefreiheit die Funktionsfähigkeit des Gremiums überwiege.[201] Ob dies allerdings für das Ratsmitglied tatsächlich so gelten kann, muss bezweifelt werden, begibt sich das gewählte Mitglied doch bewusst in die Öffentlichkeit und sucht diese gerade, um politische Positionen durchsetzen zu können. Insoweit ist fraglich, ob durch die Aufzeichnungen tatsächlich mitgliedschaftliche Rechte beeinträchtigt werden können.

129

Die Öffentlichkeit hat einen **Anspruch auf Teilnahme an den Sitzungen** als Zuhörer, sofern nicht ausnahmsweise die Sitzung nichtöffentlich abgehalten werden darf. Dieser Anspruch umfasst auch ein Recht auf Beseitigung von Störungen der Teilnahme, z. B. durch den Erlass eines Rauchverbots.[202]

130

---

[198] Vgl. BVerwG, NJW 1991, 118.
[199] Vgl. OVG Saarland, afp 2011, 307; a. A. VG Saarlouis, afp 2011, 411, welches den erst-recht-Schluss unter Zugrundelegung eines gesteigerten Schutzniveaus der Rundfunkfreiheit gegenüber der Pressefreiheit ablehnt; zur verwandten Problematik von Fernsehaufnahmen von einer Gerichtsverhandlung BVerfGE 103, 44 ff. mit kritischen Anmerkungen von *Krausnick,* ZUM 2001, 230 ff. und ZG 2002, 273 ff.
[200] VG Kassel, NVwZ-RR 2012, 660 ff.
[201] Vgl. u. A. *Widtmann/Grasser/Glaser,* BayGO, Art. 52 Rn. 10.
[202] Vgl. BVerwG, NVwZ 1990, 165; mittlerweile sind in Bund und Ländern entsprechende Gesetze zum Schutz vor den Gefahren des Passivrauchens erlassen worden (vgl. etwa G. v. 20.7.2007, BGBl I, 1595).

131 In **nichtöffentlicher Sitzung** darf nur getagt werden, wenn dies das **öffentliche Wohl** oder **berechtigte Ansprüche einzelner** erfordern (vgl. § 35 I 3 GemO B.-W.; Art. 52 II 1 GO BY; § 48 II GONRW; § 37 I SächsGO).[203] Gleiches gilt für die Offenbarung personenbezogener Daten (§ 48 III GO NRW). Das öffentliche Wohl macht den Ausschluss notwendig, wenn Interessen des Bundes, des Landes, der Gemeinde, anderer öffentlich-rechtlicher Körperschaften oder der örtlichen Gemeinschaft durch eine öffentliche Sitzung mit Wahrscheinlichkeit wesentlich und nachteilig verletzt werden könnten.[204] Es muss also ein gewisses Geheimhaltungsinteresse für eine Materie bestehen. Dabei steht dem Gemeinderat bei der Frage der Gebotenheit der Nichtöffentlichkeit eines Tagesordnungspunktes ein Beurteilungsspielraum zu[205] – nicht jedoch ein Ermessen.[206] Geboten ist der Ausschluss der Öffentlichkeit wegen entgegenstehender Interessen Einzelner, wenn wirtschaftliche oder persönliche Verhältnisse des Einzelnen zur Sprache kommen, falls kein berechtigtes Interesse der Allgemeinheit an ihrer Kenntnis besteht und falls deren Bekanntgabe für den Einzelnen von Nachteil sein könnte.[207] Kommt der Gemeinderat dabei zum Ergebnis, dass derartige Interesse betroffen sind, so muss die Öffentlichkeit zwingend ausgeschlossen werden.[208] Eben jene berechtigten Interessen liegen nicht vor, wenn es um Entscheidungen über die Ausübung des gemeindlichen Vorkaufsrechts[209] oder das gemeindliche Einvernehmen nach § 36 BauGB geht, sowie bei Beratungen über Hausnummerierung, Straßenbenennung[210] und über die Vergabe öffentlicher Aufträge. Gerade kommunale Grundstücksangelegenheiten sind häufig heikel.[211] Zur Vermeidung sog. „Bodenspekulationen" ist ein Ausschluss der Öffentlichkeit als kritisch zu betrachten; in diesem Zusammenhang ist auch umstritten, ob das Öffentlichkeitsprinzip ein subjektives Recht des einzelnen Gemeinderatsmitgliedes begründet.[212] Soweit der Betroffene über die berechtigten Interessen verfügen kann, kann er auf die Notwendigkeit der Nichtöffentlichkeit verzichten.

132 Es ist aber nicht notwendig, dass zwingende oder dringende Gründe für die Nichtöffentlichkeit vorliegen. Beantragt ein Gemeinderatsmitglied, dass ein Beratungsgegenstand entgegen der Tagesordnung in nichtöffentlicher oder öffentlicher Sitzung beraten wird, so ist hierüber in nichtöffentlicher Sitzung zu beraten und zu entscheiden (vgl. § 48 II GONRW), es sei denn, eine Aussprache ist nicht notwendig oder Interessen Einzelner können nicht berührt werden. Der **Ausschluss der Öffentlichkeit** stellt einen **Verwaltungsakt** dar, der in das subjektive Recht der Interessenten auf Teilnahme an den Sitzungen eingreift.

133 Beschlüsse, die in nichtöffentlicher Sitzung gefasst wurden, sind nach Wiederherstellung der Öffentlichkeit oder in der nächsten öffentlichen Sitzung bekannt zu geben,

---

[203] Allgemein zu dieser Problematik, *Pahlke,* apf 2011, B 65 ff.;
[204] Vgl. VGH Mannheim, VBlBW 1980, 34.
[205] Vgl. VGH München, NVwZ-RR 2015, 627.
[206] Vgl. *Lange,* Kommunalrecht, Kap. 7 Rn. 65.
[207] Vgl. VGH Mannheim, VBlBW 1992, 140.
[208] Vgl. *Lange,* Kommunalrecht, Kap. 7 Rn. 65.
[209] Vgl. VGH Mannheim, NVwZ 1991, 284. Das BVerwG hält es allerdings für zulässig, dass das Landesrecht bestimmt, dass Grundstückskaufverträge in nichtöffentlicher Sitzung beraten werden (BVerwG, NVwZ 1995, 897).
[210] Vgl. VGH Mannheim, VBlBW 1992, 140.
[211] Dazu *Ruff,* KommJur 2009, 201 (202 f.).
[212] Siehe dazu: *Rabeling,* NVwZ 2010, 411 ff.

wenn dies mit dem öffentlichen Wohl und den berechtigten Interessen Einzelner vereinbar ist (§ 35 I GemO B.-W.; Art. 52 III GO BY; § 37 I 2, 3 SächsGO) oder wenn die Gründe für die Geheimhaltung weggefallen sind.[213] Die Bekanntgaben sind in die Tagesordnung der öffentlichen Sitzung aufzunehmen, falls sie in der Sitzung erfolgen sollen. Die Regelungen über die Bekanntgabepflicht sind keine Wirksamkeitsvoraussetzungen für einen Gemeinderatsbeschluss, sondern nur Ordnungsvorschriften, deren Verletzung belanglos ist.[214] Einen Anspruch auf Bekanntgabe in nichtöffentlicher Sitzung gefasster Beschlüsse haben weder Dritte noch Gemeinderatsmitglieder.

Die Gemeinderatsmitglieder sind zur **Verschwiegenheit** über die in nichtöffentlicher Sitzung beratenen Gegenstände verpflichtet, bis die Geheimhaltung ihrer Natur nach nicht mehr erforderlich ist oder sie von der Schweigepflicht entbunden worden sind oder bis zur Bekanntmachung der Beratung durch die Gemeinde (vgl. §§ 17 II, 35 II GemO B.-W.; Art. 20 GO BY; §§ 30 I, 43 II GONRW, § 37 II SächsGO). Ist infolge von Indiskretion eine Angelegenheit aus einer nichtöffentlichen Sitzung bekannt geworden, so ändert dies am Bestehen der Schweigepflicht nichts.[215] Eine Verletzung von Art. 5 I GG liegt in der Schweigepflicht nicht, da die Regelungen über die Verschwiegenheitspflicht allgemeine Gesetze i. S. v. Art. 5 II GG sind. Soweit ein Gemeinderatsmitglied annimmt, dass die von der Verschwiegenheitspflicht umfassten Sachverhalte rechtswidrige oder gar strafbare Inhalte beträfen, so entfällt auch hieraus nicht die Pflicht darüber Stillschweigen zu bewahren. Vielmehr obliegt es dem Ratsmitglied, sich, anstelle des unmittelbaren Ganges an die Öffentlichkeit, an die zuständigen Behörden der Kommunalaufsicht oder der Strafverfolgung zu wenden.[216]

134

c) Sitzungsordnung und Hausrecht

Der Vorsitzende handhabt die Ordnung und übt das Hausrecht aus (§ 36 GemO B.-W.; Art. 53 GO BY; § 51 GO NRW; § 38 I 2 SächsGO). Das **Ordnungsrecht** bezieht sich dabei auf die Herbeiführung der für den ordnungsgemäßen Ablauf der Sitzung erforderlichen äußeren Voraussetzungen sowie auf die Ahndung von Ordnungswidrigkeiten aus dem Kreis der an der Sitzung teilnehmenden Personen. Das **Hausrecht** richtet sich gegen Personen außerhalb des Gemeinderats. Es gibt dem Vorsitzenden z. B. die Möglichkeit, gegen Zuhörer, die die Sitzung stören, vorzugehen. Da es sich auf die Ordnungsgemäßheit des Sitzungsgangs bezieht, ist es eine **öffentlich-rechtliche Maßnahme.** Maßnahmen gegen Zuhörer sind Verwaltungsakte, gegen die der Verwaltungsrechtsweg eröffnet ist. Dieses Hausrecht ist nicht zu verwechseln mit dem **privatrechtlichen Hausrecht,** das der Bürgermeister in Wahrnehmung der Eigentümerbefugnisse nach §§ 903ff. BGB ausübt (Beispiel: Verweisung des Landstreichers, der sich zur Winterszeit in der Rathausvorhalle im angetrunkenen Zustand „aufwärmt").

135

Bei **fortgesetzten Verstößen** gegen die Ordnung kann ein Gemeinderatsmitglied vom Vorsitzenden aus dem Beratungsraum verwiesen werden sowie für eine oder mehrere Sitzungen ausgeschlossen werden (§ 36 III 2 GemO B.-W.: bis zu sechs Sitzungen; Art. 53 II GO BY: bis zu zwei Sitzungen). Zuständig hierfür ist in B.-W. (§ 36 II

136

---

[213] Vgl. VGH München, BayVBl. 2000, 695.
[214] Vgl. OVG Münster, NVwZ-RR 1992, 374.
[215] Vgl. *Gern,* DKommR, Rn. 474; a. A. OVG Münster, DÖV 1966, 504.
[216] Vgl. VGH München, NVwZ-RR 2015, 627.

GemO B.-W.) und BY (Art. 53 II GO BY) der Gemeinderat, in NRW (§ 51 III GONRW) der Vorsitzende. Der Ausschluss ist insofern bedeutsam, als dieses Gemeinderatsmitglied bei der nächsten Sitzung nicht zu laden ist und sich die Abstimmungsmehrheiten bei der Beschlussfassung ändern (siehe Rn. 143 ff.)

d) Rede-, Antrags- und Informationsrecht

137 Alle Gemeinderatsmitglieder dürfen zu jedem Beratungsgegenstand das Wort ergreifen. Diese Berechtigung ist aber beschränkt durch die **Sitzungsordnung**, das **Willkürverbot** und das **Verbot missbräuchlicher Rechtsausübung**. In einem solchen Fall darf der Bürgermeister kraft seiner Zuständigkeit für die Sitzungsordnung das Gebotene veranlassen. Näheres zum Rederecht kann der Gemeinderat in seiner Geschäftsordnung regeln. Beschränkende Regelungen wie **Redezeitbegrenzungen** dürfen jedoch nur in sehr engen Grenzen getroffen werden, da das Rederecht eine Ausprägung des Demokratieprinzips und der organschaftlichen Stellung des Gemeinderatsmitglieds ist.[217] Möglich sind Redezeitbegrenzungen damit nur, wenn sie nicht diskriminierend getroffen werden, dem Ziel eines ordnungsgemäßen Ablaufs der Sitzungen dienen und den Verhältnismäßigkeitsgrundsatz wahren.[218]

138 Den Gemeinderatsmitgliedern steht darüber hinaus das Recht zu, **Fragen an die Gemeindeverwaltung** zu stellen. Sofern die Frage nicht rechtsmissbräuchlich ist, ist der Bürgermeister verpflichtet, für ihre wahrheitsgemäße Beantwortung zu sorgen (§ 33 IV GemO B.-W.; § 48 I 3 GO NRW; § 44 III, VI SächsGO).

139 Des Weiteren kann der Gemeinderat Einwohnern/Bürgern, die von Beratungsgegenständen besonders betroffen sind, Gelegenheit zur Stellungnahme in der Sitzung und zum Stellen von Fragen geben. Soweit datenschutzrechtliche Bestimmungen der Beantwortung einer Frage nicht entgegenstehen, muss der Bürgermeister diese beantworten oder beantworten lassen.[219] Die Anhörung von Einwohnern/Bürgern ist sogar auch in nichtöffentlichen Sitzungen möglich. Auf dieser Basis ist es auch denkbar, dass ein wegen Befangenheit ausgeschlossenes Gemeinderatsmitglied gewissermaßen „als Bürger" angehört wird und er damit – aber nur insoweit – an der Sitzung teilnehmen darf.

e) Niederschrift

140 Der Ablauf der Gemeinderatssitzung und die gefassten Beschlüsse sind in einer Niederschrift festzuhalten (§ 38 GemO B.-W.; Art. 54 GO BY; § 52 GO NRW; § 40 SächsGO). Die Beschlüsse des Gemeinderats gelten mit dem Inhalt, der in der Niederschrift festgehalten ist, solange nicht der Nachweis des Gegenteils geführt ist. Denn die Niederschrift ist eine **öffentliche Urkunde** gemäß § 415 ZPO und deshalb mit dem in dieser Norm angeordneten erhöhten Beweiswert ausgestattet. Hieraus ergibt sich auch der Mindestinhalt der Niederschrift. Neben allgemeinen Fakten zur Sitzung sind insbesondere die Beratungsgegenstände, die Anträge, die Abstimmungen und die Beschlüsse aufzunehmen. Bei **Beschlüssen** sollte der **exakte Wortlaut** enthalten sein, ansonsten ist ein Wortprotokoll nicht erforderlich, aber auch nicht unzuläs-

---

[217] S. hierzu BVerfGE 60, 379; BVerwG, DVBl 1988, 792.
[218] Vgl. VGH Mannheim, VBlBW 1994, 99.
[219] Weiterführend *Zilkens/Elschner*, DVBl. 2002, 163 ff.

sig. Legt ein Gemeinderatsmitglied darauf Wert, dass der genaue Wortlaut seines Redebeitrags protokolliert wird, so muss die Sitzungsleitung dem nachkommen.[220]

Zur Anfertigung teilt der Sitzungsleiter, also der Bürgermeister, einen Schriftführer ein. Der Bürgermeister kann sich selbst, ein Gemeinderatsmitglied, einen Gemeindebediensteten oder einen sonstigen Gemeindebürger hierfür einsetzen. Zur Unterstützung der Arbeit des Schriftführers ist es zulässig, zunächst eine **Tonbandaufzeichnung** der Sitzung vorzunehmen. Der darin liegende Eingriff in das allgemeine Persönlichkeitsrecht der Gemeinderatsmitglieder ist durch das öffentliche Interesse an der Richtigkeit der Niederschrift gerechtfertigt. Nachdem diese zeitnah ausgewertet worden und die Niederschrift fertig gestellt ist, muss das Tonband allerdings aus Verhältnismäßigkeitsgründen umgehend gelöscht werden.[221] 141

Die Gemeindebürger haben das Recht, die **Niederschriften über die öffentlichen Sitzungen** einzusehen (§ 38 II 4 GemO B.-W.; Art. 54 III GO BY; § 52 II GONRW; § 40 II 5 SächsGO). Dieser Anspruch kann von Gemeinderatsmitgliedern erforderlichenfalls im Wege eines Kommunalverfassungsstreitverfahrens, von sonstigen Bürgern mittels allgemeiner Leistungsklage durchgesetzt werden. 142

3. Beschlussfassung

a) Beschlussfähigkeit

Alle Gemeindeordnungen enthalten Regelungen zur Gewährleistung hinreichender Repräsentation der Gemeindeeinwohner. Die Durchführung einer Sitzung und die Wirksamkeit der Beschlüsse setzt demnach die Mitwirkung einer Mindestanzahl an Gemeinderatsmitgliedern voraus. Die Bestimmungen zur **Beschlussfähigkeit** in den Bundesländern unterscheiden sich hierbei meist nur in Einzelheiten, v. a. im Erfordernis von Anwesenheits- und Stimmberechtigtenmehrheit. Diese zwei Mehrheiten sind im Hinblick auf die Beschlussfähigkeit zu unterscheiden. Für die Ermittlung der Anwesenheitsmehrheit sind von der Sollstärke des Gemeinderats Mitglieder in Abzug zu bringen, die von der Sitzung ausgeschlossen wurden oder deren Teilnahme untersagt wurde, oder die durch Amtsverlust, Wählbarkeitsverlust oder Tod nicht mehr zum Gemeinderat zählen. Bei der Stimmberechtigtenmehrheit ist zu berücksichtigen, dass Gemeinderatsmitglieder, die persönlich beteiligt bzw. befangen sind, bei der Berechnung abgezogen werden. Allen Länderregelungen gemeinsam ist, dass die Beschlussfähigkeit vor jeder einzelnen Beschlussfassung überprüft werden muss. 143

In B.-W. setzt die Beschlussfähigkeit die **Anwesenheit** und **Stimmberechtigung** mindestens der Hälfte der Mitglieder voraus (§ 37 II GemO B.-W.), wobei der Bürgermeister mitgerechnet wird (§ 25 I GemO B.-W.). Für die Berechnung der Anwesenheits- und Stimmberechtigtenmehrheit ist die Anzahl der Gemeinderatsmitglieder zu ermitteln. Sie muss nicht nur zu Beginn der Sitzung gegeben sein, sondern bei jedem einzelnen Beschluss. Wird eine Sitzung wegen Beschlussunfähigkeit abgebrochen, so reicht bei der Wiederholungssitzung bereits die Anwesenheit von drei Gemeinderatsmitgliedern (§ 37 III GemO B.-W.). Wird diese Zahl nicht erreicht, so entscheidet der Bürgermeister anstelle des Gemeinderats (§ 37 IV 1 GemO B.-W.). 144

---

[220] Vgl. VGH Mannheim, NVwZ-RR 1989, 94.
[221] Vgl. *Gern,* DKommR, Rn. 523.

145 In BY ist es für die Beschlussfähigkeit notwendig, dass alle Gemeinderatsmitglieder ordnungsgemäß geladen sind und mehr als die Hälfte der Mitglieder anwesend und stimmberechtigt ist (Art. 47 GO BY). Auch hier ist der Bürgermeister gem. Art. 31 I GO BY in die erforderliche Anzahl der Gemeinderatsmitglieder einzurechnen. Die Beschlussfähigkeit setzt explizit eine ordnungsgemäße Ladung voraus, so dass etwaige Fehler zur Beschlussunfähigkeit führen. Bei einer Wiederholungssitzung nach Beschlussunfähigkeit ist die Beschlussfähigkeit unabhängig von der Zahl der Anwesenden gegeben (Art. 47 III GO BY). Dies betrifft jedoch nur die Tagesordnungspunkte der Sitzung, die aufgrund der fehlenden Beschlussfähigkeit nicht behandelt werden konnten und nun nochmalig zum Gegenstand der Sitzung gemacht werden, sofern auf diese Folge in der Ladung explizit hingewiesen wurde.

146 In NRW ist für die Beschlussfähigkeit die Anwesenheit von mehr als der Hälfte der gesetzlichen Mitglieder erforderlich. Die Beschlussfähigkeit ist allerdings auch dann gegeben, wenn die Beschlussunfähigkeit nicht festgestellt wird (§ 49 I GO NRW).[222] Bei einer Wiederholungssitzung über denselben Gegenstand wegen vorangegangener Beschlussunfähigkeit ist die Beschlussfähigkeit unabhängig von der Zahl der Anwesenden gegeben (§ 49 II GO NRW).

147 In SA setzt die Beschlussfähigkeit die Anwesenheit und Stimmberechtigung mindestens der Hälfte der Mitglieder voraus, wobei der Bürgermeister mitgerechnet wird (§ 39 II 2 SächsGO). Beratung und Beschlussfassung sind nur bei einer ordnungsgemäß einberufenen und geleiteten Sitzung möglich (§ 39 I 1 SächsGO). Wird eine Sitzung wegen Beschlussunfähigkeit abgebrochen, so reicht bei der Wiederholungssitzung bereits die Anwesenheit von drei Gemeinderatsmitgliedern aus (§ 39 III SächsGO). Wird diese Zahl nicht erreicht, so entscheidet der Bürgermeister anstelle des Gemeinderats (§ 39 IV 1 SächsGO).

b) Beschlüsse

148 Der Beschluss ist die Standardform des Gemeinderats zur Willensäußerung. Er wird mit der Bekanntgabe des Abstimmungsergebnisses durch den Bürgermeister wirksam.[223] Ist ein Beschluss auslegungsbedürftig, so kann mit der aus der juristischen Methodenlehre für die Auslegung von Rechtsnormen bekannten Techniken operiert werden. Auszugehen ist demnach vom **Wortlaut,** wobei ggf. auch auf die kundgetanen Motive der Gemeinderatsmitglieder zu seiner Auslegung zurückgegriffen werden kann. Aber auch die Systematik im Hinblick auf andere Beschlüsse und objektiv-teleologische Überlegungen können berücksichtigt werden. Entscheidender Bezugspunkt bei der Auslegung ist letztlich immer der **Wille des Gemeinderats.** Ihm obliegt es auch, ggf. seine eigenen Beschlüsse authentisch auszulegen.

149 Belanglos für die Wirksamkeit der Gemeinderatsbeschlüsse ist, ob einzelne Gemeinderatsmitglieder Willensmängeln unterliegen. Maßgebend ist allein das **objektive Erklärungsverhalten der Gemeinderatsmitglieder.** Der subjektive Wille ist überhaupt nicht relevant (dies gilt jedoch selbstverständlich nur bis zur Grenze von Fällen des Erklärungsnotstands i. S. von § 35 StGB), womit für die Berücksichtigung von Willensmängeln gar kein Anknüpfungspunkt bestünde. Dementsprechend sind Beschlüsse des Gemeinderats auch regelmäßig nicht in Analogie zu den §§ 119 ff. BGB anfecht-

---
[222] S. hierzu OVG Münster, DÖV 1992, 712.
[223] Vgl. OVG Münster, DVBl 1992, 448.

bar. Allerdings kann der Gemeinderat seine eigenen Beschlüsse jederzeit wieder aufheben, wenn sich dessen mehrheitliche Meinung ändert oder wenn vormalig von falschen Voraussetzungen ausgegangen worden wäre.

Zu unterscheiden sind Beschlüsse ohne Außenwirkung, vollzugsbedürftige Beschlüsse mit Außenwirkung und nicht vollzugsbedürftige Beschlüsse mit Außenwirkung. Zu den **Beschlüssen ohne Außenwirkung** gehören zum einen Beschlüsse, die nur gemeinderatsinterne Bedeutung haben, und zum anderen Beschlüsse, die – jedenfalls im Außenverhältnis zum Bürger – keinerlei Regelungswirkung entfalten. Solche Beschlüsse sind bei Rechtswidrigkeit nichtig. Denn anders als bei Verwaltungsakten (dort: § 43 VwVfG) gibt es keine Rechtsnorm, die diese Rechtsfolge ausschließt. Die gerichtliche Überprüfbarkeit schlichter Beschlüsse durch den Bürger ist in der Regel nicht gegeben, da es an dem für eine Feststellungsklage gemäß § 43 I VwGO erforderlichen berechtigten Interesse zumeist fehlen wird. Bei gemeinderatsinternen Beschlüssen besteht aber für die Gemeinderatsmitglieder ggf. Rechtsschutz in Form eines Kommunalverfassungsstreitverfahrens. 150

Quantitativ am bedeutendsten sind **Gemeinderatsbeschlüsse mit Außenwirkung**, die des **Vollzugs durch den Bürgermeister** bedürfen. Erst durch die Vollzugsakte (Bekanntgabe bzw. Bekanntmachung) tritt die Wirksamkeit im Außenverhältnis ein. Die Rechtsfolgen der Rechtswidrigkeit eines derartigen Gemeinderatsbeschlusses richten sich nach den für den jeweiligen Rechtsakt geltenden Regeln, d. h. bei Satzungen und Rechtsverordnungen in der Regel Nichtigkeit und bei Verwaltungsakten Wirksamkeit, es sei denn, es liegt ein besonders schwerwiegender Fehler vor (§§ 43 f. VwVfG). Auch ansonsten muss sich der Gemeinderatsbeschluss am jeweiligen Verfahrensrecht messen lassen (also bei Verwaltungsakten und öffentlich-rechtlichen Verträgen am VwVfG), sofern nicht die Gemeindeordnungen Spezialvorschriften vorsehen (wie z. B. zur Befangenheit; s. hierzu 5.). Sollen Beschlüsse mit Außenwirkung beseitigt werden, so ist zunächst die Beschlussfassung über die Aufhebung von Nöten, im Anschluss daran ist die Aufhebung durch den Bürgermeister zu vollziehen. Erst durch diesen Vollzug wird die Wirkungslosigkeit des ersten Vollzugsaktes gegenüber dem Bürger erreicht. 151

Nicht vollzugsbedürftige Beschlüsse mit Außenwirkung stellen seltene Ausnahmefälle dar, da fast immer ein Vollzugsakt des Bürgermeisters zur Umsetzung des Beschlusses notwendig ist. In diese Kategorie fallen die Bestellung zu ehrenamtlicher Tätigkeit für den Gemeinderat oder die Auferlegung eines Ordnungsgeldes.[224] 152

c) Abstimmungen und Wahlen

Die Beschlussfassung des Gemeinderats erfolgt technisch durch Wahlen und Abstimmungen. Wahlen werden (nur) dann vorgenommen, wenn ein Gesetz dies vorsieht. Durch sie werden Auswahlentscheidungen zwischen Personen getroffen. In B.-W., BY, NRW und SA werden die Wahlen in der Regel **geheim** vorgenommen (§ 37 VII GemO B.-W.; Art. 51 III GO BY; § 50 II GO NRW; § 39 VII SächsGO). Eine **offene Wahl** ist aber auch möglich, falls kein Gemeinderatsmitglied dieser Vorgehensweise widerspricht. Bei geheimer Wahl sind geeignete Vorkehrungen zu treffen, um den ge- 153

---

[224] Weitere Beispiele bei *Gern*, DKommR, Rn. 505.

heimen Charakter der Wahl sicherzustellen, wie etwa durch den Einsatz von Wahlkabinen.

4. Konsequenzen von Verfahrensfehlern und Heilungsmöglichkeiten

154 Bei der Beantwortung der Frage, ob ein Verfahrensfehler die Nichtigkeit eines Gemeinderatsbeschlusses zur Folge hat, ist zwischen Verstößen gegen die Gemeindeordnung und Verstößen gegen die Geschäftsordnung zu differenzieren:

155 Ob **Verstöße gegen die Geschäftsordnung** zur Nichtigkeit des gefassten Gemeinderatsbeschlusses führen, ist umstritten. Nach einer Ansicht kommt es darauf an, ob es sich um einen wesentlichen oder einen unwesentlichen Verstoß handelt.[225] Als wesentlich gilt ein Verstoß, wenn die verletzte Geschäftsordnungsnorm subjektive Innen- oder Außenrechte betrifft und der Beschluss auf dem Verstoß beruhen kann. Demgegenüber soll der Verstoß unwesentlich sein, wenn die verletzte Geschäftsordnungsnorm nur eine bloße Ordnungsvorschrift ist, die keinen Rechtsschutzgehalt für Innen- oder Außenrechte aufweist oder, wenn der Verstoß als konkludente Änderung der Geschäftsordnung verstanden werden kann. Diese Differenzierungen sind jedoch abzulehnen. Ein Verstoß gegen die Geschäftsordnung hat nur dann die **Nichtigkeit eines Beschlusses** zur Folge, wenn durch die Geschäftsordnungsnorm zwingende gesetzliche Vorschriften wiedergegeben werden.[226] Nur so kann für das Außenverhältnis die nötige Rechtsklarheit gewährleistet werden. Zur Nichtigkeit führt ein Verstoß gegen die Geschäftsordnung allerdings auch dann, wenn gegen eine Vorschrift verstoßen wird, die zum gesetzlich festgelegten Mindestinhalt der Geschäftsordnung gehört, also z. B. in BY und NRW die Bestimmungen über Form und Frist der Einladungen zu den Sitzungen (Art. 45 II GO BY; § 47 II GO NRW).

156 Bei einem Verstoß gegen die Einberufungsvorschriften sind die in der Sitzung gefassten Beschlüsse grundsätzlich nichtig, sofern es sich nicht um eine bloße Ordnungsvorschrift handelt. Ein Verstoß gegen Einberufungsvorschriften gilt jedoch als geheilt, wenn alle Gemeinderatsmitglieder dennoch erscheinen und keiner den Mangel rügt.[227] Eine fehlende Ladung lässt sich allerdings nicht durch die Dringlichkeit des Beschlussgegenstandes rechtfertigen.[228] Im Zirkularwege (Umlaufverfahren) zustande gekommene Beschlüsse sind dagegen, aufgrund des sog. **Sitzungszwangs,** immer, auch bei Konsens, unwirksam.

157 War der Gemeinderat bei seinem Beschluss **nicht beschlussfähig,** so ist der Beschluss stets **unwirksam.** Anders als in vielen Parlamenten ist es zur Unwirksamkeit wegen Beschlussunfähigkeit nicht erforderlich, dass die Beschlussunfähigkeit zuvor förmlich festgestellt wurde. Vielmehr treten im Gemeinderat die Beschlussunfähigkeit und ihre Rechtswirkungen kraft Gesetzes ein.

158 Auch ansonsten haben Verfahrensfehler grundsätzlich die Rechtsfolge der Nichtigkeit darauf beruhender Beschlüsse, da es – anders als für Verwaltungsakte mit § 43 VwVfG – keine Rechtsvorschrift gibt, die ihre Geltung auch bei Unwirksamkeit anordnet. Hierzu werden für die Verletzung einzelner Vorschriften der Gemeindeord-

---

[225] So OVG Frankfurt (Oder), LKV 1995, 42; *Gern,* DKommR, Rn. 442.
[226] Vgl. OVG Münster, NVwZ-RR 1997, 184.
[227] Vgl. *Hölzl/Hien,* GO BY, Art. 47 Anm. 1.
[228] BayVGH, BayVBl. 1988, 83.

nungen Ausnahmen diskutiert. Dies gilt insbesondere für die Vorschriften über die Öffentlichkeit der Sitzung und die öffentliche Bekanntmachung der Sitzung. Zum Teil werden diese Vorschriften als bloße Ordnungsvorschriften über gemeinderatsinterne Angelegenheiten ohne Relevanz für das Außenverhältnis angesehen, weshalb ihre Verletzung sich nicht auf die Wirksamkeit der Beschlüsse auswirken soll. Diese Ansicht ist aber abzulehnen. Der enge Zusammenhang des Öffentlichkeitsgrundsatzes mit dem Demokratie- und dem Rechtsstaatsprinzip verbietet ihre Degradierung zu letzlich folgenlosen Ordnungsvorschriften. Auch ihre Verletzung löst demnach die Nichtigkeitsfolge aus.[229]

5. Ausschluss und Befangenheit

Literatur: *Wilrich,* Der praktische Fall – Öffentliches Recht: Kommunalrechtliche Mitwirkungsverbote, JuS 2003, 587 ff.

Alle Gemeindeordnungen enthalten Vorschriften, die den Ausschluss befangener Gemeinderatsmitglieder regeln (§§ 18, 37 II 2 GemO B.-W.; Art. 49 GO BY; § 31 GO NRW; §§ 20, 39 IV SächsGO).[230] Diese Vorschriften gehen als lex specialis den §§ 20 f. VwVfG vor. **159**

Die Regelungen sollen **Interessenkonflikte** verhindern, die entstünden, wenn Gemeinderatsmitglieder über Sachverhalte entscheiden müssten, zu denen sie eine ganz besonders enge Beziehung haben.[231] Sie beruhen auf einer Abwägung zwischen dem demokratischen Anliegen, dass die Entscheidungen möglichst durch alle diejenigen Personen gefällt werden, die gewählt worden sind, und dem rechtsstaatlichen Anliegen, dass Entscheidungen am Recht und am Gemeinwohl und nicht an individuellen Eigeninteressen ausgerichtet werden. **160**

Die Gemeinderatsmitglieder sind verpflichtet, Umstände, die einen Ausschluss wegen Befangenheit zur Folge haben könnten, von sich aus anzuzeigen (so explizit § 18 IV 1 GemO B.-W.). Falls Unklarheiten über die Befangenheit bestehen, hat der Gemeinderat hierüber zu entscheiden (§ 18 IV GemO B.-W.; Art. 49 III GO BY; § 31 III, IV GO NRW; § 20 III SächsGO). Der Ausschlussbeschluss ist **kein Verwaltungsakt,** da es wegen des Charakters als organinterne Maßnahme an der Außenwirkung fehlt. Er ist **deklaratorisch,** da die Ausgeschlossenheit sich aus dem Gesetz ergibt und entscheidet nur über die Verfahrensweise, wenn der Ausschluss strittig wird. Der Ausschlussbeschluss kann in einem Kommunalverfassungsstreitverfahren durch Feststellungsklage zur Überprüfung gestellt werden. **161**

Wenn Befangenheit festgestellt wurde, muss das Gemeinderatsmitglied sich aus der Sitzung entfernen. Das Gemeinderatsmitglied ist von der Teilnahme an der Abstimmung und der Beratung ausgeschlossen. Bei einer öffentlichen Sitzung ist es allerdings berechtigt, die Sitzung vom Zuschauerbereich aus zu verfolgen, schließlich werden dem Mitglied nicht seine Rechte als Gemeindebürger entzogen. Wird dagegen in nichtöffentlicher Sitzung verhandelt, muss es, wie andere Zuschauer auch, den Sitzungssaal verlassen. **162**

---

[229] Vgl. VGH Mannheim, NVwZ 1992, 176.
[230] Eingehend hierzu *Hager,* VBlBW 1994, 263 ff.; *Schwerdtner,* VBlBW 1999, 81 ff.; *Müller-Franken,* BayVBl 2001, 136 ff.; *Schäfer,* VBlBW 2003, 271 ff. sowie die Fallbesprechung *von Wilrich,* JuS 2003, 587 ff.
[231] Vgl. OVG Münster, OVGE 27, 60.

a) Ausschluss- bzw. Befangenheitstatbestände

163 Der „klassische" Ausschluss- bzw. Befangenheitstatbestand ist nach allen Gemeindeordnungen die Situation, dass eine Entscheidung des Gemeinderats dem Gemeinderatsmitglied oder einem (in der GO näher definierten) seiner nahen Angehörigen einen **unmittelbaren Vorteil oder Nachteil** bringt. Gleiches gilt, falls das Gemeinderatsmitglied als gesetzlicher Vertreter oder mit Vollmacht für eine natürliche oder juristische Person handelt. In diesen Fällen wird das **Vorliegen eines Interessenkonflikts unwiderleglich vermutet**. Ob er tatsächlich gegeben ist, ist ohne Bedeutung; hierzu müssen auch keine Recherchen erfolgen oder Feststellungen getroffen werden. Gelegentlich wird dies als Ausschlustatbestand bezeichnet, während Befangenheit i. e. S. den positiven Nachweis erfordert.

164 Die hier relevanten Vorteile oder Nachteile können wirtschaftlicher, juristischer, aber auch bloß ideeller Art sein. Es reicht bereits aus, wenn die Wettbewerbsposition eines Unternehmens durch eine Entscheidung bezüglich eines Konkurrenzunternehmens erheblich tangiert wird.[232]

165 Um dem Grundsatz der Verhältnismäßigkeit Rechnung zu tragen, wird ein unmittelbarer Vorteil oder Nachteil nur dann bejaht, wenn ein **Sonderinteresse** (Individualinteresse) des Gemeinderatsmitglieds bzw. des anderen Vorteilsnehmers betroffen ist. Das bedeutet, dass es nicht ausreicht, wenn das Gemeinderatsmitglied nur in einem **Gruppeninteresse** berührt wird, wenn also gemeinsame Interessen einer Berufs- oder Bevölkerungsgruppe berührt sind (s. a. § 18 III GemO B.-W.; § 31 III Nr. 1 GO NRW; § 20 II Nr. 2 SächsGO). Gruppe in diesem Sinne sind Personenmehrheiten, die grundsätzlich nicht persönlich bekannt, namensmäßig feststellbar und aufzählbar sind, sondern die nur nach örtlichen, beruflichen, wirtschaftlichen oder sozialen Gesichtspunkten abgrenzbar sind.[233] So reicht es nicht aus, wenn es um einen Vorteil oder Nachteil für einen Verein geht, in dem ein Gemeinderatsmitglied einfaches Mitglied ist.[234] Ebenso ist die Beteiligung des Gemeinderatsmitglieds an einer Bürgerinitiative ein allgemeines bzw. Gruppeninteresse.[235] Ein Vor- oder Nachteil für einen Gemeindeteil, in dem das Gemeinderatsmitglied wohnt oder wenn das Gemeinderatsmitglied zu den Abgabenschuldnern einer Abgabensatzung gehört, ist ein Gruppenintesse.[236] Anders ist dies zu beurteilen, wenn es um eine spezielle Straße geht, in der das Gemeinderatsmitglied wohnt, da die Anlieger ein individuelles Interesse verfolgen.[237] Ein Sonderinteresse ist hingegen etwa betroffen bei Eigentümern von Grundstücken im Plangebiet eines Bebauungsplans,[238] nicht aber auch eines Flächennutzungsplans (F) und den Inhabern von Gewerbebetrieben im Gebiet eines Bebauungsplans.[239]

---

[232] Vgl. VGH Mannheim, VBlBW 1987, 24.
[233] Vgl. VGH Mannheim, ESVGH 14, 162.
[234] VGH Mannheim, NVwZ 1987, 1103 (1104); eine persönliche Beteiligung ist jedoch anzunehmen, wenn das Gemeinderatsmitglied als Vertreter oder Bevollmächtigter (insb. als Vorstand gemäß § 26 BGB) fungiert.
[235] VG Hannover, NVwZ 1989, 688 f.
[236] Vgl. VGH Mannheim, ESVGH 37, 30.
[237] Siehe VG Neustadt a.d.W., NVwZ-RR 2011, 704.
[238] Vgl. OVG Koblenz, LKRZ 2009, 343; VGH Mannheim, ESVGH 14, 162; OVG Koblenz, NVwZ-RR 2000, 103; OVG Greifswald, LKV 2006, 222.
[239] Vgl. OVG Münster, NVwZ 1984, 667.

Die Unmittelbarkeit des Vorteils oder Nachteils setzt **adäquate Kausalität** voraus. Es ist nicht erforderlich, dass der Vorteil oder Nachteil direkt durch den Gemeinderatsbeschluss eintritt, was angesichts des Umstandes, dass Gemeinderatsbeschlüsse des Vollzugs durch den Bürgermeister bedürfen, auch kaum möglich wäre. Die Unmittelbarkeit wird darüber hinaus nicht generell dadurch ausgeschlossen, dass noch weitere Ursachen für den Vorteil oder Nachteil vorhanden sind. Bei einem mehrgliedrigen Entscheidungsprozess kommt es letztlich darauf an, inwieweit die übrigen Vorgänge durch den Gemeinderatsbeschluss determiniert werden.[240]

166

Befangenheit liegt auch vor, wenn das Gemeinderatsmitglied in der Angelegenheit ein **Gutachten** abgegeben hat (§ 18 II Nr. 4 GemO B.-W.; Art. 49 I 2 GO BY; § 31 II Nr. 3 GO NRW). Ein individuelles Sonderinteresse des Gemeinderatsmitglieds ist bei diesem Befangenheitstatbestand nicht erforderlich.

167

Ein Ausschluss wegen Befangenheit wird daneben auch angeordnet, wenn das Gemeinderatsmitglied bei jemandem gegen Entgelt beschäftigt ist, für den ein unmittelbarer Vorteil oder Nachteil eintreten kann, sofern ein Interessenwiderstreit nicht ausgeschlossen werden kann (§ 18 II Nr. 1 GemO B.-W.; § 31 II Nr. 1 GO NRW; § 20 I Nr. 5 SächsGO). Während beim allgemeinen Befangenheitstatbestand die Befangenheit unabhängig von einem Interessenwiderstreit angenommen wird, wird hier lediglich eine widerlegbare Vermutung aufgestellt. Im Zweifel ist von einer Befangenheit auszugehen. Belanglos ist, ob das Beschäftigungsverhältnis öffentlich-rechtlichen oder privatrechtlichen Charakter hat.[241] Nicht ausreichend ist ein gelegentliches entgeltliches Tätigwerden auf der Basis einzelner Werk- oder Dienstverträge.

168

In B.-W., NRW und SA wird das Mitwirkungsverbot auch auf Gemeinderatsmitglieder (oder nahe Angehörige) erstreckt, die als Vorstands- oder Aufsichtsratsmitglied in einer privatrechtlichen Gesellschaft oder einer juristischen Person öffentlichen Rechts tätig sind, denen die Entscheidung einen unmittelbaren Vorteil oder Nachteil bringen kann (§ 18 II Nr. 2, 3 GemO B.-W.; § 31 II Nr. 2 GO NRW; § 20 I Nr. 7 SächsGO).

169

b) Folgen der Mitwirkung befangener Gemeinderäte und Heilungsmöglichkeiten

In den Bundesländern finden sich unterschiedliche Rechtsfolgen von Verstößen gegen die Befangenheitsvorschriften und deren Heilungsmöglichkeiten.

170

In B.-W. und SA führen **sämtliche Verstöße** gegen Befangenheitsvorschriften zur **Unwirksamkeit** der Gemeinderatsbeschlüsse. Dies gilt sowohl für den Nichtausschluss eines befangenen Gemeinderatsmitglieds, als auch für dessen unberechtigten Ausschluss.[242] Bedeutungslos ist das Vorliegen oder Nichtvorliegen des nur deklaratorischen Ausschlussbeschlusses.[243] In B.-W. und SA ist es unbeachtlich, ob die unzulässige Mitwirkung oder die unzulässige Nichtmitwirkung für den Beschluss kausal war. Die Unwirksamkeit tritt nur dann nicht ein, wenn ein Gemeinderatsmitglied aus eigenem Antrieb nicht erscheint oder die Sitzung verlässt, weil es irrtümlich glaubt, wegen Befangenheit nicht teilnehmen zu dürfen.

171

---

[240] VGH Mannheim, VBlBW 1985, 21; NVwZ-RR 1993, 98.
[241] Vgl. VGH Mannheim, VBlBW 1989, 459.
[242] S. hierzu VGH Mannheim, NVwZ 1987, 1103.
[243] Vgl. VGH Mannheim, NVwZ-RR 1992, 538.

172 In BY (Art. 49 IV GO) und NRW (§ 31 VI GO) tritt bei **unrechtmäßiger Mitwirkung** eines Befangenen die Unwirksamkeitsfolge nur ein, wenn die Mitwirkung für das **Abstimmungsergebnis entscheidend** war. Umstritten ist hierbei, ob unter Mitwirkung hierbei nur die **Abstimmung** oder auch die bloße **Beratung** zu verstehen ist. Nach der Rechtsprechung ist nur die Abstimmung unzulässig, während die Beratung keinen Einfluss auf die Gültigkeit des Beschlusses hat.[244] Andererseits müsste die „Mitwirkung" im Zusammenhang mit Art. 49 I GO BY und § 31 I GO NRW Beratung und Abstimmung umfassen. Es ist durchaus möglich, dass der Beratungsbeitrag das Abstimmungsverhalten anderer Gemeinderatsmitglieder in entscheidender Weise beeinflusst. Dies mag im Einzelfall, bei besonders überzeugenden Ausführungen, sogar einen deutlich größeren Einfluss auf das Abstimmungsergebnis bewirken. Der Berücksichtigung einer Mitwirkung bei der Berartung steht jedoch entgegen, dass diese Beeinflussung objektiv nicht feststellbar ist oder zumindest regelmäßig sein dürfte. Die Rechtssicherheit gebietet es daher, allein auf das Abstimmungsverhalten abzustellen, da die Gründe für das Abstimmungsverhalten eines Gemeinderatsmitglieds im Einzelnen nicht aufklärbar sind.[245] Das Kausalitätserfordernis nach Art. 49 IV GO BY und § 31 VI GO NRW greift nur bei unzulässiger Mitwirkung eines befangenen Mitglieds und nicht auch bei unzulässigem Ausschluss eines nicht befangenen Mitglieds. In letztgenannter Konstellation führt jeder rechtswidrige Ausschluss zur Unwirksamkeit, da dieser letztlich wertungsmäßig der Beschlussunfähigkeit des Gemeinderats wegen Nichtladung eines Mitglieds gleichsteht.[246] Dies steht auch der analogen Anwendung der Kausalitätsregelungen für diese Fälle entgegen.

173 Die Gemeindeordnungen von B.-W., NRW und SA sehen – anders als die GO BY – die Möglichkeit einer **Heilung** wegen Verletzung der Befangenheitsvorschriften bei unwirksamen Beschlüssen vor (§ 18 VI GemO B.-W.; § 54 IV GO NRW; § 20 V SächsGO). In B.-W. und SA tritt die Heilung jedoch nicht ein, wenn der Bürgermeister dem Beschluss wegen dessen Rechtswidrigkeit widersprochen hat, wenn die Rechtsaufsichtsbehörde den Beschluss beanstandet hat oder wenn jemand vor Ablauf der Heilungsfrist einen förmlichen Rechtsbehelf eingelegt hat. In NRW ist die Heilung ausgeschlossen, wenn der Bürgermeister den Beschluss beanstandet oder wenn ein Bürger die Verletzung der Befangenheitsvorschrift vor Ablauf der Jahresfrist gegenüber der Gemeinde gerügt hat.

Beschlussfassung im Gemeinderat (am Beispiel Bayern)

> I. Grundvoraussetzung
> Geschäftsordnung des Gemeinderats; regelt Form und Frist der Einladung zu den Gemeinderatssitzungen (Art. 45 I, II GO).
> II. Ladung
> – 1. Bürgermeister: Vorbereitung Beratungsgegenstände; Ladung sämtlicher Mitglieder mit Angabe der Tagesordnungspunkte (Art. 46 II GO); Ausnahmen: Mandatsverlust oder Ausschluss von der Gemeinderatssitzung (Art. 53 II GO).
> – Ein nicht geladenes Gemeinderatsmitglied führt zur Rechtswidrigkeit des Beschlusses, aber Heilung, wenn alle Gemeinderatsmitglieder anwesend sind und rügelos verhandeln.

---

[244] BayVGH, BayVBl. 1967, 278.
[245] Vgl. *Widtmann/Grasser*, GO BY, Art. 49 Rn. 11; a. A. *Bauer/Böhler/Ecker*, Bayerische Kommunalgesetze, Art. 49 GO, Rn. 12.
[246] Vgl. *Widtmann/Grasser*, GO BY, Art. 49 Rn. 19.

– Anspruch der Mehrheit (nicht des einzelnen Mitglieds) auf Einberufung des Gemeinderats, Art. 46 II 3 GO.
III. Beschlussfähigkeit und Beschlussfassung
  1. Beschlussfähigkeit (vor jeder Abstimmung und Wahl zu prüfen):
     – Anwesenheitsmehrheit: Mehrheit der gesetzlich vorgeschriebenen Anzahl anwesend, Art. 47 II GO (IST-Stärke).
     – Stimmberechtigtenmehrheit: stimmberechtigt nur, wer nicht nach Art. 49 I GO ausgeschlossen ist.
     – Feststellung der Beschlussfähigkeit: IST-Stärke = SOLL-Stärke (Art. 31 GO) abzüglich aller nach Art. 53 I 3, II GO ausgeschlossenen und nicht stimmberechtigten Mitglieder.
  2. Beschlussfassung
     – Art. 49 GO, Teilnahme an Beratung und Abstimmung unzulässig.
     – Mehrheitsentscheidung Art. 51 I 1 GO.
     – Öffentliche Sitzungen und offene Abstimmungen (Ausnahmen möglich), Art. 52 II, 53 I 2 GO; Art. 51 I 1 GO.
IV. Rechtsfolgen
  1. Verfahrensverstoß wesentlich: Unwirksamkeit des Beschlusses.
  2. Unwesentliche Verstöße gegen Verfahrensbestimmungen unbeachtlich.
  3. Heilungsmöglichkeit: Erscheinen aller Gemeinderatsmitglieder und rügeloses Einlassen.

§ 12. Gemeindewirtschaft

Literatur: *Henneke,* Begrenzt die finanzielle Leistungsfähigkeit des Landes den Anspruch der Kommunen auf eine aufgabenangemessene Finanzausstattung, DÖV 1998, 330; *Henneke,* Die Kommunen in der Finanzverfassung des Bundes und der Länder, 5. Aufl. 2012; *Becker,* Grenzenlose Kommunalwirtschaft, DÖV 2000, 1032; *Volkmann,* Der Anspruch der Kommunen auf finanzielle Mindestausstattung, DÖV 2001, 497; *Zacharias,* Privatisierung der Abwasserbeseitigung, DÖV 2001, 454; *Mayen,* Privatisierung öffentlicher Aufgaben: Rechtliche Grenzen und rechtliche Möglichkeiten, DÖV 2001, 110; *Meyer,* Wettbewerbsrecht und wirtschaftliche Betätigung der Kommunen, NVwZ 2003, 1075; *Schink,* Die Kreisumlage, DVBl. 2003, 417; Wo liegt die Grenze der Zulässigkeit der wirtschaftlichen Betätigung von Kommunen? DÖV 2004, 685; *Scharpf,* Rechtsprobleme der Gebeitsüberschreitung – Kommunale Unternehmen extra muros?, NVwZ 2005, 148; *Nolte,* Insolvenzfähigkeit für Kommunen?, DVBl. 2005, 933; *Althammer/Zieglmeier,* Der Rechtsweg bei Beeinträchtigung Privater durch die kommunale Daseinsfürsorge bzw. erwerbswirtschaftliches Handeln von Kommunen, DVBl. 2006, 810; *Bergmann/Vetter,* Interkommunale Zusammenarbeit und Vergaberecht – Eine differenzierende Betrachtung, NVwZ 2006, 497; *Dombert,* Zur finanziellen Mindestausstattung von Kommunen, DVBl. 2006, 1136; *Pape/Holz,* Möglichkeiten und Grenzen kommunalwirtschaftlicher Betätigung im Bereich der Abfallwirtschaft, NVwZ 2007, 636; *Schmidt-Jortzig,* Der Einnahmefächer der Kommunen zwischen Stärkung der Eigengestaltung und landesverfassungsrechtlichen Finanzgarantien, DVBl. 2007, 96; *Pietzcker,* Grenzen des Vergaberechts, NVwZ 2007, 1225; *Müller/Brauser-Jung,* Öffentlich-Private-Partnerschaften und Vergaberecht – Ein Beitrag zu den vergaberechtlichen Rahmenbedingungen, NVwZ 2007, 884; *Quaas,* Das Auseinanderdriften der obergerichtlichen Rechtsprechung zum kommunalen Abgabenrecht, NVwZ 2007, 757; *Waldmann,* Das Kommunalunternehmen als Rechtsformalternative für die wirtschaftliche Betätigung von Gemeinden, NVwZ 2008, 284; *Winkel,* Die Bedeutung der kommunalen Unternehmen für die Daseinsvorsorge und für die kommunalen Haushalte, NWVBl. 2008, 285.

I. Der Gemeindehaushalt

Literatur: *Oebbecke,* Verwaltungssteuerung im Spannungsfeld von Rat und Verwaltung, DÖV 1998, 853; *Wieland,* Staatliche Finanzkontrolle im Bereich kommunaler Selbstverwaltung, DVBl. 1999, 1470 ff.; *Henkes,* Der Jahresabschluss kommunaler Gebietskörperschaften. Von der Verwaltungskameralistik zur kommunalen Doppik, 2008.

1. Grundsätze

1 Kraft ihrer Finanzhoheit steht den Gemeinden auch die Haushaltshoheit zu. In formeller Hinsicht wird die Haushaltshoheit ausgeübt durch den jährlichen Erlass einer Haushaltssatzung. In materieller Hinsicht wird die Haushaltshoheit begrenzt durch die geltenden Grundsätze des Haushaltswesens (näher hierzu unter 3.). Das Haushaltsrecht wird bestimmt durch die Gemeindeordnungen, dem bundesrechtlichen Haushaltsgrundsätzegesetz (HGrG) und dem Stabilitätsgesetz (StabG). Primärziel der kommunalen Haushaltswirtschaft ist die Sicherstellung kommunaler Aufgaben und der Leistungsfähigkeit der Gemeinde (vgl. § 77 GemO B.-W.; Art. 61 GO BY; §§ 75, 76 GO NW; § 72 SächsGO); dabei haben die Pflichtaufgaben gegenüber den freiwilligen Aufgaben selbstverständlich den Vorrang. Als Rahmenvorgabe der Haushaltswirtschaft ist das gesamtwirtschaftliche Gleichgewicht zu beachten.[1] Maßnahmen müssen „(…) gleichzeitig zur Stabilität des Preisniveaus, zu einem hohen Beschäftigungsstand und außenwirtschaftlichem Gleichgewicht bei stetigem und angemessenem Wirtschaftswachstum beitragen" (§§ 1 i. V. m. 16 I, II StabG). Elementar wird die Haushaltswirtschaft vom **Gebot der Sparsamkeit und Wirtschaftlichkeit** bestimmt.[2] Diesem Grundsatz zufolge sind die gemeindlichen Aufgaben mit geringstmöglichem Aufwand durchzuführen (**Minimalprinzip**) und zugleich ist mit den vorhandenen Mitteln der größtmögliche Erfolg zu erzielen (**Maximalprinzip**). Nach dieser Kosten-Nutzen-Relation kann daher eine teurere Maßnahme geboten sein, wenn sie unter mehreren die effektivste ist. Letztlich wird die Gemeinde dadurch insgesamt zu einem sparsamen und wirtschaftlich vernünftigen Verhalten verpflichtet. Diese Verpflichtung hat im konkreten Handeln der Kommune insbesondere auch ermessenslenkende Wirkung.[3] Weitere Grundsätze der Haushaltswirtschaft sind die **Privatisierungklauseln**, das explizit in Bayern im Juli 2004 aufgenommene **Gebot der Risikominimierung**[4] und im weiteren Sinne **Spekulationsverbote** im Hinblick auf Anlage- und Veräußerungsgeschäfte.[5] Letztere haben insbesondere durch die Finanzkrise an erheblicher Bedeutung gewonnen, als es um riskante Geldgeschäfte der Kommunen zur Einnahmenerzielung ging.[6] Die Privatisierungsklauseln verlangen, entsprechend dem Subsidiaritätsprinzip, die Aufgabenerfüllung durch Private, wenn diese die Aufgaben ebenso erledigen könnten. Im Sinne einer ressourcen- und effizienzoptimierenden Verwaltung ist die Auslagerung delegierbarer Aufgaben zugleich die Schnittstelle zum „New Public Management".[7] Nicht an Aktualität eingebüßt hat der Wechsel der Haushaltsführung von der

---

[1] § 77 I 2 GO B.-W.; Art. 61 I 3 GO BY; § 75 I 3 GO NW; § 72 I 2 SächsGO; ein Überblick dazu bei *Geis/Madeja*, JA 2013, 321.
[2] § 77 II GO B.-W.; Art. 61 II 1 GO BY; § 75 I GO NW; § 72 II 1 SächsGO; weiterführend zur staatlichen Kontrolle der Wirtschaftlichkeit gemeindlichen Handelns siehe *Wieland*, DVBl. 1999, 1470ff.; vgl. auch § 6 I HGrG.
[3] Vgl. BVerwGE 105, 55; 108, 1 (17).
[4] Vgl. so ausdrücklich nur in Bayern: Art. 61 II 2, III GO BY.
[5] Vgl. § 72 II 2 SächsGO.
[6] Dazu noch 2. Teil § 12 III Nr. 4; zu sog. „US – Cross-Border-Lease" Geschäften: *Thormann*, BayVBl. 2004, 424 (425ff.); VG Hamburg, NVwZ 2005, 115f.; *Rietdorf*, KommJur 2008, 441 ff.; zu Zinsderivat-Geschäften (Zins-Swaps) der Kommunen, *Fritsche/Fritsche*, LKV 2010, 201 ff.; *Lammers*, NVwZ 2012, 12 ff.
[7] *Weber/Schäfer/Hausmann*, Praxishandbuch Public Private Partnership, § 1 Der PPP-Beschaffungsprozess, S. 3.

Kameralistik zur Doppik[8] bzw. das Wahlrecht, nach den Grundsätzen doppelter kommunaler Buchführung die Haushaltswirtschaft zu führen (§ 77 III GemO B.-W.; Art. 61 IV GO BY; § 92 I GO NRW; § 72 II SächsGO).

2. Die Haushaltssatzung

Das zentrale Mittel der gemeindlichen Haushaltsführung ist die Haushaltssatzung. 2 Durch sie wird dem gemeindlichen Wirtschaften ein verbindlicher Rahmen gesetzt. Die Haushaltssatzung enthält als wichtigsten Bestandteil den Haushaltsplan (näher hierzu unter 3.), den Höchstbetrag der Kassenkredite und die Steuerhebesätze der Gemeinde. Daneben gestatten die Gemeindeordnungen auch noch die Aufnahme weiterer Festsetzungen (§ 79 GemO B.-W.; Art. 63 GO BY; § 78 GO NRW; § 74 SächsGO). Es gibt also auf kommunaler Ebene kein Koppelungsverbot wie für das Haushaltsgesetz des Bundes gemäß Art. 110 IV GG.

Die Haushaltssatzung ist eine für die Gemeinde verbindliche **Pflichtsatzung** ohne 3 **Außenwirkung.** Ein Gesetz im materiellen Sinne ist die Haushaltssatzung demnach nicht; ihrer Rechtsnatur nach gleicht sie dem Haushaltsgesetz als nur-formelle Rechtsnorm. Sie ist jedoch – entsprechend der kommunalen Normsetzungsform – eine Satzung. Lediglich die Festsetzung der Steuerhebesätze entfaltet Außenwirkung und ist damit auch im materiellen Sinne ein Gesetz.

Mangels Außenwirkung können Gemeindeeinwohner aus ihr keine subjektiven 4 Rechte ableiten. Ansprüche – etwa auf Bezuschussung – werden erst durch den Vollzug der Haushaltssatzung begründet. Die Haushaltssatzung liefert der Gemeinde auch niemals ein Argument, Verpflichtungen nicht zu erfüllen. Wenn rechtlich zwingende Ausgaben im Haushaltsplan nicht vorgesehen sind, dann muss ggf. eine Nachtragssatzung erlassen werden.

Die Rechtsaufsichtsbehörde hat nicht nur den ordnungsgemäßen Erlass, sondern auch 5 den ordnungsgemäßen **Vollzug der Haushaltssatzung** zu überprüfen. Denkbar ist es in diesem Zusammenhang, dass die Gemeinde im Außenverhältnis rechtmäßig handelt (oder sie zu einem solchen Verhalten im Außenverhältnis sogar verpflichtet ist), sie im Innenverhältnis jedoch die Haushaltssatzung verletzt. Auch in diesem Fall muss die Rechtsaufsichtsbehörde das gemeindliche Verhalten beanstanden und notfalls auf den Erlass einer Nachtragssatzung hinwirken. Auch wenn zumeist nur bei größeren Defizitausgleichsmöglichkeiten ein Einschreiten der Rechtsaufsichtsbehörde erfolgt, so steht dieser doch bereits bei der Erkennbarkeit irgendeiner möglichen Verbesserung der Einnahme und Ausgabesituation grundsätzlich ein Beanstandungsrecht zu.[9]

Für den Erlass der Haushaltssatzung gelten die allgemeinen Vorschriften zum Sat- 6 zungserlass sowie einige Spezialvorschriften. Diese sehen unter anderem vor, dass der Entwurf der Haushaltssatzung vor der Beratung im Gemeinderat sieben Tage lang öffentlich auszulegen ist, dass der Gemeinderat über die Haushaltssatzung in öffentlicher Sitzung zu beraten und zu entscheiden hat, dass sie der Rechtsaufsichtsbehörde vorzulegen ist und dass der Haushaltsplan mit der Bekanntmachung der Haushaltssat-

---

[8] Siehe *Wulff/Freymuth*, DÖV 2012, 346 ff.; dazu noch 2. Teil § 12 V 1.
[9] Vgl. OVG Magdeburg, Urteil v. 7.6.2011 – 4 L 216/09; OVG Magdeburg, Beschl. v. 5.8.2009 – 4 L 353/08.

zung öffentlich auszulegen ist (§ 81 GemO B.-W.; Art. 65 GO BY; § 80 GO NRW; § 76 SächsGO). Zu diesen Verfahrensvorschriften gehören auch die in allen Gemeindeordnungen vorgesehenen Erfordernisse einer **Genehmigung der Rechtsaufsichtsbehörde**, wobei die Reichweite der Genehmigungspflicht divergiert. Da der Erlass der Haushaltssatzung auf der Haushaltshoheit als Ausfluss der Finanzhoheit und damit dem kommunalen Selbstverwaltungsrecht beruht, ist die Rechtsaufsichtsbehörde auf die Überprufung der Rechtmäßigkeit der Haushaltssatzung (nicht der Zweckmäßigkeit) beschränkt.

7 Die Verletzung der genannten besonderen Verfahrensvorschriften hat nicht die Unwirksamkeit der Haushaltssatzung zur Folge.[10] Die Rechtsaufsichtsbehörde hat jedoch die Genehmigung wegen solcher Verfahrensverstöße, falls sie diese erkennt, zu versagen (vgl. die Parallele zu § 216 BauGB für die Genehmigung von Bauleitplänen).

8 Eine Änderung der Haushaltssatzung ist einzig in der Form zulässig, dass die Gemeinde eine Nachtrags(haushalts)satzung erlässt (§ 82 GemO B.-W.; Art. 68 GO BY; § 81 GO NRW; § 77 SächsGO). Eine Nachtragshaushaltssatzung muss erlassen werden, wenn nur so ein bedeutender Fehlbetrag vermieden werden kann, wenn über die veranschlagten Ausgaben hinaus bedeutende zusätzliche Ausgaben geleistet werden müssen, wenn aus dem Vermögenshaushalt bislang nicht angesetzte Investitionen getätigt werden sollen oder wenn Personalmaßnahmen ergriffen werden sollen, für die im Stellenplan die erforderlichen Stellen nicht vorgesehen sind.

3. Der Haushaltsplan

9 Der Kernbestandteil der Haushaltssatzung ist der Haushaltsplan (§ 80 GemO B.-W.; Art. 64 GO BY; § 79 GO NRW; § 75 SächsGO). Er enthält eine **Aufstellung der geplanten bzw. vorhersehbaren Einnahmen und Ausgaben, Erträge und Aufwendungen** sowie der **Verpflichtungsermächtigungen**. Des Weiteren ist ein Stellenplan für die Gemeindeverwaltung aufzunehmen.

10 Die Gemeindeordnungen sehen vor, dass der Haushalt in einen **Verwaltungshaushalt** und einen **Vermögenshaushalt** aufzugliedern ist, sofern er nach den Grundsätzen der Kameralistik geführt wird. Laufende Einnahmen und Ausgaben werden im Verwaltungshaushalt dargestellt, sofern sie den Vermögensbestand der Gemeinde nicht tangieren. Soweit damit Vermögensveränderungen verbunden sind, wie Investitionen, Finanzierungen und Rücklagen, sind sie in den Vermögenshaushalt einzustellen.[11]

11 Wird der Haushalt nach den Grundsätzen der Doppik geführt, wird er in einen Ergebnis- und einen Finanzhaushalt gegliedert. Diese soll die Darstellungen des Haushaltsplanes transparenter machen und deutlich mehr Finanzvorgänge erfassen. Vergleicht man das kameralistische Konzept des öffentlichen Haushaltsrechts mit der kaufmännischen Methode der doppelten Buchführung (Doppik),[12] so kann – ungeachtet der Unterschiede im Einzelnen – der Vermögenshaushalt mit der Gewinn- und Verlustrechnung des kaufmännischen Jahresabschlusses verglichen werden. Auf diese wirken sich alle ertrags- und aufwandsrelevanten Buchungen aus. Mit den Posten des Verwaltungshaushalts vergleichbar sind alle kaufmännischen Buchungen, die das Eigenkapi-

---

[10] Vgl. BVerwG, KStZ 1977, 218.
[11] Ausf. *Schwarting*, in: Henneke/Pünder/Waldhoff, Recht der Kommunalfinanzen, § 28 Rn. 7 ff.
[12] Vgl. dazu ausf. § 12 V 1.

tal des Unternehmens nicht verändern, wie z. B. **Aktivtausch** (z. B. eine Forderung des Unternehmens wird erfüllt). Die doppische Haushaltsführung hingegen stellt im Finanzhaushalt ihre Liquiditätszuflüsse und –abflüsse dar, um eine Liquiditäts- und Investitionsplanung zu ermöglichen. Aus dieser Konzeption heraus ist daher Ziel, durch die Erwirtschaftung von Überschüssen aus der laufenden Verwaltungstätigkeit, dargestellt im Ergebnishaushalt, die Investitionsmaßnahmen des Finanzhaushaltes selbst stemmen zu können. Gelingt das nicht, ist die Einstellung von Krediten in den Finanzhaushalt erforderlich. Letztlich entspricht der Finanzhaushalt damit in groben Zügen den Grundfestsetzungen des kameralistischen Haushaltsplanes.

Der Haushaltsplan ist aufgegliedert in Einzelpläne, Abschnitte und Unterabschnitte. Die Aufgliederung ist für alle Gemeinden eines Landes vereinheitlicht, um Vergleichbarkeit und Kontrolle zu gewährleisten. Neben diesen Bestandteilen kann der Haushaltsplan bei finanzschwachen Gemeinden noch ein **Haushaltssicherungskonzept** enthalten (s. hierzu §§ 76, 79 II GO NRW). Als Anlage müssen dem Haushaltsplan ein Vorbericht, der Finanzplan (hierzu unter d), eine Übersicht über den zu erwartenden Schulden- und Rücklagenstand sowie Wirtschaftspläne und Jahresabschlüsse der Sondervermögen beigefügt sein. Diese Anlagen sind aber nicht Teil der Haushaltssatzung, sondern haben nur den Charakter eines schlichten Gemeinderatsbeschlusses. Dementsprechend können sie durch einen solchen auch wieder abgeändert werden. 12

Der Haushaltsplan ist auszugleichen. Das bedeutet, dass Einnahmen und Ausgaben gleich hoch sein müssen und ggf. Fehlbeträge oder Überschüsse aus Vorjahren egalisiert werden (§ 80 II GemO B.-W.; Art. 64 III 1 GO BY; § 75 II GO NRW; § 72 III SächsGO). Hierbei handelt es sich aber lediglich um ein formales Prinzip und nicht um eine Art Neuverschuldungsverbot. Denn der Ausgleich kann ggf. durch Zuweisungen aus dem Vermögenshaushalt hergestellt werden. In NRW (§ 75 IV GO) und SA (§ 72 IV GO) muss aber in diesem Fall zwingend ein Haushaltssicherungskonzept erstellt werden. 13

Für den Haushaltsplan gilt das **Prinzip der Jährlichkeit** (§ 80 I GemO B.-W.; Art. 64 I GO BY; § 78 III GO NRW; § 75 I SächsGO). Ein Haushaltsplan ist also für jedes Jahr gesondert zu erstellen. Die Aufstellung muss vor Beginn des Haushaltsjahres erfolgen (Prinzip der Vorherigkeit). Im Haushaltsplan müssen alle geplanten Einnahmen und Ausgaben enthalten sein (Prinzip der Vollständigkeit). Eine vorab vorgenommene Saldierung von Einnahmen und Ausgaben ist unzulässig (Prinzip der Bruttoveranschlagung bzw. Prinzip des Saldierungsverbotes). Daran hat sich auch im Hinblick auf die Budgetierung von Haushaltskonten durch die Einführung der Doppik nichts geändert. 14

Die Zuordnung der Einnahmen und Ausgaben zu den Haushaltsjahren erfolgt nach dem **Prinzip der Kassenwirksamkeit.** Die Einstellung erfolgt immer in dem Jahr, in dem die Zahlungsvorgänge erfolgen. Das Prinzip der Kassenwirksamkeit ist also vergleichbar mit dem im Einkommensteuerrecht geltenden Zufluss-/Abflussprinzip. 15

Es gilt stets der **Grundsatz der Gesamtdeckung.** Einnahmen oder Ausgaben erfolgen also nicht zweckgebunden **(Non-Affektationsprinzip),** sondern es existiert stets nur ein einheitlicher „Topf". Der Grundsatz der Gesamtdeckung ist ein klassisches Prinzip des öffentlichen Haushaltswesens ohne Verfassungsrang.[13] 16

---

[13] S. hierzu BVerfG, NVwZ 1996, 469.

17 Weitere Prinzipien des Haushaltsrechts sind die **Grundsätze der Klarheit und der Wahrheit** sowie das **Publizitätsprinzip**. Zur Erfüllung von Letzterem sehen die Gemeindeordnungen von B.-W., NRW und SA eine öffentliche Auslegung des Entwurfs des Haushaltsplans für sieben Tage vor (§ 81 I GemO B.-W.; § 79 III GO NRW; § 76 I SächsGO).

18 Der Haushaltsplan weist strikte Bindungswirkung gegenüber allen Gemeindeorganen auf. Lediglich bei unabweisbaren Ausgaben (z. B. gerichtliche Verurteilung zu einer Zahlung) können überplanmäßige sowie außerplanmäßige Ausgaben geleistet werden, falls deren Deckung gewährleistet ist (§ 84 GemO B.-W.; Art. 66 GO BY; § 83 GO NRW; § 79 SächsGO).

4. Finanzplanung

19 Die Gemeinden sind verpflichtet, ihre Haushaltswirtschaft langfristig zu planen. Zu diesem Zweck sehen die Gemeindeordnungen eine Verpflichtung vor, dass eine fünf Jahre umfassende Finanzplanung auszuarbeiten und ihrer Haushaltswirtschaft zugrunde zu legen ist (§ 85 GemO B.-W.; Art. 70 GO BY; § 84 GO NRW; § 80 SächsGO). In ihrer Finanzplanung müssen die Gemeinden ihre beabsichtigten Ausgaben und die vorgesehene Kostendeckung auflisten. Die geplanten Investitionen sind in einem **Investitionsprogramm** darzustellen.

20 Der Finanzplan wird jährlich erstellt. Das erste Haushaltsjahr, das in ihm dargestellt wird, ist jeweils das laufende. Der Finanzplan ist stets spätestens zeitgleich mit dem Entwurf der Haushaltssatzung vorzulegen und Jahr für Jahr fortzuschreiben. Die Finanzplanung ist weder Satzung noch Verwaltungsakt, sondern nur ein schlichter Gemeinderatsbeschluss. Er weist keine Außenwirkung auf, doch bindet er die Gemeindeorgane. Besonders wichtig ist eine Finanzplanung dort, wo Kommunen ihre Verschuldung zurückfahren wollen oder müssen, weil der Haushaltsausgleich gefährdet ist. In S.-A. ist für diesen Fall vorgeschrieben, ein Haushaltskonsolidierungskonzept aufzustellen (§ 100 III KVG LSA). Ähnliches erfolgt regelmäßig auch in Kommunen anderer Länder. Derartige Konsolidierungskonzepte stellen Regeln für eine mittelfristige Verbesserung der Haushaltssituation der Gemeinde auf; sie sind jedoch nicht Teil des Haushaltes selbst.[14]

II. Gemeindevermögen

Literatur: *Engelsing*, Zahlungsunfähigkeit von Kommunen und anderen juristischen Personen des öffentlichen Rechts, 1999; *Gundlach/Frenzel/Schmidt*, Die Zwangsvollstreckung gegen die öffentliche Hand, InVo 2001, 228 ff.; *Paulus*, Überlegungen zur Insolvenzfähigkeit von Gemeinden, ZInsO 2003, 869 ff.; *Isensee*, Die Insolvenzunfähigkeit des Staates, in: Heintzen/Kruschwitz (Hrsg.), Unternehmen in der Krise, 2004, S. 227 ff.; *Katz*, Haftung und Insolvenz der Kommunen und ihrer Unternehmen, Der Gemeindehaushalt 2004, 49 ff.; *Faber*, Insolvenzfähigkeit für Kommunen, DVBl. 2005, 933 ff.

21 Die Gemeindeordnungen regeln den Erwerb, die Verwaltung und die Veräußerung von Vermögensgegenständen (§ 91 f. GemO B.-W.; Art. 74 ff. GO BY; § 90 GO NRW; § 89 f. SächsGO). Solche Vermögensgegenstände können insbesondere bewegliche Sachen, Immobilien oder Anteile an Kapitalgesellschaften sein. Von dem Gemeindevermögen zu unterscheiden ist das – bestimmten Verfügungsbeschränkungen

---

[14] Vgl. OVG Magdeburg, Beschl. v. 5.8.2009 – 4 L 353/08.

unterliegende – **Sondervermögen**[15], das **Treuhandvermögen**[16] und das Gemeindegliedervermögen[17]. So werden etwa nach Art. 88 I GO BY die Eigenbetriebe als Sondervermögen geführt. Die Schulden der Gemeinde zählen nicht zu deren passivem Vermögen, sondern fallen unter die Vorschriften über das Kreditwesen, die ebenfalls in dem Abschnitt der Gemeindewirtschaft geregelt sind (§§ 87 ff. GemO B.-W.; Art. 71 ff. GO BY; §§ 86 ff. GO NRW; §§ 82 ff. SächsGO).[18]

Der **Erwerb von Vermögensgegenständen** durch die Gemeinde ist landesrechtlich zweckgebunden. Die Gemeindeordnungen sehen vor, dass die Gemeinde Vermögensgegenstände nur erwerben soll, wenn das zur Erfüllung ihrer Aufgaben erforderlich ist (§ 91 I GemO B.-W.; Art. 74 I GO BY; § 90 I GO NRW; § 89 I GO SA). Der Hintergrund ist, dass die Kernaufgabe der Gemeinde die örtliche Daseinsfürsorge und gerade nicht die Verwaltung ihres eigenen Vermögens ist. Falls die Gemeinde aber Vermögen erwirbt, hat sie dieses als Eigentümer pfleglich und wirtschaftlich zu verwalten und ordnungsgemäß nachzuweisen; bei Geldanlagen ist auf entsprechende Sicherheit bei angemessenem Ertrag zu achten (§ 91 II GemO B.-W.; Art. 74 II GO BY; § 90 II GO NRW; § 89 III SächsGO). Nach dieser Vorgabe kommen als Geldanlagen nahezu nur konservative Pfandbriefe, Schatzbriefe, Sparkassenbriefe etc. in Betracht. Aufgrund der mit der Sicherheit verbundenen geringen Rendite greifen Kommunen trotz dieses „Spekulationsverbots" zu risikoreichen Finanzgeschäften. Dennoch sind derartige Geschäfte zivilrechtlich wirksam, da kommunalrechtliche Spekulationsverbote von der Rechtsprechung nicht als Verbotsgesetze i. S. d. § 134 BGB und nicht als sittenwidrig i. S. v. § 138 BGB eingestuft werden.[19]

22

Schließlich ist die Gemeinde auch bei der **Veräußerung ihrer Vermögensgegenstände** an Voraussetzungen gebunden: Die Gemeinde darf Gemeindevermögen in der Regel nur zu seinem vollen Wert veräußern und sie darf zusätzlich diese Vermögensgegenstände in absehbarer Zeit nicht zur Erfüllung ihrer Aufgaben benötigen (§ 92 I GemO B.-W.; Art. 75 I GO BY; § 90 III GO NRW; § 90 I 1 SächsGO).[20] Finanzielle Nachlässe kommen insbesondere im Rahmen der Sicherung sozialen, preiswerten Wohnens in Betracht (Vgl. Art. 75 II 2 GO BY, § 90 I 2 SächsGO). Mitunter bedarf es für derartige Veräußerungen unter dem vollen Wert der Genehmigung durch die Rechtsaufsichtsbehörde (§ 92 III GemO B.-W.; § 90 III SächsGO). Diese Veräußerungsbeschränkungen gelten ebenso für die Überlassung der Nutzung von Vermögensgegenständen. Dennoch gibt es Fälle, in denen die verbilligte Überlassung von Grundstücken durch die Kommunen zulässig ist, z. B. die „Einheimischenförderung" oder auch das **„Einheimischenmodell"**.[21] Dabei veräußert die Kommune zur Förderung ihrer Wirtschaft und/ oder zur Steigerung der Einwohnerzahl, entgegen vermögenswirtschaftlicher Grundsätze, in ihrem Eigentum stehende (Gewerbe-) Grundstücke oder Bauland zu vergünstigten Konditionen. Unter den Vorgaben des europäischen Unionsrechts wirft diese Förderung beihilferechtliche Probleme auf.[22] Geht es dabei um die Förderung des sozia-

23

---

[15] Vgl. § 91 SächsGO; § 97 GO NRW; § 96 GemO B.-W.
[16] Siehe hierzu § 97 GemO B.-W.; § 92 SächsGO; § 98 GO NRW.
[17] § 100 GemO B.-W.; § 99 GO NRW.
[18] Vgl. unten Rn. 59.
[19] LG Wuppertal, WM 2008, 1637 ff.; OLG Naumburg, NJOZ 2005, 3420 (3425).
[20] Zu den sog. Sale-and-lease-back-Geschäften vgl. unten III 4.
[21] BayVGH, NVwZ 1999, 1008.
[22] Vgl. dazu ausf. *Grziwotz*, KommJur 2010, 250 ff.

len Schutzes und sozialer Sicherheit, so steht das Allgemeinwohlinteresse den Diskriminierungsbefürchtungen der EU-Kommission entgegen.[23] Ein anderer Fall ist die nach Art. 75 III GO BY, Art. 12 II 2 BV unzulässige Verschenkung und die unentgeltliche Überlassung von Gemeindevermögen, die nicht in Erfüllung von Gemeindeaufgaben erfolgen.

24 Will ein Gläubiger wegen einer bürgerlich-rechtlichen Geldforderung die **Zwangsvollstreckung** in das Gemeindevermögen einleiten, sind Sonderregelungen zu berücksichtigen (vgl. § 127 GemO B.-W.; Art. 77 GO BY; §§ 128 GO NRW). So bedarf die Zwangsvollstreckung durch einen Privatgläubiger häufig einer **Zulassungsverfügung** der Aufsichtsbehörde, die über Auswahl und Zeitpunkt der Vollstreckung bestimmen kann.[24] Die Eröffnung eines Insolvenz- oder Vergleichsverfahrens über das Vermögen der Gemeinde ist de lege lata ausgeschlossen,[25] nicht dagegen über das von ausgegliederten kommunalen Beteiligungsgesellschaften. Damit behaupten Kommunen weiterhin für sich eine nahezu einzigartige Stellung als Gläubiger, gleichwohl die Insolvenzunfähigkeit von Kommunen ein Streitpunkt bleibt. Eine Gleichstellung mit privaten Insolvenzverfahren, in denen ein Unternehmen aufgelöst und Vermögensgegenstände veräußert werden oder an die Gläubiger übergehen, ist auf kommunalrechtliche Grundsätze nicht übertragbar.[26] Eine Veräußerung von Vermögensgegenständen – v. a. derjenigen, die der kommunalen Aufgabenerfüllung dienen – und die Auflösung einer Gebietskörperschaft stehen einer Anwendung des Insolvenzverfahrens entgegen.

III. Die Finanzierung kommunaler Aufgaben

Literatur: *Geis/Madeja,* Kommunales Wirtschafts- und Finanzrecht, JA 2013, 248 ff., 321 ff.; *Loh/Wimmer,* Aktuelle Fragen bei der Vergabe von Kommunalkrediten, WM 1996, 1941 ff.; *Henneke/Pünder/Waldhoff,* Recht der Kommunalfinanzen, 2006; *F. Wollenschläger,* Kommunalabgabenrecht unter europäischem Einfluss, NVwZ 2008, 506.

25 Die Finanzierung kommunaler Aufgaben stützt sich auf vier verschiedene Säulen. Die erste und wichtigste Säule ist der Anteil der Gemeinden und Gemeindeverbände an den bundesrechtlich geregelten Steuern nach Art. 106 GG. Daneben können die Gemeinden eigene Abgaben erheben. Dazu zählen gemeindeeigene Steuern, Beiträge sowie Verwaltungsgebühren. Die dritte Säule ist der kommunale Finanzausgleich. Zur vierten Säule zählen schließlich Investitionshilfen und -zuschüsse, Einnahmen aus Bußgeldern und Verwarnungen, Einnahmen aus privatrechtlichen Geschäften sowie Kredite. Diese lassen sich wiederum in zwei Finanzierungsarten unterteilen: die originären, selbsterwirtschafteten Einnahmen (Kommunalabgaben, Gemeinschaftssteuern, privatrechtliche Rechtsgeschäfte) und die Zuweisungen, die die Gemeinde von Bund und Land erhält (Finanzzuweisungen, Finanzausgleich).[27]

---

[23] Ausf. dazu *Portz,* KommJur 2010, 366 ff.
[24] Die Zulassungsverfügung ist gegenüber dem Gläubiger ein zuzustellender Verwaltungsakt, vgl. *Kunze/Bronner/Katz,* GemO B.-W., § 127 Rn. 10.
[25] Dazu oben § 5 III 6. Für Insolvenzfähigkeit als Steuerungsinstrument de lege ferenda *Hornfischer,* Die Insolvenzfähigkeit von Kommunen, 2010. S. 188 ff.
[26] Vgl. *Josten,* BKR 2006, 133 (137 f.).
[27] *Waldhoff,* in: Henneke/Pünder/Waldhoff, Recht der Kommunalfinanzen, 2006, § 7 Rn. 3; ein Überblick dazu bei *Geis/Madeja,* JA 2013, S. 321 ff.

1. Anteil an den bundesrechtlichen Gemeinschaftssteuern (Art. 106 GG)

Die Systematik des Art. 106 GG ist sehr kompliziert (und im Folgenden daher vereinfacht dargestellt). Der in Art. 106 III 3, 6 GG enthaltene Regelungsvorbehalt für die Gemeinschaftssteuern wird durch das Gemeindefinanzreformgesetz (GFRG),[28] der in Art. 107 I 2–4, II GG durch das Finanzausgleichsgesetz (FAG)[29] ausgefüllt; beide Gesetze überlagern sich in mehrfacher Hinsicht.

26

- Nach Art. 106 III GG liegt die Ertragshoheit für die sog. **Gemeinschaftsteuern** (Einkommensteuer, Körperschaftsteuer, Umsatzsteuer) gemeinsam bei Bund und Ländern.[30]
- Das **Einkommen- und Körperschaftsteueraufkommen** teilen sich Bund und Länder jeweils zur Hälfte (Art. 106 III 2 GG). Von der Länderquote steht nach Art. 106 V GG ein Anteil den Gemeinden zu, der durch § 1 GFRG auf 15 % festgelegt ist. Die Weiterverteilung dieses Anteils auf die einzelnen Gemeinden erfolgt nach einem Schlüssel, der durch die Steuerkraft der Gemeinde im Verhältnis zum Gesamtaufkommen gebildet wird (§ 2 GFRG).[31]
- Maßgebend für die Ermittlung der Steuerkraft ist der (Erst-)Wohnsitz der Steuerschuldner,[32] der das Steueraufkommen bestimmt.
- Nach Art. 106 Va GG, § 1 S. 3 FAG erhalten die Gemeinden vom **Umsatzsteueraufkommen** nach einem Vorabzug für den Bund von seit 2009 4,45 %(und einem weiteren Bundesvorabzug für besondere Belastungen in der Rentenversicherung von 5,05 %) einen Anteil von 2,2 %, der in den Jahren 2015 und 2016 um pauschal 500 Millionen Euro, 2017 sogar um 1,5 Milliarden Euro erhöht wird. Der daraus auf die Gemeinden entfallende Umsatzsteueranteil fließt sodann zu 85 % an die Gemeinden der „alten" Bundesländer 85 % und zu 15 % an die der „neuen" Bundesländer (§ 5a I GFRG). Die Verteilung auf die einzelnen Länder innerhalb dieser zwei Gruppen wird durch **Rechtsverordnung** festgelegt (§ 5a II GFRG), die der Zustimmung des Bundesrates bedarf. Schließlich wird der für jedes Bundesland ermittelte Betrag auf die einzelnen Gemeinden nach einem weiteren Schlüssel[33] verteilt, der sich – anders als bei der Einkommensteuer – zu 25 % am Gewerbesteueraufkommen, zu 50 % an der Anzahl der sozialversicherungspflichtigen Beschäftigten und zu weiteren 25 % am Anteil der einzelnen Gemeinde an der

---

[28] Gesetz zur Neuordnung der Gemeindefinanzen v. 4.4.2001 (BGBl. I, S. 482), zuletzt geändert durch G. v. 14.8.2007 (BGBl. I, S. 1912).

[29] Finanzausgleichsgesetz vom 21.12.2001(BGBl. I, S. 3955), zuletzt geändert durch G. v. 22.12.2006 (BGBl. I, S. 3376).

[30] Ausf. dazu *Schwarz*, in: Hennke/Pünder/Waldhoff, Recht der Kommunalfinanzen, 2006, § 12.

[31] Weitere Details, insb. zur maßgeblichen statistischen Basis, zur Fortschreibungspflicht sowie zur Möglichkeit von Ausgleichszahlungen müssen hier aus Platzgründen unerwähnt bleiben, vgl. dazu *P. Kirchhof/Lenz*, HKWP VI, § 112, § 116C, S. 3 ff./141 ff.

[32] Da für die Ermittlung u. a. die von der Erstwohnsitzgemeinde ausgestellte Lohnsteuerkarte dient, ist jede Gemeinde daran interessiert, dass möglichst viele Einwohner in ihr ihren Erstwohnsitz unterhalten und die Karten am Ende des Steuerjahres bei der Finanzverwaltung abgegeben werden. Zugleich ist der Erstwohnsitz Bemessungsgrundlage für die Zuweisungen im kommunalen Finanzausgleich (vgl. unten III 3). Daher sind v. a. Hochschulstädte daran interessiert, dass die Studenten melderechtlich dort ihren Erstwohnsitz unterhalten.

[33] Die Steuerkraft einer Gemeinde führt zur Zuteilung einer Schlüsselzahl und einer Reihung aller Gemeinden eines Landes nach Maßgabe des jeweiligen Gemeindefinanzrechts; je höher die Schlüsselzahl ist, desto höher fällt der Steueranteil aus.

Summe der sozialversicherungspflichtigen Entgelte am Arbeitsort orientiert (§ 5b II GFRG).
- Originäre Ertragshoheit haben die Gemeinden und Gemeindeverbände an der **Grundsteuer** und der **Gewerbesteuer** (Art. 106 VI 1 GG).[34]
- Bund und Länder werden aber nach Art. 106 VI 4 GG, § 6 GFRG durch die Gewerbesteuerumlage am Erlös beteiligt, die zum einen zum Ausgleich der unterschiedlichen wirtschaftlichen Gewerbesteuerkraft der Gemeinden, zum anderen zur Finanzierung des Fonds „Deutsche Einheit" dient (§ 6 V GFRG).[35]
- Welcher Anteil vom jeweiligen Länderanteil der Gemeinschaftsteuern insgesamt an die Gemeinden eines Landes weitergereicht wird, bestimmen die jeweiligen Landesgesetzgeber (Art. 106 VII GG) regelmäßig in ihren Finanzausgleichsgesetzen. Hierzu wird die sog. **Anteilsmasse** festgelegt, die in einem Prozentsatz der Summe der Landesanteile an den Gemeinschaftsteuern und an der Gewerbesteuerumlage besteht (sog. **Verbundmasse**).[36] Die Verteilung im einzelnen wird im jeweiligen kommunalen Finanzausgleich der Länder vorgenommen (dazu unten).

27 Konkrete Angaben zum Volumen der jeweiligen Anteile sind in den Jahrbüchern der Statistischen Landesämter einzusehen, die mittlerweile weitgehend im Internet veröffentlicht sind.[37]

2. Kommunalabgaben

28 Kommunalabgaben sind Abgaben, die von den Gemeinden Landkreisen und Bezirken (in BY) erhoben werden (vgl. § 1 KAG BW; Art. 3, 5 und 8 KAG BY; § 1 I KAG NW; § 1 II KAG Sachsen).[38] Allgemein sind unter **Abgaben** Zahlungen zu verstehen, zu denen der Bürger aufgrund öffentlich-rechtlicher Grundlage verpflichtet ist. Man unterscheidet im Kommunalrecht je nach dem Grad der Gegenleistung hauptsächlich Steuern, Beiträge und Gebühren. Zudem sind in den Kommunalabgabengesetzen dazu ergänzende Begrifflichkeiten wie Aufwandsersatz, Kurtaxe, Fremdenverkehrsabgabe oder abgabenrechtliche Nebenleistungen vorzufinden (vgl. § 1 II KAG Sachsen). **Steuern** sind nach der Legaldefinition in § 3 I AO Geldleistungen, „die nicht eine Gegenleistung für eine besondere Leistung darstellen und von einem öffentlich-rechtlichen Gemeinwesen zur Erzielung von Einnahmen allen auferlegt werden, bei denen der Tatbestand zutrifft, an den das Gesetz die Leistungspflicht knüpft (...)";[39] sie dienen also der Deckung des allgemeinen Aufwands kommunaler Tätigkeit, nicht der Profiterzielung. **Beiträge** werden für die **Möglichkeit** zur Inanspruchnahme bestimmter öffentlicher Leistungen erhoben, unabhängig davon, ob eine Inanspruchnahme im

---

[34] Daran ändert die Umlagepflicht nichts (BVerwG DVBl. 1983, 137).
[35] BVerfG DÖV 1996, 849 (850).
[36] Die Berechnungsmodelle variieren stark: So legt Art. 1 I BayFAG v. 28.10.2005 (GVBl. 530), neu bekanntgemacht am 8.9.2006 (GVBl. S. 774), zuletzt geändert am 20.12.2007 (GVBl. S. 956), einen Gemeindeanteil von 11,70% fest. § 2 Gemeindefinanzierungsgesetz (GFG) NRW und das Finanzausgleichsgesetz (FAG) B.-W. setzen 23% fest, bringen aber erhebliche Vorabzüge in Anschlag (B.-W.: 686 Mio. €; NRW: ca. 166 Mio. €); vage dagegen § 2 SächsFAG vom 1. Januar 2007 (GVBl. Nr. 1 vom 29.1.2007 S. 2).
[37] Vgl. etwa www.e-statistik.eu/veroeffentlichungen/webshop/download.php; www.statistik.rlp.de/verlag/berichte.
[38] *Geis/Madeja*, JA 2013, 321 ff.
[39] Hierauf wird in den Kommunalabgabengesetzen der Länder verwiesen, § 3 I Nr. 1b KAG B.-W.; Art. 13 I Nr. 1b KAG BY; § 12 I Nr. 1b KAG NRW.

Einzelfall erfolgt. **Gebühren** dienen schließlich der Abgeltung **tatsächlich** erlangter Verwaltungsleistungen, haben also ein synallagmatisches Element. Für das Verfahren (Bemessung, Festsetzung, Erhebung) und die allgemeinen Grundsätze der Abgabenerhebung ordnen die Kommunalabgabengesetze regelmäßig die Geltung der Abgabenordnung (AO) an.[40] Abgaben werden auf der Grundlage von besonderen Abgabesatzungen erlassen, die die zu besteuernden Tatbestände und die Steuerschuldner genau benennen (§ 2 I KAG BW; Art. 2 I KAG BY; § 2 I KAG NW; § 2 I KAG Sachsen). Für Rechtsbehelfe ist bei den bundesrechtlichen Steuern der Finanzrechtsweg (§ 33 FGO), im Übrigen ist jedoch der Verwaltungsrechtsweg eröffnet. Das Kommunalabgabenrecht ist eine der wenigen Materien, für die ein Widerspruchsverfahren – trotz der partiellen Abschaffung – eröffnet ist.[41]

a) Steuern

Durch Finanzmittel aus Steuern stemmen Gemeinden heute in immer stärkerem Maß einen großen Anteil ihrer Aufgabenlast.[42] Ein wesentliches Element der Selbstverwaltungsstellung der Kommunen ist das **Recht zur eigenen Steuerfindung („Steuerhoheit")**. Allerdings besteht kein verfassungsrechtlicher Anspruch der Kommunen auf die Gewähr bestimmter Steuerquellen. Der Landesgesetzgeber selbst hat die Befugnis zum Erlass **„örtlicher Verbrauch- und Aufwandsteuern"**, solange und soweit sie nicht zu bundesgesetzlich geregelten Steuern gleichartig sind (Art. 105 IIa GG).[43] Neben dem „Gleichartigkeitsverbot"[44] ist die „Örtlichkeit" der Steuer entscheidend. Um eine örtliche Steuer handelt es sich dann, wenn an lokale Gegebenheiten, wie die Belegenheit einer Sache oder an einen Vorgang im Gebiet der Kommune angeknüpft wird und die steuerliche Belastungswirkung örtlich abgrenzbar ist.[45] Verfassungsrechtlich steht diese (eingeschränkte) Gesetzgebungskompetenz nur den Ländern zu, jedoch werden die Kommunen über die Kommunalabgabengesetze zum Erlass derartiger Steuern ermächtigt[46]; die Gemeinden können daher keine weitreichenderen Steuerkompetenzen erlangen als die Länder. Dieses von den Ländern abgeleitete Recht zur Steuergesetzgebung ist im Einklang mit der kommunalen Selbstverwaltung zu lösen, so dass nur die Möglichkeit zum Erlass kommunaler Steuern nicht völlig ausgeschlossen sein darf.[47] Sie sind allerdings so zu erheben, dass die genannten Prinzipien aus dem „Gleichartigkeitsverbot" und der „Örtlichkeit" gewahrt bleiben. Zudem bedürfen Steuersatzungen nach den Länderkommunalabgabengesetzen regelmäßig zu ihrer Wirksamkeit der Genehmigung des zuständigen Landesministeriums, und zwar vor bzw. bei ihrer erstmaligen Erhebung.[48] Ist diese nicht erteilt, ist die Steuer rechtswidrig.[49] Dies ist zugleich eine Ausnahme von der grundsätzlichen Genehmigungsfreiheit kommunaler Satzungen.

29

---

[40] Ausf. *Gern*, DKommR, Rn. 997 ff.
[41] Vgl. § 68 VwGO i. V. m. Art. 15 I 1 Nr. 1 AGVwGO BY.
[42] Vgl. *Kluth*, Aufgabengerechte und anreizorientierte Ausgestaltung der kommunalen Einnahmenstruktur, DL 2013, 246 (251).
[43] BVerfGE 7, 244 (258); 14, 76 (96); 27, 365 (384); 40, 56 (61 ff.); 65, 325 (346 ff.).; st. Rspr.
[44] Zur (teilweisen) Gleichartigkeit einer Aufwandsteuer, BVerwG, Urteil vom 11.07.2012, 9 CN 1/11.
[45] Siehe *Becker*, BB 2011, 1175 (1179) m.w. N.
[46] § 9 IV 1 KAG BW; Art. 3 KAG BY; § 7 II KAG Sachsen; s. a. BVerwG, BFH/NV 2010, 1775.
[47] BayVerfGH NVwZ 1993, 163 (165); BVerwG NVwZ 1995, 59 (61).
[48] Dazu ausf. *Flach*, Kommunales Steuererfindungsrecht und Kommunalaufsicht, S. 89.
[49] Zur Rechtswidrigkeit einer Vergnügungssteuer mangels Genehmigung, OVG Münster, NJW 2010, 102 f.

30 Nach Art. 106 VI 1, 2. Alt. GG steht den Gemeinden und nach Maßgabe des Landesrechts auch den Gemeindeverbänden (insb. die Kreise) das Aufkommen an den **örtlichen Verbrauch- und Aufwandsteuern** zu. Für die Gesetzgebungs-Konkurrenz von Gemeinden und Gemeindeverbänden (Kreisen) gilt in den Ländern entweder das Prioritätsprinzip[50] oder der Grundsatz des Gemeindevorrangs (Art. 3 II BayKAG). Regelmäßig steht bei kommunalen Steuern weniger das „Abschöpfen" von Geld, sondern ein bestimmter, verhaltenslenkender Zweck im Vordergrund.

31 **Verbrauchsteuern** betreffen den kurzfristigen Verzehr oder Verbrauch von Gütern des ständigen Bedarfs.[51] Die Anwendungsbeispiele sind rar geworden: Das Paradebeispiel ist die heute noch in Hessen und Sachsen-Anhalt erhobene Getränkesteuer,[52] mit der die Steuerkraft durch Getränkeverkauf in Schankbetrieben abgeschöpft wird. Dagegen wurde schon 1963 die hessische Speiseeissteuer vom Bundesverfassungsgericht als verkappte Umsatzsteuer für verfassungswidrig angesehen, weil sie jeglichen Eisverkauf an Verbraucher im Gemeindegebiet (also auch im Laden), nicht nur solchen „zum Verzehr an Ort und Stelle" (Strassenverkauf) besteuerte.[53] Lange wurde die **kommunale Verpackungssteuer** als umweltpolitisches Lenkungsmittel favorisiert, mit der der erhöhte Reinigungsaufwand im räumlichen Umfeld von fast-food-Unternehmen erfasst und die Verwendung von Einwegverpackungen und Einweggeschirr erschwert werden sollte.[54] Auch sie hatte zum damaligen Zeitpunkt keinen Bestand vor dem Bundesverfassungsgericht: Zwar sei sie mit keiner bundesgesetzlich geregelten Steuer gleichartig, da sie nicht primär auf Einnahmeerzielung gerichtet sei, sondern primär zur Abfallvermeidung bewegen solle. Insofern verletze sie aber die Kompetenz des Bundes nach Art. 74 I Nr. 24 GG (Abfallwirtschaft), da sie der bundesrechtlichen Konzeption des Kreislaufwirtschafts- und Abfallgesetzes (KrWG) zuwiderlaufe.[55] Darin zeigt sich das begrenzte Steuererfindungsrecht der Länder bzw. Kommunen, das nicht nur durch das „Gleichartigkeitsverbot" (Art. 105 II a GG), sondern auch durch die sachkompetenzielle Konzeption des Bundesgesetzgebers determiniert wird. Ändert sich diese Sachkompetenz, so kann entsprechend das Steuerfindungsrecht wiederaufleben. So ist im Beispiel der kommunalen Verpackungssteuer durch eine Novellierung des KrWG im Jahr 2012 den Ländern nach § 33 I 2 i. V. m. Nr. 3 a) der Anlage 4 zum KrWG die Möglichkeit eingeräumt worden, eigene Abfallvermeidungsprogramme aufzulegen, in denen explizit auch Aufpreise für Verpackungsartikel vorgesehen werden können. Vor diesem Hintergrund dürfte also eine entsprechende kommunale Steuer wohl heute nicht mehr an den kompetenziellen Hindernissen scheitern.[56]

32 „**Aufwandsteuern** betreffen die in der Einkommensverwendung für den persönlichen Lebensbedarf zum Ausdruck kommende wirtschaftliche Leistungsfähigkeit".[57] Klassi-

---

[50] *Gern,* DKommR, Rn. 1041.
[51] BVerfGE 98, 106 (123).
[52] BVerfGE 44, 216 (227); 69, 182.
[53] BVerfGE 16, 306 (327). Daher in Art. 3 KAG BY ausdrücklich untersagt.
[54] Vgl. *Köck/Schwanenflügel,* Abfallvermeidung durch kommunale Verpackungsabgaben, 1990, S. 25; *Otto,* Umweltschutz durch kommunales Satzungsrecht, NVwZ 1994, 1090; *Czybulka,* Abfallvermeidung durch kommunale Satzungen – Möglichkeiten und Grenzen, LKV 1995, 377.
[55] BVerfGE 98, 106 (132); anders noch die Vorinstanz BVerwG NVwZ 1995, 59 (61).
[56] Näher hierzu *Klinger/Krebs,* Kommunale Verpackungssteuer – Nicht nur neu verpackt, sondern jetzt zulässig!, ZUR 2015, 664.
[57] BVerfGE 16, 64 (74); 65, 325 (346).

sche Beispiele dieser „Luxussteuer" sind die **Hundesteuer**,[58] die **Jagdsteuer**[59] und die **Vergnügungssteuer**[60], die sich auf die entgeltliche Veranstaltung oder Entgegennahme von Vergnügungen bezieht[61] und die nur in Bayern nicht erhoben werden darf (Art. 3 III BayKAG). Ein neuerer Lenkungstyp ist die **Spielautomatensteuer,** insb. hinsichtlich „Killerspielen".[62] Ob derartige Vergnügungssteuern auf Geldspielautomaten überhaupt verfassungsrechtlich zulässig sind, ist teilweise umstritten – wird doch mitunter durch die faktische Besteuerung unternehmerischer Tätigkeit des Aufstellers an Stelle der Vergnügung des Automatennutzers das Prinzip der Örtlichkeit häufig bis an seine Grenzen ausgereizt.[63] Auch die Besteuerung des besonderen Aufwands für den Gebrauch von Luxusgegenständen ist denkbar (Motorboote, Reitpferde, Wohnmobile, nicht dagegen Fahrräder[64]). Es spricht grundsätzlich auch nichts gegen die Besteuerung von mehreren Aufwänden, die sich zwar auf das selbe Steuergut beziehen, sich allerdings nicht aus der selben Steuerquelle bzw. aus dem selben Steuergegenstand speisen.[65]

Besondere Bedeutung hat in den letzten Jahrzehnten die **Zweitwohnungssteuer** erlangt.[66] Sie dient dem Zweck, den erhöhten Aufwand von Gemeinden abzugelten, der durch das Vorhalten öffentlicher Einrichtungen entsteht (Straßenunterhaltung, -reinigung, -beleuchtung etc.; Erholungsanlagen, touristische Einrichtungen). Diese kommen potentiell auch Inhabern eines Zweitwohnsitzes zugute, ohne dass die Gemeinde davon im Finanzausgleich steuerlich profitieren kann (vgl. oben a)). Darunter hatten vor allem Fremdenverkehrsorte und von der Natur begünstigte Gemeinden zu leiden, in denen ganze Ferienwohnungssiedlungen gebaut wurden, die aber den größten Teil des Jahres leerstanden. Auch das Bewohnen von Mobilheimen, Wohnmobilen und -wagen (str.), die zu Zwecken des persönlichen Lebensbedarfs auf einem eigenen oder fremden Grundstück nicht nur vorübergehend abgestellt werden (insb. Dauercamper), ja sogar von Hausbooten[67] kann besteuert werden.

33

---

[58] BVerwG NVwZ 2000, 929; OVG Koblenz NVwZ-RR 1997, 735; zum zulässigen Lenkungscharakter einer speziellen Kampfhundesteuer BVerwG NVwZ 2000, 929; OVG Magdeburg, NVwZ 1999, 321. Ausf. zur Hundesteuer *Gern*, DKommR, Rn. 1056 ff.
[59] BVerfG NVwZ 1989, 1152; BVerwGE DÖV 1991, 464; OVG Koblenz NVwZ-RR 1996, 693.
[60] BVerfGE 40, 52 (55).
[61] § 2 VergnügStG Bbg zählt hierunter: Tanzveranstaltungen gewerblicher Art, Schönheitstänze und Darbietungen ähnlicher Art, das Ausspielen von Geld oder Gegenständen in Spielklubs, Spielkasinos und ähnlichen Einrichtungen, Filmveranstaltungen und jede ähnliche mit technischen Hilfsmitteln erzeugte Darstellung von Bildern, das Halten von Musik-, Schau-, Scherz-, Spiel-, Geschicklichkeitsoder ähnlichen Apparaten in Spielhallen oder ähnlichen Unternehmen oder in Schankwirtschaften, Speisewirtschaften, Gastwirtschaften, Beherbergungsbetrieben, Wettannahmestellen, Vereins-, Kantinen- oder ähnlichen Räumen sowie an anderen jedermann zugänglichen Orten.
[62] Vgl. BVerwG NVwZ 1994, 902 f.; VGH Kassel NVwZ 1993, 1125.
[63] Eingehender *Birk/Haversath*, Verfassungsmäßigkeit der kommunalen Vergnügungssteuern auf Geldspielgeräte am Beispiel Berlins, S. 19 ff.
[64] BVerwG DÖV 1992, 489.
[65] OVG Münster, NWVBl. 2015, 109 für die doppelte Besteuerung der Prostitution über den Kunden und die Prostituierte selbst.
[66] Erstmals 1972 in Überlingen am Bodensee erhoben („Überlinger Modell").
[67] Voraussetzung ist allerdings, dass sich das Hausboot auf Gemeindegebiet befindet. Vgl. dazu *Geis*, Baden-Württembergisches Verwaltungsrecht, 1998, Fall 10, S. 174 ff.

34 Die Zulässigkeit der **Zweitwohnungssteuer** ist höchstrichterlich bejaht worden,[68] allerdings ist auch ein Verbot durch den Landesgesetzgeber, wie es bis 2004 in Bayern galt, verfassungsrechtlich zulässig.[69] Steuerzweck ist die Inanspruchnahme bei Personen, die sich den „Luxusaufwand" Zweitwohnung gönnen. Dies trifft freilich nicht zu, wenn eine Zweitwohnung aus beruflichen Gründen oder zum Zweck der Ausbildung unterhalten wird (insb. bei Studierenden, die mit dem Erstwohnsitz noch bei ihren Eltern gemeldet sind). Eine verfassungsrechtlich bedingte Ausnahme von der Steuerpflicht sieht das Bundesverfassungsgericht daher bei Ehepaaren, von denen der eine Partner wegen einer Arbeitsstelle in einem anderen Ort auf eine „Erwerbszweitwohnung" angewiesen ist; deren Besteuerung diskriminiere die Ehe, die von einem einheitlichen Hauptwohnsitz ausgehe und sei als Verstoß gegen Art. 6 GG nichtig.[70] In der Rechtsprechung umstritten ist die Frage, ob eine Studentenwohnung steuerbar ist. Das OVG Koblenz und das VG Lüneburg haben dies verneint, da eine Zweitwohnung stets eine „Erstwohnung" voraussetze; hierfür reiche ein eigenes (Kinder-)Zimmer im elterlichen Haus mangels Verfügungsbefugnis aber nicht aus, auch sei die Frage der wirtschaftlichen Leistungsfähigkeit zweifelhaft.[71] Im Übrigen weisen die jeweiligen Steuersatzungen eine Anzahl von Befreiungstatbeständen auf, um unbilligen Härten gerecht zu werden.

34a Trotz der verfassungs- und landesrechtlichen Einschränkungen, ist ein kommunales, kreatives **Steuer(er)findungsrecht** nicht ausgeschlossen. Jüngst wird als örtliche Aufwandsteuer eine „kommunale **Kulturförderabgabe**" oder auch eine „Bettensteuer" diskutiert.[72] Ziel der ersteren ist es, den als freiwillige Gemeindeaufgabe oftmals vernachlässigten Kulturbereich trotz angespannter Haushaltslage weiterhin fördern zu können. Bei der „Bettensteuer" geht es um die Erhebung einer Abgabe von ortsfremden Übernachtungsgästen in Beherbergungsbetrieben (Hotel, Gasthof, Pension, Privatzimmer, Jugendherberge, Ferienwohnung, Motel, Campingplatz, Schiff und ähnliche Einrichtungen), als Pendant zur Kurtaxe, gekoppelt an die Aufwendungen für die entgeltliche Übernachtung einschließlich Mehrwertsteuer oder durch eine festgesetzte Pauschale.[73] Zu nennen sind weitere Steuererfindungen wie die „Sex-Steuer"[74] und die „Luftsteuer"[75].

---

[68] BVerfGE 65, 325 (357) – Zweitwohnungssteuer Überlingen. Allerdings hatte es das Gericht als Verstoß gegen den Gleichheitsgrundsatz angesehen, Personen, die den Erstwohnsitz am gleichen Ort haben, von der Zweitwohnungssteuer auszunehmen. Weiter BVerwG NVwZ 1990, 568. Eine Zweitwohnung als reine Kapitalanlage wird von der Steuerpflicht nicht erfasst, BVerfG NVwZ 1996, 57.

[69] BayVerfGH NVwZ 1993, 163 ff. hatte die ursprüngliche Verbot einer Zweitwohnungssteuer in Art. 3 III BayKAG gebilligt. Das Verbot wurde allerdings mit G. v. 26.7.2004 (GVBl. S. 272) aufgehoben; seitdem haben zahlreiche bayerische Städte eine solche eingeführt. Bundesweit wird sie mittlerweile von hunderten Gemeinden erhoben. Bemessen wird sie regelmäßig als Bruchteil der (potentiellen) Jahreskaltmiete. Die höchste Steuer erhebt die Stadt Konstanz mit bis zu 34 % (= 1625 €).

[70] BVerfG 11.10.2005, AZ: 1 BvR 1232/00 und 2627/03.

[71] OVG Koblenz, NVwZ-RR 2007, 556 ff.; VG Lüneburg U. v. 16.2.2005 (Az.: 5 B 34/04, n.rkr.); a. A. das VG Köln, U. v. 14.2.2007 (Az. 21 K 2275/06), BeckRS 2007 22020, sowie BFH/NV 2005, 1403.

[72] Ausf.: *Tolkmitt/Berlit*, LKV 2010, 385 ff.; siehe aber § 1 der Satzung zur Erhebung einer Kulturförderabgabe im Gebiet der Stadt Köln vom 23.9.2010, die die Abgabe ausdrücklich als örtliche Aufwandsteuer bezeichnet; s. a. BVerwG, Urteil vom 11.07.2012, 9 CN 1/11.

[73] Z. B. in Köln beträgt die Abgabe 5 % der Aufwendungen für die Beherbung inkl. USt. §§ 3, 4 I der Satzung zur Erhebung einer Kulturförderabgabe im Gebiet der Stadt Köln vom 23.9.2010.

[74] OVG Münster, NJW 2010, 102 f.;

[75] Hierbei wird die Inanspruchnahme von Automaten im öffentlichen Verkehrsraum besteuert; ab einer

Als besondere Abgabenform sind die **Sonderabgaben** zu erwähnen. Ihr wesentliches 34b
Merkmal ist, dass der Geldleistungspflicht des Abgabenschuldners keine Gegenleistung der öffentlichen Hand gegenübersteht und damit eine unverkennbare Gemeinsamkeit zur Steuer aufweist.[76] Ein weiteres Wesensmerkmal der Sonderabgabe ist, dass sie auf einem Gebiet erhoben wird, das nicht auf die Abgabenerhebung bezogen ist. So entsteht die Sonderabgabe nicht aus eigener Abgabenkompetenz, sondern aufgrund der Kompetenz zur Regelung bestimmter Sachgebiete.[77] Sonderabgaben dienen im Gegensatz zur Steuer nicht der Erzielung von Einnahmen für den allgemeinen Finanzbedarf, sondern nur der **Finanzierung eines geschlossenen Aufgabenkreises** bzw. gehen über die bloße Mittelbeschaffung hinaus.[78] Infolgedessen trägt die Sonderabgabenlast auch nur eine unter diesen Aufgabenkreis fallende Gruppe, die in Beziehung zu dem von der Sonderabgabe verfolgten Zweck steht.[79] Die Zwecksetzung kommt in Bezeichnungen, wie der Lenkungssonderabgabe oder der Finanzierungssonderabgabe zum Ausdruck. Aufgrund des Widerstreits zur verfassungsrechtlich verankerten Steuer, ist der Ausnahmecharakter der Sonderabgaben zu betonen, der sich in besonderen Voraussetzungen widerspiegelt. Dazu gehören: die **Verfolgung eines bestimmten Sachziels** (nicht nur die bloße Erzielung von Einnahmen); eine **homogene Gruppe,** die aufgrund des Sachbezuges zur Abgabe die Lasten trägt, die jedoch gleichzeitig Nutznießer der Mittelverwendung **(gruppennützige Verwendung)** ist;[80] zuletzt haushaltsrechtliche Dokumentations- und Kontrollpflichten.[81] Beispiele für Sonderabgaben sind die Altenpflegeausbildungsumlage, Sonderabfallabgaben oder – sehr aktuell- die Sonderabgabe an den deutschen Weinfonds.[82]

Das BVerwG hatte 1996 auch die Konformität gemeindlicher Abgaben mit dem 35
Unionsrecht betont und insb. einen Verstoß gegen die grundfreiheitlichen Diskriminierungsverbote ausgeschlossen.[83] Allerdings wird neuerdings die Vereinbarkeit mit dem durch die Vertragsrevision von Maastricht aufgenommenen allgemeinen Freizügigkeitsrecht (Art. 21 I AEUV, ehemals Art. 18 I EG) wegen des potentiellen Mobilitätshindernisses wieder in Frage gestellt.[84]

Nicht Ausfluß des Steuerfindungsrechts sind die **Realsteuern,** die bundesrechtlich ge- 36
regelt sind, deren Ertrag aber den Gemeinden zusteht **(Steuerertragshoheit).** Es handelt sich im Wesentlichen um die **Grundsteuer** und die **Gewerbesteuer.** Während die Grundsteuer an das Innehaben von Grundbesitz anknüpft, erfasst die Gewerbesteuer den Mehraufwand, der den Gemeinden durch die Ansiedlung von Gewerbe- und Industriebetrieben entsteht.[85] Der Begriff des Gewerbes entspricht § 1 GewO, so dass freie Berufe sowie die Urproduktion nicht erfasst werden (§ 1 GewStDVO).

---

gewissen Zentimetergröße, die der Automat z. B. auf den Gehweg hineinragt, fällt Steuer an. Eine Luftsteuer für Balkone wurde vom BayVGH, NVwZ-RR 2007, 150 ff. als nichtig beurteilt.

[76] Vgl. dazu BVerfGE 78, 249 (267); 67, 256 (274 f.).
[77] Siehe auch BVerfGE 75, 108 (147).
[78] BVerfGE 67, 256 (275).
[79] BVerfGE 82, 159 (178).
[80] Ausf. zu den Sonderabgaben: BVerfGE 75, 108 (147 f.); (305 ff.); 67, 256 (275 ff.); 82, 159 (179 ff.).
[81] Vgl. BVerfGE 108, 186 (218 f.).
[82] Siehe OVG Rh.-Pf., DVBl. 2010, 1442 ff.
[83] BVerwG Buchholz 401.61 Zweitwohnungssteuer Nr. 11; BVerwG ZKF 1997, 110.
[84] Vgl. dazu *Wollenschläger*, NVwZ 2008, 506, unter Hinweis auf EuGH Slg. 1986, 273 Rn. 21; Slg. 1989, 4441; Slg 2000, I-995; Slg. 2004, I-2409, Slg. 2005, I-1167.
[85] Vgl. BVerfG NJW 1969, 850.

37 Bei beiden Steuern gibt der Bundesgesetzgeber den (einfachen) Steuersatz („**Steuermessbetrag**",[86] § 13 GrStG) vor; die Gemeinden haben aber das Recht, diesen durch autonom festgelegte Hebesätze, d. h. Multiplikatoren, den Steuerertrag zu variieren, insb. zu erhöhen (§ 25 GrStG).[87] Der verfassungsrechtlich ausdrücklich garantierte **Hebesatz** (Art. 28 II 3 GG) ist ein wichtiges wirtschaftspolitisches Instrument, da die Gemeinde durch seine Festsetzung in Konkurrenz zu anderen Gemeinden tritt. Hinsichtlich der Festsetzung besteht aufgrund der Steuerhoheit ein weiter Ermessensspielraum[88], die ihre Grenze in Willkür oder in evidenter Unsachlichkeit findet.[89] Ein hoher Hebesatz hebt zwar die direkten Einnahmen, wirkt aber eher abschreckend für gewerbliche Neuansiedlungen. Dagegen bedeutet ein niedriger Hebesatz (u. U. in Verbindung mit der Ausweisung günstiger Gewerbegebiete) ein investitionsfreundliches Klima und kann daher mittelfristig ebenso zu einem hohen Steueraufkommen führen. Der lokalen „Hebesatzpolitik" kommt daher erhebliche Lenkungswirkung zu, da in der Praxis Unternehmen ihre Niederlassungsentscheidung nicht zuletzt von der Höhe des Hebesatzes abhängig machen. Nach dem Volumen stellt die Gewerbesteuer auch die Haupteinnahmequelle neben dem Gemeinschaftsteueranteil dar.

38 Das **Festsetzungsverfahren** ist insofern zweigeteilt: Zunächst ergeht ein Steuermessbescheid des zuständigen Finanzamtes, der die Besteuerungsgrundlagen, bei Grundstücken, insbesondere den sog. Einheitswert, feststellt (§§ 13 ff. GrStG); anschließend ergeht ein Steuerbescheid der Gemeinde, der durch Multiplikation des Steuermessbetrags mit dem Hebesatz die Steuerschuld festsetzt. Für das Festsetzungsverfahren gelten kraft Verweisung die §§ 155 ff. AO; der Rechtsweg ist jedoch geteilt: für Rechtsbehelfe gegen den Steuermessbescheid ist der Finanzrechtsweg, für solche gegen den Steuerbescheid der Gemeinde ist der Verwaltungsrechtsweg einschlägig (Widerspruch,[90] Anfechtungsklage).

39 Ein Sonderfall ist die **Grunderwerbsteuer,** die eine Sonderumsatzsteuer für den Grundstückserwerb in Höhe von 3,5 % des Kaufpreises darstellt. Das Steueraufkommen steht grundsätzlich den Bundesländern zu und wird auch von diesen erhoben. Allerdings wurde ein Teil des Aufkommens in einigen Ländern (B.-W.; R.-P.; NS) den Landkreisen und kreisfreien Städten zugesprochen, um einen gewissen Ausgleich für die in den letzten Jahrzehnten stark angestiegenen Sozialhilfekosten zu schaffen.[91]

39a Dabei ist die kommunale Steuer aufgrund der sog. **abgabenrechtlichen Subsidiaritätsklausel** in den Landesgesetzen regelmäßig erst dann zu erheben oder zu erhöhen (bzw. deren Hebesatz anzuheben), wenn die Finanzierung kommunaler Aufgaben nicht vertretbar und gebotenerweise durch Leistungsentgelte erfolgen kann.[92] Unter

---

[86] Dieser ergibt sich für die Grundsteuer aus dem Einheitswert des Grundstücks, für die Gewerbesteuer aus dem Gewerbeertrag, multipliziert jeweils mit der Steuermesszahl (§ 13 GrStG, § 11 GewStG). Für weitere Einzelheiten wird auf *Gern,* DKommR, Rn. 1013 ff., 1031 ff. verwiesen.

[87] Ein Hebesatz von 420 entspricht 420 % des Messbetrags.

[88] Vgl. BVerwG, NVwZ 1994, 176.

[89] Ein Hebesatz von 475 % reicht hierfür nicht aus, vgl. VG Gelsenkirchen, Urteil vom 11.10.2012, 5 K 1035/12; s. a. BayVGH, BayVBl. 2007, 213; BayVGH, Gemeindehaushalt 2012, 21 f.

[90] In Bayern gem. Art. 15 I Nr. 1 BayAGVwGO fakultativ, in Niedersachsen und in Nordrhein-Westfalen findet in Abgabensachen kein Vorverfahren mehr statt (arg e § 8a NdsAGVwGO, § 6 I AGVwGO NRW).

[91] Z. B. § 11 II FAG B.-W. (zu 55%); Art. 8 FAG BY (zu 8/21).

[92] § 78 BadWürttGO; Art. 62 II BayGO; § 64 II BbgKVerf; § 93 II HessGO; § 44 II KV M-V; § 111 V 1

Zugrundelegung dieses Vorrangs der Entgelterhebung reichten Bürger vielerorts gegen die Anhebung von Hebesätzen insbesondere der Gewerbesteuer und der Grundsteuer B Klage ein – und verloren in nahezu jedem Fall.[93] Zur Begründung wurde eine Rechtsprechung des Bundesverwaltungsgerichts aus dem Jahr 1993 angeführt, die feststellte, dass ein einklagbarer Anspruch hinsichtlich der Verstöße gegen diese Subsidiaritätsklausel nicht bestehen könne, da diese keinen Drittschutz vermittle.[94] Dabei wurde durchaus auch Kritik an dieser Entscheidung und insbesondere an der Begrifflichkeit der abgabenrechtlichen Subsidiaritätsklausel geäußert (wenngleich das Ergebnis unbestritten als richtig eingestuft wurde), sei doch aus den kommunalrechtlichen Regelungen in den Ländern nirgends der Grundsatz zu entnehmen, erst alle Leistungsentgelte voll auszuschöpfen, bevor eine Steuererhebung möglich sein solle.[95] Für die Feststellung der Hebesätze steht den Kommunen vielmehr ein umfangreicher Ermessensspielraum zu.[96] Insoweit ist tatsächlich nicht davon auszugehen, dass Gemeinden erst in vollem Umfang alle Entgelte für ihr Tätigwerden erheben müssen, um sich überhaupt in die Steuererhebungslegalität zu bringen. Das Ermessen der Kommune hinsichtlich der Steuererhebungshöhe und damit der Hebesätze besteht unbestritten in großem Ausmaß, es obliegt also allein ihr, wo sie den Hebesatz verortet. Warum also die Nichterhebung aller möglichen Beiträge, Abgaben oder Gebühren unmittelbare Auswirkungen auf spezifisch die gerade erfolgte Erhöhung von Hebesätzen haben soll, erschließt sich nicht. Insoweit ist bereits die Begrifflichkeit einer derartigen Subsidiaritätsklausel anzuzweifeln – sie verdrängt jedenfalls nicht das kommunale Steuererhebungsermessen.

b) Beiträge

Eine weitere wichtige Einnahmequelle sind die Beiträge, die für die Herstellung, Anschaffung, Verbesserung oder Erneuerung der kommunalen öffentlichen Einrichtungen verlangt werden können. Beitragsschuldner sind nur diejenigen, denen die **Möglichkeit der Inanspruchnahme** besondere Vorteile bietet. Ob eine Nutzung tatsächlich stattfindet, ist unerheblich (objektive Betrachtungsweise).[97] Einen besonderen Vorteil hat derjenige, der mehr als die Allgemeinheit von der Investition profitiert. Wichtigster Anwendungsfall sind die sog. **Erschließungsbeiträge,** mit denen Grundstückseigentümer sich finanziell am Bau bestimmter Investitionen zu beteiligen haben, etwa durch den Bau von Zufahrtsstraßen, Geh- und Radwegen, Versorgungsleitungen (Strom, Gas, Wasser, Kanalisation) bis zur Grundstücksgrenze.[98] **Anschluss-**

40

NKomVG; § 77 II NRWGO; § 94 II 1 RhPfGO; § 83 II 1 SaarlKSVG; § 73 II SächsGO; § 99 II 1 LSAKVG; § 76 II SchlHGO (wobei nur in dieser Gemeindeordnung explizit auf die Vertretbarkeit und Gebotenheit der Leistungsentgeltbeschaffung verzichtet wird, die Regelung also deutlich weiter geht); § 54 II ThürKO.

[93] *Ruff,* ZKF 2014, 5; mit Ausnahme von VG Gießen, LKRZ 2014, 329, das jedoch durch VGH Kassel, NVwZ-RR 2015, 57 aufgehoben wurde.
[94] BVerwG, NVwZ 1994, 176.
[95] *Lange,* Der Kampf um die Hebesätze, NVwZ 2015, 695, *696,* der annimmt, dass durch das Ermessen der Kommune hinsichtlich der wahrgenommenen Aufgaben auch gänzlich unterschiedliche Hebesätze der Steuern in das Ermessen zur diesbezüglichen Finanzbeschaffung fallen.
[96] VGH Kassel, NVwZ-RR 2015, 57.
[97] BVerwG BRS 37, 61 (64); 198 (201).
[98] Ab der Grundstücksgrenze hat der Eigentümer die Erschließung durch Versorgungsanlagen in vollem Umfang zu tragen. Dies schließt nicht aus, dass die Gemeinde wirtschafts- oder sozialpolitisch motivierte Zuschüsse gewährt, um die Ansiedlung bzw. Bebauung zu fördern.

kosten für Haus- und Grundstücksanschlüsse (Ver- und Entsorgungsleitungen) können im Rahmen des Anschlusszwangs bei öffentlichen Einrichtungen vom Bürger erhoben werden;[99] umstritten im Hinblick auf die Frage der aufschiebenden Wirkung von Rechtsbehelfen nach § 80 I Nr. 1 VwGO ist aber, ob es sich dabei um eine Kommunalabgabe oder einen Sonderfall des öffentlich-rechtlichen Erstattungsanspruchs handelt.[100]

41 Der **Mehrwert** muss sich gerade auf die **Anliegereigenschaft** beziehen (unmittelbare Erschließungswirkung), eine Verbesserung der Wohnsituation durch den Bau einer Umgehungsstraße oder die Errichtung eines Kinderspielplatzes außerhalb des direkten Einzugsbereichs reicht nicht. Werden bestimmte Erschließungseinrichtungen erstmalig im Zusammenhang mit der Ausweisung eines Baugebiets durch einen Bauleitplan (§ 5, § 10 BauGB) vorgenommen, so gelten die §§ 127 ff. BauGB als bundesrechtliche leges speciales. In allen anderen Fällen – namentlich bei nachfolgenden Ausbau- und Renovierungsmaßnahmen – richtet sich die Erhebung nach den Kommunalabgabengesetzen der Länder.

42 Der Umfang der Beiträge richtet sich im Grundsatz nach den entstandenen Herstellungs- und Errichtungskosten, die zugleich die Obergrenze bilden (**Kostendeckungsprinzip**).[101] Dieses Prinzip ist allerdings verfassungsrechtlich nicht verankert, weder im Rechtsstaats- noch im Sozialstaatsprinzip;[102] es muss im Kommunalabgabenrecht der Länder verankert sein. Die zu leistenden Beiträge werden in drei Stufen ermittelt: die **Aufwandsermittlung, die Anteilsfeststellung** und die **Beitragsfestsetzung.** Zunächst wird der beitragsfähige Aufwand für jede einzelne Erschließungsmaßnahme ermittelt (§§ 128–130 BauGB). Dabei hat die Gemeinde als Abgeltung des Vorteils für die Allgemeinheit einen Anteil von mindestens 10% abzuziehen. Auch kann der Landesgesetzgeber bestimmte Maßnahmen von der **Umlagefähigkeit** ausnehmen, z. B. öffentliche Grünanlagen. Der Gemeindeanteil ist konkret in der Abgabesatzung festzulegen; die Gemeinde hat dabei ein Normsetzungsermessen, dass sich aber an der Haushaltslage und die bodenpolitische Relevanz zu orientieren hat. Der verbliebene Gesamtaufwand, häufig tatsächlich 90% der entstehenden Kosten, wird nach dem Verhältnis des jeweiligen potentiellen Vorteils[103] auf die Anlieger verteilt. Dieser wird im Wesentlichen nach Art und Maß der baulichen Nutzung und/oder nach der Grundstücksfläche ermittelt.[104] Detailprobleme ergeben sich dabei vor allem bei Straßenbaukosten. Bei vergleichbarer Grundstücksgröße und Art und Maß der baulichen Nutzung kann die Länge der erschlossenen Straßenfront (Frontmetermaßstab) herangezogen werden.[105] Das aus Art. 3 GG abgeleitete **Äquivalenzprinzip** gebietet schließlich, dass der zu erbringende Beitrag nicht in einem Missverhältnis zum erlangten Vorteil steht.[106]

---

[99] § 10a KAG BW;:Art. 9 BayKAG; § 10 KAG NRW; § 33 SächsKAG. Zum Anschlusszwang vgl. oben § 10 Rn. 78 ff.
[100] Dafür: OVG Bautzen SächsVBl. 1996, 136; VG Dresden, NVwZ-RR 1997, 189; dagegen: OVG Münster NVwZ 1986, 1050; *Gern,* DKommR, Rn. 1221 m.w.N.
[101] Zum Kostendeckungsprinzip BVerfG NJW 1979, 1345; BGH NJW 1992, 171 (173); VGH München KStZ 1995, 114 (116); Art. 5 I 1 KAG BY; § 30 KAG BW; § 11 KAG Hessen; § 8 IV KAG NW.
[102] BVerfG NJW 1998, 2128; *Waechter,* Kommunalrecht, Rn. 677.
[103] BVerwGE 62, 300 (302); 78, 125 (126); BauR 1988, 722.
[104] Sog. Vorteilsprinzip. So profitiert z. B. ein Gewerbebetrieb von einer (kostspieligen) Lkw-tauglichen Zufahrtsstraße wesentlich mehr als ein privater Anlieger; bei Kinderspielplätzen ist es umgekehrt.
[105] BVerwG NVwZ 1985, 277; BayVGH KStZ 1977, 16.
[106] BVerwGE 80, 36.

Daraus ergibt sich sowohl das Gebot einer Beitragsobergrenze wie auch das Verbot konfiskatorischer Wirkung.[107] Daher sind Besonderheiten wie Hinterliegergrundstücke, Eckgrundstücke oder sonst durch zwei Straßen erschlossene Grundstücke in der Beitragsbemessung zu berücksichtigen,[108] aber auch die Einschränkung der Nutzung durch öffentlich-rechtliche Baubeschränkungen.[109] Eine nachträgliche Vergrößerung des Vorteils kann eine Nachforderung begründen (vgl. Art. 5 IIa BayKAG).[110]

Schließlich wird der zu erbringende Beitrag durch einen Abgabenbescheid festgesetzt, für den die §§ 155 ff. AO anwendbar sind. Beitragsschuldner sind der Eigentümer und der Erbbauberechtigte des begünstigten Grundstücks. Die Möglichkeit einer Festsetzung in einem öffentlich-rechtlichen Vertrag ist umstritten, aber wohl zu bejahen, da die Erbringung oder Anrechnung von Gegenleistungen – z. B. die Verpflichtung der Gemeinde zur Erschließung in einem bestimmten Zeitraum – nicht ausgeschlossen ist.[111] Die Beitragspflicht ruht als **öffentliche (dingliche) Last** auf dem Grundstück (vgl. § 27 KAG BW; Art. 5 VII BayKAG), die auch ohne Eintragung in das Grundbuch der Zwangsvollstreckung unterliegt (die KAGs verweisen insoweit auf § 77 AO).

43

Neben den Erschließungsbeiträgen kennt das Kommunalabgabenrecht der Länder (häufig als Kommunalabgabengesetz, kurz KAG, erlassen) noch die „**Ausbaubeiträge**" für Errichtung und Ausbau öffentlicher Einrichtungen, auch wenn es sich nicht um Erschließungsanlagen im eigentlichen Sinn handelt. Teilweise werden auch Wegebeiträge für die nicht öffentlichen Straßen[112] oder öffentliche Feld- und Waldwege[113] erhoben. Ausbaubeiträge, insbesondere Straßenausbaubeiträge, werden dort erhoben, wo eine Erschließung bereits stattgefunden hat und sind deshalb regelmäßig mit niedrigerem beitragsfinanzierten Anliegeranteil zu realisieren.[114] Grundsätzlich ist diese Form der Beitragserhebung auf Basis einer Straßenausbausatzung durchzuführen. Zwischen der Heranziehung von Ausbaubeiträgen und Erschließungsbeiträgen besteht keine Wahlmöglichkeit der Gemeinde – nach § 242 IX BauGB ist die Erhebung von Erschließungsbeiträgen dort nicht möglich, wo ein „technisches Ausbauprogramm oder ein den örtlichen Ausbaugepflogenheiten entsprechend[er]" Ausbau vor der deutschen Wiedervereinigung stattgefunden hat. Die durchaus nicht geringe finanzielle Anwohnerbelastung durch die deutlich höheren Erschließungsbeiträge führt häufig dazu, dass die betroffenen Anlieger die Kommune dahingehend ermuntern wollen, den Ausbau in qualitativ niedrigerem Standard unter Heranziehung von Ausbaubeiträgen durchzuführen. Allerdings kann eine Kommune für die bloße Realisierung von Provisorien überhaupt keine Beiträge erheben,[115] ist hierfür doch zumindest ein gewisses Qualitätsminimum heranzuziehen. Aus dem Grundsatz der sparsamen Haushaltsführung ergibt sich für die Kommune vielmehr die Pflicht, Beitragsforderungen auch in der re-

44

---

107 Im einz. *Gern*, DKommR, Rn. 999.
108 BVerwG NVwZ 1986, 566; 1990, 374; OVG Münster ZMR 1973, 339.
109 BVerwG NVwZ 1989, 1076; NVwZ 1996, 800. *Gern*, DKommR, Rn. 1194.
110 Für weitere Details wird auf die sehr ausführliche Darstellung bei *Gern*, DKommR, Rn. 1160 ff., verwiesen.
111 Ebenso dafür *Gern* KStZ 1979, 161; *Heun*, DÖV 1989, 1053; *Allesch*, DÖV 1990, 270; a. A. OVG Lüneburg, KStZ 1985, 113.
112 § 9 KAG NRW; § 7 Nds KAG; § 32 SächsKAG.
113 Art. 54 BayStrWG.
114 Vgl. *Halter*, Erschließungsbeiträge und Straßenausbaubeiträge, LKV 2008, 161 (162).
115 Vgl. BVerwGE 128, 100.

sultierenden Höhe beizutreiben – die Eröffnung eines Ermessensspielraums ist damit denknotwendig ausgeschlossen.[116]

44a Eine vergleichsweise neue Beitragskonstruktion befindet sich in mehreren Bundesländern nunmehr im Entstehen oder wird bereits praktiziert: Der **wiederkehrende Beitrag.** Ursprünglich konzipiert in RP, wurde die Möglichkeit diese zu erheben zuletzt beispielsweise auch in BY eingeführt.[117] Dabei werden zunächst Ortsteile oder Orte in Abrechnungsgebiete abgegrenzt, die hinsichtlich der Erschließungsbeiträge in einen gemeinsamen Topf einzahlen. Die Höhe des Beitrages zumeist jährlich entrichteten Beitrags richtet sich nach der prognostizierten Ausbaulast in einem Kalkulationszeitraum von mehreren Jahren. Auch in dieser Konstruktion ist das Kostendeckungsprinzip zu achten – letztlich wird also nur die Beitragserhebung in den Abrechnungsgebieten für die dortigen Grundstückseigentümer gestreckt. Gerade diese Streckung auf mehrere Jahre ist das erklärte politische Ziel der wiederkehrenden Beiträge, ist doch die einmalige Belastung der Grundstückseigentümer mit einem hohen Betrag häufiger Stein des Anstoßes für politische Diskussion. Das Bundesverfassungsgericht hat die entsprechenden Beiträge auch vor dem Grundsatz der abgabenrechtlichen Belastungsgleichheit für rechtmäßig angesehen, weil auch bei derartigen Abrechnungsgebieten ein konkret-individuell zurechenbarer Vorteil für den Grundstückseigentümer die Folge ist.[118] Die allzu große Wahl von Abrechnungsgebieten zur nahezu vollständigen Sozialisierung der Kosten innerhalb der Kommune muss allerdings dabei ausscheiden, um an der Hürde der Erforderlichkeit eines konkret-individuellen Vorteilszuflusses zu scheitern.[119] Fehlt dieser, handelte es sich letztlich um eine Steuer – für die der Gemeinde die Gesetzgebungskompetenz fehlt.[120]

45 Schließlich sind die **Fremdenverkehrsbeiträge** zu nennen; mit ihnen werden die Einheimischen in staatlich anerkannten Fremdenverkehrsorten, die durch den erhöhten Aufwand für Fremdenverkehrseinrichtungen wirtschaftlich profitieren (z. B. Unterhaltung einer Zimmervermittlung, Werbekampagnen), an den Kosten beteiligt. Die Rechtsprechung hat für die Kalkulation dieser Kostenbeteiligung qua Fremdenverkehrsbeitragssatzung gerade in jüngerer Zeit die Voraussetzungen verschärft – insbesondere hinsichtlich der Prognose des tatsächlichen Vorteils der Profiteure des Fremdenverkehrsgeschäfts und des Eigenanteils der Gemeinde.[121] Als nichtig angesehen werden auch Beitragserhebungen, die für die der Allgemeinheit obliegende Fremdenverkehrsförderung selbst, da nur die Fremdenverkehrseinrichtungen von derartigen Beiträgen refinanziert werden dürfen.[122] Parallel dazu können **Kurbeiträge**[123] („Kurtaxe") von den auswärtigen Gästen erhoben werden. Voraussetzung ist in beiden Fällen die förmliche Anerkennung als Fremdenverkehrsort, Bade-, Kur-, Luftkur- oder Erho-

---

[116] Vgl. auch *Halter*, Erschließungsbeiträge und Straßenausbaubeiträge, LKV 2008, 161 (164).
[117] Art. 5b KAG, neu eingeführt durch das Gesetz zur Änderung des Kommunalabgabengesetzes (GVBl. S. 36) vom 8.3.2016 mit Wirkung zum 1.4.2016.
[118] Vgl. BVerfGE 137, 1.
[119] Vgl. hierzu und zu einer möglichen verfassungskonformen Auslegung bei anderer Gesetzesformulierung auch BVerfG, Beschluss v. 24.11.2014 – 1 BvL 20/11.
[120] Vgl. eingehender auch zur verfassungsrechtlichen Einschätzung *Brüning*, Straßenausbaufinanzierung durch einmalige oder wiederkehrende Beiträge?, DVBl. 2015, 1413 (1415f.).
[121] Vgl. OVG Lüneburg, DVBl. 2016, 516.
[122] Vgl. OVG Lüneburg, DVBl. 2016, 516 (518); m.w.N.
[123] Art. 7 BayKAG.

lungsort, die regelmäßig nach eigenen Kurortegesetzen oder -verordnungen[124] vergeben wird.

c) Benutzungsgebühren

Das Kommunalrecht sieht die Möglichkeit zur Erhebung von Gebühren für die Benutzung der öffentlichen Einrichtungen und ihres Eigentums (**Benutzungsgebühren**) vor.[125] Entscheidend ist hier die tatsächliche Inanspruchnahme. Typische Beispiele sind Gebühren für netzgebundene Versorgungsleistungen (Strom, Wasser, Abwasser, Gas), wobei die reinen Anschlusskosten nicht in allen Bundesländern als Benutzung gelten, sondern als eigener öffentlich-rechtlicher Erstattungsanspruch ausgestaltet sind,[126] sowie die Müllgebühren. Daneben kommen auch kulturelle und soziale Einrichtungen.

46

Die Erhebung von Gebühren ist durch gesonderte kommunalabgabenrechtliche Satzungen zu regeln; sie steht teils im Ermessen der Gemeinden (B.-W., BY, Hessen, R.-P., Saarl., Sa., Thür.), teils sind sie dazu verpflichtet (Bbg., M.-V., Nds., NRW, S.-A., S.-H.). Generelle Nulltarife sind unzulässig,[127] weil die Gemeinden wegen des haushaltsrechtlichen Grundsatzes der Wirtschaftlichkeit und Sparsamkeit gehalten sind, potentielle Einnahmequellen auch wahrzunehmen.

47

Wie bei den Beiträgen gilt auch hier das **Kostendeckungsprinzip** (in B.-W. Kostenorientierungsgebot) sowie – begrenzend – das Äquivalenzprinzip und die Gleichheitssätze. Neben dem Finanzierungszweck sind auch Lenkungszwecke zulässig, sie können Gebührenbefreiungen, -ermäßigungen und – staffelungen rechtfertigen.[128] Auch die Besserstellung von Gemeindezugehörigen ist ohne Verstoß gegen Art. 3 GG zulässig.[129] Gebühren dürfen zwar nicht zum Zweck der Gewinnerzielung („Kostenüberdeckung") erhoben werden, „Zufallsgewinne" sind jedoch zulässig.[130]

48

Ist die Benutzung öffentlicher Einrichtungen im Sinne der **Zweistufentheorie** privatrechtlich geregelt, so ist die alternative Erhebung privatrechtlicher Entgelte zulässig.[131] Als Ausprägung des Verwaltungsprivatrechts, insb. auch bei Zwischenschaltung privater Rechtsträger, unterliegen die Gemeinden den öffentlich-rechtlichen Bindungen.[132] Allerdings ist kommunalen Wirtschaftsunternehmen der Gemeinden die Gewinn-

49

---

[124] Kurortgesetze existieren in B.-W., Bbg., M.-V., NRW, R.-P., Sachs., Thür.; ausschließlich durch VO geregelt wird die Materie in Bay, NS, S.-A., S.-H. Lediglich Hessen hat nur Richtlinien für eine Anerkennung erlassen.
[125] Art. 8 KAG BY.
[126] Art. 8, I 2, Art. 9 KAG BY. Nach § 10a I 3 KAG B.-W. gilt der Kostenersatz als Kommunalabgabe.
[127] *Gern*, DKommR Rn. 1078.
[128] BVerfG NJW 1975, 135; *Gern*, DKommR, Rn. 1078; *Henseler*, NVwZ 1995, 745 (747). Ein Paradebeispiel sind Vergünstigungen für kinderreiche oder einkommensschwache Familien („Geschwisterbonus"); BVerfG NJW 1998, 469 – Kindergartengebühren.
[129] BVerfG NJW 1998, 469 und 2128; *Gern,* VBlB.-W. 1996, 201; a. A. VGH Mannheim VBlB.-W. 1996, 180 ff.
[130] VGH Mannheim 3.11.1987 – 2 S 887/86); *Gern,* DKommR Rn. 1084. weniger streng für Versorgungsunternehmen § 9 II KAG B.-W.
[131] Z. B. der Eintritt in kommunale Bäder, Museen oder Theater. Zur Zweistufentheorie vgl. oben VII 2 a) cc).
[132] BGHZ 29, 76 ff.; 52, 325/327; st. Rspr.

erzielung nicht nur erlaubt, sondern im Sinne kaufmännischer Vorsorge sogar vorgeschrieben.[133] Im Zweifel ist von einer öffentlich-rechtlichen Gestaltung auszugehen.

d) Verwaltungsgebühren

50 In ihrer Funktion als Behörden können die Gemeinden schließlich allgemeine **Verwaltungsgebühren** (Kosten und Auslagen) erheben. Die Bemessung und Erhebung richtet sich nach den Kostengesetzen/Gebührengesetzen der Länder[134] und hat den Verwaltungsaufwand und das Interesse des Gebührenschuldners an der Amtshandlung (z. B. eine Genehmigungserteilung) zu berücksichtigen. Regelmäßig sind die Gebühren in Verzeichnissen pauschalisiert.

3. Kommunaler Finanzausgleich

a) Grundidee

51 Ein wesentlicher Anteil der Mittel, über die eine Gemeinde verfügen kann, stammt aus dem kommunalen Finanzausgleich. Seine Grundidee ist einmal eine sachgerechte Verteilung des Steueraufkommens zwischen Land und Kommunen (**vertikaler Finanzausgleich**), zum anderen eine Verteilung unter den Kommunen, die einen solidarischen Ausgleich zwischen finanzschwachen und finanzstarken Gemeinden vorsieht (**horizontaler Finanzausgleich**). Dadurch soll die „Einheitlichkeit der Lebensverhältnisse" gewahrt werden, ohne eine zu gravierende Uniformierung der Gemeinden herbeizuführen.[135] Leitlinie ist das **Prinzip des solidarischen Ausgleichs:** Reiche Gemeinden sollen weniger profitieren als arme. Erfasst werden soll dabei sowohl der allgemeine Finanzbedarf der Gemeinden als auch bestimmte Sonderlasten einzelner Gemeinden (insb. im Sozialbereich).

52 Das System des Finanzausgleichs ist mit dem Grundgesetz vereinbar. Die Landesgesetzgeber haben jedoch einen weiten Gestaltungsspielraum, der auch zu unterschiedlichen Gewichtungen führen kann. Er darf nicht zur Nivellierung unterschiedlicher Wirtschaftskraft führen. Der Finanzausgleich stößt jedoch an Grenzen, wenn der Verteilungsmodus dazu führen würde, dass die Erfüllung von kommunalen Aufgaben im Einzelfall nicht oder nur ungenügend möglich wäre.[136] Strittig ist dabei vor allem, ob den Gemeinden verfassungsrechtlich eine sog. **„freie Spitze" (kommunale Mindestquote)** verbleiben muss, die nach Bedienung aller finanziellen Verpflichtungen zur freien politischen Verwendung für den Bereich der eigenen Aufgaben offen steht.[137] Diese Quote wird nach gängiger Auffassung in einen groben Rahmen von 5–10% der gesamten Haushaltsmittel eingeordnet.[138] Da die „freie Spitze", (Mittel zur Durchsetzung eigener Aufgabenziele) dem Kernbereich der Selbstverwaltung angehört, können

---

[133] Vgl. § 102 GemO B.-W., § 94 I GO NRW; wenig sinnvoll hingegen Art. 87 I 3 GO BY. Der VGH München, KStZ 1995, 114 (116), lässt trotzdem einen angemessenen Gewinnzuschlag zu.
[134] Z. B. § 8 KAG B.-W. i. V. m. Landesgebührengesetz B.-W.; Art. 20 KostG BY.
[135] BVerfGE 72, 330 (386); *Gern*, DKommR, Rn. 671.
[136] BVerfGE 23, 353 (369); 86, 148 (218); StGH B.-W. ESVGH 22, 202 (205 f.); BayVerfGH DÖV 1997, 639; VerfGH NRW NVwZ-RR 1999, 81.; VerfGH R.-P. DÖV 2008, 505.
[137] Zur „freien Spitze" etwa Schoch, Verfassungsrechtlicher Schutz der kommunalen Finanzautonomie, 1997, S. 187; *Otting*, DVBl. 1997, 1258 (1261); *Hufen*, DÖV 1998, 276 ff.; *Henneke*, NdsVBl. 1998, 25 (31); *Geis*, in: FS Maurer 2001, S. 79 (84).
[138] Vgl. *Kluth*, Der Landkreis, 2013, 246 (253) m. w. N.

die Finanzausgleichsgesetze der Länder mit der Kommunalverfassungsbeschwerde überprüft werden.[139]

b) Verteilungsmodus

Kernelement des Finanzausgleichs sind die sog. **Schlüsselzuweisungen.** Dazu wird von der **Verbundmasse** (Landesanteil an Einkommensteuer, Körperschaftsteuer, Umsatzsteuer, Gewerbesteuerumlage) ein prozentualer Anteil, der in den Ländern schwankt,[140] an die Gemeinden weitergegeben **(Anteilmasse).** Die Anteilmasse wird weiter aufgeteilt in die **Schlüsselmasse,** in die **Investitionspauschalen,** in die **Sonderzuweisungen** für konkrete öffentliche Einrichtungen, die durch die Investitionspauschale nicht gedeckt werden können, sowie in diverse Posten für weitere Leistungen. Die Schlüsselmasse wird weiter nach einem festen Schlüssel auf die Gruppe der Gemeinden und die Gruppe der Landkreise aufgeteilt.[141] Die Verteilung innerhalb dieser Gruppen richtet sich nach der jeweiligen Ausgabebelastung und der Steuerkraft. Für diese Berechnung gibt es mehrere Modelle. In aller Regel wird einem aus der Anzahl der Einwohner errechneten Finanzbedarf die Steuerkraft der Gemeinde gegenübergestellt. Der Bedarf wird in einer **Bedarfsmesszahl** numerisch ausgedrückt,[142] die Steuerkraft durch die **Steuerkraftmesszahl** (errechnet aus dem Steueraufkommen der Gemeinde) bestimmt. Nach der Differenz bestimmt sich die Höhe des Anteils. Je schwächer die einzelne Gemeinde ist, desto mehr erhält sie Schlüsselzuweisungen (Schlüssel der mangelnden Steuerkraft[143]). Für die konkrete Berechnung sind die Messzahlen des vor-vorvergangenen Jahres entscheidend. Dies führt in der Regel dazu, dass eine Gemeinde, die in einem Jahr von einem überdurchschnittlichen Steueraufkommen profitiert (etwa durch eine große Gewerbesteuerzahlung), zwei Jahre später weniger Schlüsselzuweisungen bekommt. Hier eine gewisse Balance zu halten und zu große Schwankungen zu vermeiden, die einer mittelfristigen Haushaltsplanung abträglich sind, gehört zur höheren Kunst eines Kämmerers.

53

c) Besonderheiten der Kreisebene[144]

Im Gegensatz zu den Gemeinden haben die Landkreise (Gemeindeverbände) ein eigenes Steuerfindungsrecht nach Art. 106 VI 2. Hs. GG nur „nach Maßgabe", d. h. nur dann, wenn es der Landesgesetzgeber eingeräumt hat[145] und häufig nur dann, wenn nicht schon entsprechende Gemeindesteuern existieren. Die Anwendungsfälle sind ebenso unbedeutend wie das mögliche Steueraufkommen.[146] Damit sind die eigenen Einnahmequellen auf Kreisebene eher limitiert.[147] Wichtigste Finanzquellen sind daher die allgemeinen Schlüsselzuweisungen im kommunalen Finanzausgleich, die allerdings – wie gezeigt – antizyklisch greifen, was die Kreise immer wieder zu kurzfristigen Engpässen führen kann. Neben sonstigen Zuweisungen vor allem bei Sonderlasten im Sozial- und Bildungsbereich wird damit die sog. **Kreisumlage** zur Haupteinnahme-

54

---

[139] Siehe dazu: *Leisner-Egensperger,* DÖV 2010, 705 ff.; *Kluth,* Der Landkreis, 2013, 246 (253).
[140] In B.-W. 23% (§ 1 I FAG B. – W.); BY 12, 75% (Art. 1 I BayFAG).
[141] Z. B. in BY 64% für die Gemeinden, 36% für die Landkreise (Art. 1 III 1 FAG BY).
[142] In Bayern Ausgangsmesszahl genannt (Art. 3 FAG BY).
[143] VerfGH NRW NVwZ-RR 1999, 81.
[144] Dazu auch § 16 III Nr. 2.
[145] Von ganz unerheblichen Ausnahmen wie etwas der Jagdsteuer abgesehen.
[146] Übersicht, bei *Gern,* DKommR, Rn. 1041 ff.
[147] Dazu ausf. *Hennecke,* in: Der Landkreis 1998, S. 105 (107 f.).

quelle (z. T. bis zu 45% des Gesamtfinanzbedarfs[148]). Etwas vereinfacht wird dabei ein möglicher Finanzierungsfehlbedarf eines Kreises auf die kreisangehörigen Gemeinden durch eine Umlagesatzung „umgelegt"; sie beträgt einen jährlich festzulegenden Prozentsatz der Steuerkraftsummen der Kreisgemeinden. Reiche Gemeinden müssen also entsprechend mehr zahlen. Sogar eine progressive Festsetzung dieser Kreisumlage für Gemeinden mit besonders hoher Steuerkraft kann im Einzelfall möglich sein – allerdings unter Berücksichtigung von Art. 28 II GG nur bis zur Grenze der strukturellen Unterfinanzierung, die spätestens bei einer Abschöpfung von 100% der Steuereinnahmen jedenfalls der Fall ist.[149] Je höher die Kreisumlage ist, desto beschränkter sind die Gemeinden bei der Finanzierung ihrer eigenen (fakultativen) Aufgaben. Wegen der Relevanz für die kommunale Selbstverwaltung unterliegt die Umlagesatzung daher dem Grundsatz der Verhältnismäßigkeit und dem Verbot einer Aushöhlung der kommunalen Finanzhoheit.[150] Allerdings haben die Kreise dabei einen politischen Gestaltungsspielraum, so dass sich in den wenigsten Fällen exakte Schwellenwerte aufstellen lassen.[151]

d) Problembereiche des Finanzausgleichs

55 Das hochkomplizierte System des kommunalen Finanzausgleichs ist vor allem in den 90er Jahren des letzten Jahrhunderts in Schieflage geraten. Die rezessionsbedingt explosionsartig ansteigenden Kosten der Sozialhilfe, die von den kreisfreien Gemeinden und Landkreisen als örtliche Träger der Sozialhilfe zu tragen sind, § 3 SGB XII (vormals § 96 BSHG), wurden durch die Bundesgesetzgebung um weitere kostenintensive Bereiche wie das Kinder- und Jugendhilfegesetz (KJHG/SGB VIII) und das Asylbewerberleistungsgesetz (AsylbLG) ergänzt, die ebenfalls den Gemeinden finanziell aufgebürdet wurden. Die Asylwelle der 90er Jahre führte daher etliche Kommunen an den Rand des finanziellen Kollapses.[152] So kam es zu einer Klagewelle vor den Landesverfassungsgerichten. Überwiegend betonten diese die große Gestaltungsfreiheit des Gesetzgebers bei der Verteilung des Mangels; Landes- und Kommunalaufgaben seien prinzipiell gleichwertig; die Aufteilung des Mangels sei daher sachgemäß (**Grundsatz der aufgabengerechten Verteilungssymmetrie**).[153] Einige mutige Verfassungsgerichte fällten aber auch spektakuläre Entscheidungen, in denen die Nichtberücksichtigung bestimmter Sonderlasten als verfassungswidrig angesehen wurde[154] und die geltenden Finanzausgleichsysteme im Grundsatz als problematisch eingestuft wurden.

56 Die schon erwähnte Literaturmeinung verwies darauf, dass aus der Garantie der kommunalen Selbstverwaltung (Art. 28 GG) das Recht auf eine angemessene (Mindest-)

---

[148] *P. Kirchhof,* Die Rechtsmaßstäbe der Kreisumlage, 1995; *Schoch/Wieland,* Finanzierungsverantwortung für gesetzgeberisch veranlasste kommunale Aufgaben, 1995, passim; *Gern,* DKommR, Rn. 912 m. zahlr. w. N.; *Henneke,* in: Der Landkreis 2002, 230; *Schink,* DVBl. 2003, 417; *Wohltmann,* BayVBl. 2012, 33 ff.
[149] BVerwG, Urt. v. 31.01.2013 – 8 C 1.12 – mit Anmerkung *Henneke,* DVBl. 2013, 655 ff.
[150] Vgl. oben; BVerwG NVwZ 1998, 66.
[151] Vgl. StGH B.-W. DVBl. 1999, 1351.
[152] Dazu *Geis,* in: FS Maurer, 2001, S. 79 f.
[153] NWVerfGH, DVBl. 1993, 1205 ff.; NVwZ 1997, 793 f.; BayVerfGH, BayVBl. 1997, 303 ff.; SächsVerfGH 23.11.2000 Vf. 53-II-97.
[154] Insb. StGH B.-W. ESVGH 44, 1 ff., NdsStGH DVBl. 1995, 1175 ff.; DVBl. 1998, 185 ff.; VfG Bbg. DÖV 1998, 336 ff; LVerfG S.-A. NVwZ-RR 2000, 1 ff.; ausführliche Darstellung bei *Henneke,* ZG 1999, 256 ff., *ders.,* Der Landkreis 2000, S. 172 ff.

Ausstattung folge. Beziffert wurde dies mit einer notwendigen „freien Spitze" von ca. 5% der Gemeindeausgaben; sinke der Anteil der verfügbaren Finanzmasse nach Abzug aller verpflichtenden Leistungen (insb. Personalkosten, Kredite und Sozialhilfe) unter diesen Wert, habe die Gemeinde nicht mehr die Möglichkeit zu selbständigem, gestaltendem Handeln im Selbstverwaltungsbereich und das Finanzierungssystem sei verfassungswidrig.[155] Die Gerichte haben diese Argumentation regelmäßig nicht mitgetragen, um den Haushaltsgesetzgeber nicht zu sehr zu binden. Der StGH B.-W. hat jedoch 1999 in einer vielbeachteten Entscheidung gefordert, dass der tatsächliche Finanzbedarf der Gemeinden durch eine unabhängige pluralistische Kommission und ein Verfahren nach dem Vorbild der KEF im Rundfunkgebührenrecht festzustellen sei.[156] Ein aktuelles Thema bleibt die Beeinträchtigung kommunalen Selbstverwaltungsrechts durch zu geringe Landeszuweisungen. Dabei bestehen erhebliche Schwierigkeiten der Gemeinden, prozessualen Schutz gegen die Finanzausgleichsgesetze der Länder zu erlangen.[157] In diesem Zusammenhang wird die mit Wirkung vom 1.8.2009 eingeführte **„Schuldenbremse"** des Art. 109 III GG diskutiert und zugleich Kritik am Finanzverfassungssystem geübt.[158] Demnach dürfen Bund und Länder ihre Haushalte nicht mit Einnahmen aus Krediten ausgleichen. Damit sind Bund und Länder angehalten, ihre Neuverschuldung zu reduzieren. Zwar bindet diese „Schuldenbremse" nur Bund und Länder, jedoch stellt sich die Frage, ob sie nicht auf die Kommunen durchschlägt. Die Länder haben neben der Übertragung von kostenintensiven Aufgaben auf die Kommunen, immerhin mit dem Instrument des kommunalen Finanzausgleichs die Möglichkeit, das Verschuldungsverbot an die Kommunen weiterzugeben.[159] Daran wird sich auch der Anspruch auf finanzielle Mindestausstattung als Element der Selbstverwaltungsgarantie messen lassen müssen.

4. Sonstige Einnahmen

Als sonstige Einnahmen[160] kommen **Finanzhilfen** für besonders wichtige Investitionen nach Art. 104a IV GG und **Ausgleichsansprüche wegen auferlegter Sonderbelastungen** durch den Bund nach Art. 106 VIII GG in Betracht (z. B. durch Verteidigungseinrichtungen wie Kasernen und Truppenübungsplätze sowie Hauptstadteinrichtungen). Nicht zu unterschätzen sind auch die **Einnahmen aus Bußgeldern und Verwarnungen**, die den Gemeinden aus der Überwachung des ruhenden Verkehrs und nach § 24 StVG i. V. m. den landesrechtlichen Zuständigkeitsverordnungen[161] zufließen. 57

Daneben treten **Einnahmen aus Veräußerungsgeschäften**, insb. aus Immobilien- und Grundstücksverkäufen, die in kommunale Siedlungs- und Bauprogramme eingebettet sind. So können Gemeinden bei der Neuausweisung von Baugebieten die Vorkaufsrechte nach §§ 24 ff. BauGB ausüben und anschließend an Bauwerber weiterveräußern. Auch **Einnahmen aus Vermietung und Verpachtung** gemeindeeigener 58

---

[155] Vgl. *Hufen*, DÖV 1998, 278; *Henneke*, DÖV 1998, S. 330 (334); *Schmidt-Jortzig*, Kommunalrecht, 1982; *Schoch*, Verfassungsrechtlicher Schutz der kommunalen Finanzautonomie, 1997, S. 1877; *Dreier*, in: ders., GG, Art. 28 Rn. 145; siehe dazu auch oben Rn. 52 sowie § 6 Rn. 29.
[156] StGH B.-W. DVBl. 1999, 1351. Vgl. auch oben § 6 IV.
[157] Siehe dazu *Leisner-Egensperger*, DÖV 2010, 705 ff., mit Bezug auf ThürVerfGH, Urteil vom 28.1.2010, VerfGH 62/08.
[158] Ein Überblick dazu *Ritgen*, DVBl. 2012, 1151 ff.
[159] Weiterführend dazu: *Groh*, LKV 2010, 1 ff.
[160] Überblick bei *Püttner*, in: HKWP VI, § 117 C.
[161] Vgl. § 1 III ZuVOWiG BY.

Grundstücke kommen in Betracht sowie **Überschüsse** aus kommunalen Unternehmen und **Konzessionsabgaben**[162] seitens privater Unternehmen, die mit Energie- und Wasserversorgungsaufgaben betraut sind. Die Kreativität der Kommunen und zugleich privater Investoren hat aufgrund der stets leeren Gemeindekassen in den letzten Jahren stark zugenommen. Dabei werden die Konstruktionen immer exotischer und komplexer. Exemplarisch sind **Sale-and-Lease-Back-** und **US-Cross-Border-Lease-** Geschäfte der Kommunen zu nennen.[163] Die Kommunen erzielen damit unter Einbindung von Privaten Investoren/Unternehmen erhebliche Einnahmen; bei ersteren in Form des Immobilienverkaufs, bei zweiteren durch den Barwertvorteil. Das Sale-and-Lease-Back Verfahren hat eine Vermögensprivatisierung und eine Aufgabenprivatisierung zum Inhalt.[164] Die Vermögensprivatisierung ist in der Veräußerung der Immobilie und ihrer anschließenden Zurückmietung zu sehen. Die Aufgabenprivatisierung ist in der Bewirtschaftung und dem Betrieb der Immobilie durch den Privaten begründet. Zwei Effekte sind die Folge: Zum einen verschafft sich die Kommune mit dem Verkauf Liquidität, zum anderen spart sie Kosten für die Bewirtschaftung der Immobilien ein. Dies darf aber nicht darüber hinwegtäuschen, dass die Gemeinden langfristig mit überhöhten Leasing-bzw. Mietzinsen belastet sind und etwaige finanzielle Schwierigkeiten lediglich in die Zukunft verlagern. Nicht zuletzt deshalb stehen Leasinggeschäfte und besonders die Sale-and-Lease-Back Kooperationen unter der Kritik des Verstoßes gegen die Haushaltsgrundsätze der Wirtschaftlichkeit und Sparsamkeit.[165] Unter diesen Haushaltsvorgaben sind Kommunen angehalten, Leasing-Konstrukte auf das wirtschaftliche Ergebnis hin in Leistungsumfang und – qualität mit alternativen Finanzierungsformen zu vergleichen.[166] Dabei ist zu berücksichtigen, dass die Kommune bei Leasinggeschäften kein Eigentum erwirbt, wenn sie (meist aus finanziellen Gründen) nicht die Kaufoption zieht. Weiterhin wird in der Regel die Eigenfinanzierung einer Immobilie mittels Kommunaldarlehen gegenüber Leasingfinanzierungen die kostengünstigere Alternative sein[167] – dies gilt aktuell noch verstärkt aufgrund der geringen Zinsbelastung entsprechender Kommunalkredite. Das US-Cross-Border-Lease hingegen löste das Tätigwerden des Gesetzgebers aus. Die vielfältigen Einsatzbereiche sind Müllverbrennungsanlagen, Abwasserentsorgungsanlagen, Anlagen der Wasserversorgung, Krankenhäuser, Straßenbahnfuhrpark und -schienennetz etc.[168] Bei diesem Konstrukt werden zwei komplexe Mietverträge geschlossen. Ein langfristiger Hauptmietvertrag zwischen der Kommune und einem i. d. R. US-amerikanischen Investor, und einem Rückmietvertrag mit viel kürzerer Laufzeit, in dem die Kommune die Immobilie, Müllverbrennungsanlage, Kläranlage etc. zurückmietet. Anreiz für diese Konstruktion ist der sog. **Barwertvorteil** der Kommune. Die Kommune erhält den Mietzins des Hauptmietvertrages bei Vertragsbeginn, während sie hingegen den Rückmietzins ratenweise zurückzahlt.[169] Die Zahlung des Rückmiet-

---

[162] Siehe dazu die Konzessionsabgabenverordnung (KAV) vom 9.1.1992 (BGBl. I, 12, 407); zul. geändert durch V. vom 1.11.2006 (BGBl. I, 2477).
[163] Zum Sonderfall des sog. Cross-Border-Leasings VG Gera, DÖV 2004, 931; VG Gelsenkirchen, NWVBl. 2004, 115; *Pegatzky*, NJW 2004, 324; *Burgi*, KommR, § 18 Rn. 8.
[164] Dazu ausf.: *Kruhl*, NZBau 2005, 121 (122 ff.).
[165] Vgl. *Bonk*, DVBl. 2004, 141 (144).
[166] BayLT-Drs. 15/2599, S. 5 f.
[167] Vgl. *Wilkens*, LKV 2002, 169 ff.
[168] Siehe eine Übersicht für die einzelnen Bundesländer in BayLT-Drs. 15/2599, S. 8.
[169] Vgl. *Rietdorf*, KommJur 2008, 441 (441).

zinses erfolgt in der Regel durch eine oder mehrere Banken, die diese Raten mit dem Transaktionsbetrag aus dem Hauptmietvertrag finanzieren. Die Kommune bleibt weiterhin Eigentümer der Immobilie, hat jedoch den Barwertvorteil, der sich aus der Differenz zwischen Hauptmietzins und den Zahlungen inkl. Kosten der Bank ergibt.[170] Das Risiko dieser Konstruktion ist in der eingeschalteten Bank zu sehen. Wird diese zahlungsunfähig, steht der Hauptmietzinsbetrag der Kommune nicht mehr zur Verfügung, so dass sie selbst für die Raten aufkommen muss.[171] Hauptkritikpunkte dieser „Finanz-Kooperationen" sind nicht überschaubare Risiken, mangelnde Transparenz der komplexen Vertragswerke, Verlagerung finanzieller Schwierigkeiten in die Zukunft. Mit dem Haushaltsgrundsatz der Risikominimierung (Art. 61 III GO BY) ist diese Praxis schwer zu vereinen.[172] Tatsächlich befindet sich das US-Cross-Border-Lease mittlerweile deutlich auf dem Rückzug – primär jedoch nicht aufgrund deutscher, sondern aufgrund US-amerikanischer Intervention. Der Barwertvorteil wurde nach dortiger Gesetzesänderung mittlerweile in den klassischen Konstellationen abgeschafft, sodass derartige Finanzierungsmodelle inzwischen nicht mehr neu vereinbart werden.[173]

Schließlich können sich Gemeinden durch **Kredite** weitere Mittel beschaffen,[174] allerdings nur für Investitionen, Investitionsfördermaßnahmen und zur Umschuldung.[175] Die Kreditaufnahme darf aber nur im Rahmen einer geordneten Haushaltswirtschaft erfolgen; sie muss mit der dauernden Leistungsfähigkeit der Gemeinde im Einklang stehen. Auch müssen die anderen (laufenden) Einnahmemöglichkeiten erschöpft oder eine andere Art der Finanzierung wirtschaftlich unzweckmäßig[176] sein **(Subsidiarität der Kreditfinanzierung).**[177] Zur langfristigen Finanzierung insb. von Infrastrukturvorhaben können festverzinsliche **Kommunalobligationen (Kommunalanleihen)** und Kommunal-Pfandbriefe von Geldinstituten ausgegeben werden; da kommunale **Gebietskörperschaften** als Schuldner die höchste **Bonität** genießen (insb. wegen ihrer Insolvenzunfähigkeit), sind sie **mündelsicher** (§ 1807 BGB). Eine Mischform aus spekulativen Elementen und dem klassischen Instrument der Kreditfinanzierung wurde von Kommunen, insbesondere in NRW, über viele Jahre hinweg auf Kreditgeschäfte in Schweizer Franken gesetzt. Dabei realisierte sich durch die Aufwertung der Fremdwährung das spekulative Risiko, sodass die Kommunen teilweise mehrere Millionen Euro Verlust einführen, da sich die Rückzahlungsverpflichtungen massiv verteuerten. Derartige Finanzierungsinstrumente in Fremdwährungen sind gerade vor dem Hintergrund der kommunalen Spekulationsverbote äußerst kritisch zu betrachten. Dennoch wagen viele Gemeinden derartige Geschäfte, um in der aktuellen Niedrigzinslage ihre schwierige Haushaltssituation zu verbessern.

59

Im Zusammenhang mit den Kreditgeschäften stehen die sog. Zinsderivat-Geschäfte (Zins-Swaps), die zwischen Kommune und Bank im Rahmen eines Kreditengage-

59a

---

[170] *Thormann*, BayVBl. 2004, 424 (425).
[171] *Thormann*, BayVBl. 2004, 424 (426 f.).
[172] Siehe ausf. dazu: *Thormann*, BayVBl. 2004, 424 ff.; zu den riskanten kommunalen Zinsswapgeschäften, *Gehrmann/Lammers*, KommJur 2011, 41 ff.
[173] Vgl. Bayerischer Landtag, LT-Drs. 15/2599, S. 4.
[174] Ausf. hierzu *Püttner/Schwarting*, Kommunales Schuldenwesen, in: HKWP VI, § 124 A+B.
[175] Vgl. Art. 71 GO BY.
[176] Es muss also nicht das „Tafelsilber" veräußert werden.
[177] § 78 III GO B.-W.; Art. 62 III GO BY.

ments abgeschlossen werden, um sich vor negativen Zinsentwicklungen abzusichern.[178] Im Grundsatz läuft über eine vereinbarte Laufzeit die fixe Zinszahlung für den Kredit einer Partei (z. B. Kommune) gegen die variable Zinszahlung der anderen Partei (z. B. Bank), wobei sich der variable Zinssatz an einem Referenzwert orientiert. Am Ende der Laufzeit wird die Differenz der Zinszahlungen glattgestellt bzw. verrechnet. Die unvorhersehbare Entwicklung des variablen Zinssatzes stellt das eigentliche Risiko dar, zumal sich das Risiko über weitere Variablen des Zins-Swaps (z. B. mit Multiplikatoren) überproportional erhöht.[179] Der potentiellen Absicherung steht daher ein nicht unerhebliches Verlustrisiko gegenüber – anstatt lukrativer Gewinne hatten gerade in den vergangenen Jahren Kommunen teilweise immens hohe finanziell nachteilige Folgen zu verschmerzen. Zivilrechtlich gesehen mögen diese spekulativen Geschäfte unproblematisch wirksam sein, da die kommunalrechtlichen Spekulationsverbote kein Verbotsgesetz i. S. § 134 BGB darstellen (s. o.).[180] Allerdings sind derartige Finanzierungs(absicherungs)modelle mit den kommunalen Haushaltsgrundsätzen grundsätzlich nicht vereinbar. Daher ist zumindest dann von einer Unwirksamkeit auszugehen, wenn Derivatgeschäfte losgelöst von Kreditgeschäften betrieben werden.[181] In diesem Bereich ist die Tätigkeit der Aufsichtsbehörden verstärkt gefordert, die ansonsten möglicherweise Amtshaftungsansprüchen ausgesetzt sind.[182] Um derartige Spekulationen zu begrenzen, bleibt den Aufsichtsbehörden der Rückgriff auf die Haushaltsgrundsätze der Sparsamkeit und Wirtschaftlichkeit.[183]

59b Besonders aktuell waren im Hinblick auf Finanzgeschäfte kommunale Investitionen in Banken, die auf sog. **cum/ex-** und **cum/cum-Geschäfte** setzten. Dabei wurde durch Kettenveräußerung von Aktienbeständen um den Dividendenstichtag der AG in Kombination von vorher durchgeführten Leerverkäufen erreicht, dass der Fiskus nicht nur einmal, sondern mehrfache Bestätigungen der Abführung von Kapitalertragsteuer ausstellte, obgleich er diese nur einmal kassiert hatte. Insgesamt wurde so der deutsche Steuerhaushalt über mehrere Jahre hinweg um hohe Millionenbeträge betrogen. Seit 2012 ist auch offenkundig, dass dieses sog. Dividendenstripping nach deutschem Steuerrecht illegal ist. Dennoch investierten vereinzelte Bundesländer und größere Kommunen weiterhin in diese Praktiken. Größtenteils führte der Systemkollaps nach Aufdeckung dieses Skandals des Steuerbetruges mittelbar auch durch die öffentliche Hand zur Pleite der verantwortlichen Banken. Die dort noch immer investierten Gelder konnten dabei größtenteils durch Einlagensicherungen anderer Kreditinstitute an die investierenden Kommunen zurückgezahlt werden – ein sog. Bail-Out, also die Schuldenübernahme von Dritten zur Vermeidung der Zahlungsunfähigkeit. Auch wenn das kommunale Engagement nur mittelbar erfolgte, bleibt doch fraglich, inwieweit bewusst auch durch Kommunen Geschäfte betrieben werden, die letztlich primär Finanzbetrug zu Lasten des Fiskus zur Folge haben. Jedenfalls steht dies dem Prinzip der Bundestreue evident entgegen. Umstritten ist, ob dieses Prinzip für die Kommune

---

[178] Ausf. *Fritsche/Fritsche*, LKV 2010, 201 (201); im Überblick auch *Geis/Madeja*, JA 2013 321 (324)
[179] Vgl. *Fritsche/Fritsche*, LKV 2010, 201 (201); *Wille/Fullenkamp*, KommJur 2012, 1 (2).
[180] Vgl. BGH, NJW 2015, 2248.
[181] *Reinhardt*, LKV 2005, 333 f.; *Fritsche/Fritsche*, LKV 2010, 201 (202).
[182] Dazu *Lammers*, NVwZ 2012, 12 ff.
[183] Ausf. *Reinhardt*, LKV 2005, 333 (337 f.) m. w. N.

selbst unmittelbar gilt[184] – jedenfalls aber das jeweilige Land bei dessen Nichtbeachtung zum Einschreiten gezwungen.[185]

IV. Wirtschaftliche und nichtwirtschaftliche Betätigung der Gemeinde

1. Abgrenzung wirtschaftliche – nichtwirtschaftliche Tätigkeit

Literatur: *Pauli*, Die Umwandlung von Kommunalunternehmen, BayVBl. 2008, 325; *Waldmann*, Das Kommunalunternehmen als Rechtsformalternative für die wirtschaftliche Betätigung von Gemeinden, NVwZ 2008, 284.

Ein ebenso historisch bedeutsames wie klausurrelevantes, in der Praxis seit einigen Jahren „boomendes"[186] Thema ist die wirtschaftliche Betätigung durch die Gemeinden. Diese Tätigkeit üben die Gemeinden i. d. R. nicht durch Behörden und Ämter aus, sondern durch die Ausgründung sog. **kommunaler Unternehmen.** Darunter fallen – nicht zu verwechseln mit dem Begriff „Kommunalunternehmen" (näheres unter Rn. 70) – Unternehmen der Gemeinde sowohl in öffentlich-rechtlicher als auch in privater Rechtsform. Das Tätigwerden der Gemeinde als Unternehmer zählt zum Kernbestand der kommunalen Selbstverwaltungsgarantie des Art. 28 II GG.[187] Auch eine wirtschaftliche Betätigung der Kommunen im (europäischen) Ausland ist nicht zwingend ausgeschlossen[188], wenngleich dies mangels örtlicher Angelegenheit nicht zum Kernbestand zählen wird. Die Gemeindeordnungen aller Bundesländer enthalten jedoch Vorschriften, die die Zulässigkeit gemeindlicher Wirtschaftsbetätigung lenken und beschränken.[189] Diese Schrankenbestimmungen (näheres unter Rn. 74) gehen auf die Deutsche Gemeindeordnung (DGO) vom 30. Januar 1935[190] zurück, wobei die Länder die Voraussetzungen,[191] unter denen § 67 DGO eine wirtschaftliche Betätigung zuließ, weitestgehend übernommen haben.[192] Der Zweck der Schrankenbestimmungen war damals wie heute die Sicherung der finanziellen Leistungsfähigkeit der kommunalen Körperschaft. Darüber hinaus soll die Gemeinde sich zuvörderst auf die Erfüllung ihrer Kernaufgabe, der öffentlichen örtlichen Daseinsvorsorge,[193] konzentrieren und nicht als Unternehmer am Wirtschaftsleben teilnehmen.[194] Sowohl

60

---

[184] Zum diesbezüglichen Meinungsstreit *Bauer*, Die Bundestreue, 1992, 297 ff.
[185] Vgl. BVerfGE 8, 122 (138 f.); 12, 205 (254).
[186] Vgl. *Schink*, NVwZ 2002, 129 ff.; *Ehlers*, DVBl. 1998, 497 (498), der von einer „Goldgräbermentalität" vieler Gemeinden spricht.
[187] Vgl. BVerfGE 26, 228 (244); BVerfG, Beschluss vom 07.01.1999, DÖV 1999, 336 ff. (OS. 2d); BVerfGE 103, 332 (366); zum Streitstand, *Michael Nierhaus*, in: Mann/Püttner (Hrsg.), Handbuch der kommunalen Wissenschaft und Praxis Bd. II, 3. Aufl. 2010, § 40 Rn. 22 ff., 28; *Schink*, NVwZ 2002, 129 ff.; im Hinblick auf die nordrhein-westfälischen Gemeindeordnungsvorschriften für kommunalwirtschaftliches Handeln, siehe *Hamacher*, NWVBl. 2008, 81 ff.
[188] *Wolff*, DÖV 2011, 721 ff.
[189] §§ 102 ff. GemO B.-W.; Art. 87 ff. GO BY; §§ 107 ff. GO NRW; §§ 95 ff. SächsGO.
[190] RGBl I S. 49.
[191] Zu diesen siehe zusammenfassend *Burgi*, KommR, § 17, Rn. 38.
[192] Statt vieler *Leder*, DÖV 2008, S. 173 ff.; *Schink*, NVwZ 2002, 129 ff. mit einer tabellarischen Übersicht zu den unterschiedlichen Regelungsinhalten des kommunalen Wirtschaftsrechts in den einzelnen Bundesländern.
[193] Hierzu zählen v. a.: Gas-, Wasser-, Stromversorgung, Abfall- und Abwasserentsorgung, Verkehrsleistungen, Sparkassen, Bildungs- und Kultureinrichtungen.
[194] Vgl. VGH Mannheim, NJW 1984, 251 (252). Zur Stärkung dieses Ziels hat zuletzt der nordrhein-westfälische Landtag durch das am 17.10.2007 in Kraft getretene Gesetz zur Stärkung der kommuna-

aus Steuereinnahmeaspekten, als auch aus politischen Gesichtspunkten war auch ein gewisses mittelstandsschützendes Element nicht von der Hand zu weisen.[195] Andererseits sprechen in Zeiten „knapper Kassen" auch gute Gründe für eine kommunale Wirtschaftsbetätigung: Gemeindliche Unternehmen können ihre erwirtschafteten Gewinne zur Entlastung des Gemeindehaushalts verwenden (und müssen dies nach ihrer Satzung auch meist), so dass Einrichtungen zum Nutzen der Bürger – z. B. öffentlicher Personennahverkehr (ÖPNV), Bäder, Bibliotheken, Stadtparks, Bildungseinrichtungen etc – für die Gemeinden überhaupt finanziell realisierbar sind. Insbesondere die undeterminierte Verwendungsmöglichkeit entsprechend erwirtschafteter Finanzmittel lässt für nicht wenige Kommunen eine attraktivitätssteigernde Erfüllung freiwilliger Aufgaben erst zu. Auch das Europäische Primärrecht, das einen besonders starken Einfluss auf das kommunale Wirtschaftsrecht hat, ist trägerneutral (vgl. Art. 14, 106 II AEUV), d. h. es macht keine Vorgaben, ob Dienstleistungen von privaten oder öffentlichen Unternehmen erbracht werden.

61 Eine wichtige Grenze gemeindlicher Wirtschaftsbetätigung, die v. a. im Hinblick auf das europäische Markt- und Wettbewerbsverständnis vermehrt an Bedeutung gewonnen hat,[196] ist der Schutz der privaten Wirtschaft vor einer **Konkurrenz durch die Gemeinde**.[197] Auch der AEUV gewährleistet den privaten Konkurrenten entsprechende Abwehrrechte (vgl. Art. 101, 102 AEUV).Dieser Schutz privater Marktteilnehmer gewinnt umso mehr an Bedeutung, als mit der zunehmenden Liberalisierung ehemaliger **Monopolbetriebe** (z. B. im Bereich der Telekommunikation, Energieversorgung oder Abfallentsorgung) eine Konkurrenz zu privaten Anbietern entsteht. Der Wettbewerb kann zu einem stetigen Konflikt mit der kommunalen Aufgabenwahrnehmung insbesondere dort führen, wo die Gemeinden Pflichtaufgaben in Form kommunaler Unternehmen erfüllen und diese zugleich wirtschaftlich zu führen sind und mit Privaten im Wettbewerb stehen. Der Ausnahmetatbestand des Art. 106 AEUV für öffentliche und monopolartige Unternehmen wird dabei zunehmend eng i. S. d. europäischen Wettbewerbsverständnisses ausgelegt.[198]

62 Zur Lösung dieses Spannungsverhältnisses zwischen privater und kommunaler wirtschaftlicher Betätigung wird in den meisten Gemeindeordnungen[199] zwischen der wirtschaftlichen und der **nichtwirtschaftlichen Betätigung** von Gemeinden unterschieden und lediglich die Tätigkeit sogenannter **wirtschaftlicher Unternehmen** durch die kommunalrechtlichen Schrankenbestimmungen begrenzt. Bei der nichtwirtschaftlichen Tätigkeit der Gemeinden wird diese gesetzliche Bindung für entbehr-

---

len Selbstverwaltung sein Gemeindewirtschaftsrecht verschärft. Weiterführend *Hamacher*, NWVBl. 2008, 81 ff.

[195] *Badura*, Wirtschaftliche Betätigung der Gemeinde, DÖV 1998, 818 (818).
[196] Vgl. *Zimmermann*, KommJur 2008, 41 (44); *Burger*, KommJur 2013, 6 (10).
[197] Siehe hierzu ausführlich *Meßmer*, Kommunalwirtschaftliche Schrankentrias und Konkurrentenschutz unter besonderer Berücksichtigung von § 102 I der Gemeindeordnung für Baden-Württemberg, 2006; *Ennuschat*, Rechtsschutz privater Wettbewerber gegen kommunale Konkurrenz, WRP 2008, 883.
[198] Zur kommunalen Wasserversorgung, *Markopoulos*, KommJur 2012, 330 ff.; zu „netzgebundenen Industrien" *Hertwig*, EuR 2011, 745 (747 ff.); zur Daseinsvorsorge, *Knauff*, EuR 2010, 725 (740 ff.); EuGH, C-271/90 (Spanien/Kommission), Slg. 1992, I-5833, Rn. 36.
[199] In der bayerischen Gemeindeordnung sind die Art. 86 ff. GO mit der Überschrift „Gemeindliche Unternehmen" überschrieben und sie unterscheidet folglich nicht länger zwischen der wirtschaftlichen und der nichtwirtschaftlichen Tätigkeit von Gemeinden.

lich gehalten, da mangels Konkurrenzsituation eine Kollisionslage mit der Privatwirtschaft nicht auftreten kann.[200] Da demnach i. d. R. die Schrankenbestimmungen nur bei einer wirtschaftlichen Betätigung der Gemeinden greifen, stellt sich die Frage, wie die wirtschaftliche von der nichtwirtschaftlichen Tätigkeit abgegrenzt werden kann. Diese Unterscheidung ist positivrechtlich nicht definiert. Die Gemeindeordnungen von Baden-Württemberg, Sachsen und Nordrhein-Westfalen enthalten jedoch „**Negativlisten**"[201] mit Unternehmen, die als nichtwirtschaftliche Betriebe gelten.[202] Diese nichtwirtschaftlichen Betriebe werden auch als **Hoheitsbetriebe** bezeichnet.[203] Abhängig von der jeweiligen Gemeindeordnung werden enumerativ Einrichtungen des Bildungs-, Kultur-, Erholungs-, Gesundheits- und Sozialwesens sowie Einrichtungen ähnlicher Art aufgezählt.[204] Keine kommunalen „Betriebe" sind also z. B. (Musik-, Volkshoch-) Schulen, Bibliotheken, Museen, Theater und Opern; Parkanlagen und Zoos, sowie Schwimmbäder und Sportplätze. Nichtwirtschaftliche Tätigkeiten erfüllen darüber hinaus gemeindliche Unternehmen bzw. Einrichtungen, zu deren Betrieb die Gemeinde gesetzlich verpflichtet ist,[205] die sog. **Pflichtaufgaben**.[206] Als Beispiele für diese gesetzlichen Verpflichtungen wurden bereits in der Kommentierung zu § 67 II Nr. 1 DGO die Feuerwehren und Schlachthäuser genannt.[207] Heute zählen zu den weiteren Pflichtaufgaben insbesondere die Abfallentsorgung (Müllverwertungsanlagen),[208] Abwasserbeseitigung[209] oder die Bereitstellung von Krankenhäusern.[210] Letztlich sind auch Hilfsbetriebe, die ausschließlich zur Deckung des Eigenbedarfs der Gemeinde dienen, keine wirtschaftlichen Unternehmen (z. B. Gärtnereien, Fuhrpark oder gemeindliche Bauhöfe).[211] Diese vom Gesetzgeber verwendete „Liste", die lediglich die nichtwirtschaftliche kommunale Betätigung positiv bestimmt, verdeutlicht, dass für den Rechtsanwender im Einzelfall die Zuordnung unklar und problematisch sein wird.[212] Gemeinsam ist beiden Unternehmensformen, dass sie i. d. R.[213] eine – außerhalb der allgemeinen Verwaltung – rechtlich verselbständigte Betriebsorganisation haben, d. h. die Verwaltungsaufgaben werden gerade nicht von den Gemeindeor-

---

[200] *Seewald*, in: Steiner, KommR, Rn. 267 f.
[201] *Burgi*, KommR, § 17, Rn. 39.
[202] Vgl. § 102 IV GemO B.-W., § 107 II GO NRW, § 97 II SächsGO. In der bay. Gemeindeordnung existiert eine solche Negativliste nicht.
[203] *Gern*, DKommR, 15. Kap., Rn. 726; *Cronauge/Westermann*, Kommunale Unternehmen, Rn. 242.
[204] Vgl. § 102 IV Nr. 2 GemO B.-W.; § 107 II Nr. 2 GO NRW.
[205] Vgl. § 102 IV Nr. 1 GemO B.-W.; § 107 II Nr. 1 GO NRW; § 97 II Nr. 1 SächsGO.
[206] *Gern*, DKommR, Rn. 726; *Burgi*, KommR, § 17, Rn. 39; a. A. *Leder*, DÖV 2008, 173 (174), wonach unter den Tätigkeiten, zu denen die Gemeinden gesetzlich verpflichtet sind, nicht die Pflichtaufgaben zu verstehen sind.
[207] *Küchenhoff/Berger*, Deutsche Gemeindeordnung, 1935, S. 252; vgl. auch *Leder*, DÖV 2008, 173 (174). Mitunter werden diese Beispiele auch unter den Begriff der Einrichtungen ähnlicher Art subsumiert, so *Cronauge/Westermann*, Kommunale Unternehmen, Rn. 242.
[208] Z. B. gem. Art. 3 I S. 2 BayAbfG; § 1 NWAbfG; siehe auch §§ 11 f. BSeuchG. Vgl. auch § 107 II Nr. 4 GO NRW, die die Abfallbeseitigung explizit in ihrem Katalog nennt.
[209] Vgl. Art. 41 b ff. BayWG; §§ 45 ff. NWWG. Vgl. auch § 107 II Nr. 4 GO NRW, die zwar die Abwasser-, aber nicht die Wasserversorgung ausdrücklich benennt.
[210] Vgl. § 107 II Nr. 2 GO NRW.
[211] § 102 IV Nr. 3 GemO B.-W.; § 107 II Nr. 5 GO NRW; § 97 II SächsGO.
[212] *Seewald*, in: Steiner, KommR, Rn. 274 schlägt zur Lösung der Abgrenzungsproblematik zusätzlich die Normierung einer Positivliste (sog. „Listen- bzw. Enumerativprinzip") vor, die bestimmte Unternehmensarten als wirtschaftliche Betriebe aufführt und durch eine Generalklausel ergänzt wird.
[213] Ausnahmen sind insbesondere Regiebetriebe, die in die allgemeine Verwaltung integriert sind, vgl. z. B. Art. 88 VI GO BY.

ganen, sondern von Unternehmen außerhalb der allgemeinen Verwaltung erledigt.[214] Allerdings kann die Organisationsform, in der das wirtschaftliche Unternehmen betrieben wird, kein Abgrenzungskriterium sein, da das Unternehmen gerade auch von privaten Rechtsträgern betrieben werden kann.[215]

63 Nach einhelliger Ansicht wird als maßgebliches abstraktes Kriterium für den wirtschaftlichen Charakter einer Tätigkeit auf die **Gewinnerzielungsabsicht** des Unternehmens abgestellt.[216] Entsprechend führte das Bundesverwaltungsgericht in einer Entscheidung zur wirtschaftlichen Betätigung der Gemeinden auf dem Gebiet des Bestattungswesens aus, dass wirtschaftliche Unternehmen der Gemeinde solche Einrichtungen sind, die auch von einem Privatunternehmer mit der Absicht der Gewinnerzielung betrieben werden können.[217] Für die Definition des wirtschaftlichen Unternehmens ist es unschädlich, wenn dieser Gewinn dann tatsächlich nicht erzielt wird und das Unternehmen (vorübergehend) Verluste erwirtschaftet.[218] Eine aus objektiver Sicht „realistische Möglichkeit einer Gewinnerzielung" soll genügen.[219] Andernfalls könnten die Gemeinden durch den Betrieb uneffizienter Unternehmen den Willen des Gesetzgebers umgehen.

64 Anknüpfend an diese Entwicklung des Begriffs des wirtschaftlichen Unternehmens, definiert das neue nordrhein-westfälische Kommunalverfassungsrecht in § 107 I 3 GO nun den Begriff der **wirtschaftlichen Betätigung** folgendermaßen:[220] „Als wirtschaftliche Betätigung ist der Betrieb von Unternehmen zu verstehen, die als Hersteller, Anbieter oder Verteiler von Gütern und Dienstleistungen am Markt tätig werden, sofern die Leistung ihrer Art nach auch von einem Privaten mit der Absicht der Gewinnerzielung erbracht werden könnte" (vgl. auch § 91 I 1 BbgKommVerf). Mangels Trennschärfe des Begriffs des wirtschaftlichen Unternehmens wird meist eine Katalogabgrenzung vorgenommen. Wenn man nun versucht, eine „Positivliste" aufzustellen, lassen sich insbesondere die folgenden Beispiele aufzählen:[221]

- **Versorgungsbetriebe:** Wasser-, Gas-, Elektrizitäts- und Fernheizwerke;
- **Betriebe der Urproduktion sowie deren Verarbeitungsbetriebe:** Güter; Molkereien, Milchhöfe, Mühlen; Sägewerke, Salinen, Steinbrüche, Brunnenbetriebe, Gestüte, Wein-, Obst- und Gartenbaubetriebe, Kies- und Sandgruben sowie Kalkbetriebe, Braunkohlebergwerke, Fischereibetriebe, Ziegeleien;

---

[214] *Seewald,* in: Steiner, KommR, Rn. 268; vgl. auch BVerwGE 39, 329 (333).
[215] BVerwGE 39, 329 (333). Vgl. z. B. Art. 86 GO BY, der das Betreiben gemeindlicher Unternehmen als Eigenbetrieb, selbständige Kommunalunternehmen des öffentlichen Rechts oder eben in der Rechtsform des Privatrechts ermöglicht.
[216] Statt vieler *Cronauge/Westermann,* Kommunale Unternehmen, Rn. 241. Diese Definition geht bereits auf § 67 DGO zurück. Die Frage, ob mit einem Unternehmen Einnahmen erzielt werden (können), ist hingegen kein anerkanntes Abgrenzungskriterium, vgl. *Seewald,* in: Steiner, KommR, Rn. 269.
[217] BVerwGE 39, 329 (333). Hier waren in concreto Dienstleistungen zur Leichenversorgung und dem Verkauf von Bestattungsartikeln eine wirtschaftliche Betätigung.
[218] Vgl. § 97 III SächsGO, demnach wirtschaftliche Unternehmen „einen Ertrag für den Haushalt der Gemeinde abwerfen" sollen. Aus § 114 II S. 1 GO NRW folgt, dass zumindest soviel erwirtschaftet werden soll, dass die Ausgaben gedeckt sind.
[219] *Seewald,* in: Steiner, KommR, Rn. 271.
[220] Dieser Normierung ging der vorbereitende Versuch voraus, den Begriff der „Wirtschaft" näher zu definieren; siehe hierzu *Schmidt-Jortzig,* KommR, Rn. 665.
[221] Vgl. das Verzeichnis wirtschaftlicher Unternehmen in der bay. Eigenbetriebsverordnung vom 29.5.1987, abgedruckt bei *Bauer/Böhle/Masson/Samper,* GO Anhang, S. 50/4 ff.; s. a. Aufzählung aus § 107 II GO NW.

- **Verkehrsbetriebe:** Gleis-, und Fährverkehr, Luftverkehr einschließlich der Hafen-, Gleisanlagen und Flughäfen, Skilifte und Bergbahnen, Kraftverkehrsbetriebe, Parkhäuser;
- **Sonstige Betriebe:** Stadt-, Messehallen, Rats- und Weinkeller, Kurbetriebe, Reklamebetriebe, Lagerhäuser, Krankenhäuser, Bestattungseinrichtungen, Sportanlagen.

Trotz dieser Definitionsbemühungen muss jedoch stets berücksichtigt werden, dass im konkreten Fall die Abgrenzung nicht immer deutlich und eine wertende Beurteilung erforderlich sein kann. Dies gilt umso mehr, als die Bedürfnisse der Bevölkerung im Hinblick auf die „Qualität und Quantität der Versorgung"[222] steigen, wie etwa im Bereich der hochwertigen und preisgünstigen kommunalen Trinkwasserversorgung.[223] Eine neuartige kommunale Aufgabe im Bereich der Daseinsvorsorge ist die kostenlose Zurverfügungstellung eines drahtlosen Internetzugangs (**kommunale W-LAN-Zonen**) durch die Kommunen. Dabei geht es um die Konkurrenz zu privaten Unternehmen im Sinne des Beihilferechts.[224] Ebenfalls in diesen Tätigkeitsbereich fällt das durchaus intensive Engagement verschiedener Kommunen in Bezug auf den eigenen Ausbau von Glasfaserinfrastruktur zur Gewährleistung schnellster Internetanbindungen bei gleichzeitigem Einstieg in die Rolle als Internetdiesteanbieter. Ein Beispiel hierfür sind kommunale Kabelgesellschaften[225] wie die NetCologne GmbH in der Stadt Köln. Diese sehr erfolgreiche, regionale Telekommunikationsgesellschaft, deren Alleingesellschafter die Kölner Stadtwerke sind, bietet neben der Nutzung des eigenen Telekommunikationsnetzes einen Full-Service in allen Bereichen der Kommunikation über Sprache, Daten bis hin zum Internet an. Dabei stellt sich die Frage, ob unter dem „Deckmantel" der Daseinsvorsorge wettbewerbsrelevantes Verhalten der Gemeinde zu rechtfertigen ist. Die Telefon- und Onlinedienstleistungen derartiger Anbieter lassen sich zwar möglicherweise unter die Aufzählungen „Einrichtungen des Bildungs-, Kultur-, Erholungs-, Gesundheits- und Sozialwesens sowie Einrichtungen ähnlicher Art" subsumieren. Im Gegensatz zur Versorgung mit Trinkwasser und Elektrizität besteht hier allerdings die Besonderheit, dass ein qualitativer Versorgungsgrad in Form der Übertragungsrate und dem Angebotsumfang feststellbar ist. Die entsprechenden Kommunen überschreiten dabei möglicherweise mit ihrer Angebotsvielfalt – bis hin zu maßgeschneiderten Telekommunikationslösungen – die typischen gemeindlichen Dienstleistungen zur Grundversorgung der Bevölkerung.

2. Zulässige kommunale Unternehmensformen

a) Wirtschaftliche Unternehmen

aa) Organisationsformen

Die Kommunalverfassungen der Bundesländer bestimmen, in welchen Rechtsformen die Gemeinden wirtschaftliche Unternehmen betreiben können.[226] Innerhalb der allgemeinen Kommunalverwaltung kann die Organisationsform des **Regiebetriebs** gewählt werden. Außerhalb der allgemeinen gemeindlichen Verwaltung stehen die folgenden **Organisationsformen** zur Verfügung[227]:

---

[222] So *Seewald,* in: Steiner, KommR, Rn. 279.
[223] Siehe dazu: *Weiß,* LKV 2008, 200.
[224] Vgl. aus der Lit. *Haack,* VerwArchiv 2008, 197 ff.
[225] Vgl. *Kunert,* BayVBl. 1985, 109 ff.; *Lerche,* Städte- und Kabelkommunikationen, 1982, 56 ff.
[226] § 95 SächsGO; Art. 86 GO BY; § 103 f. GemO B.-W.; § 108 GO NRW.
[227] Vgl. §§ 103 ff. GO B.-W.; Art. 86 GO BY; §§ 108, 114 f. GO NRW; § 95 SächsGO.

- Eigenbetrieb,
- Selbständiges Kommunalunternehmen des öffentlichen Rechts,
- Gesellschaftsform des Privatrechts.

67 Hierbei sind öffentlich-rechtliche und privatrechtliche Unternehmensformen zu unterscheiden, zwischen denen die Gemeinde aufgrund ihrer Selbstverwaltungsgarantie (Art. 28 II GG) frei wählen kann (**Grundsatz der Wahlfreiheit** aufgrund der Organisationshoheit). Bei dem Regie- bzw. Eigenbetrieb sowie dem selbständigen Kommunalunternehmen des öffentlichen Rechts handelt es sich um öffentlich-rechtliche Organisationen. Darüber hinaus hat die Gemeinde auch die Möglichkeit, ihre Aufgaben durch ein öffentliches Unternehmen in einer privatrechtlichen Rechtsform zu betreiben (sog. **Organisationsprivatisierung**[228]). Gemeinsam ist diesen Organisationsformen, dass die Aufgaben nicht mehr mit dem gemeindlichen Behördenapparat und dessen nachgeordneten Ämtern erfüllt werden.

68 (1) Der **Regiebetrieb** ist in die Gemeindeverwaltung eingegliedert, d. h. er ist nicht rechtsfähig, sowie nach innen organisatorisch und personell (keine eigenen Organe) unselbständig.[229] Als Unterscheidungsmerkmal zum Eigenbetrieb ist der Regiebetrieb in die Gemeindeverwaltung eingegliedert. Sein Haushalt ist Teil des Gemeindehaushalts, wobei entweder nur dessen Endergebnis in den kommunalen Haushalt eingestellt wird (sog. Nettobetriebe) oder aber alle Ausgaben und Einnahmen im Haushalt erscheinen (sog. Bruttobetriebe).[230] Die umfassende gemeindliche Einflussnahme ist damit bei dieser Organisationsform gewährleistet. Dies geht jedoch zu Lasten der betrieblichen Flexibilität. In der Praxis sind Regiebetriebe daher heute selten und werden nur noch für Hilfsbetriebe eingesetzt, die der Gemeindeverwaltung und anderen kommunalen Unternehmen dienen sollen (z. B. Gärtnerei für den Stadtpark, Bauhof, Reparaturbetriebe).

69 (2) Den **Eigenbetrieb** sehen die Gemeindeordnungen, die in ihrer Grundstruktur weitgehend übereinstimmen, als die gemeindetypische Organisationsform des kommunalen Wirtschaftsunternehmens an.[231] Die Einzelheiten regeln neben den von den Gemeindevertretungen zu erlassenden Betriebssatzungen (Pflichtsatzungen für die einzelnen Betriebe), die landesrechtlichen Eigenbetriebsgesetze[232] bzw. Eigenbetriebsverordnungen, wobei sich z. B. aus Art. 4 BayEBV ergibt, dass insbesondere bei Versorgungs- und Verkehrsbetrieben die Organisationsform des Eigenbetriebs in Betracht kommt. Der Eigenbetrieb ist eine öffentlich-rechtliche Anstalt ohne eigene Rechtspersönlichkeit.[233] Diese – vergleichbar dem Regiebetrieb – nach außen bestehende rechtliche Unselbständigkeit, unterscheidet sich von dem Regiebetrieb jedoch durch eine im Innenverhältnis zur Gemeinde bestehende finanzwirtschaftliche und organisatorische Verselbständigung. Erstere zeichnet sich insbesondere dadurch aus, dass das Vermögen als **Sondervermögen** mit einer kaufmännischen (doppelten) Buchführung,

---

[228] Vgl. hierzu auch *Burgi*, KommR, § 17, Rn. 69. Die Organisationsprivatisierung wird mitunter auch als formale (*Cronauge/Westermann*, Kommunale Unternehmen, Rn. 262) oder formelle (so *Seewald*, in: Steiner, BesVwR, Rn. 292) Privatisierung bezeichnet.
[229] Vgl. Art. 88 VI GO BY.
[230] Vgl. § 26 BHO, Art. 26 BayHO. Weiterführend *Gern*, DKommR, 15. Kap., Rn. 747.
[231] Art. 88 GO BY; § 114 GO NRW; § 95 I Nr. 2 SächsGO; zur Stärkung des Eigenbetriebes, *Emmerlich*, LKV 2010, 537 ff.
[232] Vgl. §§ 1 ff. EigBG B.-W.
[233] Siehe statt vieler *Gern*, DKommR, Rn. 741.

einschließlich eines gesonderten Jahresabschlusses, verwaltet wird. Damit ist der Eigenbetrieb das „wirtschaftliche Unternehmen" der Kommune, mit dem eine moderne und flexible Wirtschaftsführung möglich ist. Die Unabhängigkeit in organisatorischer Hinsicht wird dadurch deutlich, dass i. d. R. nicht die Gemeindeorgane, sondern eine vom Gemeinderat bestellte Werksleitung (diese führt die laufenden Geschäfte und verdrängt damit den ersten Bürgermeister) und ein Werksausschuss den Eigenbetrieb selbständig führen. Letztlich können auch mehrere Eigenbetriebe zusammengefasst werden (z. B. Stadtwerke). Die Organisationsform des Eigenbetriebs bezweckt also einen **Kompromiss** zwischen der Möglichkeit, ein wettbewerbsfähiges kommunales Unternehmen nach kaufmännischen Gesichtspunkten zu führen, und dem Bedürfnis nach gemeindlicher Kontrolle und einer einheitlichen Kommunalverwaltung.[234] Daher werden trotz aller Privatisierungstendenzen die Kommunen wohl auch ihre Eigenbetriebe bewahren und weiterhin stärken.[235]

(3) Neuerdings können die Gemeinden bestimmter Bundesländer – neben den Sparkassen[236] – weitere kommunale Unternehmen in der Rechtsform der rechtsfähigen **Anstalt des öffentlichen Rechts,** die auch als „**Kommunalunternehmen**" bezeichnet werden,[237] errichten sowie bestehende Regie- und Eigenbetriebe in derartige Unternehmen umwandeln.[238] Die Gemeinde errichtet damit „Kommunalunternehmen", die eine von ihr getrennte Rechtspersönlichkeit besitzen und deren Rechtsverhältnisse in einer vom Gemeinderat erlassenen Unternehmenssatzung geregelt sind.[239] Der Gemeinderat hat dann die Möglichkeit, einzelne oder alle mit einem bestimmten Zweck zusammenhängenden Aufgaben ganz oder teilweise auf das Anstaltsunternehmen zu übertragen.[240] Insbesondere kann er auch durch gesonderte Satzung einen Anschluss- und Benutzungszwang (z. B. an die Wasserversorgung sowie an Fernwärmenetze – als Beitrag der Kommunen zum Klimaschutz[241]) zugunsten des Kommunalunternehmens festlegen sowie diesem die Befugnis einräumen, an ihrer Stelle **Satzungen zu erlassen** (z. B. zur Gebührenerhebung im Rahmen der Aufgabenübertragung der Abwasserbeseitigung[242]).[243] Das Kommunalunternehmen unterliegt als selbständiger Verwaltungsträger dem Vorbehalt des Gesetzes.[244] Sofern es dem Anstaltszweck entspricht, können Kommunalunternehmen sich selbst an anderen Unternehmen beteiligen und unter besonderen Voraussetzungen auch Unternehmen gründen.[245] Schließlich sind bei dieser Organisationsform noch die Besonderheiten zu beachten, dass die Gemeinde für die Verbindlichkeiten der Anstalt haftet, soweit nicht Befriedigung aus

70

---

[234] *Cronauge/Westermann,* Kommunale Unternehmen, Rn. 115, 152.
[235] Siehe zur Eigenbetriebsreform in Sachsen, *Emmerlich,* LKV 2010, 537 ff.
[236] Siehe die Nachw. in Fn. 178.
[237] So Art. 89 I 1 GO BY. Zu dem bereits bestehenden praktischen Bedürfnis die junge Rechtsform des Kommunalunternehmens in eine Kapitalgesellschaft umzuwandeln ausführlich *Pauli,* BayVBl. 2008, 325.
[238] Art. 89–91 GO BY; § 114a GO NRW. Weiterführend zur Anstalt des öffentlichen Rechts, *Knemeyer,* BayVBl. 1999, 1 ff.
[239] Art. 89 III GO BY; § 114a II GO NRW.
[240] Art. 89 II 1 GO BY; § 114a III 1 GO NRW.
[241] *Kahl,* ZUR 2010, 395 ff.
[242] Siehe OVG NRW, NWVBl. 2005, 66 ff.
[243] Art. 89 II 2, 3 GO BY; § 114a III 2 GO NRW.
[244] *Mann,* NVwZ 1996, 557 (558).
[245] Vgl. Art. 89 I 2 GO BY; § 114a IV 1 GO NRW.

dem Vermögen des Kommunalunternehmens zu erlangen ist (Gewährträgerschaft)[246], und Anzeigepflichten bei der Auflösung von Kommunalunternehmen bestehen.[247] Als Organe des Kommunalunternehmens normiert die Gemeindeordnung den Vorstand, der das Unternehmen leitet und nach außen vertritt,[248] sowie einen Verwaltungsrat, der ersteren überwacht und teilweise den Weisungen des Gemeinderats unterliegt.[249] Insbesondere die Möglichkeit des Satzungserlasses macht jedoch den Zweck dieser neuen Rechtsform deutlich: Es sollen die Vorteile des Einsatzes öffentlich-rechtlicher Handlungsmöglichkeiten mit der betrieblichen Flexibilität einer selbständigen juristischen Person verbunden werden.[250] Den Kommunalunternehmen soll es durch diese Organisationsform besser gelingen, am privatwirtschaftlichen Wettbewerb teilzunehmen.[251]

71 (4) Neben den soeben dargestellten öffentlichrechtlichen Formen stehen den Gemeinden die Gründung privatrechtlicher Unternehmen (z. B. kommunale Dienstleistungsgesellschaften"mbH, die lediglich der kostengünstigen Deckung des Eigenbedarfs der Gemeinden dienen[252]) und die Beteiligung an privatrechtlichen Rechtsformen, insbesondere an **juristischen Personen des Zivilrechts** (z. B. Stadtwerke-AG, Städtische Nahverkehrsbetriebe GmbH), offen.[253] Die Zulässigkeit dieser privatrechtlichen Beteiligungsformen ist jedoch an zahlreiche Voraussetzungen gebunden, da der Gesetzgeber am Eigenbetrieb als der „klassischen" Organisationsform öffentlicher Unternehmen festhält.[254] Mitunter wird zusätzlich ein Nachrang der AG normiert.[255] Der Grund für diesen Vorrang öffentlichrechtlicher Formen ist darin begründet, dass der Gemeinde der Spagat gelingen muss, dem Kommunalunternehmen ein „Höchstmaß an Wirtschaftlichkeit"[256] zu ermöglichen und gleichzeitig sicherzustellen, dass der Einfluss der demokratisch legitimierten kommunalen Entscheidungsorgane erhalten bleibt. Daraus ergeben sich – im Einzelnen abhängig von der jeweiligen Gemeindeordnung – insbesondere die folgenden drei wichtigen Voraussetzungen für die Zulässigkeit der zunehmend gewählten privatrechtsförmigen Unternehmen[257]:

- **Wahrung der „Einwirkungs- bzw. Ingerenzpflichten",**[258] d. h. die Gemeinde muss einen angemessenen Einfluss in einem Überwachungsorgan des Unternehmens (z. B. im Aufsichtsrat) erhalten.[259] Dies wird organisatorisch durch die Entsendung der kommunalen Entscheidungsorgane in die Unternehmen be-

---

[246] Art. 89 IV GO BY; § 114a IV GO NRW; zur beihilferechtlichen Problematik der Gewährträgerhaftung *Waldmann*, NVwZ 2008, 284 (285).
[247] Vgl. z. B. Art. 96 I 1 Nr. 4 GO BY.
[248] Art. 90 I GO BY; § 114a VI GO NRW.
[249] Art. 90 II 1 GO BY; § 114a VII 1 GO NRW.
[250] Siehe *Gern*, DKommR, Rn. 755.
[251] So *Köhler*, BayVBl. 2000, 1 ff.
[252] OVG NRW, DVBl. 2011, 45 ff.
[253] Art. 86 Nr. 3 GO BY, Art. 92–94 GO BY; §§ 95 I Nr. 3, II, III, 96 ff. SächsGO; §§ 103 ff. GemO B.-W.; §§ 108 ff. GO NRW; Weiterführend *Cronauge/Westermann*, Kommunale Unternehmen, Rn. 121 ff.
[254] Vgl. z. B. § 95 III SächsGO. Ohne diese ausdrückliche Beschränkung aber z. B. Art. 92 GO BY.
[255] § 95 II SächsGO; § 103 II GemO B.-W.
[256] *Mutius*, KommR, § 8, Rn. 509 f.
[257] Siehe dazu *Geis/Madeja*, JA 2013, 248(249 f.).
[258] So *Schmidt-Jorzig*, KommR, Rn. 741, vgl. auch *Seewald*, in: Steiner, KommR, Rn. 292.
[259] Art. 92 I 1 Nr. 2 GO BY; § 96 I 1 Nr. 2 SächsGO; § 108 I 1 Nr. 6 GO NRW; § 103 I 1 Nr. 3 GemO B.-W.

wirkt.[260] Die Forcierung gemeindlicher Kontrolle ist die Kompensation schleichender Kompetenzverluste der Gemeinde durch privatrechtliche Unternehmensformen. Bezüglich der Informations- und Kontrollrechte der Gebietskörperschaften gegenüber privatrechtlichen Unternehmen verweisen die Gemeindeordnungen daher auf die §§ 53, 54 des Haushaltsgrundsätzegesetz (HGrG).[261] Hierin zeigt sich eine Schnittstelle zum Verwaltungsgesellschaftsrecht, da die Zulässigkeit gemeindlicher Einflussnahme auf Kontrollgremien oder mittels Prüfungsrechten mit dem Gesellschaftsrecht kollidieren kann und ggf. daran scheitert.[262] Kommunale Minderheitsbeteiligungen stoßen auch vor diesem Hintergrund mitunter auf Probleme.

- Der **öffentliche Zweck** muss im Gesellschaftsvertrag geregelt sein, damit die gemeindliche Aufgabenerfüllung sichergestellt ist.[263] Als Hoheitsträger ist die Gemeinde vorrangig dem Gemeinwohl verpflichtet.[264] Dies gilt im Prinzip auch für Kommunalgesellschaften.
- Schließlich muss die **Haftung** der Gemeinde auf einen bestimmten, ihrer Leistungsfähigkeit angemessenen Betrag, **begrenzt** werden.[265] Daraus ergibt sich, dass die Gemeinde wegen der unbeschränkten Gesellschafterhaftung weder Gesellschafter einer OHG bzw. BGB-Gesellschaft, noch Komplementär einer KG bzw. KGaA sein kann.[266] Für die zulässige Beteiligung als Kommanditist an einer KG fehlt der Gemeinde der mitbestimmende Einfluss auf die Gesellschaft[267], da der Kommanditist regelmäßig von Geschäftsführung und Vertretungsmacht (§§ 164, 170 HGB) ausgeschlossen ist. Genossenschaften, Vereine und rechtsfähige Stiftungen kommen mangels wirtschaftlicher Zwecksetzung praktisch nicht vor[268] – zum einen, weil im Fall der Genossenschaft und des Vereins bereits die Anzahl der Gründungsmitglieder unpraktikabel ist, zum anderen weil die gemeindliche Aufgabenerfüllung in einer Stiftung durch ein enorm hohes Stiftungsvermögen zu gewährleisten wäre. In der Praxis entscheiden die Gemeinden sich regelmäßig, je nach Größe der Kommune, für die Beteiligung an einer AG oder GmbH.

Schließlich können die Gemeinden selbst kommunale Konzerne (vgl. § 18 I AktG) gründen. Beliebt sind dabei die Gründung von **Dachgesellschaften ("Holdings")**, z. B. einer Stadtwerke-GmbH, die die wirtschaftenden und abhängigen Tochtergesellschaften (z. B. Energie- und Wasserversorgungs-AG und Verkehrs-AG) ausschließlich verwalten. Ihre Einwirkungspflichten sichern die Gemeinden durch eine entsprechende Gestaltung des Beherrschungsvertrags (Weisungsrechte) zwischen Töchtern und Mutter.[269] Diese "Holdings" werden auch als gemeindemittelbar wirtschaftende

72

---

[260] Art. 93 GO BY; § 104 GemO B.-W.; § 98 SächsGO; § 113 GO NRW.
[261] Vgl. Art. 103 I Nr. 5 GemO B.-W.; Art. 94 I 1 GO BY; § 112 GO NRW; § 96 II GO.SA Vgl. auch unten § 12 V 3.
[262] Dazu noch Rn. 123, 124; s. a. *Pauly/Schüler*, DÖV 2012, 339 ff.; *Schiffer/Wurzel*, KommJur 2012, 52 ff.
[263] Z. B. Art. 92 I Nr. 1 GO BY; § 96 I Nr. 1 SächsGO; 103 I 1 Nr. 2 GemO B.-W.; § 108 I 1 Nr. 7 GO NRW.
[264] Vgl. BVerfGE 50, 50 ff.
[265] Art. 92 I 1 Nr. 3 GO BY; § 103 I 1 Nr. 4 GemO B.-W.; § 96 I 1 Nr. 3 SächsGO; § 108 I 1 Nr. 3 GO NRW.
[266] Vgl. auch *Mutius*, KommR, Rn. 505; *Gern*, DKommR, Rn. 758.
[267] So *Cronauge/Westermann*, Kommunale Unternehmen, Rn. 124; *Gern*, DKommR, Rn. 758.
[268] Vgl. *Cronauge/Westermann*, Kommunale Unternehmen, Rn. 130–133.
[269] *Burgi*, KommR, § 17, Rn. 77.

Unternehmen bzw. als Schachtelgesellschaften bezeichnet.[270] Ihre Häufigkeit beruht auf Steuervorteilen, da bei der Gewinn- und Verlustrechnung rentable und defizitäre Unternehmen berücksichtigt werden können.[271] Die Ausgliederung kommunaler Aufgabenerfüllung in Kapitalgesellschaften oder durch Beteiligungen an privaten Unternehmen führt zu einer Anhäufung von Unternehmen innerhalb des gemeindlichen Gebildes. Infolgedessen wird in diesem Zusammenhang von der wirtschaftlichen Einheit der Gemeinde als „Konzern" gesprochen.[272] Mit dieser wirtschaftlichen Tätigkeit der Gemeinde ist ein entsprechendes Management und Controlling von Gründungen und Beteiligungen[273] erforderlich, nicht zuletzt, um im Rahmen der Zulässigkeit wirtschaftlicher Betätigung die Leistungsfähigkeit der Gemeinde und den Bedarf an gemeindlichen Unternehmen ermitteln zu können.[274]

Organisationsformen öffentlicher Einrichtungen

Organisationsform	Eingliederung in die Verwaltung	Rechtsfähigkeit	Beispiele	Vor-/Nachteile
Regiebetrieb	Teil der Verwaltung; organisatorisch und personell unselbständig	Nicht rechtsfähig	Hilfsbetrieb Gärtnerei, Bauhof, Reparaturbetriebe	Großer Einfluss d. Gemeinde; geringe Flexibilität
Eigenbetrieb	Sondervermögen; Finanzwirtschaftliche und organisatorische Selbstständigkeit (eigene Werksleitung)	Keine eigene Rechtspersönlichkeit nach außen		Kompromiss: wettbewerbsfähiges Unternehmen u. Kontrolle d. Gemeinde
Selbständiges Kommunalunternehmen d. öff. Rechts	Eigene Rechtspersönlichkeit Gemeinde haftet für Verbindlichkeiten	Rechtsfähige Anstalt des öffentlichen Rechts	Sparkassen	Erhöhte betriebliche Flexibilität i. V. m. öff.-rechtlichen Möglichkeiten (z. B. Satzung mit Benutzungszwang)
Private Rechtsform (AG, GmbH etc.)	Einflussnahme (Ingerenzpflicht) durch z. B. Beteiligung	Rechtsfähige juristische Personen des Privatrechts	Stadtwerke AG	Kommunaler Einfluss muss sichergestellt werden

bb) Zulässigkeitsvoraussetzungen

73 Die Gemeindeordnungen benennen **Zulässigkeitsvoraussetzungen** für die **Errichtung, Übernahme und wesentliche Erweiterung** wirtschaftlicher kommunaler Unternehmen und die Beteiligung an Unternehmen.[275] Letztere ist notwendigerweise miteinzubeziehen, da mittels einer Beteiligung die unternehmerische Tätigkeit der

---

[270] So bereits *Schmidt-Jortzig*, KommR, Rn. 728–730.
[271] *Gern*, DKommR, Rn. 760; *Schmidt-Jortzig*, KommR, Rn. 728.
[272] Vgl. auch *Ade*, Kommunales Beteiligungsmanagement, 2005, S. 26; *Scheffler*, DB 1985, 2006 f.
[273] Dazu umfassend *Ade*, Kommunales Beteiligungsmanagement, 2005, S. 27 ff.
[274] Vgl. § 105 f. GemO B.-W.; Art. 94 III GO BY; § 99 SächsGO.
[275] Vgl. § 102 I GemO B.-W.; § 97 I SächsGO; Art. 87 I 1 GO BY; § 107 I GO NRW.

Gemeinde umgangen werden könnte. Einen **Bestandsschutz** genießen i. d. R. bestehende Unternehmen, die angesichts Veränderungen im Dienstleistungssektor die Zulässigkeitsvoraussetzungen heute nicht mehr erfüllen, vorausgesetzt sie werden lediglich im bisherigen Umfang fortgeführt.[276] Jüngere Gemeindeordnungen[277] dehnen mittlerweile den Anwendungsbereich der sogleich dargestellten Schrankentrias aus und messen jede wirtschaftliche Betätigung der Gemeinde an den kommunalverfassungsrechtlichen Zulässigkeitsvoraussetzungen.[278] Einigkeit besteht jedoch weiterhin dahingehend, dass kommunale Bankunternehmen (vgl. zu diesem Begriff § 1 KWG), unzulässig sind.[279] Eine Ausnahme besteht hinsichtlich öffentlicher Sparkassen, deren Errichtung, Übernahme und Erweiterung sich ausschließlich nach den landesrechtlichen Sparkassengesetzen richtet.[280] Keine (weiteren) Zulässigkeitsvoraussetzungen ergeben sich hingegen aus dem AEUV.[281] Gemäß Art. 345 AEUV lässt der Vertrag „die Eigentumsordnung in den verschiedenen Mitgliedstaaten unberührt", so dass Unternehmen in privater oder öffentlicher Trägerschaft geführt werden können.

Da sich die konkreten Zulässigkeitsvoraussetzungen gemeindlicher Wirtschaftsbetätigung an die Grundstruktur des § 67 I DGO anlehnen, sind die Schrankenregelungen in den einzelnen Gemeindeordnungen inhaltlich identisch. Um sich mit einzelnen landesrechtlichen Unterschieden bei der sprachlichen Ausgestaltung der Reglungen vertraut zu machen, genügt – dies ist aber notwendig – die Durchsicht der jeweiligen landesrechtlichen Regelung. Für die Errichtung, Übernahme und Erweiterung gemeindlicher Unternehmen stellen demnach alle Gemeindeordnungen die folgenden **drei Grundvoraussetzungen** auf[282]: 74

- Erforderlichkeit durch einen (dringenden[283]) öffentlichen Zweck
- angemessenes Verhältnis zwischen Leistungsfähigkeit und voraussichtlichem Bedarf
- Subsidiarität

(1) Zunächst muss ein (dringender) **„öffentlicher Zweck"** die Errichtung, Übernahme oder wesentliche Erweiterung des kommunalen Unternehmens erfordern.[284] 75

---

[276] Vgl. Art. 87 I 3 GO BY, der das Fortführen von Altunternehmen (Stichtag: 1.9.1998) erlaubt, deren Erweiterung hingegen verbietet. Als Beispiel für solche Altunternehmen sei auf die in den 70er Jahren gegründeten kommunalen Rechenzentren verwiesen, deren Zulässigkeit, wegen der mittlerweile großen Nachfrage nach privaten EDV-Dienstleistern, dem Subsidiaritätsprinzip widersprechen, so *Burgi,* KommR, § 17, Rn. 41.
[277] So z. B. § 107 I GO NRW. Auch gem. § 97 I SächsGO ist bereits das „Unterhalten" wirtschaftlicher Unternehmen an den gesetzlichen Zulässigkeitsvoraussetzungen zu messen.
[278] Vgl. *Burgi,* KommR, § 17, Rn. 41.
[279] § 102 V 1 GemO B.-W.; § 107 VI GO NRW; § 97 IV 1 SächsGO; Art. 87 IV 1 GO BY.
[280] § 102 V 2 GemO B.-W.; § 107 VII GO NRW; § 97 IV 2 SächsGO; Art. 87 IV 2 GO BY; Weiterführend zum Sparkassenrecht *Widtmann/Grasser,* BayGO, Art. 87, Rn. 65 ff.
[281] Die EU-Kommission spricht von „Neutralität und Gestaltungsfreiheit" bezüglich kommunaler Wirtschaftstätigkeit, KOM [2000], 580 endg. Siehe *Burgi,* KommR, § 17, Rn. 23.
[282] *Geis/Madeja,* JA 2013, 248 ff.
[283] So nur § 107 I Nr. 1 GO NRW n. F. Seit der am 17.10.2007 in Kraft getretenen reformierten GO in NRW ist statt eines einfachen ein „dringender" öffentlicher Zweck erforderlich und auch die Subsidiaritätsklausel wurde verschärft. Vgl. weiterführend zu dieser GO-Reform in NRW *Wellmann,* NWVBl. 2007, 1 ff.; *Hamacher,* NWVBl. 2008, 81 (82); *Prümm,* NWVBl. 2007, 10 ff.; *Geerlings,* NWVBl. 2008, 90 ff.
[284] § 107 I Nr. 1 GO NRW; § 97 I Nr. 1 SächsGO; Art. 87 I Nr. 1 GO BY; § 102 I Nr. 1 GemO B.-W. spricht von „rechtfertigt" statt „erfordert".

Denn wie ausnahmslos jede Staatstätigkeit muss auch die Wirtschaftsbetätigung der Kommunen dem Gemeinwohl dienen.[285] Dieser Erfordernisbegriff bedeutet denknotwendig mehr als nur eine mittelbare Gemeinwohldienlichkeit, sondern der öffentliche Zweck muss das vorrangig verfolgte Ziel darstellen.[286] Der unbestimmte Rechtsbegriff des öffentlichen Zwecks, mit einem weiten Gestaltungsspielraum für die Gemeindeorgane, ist in der Praxis schwer zu bestimmen und gerade deshalb durchaus umstritten.[287] Für die Klausur gilt es jedoch zu bedenken, dass an diese erste Voraussetzung keine hohen Anforderungen gestellt werden.[288] Öffentliche Zwecke als das „Wesensmerkmal kommunalunternehmerischer Betätigung"[289] lassen sich vorwiegend im Dienstleistungsbereich finden und die Gemeindeordnungen legen öffentliche Zwecke durch die gesetzliche Zuweisung von Aufgaben selbst fest.[290]

76 Die Bejahung eines „öffentlichen Zwecks" eines Unternehmens setzt voraus, dass die „Tätigkeit durch besondere Interessen der Allgemeinheit bzw. der Einwohner gerechtfertigt ist",[291] wie z. B. Arbeitsplatzsicherung und -schaffung, Grundversorgung mit Gütern bei einem nicht funktionierenden privatwirtschaftlichen Markt, regionale Wirtschaftsförderung, Abfallentsorgung, Strom- und Gasversorgung. Im Bereich der Strom-, Gas- und Wärmeversorgung wird wegen der kommunalen Bedeutung energiewirtschaftlicher Betätigung der öffentliche Zweck teilweise gesetzlich fingiert.[292] Bei der Erfüllung von Aufgaben im Bereich der Daseinsfürsorge werden regelmäßig öffentliche Zwecke verfolgt.[293] Aber auch wenn die Gemeinde keine Daseinsvorsorge betreibt, obliegt es ihren „Zweckmäßigkeitsüberlegungen", wie sie ihre Pflicht, das allgemeine Wohl ihrer Einwohner zu fördern, erfüllt.[294] Außerhalb ihres Gemeindegebietes stößt die Legitimation aus dem öffentlichen Zweck zwangsläufig auf Probleme. Worin die Gemeinde eine Förderung des allgemeinen Wohls erblickt, ist letztlich eine Frage „sachgerechter Kommunalpolitik" und hängt z. B. von den örtlichen Verhältnissen, der Finanzkraft der Kommune oder den Bedürfnissen der Einwohner ab, die wiederum keine konstanten Faktoren sind.[295] Bei der Beurteilung des öffentlichen Zwecks räumt die Rechtsprechung demnach den Gemeindeorganen eine, vom Richter weitgehend nicht überprüfbare **Einschätzungsprärogative** ein.[296] Da die Sicht des handelnden Gemeindeorgans maßgeblich ist, bedarf es, um die Entartung des öffentlichen Zwecks zu vermeiden, eines Korrektivs in Form der Gewinnerzielungsabsicht (s. u.). Beispiele für öffentliche Unternehmen, bei denen die Rechtsprechung die Ver-

---

[285] Vgl. BVerwGE 39, 329 (333 f.).
[286] Vgl. *Badura*, Wirtschaftliche Betätigung der Gemeinde, DÖV 1998, 818 (821).
[287] Vgl. weiterführend *Hösch*, DÖV 2000, 393 (399 ff.).
[288] So auch *Burgi*, KommR, § 17 Rn. 42, der der Schranke des öffentlichen Zwecks nur einen geringen Steuerungseffekt beimisst.
[289] So *Geerlings*, NWVBl. 2008, 90 (91).
[290] Vgl. z. B. Art. 87 I Nr. 1 GO BY i. V. m. Art. 83 I Bay. Verfassung; Art. 57 GO BY.
[291] *Gern*, DKommR, Rn. 727; vgl. auch BVerwG 39, 329 (333 f.).
[292] Siehe Art. 107 a GO NRW, worin der öffentliche Zweck energiewirtschaftlicher Betätigung gesetzlich festgestellt wird, mit der Vorgabe, dass die Leistungsfähigkeit der Gemeinde gewahrt ist. Kritisch dazu, *Attendorn*, KommJur 2010, 361 (364).
[293] *Gern*, DKommR, Rn. 727; *Cronauge/Westermann*, Kommunale Unternehmen, Rn. 247.
[294] BVerwG 39, 329 (334).
[295] BVerwG 39, 329 (334).
[296] BVerwG 39, 329 (334); OVG Münster, NVwZ 2008, 1031 (1035); vgl. auch *Seewald*, in: Steiner, KommR, Fn. 820.

folgung eines öffentlichen Zwecks bejaht hat, sind: städtische „Bestattungsordner",[297] kommunale Wohnraumvermittlung[298] als auch Kraftfahrzeugschilderverkauf in einer Kfz-Zulassungsstelle für den öffentlichen Zweck eines erleichterten Schilderverkaufs (sog. Annextätigkeit)[299] sowie die Vermietungen von Flächen auf einem Parkhaus an ein Fitness-Studio (sog. **Randnutzungen** zur Ressourcennutzung).[300]

In Anlehnung an § 67 DGO besteht in Rechtsprechung und Literatur Einigkeit, dass ein Unternehmen dann **keinen öffentlichen Zweck** mehr verfolgt, wenn seine **alleinige Absicht** die der **Gewinnerzielung** ist.[301] Die Rentabilität des Unternehmens darf, trotz einer möglichen Entlastung des gemeindlichen Haushalts, nur ein „Nebenzweck"[302] sein, da sonst die Gefahr besteht, dass die Gemeinden ihre Hauptaufgabe, die Förderung des Wohls der Gemeindeeinwohner, nicht mehr erfüllen können.[303] Die reine Finanzbeschaffung zur Stabilisierung des kommunalen Haushaltes begründet deshalb keinen hinreichenden öffentlichen Zweck. Maßgeblich ist allein, ob die Betätigung selbst durch einen öffentlichen Zweck erfordert wird.[304] In der Klausur darf diese negative Definition des öffentlichen Zwecks daher nicht fehlen. 77

(2) Als zweite generelle Zulässigkeitsvoraussetzung muss das Unternehmen nach Art und Umfang in einem **angemessenen Verhältnis** zur **Leistungsfähigkeit** der Gemeinde und zum voraussichtlichen **Bedarf** stehen.[305] Diese Schranke dient der Sicherung der finanziellen **Leistungsfähigkeit** der Gemeinden, die ja zu einer wirtschaftlichen und sparsamen Führung ihres Haushalts angewiesen sind.[306] Das Merkmal des **Bedarfs** soll gemeindliche Über- und Unterkapazitäten vermeiden[307] und Finanz- und Verwaltungskapazität der Gemeinde nicht überfordern.[308] Die originären kommunalen Aufgaben beschränken sich auf die Angelegenheiten der örtlichen Gemeinschaft.[309] 78

Bei den Begriffen „Bedarf" und „Leistungsfähigkeit" handelt es sich um unbestimmte Rechtsbegriffe, die in der Praxis anhand einer Finanz- und Bedarfsprognose ermittelt werden können. In der Klausur stellt diese Voraussetzung i. d. R. nur in extremen Grenzfällen (z. B. kleine Gemeinde richtet einen eigenen öffentlichen Nahverkehr ein) eine unüberwindbare Hürde dar. 79

---

[297] BVerwG 39, 329 ff.
[298] BVerwG, NJW 1978, 1539 f.
[299] OVG NRW, NWVBl. 2005, 68 ff.; BAG, NJW 1974, 1333 ff.
[300] OVG NRW, NWVBl. 2003, 462 ff. Ein weiteres Beispiel für Randnutzungen ist die Vermietung von Flächen auf städtischen Bussen oder Werbeflächen in U-Bahnen.
[301] BVerwGE 39, 329 (334); OVG Münster, NVwZ 2003, 1520 (1523); und ganz h. M.: *Jarass*, DVBl. 2006, 1 (4); *Gern*, DKommR, Rn. 727; *Seewald*, in: Steiner, KommR, Rn. 286; *Cronauge/Westermann*, Kommunale Unternehmen, Rn. 247. Vgl. auch die dahingehenden Formulierungen in Art. 87 I 2 GO BY; § 102 III GemO B.-W.; § 109 I 2 GO NRW; § 97 III SächsGO; a. A. *Cremer*, DÖV 2003, 921.
[302] *Gern*, DKommR, Rn. 727.
[303] BVerwGE 39, 329 (334). Weiterführend *Cronauge/Westermann*, Kommunale Unternehmen, Rn. 247 f.
[304] Vgl. *Leisner-Egensperger*, Rekommunalisierung und Grundgesetz, NVwZ 2013, 1110 (1114).
[305] § 102 I Nr. 2 GemO B.-W.; Art. 87 I Nr. 2 GO BY; § 107 I Nr. 2 GO NRW; § 97 I Nr. 2 SächsGO.
[306] Vgl. z. B. Art. 95 I GO BY; § 75 II GO NRW.
[307] OVG S.-A., Urteil vom 17.02.2011, 2 L 126/09; *Gern*, DKommR, Rn. 728.
[308] *Ruffert*, VerwArch 92 (2001), 27 (43).
[309] Vgl. z. B. bereits Art. 7 I GO BY und das Örtlichkeitsprinzip in Art. 87 II, III GO BY; § 107 III, IV GO NRW. Zum Örtlichkeitsprinzip siehe näher S. 16.

80 (3) Die **Schrankentrias**[310] rundet die Zulässigkeitsvoraussetzungen dahingehend ab, dass der Zweck nicht ebenso gut und wirtschaftlich durch private Unternehmer erfüllt wird oder erfüllt werden kann (sog. **Subsidiaritätsklausel**).[311] Nach dieser Klausel, die in den Bundesländern unterschiedlich ausgestaltet ist, darf die öffentliche Hand eine Aufgabe nur an sich ziehen, wenn ein privater Anbieter hierzu selbst nicht in der Lage wäre.[312] Zu differenzieren ist landesrechtlich zwischen sog. **echten** und **unechten Subsidiaritätsklauseln.**[313] Diese Unterscheidung, die vor allem in der Klagebefugnis der Konkurrentenklage eine Rolle spielt (siehe Rn. 86), stellt darauf ab, ob der private Marktteilnehmer oder die Gemeinde vorrangig zuständig sind, und ob sich ein abgrenzbarer Personenkreis aus der landesrechtlichen Formulierung ergibt (dann echte Subsidiaritätsklausel).[314] So enthält § 97 I Nr. 3 SächsGO (ähnlich auch § 107 I Nr. 3 GO NRW) eine zugunsten der Gemeinde „mildere" Subsidiaritätsklausel, nach der der Betrieb eines wirtschaftlichen Unternehmens bereits zulässig ist, wenn Dritte den öffentlichen Zweck „nicht besser und wirtschaftlicher" erfüllen können. Andere landesrechtliche Regelungen verlangen, dass private Anbieter oder „andere" die Tätigkeit „nicht ebenso gut und wirtschaftlich" durchführen könnten (§ 102 I Nr. 3 GemO B.-W.; Art. 87 I Nr. 4 GO BY). Danach sind die Voraussetzungen für eine kommunalwirtschaftliche Tätigkeit verschärft, da eine kommunale wirtschaftliche Betätigung unzulässig ist, sobald ein Privater die Tätigkeit wenigstens ebenso gut erfüllen kann. Die Leistungsparität im Vergleich zu privaten Dritten setzt der kommunalwirtschaftlichen Betätigung natürlich größere Hürden, was insbesondere im energiewirtschaftlichen Bereich, wie kommunalen Windenergieanlagen, kritisch betrachtet wird.[315] Höchstrichterlich entschieden ist, dass eine derartige Subsidiaritätsklausel mit der Selbstverwaltungsgarantie des Art. 28 II GG vereinbar ist.[316] Damit bleibt die Frage nach der Vereinbarkeit der Subsidiaritätsklausel mit der Verfassung und den Grundfreiheiten des AEUV, die – anders als die Grundrechte – eben auch kommunale Unternehmen schützen.[317] Denn aus der gesetzlichen „Regelvermutung für eine eigenverantwortliche Aufgabenwahrnehmung der Kommunen" wird eine Regelvermutung gegen eine gemeindliche Aufgabenwahrnehmung, die nach einer Ansicht in der Literatur ohne korrigierende inhaltliche Interpretation jedenfalls im Falle des vormalig in NRW erforderlichen „dringenden" öffentlichen Zwecks zu einem Wertungswiderspruch mit der verfassungsrechtlich garantierten Selbstverwaltungsgarantie geführt haben sollte.[318] Relevant ist eine Unvereinbarkeit jedoch nur dann, wenn ein Aus-

---

[310] In der bay. Gemeindeordnung findet sich eine Schrankenquadriga, wobei der Gesetzgeber zusätzlich ausdrücklich normiert, dass die Aufgabe für die Wahrnehmung außerhalb der allgemeinen Verwaltung geeignet sein muss. D. h. Aufgaben, welche die Gemeinde kraft Gesetz selbst erfüllen muss (z. B. Haushaltswesen), können nicht ausgegliedert werden, vgl. mit weiteren Beispielen *Lissack*, BayKommR, § 7, Rn. 18 sowie *Knemeyer*, KommR, Rn. 332, der diese Regelung als eine Selbstverständlichkeit ansieht.
[311] Vgl. § 102 I Nr. 3 GemO B.-W.; Art. 87 I Nr. 4 GO BY; § 107 I Nr. 3 GO NRW.
[312] Vgl. *Mann*, Die öffentlich-rechtliche Gesellschaft, 2001, S. 25 ff.
[313] Weiterführend VGH B.-W., NVwZ-RR 2006, 714 (715); *Leder*, DÖV 2008, 173 (175); *Jungkamp*, NVwZ 2010, 546 f.
[314] Ausf. *Jungkamp*, NVwZ 2010, 546 ff.
[315] Dazu *Bringewat*, ZUR 2013, 82 (86); s. a. *Kruse/Legler*, ZUR 2012, 348 ff.
[316] RhPf VerfGH, NVwZ 2000, 801 ff.
[317] Vgl. weiterführend sowohl zu den verfassungs- als auch europarechtlichen Bedenken *Hamacher*, NWVBl. 2008, 81 (83); *Geerlings*, NWVBl. 2008, 90 (96 f.).
[318] *Hamacher*, NWVBl. 2008, 81 (83).

landsbezug den Anwendungsbereich der Art. 101 ff. AEUV eröffnet – für die häufigsten Fälle kommunaler Wirtschaftstätigkeit stellt sich diese bislang nicht abschließend geklärte Frage daher nicht.

Unabhängig von der gesetzlich geregelten Reichweite dieser materiellen Schranken besteht eine zusätzliche verfahrenstechnische Schranke, wonach die **Darlegungs- und Beweislast** für die Erfüllung der materiellen Voraussetzungen für die Zulässigkeit der wirtschaftlichen Betätigung der Gemeinde obliegt. Bayern, Baden-Württemberg und Nordrhein-Westfalen nehmen die Daseinsvorsorge oder bestimmte Kernbereiche der Daseinsvorsorge aus, d. h. die Energie- und Wasserversorgung, den öffentlichen Verkehr, sowie den Betrieb von Telekommunikationsleitungsnetzen[319] unterfallen nicht der Subsidiaritätsklausel.[320] Denn hier hält der Gesetzgeber eine besondere Stabilität der Versorgung für erforderlich, die durch ein Handeln der öffentlichen Hand jedenfalls gefördert wird und teilweise sogar nur durch deren ergänzendes Eingreifen gesichert ist. Diese Privilegierung erstreckt sich jedoch nicht auf die Dienstleistungen (z. B. Energieberatung), die mit den jeweiligen Kerntätigkeiten (z. B. Energieerzeugung) in Zusammenhang stehen. Eine besondere Ausprägung hat der Subsidiaritätsgedanke schließlich in Art. 95 II GO BY gefunden, um eine Schädigung und Aufsaugung selbständiger Betriebe in Landwirtschaft, Handwerk, Handel, Gewerbe und Industrie zu verhindern. 81

Das Subsidiaritätsprinzip bezweckt die Grenzziehung kommunaler Betätigung zu Lasten der Privatwirtschaft und dient damit dem Schutz privater Konkurrenten.[321] Bei diesem zentralen Prüfungspunkt müssen alle im Sachverhalt vorgetragenen Argumente gewichtet und dahingehend gegeneinander abgewogen werden, ob die Gemeinde die wirtschaftlichen Aufgaben (ebenso gut[322] oder) besser erfüllen kann. Entscheidend ist, ob das Abwägungsergebnis der Gemeinde noch vertretbar erscheint.[323] Dieser Vergleich gestaltet sich in der Praxis schwierig, da die wirtschaftlichen Unternehmen neben einer optimalen Wirtschaftlichkeit eben auch einen öffentlichen Zweck erfüllen müssen.[324] Ein Beispiel für einen Verstoß gegen das Subsidiaritätsprinzip wäre die Errichtung kommunaler Apotheken oder Brauereien, deren öffentlicher Zweck (Versorgung der Bevölkerung) heute nicht mehr gerechtfertigt ist, weil private Dritte diese Aufgabe ebenso gut, möglicherweise sogar besser, erledigen können. 82

(4) Im Spannungsverhältnis zwischen der kommunalen Aufgabe der Daseinsvorsorge und der Marktteilnahme der Kommunen als Wettbewerber ist letztlich noch das sog. **Örtlichkeitsprinzip** zu beachten.[325] Demnach darf die Gemeinde außerhalb des Gemeindegebiets – insbesondere auf dem Gebiet der Nachbargemeinde – nur in Ausnahmefällen kommunale Unternehmen betreiben. Im Zuge der Liberalisierung von Teilen der Versorgungswirtschaft, wie der Energiewirtschaft,[326] hat der Gesetzgeber 83

---

[319] Diese explizite Auflistung von Aufgabenfeldern findet sich in § 107 I Nr. 3 GO NRW.
[320] § 102 I Nr. 3 GemO B.-W.; § 107 I Nr. 3 GO NRW; Art. 87 I Nr. 3 GO BY.
[321] Zur Kritik am Subsidiaritätsprinzip vgl. *Heilshorn*, VBlBW. 2007, 162 ff.; *Leder*, DÖV 2008, 173 (176); *Cronauge/Westermann*, Kommunale Unternehmen, Rn. 250.
[322] Dies genügt nur noch gem. § 97 I Nr. 3 SächsGO.
[323] So *Burgi*, KommR, § 17, Rn. 46.
[324] So kritisch zum Subsidiaritätsprinzip *Hamacher*, NWVBl. 2008, 81 (83).
[325] Art. 87 II, III GO BY; § 107 III, IV GO NRW; § 102 VII GemO B.-W.
[326] Die Liberalisierung der Energiewirtschaft beruht auf der Novellierung des aus dem Jahr 1935 nahezu unverändert stammenden Energiewirtschaftsgesetzes (EnWG) in den Jahren 1998 und 2005. Seitdem

jedoch in einigen Ländern bereits eine überregionale Geschäftstätigkeit im Bereich der Energiewirtschaft zugelassen, um die Wettbewerbsfähigkeit kommunaler gegenüber privaten Energieversorgungsunternehmen (z. B. Stadtwerke AG bzw. GmbH) zu ermöglichen.[327] Nordrhein-Westfalen hat hinsichtlich der Örtlichkeit bei energiewirtschaftlicher Betätigung nunmehr eigene Zulässigkeitskriterien aufgestellt.[328] Auch aus dem europäischen Primärrecht (vgl. Art. 14 AEUV und v. a. die Rechtfertigungsnorm des Art. 106 II AEUV) ergibt sich kein Vorrang der privaten vor den kommunalen Energieversorgern, denn das europäische Primärrecht ist wirtschaftspolitisch neutral.[329] Es legt sich also gerade nicht dahingehend fest, ob Aufgaben der Daseinsvorsorge von der privaten oder der öffentlichen Wirtschaft zu erfüllen sind. Vertreten wurde auch bereits, dass ein strenges Örtlichkeitsprinzip der (demgemäß als notwendig angesehenen) wirtschaftlichen Entwicklung zu einer überörtlichen Zusammenarbeit der Städte (z. B. in Form eines einheitlichen Abfallentsorgungskonzepts) widerspräche.[330] Darüber hinaus bietet das Unionsrecht die Möglichkeit – unter Vorbehalt des Landesrechts – zur wirtschaftlichen Betätigung der Kommunen im Ausland.[331] Dahingehend besteht allerdings erneut die Problematik, dass für die Europarechtsanwendung ein EU-Auslandsbezug erforderlich wäre. Soweit also lediglich in einer innerdeutschen Nachbarkommune wirtschaftliche Betätigung erfolgt, könnte sich ein kommunales Unternehmen hierauf nicht berufen. Im Übrigen lässt sich hiergegen auch anführen, dass jedenfalls auch in die Selbstverwaltungsgarantie der Nachbarkommune eingegriffen wird, sofern diese das Vorhaben nicht billigt.

83a Die Vorschriften zu einer guten Unternehmensführung, wie sie bei börsennotierten Aktiengesellschaften im Rahmen des **Deutschen Corporate Governance Kodex** gem. § 161 AktG eingeführt wurden, werden auch für kommunale Unternehmen diskutiert. Dabei handelt es sich nicht um eine Zulässigkeitsvoraussetzung für kommunale Unternehmen, sondern deren Führung. Begonnen hat es beim Public Corporate Governance Kodex für Unternehmen des Bundes im Jahr 2009.[332] Seitdem wird eine Übertragung der Grundsätze auf kommunale Unternehmen in Betracht gezogen.[333] Damit verbunden wäre eine neue Art der Kommunikation zwischen „Vorstand" und „Aufsichtsrat" bzw. Geschäftsführung und Überwachungsorgan in Form von erweiterten Berichts- und Informationspflichten. Darüber hinaus geht es um eine Deckelung von Vorstands- und Aufsichtsratsvergütungen. Derartige Mechanismen, die in der Privatwirtschaft immer mehr Zustimmung finden, könnten bei Kommunalunternehmen ebenso eingeführt werden, gleichwohl Fälle unverhältnismäßiger Abfindungen oder Gehälter im kommunalen Bereich bislang nicht die Rolle wie bei privaten Unterneh-

---

können die Gemeinden nicht mehr entscheiden, mit welchem Energieversorgungsunternehmen die Gemeindeeinwohner die Versorgungsverträge abschließen und wer folglich die Grundversorgung in der Gemeinde durchführt, siehe weiterführend *Geerlings*, NWVBl. 2008, 90 ff.

[327] Vgl. Art. 87 II 2 GO BY; § 107 III 2 GO NRW; § 102 VII 2 GemO B.-W. Weiterführend zum Örtlichkeitsprinzip als Lösungsmöglichkeit der Spannungen zwischen Gemeindewirtschafts- und Wettbewerbsrecht *Leder*, DÖV 2008, 173 (179).

[328] Vgl. § 107a GO NRW.

[329] So *Burgi*, KommR, § 17, Rn. 28. Siehe auch weiterführend *Geerlings*, NWVBl. 2008, 90 (94 ff.).

[330] So *Hamacher*, NWVBl. 2008, 81 (89).

[331] *Wolff*, DÖV 2011, 721 ff.

[332] Siehe www.bmf.bund.de/nn_3908/DE Wirtschaft_und_Verwaltung/Bundesliegenschaften_und_Bundesbeteiligungen/Public_corporate_governance_Kodex/.

[333] *Mühl-Jäckel*, LKV 2010, 209 (212 ff.).

men gespielt haben. Weitere Schlagwörter sind Transparenz und Vermeidung von Korruption. Überwiegend werden also viele Facetten des Themas **Compliance** betroffen sein. Es bleibt abzuwarten, inwieweit manche Maßstäbe übertragbar sind oder auf kommunale Ebene übertragen werden.

Zulässigkeitsvoraussetzungen für wirtschaftliche Kommunalunternehmen

> I. Schrankentrias:
> 1. Öffentlicher Zweck:
>   Erforderlichkeit durch einen (dringenden) öffentlichen Zweck: Tätigkeit durch besondere Interessen der Allgemeinheit bzw. der Einwohner gerechtfertigt; kein öffentlicher Zweck: alleinige Absicht der Gewinnerzielung.
> 2. Leistungsfähigkeitskriterium::
>   Angemessenes Verhältnis zwischen Leistungsfähigkeit und voraussichtlichem Bedarf: Sicherung der finanziellen Leistungsfähigkeit der Gemeinden, wegen wirtschaftlicher und sparsamer Haushaltsführung.
> 3. Subsidiarität::
>   Zweck darf nicht ebenso gut und wirtschaftlich durch private Unternehmer erfüllt werden oder erfüllt werden können (Teilweise nicht erforderlich z. B. bei Daseinsvorsorge).
>
> II. Zusätzliche Anforderungen:
> 1. Örtlichkeitsprinzip: Gemeinde darf außerhalb des Gemeindegebiets nur in Ausnahmefällen kommunale Unternehmen betreiben.
> 2. Zusätzlich für *Gesellschaften des Privatrechts:*
>   – Wahrung der Einwirkungs- und Ingerenzpflichten der Gemeinde
>   – Öffentlicher Zweck – Sicherstellung der gemeindlichen Aufgabe
>   – Begrenzung der Haftung der Gemeinde
>
> Bestandsschutz: Unternehmen, die im Dienstleistungsbereich die Anforderungen nicht mehr erfüllen, aber im bisherigen Umfang fortgesetzt werden.

b) Nichtwirtschaftliche Unternehmen

Das Betreiben nichtwirtschaftlicher Betriebe (Hoheitsbetriebe) ist durch die fehlende Gewinnerzielungsabsicht gekennzeichnet.[334] Da der Gesetzgeber folglich das Entstehen einer Konkurrenzsituation zwischen nichtwirtschaftlichen Unternehmen und Privatunternehmen ausschloss, gelten die soeben dargestellten speziellen **Zulässigkeitsvoraussetzungen** der Gemeindeordnungen für die Errichtung, Übernahme und wesentliche Erweiterung kommunaler Unternehmen prinzipiell nur für wirtschaftliche Unternehmen.[335] Mittlerweile errichten und betreiben jedoch auch privatwirtschaftliche Unternehmen klassische nichtwirtschaftliche Unternehmen, wie Erholungs- und Sozialeinrichtungen (z. B. Freizeitbäder, Schulen, Wohnungen) oder übernehmen Aufgaben, wie z. B. Abwasser- und Abfallbeseitigungsanlagen,[336] so dass beim Auftreten von Konkurrenzkonflikten die soeben dargestellten Grundsätze zu den wirtschaftlichen Unternehmen auf nichtwirtschaftliche Unternehmen zu übertragen sind.[337] Diese Ähnlichkeit zwischen wirtschaftlichen und nichtwirtschaftlichen Unternehmen wird auch durch die Regelungen einiger Gemeindeordnungen untermauert, wonach nichtwirtschaftliche Unternehmen nach wirtschaftlichen Gesichtspunkten zu führen

84

---

[334] Vgl. oben Rn. 63.
[335] § 102 GemO B.-W.; § 97 SächsGO; § 106 GO NRW; vgl. jedoch Art. 86f. GO BY, der die Zulässigkeitsschranken nicht länger auf wirtschaftliche Unternehmen beschränkt.
[336] Z. B. beschränkt sich Art. 57 II GO BY nur auf die Versorgung mit Trinkwasser als Pflichtaufgabe.
[337] Ebenso *Seewald*, in Steiner, BVwR, Rn. 301.

sind.[338] § 107 II 2 GO NRW sieht dementsprechend sogar vor, dass (nach einem Verordnungserlass) nichtwirtschaftliche Unternehmen entsprechend den Vorschriften über Eigenbetriebe geführt werden können. Hierdurch wird die Einordnung in die Kategorie der Nichtwirtschaftlichkeit zunehmend zu einer weitergehenden Tätigkeitsermächtigung für kommunale Unternehmen. Unabhängig hiervon muss die Gemeinde ihr Handeln stets an den haushaltswirtschaftlichen Grundsätzen der Wirtschaftlichkeit und Sparsamkeit messen lassen (sog. **Wirtschaftlichkeitsprinzip**).[339]

85 Aufgrund der kommunalen Organisationshoheit, als Ausfluss der Selbstverwaltungsgarantie (Art. 28 II GG), müssen den nichtwirtschaftlichen Unternehmen grundsätzlich die gleichen **Organisationsformen** zur Verfügung stehen, wie den wirtschaftlichen Unternehmen,[340] d. h. insbesondere Regie-, Eigenbetriebe und Anstalten des öffentlichen Rechts als öffentliche Organisationen. Darüber hinaus können nichtwirtschaftliche Unternehmen auch die AG und GmbH als die gebräuchlichen privatrechtlichen Organisationsformen nutzen. Zusätzlich ist in der Praxis bei den nichtwirtschaftlichen Unternehmen als zivilrechtliche Organisationsform der rechtsfähige Verein als Idealverein (§ 21 BGB) für kulturelle Zwecke (z. B. Musikschulen, Museen, Volkshochschulen) von Belang.[341]

c) Rechtsschutz gegen kommunale Wirtschaftstätigkeit; Wettbewerbsprobleme

86 Die wirtschaftliche Tätigkeit der Kommunen steht in einem Spannungsverhältnis zu den vergleichbaren Dienstleistungen privater Anbieter, da diese Geschäftsfelder den privaten **Konkurrenten** verloren gehen.[342] Nachdem die Aufgaben der Daseinsvorsorge, als Bündel typischer kommunaler Dienstleistungen, zunehmend im Sinne europarechtlicher Vorgaben liberalisiert werden (z. B. Abfallentsorgung, Versorgung mit Gas und Strom, Tele- und Mediendienste, Wasserversorgung[343]), wächst auch die Sorge privatwirtschaftlicher Unternehmer vor **gemeindlichen Wettbewerbsvorteilen.** Denn öffentliche Unternehmen müssen nicht dauerhaft mit Gewinn betrieben werden und sind nicht insolvenzbedroht. Nicht unproblematisch ist hierbei auch die Tatsache, dass die privaten Unternehmen durch ihre Steuergelder die eigene Konkurrenz überhaupt erst ermöglichen und mitfinanzieren.[344] Von besonderer Brisanz ist in diesem Zusammenhang jedoch der Umstand, dass die Geschäftsfelder, auf denen sich die Gemeinden mit ihren Unternehmen in den letzten Jahren zunehmend betätigen, mit der herkömmlichen kommunalen Daseinsvorsorge nicht mehr viel gemein haben. Bevorzugt bieten Gemeinden Zusatzleistungen an, die mit den kommunalen Hoheitsaufgaben in einem engen Zusammenhang stehen. Zum Beispiel übernehmen kommunale Energieversorgungsunternehmen heute zusätzlich die Installation und Wartung von Anlagen. Bauhöfe bieten auch Bauleistungen am Markt an, einschließ-

---

[338] § 102 III 2 GemO B.-W.; § 107 II 2 GO NRW.
[339] Vgl. z. B. Art. 61 II GO BY; § 77 II GemO B.-W.; § 75 I GO NRW.
[340] So auch *Seewald,* in: Steiner, Rn. 303; *Gern,* DKommR, Rn. 720.
[341] *Gern,* DKommR, Rn. 757.
[342] Vgl. weiterführend *Meßmer,* Kommunalwirtschaftliche Schrankentrias und Konkurrenzschutz unter besonderer Berücksichtigung von § 102 I der Gemeindeordnung für Baden-Württemberg, S. 73 ff.; *Leder,* DÖV 2008, 173 ff.; *Ennuschat,* Rechtsschutz privater Wettbewerber gegen kommunale Konkurrenz, WRP 2008, 883 ff.
[343] Dazu *Markopoulos,* KommJur 2012, 330 ff.
[344] So *Seewald,* KommR, in: Steiner, BVwR, Rn. 293.

lich der kommerziellen Verleihung ihrer Maschinen. Für zulässig hält die Rechtsprechung die gemeinsame räumliche Unterbringung rechtlich verselbständigter kommunaler Bestattungsunternehmen im Gebäude des Bestattungsamtes[345] oder aber privater Schilderpräger in der Kfz-Zulassungsstelle.[346] Als besonders gewinnbringender Markt werden schließlich Full-Service-Angebote im Bereich der Telefon- und Internetkommunikationsdienstleistungen eingestuft, wie das Beispiel der Stadt Köln, in den vergangenen Jahren auch immer stärker das Beispiel der M-net Telekommunikations GmbH aus München, zeigt.[347] Diese anhand der dargestellten Beispiele deutlich werdende Verquickung hoheitlicher Befugnisse mit der Erwerbswirtschaft trägt jedenfalls zu einer wirtschaftlich überlegenen Position der Gemeinde bei und wirft die Frage auf, wie sich diese kommunalen Aktivitäten mit dem Grundsatz der Chancengleichheit aller im Markt tätigen Unternehmern vereinbaren lassen. Problematisch ist nämlich nicht nur die Kundengewinnung zu Lasten etablierter Unternehmen der Privatwirtschaft im Hinblick auf das gesamte Bundesgebiet – diese fällt, aufgrund der Lokalitätslimitierung der Kommunalunternehmen denkbar gering aus. Differenzierter ist die Lage dort zu betrachten, wo, wie in Köln nunmehr geschehen, Kommunalunternehmen bis zum sektoralen Marktführer in der Region aufsteigen.

Zum Schutz der privaten Konkurrenten hat der Gesetzgeber bei gemeindlichen Monopolbetrieben ein sog. kommunalrechtliches **Koppelungsverbot** geregelt, demnach der Monopolmissbrauch verboten ist:[348] Monopolbetriebe dürfen den Anschluss und die Belieferung nicht davon abhängig machen, dass auch andere Leistungen oder Lieferungen abgenommen werden. 87

Zuvörderst sollen jedoch die in den Gemeindeordnungen geregelten Zulässigkeitsvoraussetzungen (Schrankentrias) die wirtschaftliche Tätigkeit der Gemeinden auf ein mit den privaten Konkurrenten angemessenes Maß beschränken. Höchst umstritten ist die Frage, ob der private Konkurrent (neben der Rechtsaufsichtsbehörde) bei einem Verstoß gegen dieses Gemeinderecht Rechtsschutz vor dem Verwaltungsgericht genießt, die Schrankentrias also **drittschützend** ist. Diese Frage ist im Rahmen der Darstellung eines **Klausuraufbaus zur Konkurrentenklage** zu erörtern: 88

aa) Eröffnung des Verwaltungsrechtswegs

Will der Kläger gegen die Errichtung, Übernahme oder Erweiterung eines Kommunalunternehmens vorgehen, weil die Voraussetzungen der Schrankentrias nicht vorliegen, ist die Eröffnung des Verwaltungsrechtswegs nach § 40 I VwGO dem Grunde nach problemlos zu bejahen. Denn nach den Maßstäben der modifizierten Subjektstheorie ist ein auf die Schrankentrias der Kommunalgesetze gestützter Abwehranspruch eindeutig dem öffentlichen Recht zuzuordnen.[349] 89

Gleichwohl bestand lange Zeit erheblicher Streit darüber, ob dem privaten Konkurrenten gegen den Markteintritt einer Gemeinde auch der Rechtsschutz auf dem Zivilrechtsweg eröffnet ist. Einige Oberlandesgerichte hatten bei einem Verstoß der Kom- 90

---

[345] OLG München, GRUR 1987, 550 ff.
[346] OVG NRW, NWVBl. 2005, 68 ff.
[347] Siehe hierzu bereits oben Rn. 65.
[348] § 102 VI GemO B.-W.; § 110 GO NRW; Art. 96 a. F. GO BY.
[349] OVG NRW, NJW 2003, 462 ff.

munen gegen die kommunalrechtlichen Zulässigkeitsschranken einer auf §§ 1 UWG a. F., 1004 BGB gestützten Wettbewerbsklage stattgegeben.[350]

91 Dieser Praxis hat der BGH eine Absage erteilt. Er hat in zwei Entscheidungen aus dem Jahr 2002 (Elektroarbeiten[351] und Altautoverwertung[352]) klargestellt, dass ein Verstoß gegen die kommunalrechtlichen Kompetenzschranken (Elektroarbeiten: Art. 87 GO BY; Altautoverwertung: § 107 GO NRW) nicht zugleich sittenwidrig i. S. d. § 1 (jetzt: § 3) UWG ist. Der BGH begründete seine Entscheidungen wie folgt: Normzweck des UWG sei es, Verstöße gegen die Lauterkeit des Wettbewerbs zu sanktionieren. Es richte sich daher nur gegen bestimmte, wettbewerbsfeindliche Verhaltensweisen („wie"), nicht aber gegen den Zutritt einzelner Wettbewerber zum Markt („ob"). § 1 UWG a. F. sei deshalb auf gesetzeswidriges Verhalten (hier Verstoß gegen die kommunalrechtlichen Kompetenzschranken) nur anwendbar, wenn von diesem Gesetzesverstoß zugleich eine Störung des Wettbewerbs ausgehe. Die Vorschriften über die wirtschaftliche Betätigung von Gemeinden besäßen aber eine solche Schutzfunktion nicht, da sie ausschließlich den Zutritt zum Markt regelten. Zwar diene die kommunalrechtliche Schrankentrias auch dem Schutz der Privatwirtschaft vor gemeindlicher Konkurrenz, hierbei gehe es jedoch nicht um die Lauterkeit des Wettbewerbs, sondern um die Einhaltung einer Marktstruktur, die von privaten Unternehmern geprägt ist. Der Erhalt bestimmter Marktstrukturen werde aber von § 1 UWG a. F. nicht bezweckt.

Folglich haben Klagen vor den Zivilgerichten aus § 3 UWG n. F. wegen Verstoßes gegen das kommunale Wirtschaftsrecht künftig keine Aussicht auf Erfolg mehr. Schließlich kann ein zivilrechtlicher Unterlassungsanspruch auch nicht auf §§ 823 II, 1004 I 2 BGB gestützt werden. Der BGH stellte in seinen beiden zitierten Entscheidungen klar, dass die Vorschriften des § 107 GO NRW und des Art. 87 GO BY keine Schutzgesetze i. S. des § 823 II BGB sind.

92 Zusammenfassend ist somit für die Wahl des zulässigen Rechtswegs entscheidend, ob der Kläger gegen das „Ob" oder das „Wie" der kommunalen Wirtschaftsbetätigung vorgehen will. Bei einem auf die Schrankentrias gestützten Abwehranspruch wendet sich der Kläger gegen die Errichtung, Übernahme oder Erweiterung eines wirtschaftlichen Unternehmens und damit gegen das „Ob" der Betätigung. Die Rechtmäßigkeit des „Ob" der Betätigung richtet sich nach den kommunalrechtlichen Vorschriften, sodass der Verwaltungsrechtsweg eröffnet ist. Klagen vor den Zivilgerichten haben hingegen nur Aussicht auf Erfolg, soweit es um die Art und Weise („wie") der kommunalen Betätigung, also die Modifikation des wirtschaftlichen Tätigwerdens, geht. Wegen der Regelung des § 17 II GVG kann in der Praxis der Fall eintreten, dass das Verwaltungsgericht auch wettbewerbsrechtliche Gesichtspunkte zu berücksichtigen hat.[353]

---

[350] Vgl. hierzu insbesondere OLG Düsseldorf, NWVBl. 1997, 353 ff. (Nachhilfeunterricht) und OLG Hamm, DVBl. 1998, 792 ff. (Gelsengrün), die die Diskussion über die Frage der Ableitbarkeit von Unterlassungsansprüchen aus § 1 UWG a. F. gegen den Marktzutritt kommunaler Unternehmen neu entfacht haben. Den entgegengesetzten Standpunkt vertrat OLG Karlsruhe, NVwZ 2001, 712 ff. Weiterführend zur Rechtsprechung der Oberlandesgerichte vgl. *Meßmer* (Fn. 232), S. 83 ff.; *Erbguth/Mann/Schubert* (Fn. 335), § 9 III 2a).
[351] BGH, NVwZ 2002, 1141 ff. mit einer Besprechung von *Meyer*, NVwZ 2002, 1075 ff.
[352] BGH, NVwZ 2003, 246 ff., vgl. hierzu die Anmerkung von *Hesshaus*, NWVBl. 2003, 173 ff. Weiterführend *Ehlers*, JZ 2003, 2645 ff.; *Köhler*, NJW 2002, 2761 ff.; *Meßmer* (Fn. 232), S. 92 ff.
[353] BVerwG, NJW 1995, 2928 (2939).

Dies setzt jedoch voraus, dass der Kläger neben Marktzutritts- auch Marktverhaltensregelungen rügt.

bb) Statthafte Klageart

Gegen die kommunale Konkurrenz ist die allgemeine Leistungsklage in Form der Unterlassungsklage (**Konkurrentenklage**) zu erheben und zwar auch für den Fall, dass die Gemeinde ihr öffentlich-rechtliches Unternehmen in einer Privatrechtsform betreibt. Hierbei ist die allgemeine Leistungsklage nicht gegen das gemeindliche Unternehmen, sondern gegen die Gemeinde mit dem Antrag zu erheben, dass diese auf ein Unterlassen ihres öffentlichen Unternehmens hinwirkt.[354]   93

cc) Klagebefugnis

Teile der Literatur[355] und die Verwaltungsgerichte, einschließlich des Bundesverwaltungsgerichts, vertraten bislang in ständiger Rechtsprechung die Ansicht, dass die Schrankentrias keine subjektiven Rechte begründen.[356] Die maßgeblichen Vorschriften der Gemeindeordnung dienten ausnahmslos der Wahrung des öffentlichen Wohls (die Gemeinde soll sich auf ihre originären kommunalen Aufgaben konzentrieren) und nicht auch dem individuellen Schutz einzelner privater Konkurrenten.[357] Zusätzlicher Normzweck der Schrankentrias sei allenfalls die Gesamtheit privater Unternehmen vor einer Schädigung durch Kommunalunternehmen zu schützen. Falls sich hieraus für den Einzelnen ein Vorteil ergebe, handele es sich lediglich um einen Rechtsreflex.[358] Etwas anderes könne nur gelten, wenn die landesrechtlichen Kommunalgesetze zur Regulierung der Kommunalwirtschaft drittschützend ausgestaltet sind.[359]   94

Des Weiteren ergebe sich auch aus dem allgemein anerkannten gemeindlichen **Schädigungsverbot**, demnach gemeindliche Unternehmen keine wesentliche Schädigung und keine Aufsaugung selbständiger Betriebe in Landwirtschaft, Handwerk, Handel, Gewerbe und Industrie bewirken dürfen,[360] kein subjektives Recht.[361] Verstöße hiergegen können nur von der Rechtsaufsichtsbehörde beanstandet werden.   95

Letztlich lässt sich aus Art. 12, 14, 2 I GG kein subjektives Recht des Privatunternehmers ableiten, denn diese Grundrechte schützen nicht vor Konkurrenz, auch nicht vor Wettbewerb durch die öffentliche Hand.[362] In der freien Wettbewerbswirtschaft besteht kein subjektives verfassungskräftiges Recht auf Erhaltung eines bestimmten Ge-   96

---

[354] OVG NW, NVwZ 2003, 1520 ff. (LS. 2); *Burgi*, KommR, § 17, Rn. 62.
[355] So bereits *Lerche*, Jura 1970, 856 f. und aus der neueren Literatur *Schlacke*, JA 2002, 48 (50 f.); *Antweiler*, NVwZ 2003, 1466 ff.; Überblick bei *Geis/Madeja*, JA 2013, 248 (251).
[356] BVerwG, NJW 1995, 2938 (2939); BVerwG, BayVBl. 1978, 375 ff.; VGH BW, NJW 1995, 274 ff.; VGH Mannheim, NJW 1984, 251 (252); BayVGH, BayVBl. 1959, 90; BayVGH, JZ 1976, 641 = BayVBl. 1976, 628.
[357] Vgl. hierzu mit eingehender Darstellung der verschiedenen Meinungen *Faber*, DVBl. 2003, 761 ff.
[358] *Burgi*, KommR, § 17, Rn. 64.
[359] So § 121 Ib HGO und § 136 I 3 NKomVG; vgl. auch *Schmidt*, Rechtliche Rahmenbedingungen und Perspektiven der Rekommunalisierung, DÖV 2014. 357 (364); eingehend hierzu *Erbguth/Mann/Schubert*, Besonderes Verwaltungsrecht, § 9 III 2b).
[360] So ausdrücklich in Art. 95 II GO BY geregelt.
[361] *Widtmann/Grasser*, GO BY, Art. 95, Rn. 5; *Eyermann*, BayVBl. 1958, 76 ff.
[362] So bereits BVerwGE 39, 329 (336); BVerwG, BayVBl. 1978, 375 ff.; VGH Mannheim, NJW 1994, 274 ff. und zuletzt: OVG NRW, DÖV 2005, 616 (617); VerfGH Rh.-Pf., DVBl. 2000, 992 (993).

schäftsumfangs und die Sicherung weiterer Erwerbsmöglichkeiten.[363] Selbst das Recht am eingerichteten und ausgeübten Gewerbebetrieb aus Art. 14 GG schützt lediglich den gegenständlichen Bereich am Betrieb, nicht bloße **Erwerbschancen**.[364] Etwas anderes gilt nur für den Fall eines sog. **Verdrängungs- bzw. Aufzehrungswettbewerbs** von Seiten der Gemeinde (z. B. durch eine kommunale Wohnungsbaugesellschaft, die bei der Wohnungsvermittlung als Konkurrent auftritt).[365] Ein rechtfertigungsbedürftiger (in der Regel mittelbarer) Grundrechtseingriff liegt demnach erst vor, wenn die private wirtschaftliche Tätigkeit unmöglich gemacht oder unzumutbar eingeschränkt wird oder eine unerlaubte Monopolstellung der öffentlichen Hand besteht.[366] Das OVG NRW entschied ergänzend, dass diese höchstrichterlich aufgestellten Grundsätze nur für die freiwilligen wirtschaftlichen Tätigkeiten der Gemeinde gelten, da bei der Erfüllung der Pflichtaufgaben auf das Bestehenbleiben privater Konkurrenten grundsätzlich überhaupt keine Rücksicht genommen werden müsse.[367]

97 Es erscheint aber ungewiss, ob das Bundesverwaltungsgericht und der Bayerische Verwaltungsgerichtshof weiterhin an der Verneinung des individualschützenden Charakters der Schrankentrias festhalten werden. In den einzelnen Bundesländern ist jedenfalls eine Tendenz für eine Änderung der Rechtsprechung erkennbar. Der VerfGH Rheinland-Pfalz hat – unter Berufung auf den Wortlaut und den Gesetzeszweck – im Jahr 2000 die Subsidiaritätsklausel der landesrechtlichen Gemeindeordnung (§ 85 I Nr. 3 GO Rh-Pf) als drittschützende Norm i. S. d. § 42 II VwGO anerkannt.[368] Insbesondere der kommunale Entscheidungsspielraum stehe einer drittschützenden Wirkung nicht entgegen, da es gerichtlich voll nachprüfbar sei, ob sich die Einschätzung durch die Gemeinde im gesetzlichen Rahmen bewege.[369] Das OVG NRW hat dann im Jahr 2003 zwar Zweifel angemeldet, ob die Subsidiaritätsklausel (§ 107 I Nr. 3 GO NRW) allein subjektive Rechte begründet, hat aber jedenfalls § 107 I Nr. 1 GO NRW, wonach ein öffentlicher Zweck die wirtschaftliche Betätigung erfordern muss, drittschützenden Charakter zugesprochen.[370] Zur Begründung wird in beiden Entscheidungen auf die jeweils amtliche Gesetzesbegründung[371] verwiesen, wonach in einem widerstreitenden Interessensgeflecht durch § 107 NRW bzw. das Subsidiaritätsprinzip neben öffentlichen Interessen eben auch die Interessen der Privatwirtschaft geschützt werden sollen. Das OVG NRW begründet seine Entscheidung zusätzlich mit dem Regelungsgehalt des § 107 V GO NRW, der zumindest für den wichtigen Teil der gemeindlichen Unternehmensgründung und -beteiligung eine mögliche Beeinträchti-

---

[363] So ausdrücklich: BVerwGE 39, 329 (336); OVG Münster, NVwZ-RR 2005, 738 ff.; OVG NRW, DÖV 2005, 616 (617).
[364] Vgl. BayVGH, JZ 1976, 641 (643).
[365] Siehe zu dieser Begrifflichkeit sowie den genannten Beispielen VGH Mannheim NJW 1984, 251 (253); BayVGH JZ 1976, 641 (643). Auch der VerfGH Rh.-Pf., DVBl. 2000, 992 (993) stellt klar, dass ein Verdrängungswettbewerb Art. 12, 14 GG beeinträchtigt.
[366] So bereits BVerwG 39, 329 (337) und aus der jüngeren Rechtsprechung: BVerwG, NJW 1995, 2938; OVG NRW, DÖV 2005, 616; OVG NRW, NWVBl. 2003, 462 (466); VerfGH Rh.-Pf., DVBl. 2000, 992 (993); VGH Mannheim, NJW 1995, 274 ff.; VGH Kassel, NVwZ 1996, 816 (817).
[367] OVG NRW, DÖV 2005, 616 f.
[368] VerfGH Rh.-Pf., DVBl. 2000, 992 (995).
[369] VerfGH Rh.-Pf., DVBl. 2000, 992 (996).
[370] Siehe mit einem umfangreichen Verweis auf die Ansichten in der Literatur OVG NRW, NWVBl. 2003, 462 (463). Kritisch hierzu *Antweiler*, NVwZ 2003, 1466 ff.
[371] Vgl. für NRW: LT-Drs. 12/3730, S. 105 f.; Rh-Pf: LT-Drucks. 13/2306, S. 29.

gung der örtlichen Wirtschaftsteilnehmer voraussetzt.[372] Auch der VGH B.-W. ist mittlerweile der Tendenz zum Drittschutz gefolgt.[373] Je nach Landesrecht[374] tendiert die Rechtsprechung partiell zur drittschützenden Wirkung.[375] Dem Leistungsfähigkeitskriterium wird kein Drittschutz beigemessen; anders aber hinsichtlich des öffentlichen Zwecks[376] oder der Subsidiaritätsklausel[377]. Der Drittschutz des öffentlichen Zwecks ist darin zu sehen, dass die örtliche Wirtschaft durch die wirtschaftliche Betätigung beeinträchtigt werden könnte.[378] Im Rahmen der Unterscheidung zwischen echter (drittschützender) und unechter (nicht drittschützender) Subsidiaritätsklausel[379], ist ein Drittschutz gegeben, wenn der Private abgrenzbar genannt ist und ihm bei einer Leistungsparität zwischen Privatem und Gemeinde der Vorrang gegeben wird.[380] Soll der private Marktteilnehmer die Leistung besser und wirtschaftlicher als die Kommune anbieten, ist bei einer Leistungsparität der Vorrang zugunsten der Gemeinde eben nicht mehr drittschützend.[381] Ein bedeutender Anwendungsfall des Drittschutzes ist jedoch die Marktanalyse, die vor der Aufnahme einer wirtschaftlicher Betätigung der Gemeinde durchgeführt werden soll.[382] Für die Klausur empfiehlt es sich angesichts dieser neueren Rechtsprechung die Klagebefugnis zu bejahen, da der Kläger jedenfalls die Möglichkeit einer Verletzung seiner subjektiven Rechte aus den Schrankentrias (mit Ausnahme der zweiten Voraussetzung, d. h. dem Erfordernis der kommunalen Leistungsfähigkeit, die wohl weiterhin nicht drittschützend ist) geltend machen kann. Weitere Besonderheiten sind bei der Zulässigkeitsprüfung nicht zu berücksichtigen.

dd) Begründetheit

Im Rahmen der Begründetheitsprüfung der Unterlassungsklage ist zu untersuchen, ob die gemeindliche Wirtschaftstätigkeit unzulässig ist, insbesondere ein Verstoß gegen die Schrankentrias bzw. -quadriga vorliegt, und der Kläger hierdurch in seinen subjektiven Rechten verletzt wird. Bei letzterer ist nun der soeben dargestellte Streitstand wieder aufzugreifen, zu prüfen, ob tatsächlich eine Verletzung subjektiver Rechte vorliegt und sich für eine der beiden Ansichten zu entscheiden. Bei dem zweiten Merkmal der Schrankentrias, nämlich dass ein öffentlicher Zweck das kommunale Unternehmen erfordert (z. B. Art. 87 I Nr. 1 GO BY), ist zu berücksichtigen, dass die Regelungen der Gemeindeordnung nicht nur vor unmittelbaren, sondern auch vor mittelbaren Konkurrenten schützen, dies jedoch in unterschiedlicher Intensität. Das OVG NRW entschied in diesem Zusammenhang, dass der Markteingriff von Schilderprä-

---

[372] OVG NRW, NWVBl. 2003, 462 (463).
[373] VGH B.-W., NVwZ-RR 2006, 714 ff. Vgl. *Meßmer*, Kommunalwirtschaftliche Schrankentrias und Konkurrenzschutz unter besonderer Berücksichtigung von § 102 Abs. 1 der Gemeindeordnung für Baden-Württemberg, 2006.
[374] Siehe *Uechtritz/Otting*, in: Hoppe/Uechtritz (Hrsg.), Handbuch kommunale Unternehmen, 2. Aufl. 2007, § 6 Rn. 132 ff.
[375] Dazu *Geis/Madeja*, JA 2013, 248 (251).
[376] OVG NW, NVwZ 2003, 1520 ff.; a. A. *Jungkamp*, NVwZ 2010, 546 f. m. w. N.
[377] Vgl. VGH BW, NVwZ-RR 2006, 714 ff.; VerfGH Rh.-Pf., DVBl. 2000, 992 (995 f.).
[378] OVG NW, NVwZ 2003, 1520 ff.
[379] VGH BW, NVwZ-RR 2006, 714 (715); *Leder*, DÖV 2008, 173 (175).
[380] Vgl. dazu § 102 I Nr. 3 GemO-BW; § 85 I Nr. 3 GO Rh.-Pf.; § 107 I Nr. 3 GO NRW.
[381] Z. B. § 107 I 1 Nr. 3 GO NRW; § 97 I 1 Nr. 3 GO Sachsen; ein Überblick *Jungkamp*, NVwZ 2010, 546 (549).
[382] Siehe § 107 I i. V. m. V GO NRW, OVG Münster, NVwZ 2003, 1520 (1521).

gern in einem kommunalen Gebäude der KfZ-Zulassungsstelle gegenüber mittelbar betroffenen privaten Schilderprägern verhältnismäßig ist, solange die Vermietung den Schilderprägermarkt nicht „marktinkonform" beeinflusst.[383] Die Marktkonformität wird in diesem konkreten Fall z. B. dadurch gewahrt, dass die Vermietung gegen Höchstgebot auf vier Jahre ausgeschrieben wird und Konkurrenten die Möglichkeit erhalten, im Gebäude der Kfz-Zulassungsstelle in eigener Sache zu werben. Insgesamt sollte jedoch nicht außer Acht gelassen werden, dass die Erfolgsaussichten einer Konkurrentenklage angesichts der Vielzahl unbestimmter Rechtsbegriffe im Kommunalunternehmensrecht und der damit einhergehenden gemeindlichen Einschätzungsprärogative[384] sehr ungewiss sind. „Legt die Gemeinde aufgrund eines vollständig ermittelten Sachverhalts und ausgehend von einem richtigen Verständnis der anzuwendenden Normen vertretbar dar, dass und warum ihre eigene Leistungserbringung wirtschaftlicher oder besser ist, haben das VG und der private Dritte dies hinzunehmen".[385]

ee) Gemeinschaftsrechtliche Verfahren

99 Da das Kommunalwirtschaftsrecht derzeit am stärksten von europarechtlichen Vorgaben betroffen ist, bedarf es abschließend noch eines Hinweises auf den gemeinschaftsrechtlichen Rechtsschutz des privaten Konkurrenten. Klausurrelevant ist insbesondere die Erhebung einer Nichtigkeitsklage gem. Art. 263 IV AEUV im Zusammenhang mit dem Beihilferecht der Art. 107, Art. 108 i. V. m. Art. 106 II AEUV (Rechtfertigungsnorm).[386] Danach sind Beihilfen (Subventionen) grundsätzlich mit dem gemeinsamen Markt unvereinbar, sofern sie den Handel zwischen den Mitgliedstaaten beeinträchtigen und nicht einer der Ausnahmetatbestände des Art. 107 II, III AEUV eingreift oder aber die Kommission die Beihilfe genehmigt hat (vgl. Art. 108 AEUV). All dies betrifft das „Wie" einer staatlichen Wirtschaftsbetätigung. Im Zusammenhang mit der wirtschaftlichen Tätigkeit der Gemeinde kommt noch das Vertragsverletzungsverfahren gem. Art. 258 AEUV in Betracht, falls die Bundesrepublik Deutschland für ein kommunales Fehlverhalten einstehen muss.

Aufbau einer Konkurrentenklage

Rechtsschutz gegen kommunale Wirtschaftstätigkeit
I. Zulässigkeit
  1. Eröffnung des Verwaltungsrechtswegs, § 40 I 1 VwGO
     – Verletzung der Schrankentrias: öffentliches Recht
     – Wettbewerbsklage wg. Verletzung § 1004 BGB, UWG, GWB, § 13 GVG: Zivilgerichte
     – BGH: Verletzung UWG nur, wenn Wettbewerb gestört:
     – „Ob" der Betätigung: Öffentliches Recht
     – „Wie" der Betätigung: Zivilgericht, wenn Wettbewerb verletzt
  2. Statthafte Klageart
     – Allgemeine Leistungsklage i. F. d. Unterlassungsklage
  3. Klagebefugnis
     – Gemeindliches Schädigungsverbot: kein subjektives Recht!

---

[383] OVG NRW, NWVBl. 2005, 68 ff.
[384] So BVerwG 39, 329 (334).
[385] VerfGH Rh.-Pf., DVBl. 2000, 992 (996).
[386] Zusammenfassend *Burgi,* KommR, § 17, Rn. 29 ff. Weiterführend *Heidenhain,* Handbuch des Europäischen Beihilferecht, 6. Kapitel, § 24, Rn. 1 ff.

- Art. 12, 14, 2 I GG: kein subjektives Recht des Privatunternehmers; evtl. nur bei Verdrängungs- bzw. Aufzehrungswettbewerb.
- Schrankentrias:
  - Frühere Lit. + Rspr.: kein subjektives Recht
  - Neuere Rspr: Schrankentrias (Ausnahme: Verhältnis der Leistungsfähigkeit) wird drittschützender Charakter zugesprochen
II. Begründetheit der Klage
  1. Unzulässigkeit der gemeindlichen Wirtschaftsbetätigung, insbesondere Verstoß gegen die Schrankentrias, und
  2. Verletzung des Klägers hierdurch in seinen Rechten

4. Privatisierung kommunaler Einrichtungen und Betriebe

Bei der Privatisierung kommunaler Einrichtungen und Betriebe kann man systematisch zwischen vier Gruppen der Privatisierung unterscheiden: 100
- **Organisationsprivatisierung** bzw. formelle/formale Privatisierung
- Funktionale Privatisierung bzw. **Erfüllungsprivatisierung**
- Materielle Privatisierung bzw. **Aufgabenprivatisierung**
- Vermögensprivatisierung.

Die ersten drei Gruppen sind im Zusammenhang mit kommunalen Einrichtungen und Betrieben von Relevanz und bedürfen nachfolgend einer näheren Betrachtung. Eine **Vermögensprivatisierung** liegt bei der Veräußerung von staatlichen Vermögensgegenständen (z. B. Grundstücken, Aktien) an Private vor[387], wobei sie insbesondere im Zusammenhang mit bundeseigenen Industrieunternehmen eine Rolle spielt. Auf sie ist an dieser Stelle nicht näher einzugehen, da sie zumindest organisationsrechtlich weitgehend bedeutungslos ist und insbesondere nach dem Verkauf der Sache keine verwaltungsrechtlichen Probleme mehr auftreten können.[388] 101

Trotz obiger Unterteilung sind die Beweggründe der Gemeinde bei der Entscheidung für eine Privatisierung zumeist dieselben: finanzielle Entlastungen, größere Flexibilität des Privatrechts, Rückgriff auf spezialisierte private Kräfte bei komplexer werdenden kommunalen Aufgaben sowie Befreiungen von haushalts-, arbeits-, beamten- und besoldungsrechtlichen Regelungen, einschließlich der Nutzung von Steuervorteilen. Sowohl im Rahmen der Organisationsprivatisierung als auch bei der funktionalen Privatisierung wird schließlich der (unjuristische) Begriff der **„Public-Private-Partnership"** **(PPP)** verwendet, der eine verfestigte Kooperation zwischen der öffentlichen Hand und Privaten zur gemeinsamen Erfüllung öffentlicher Aufgaben umschreibt.[389] 102

a) Organisationsprivatisierung

Diese – auch als formelle Privatisierung bezeichnete – Privatisierungsform wurde bereits dargestellt, als die Wahrnehmung kommunaler Aufgaben durch ein kommunales Unternehmen, das aber in Gestalt einer Gesellschaft des Privatrechts, insbesondere einer AG oder GmbH, betrieben wird.[390] Bei der AG bzw. GmbH kann es sich um **Eigengesellschaften** (d. h. Gemeinde ist alleiniger Gesellschafter) oder **Beteiligungsgesellschaften** (d. h. Mehrheits- oder Minderheitsbeteiligung der Gemeinde an Ka- 103

---

[387] Z. B. auch das sog. „Sale-and-Lease-Back", *Nickel/Kopf*, ZfBR 2004, 9 ff.; *Kruhl*, NZBau 2005, 121 ff.
[388] So auch *Maurer*, Allg. VerwR, § 23, Rn. 64 und *Burgi*, in: Erichsen/Ehlers, Allg. VerwR, § 54, Rn. 7.
[389] *Burgi*, KommR, § 17, Rn. 69.
[390] Vgl. bereits oben Rn. 36 sowie *Maurer*, Allg. VerwR, § 23, Rn. 61.

pitalgesellschaften) handeln. Zu den Eigengesellschaften zählen auch die sog. „interkommunalen Eigengesellschaften", die in Alternative zu einem Zweckverband, von mehreren Gemeinden in privater Rechtsform zur Erfüllung kommunaler Aufgaben gegründet werden; entscheidend ist, dass die Gesellschaft zu 100% in kommunaler Trägerschaft ist. Diese Variante wird insbesondere dann gewählt, wenn es sich um eine wahrzunehmende Pflichtaufgabe handelt, da deren materielle Privatisierung unzulässig ist.[391] Bei Beteiligungsgesellschaften unterscheidet man wiederum zwischen **gemischt-öffentlichen** (Miteigentum verschiedener Gemeinden) und **gemischt-wirtschaftlichen** (Miteigentum von kommunaler Trägerschaft und privaten Personen) **Unternehmen,** wobei auch bei letzteren das Gesellschaftskapital überwiegend in kommunaler Hand verbleibt, um den Einfluss der Gemeinden zu sichern. Diese Einflussnahme führt jedoch im Hinblick auf die Grundrechtsbindung dieser Unternehmen zu brisanten rechtlichen Fragestellungen, da hieran Private beteiligt sind, die ansonsten nicht wie die öffentliche Hand an die Grundrechte gebunden wären. Jüngst stellte das BVerfG zur Lösung des Konflikts auf die Beherrschung des Unternehmens durch die öffentliche Hand ab; die Anteilsmehrheit oder die Gesamtverantwortung wird damit zum maßgeblichen Kriterium.[392] Das gemischt-wirtschaftliche Unternehmen ist das wichtigste Beispiel für eine **Public-Private-Partnership,** bei der die öffentliche Hand und Private miteinander kooperieren, wobei der Private – ausschließlich zwecks der damit verbundenen Einnahmen – Leistungen für die öffentliche Organisation erbringt.[393] Der Fokus dieser Interaktion ist dabei auf die Verfolgung komplementärer (sich ergänzender) Ziele gerichtet, um Synergieeffekte bei der Zusammenarbeit zu erzielen. PPPs nach Organisationsprivatisierung finden sich auf den unterschiedlichsten Aufgaben- bzw. Politikfeldern, wie z. B. in der kommunalen Stadtentwicklung, im Verkehrs-, Wohnungs- und Bildungsbereich oder in der Ver- und Entsorgung (Wasser, Gas, Strom, Abwasser, Müll). Ein bekanntes Beispiel für eine PPP bei der Organisationsprivatisierung ist das Dortmunder Entsorgungsmodell: Seit 1990 wird die kommunale Müllentsorgung nicht mehr von einem Regiebetrieb, sondern von einem gemischtwirtschaftlichen Unternehmen (51% Stadt, 49% Private) durchgeführt.[394] Die verfolgten Ziele waren auch hierbei die Vermeidung von Entsorgungsengpässen einschließlich Produktivitätssteigerungen, Mobilisierung privaten Kapitals und Know-Hows, Kostensenkungen sowie ein verbessertes Managment. Ein weiteres Beispiel aus der jüngsten Vergangenheit für eine gelungene PPP findet sich in der kreisfreien Stadt Erlangen, wo auf einem ehemaligen Postgelände ein Einkaufszentrum („Erlanger Arcaden") errichtet wurde.

104 Zusammenfassend ist das entscheidende Kennzeichen der formellen Privatisierung, dass die Verwaltung weiterhin ihre Verwaltungsaufgaben erledigt, nur statt mit einer öffentlichrechtlichen nun in einer privatrechtlichen Rechtsform.[395] Der Vollständigkeit halber ist noch zu ergänzen, dass die Gemeinde im Rahmen der Organisationsprivatisierung auch Beliehene heranziehen kann, d. h. Privatrechtssubjekte mit der Wahr-

---

[391] Dazu noch im Folgenden; Vgl. weiter *Teuber*, KommJur 2008, 444; *Düsterdiek*, NZBau 2006, 618 (621).
[392] Vgl. BVerfG, NJW 2011, 1201 ff. (1203); s. a. *Geis/Madeja*, JA 2013, 248 (253).
[393] Vgl. weiterführend *Weber/Schäfer/Hausmann*, Praxishandbuch Public Private Partnership, § 5 Kommunalrecht, S. 193 ff.; *Tettinger*, Die rechtliche Ausgestaltung von PPP, DÖV 1996, 764 ff.
[394] Weiterführend *Niermann*, Rechtlicher Rahmen für PPPs auf dem Gebiet der Entsorgung, Stuttgart 1994, S. 19–23.
[395] So *Maurer*, Allg. VerwR, § 23, Rn. 61.

nehmung kommunaler Aufgaben in den Handlungsformen des öffentlichen Rechts (z. B. Verwaltungsakt) betrauen (klassischer Repräsentant ist der TÜV-Sachverständige).

b) Funktionale Privatisierung

Bei dieser in der Praxis sehr beliebten Privatisierungsform bedient sich die Gemeinde im Rahmen der Vorbereitung oder Durchführung ihrer Verwaltungsaufgaben privater Erfüllungsgehilfen, sogenannter **Verwaltungshelfer,** um deren spezifischen Sachverstand zu nutzen. Bei dieser Einbeziehung werden einzelne, abgespaltene kommunale (Pflicht-) Aufgaben – vorbereitender oder durchführender Art – auf Private übertragen.[396] Sind diese Verwaltungshelfer nicht weisungsgebunden, spricht man von selbständigen Verwaltungshelfern, wobei die Gemeinde die Wahl hat, ob sie mit ihren Verwaltungshelfern einen privatrechtlichen oder aber einen Verwaltungsvertrag schließt.[397] In diesen Verträgen hat die Gemeinde sodann sicherzustellen, dass trotz der zulässigen Übertragung ihrer Erfüllungspflichten (Abgabe der Erfüllungsverantwortung), ihre Leitungsverantwortung gewährleistet ist (z. B. durch gemeindliche Eingriffs- und Kontrollrechte sowie die Übernahme von Haftungsrisiken).[398] Denn die Gemeinde bleibt bei der funktionalen Privatisierung weiterhin zuständig für die öffentlich-rechtliche Aufgabenerfüllung und behält ihre Organisationsstruktur unverändert bei. Sie haftet daher ggf. auch für Amtspflichtverletzungen des Verwaltungshelfers gemäß Art. 34 GG i. V. m. § 839 BGB. Der Unterschied zum Beliehenen besteht darin, dass die Verwaltungshelfer gerade nicht mit öffentlicher Gewalt ausgestattet sind.

105

Bekanntestes Beispiel für die Verwaltungshilfe ist das Abschleppen von verkehrswidrig geparkten Kraftfahrzeugen durch Privatunternehmer, die wiederum von Gemeindebediensteten oder der Polizei beauftragt werden.[399] Ein weiteres wichtiges Beispiel für die Abspaltung von „Teilbeiträgen"[400] mit durchführendem Charakter ist die Leitung von gemeindlichen Abfall- und Abwasserbeseitigungseinrichtungen durch Private (vgl. § 22 KrwG). Auch bei dem Betrieb von Schlachthöfen, Reinigungsdiensten oder Schulen[401] sowie den Entwürfen für Stadtplanungen (letztere sind ein Beispiel für einen Teilbeitrag mit vorbereitendem Charakter) werden regelmäßig Verwaltungshelfer eingesetzt. Schließlich stellt auch die Unterhaltung öffentlicher Einrichtungen durch Pächter, die im Gegenzug den Gebrauch durch die Öffentlichkeit gewährleisten (sog. **Nutzungsübertragung**), eine funktionale Privatisierung dar.[402] Von unechter funktionaler Privatisierung spricht man hierbei, wenn der Verwaltungshelfer ein öffentliches Unternehmen ist.[403] Im Rahmen dieser beispielhaft aufgezählten kommunalen Infrastruktur wird die Verwaltungshilfe regelmäßig in Form des **Betreiber-, Betriebsführungs- oder Beratungsmodells** durchgeführt (s. a. Rn. 107 ff.).[404] Die funktionale Privatisierung ist die typische Schnittstelle zur PPP. Aufgrund der vielseitigen Anwendbarkeit

106

---

[396] Vgl. *Burgi,* KommR, § 17, Rn. 87.
[397] So auch *Maurer,* Allg. VerwR, § 23, Rn. 62; *Burgi,* KommR, § 17, Rn. 89.
[398] Vgl. *Burgi,* KommR, § 17, Rn. 90.
[399] Zu den Abschleppfällen siehe BGH, NJW 1993, 1258 sowie BGH, NJW 2005, 286.
[400] So *Burgi,* KommR, § 17, Rn. 87.
[401] Siehe hierzu die Falllösung von *Kramer,* JuS 2005, 1015 ff.
[402] *Seewald,* in: Steiner, KommR, Rn. 308.
[403] *Burgi,* KommR, § 17, Rn. 87.
[404] Vgl. hierzu auch *Gern,* DKommR, Rn. 767.

der PPP machen die Kommunen nicht nur in den klassischen Bereichen, z. B. bei Bauprojekten, davon Gebrauch, sondern auch in exotischeren Verwaltungsbereichen.

aa) Public-Private-Partnership bzw. Öffentlich-Private Partnerschaft

107 Auch wenn die „institutionalisierte PPP" im Rahmen der Organisationsprivatisierung bei gemischt-wirtschaftlichen Unternehmen vorkommt[405], so ist doch meist ein Bezug zur funktionalen Privatisierung erkennbar, da sich die Kommunen privates Kapital und Know-how zur Erfüllung ihrer Aufgaben andienen.[406] Eine allgemein gültige Definition der PPP gibt es indes nicht.[407] Eine PPP ist bereits dann gegeben, wenn die öffentliche Hand mit einem Privaten kooperiert. Insoweit ist die Bezeichnung PPP ein Sammelbegriff für sämtliche Kooperationen bei der Gewährleistung, Finanzierung und Durchführung öffentlicher Aufgaben.[408] Regelmäßig handelt es sich bei diesen Kooperationen um eine Privatisierung im funktionellen Sinne (auch sog. „outsourcing" oder „contracting out"), da die kommunalen Aufgaben zwar von Privaten erledigt werden, die Aufgaben und damit die Aufgabenverantwortung selbst jedoch beim Verwaltungsträger verbleiben.[409] Ein Beispiel für ein outsourcing im Rahmen funktionaler (teilweise auch materieller) Privatisierung ist das kommunale **Forderungsmanagement:** Wenn seitens der Kommunen die Beitreibung ausstehende Forderungen mehr oder weniger erfolglos ist, wird angesichts der finanziellen Situation der Kommunen ein professionelles Forderungsmanagement durch Private in Betracht gezogen.[410] Betreiber-, Betriebsführungs- und Beratungsmodelle haben sich als Grundtypen von Kooperationsformen zwischen öffentlicher Hand und Privaten im Rahmen der Public-Private-Partnership herausgebildet.[411] Je nach Vertragsgegenstand und -modalität variiert die Bezeichnung der Modelle.[412] Ihre Wahl ist letztlich an die besonderen rechtlichen, finanziellen und betriebswirtschaftlichen Folgen geknüpft.[413] Infolgedessen werden die (nicht gesetzlichen) Begrifflichkeiten und Modelle uneinheitlich verwendet.[414] Aufgrund der Einbindung Privater in die Aufgabenerfüllung der öffentlichen Hand bildet die PPP eine wichtige Schnittstelle zum Vergaberecht, da die jeweiligen Modelle und ihre Modellvarianten eine Ausschreibungspflicht begründen können.[415]

bb) Modelle der PPP/ÖPP

107a Beim **Betreibermodell** handelt es sich um eine typische Form der **Public-Private-Partnership**.[416] Dabei wird i. d. R. ein privatrechtlicher Vertrag mit einem privaten

---

[405] Beispiele in Verbindung mit Vergaberecht: EuGH-Entscheidungen, „Stadt Halle", NZBau 2005, 111 ff.; „Stadt Mödling", NZBau 2005, 704 ff.; „ANAV", NZBau 2006, 326 ff.; vgl. zum Ganzen *Frenz*, NZBau 2008, 673 ff.
[406] So *Burgi*, in: Erichsen/Ehlers, Allg.VerwR, 14. Aufl. 2010, § 10 Rn. 14.
[407] *Storr*, LKV 2005, 521 ff.
[408] Vgl. *Battis/Kersten*, LKV 2006, 442 (443 f.).
[409] *Stober*, in: Wolff/Bachoff/Stober, Verwaltungsrecht, Bd. 3, 5. Aufl.,S. 501 f.; *Weber/Schäfer/Hausmann*, Praxishandbuch Public Private Partnership, § 3 S. 102.
[410] Siehe ausf. *Gern*, DÖV 2009, 269 ff.
[411] S. a. *Reuter/Polley*, NVwZ 2007, 1345 (1346 f.).
[412] Vgl. ausf. zu den verschiedenen Modellen: *Weber/Schäfer/Hausmann*, Praxishandbuch Public Private Partnership, § 3 S. 102 ff.; *Reuter/Polley*, NVwZ 2007, 1345 ff.
[413] OLG Jena, NZBau 2007, 730 (732).
[414] Vgl. *Reuter*, NVwZ 2005, 1246 f.
[415] Vgl. *Immenga/Mestmäcker/Dreher*, GWB Band 2 § 99 Rn. 159 ff.
[416] So bereits *Gern*, DKommR, Rn. 767.

Unternehmen abgeschlossen, welchem Planung, Bau, Finanzierung und Betrieb einer kommunalen Einrichtung (z. B. Abfallentsorgung) obliegen. Das dafür von der Gemeinde mit dem Privatunternehmer vereinbarte Entgelt, beschafft sich die Kommune wiederum durch die Benutzungsgebühren, die sie nach der Fertigstellung des kommunalen Betriebs von den Benutzern erhebt. Die Verantwortung, das Eigentum und das Betriebsrisiko verbleiben beim Verwaltungsträger, der gegenüber den Nutzern tätig wird[417] (anders im Konzessionsmodell). Das Außenverhältnis zwischen kommunaler Einrichtung und Benutzer ändert sich daher nicht. Viele Modellvarianten der PPP (z. B. Inhabermodelle, Erwerbs-, Leasing- und Vermietungsmodelle) bauen auf diesem Grundtyp, abhängig von der konkreten Ausgestaltung, auf, bzw. stehen aufgrund abweichender Modalitäten selbständig daneben.

Das abgeschwächte **Betriebsführungsmodell** ist dadurch gekennzeichnet, dass lediglich die kaufmännische und technische Leitung einer kommunalen Einrichtung für Rechnung und im Namen der Gemeinde auf einen privaten Betriebsführer übertragen wird. Die Erfüllungsverantwortung verbleibt ebenfalls bei der Kommune und auch hier tritt gegenüber den Benutzern die Kommune auf.[418] Der Übergang von Betreiber- und Betriebsführungsmodell ist fließend. Beim bloßen **Beratungsmodell** hingegen werden Private lediglich im Rahmen vorbereitender Planungen (z. B. im Bauplanungsverfahren) herangezogen. 107b

Ein Sonderfall des Betreibermodells ist das **Konzessionsmodell.** In Abgrenzung vom klassischen Betreibermodell erhält der Konzessionär die Vergütung nicht von der öffentlichen Hand, sondern von den Nutzern des Betriebs.[419] Der Konzessionär erhält ein Nutzungsrecht (z. B. für ein von ihm errichtetes Gebäude, sog. Baukonzession) oder erbringt Dienstleistungen und refinanziert sich damit über Entgelte von Nutzern. Infolgedessen trägt der Konzessionär das Betriebsrisiko und wird dementsprechend im eigenen Interesse tätig. Eine Gegenleistung für seine Dienstleistung kann er privatrechtlich als Entgelt oder als Beliehener in Form von Gebühren oder Beiträge bei den Nutzern erheben.[420] Der Anwendungsbereich des Konzessionsmodells ist umstritten, insbesondere bei kommunalen Pflichtaufgaben, da die Gemeinde in diesen Fällen selbst das Leistungsverhältnis mit dem Bürger begründen sollte. Dabei wird es regelmäßig auf die landesrechtliche Ausgestaltung ankommen.[421] 107c

Die genannten Modelle sind keinesfalls abschließend. Die Kooperationen zwischen öffentlicher Hand und Privaten sind vielfältig; entsprechend ändern sich die Bezeichnungen je nach Schwerpunkt und Tätigkeitsinhalt der Kooperation. Besondere kommunale Bedeutung haben zwei weitere Modelle: die Finanzierungs-PPP und die Inhaber-PPP. Ein Beispiel für die Finanzierungs-PPP ist die Städtebauförderung.[422] Das Städtebauförderungsrecht dient der Erhaltung, Erneuerung und Sanierung der Städte. Hierfür benötigen die Kommunen finanzielle Mittel des Bundes oder der Länder, die sie aber nur als Finanzhilfe beanspruchen können, wenn sie einen entsprechenden Ei- 107d

---

[417] Vgl. *Dreher*, NZBau 2002, 245 (253).
[418] Vgl. *Zacharias*, DÖV 2001, 454 (455); *Schoch*, DVBl. 1994, 1 (10).
[419] *Dreher*, NZBau 2002, 245 (258).
[420] Vgl. zum „F-Modell" im Sinne des Fernstraßenprivatbaufinanzierungsgesetzes, *Roth*, NVwZ 2003, 1056 ff.
[421] Siehe zur Abwasserbeseitigung im Konzessionsmodell, *Kühne*, LKV 2006, 489 ff.
[422] Dazu ausf. *Battis/Kersten*, LKV 2006, 442 ff.

genanteil aufbringen. Aufgrund leerer Gemeindekassen werden private Investoren akquiriert, die der Kommune bei der Finanzierung des Eigenanteils helfen. Die Inhaber-PPP erlangt ihre Bedeutung im Bereich der öffentlichen Daseinsvorsorge (z. B. Schulen, Krankenhäusern, Sportanlagen). Mit dem Inhabermodell bleibt die Kommune Eigentümer der Projektanlage und gibt nur die Planung, Sanierung oder Errichtung, Finanzierung und Betrieb der Anlage an Private ab.[423]

Das Pendant zur Public-Private-Partnership ist die öffentlich-öffentliche Partnerschaft. Zwar kommt ihr in der Öffentlichkeit eine geringere Aufmerksamkeit zu, jedoch ist sie ebenso bedeutend und keinesfalls weniger praktiziert. Die öffentlich-öffentliche Partnerschaft beschreibt die Kooperation auf interkommunaler Ebene („kommunale Kooperation"). Die Motivation ist ähnlich der der PPP: Die knappen Finanzmittel öffentlicher Haushalte zwingen die Kommunen, bei der Erfüllung öffentlicher Aufgaben zusammenzuarbeiten. Die Formen öffentlich-öffentlicher Partnerschaften sind vielfältig (dazu ausführlich § 21).[424]

cc) Exkurs: Vergaberecht

108 Neben den Kommunalrecht wir das Recht die Wirtschaftliche Betätigung der Kommune maßgeblich durch das Vergaberecht als besondere Ausprägung des Wettbewerbsrechts für Beschaffungsvorgänge der öffentlichen Hand geprägt.[425] Das wesentliche Unterscheidungskriterium zu den Regelungen über die kommunale Wirtschaftsbetätigung ist, dass die Gemeinde nicht mehr als Anbieter, sondern als **Nachfrager** nach Gütern und Dienstleistungen (vorwiegend Bau- und Lieferleistungen) am Markt auftritt. Im Rahmen dieser Nachfragetätigkeit schließen die Gemeinden (oder ein öffentliches Unternehmen, vgl. § 99 Nr. 2 GWB) entgeltliche privatrechtliche Verträge mit den Anbietern von Liefer-, Bau oder Dienstleistungen, die sog. **öffentlichen Aufträge i. S. d. § 103 I GWB,** ab. Das Vergaberecht regelt dabei die Auswahl des Verwaltungshelfers und damit die Vergabe öffentlicher Aufträge durch die Gemeinde. Primäres Ziel des Vergaberechts ist, Wettbewerbsverfälschungen durch die Nachfrage der öffentlichen Hand zu vermeiden und hierfür ein transparentes Verfahren zu gewährleisten (§ 97 I GWB). Hinsichtlich der funktionalen Privatisierung ergeben sich dabei insbesondere beim Betreiber- und Betriebsführungsmodell i. d. R. **Ausschreibungspflichten** für die Gemeinde.[426] Für die öffentlich-öffentliche Zusammenarbeit gibt es seit dem 18.04.2016 mit § 108 GWB erstmals eine kodifizierte **Ausnahme** von der Ausschreibungspflicht. Die Neuregelung vollzieht die Rechtsprechung des EuGH zur „vertikalen" Inhouse-Vergabe und der „horizontalen" interkommunalen Zusammenarbeit nach[427] und konkretisiert deren Zulässigkeitsvoraussetzungen. Nach § 108

---

[423] Vgl. dazu ausf. *Büllesfeld,* KommJur 2009, 161 (162).
[424] Zu vergaberechtlichen Fragen der vertraglichen interkommunalen Zusammenarbeit vgl. bereits *Ruhland,* VerwArchiv 2010, 399 (401 ff.); zur erstmaligen Kodifizierung der Inhouse-Geschäfte und der interkommunalen Zusammenarbeit in § 108 GWB vgl. *Hofmann,*.VergabeR 2016, 189 ff.
[425] Schröder, Die vergaberechtliche Stellung des Kommunalunternehmens als Anstalt des öffentlichen Rechts, NZBau 2003, 596; weiterführend mit umfassenden Verweisen zu vergaberechtlicher Literatur *Burgi,* KommR, § 17, Rn. 15 ff. Zur Ausschreibungspflicht städtebaulicher Verträge, einschließlich der Investorenverträge, siehe *Ziekow,* DVBl. 2008, 137 ff.
[426] Weiterführend *Ziekow,* Öffentliches Wirtschaftsrecht, § 1, Rn. 28 f.
[427] Vgl. EuGH, Rs. C-107/98, Slg. 1999, I-8121, „Teckal"; sowie EuGH, Rs. C-458/03, Slg. 2005, I 8585, „Parking Brixen"; EuGH, Rs. C-26/03, Slg. 2005, I-1, „Stadt Halle"; dazu ausf. *Krajewski/ Wethkamp,* DVBl. 2008, 357 ff; EuGH, Urteil vom 09.6.2009, Rs. C-480/06, EuZW 2009, 259 ff.

Abs. 1 bis 5 GWB kommt eine vergaberechtsfreie „Inhouse-Vergabe"– vereinfacht – dann in Betracht, wenn der öffentliche Auftraggeber einen Auftrag an eine andere juristische Person vergibt, auf deren strategische Ziele und wesentlichen Entscheidungen er allein oder zusammen mit anderen öffentlichen Auftraggebern einen ausschlaggebenden Einfluss besitzt, deren Tätigkeit zu über 80% auf einer Betrauung durch öffentliche Auftraggeber beruht und an der beauftragten juristischen Person keine direkte Kapitalbeteiligung privater besteht, es sei denn diese ist gesetzlich vorgesehen und ohne maßgeblichen Einfluss. In § 108 Abs. 6 GWB wird ebenfalls erstmalig die sogenannte „horizontale" interkommunale Zusammenarbeit einfachgesetzlich geregelt. Auch in diesem Fall wird die Rechtsprechung des EuGH kodifiziert, der bereits festgestellt hatte, dass bestimmte Formen interkommunaler Zusammenarbeit vergaberechtsfrei sind.[428] Dies ist nach Art. 108 Abs. 6 GWB der Fall, wenn die Zusammenarbeit dazu dient, die Erreichung gemeisnamer Ziele bei der Erbringung öffentlicher Dienstleistungen sicherzustellen, für die Zusammenarbeit ausschließlich öffentliche Interessen bestimmend sind und die gemeinsame Tätigkeit weniger als 20% Marktanteil im maßgeblichen Wettbewerbsbereich besitzt.[429]

Die Rechtsgrundlagen des – auf rechtlichen Vorgaben der EU[430] basierenden – bundesrechtlichen Vergaberechts wurden zum 18.04.2016 umfassend konsolidiert. Unter Beibehaltung des sogenannten dreistufigen **„Kaskadenprinzips"** wird das Vergaberecht mit zunehmender Spezialisierung durch drei Rechtsquellen geregelt: den §§ 97 ff. GWB, den auf Grund der Ermächtigung gem. § 113 GWB erlassenen Vergabeverordnung (VgV), Sektorenverordnung (SektVO) und Konzessionsvergabeverordnung (KonzVgV) sowie der Verdingungsordnung (VOB/A EU für Bauleistungen). Normzweck dieses europarechtlich determinierten Vergaberechts ist die Sicherung von Transparenz und Chancengleichheit zum Schutz konkurrierender Mitbieter bei der Vergabe von Dienstleistungsaufträgen durch öffentliche Auftraggeber.[431] Dabei hat sich das gesamte Verfahren dem Prinzip der Wirtschaftlichkeit und Verhältnismäßigkeit unterzuordnen (§ 97 I 2 GWB). Die Beschaffungsvorgänge der Kommune sollen stets auf das Angebot mit dem besten Preis-Leistungs-Verhältnis entfallen, solange ein von der Kommune angestrebter Qualitätsstandard erreicht werden kann (§ 127 I GWB). Das nationale und europäische Vergaberecht findet jedoch überhaupt erst dann Anwendung, wenn die sog. **Schwellenwerte** des § 106 GWB überschritten sind. Aktuell betragen die Schwellenwerte für Liefer- und Dienstleistungsaufträge 209 000 Euro, für Bauaufträge und Konzessionen 5 225 000 Euro,[432] jeweils exklusive der Mehrwertsteuer.[433]

109

Die aus dem GWB resultierende Verpflichtung Beschaffungsverträge in einem förmlichen Vergabeverfahren zu erteilen, besteht mitunter auch unterhalb des Schwellenwerts aufgrund landesrechtlicher Vergaberegelungen in den jeweiligen **Haushaltsge-**

110

---

[428] EuGH, Urteil vom 09.6.2009, Rs. C-480/06 „Stadtreinigung Hamburg", EuZW 2009, 259 ff.
[429] Näher zu den einzelnen Voraussetzungen *Krönke*, NVwZ 2016, 568 (572 f.).
[430] Vgl. Richtlinie 2014/24/EU über die öffentliche Auftragsvergabe, Richtlinie 2014/25 EU über die Vergabe von Aufträgen in den sog. Sektoren, Richtlinie 2014/23/EU über die Konzessionsvergabe.
[431] Vgl. bereits § 97 I, II GWB und *Ziekow*, Öffentliches Wirtschaftsrecht, § 9, Rn. 1, 43 ff.
[432] Richtlinie 2014/24/EU vom 26.02.2014 über die öffentliche Auftragsvergabe und zur Aufhebung der Richtlinie 2004/18/EG, zuletzt hinsichtlich der Schwellenwerte geändert durch die Delegierte Verordnung (EU) 2015/2170 der Kommission vom 24.11.2015 zur Änderung der Richtlinie 2014/24/.
[433] Art. 4 I der Richtlinie 2014/24/EU.

setzen.[434] Man spricht insofern auch von der Zweiteilung des deutschen Vergaberechts. Denn das ursprünglich im Gemeindehaushaltsrecht geregelte Vergaberecht dient anders als das – nach europäischem Verständnis – wettbewerbsrechtliche Vergaberecht nicht der Herstellung von Wettbewerb, sondern vielmehr der Schonung öffentlicher Ressourcen. Diese Zweiteilung führt auch zu einer solchen im Rechtsschutz: Ausschließlich bei Vergaben ab Erreichen des Schwellenwerts haben die bietenden Unternehmer ein einfachrechtlich normiertes subjektives Recht auf Einhaltung der Bestimmungen über das Vergabeverfahren (vgl. § 97 VI GWB). Im Falle einer Verletzung dieser subjektiver Rechte kann der Unternehmer – bei Vorliegen der Voraussetzungen der § 107 f. GWB – einen Antrag auf Nachprüfung der Vergabe eines öffentlichen Auftrags durch die Vergabekammer (zu deren Organisation vgl. § 155 ff. GWB) nach § 160 GWB stellen. Gegen die Entscheidung der Vergabekammer ist die sofortige Beschwerde vor dem jeweils zuständigen Oberlandesgericht zulässig (§§ 171 ff. GWB).

Die unterhalb der Schwellenwerte maßgeblichen Haushaltsgesetze vermitteln jedoch etwaigen nicht berücksichtigten Wettbewerbern kein unmittelbares subjektives Recht[435], sodass mangels Anwendbarkeit des wettbewerbsrechtlichen Vergaberechts kein unmittelbar drittschützendes Vergaberechtssystem besteht. Stattdessen können sich unterlegene Wettbewerber auf den allgemeinen Gleichbehandlungsgrundsatz, insbesondere unter dem Gesichtspunkt der Selbstbindung der Verwaltung, berufen.[436] Soweit ein Auftrag trotz seines Volumens unterhalb der Schwellenwerte Binnenmarktrelevanz besitzt, sind zumindest auch die primärechtlichen Vorgaben des europäischen Wettbewerbsrechts zu beachten.[437] Soweit der Auftrag durch den Abschluss eines zivilrechtlichen Vertrags vergeben wird, ist für etwaige Rechtsschutzansprüche der Zivilrechtsweg statthaft.[438] Diese Ungleichheit im Rechtsschutz wurde vom Bundesverfassungsgericht als mit Art. 3 I GG vereinbar erklärt.[439]

Aus dem Vergaberecht stammt schließlich auch der Begriff des **Dienstleistungskonzessionärs,** wie der Verwaltungshelfer bezeichnet wird, der das Entgelt für die von ihm erbrachte private Dienstleistung nicht mehr von der Gemeinde, sondern unmittelbar von den Benutzern erhält. Es ist z. B. denkbar, dass ein privat betriebener Müllabfuhrbetrieb das Benutzungsverhältnis unmittelbar mit seinen Kunden begründet und von diesen dann auch eigenständig das Benutzungsentgelt bezieht. Dies setzt aber eine gemeindliche Satzung voraus, die den Anschluss- und Benutzungszwang an diese privat betriebene Einrichtung festsetzt. Darüber hinaus müssen die vertraglichen Vereinbarungen zwischen der Gemeinde und dem Verwaltungshelfer dahingehend Regelungen enthalten, dass die Qualität und die Quantität der erbrachten Leistungen dem kommunalen Gemeinwohlauftrag genügen. Zusammenfassend entlastet die funktionale Privatisierung demnach die Gemeinde bei ihrer Aufgabenverantwortung, belässt aber – im Gegensatz zu der nachfolgend darzustellenden Privatisierungsform – weiterhin die Zuständigkeit und die Verantwortung für die Aufgabe bei der Gemeinde.[440]

---

[434] Art. 61 ff. GO BY; §§ 77 ff. GemO B.-W.; §§ 75 ff. GO NRW; §§ 72 ff. SächsGO.
[435] VGH Mannheim, 1 S 1580/96, NVwZ-RR 1999, 264.
[436] vgl. hierzu *Kapellmann/Messerschmidt,* VOB/A § 16 Rn. 167 ff.
[437] EuGH, C-278/14, NZBau 2015, 383; EuGH, C-278/14, NZBau 2015, 383.
[438] BVerwG, 6 B 10/07, NZBau 2007, 389.
[439] BVerfG, 1 BvR 1160/03, NJW 2006, 3701.
[440] Vgl. auch *Maurer,* Allg. VerwR, § 23, Rn. 62.

c) Materielle Privatisierung

Strikt zu trennen von den bisherigen Privatisierungsformen ist die materielle Privatisierung (sogenannte **Aufgabenprivatisierung**). Bei dieser Privatisierungsform, die ebenfalls von der gemeindlichen Selbstverwaltungsgarantie (Art. 28 II GG) geschützt ist,[441] zieht sich die Gemeinde vollständig oder teilweise, und endgültig oder zeitlich befristet von der Erfüllungsverantwortung einer kommunalen Aufgabe zurück.[442] Die Aufgabe wird künftig von einem Privaten wahrgenommen und ihre Erfüllung unterliegt ausschließlich marktwirtschaftlichen Gesichtspunkten. Im Rahmen dieser Aufgabenprivatisierung trennt sich die Gemeinde auch von den zugehörigen kommunalen Einrichtungen. Ein Beispiel hierfür ist die Schließung des kommunalen Kinos wegen der Neueröffnung eines privaten Multiplexkinos. Hierunter fallen auch die Sale-and-Lease-Back Kooperationen der Kommunen mit Privaten, die neben einer Vermögensprivatisierung die Aufgabenprivatisierung zur Folge haben. Dabei geht es zumeist neben dem Verkauf der Immobilie um die Übertragung der Gebäudebewirtschaftung auf Private.[443] Da sich die Kommune bei der materiellen Privatisierung vollständig ihrer öffentlichen Aufgaben entledigt, wird dieses Vorgehen mitunter auch als „echte" Privatisierung bezeichnet.[444] Im Unterschied zu den bisher dargestellten Privatisierungsformen erfolgt die Aufgabenerfüllung bei der materiellen Privatisierung gerade nicht mehr durch kommunale Unternehmen, die zwar in einer privatrechtlichen Rechtsform geführt werden, deren Träger aber dennoch die Gemeinde ist. Die materielle Privatisierung erfolgt daher nicht zwingend durch die Veräußerung sämtlicher Geschäftsanteile, sondern meist durch die Veräußerung eines Minderheitsanteils. Gerade wenn es um kommunale Energieversorgungsunternehmen geht, ist es ein berechtigtes Interesse der Gemeinde, weiterhin an den Einnahmen zu partizipieren. Allerdings tut sich im Zusammenhang mit der Anteilsveräußerung wiederum eine Schnittstelle zum Vergaberecht auf. Während die Veräußerung – isoliert betrachtet – mangels „öffentlichem Auftrag" i. S. d. § 99 I GWB nicht dem Vergaberecht unterfällt, kann es bei der Überschneidung oder Kombination von Anteilsverkauf und Vergabe von Bau-, Liefer- oder Dienstleistungsaufträgen (§ 97 I GWB), zur Ausschreibungspflicht kommen.[445]

111

Grenzen für die Zulässigkeit materieller Privatisierung ergeben sich mitunter aus den jeweiligen landesrechtlichen Regelungen.[446] Demnach ist insbesondere die (teilweise) Veräußerung von kommunalen wirtschaftlichen Unternehmen nur zulässig, wenn dadurch die Erfüllung gemeindlicher Aufgaben nicht beeinträchtigt wird. Weitere landesrechtliche Beschränkungen des gemeindlichen Selbstverwaltungsrechts (gemäß Art. 28 II GG) bestehen mitunter für Energie- und Konzessionsverträge.[447] Wegen des mit der materiellen Privatisierung regelmäßig einhergehenden Verlusts an Gestaltungsmöglichkeiten für die Gemeinde ist die materielle Privatisierung jedoch **bei Pflichtaufgaben** – auch ohne eine ausdrückliche Regelung des Landesgesetzgebers –

112

---

[441] Vgl. hierzu weiterführend *Tomerius/Breitkreuz*, DVBl. 2003, 426 ff.
[442] Weiterführend *Schoch*, DVBl. 1994, 962 ff.; *Peine*, DÖV 1997, 353 ff.; *Weidemann*, DVBl. 1998, 661 ff.; *Gern*, DÖV 2009, 269, (270 f.).
[443] Vgl. dazu: *Kruhl*, NZBau 2005, 121 (122 f.).
[444] So *Cronauge/Westermann*, Kommunale Unternehmen, Rn. 263.
[445] Vgl *Drügemöller/Konrad*, ZfBR 2008, 651 ff.; *Krutisch*, NZBau 2003, 650 (650).
[446] Siehe § 106 GemO B.-W.; § 111 GO NRW; § 100 SächsGO.
[447] § 107 GemO B.-W.; § 101 SächsGO. Weiterführend *Wieland/Hellermann*, DVBl. 1996, 401 ff.

ausgeschlossen.[448] Trotz dieses Rückzugs der Kommunen und dem Vertrauen auf die Selbstregulierung des Marktes durch Wettbewerb, treffen die Gemeinde schließlich auch nach durchgeführter Privatisierung i. d. R. Gewährleistungs- und Regulierungspflichten.[449] Sie muss insbesondere weiterhin die ausreichenden Dienstleistungen zur Verwirklichung des Gemeinwohls sicherstellen und ggf. Aufsichtsstellen einrichten, die deren Erfüllung überwachen.

112a Grenzen der Privatisierung kommunaler Aufgaben wurden jüngst durch das „Weihnachtsmarkturteil" des BVerwG vom 27.5.2009[450] in den Fokus gerückt: Dort wurde die Übertragung des Weihnachtsmarktes in Offenbach auf einen privaten Verein als verfassungswidriger Verstoß gegen die Selbstverwaltungsgarantie gewertet. Unter erheblicher Kritik der Literatur[451] ist in diesem Fall die kommunale Selbstverwaltung zum Verbot materieller Privatisierung mutiert. Da das Privatisierungsverbot – wie dargestellt – nur für Pflichtaufgaben gilt, müsste die Veranstaltung eines Weihnachtsmarktes (schwer nachvollziehbar[452]) eine kommunale Pflichtaufgabe darstellen. Die entscheidende Aussage des BVerwG bestand jedoch darin, dass die aus der Selbstverwaltungsgarantie (Art. 28 II 1 GG) erwachsende Pflicht der Gemeinde zur Sicherung eines eigenen Aufgabenbestandes, wie z. B. die Bereitstellung wirtschaftlicher, sozialer, sportlicher und kultureller Einrichtungen[453], als Privatisierungsverbot herangezogen wird.

112b Der ganzen Privatisierungsbewegung zum Trotz ist ihre Rolle als „Heilsbringer" leerer Gemeindekassen kritisch zu hinterfragen. Gerade Bereiche der Daseinsvorsorge, wie Strom-, Gas- und Wasserversorgung und Abfallentsorgung, sind wirtschaftlich lukrative Bereiche, mit denen die Gemeinden in Besinnung ihrer Aufgaben die Kassen füllen könnten. Nicht zuletzt deshalb ist unter dem Schlagwort **„Rekommunalisierung"** darüber nachzudenken, ob sich die Gemeinden dieser Aufgaben wieder annehmen sollen.[454] Sicherlich sind dabei Themen wie Monopol und Wettbewerb der öffentlichen Hand nicht auszublenden, jedoch dürfen die Kommunen die Chancen der eigenen Aufgabenerfüllung nicht aus den Augen verlieren und können letztlich auch aus Haushaltsgesichtspunkten finanziell lukrative Wertschöpfung in ihr Portfolio aufnehmen. Immer stärker zeichnet sich in den vergangenen Jahren diesbezüglich der kommunalpolitische Wille ab, durch die Kommunalwirtschaft Profit für die Kommune zu generieren – und sich als lokaler Politiker selbst zu profilieren. Auch im Bereich der Rekommunalisierung lässt sich eine spiegelbildlich zur Privatisierung verlaufende Differenzierung vornehmen: Mit dem Begriff der materiellen Rekommunalisierung wird der Rückkauf ganzer privatwirtschaftlicher Unternehmen oder der Zukauf von Unternehmensanteilen beschrieben, funktionelle Rekommunalisierung meint die Rückübertragung der Aufgabe vom Privaten und die formelle Rekommunalisierung führt

---

[448] Vgl. OVG Koblenz, DVBl. 1985, 176 (177); in der Literatur statt vieler *Seewald*, in: Steiner, KommR, Rn. 309. Eingängige Beispiele für freiwillige Aufgaben, bei denen die Aufgabenprivatisierung zulässig ist, finden sich bei *Gern*, DKommR, Rn. 233.
[449] Vgl. *Burgi*, in Erichsen/Ehlers (Hrsg.), Allg. VerwR, § 54, Rn. 38.
[450] BVerwG, DVBl. 2009, 1382 ff.
[451] Vgl. *Schoch*, DVBl. 2009, 1533 ff.; *Winkler*, JZ 2009, 1169 ff.; a. A. *Schönleiter*, GewArch 2009, 484 (485 f.).
[452] So auch *Burgi*, KommR § 17 Rn. 85, der im Übrigen zutreffenderweise bemängelt, dass eine Abgrenzung von materieller und funktionaler Privatisierung vom BVerwG nicht vorgenommen wurde.
[453] BVerwG, DVBl. 2009, 1382 (1383 f.).
[454] Siehe dazu ausf. *Brüning*, VerwArchiv 2009, 453 ff.; *Stirn*, KommJur 2011, 48 ff.

zu einer Rückführung eines Unternehmens in privater Rechtsform in ein solches öffentlich-rechtlichen Charakters.[455] Die rechtlichen Grenzen derartiger Schritte limitieren die Kommune bei derartigen Maßnahmen im gleichen Umfang wie für jede neue wirtschaftliche Betätigung der Kommune.

Privatisierung kommunaler Einrichtungen und Betriebe

	Formelle Privatisierung	Funktionale Privatisierung	Materielle Privatisierung	Vermögensprivatisierung
Begriff	Wahrnehmung kommunaler Aufgaben durch ein kommunales Unternehmen in privater Rechtsform, z. B. AG oder GmbH (auch „Organisationsprivatisierung")	Übertragung vorbereitender oder durchführender Tätigkeiten auf Private	Gemeinde überträgt Aufgabe vollständig einem Privaten	Veräußerung staatlichen Vermögens an Private (z. B. Grundstücke, Beteiligungen)
	Public Private Partnership (PPP) = verfestigte Kooperation zwischen der öff. Hand und Privaten zur gemeinsamen Erfüllung öff. Aufgaben; kann Elemente der formellen und funktionalen Privatisierung tragen.			
Form	Zivilrechtliche Eigengesellschaften (Gemeinde ist alleiniger Gesellschafter) oder Beteiligungsgesellschaften (Mehr- oder Minderheitsbeteiligung der Gemeinde an der Kapitalgesellschaft)	Gemeinde bedient sich privater Erfüllungsgehilfen, sog. Verwaltungshelfer, die ganz oder teilweise von Privaten beherrscht werden (Betreiber-, Betriebsführungs- oder Beratungsmodelle)	Privater Rechtsträger	Zivilrechtliche Veräußerung
Merkmal	Gemeinde behält den maßgeblichen Einfluss auf die Wahrnehmung der Verwaltungsaufgaben	Gemeinde behält die Aufgabenverantwortung durch Sicherung von Eingriffs- und Kontrollrechten	Gemeinde verliert ihre Aufgabenverantwortung; deshalb bei Pflichtaufgaben unzulässig	Aufgabenwahrnehmung bleibt unberührt; rein fiskalischer Vorgang
Beispiel	kommunale Einrichtungen und Betriebe; z. B. kommunale Wohnungsbaugesellschaft in Form einer GmbH	Abschleppdienste; Betrieb eines kommunalen Schwimmbads durch private Betreibergesellschaft	Vollständige Übertragung eines kommunalen Schwimmbads auf einen privaten Träger	Veräußerung von städtischen Gebäuden

V. Rechnungslegung und Rechnungsprüfung

Die Einhaltung der Vorschriften über das Haushaltsrecht wird durch die **kommunale Finanzkontrolle** gewährleistet. Als Kontrollmittel sehen die Kommunalgesetze die **Rechnungslegung** (§ 95 GemO B.-W.; § 88 GO SA; § 95 GO NRW; Art. 102 GO BY) sowie das Institut der **Rechnungsprüfung** (Art. 103 ff. GO BY; §§ 103 ff. GO

---

[455] Vgl. *Schmidt*, Rechtliche Rahmenbedingungen und Perspektiven der Rekommunalisierung, DÖV 2014. 357 (358 f.).

SA; §§ 109 ff. GemOB.-W.; § 101 ff. GO NRW) vor. Diese Jahresrechnung (bzw. Jahresabschluss) unterliegt dann der Rechnungsprüfung.

1. Jahresrechnung/Jahresabschluss

114 Alljährlich nach Ablauf eines Haushaltsjahres findet die **Rechnungslegung** statt, die zur fristgebundenen Aufstellung des **Jahresabschlusses** (§ 88 GO SA; § 95 GO NRW; Art. 102 GO BY; in § 95 GO BW **Jahresrechnung** genannt) führt. Im Jahresabschluss, der als Gegenstück und Vollzugsbericht zum Haushaltsplan zu sehen ist, legt die Gemeinde Rechenschaft über ihre Wirtschaftsführung im angelaufenen Rechnungsjahr ab.[456] In ihm ist das Ergebnis der Haushaltswirtschaft, d. h. entsprechend der Kameralistik, der kassenmäßige Abschluss, einschließlich des Standes des Vermögens und der Verbindlichkeiten zu Beginn und am Ende des Haushaltsjahres nachzuweisen (vgl. Art. 102 I 1 GO BY; § 95 I GemO B.-W.).[457] Im Zuge der Einführung moderner wirtschaftlicher Verwaltungssteuerungssysteme wurde in den letzten Jahren in zahlreichen Gemeindeordnungen das bisherige kommunale Haushalts- und Rechnungswesen (**Kameralistik**) durch ein kaufmännisches Rechnungswesen, das auf der Grundlage der doppelten Buchführung arbeitet (sog. **Doppik**), abgelöst bzw. zumindest ergänzt.[458] Inzwischen ist die doppische Haushaltsführung in zehn Ländern verpflichtend (wobei hier stellenweise, wie in B.-W. noch Übergangsfristen laufen), in BY, S.-H. und Thür. besteht ein Wahlrecht zwischen Doppik und (teilweise auch erweiterter) Kameralistik. Mit dem Jahresabschluss ist bei der doppelten Buchführung ein konsolidierter Jahresabschluss zu erstellen, d. h. die Jahresabschlüsse der Sondervermögen, Organisationseinheiten, Vermögensmassen, Zweckverbände, Verwaltungsgemeinschaften und Stiftungen der Gemeinde sind zusammenzufügen (Art. 102 a GO BY). Der Jahresabschluss besteht aus einer Ergebnis-, Finanz- und Vermögensrechnung (§ 95 II GemO B.-W.; Art. 102 I 2 GO BY; § 95 I GO NRW; § 88 II GO SA). In diesem Sinne hat NRW ein Gesetz zur Einführung des Neuen Kommunalen Finanzmanagements für Gemeinden im Land Nordrhein-Westfalen (NKFEG NRW)[459] erlassen, das in Verbindung mit § 116 GO NRW den ersten Gesamtabschluss (spätestens bis zum Stichtag 31.12.2010), vergleichbar einem Konzernabschluss, mitsamt der Doppik eingeführt hat. Dieses kommt dem Wunsch nach, die Haushaltslage transparenter zu gestalten, indem kommunalwirtschaftliches Handeln, wie z. B. Finanzierungen im Rahmen von PPP, Aufgabenverlagerungen oder Kreditaufnahmen auf ihre Wirtschaftlichkeit überprüft werden.[460] Vor diesem Hintergrund wurde das System der **Kameralistik** als Rechnungswesen des Staates und der Gemeinden (auch öffent-

---

[456] Ebenso *Gern*, DKommR, Rn. 706.
[457] Vgl. auch den neu gefassten Wortlaut in § 88 I 3 GO SA sowie § 95 I 1 GO NRW.
[458] Vgl. Art. 102 I 2, 3 GO BY; § 95 I, II; GO NRW; § 88 GO SA, zuletzt das Kommunal-Doppik-Einführungsgesetz M.-V. v. 14.12.2007 (GVOBl. M.-V. S. 410). Hierzu vertiefend: insb. *Budäus/Gronbach (Hrsg.)*, Umsetzung neuer Rechnungs- und Informationssysteme in innovativen Verwaltungen, 1999; *Pünder*, Haushaltsrecht im Umbruch – eine Untersuchung der Erfordernisse einer sowohl demokratisch legitimierten als auch effektiven und effizienten Haushaltswirtschaft am Beispiel der Kommunalverwaltung, 2003; ders., Der „doppische" Kommunalhaushalt – ein neuer Rechnungsstil für eine neue Kommunalverwaltung, in: Der Landkreis 2005, S. 18 ff.; *Häfner*, Doppelte Buchführung für Gemeinden nach dem NKF (Neues kommunales Finanzmanagement), 3. Aufl. 2005; *Henneke/Pünder/Waldhoff*, Recht der Kommunalfinanzen, 2006; *Henkes*, Der Jahresabschluss kommunaler Gebietskörperschaften, 2008.
[459] Vom 16.11.2004, GV. NRW 2004, 644 ff.
[460] Vgl. auch *Reuter/Polley*, NVwZ 2007, 1345 ff.

licher Verbände) weitestgehend abgelöst.[461] Die Kameralistik ist eine reine Einnahmen-Ausgabenrechnung und Vermögensrechnung, aufgeteilt in einen Verwaltungs- und Vermögenshaushalt.[462] Darin werden Ein- und Auszahlungen mit und ohne Vermögensbezug festgehalten, nicht jedoch der Wertverzehr eines Wirtschaftsgutes über die Jahre seiner Nutzung. Das System der **Doppik** hingegen erfasst zusätzlich als Ergebnisrechnung sämtliche Erträge und Aufwendungen. Verwaltungs- und Vermögenshaushalt werden durch einen Ergebnis- und Finanzplan abgelöst.[463] Infolgedessen werden nicht nur Wertverluste des Gemeindevermögens (Abschreibungen), sondern auch der Aufwand für zukünftige Haushaltsjahre (z. B. Rückstellungen) und interne Leistungen erfasst.[464] Dies hat die realistische Abbildung der Vermögens-, Finanz- und Ertragslage des Kommunalhaushalts zur Folge, anhand derer nicht nur der Mittelabfluss, sondern auch die Wertströme und die Folgen von Investitionen überprüft werden können. Das kameralistische „Geldverbrauchskonzept" wird flächendeckend vom doppischen „Ressourcenverbrauchskonzept" abgelöst. In § 88 II SächsGO (ähnlich § 77 III GO B.-W.; §§ 95f. GO NRW; Art. 102 I 2 GO BY) ist das Erfordernis aufgestellt, die Jahresrechnung aus einer **Ergebnis-, Finanz-, und Vermögensrechnung (Bilanz)** sowie einem **Rechenschaftsbericht,** der den Jahresabschluss erläutert, besteht. Nur durch die Zurverfügungstellung dieser Informationen kann eine Verwaltungssteuerung, die sich an Ressourcenaufkommen und -verbrauch über Erträge und Aufwendungen, also dem **Kosten-Nutzen-Verhältnis** orientiert **(Input-output-Steuerung),** funktionieren.[465] Näheres zur Rechnungslegung ergibt sich aus den Gemeindehaushaltsverordnungen (GemHVO) der einzelnen Länder (vgl. z. B. §§ 77–82 BayKommHV). Der Jahresabschluss selbst muss klar und übersichtlich sein (§ 88 I 1 SächsGO). Nach der Aufstellung des Jahresabschlusses (i. d. R. durch den Kämmerer, vgl. z. B. § 95 III GO NRW; § 116 GemO B.-W.), stellt der Bürgermeister diesen fest und leitet ihn im Wege der örtlichen Rechnungsprüfung an den Gemeinderat weiter;[466] nach deren Abschluss wird er auch auf **überörtlicher Ebene** überprüft (ausf. hierzu 2b). Abzuwarten bleibt, ob aufgrund der Harmonisierung der Rechnungslegung im privatwirtschaftlichen Bereich, die Rechnungslegungsstandards – auf Überprüfung der europäischen Kommission hin – auf das öffentliche Rechnungswesen in Form der IPSAS übertragen werden.[467] Ziel ist es dabei die Abschlüsse europäisch vergleichbar zu machen.

Nach Durchführung der örtlichen Rechnungsprüfung (in NRW und BW unabhängig von der örtlichen Rechnungsprüfung) und Aufklärung etwaiger Unstimmigkeit stellt

115

---

[461] Weitestgehend deshalb, da z. B. in Bayern ein Wahlrecht zwischen einer modifizierten Kameralistik und der Doppik besteht, Art. 61 IV; 102, 102a GO BY; vgl. dazu *Benkert/Bätzel,* KommJur 2009, 330 (330).
[462] *Schwarting,* in: Henneke/Pünder/Waldhoff, Recht der Kommunalfinanzen, 2006, § 28 Rn. 7f.
[463] *Schwarting,* in: Henneke/Pünder/Waldhoff, Recht der Kommunalfinanzen, 2006, § 28 Rn. 35ff.
[464] *Pünder,* Die Kommunen vor den Herausforderungen der Doppik, in: Ipsen (Hrsg.), Unternehmen Kommune? (17. Bad Iburger Gespräche), 2007, S. 132; vgl. auch *Thormann,* KommJur 2005, 281 (288).
[465] *Pünder,* Die Kommunen vor den Herausforderungen der Doppik, in: Ipsen (Hrsg.), Unternehmen Kommune (17. Bad Iburger Gespräche), 2007, S. 130ff.; *Berens/Büdäus* u. a., DÖV 2008, 109ff., krit. zur Doppik dagegen *Thieme,* DÖV 2008, 433ff.
[466] Zu den ggf. bestehenden Fristen für die Aufstellung und Weiterleitung der Jahresrechnung siehe Art. 102 II GO BY; § 95 II GemO B.-W.; § 95 III GO NRW; § 88b I SächsGO.
[467] Dazu *Gerhards,* DÖV 2013, 70ff.

der Gemeinderat – i. d. R. innerhalb eines Jahres nach Ende des Haushaltsjahres[468] – die Jahresrechnung fest und beschließt über die **Entlastung** der Verwaltung, einschließlich des Bürgermeisters.[469] Mit der Entlastung übernimmt sie die politische und rechtliche Verantwortung für die finanzielle Verwaltungsführung. Eine formell und materiell anerkannte Jahresrechnung bedeutet jedoch keinen Verzicht auf Schadensersatzansprüche oder disziplinarrechtliche Maßnahmen gegenüber den kommunalen Amtsträgern. Der Beschluss über die Feststellung der Jahresrechnung ist sodann unverzüglich der Rechtsaufsichtsbehörde mitzuteilen sowie ortsüblich (öffentlich gem. § 96 II 2 GO NRW) bekannt zu geben. Gleichzeitig ist die Jahresrechnung mit Rechenschaftsbericht i. d. R. öffentlich auszulegen, wobei in der Bekanntgabe auf diese Auslegung hinzuweisen ist (vgl. Art. 95 III GemO B.-W.; § 88b III GO SA).

Kameralistik und Doppik

	Kameralistik	Doppik
Beschreibung	Rechnungswesen des Staates, der Kommunen und öffentlicher Verbände	Kaufmännische Buchführung der Kommunen
Funktion	*„Geldverbrauchskonzept"* Abbildung von Zahlungsströmen/reine Einnahmen- und Ausgabenrechnung; *Verwaltungshaushalt*	*„Ressourcenverbrauchskonzept"* Zusätzlich Ertrags- und Aufwandsrechnung; *Ergebnishaushalt*
Ausgangspunkt	*Haushaltsplan* als Grundlage für die Haushaltssatzung; bestehend aus Verwaltungshaushalt (Ein- und Auszahlungen ohne Vermögensbezug) und Vermögenshaushalt (Ein- und Auszahlungen mit Vermögensbezug)	*Haushaltssatzung* mit Ergebnisplan (Erträge und Aufwendungen) und Finanzplan (Ein- und Auszahlungen) *Jahresabschluss* sowie *Lagebericht*

2. Kommunales Prüfungswesen

a) Örtliche Rechnungsprüfung

116 Vor der Feststellung der Jahresrechnung bzw. des Jahresabschlusses durch den Gemeinderat wird dieser zunächst im Rahmen des Verfahrens der Rechnungsprüfung auf örtlicher („eigener" oder „interner") Ebene überprüft (Art. 103f. GO BY; §§ 109f. GO BW; §§ 102ff. GO NRW; § 103ff. GO SA). Dabei bedient sich der **Rechnungsprüfungsausschuss** – soweit vorhanden – des **örtlichen Rechnungsprüfungsamts** (§ 102 GO NRW; § 103 I GO SA; § 109 GO BW; Art. 103f. GO BY), das in kreisfreien Städten sowie Großen Kreisstädten – abhängig von der jeweiligen landesrechtlichen Regelung ggf. auch in Gemeinden ab 20000 Einwohnern – obligatorisch einzurichten ist.[470] In einigen Gemeindeordnungen besteht diese Pflicht nur für den Fall, dass die Gemeinde sich eines fremden kommunalen Rechnungsprüfungsamtes nicht bedienen kann (§ 103 I GO SA; § 109 I GO BW). Kleine Gemeinden können ein solches Amt einrichten, alternativ ist regelmäßig ein geeigneter Bediensteter als Rechnungsprüfer zu bestellen.

---

[468] Zu den längeren Fristen in Bayern vgl. Art. 102 III GO BY.
[469] Vgl. Art. 102 III GO BY; § 88b II GO SA; § 96 I GO NRW; § 95 II GemO B.-W.
[470] Gem. Art. 103 I, II GO BY wird der Jahresausschuss in kreisangehörigen Gemeinden vom Gemeinderat (bei Gemeinden bis zu 5.000 Einwohnern) oder einem Rechnungsprüfungsausschuss geprüft.

Gemeinsam ist allen örtlichen Prüfungsorganen, dass sie bei der Erfüllung der ihnen zugewiesenen Aufgaben, d. h. bei ihrer Prüfungstätigkeit, **unabhängig** und an inhaltliche Weisungen nicht gebunden sind (§ 109 II GemO B.-W.; § 104 I GO NRW; § 103 II GO SA; Art. 104 II GO BY). Das Rechnungsprüfungsamt ist unmittelbar dem Gemeinderat bzw. – gem. § 109 II GO BW und § 103 II 2 GO SA – dem Bürgermeister unterstellt. Der Leiter des Rechnungsprüfungsamtes kann nur unter erschwerten Bedingungen abberufen werden, insbesondere bedarf es hierfür einer 2/3-Mehrheit der Stimmen aller Gemeinderatsmitglieder (vgl. Art. 103 IV GO SA; § 109 IV GemO B.-W.; Art. 104 III GO BY). 117

Neben der Überprüfung der Jahresrechnungen bzw. Jahresabschlüsse der Gemeinden sehen die Gemeindeordnungen – abhängig von der jeweiligen landesrechtlichen Regelung – weitere **Pflichtaufgaben** für die örtliche Rechnungsprüfung vor, wie z. B. die Prüfung der Jahresabschlüsse der Eigenbetriebe oder bestimmter Sondervermögen sowie die Kassenüberwachung (vgl. Art. 103 I GO BY; § 103 I GO NRW; § 112 I GemO B.-W.; § 104ff. GO SA). Als **Kannaufgaben** kann der Gemeinderat dem Rechnungsprüfungsamt weitere Aufgaben übertragen (z. B. die Prüfung der Verwaltung auf Wirtschaftlichkeit und Zweckmäßigkeit).[471] 118

Das Rechnungsprüfungsamt hat die Prüfung fristgemäß durchzuführen und dem Bürgermeister einen Bericht über das Prüfungsergebnis vorzulegen, der wiederum die Aufklärung von Beanstandungen veranlasst. Anschließend fasst das Rechnungsprüfungsamt seine Bemerkungen in einem **Schlussbericht** zusammen, der dem Gemeinderat zur Beschlussfassung vorzulegen und ggf. zu erläutern ist (vgl. § 110 II GemO B. W.; § 104 II GO SA). Der örtlichen Prüfung kommt somit nur interne Wirkung zu. 119

b) Überörtliche Rechnungsprüfung

Neben der örtlichen Rechnungsprüfung findet eine überörtliche („fremde" oder „übergemeindliche") Rechnungsprüfung der Jahresrechnung bzw. des Jahresabschlusses statt (§ 105 GO NRW; § 113f. GemO B.-W.; Art. 105 GO BY; §§ 108ff. GO SA). Die Zuständigkeit ist in den Bundesländern unterschiedlich geregelt: In Baden-Württemberg (bei Gemeinden mit mehr als 4.000 Einwohnern) und Nordrhein-Westfalen findet die überörtliche Rechnungsprüfung durch die **Gemeindeprüfungsanstalt**, einer selbständigen öffentlich-rechtlichen Prüfungseinrichtung, statt; in Bayern durch den selbständigen **Kommunalen Prüfungsverband** oder die staatlichen Rechnungsprüfungsstellen (vgl. Art. 105 I GO BY). In Sachsen ist der **Rechnungshof** zuständig (§ 108 GO SA). 120

Die überörtliche Rechnungsprüfung ist regelmäßig (mitunter abhängig von der Einwohnerzahl der Gemeinde) **nicht bloßer Teil der staatlichen Rechtsaufsicht,** sondern eine selbständige Einrichtung, die lediglich eine beratende und feststellende Funktion hat.[472] Die überörtliche Prüfung erstreckt sich auf die Gesetz- und Weisungsmäßigkeit der gemeindlichen Jahresrechnung bzw. des Jahresabschlusses (sog. **Ordnungsprüfung**). Darüber hinaus soll (muss oder kraft kommunaleigenen Antrags) die überörtliche Prüfungsbehörde die Gemeinde auch bezüglich der Wirtschaft- 121

---

[471] Vgl. § 103 II GO NRW; § 112 II GemO B.-W.; § 106 II GO SA.
[472] So *Knemeyer*, BayKommR, Rn. 387; *Rehn/Cronauge*, GO-NRW, Bd. II, § 105, Erl. II 1.; *Hölzl/Hien*, GO BY, Art. 105, Erl. 2b); a. A. *Gern*, DKommR, Rn. 710; *Seewald*, in: Steiner, BesVwR, Rn. 348. Abweichend § 113 I GemO B.-W. für Gemeinden unter 400 Einw.

lichkeit ihrer Verwaltungstätigkeit beraten (sog. **Wirtschaftlichkeits- und Organisationsprüfung**). Soweit die Nachprüfung sich auch auf Wirtschaftlichkeit erstreckt, ist – für den Fall, dass die überörtliche Prüfung und die Rechtsaufsicht nicht strikt voneinander getrennt werden (vgl. z. B. § 113 I GemO B.-W.) – umstritten, ob durch diese Wirtschaftlichkeitsprüfung das kommunale Selbstverwaltungsrecht verletzt wird, da sich diese überörtliche Aufsichtsprüfung (dann) auch auf Zweckmäßigkeitserwägungen der kommunalen Verwaltung erstreckt.[473]

122 Die Prüfungsbehörde fasst ihre Ergebnisse der überörtlichen Rechnungsprüfung in einem **Prüfungsbericht** zusammen, der der Gemeinde und der Rechtsaufsicht zu übermitteln ist. Liegen keine wesentlichen Beanstandungen vor bzw. sind diese von der Gemeinde erledigt worden (ggf. auf Grund rechtsaufsichtlicher Maßnahmen), bestätigt die Rechtsaufsichtsbehörde dies der Gemeinde zum Abschluss der Prüfungen.

3. Beteiligungscontrolling

123 Besondere Rechtsfragen ergeben sich bei der Kontrolle **kommunaler Beteiligungsgesellschaften**. Ausgangspunkt ist dabei die Notwendigkeit demokratischer Kontrolle auch und gerade dort, wo die Verwaltung ihre Aufgaben mit Mitteln des Privatrechts ausübt. Denn die Nutzung zivilrechtlicher Formen enthebt die staatliche Gewalt nicht von ihrer Bindung an die Grundrechte gemäß Art. 1 III GG. Die von der öffentlichen Hand beherrschten gemischtwirtschaftlichen Unternehmen in Privatrechtsform unterliegen ebenso wie im Alleineigentum des Staates stehende öffentliche Unternehmen einer unmittelbaren Grundrechtsbindung (keine „Flucht ins Privatrecht").[474] Diesen Gedanken greifen die Kommunalgesetze auf, wenn sie – wie oben dargestellt – die Zulässigkeit einer wirtschaftlichen Beteiligung einer Gemeinde an einem Unternehmen in Privatrechtsform daran künpfen, dass damit ein öffentlicher Zweck verfolgt wird und sich die Gemeinde hinreichende Einflussmöglichkeiten sichern kann, um die Wahrung der öffentlichen Zweckbindung zu gewährleisten.[475]

Grundlage der Erfüllung dieser Kontrollaufgaben ist ein sogenanntes „Beteiligungscontrolling". Darunter ist zum einen die Beteiligungsverwaltung (Sammeln, Strukturieren und Bewerten sämtlicher Informationen über die kommunalen Unternehmen, Beratung der kommunalen Aufsichtsratsmitglieder, Vorbereitung von Gemeinderatsbeschlüssen) und zum anderen das eigentliche Beteiligungscontrolling zu verstehen. Als Teil der Beteiligungsverwaltung sind die Gemeinden grundsätzlich verpflichtet, sowohl die Wahrnehmung der öffentlichen Aufgabe als Gewährleistungsträger zu überwachen als auch die Verwendung eigener Mittel im Rahmen einer Beteiligung an solchen Unternehmen kontrollieren zu lassen (sog. **Beteiligungsprüfung, bzw. Beteiligungsbericht**[476]). Beim Beteiligungscontrolling im engeren Sinne kann zwischen dem strategischen und dem operativen Controlling unterschieden werden. Das strategische (langfristige) Controlling richtet sich auf die Entscheidung über die Errichtung oder die Beteiligung an einem privaten Unternehmen, der Festlegung der Aufgaben und Ziele des Unternehmens und dem Entwurf von Zielvereinbarungen mit der Geschäfts-

---

[473] So *Vogel,* DVBl. 1970, 193 (198); a. A. *Gern.* DKommR, Rn. 710, *Schmidt-Jorzig,* KommR, Rn. 890.
[474] Vgl. BVerfGE 128, 226 (244); sowie BGHZ 91, 84 (97). Ausf. *Spannowsky,* DVBl. 1992, 1072 (1073); *Wurzel/Schraml/Becker,* Rechtspraxis der kommunalen Unternehmen, München, Stand 2005, Teil E Rn. 221.
[475] Vgl. Art. 92 I, 95 I BayGO und § 103 I, III GemO B.-W.
[476] Vgl. § 112 II Zf. 3 GemO B.-W.; Art. 106 IV GO BY.

führung. Das operative Controlling dient der Überwachung und Kontrolle der Einhaltung der Geschäftsführung und der Einhaltung der öffentlichen Zweckbindung.

Insbesondere im Rahmen des operativen Controllings treten an der Schnittstelle des Kommunalrechts mit dem Gesellschaftsrecht beachtliche Probleme auf. Probleme entstehen hierbei durch differierende Regeln im Kommunalrecht (Landesrecht) und Gesellschaftsrecht (Bundesrecht). Dabei gilt wegen Art. 31 GG der sog. **Vorrang des Gesellschaftsrechts,** das als abgeschlossener Normenkomplex abweichenden landesrechtlichen Regelungen keinen Raum gibt.[477] Nach § 54 HGrG[478] und den kommunalrechtlichen Vorschriften[479] müssen die Gemeinden „darauf hinwirken", dass entsprechende Prüfungs- und Kontrollrechte gesellschaftsvertraglich vereinbart werden; daraus folgt im Gegenschluss, dass ein **originäres gesetzliches Prüfungsrecht** gegenüber der privatrechtlichen Gesellschaft gerade nicht besteht. Konsequent erstrecken sich nach dem Kommunalrecht der Länder die Befugnisse der Rechnungsprüfungsbehörden kraft Gesetzes nicht auf das Handeln der jeweiligen Geschäftsführung der Gesellschaft, sondern beschränken sich im Rahmen der Beteiligungsprüfung nur auf das Handeln der Gemeinde (und ihrer Repräsentanten) als Gesellschafterin.[480] Auch das Kommunalrecht kann daher die Gemeinden als Anteilseigner/Gesellschafter nur verpflichten, auf die Aufnahme entsprechender Prüfungsrechte der Rechnungsprüfungsbehörde in die Satzung bzw. den Gesellschaftsvertrag hinzuwirken.[481]

Bei der in der Praxis am häufigsten vorkommenden Rechtsform der GmbH besteht nach § 52 GmGH die Möglichkeit, einen fakultativen Aufsichtsrat zu bestellen und das Verhältnis des Aufsichtsrats zur GmbH sowie die Rechte und Pflichten der Aufsichtsratsmitglieder losgelöst vom Vorbild der Aktiengesellschaft zu regeln. In diesen Fällen kann die Gemeinde im Rahmen des Gesellschaftsvertrags entsprechende Kontrollbefugnisse und Weisungsrechte des Gemeinderats gegenüber dessen Vertretern im Aufsichtsrat begründen.[482]

Demgegenüber regelt das Aktienrecht allerdings die Einflussmöglichkeiten und Prüfungsrechte aller Aktionäre in §§ 394, 395 AktG, §§ 53, 54 HGrG abschließend; damit sind insbesondere Weisungsbefugnisse seitens der Aufsichtsratsvertreter, aber auch weitergehende landesgesetzliche Prüfungsrechte ausgeschlossen.[483] Das Gleiche gilt für eine GmbH mit obligatorischem Aufsichtsrat, auf die das AktG anwendbar ist.[484] Weitergehende Rechte der Rechnungsprüfungsbehörde sind nach § 54 HGrG in der Unternehmenssatzung bzw. im Gesellschaftsvertrag zu verankern; sie erfordern einen

---

[477] BGHZ 36, 296 (306); 69, 334 (340). *Püttner,* DVBl. 1986, 748 (751 f.); *Schwintowski,* NJW 1995, 1316 f.; *Schön,* ZGR 1996, 429; *Spannowsky,* DVBl. 1992, 1072 (1074).
[478] Der von der h. M. inhaltlich als Norm des Gesellschaftsrechts qualifiziert wird, vgl. *Kropff,* in: Münchener Kommentar zum Aktiengesetz, Bd. 9/2, Vor §§ 394, 395, Rn. 117 ff., 156; *Hüffer,* AktG, § 394 Rn. 16; *Mann,* Die öffentlich-rechtliche Gesellschaft, 2002, S. 236.
[479] Vgl. bspw. Art. 92 I BayGO, § 103 I GemO B.-W.
[480] *Uechtritz,* in: Hoppe/Uechtritz (Hrsg.), Handbuch Kommunale Unternehmen, § 15 Rn. 80; *Strobel,* DVBl. 2005, 77 ff. m. w. Nw. Fn. 30, 37.
[481] Vgl. Art. 94, 104 GO BY.
[482] BVerwGE 140, 300 ff.; s. a. *Schiffer/Wurzel,* KommJur 2012, 52 ff.
[483] BGHZ 36, 296 (306); BGH 69, 334 (340) – VEBA; *Püttner,* Die öffentlichen Unternehmen, 1969, S. 320 ff., 376 ff.; *Schwintowski,* NJW 1995, 1319; *Strobel,* DVBl. 2005, 77 (79).
[484] *Altmeppen,* in: ders./Roth, GmbHG, 4. Aufl. 2003, § 52 Rn. 17; *Treder,* Der Gemeindehaushalt 1986, 146 (147).

Beschluss, der von einer Dreiviertelmehrheit des vertretenen Kapitals getragen wird, sich ausdrücklich definitiv auf die Rechnungsprüfungsbehörde beziehen muss und auf die Inhalte der Betätigungsprüfung nach § 44 HGrG beschränkt ist. Anders ist es bei der GmbH mit fakultativem Aufsichtsrat: Hier kann der Gesellschaftsvertrag eine „Vollprüfung" vorsehen, bei der die Gemeinde befugt ist, die private Gesellschaft wie einen Eigenbetrieb zu überprüfen.[485]

124 Modifizierend versucht die **Lehre vom Verwaltungsgesellschaftsrecht,** unmittelbare gesetzliche Prüfungsbefugnisse gegenüber der Gesellschaft damit zu rechtfertigen, dass hinter diesen letztlich das Prinzip demokratischer Legitimation stehe, das seinerseits eine verfassungskonforme Auslegung des Gesellschaftsrechts verlange.[486] Das überzeugt jedoch nicht, da die Gemeinde immerhin die Wahl hat, sich für die Privatrechtsform zu entscheiden.[487] Zudem verstießen privilegierte Einflussmöglichkeiten der Gemeinde jedenfalls bei gemischten Kapitalgesellschaften zu Lasten unternehmerischer Privatanleger u. U. gegen die „Golden-share-Rechtsprechung" des EuGH.[488] Kommt die Gemeinde im Rahmen des „strategischen" Controllings oder im Rahmen der Prüfung Ihrer Beteiligungen aber zum Ergebnis, dass aufgrund der gesellschaftsrechtlichen Beschränkungen der Kontrolle ein den kommunalrechtlichen Anforderungen entsprechender Einfluss auf das private Unternehmen nicht erreicht werden kann, ist die Beteiligung der Gemeinde ausgeschlossen.[489]

Kommt es im Einzelfall zu Unklarheiten über den zulässigen Umfang des Zugriffs des Rechnungsprüfungsamtes, so entscheidet der (Ober-)bürgermeister.

§ 13. Haftung der Gemeinde

Literatur: *Stelkens,* Verwaltungshaftungsrecht, 1998; *Schmidt-Jorzig/Petersen,* Deliktische Haftung der Gemeinde für betrügerische Vertretungshandlungen ihres Bürgermeisters, JuS 1989, 27; *Bey,* Die Haftung der Kommunen für die Verletzung der Verkehrssicherungspflicht, NZV 1999, 417; *Gundlach,* Die Haftung der Gemeinden für ihre Eigengesellschaften, LKV 2000, 58.

I. Öffentlich-rechtliche Haftung der Gemeinde

1. Unterlassungs- und Beseitigungsansprüche

1 Wenn die Gemeinde in ein subjektives Recht eines Bürgers rechtswidrig eingreift, so steht diesem ein Unterlassungs- bzw. Beseitigungsanspruch zu. Die Rechtsgrundlage eines solchen Anspruchs ist umstritten, in Betracht kommen die Grundrechte, das Rechtsstaatsprinzip oder eine Analogie zu § 1004 BGB. Ein häufiger Anwendungsfall

---

[485] *Wurzel/Schraml/Becker,* Rechtspraxis der kommunalen Unternehmen, 2005, Teil E Rn. 284.
[486] Grdl. *Hans Peter Ipsen,* JZ 1955, 593 (598); *Stober,* NJW 1984, 449 (454); *Haverkate,* VVDStRL 46 (1988); 217 (226, 228). *von Danwitz,* AöR 120 (1995), S. 595 (622); *Ossenbühl,* ZGR 1996, 504 (511); *Hüffer,* Aktiengesetz, 7. Aufl. zu § 44 HGrG Rn. 2a.
[487] Krit. auch *Spannowsky,* ZGR 1996, 400 (413, 422); *Mann,* in: Die Verwaltung 2002, S. 463 (473, 480 ff.); *Kropff,* in: Münchener Kommentar zum Aktiengesetz, 2. Aufl. 2006, Bd. 9/2, Vor §§ 394, 395, Rn. 25.
[488] EuGH NJW 2002, 2305 (betr. Frankreich); NJW 2002, 2306, und NZG 2002, 632 (betr. Portugal); BB 2003 (Großbritannien); BB 2003, 1520 (Spanien). Dazu auch *Kilian,* NJW 2003, 2653 ff. und *Grundmann/Möslein,* ZGR 2003, 317 ff.
[489] kritisch auch Praxis der Kommunalverwaltung, BayGO Art. 86 Erl. 2.2.2.

für solche Ansprüche liegt bei Lärmemissionen gemeindlicher öffentlicher Einrichtungen vor.[1] In Betracht kommen auch Fallgestaltungen, bei denen Verlautbarungen gemeindlicher Amtsträger Grundrechte von Bürgern verletzen.[2] Ein Unterlassungsanspruch ist gegebenenfalls mittels einer einstweiligen Anordnung in Form einer Sicherungsanordnung nach § 123 I S. 1 VwGO sicherbar.[3]

Sofern ein kommunaler Amtsträger privatrechtlich handelt, ergibt sich der Unterlassungs- oder Beseitigungsanspruch unmittelbar aus § 1004 BGB in direkter bzw. analoger Anwendung. 2

2. Haftung der Gemeinde auf Ersatz in Geld

Ein Anspruch auf Schadensersatz in Geld kann insbesondere in Form eines Amtshaftungsanspruchs nach § 839 BGB i. V. m. Art. 34 GG gegeben sein. Die Gemeinde als Anstellungskörperschaft haftet dann, wenn die in § 839 BGB genannten Voraussetzungen vorliegen, wenn also ein Beamter im haftungsrechtlichen Sinne vorsätzlich oder fahrlässig die ihm einem Bürger gegenüber obliegende Amtspflicht verletzt und adäquat kausal hieraus dem Bürger ein Schaden entsteht. Wegen Art. 34 GG haftet im Außenverhältnis allein die Gemeinde und nicht auch der Amtsträger persönlich.[4] 3

Amtshaftungsansprüche werden häufig in baurechtlichen Konstellationen geltend gemacht. So ist ein Amtshaftungsanspruch denkbar, wenn die Gemeinde rechtswidrig ihr Einvernehmen nach § 36 BauGB versagt und dem Bauherrn deswegen ein Verzögerungsschaden entsteht. Häufig sind auch Konstellationen, bei denen die Gemeinde mittels eines Bebauungsplans altlastenverseuchte Grundstücke überplant. Als vom Schutzzweck der verletzten Norm geschützte Dritte werden hierbei aber nur die Grundstückseigentümer und deren Rechtsnachfolger anerkannt.[5] 4

Neben Amtshaftungsansprüchen sind nach den allgemeinen Regeln des Staatshaftungsrechts unter den von der Rechtsprechung entwickelten Voraussetzungen auch Ansprüche wegen enteignungsgleichen Eingriffs oder wegen enteignenden Eingriffs denkbar.[6] 5

3. Rückgriff der Gemeinde gegen Gemeindebedienstete

Gegen einen Gemeindebeamten, der rechtswidrig gehandelt hat, kann die Gemeinde nur bei Vorsatz oder grober Fahrlässigkeit Rückgriff nehmen (§ 96 I LBG B.-W.; Art. 85 I BG BY; § 84 I LBG NRW; § 97 I LBG SA). Tritt der Schaden bei einem Dritten ein, so können u. U. die Grundsätze des Zivilrechts über die Drittschadensliquidation zur Anwendung kommen.[7] Ein Rückgriff gegen Arbeiter und Angestellte 6

---

[1] S. hierzu BVerwGE 79, 254; BVerwG, NJW 1989, 1291; OVG Münster, NVwZ-RR 1989, 263; VGH München, NVwZ 1993, 1006; NVwZ 1989, 269; NVwZ 1989, 601; BayVBl 1996, 730.
[2] S. hierzu VGH Mannheim, VBlBW 1992, 306; VGH München, NVwZ 1986, 327.
[3] Vgl. OVG Bautzen, LKV 2002, 473.
[4] Hierzu *Burgi*, KommR, § 9 Rn. 20 ff.; allgemein zur Amts- und Staatshaftung, *Cloeren/Itzel*, LKRZ 2011, 46 ff.
[5] Vgl. oben § 5 III 2. Zur Altlastenproblematik näher BGH NJW 1989, 500; NJW 1989, 976; NJW 1990, 381; NJW 1990, 1038; DÖV 1991, 799; NJW 1992, 1953; DÖV 1993, 349.
[6] S. zum enteignungsgleichen Eingriff BGHZ 6, 270; 7, 296; 13, 88; 77, 179; 81, 33 und zum enteignenden Eingriff BGH, NJW 1980, 770; NJW 1984, 2516.
[7] Vgl. BVerwG, NJW 1995, 978.

ist nur nach den arbeitsrechtlichen Regeln über den innerbetrieblichen Schadensausgleich möglich.[8] Zur Haftung von Mitgliedern des Gemeinderates siehe § 11 I 1. b).

II. Privatrechtliche Haftung der Gemeinde

7 Für die privatrechtliche Haftung der Gemeinde gilt das Deliktsrecht der §§ 823 ff. BGB. Das Handeln des ersten Bürgermeisters in seiner Eigenschaft als vertretungsberechtigtes Organ der Gemeinde wird dieser hierbei gemäß §§ 31, 89 BGB zugerechnet. Nach diesen Vorschriften tritt die Haftung dann ein, wenn der erste Bürgermeister in amtlicher Eigenschaft und innerhalb der Verbandskompetenz der Gemeinde gehandelt hat.[9] Die Haftung der Gemeinde tritt auch dann ein, wenn der erste Bürgermeister seine **Vertretungskompetenz** überschreitet.[10]

8 Das Handeln anderer Personen als des ersten Bürgermeisters kann der Gemeinde lediglich nach § 831 BGB zugerechnet werden. Es besteht aber nach § 831 I, II BGB die Möglichkeit, sich von der Haftung für Verrichtungsgehilfen zu exkulpieren.

9 Denkbar ist schließlich auch eine Eigenhaftung von Gemeindebediensteten nach § 823 BGB.[11] Da jedoch § 839 BGB lex specialis zu § 823 BGB ist, tritt die Haftung nach § 823 BGB nur dann ein, wenn die in Haftung genommene Person nicht Beamter im haftungsrechtlichen Sinne ist.

10 Aus vertraglichen Schuldverhältnissen haftet die Gemeinde nach den allgemeinen Regeln. Pflichtverletzungen des ersten Bürgermeisters als vertretungsberechtigtes Organ werden der Gemeinde nach §§ 31, 89 BGB zugerechnet.[12] Fehler eines Sachbearbeiters muss sich die Gemeinde jedoch angesichts von § 166 BGB nicht zurechnen lassen.[13]

11 Die Körperschaft Gemeinde haftet auch bei einer **Überschreitung der Vertretungsmacht** ihrer Amtsträger im Innenverhältnis, da die Vertretungsmacht nach außen kraft Gesetzes unbeschränkt ist.[14] Lediglich für Bayern will die überwiegende Meinung insoweit die Grundsätze über die Vertretung ohne Vertretungsmacht anwenden.[15] Dies ist aber im Interesse der Rechtssicherheit abzulehnen, da dem Partner einer Gemeinde im Rechtsverkehr nur schwer möglich und kaum zumutbar ist, sich jedes Mal mühsam über die Reichweite der Handlungsbefugnis des Bürgermeisters zu versichern.

III. Straf- und ordnungswidrigkeitsrechtliche Verantwortung

12 Strafrechtlich sind die Gemeinden selbst nicht deliktsfähig, da das deutsche Strafrecht nur die **Deliktsfähigkeit** natürlicher Personen kennt. Handelt ein Amtsträger für die

---

[8] S. hierzu BAG, NJW 1993, 1732; NJW 1995, 210. Zusammenfassend *Dütz*, Arbeitsrecht, Rn. 198 ff.
[9] S. hierzu BGHZ 20, 126; BGH, NJW 1986, 2940; NVwZ 1984, 749.
[10] S. hierzu BGH, NJW 1980, 115; *Gern*, KommR BW, Rn. 76.
[11] S. z. B. BGHZ 56, 73.
[12] S. hierzu BGH, DÖV 1990, 528; *von Mutius*, KommR, Rn. 130.
[13] Zur Problematik eines Organisationsverschuldens der Gemeinde BGH, DÖV 1992, 498; *Gern*, KommR SA, Rn. 145.
[14] VGH Mannheim, NVwZ 1990, 892.
[15] BayVerfGH BayVBl. 1972, 237 (240); *Widtmann/Grasser*, GO, Art. 29 Rn. 5 g bb); krit. *Bauer/Böhle/Masson/Samper*, Art. 38 GO Rn. 3 f.

Gemeinde, so kann sich seine **strafrechtliche Verantwortlichkeit aus § 14 StGB** ergeben.[16]

Die ordnungswidrigkeitenrechtliche Beurteilung richtet sich nach § 30 OWiG. Nach dieser Vorschrift können vertretungsberechtigte Amtsträger ordnungswidrigkeitenrechtlich belangt werden. Die Verantwortlichkeit tritt dann ein, wenn der Amtsträger eine Pflichtverletzung der Gemeinde herbeiführt, die einen Ordnungswidrigkeitentatbestand erfüllt.

---

[16] S. hierzu näher BGH, NJW 1992, 3247; *Groß/Pfohl*, NStZ 1992, 119.

Dritter Teil. Der Landkreis

§ 14. Rechtsstellung und verfassungsrechtlicher Hintergrund

Literatur: *Henneke,* Optimale Aufgabenerfüllung im Kreisgebiet?, DVBl. 1998, 685; *ders.,* Kreisrecht in den Ländern der Bundesrepublik Deutschland, 2. Aufl. 2007; *Ritgen,* Der Landkreis als Zukunftsmodell – Zur Rolle der Kreeise im Mehrebenensystem, DVBl. 2013, 708; *T. I. Schmidt,* „In dubio pro municipio?" – Zur Aufgabenverteilung zwischen Landkreisen und Gemeinden, DÖV 2013, 509 ff.; *Stüer,* Verwaltungsreform auf Kreisebene, DVBl. 2007, 1267 ff.

I. Der Landkreis als Gebietskörperschaft des öffentlichen Rechts

1 Landkreise sind Gebietskörperschaften. Ihr Gebiet ist deckungsgleich mit dem Amtsbezirk der unteren staatlichen Verwaltungsbehörde (vgl. § 1 LKrO B.-W.; Art. 1 LKrO BY; § 1 LKrO NRW; § 1 LKrO SA). Er besteht aus dem Gebiet der kreisangehörigen Gemeinden und den von den Landkreisgrenzen umschlossenen gemeindefreien Gebieten.[1] Als Gebietskörperschaften sind die Landkreise eigenständige juristische Personen des öffentlichen Rechts, die Träger von Rechten und Pflichten sein können. Das Recht der Landkreise ist in den Landkreisordnungen der Bundesländer näher geregelt. Welche Bedeutung der Landkreis für die zugehörigen Gemeinden hat, zeigt sich in der historischen Entwicklung. Anfang des 19. Jahrhunderts wurden in Bayern bereits in einer königlichen Verordnung erstmals finanzielle Umlagen der Gemeinden für die Einrichtung von Anstalten, Anschaffung von Gerätschaften und dem Straßenbau festgehalten. Diesen Projekten war (und ist) gemeinsam, dass sie im Interesse mehrerer Gemeinden stehen, derartige Investionen aber die Leistungsfähigkeit der einzelnen Gemeinde übersteigen.[2]

2 Der Landkreis ist in seiner Funktion als Körperschaft des öffentlichen Rechts Hoheitsträger gegenüber den sich im Kreisgebiet aufhaltenden Personen. Seine originäre Hoheitsgewalt ist auf die dem Landkreis zugewiesenen Aufgaben beschränkt.[3] Die hoheitliche Tätigkeit nimmt der Landkreis durch Erlass von Verwaltungsakten, Satzungen oder Verordnungen wahr. Mitglieder dieser Körperschaft sind diejenigen, die ihren Wohnsitz im Landkreis haben (Kreiseinwohner).[4] Die Landkreise weisen also eine mitgliedschaftliche Struktur auf.[5] Einer Ansicht nach ist mangels Mitgliedschaft der kreisangehörigen Gemeinden am Landkreis und der deshalb fehlenden Verbandsstruktur der verfassungsrechtliche Begriff des Gemeindeverbandes (Art. 28 Abs. 2 Satz 2 GG, Art. 10 I, 83 BV) für den Landkreis nicht zutreffend.[6] In anderen Bundesländern hingegen ist die Organisationsstruktur des Landkreises als Gemeindeverband ausdrücklich in den Landkreisordnungen hervorgehoben.[7] Dies kann jedoch dahingestellt bleiben, da die zum Landkreis gehörenden Gemeinden das Kreisgebiet bilden

---

[1] Weiterführend zur Größe von Verwaltungseinheiten für eine optimierte Aufgabenerfüllung *Henneke,* DVBl. 1998, 685 ff.
[2] Zur Kreisumlage siehe § 16 III.
[3] Vgl. Art. 16 I LKrO BY. Eine Typologie der Landkreisaufgaben bei *Schmidt,* DÖV 2013, 509 (510) f.
[4] S. a. *Gern,* Sächsisches Kommunalrecht, 2. Aufl. 2000, S. 402 Rn. 982.
[5] Vgl. auch *Gern,* Sächsisches Kommunalrecht, 2. Aufl. 2000, S. 402 Rn. 982.
[6] *Bauer/Böhle/Ecker,* Bayerische Kommunalgesetze Kommentar, Art. 1 LKrO, Rn. 4. Bayern und Baden-Württemberg verzichten auf die Bezeichnung „Gemeindeverband".
[7] Siehe im Übrigen auch Art. 83 VI BV; § 88 I KV M-V; § 1 II KrO NRW; §§ 1, 6 LKrO Sachsen.

und damit zugleich Gebietskörperschaft und Gemeindeverband i. S. d. Art. 28 II 2 GG und der entsprechenden Vorschriften der Landesverfassungen sind (Art. 71 LV B.-W.; Art. 83 BV; Art. 78 LV NRW; Art. 82 LV SA).[8] Sie haben damit die im GG und in den Landesverfassungen normierten Schutzpositionen der Gemeindeverbände inne, also das Recht der Selbstverwaltung im Rahmen der Gesetze.[9]

II. Die Selbstverwaltungsgarantie der Landkreise

Obgleich der Landkreis von Bürgern landläufig nicht selten primär als Verwaltungsorgan angesehen wird, steht auch den Landkreisen das Recht zur Selbstverwaltung zu. Das Selbstverwaltungsrecht der Kreise ist in Art. 28 II 2 GG im Unterschied zur Gemeinde[10] nur ihm Rahmen ihres gesetzlichen Aufgabenbereichs nach Maßgabe der Gesetze gewährleistet.[11] Dies stellt den verfassungsrechtlichen Schutz der Landkreise auf ein geringeres Niveau als das der Gemeinde.[12] Daher nimmt das Selbstverwaltungsrecht auf der Ebene der Landkreise eine andere Funktion als bei den Gemeinden ein. Vornehmlich sichert es die Aufrechterhaltung der Institution des Landkreises mit einem eigenen Aufgabenspektrum.[13] Insoweit lässt sich die Selbstverwaltungsgarantie des Art. 28 II 2 GG in zwei Facetten aufteilen: Zum einen besteht eine **Rechtssubjektsgarantie,** es wird also die Institution Landkreis als solche in ihrem Bestand garantiert. Hinsichtlich des GG lässt sich dies in der Weise herleiten, dass Art. 28 I 2 GG eine Volksvertretung in den Landkreisen verlangt. Damit geht das GG davon aus, dass die Landkreise als Gemeindeverbände i. S. v. Art. 28 II S. 2 GG existieren. Damit ist aber lediglich der Fortbestand des Rechtsinstituts als solchem garantiert. Nicht geschützt ist von der Rechtssubjektsgarantie zum einen die derzeitige Ausgestaltung der Institution Landkreis und zum anderen der Fortbestand der derzeit existierenden Landkreise.[14] Zum andern aber schützt die Rechtssubjektsgarantie den Fortbestand der derzeit existierenden Landkreise zumindest auch in der Weise, dass Änderungen oder Auflösungen von Landkreisen nur aus Gründen des öffentlichen Wohls und nur durch formelles Gesetz vorgenommen werden können. 3

Dieses öffentliche Wohl kann auch in einer Aufrechterhaltung nachhaltig effizienter Strukturen liegen, deren Fortbestehen durch demographische Entwicklungen zweifelhaft wird.[15] Neugliederungen wurden zuletzt etwa in Sachsen und Sachsen-Anhalt weitgehend einvernehmlich vorgenommen; dagegen stießen die vor einigen Jahren gefassten Pläne in Thüringen, die Landkreise auf vier zu beschränken, die zugleich örtlich mit den Regionalen Planungsgemeinschaften identisch sind, auf großen Widerstand. Auf ähnliche Vorbehalte war auch die Kreisgebietsreform in Mecklenburg-Vorpommern gestoßen, deren vormalige Reduzierung der Kreise auf einen Zuschnitt, der den Regionalen Planungsgemeinschaften entsprach, zunächst durch das Landes- 3a

---

[8] S. hierzu StGH B.-W., ESVGH 18, 2; ESVGH 23, 3.
[9] Ausführlich zur Garantie der kommunalen Selbstverwaltung auf Kreisebene mit Blick auf die Kreisgebietsreformen in den neuen Ländern *Stüer,* DVBl. 2007, 1267 ff.
[10] Siehe dazu bereits ausführlich § 6.
[11] Vgl. BVerfGE 83, 363 (383).
[12] BVerfG, NVwZ 2008, 183 (183); *Kluth,* ZG 2008, 292 ff.
[13] Vgl. BVerfG, NVwZ 2008, 183 (183); *Nierhaus,* in: Sachs, GG-Kommentar, 5. Aufl. 2009, Art. 28 Rn. 79; *Maurer,* DVBl. 1995, 1037 (1046); Kritisch dazu *Schoch,* DVBl. 2008, 937 ff.
[14] Vgl. StGH B.-W., ESVGH 23, 1. S. hierzu auch *Burgi,* KommR, § 20 Rn. 12 ff.
[15] LVerfG M-V, DÖV 2011, 898.

verfassungsgericht gekippt worden war[16] und im Anschluss erst durch eine Aufbrechung dieser Grundlage landesverfassungsfest verabschiedet werden konnte.[17] Aus diesem Grund wird auch in Thüringen das entsprechende Vorhaben lediglich vereinzelt unter der Zugrundelegung von Planungsgemeinschaften[18], häufiger indes nunmehr mit der von einer durch die Landesregierung berufenen Expertenkommission festgesetzten Empfehlung der Reduzierung der Kreisanzahl auf acht, diskutiert. Die reine Orientierung an fiskalischen und effizienten Strukturzielen wird vor dem Hintergrund des Selbstverwaltungsrechtes der Landkreise damit jedenfalls nicht zulässig sein, da andernfalls der Örtlichkeitsbezug in Zweifel zu ziehen ist.[19] Für die Neustrukturierung von lokalen Verwaltungskörperschaften bedarf es vielmehr zunächst eines in gewisser Weise einzelfallspezifischen Leitbildes in Form von örtlich-identitären Merkmalen der jeweiligen Kommune (vgl. auch § 6. II. 1 Rn. 2),[20] in welches zwar die Leistungsfähigkeit und die Gebietsausdehnung einfließen,[21] nicht jedoch singulär dominierend veranschlagt werden dürfen.[22] Ist dieses Leitbild eingehalten, ist es in der Folge unerheblich, dass durch die Gebietsreform auch kommunale Gebiete geändert oder zusammengelegt werden, die, singulär betrachtet, gar keinen Änderungsbedarf ausgelöst hatten, sofern dies verhältnismäßig ist (sog. passive Fusionspflicht).[23]

4 Darüber hinaus wird im Wege einer **institutionellen Garantie** die Selbstverwaltung der Landkreise geschützt. Die Gewährleistung, die eigenen Angelegenheiten in eigener Verantwortung ausführen zu können, erfolgt aber – anders als bei den Gemeinden – „nach Maßgabe der Gesetze": Was Landkreisangelegenheiten sind, wird allein durch den Gesetzgeber bestimmt.[24] Eine vor- oder übergesetzliche Bestimmung der Landkreisaufgaben nach sachlichen oder auch traditionellen Gesichtspunkten existiert nicht.[25] Den Landkreisen werden durch die bundes- und landesverfassungsrechtlichen Garantien demnach keine bestimmten Aufgaben zugewiesen, sondern nur die eigenständige Erfüllung der zugewiesenen garantiert. Es gibt damit keinen originären Zuständigkeitsbereich der Landkreise, der vergleichbar mit der Allzuständigkeit der Gemeinden wäre. Demzufolge gibt es auch keinen in Kern- und Randbereichsschutz differenzierten Selbstverwaltungsschutz. Generell kann ein Landkreis daher gegen die Übertragung oder den Entzug einer Aufgabe nicht die Selbstverwaltungsgarantie in Stellung bringen. Es ist den Landkreisen qua Verfassung lediglich garantiert, dass der Gesetzgeber ihnen einen gewissen Mindestbestand an Aufgaben zuweist. Der Gestaltungsspielraum des Gesetzgebers bei der Regelung des Aufgabenbereichs der Kreise findet seine Grenzen, wo verfassungsrechtliche Gewährleistungen des Selbstverwal-

---

[16] LVerfG M-V, DVBl. 2007, 1102.
[17] LVerfG M-V, DÖV 2011, 898.
[18] Vgl. Diskussionsbeitrag *Dette* in *Ritgen,* Der Landkreis als Zukunftsmodell – Zur Rolle der Kreise im Mehrebenensystem, DVBl. 2013, 708 (710f.).
[19] Vgl. *Kluth,* Der Landkreis, 2013, 246 (253).
[20] Vgl. BVerfGE 107, 1 (Rn. 46).
[21] Vgl. Zitat *Schoch* in Hennecke, Kommunale Aufgaben und Strukturen im europäisierten Bundesstaat, DVBl. 2012, 257 (265).
[22] Vgl. hierzu und zum diesbezüglich aufgeworfenen Drei-Stufen-Modell der Gebietsreform insb. *Wallerath,* Kommunale Gebietsreformen und Öffentliches Wohl, 68f., in 20 Jahre Verfassungsgerichtsbarkeit in den neuen Ländern, Berlin 2014.
[23] Vgl. VerfGH RP, DVBl. 2016, 525.
[24] Reich in: Schmid/Reich/Schmid/Trommer, Kommunalverfassung für das Land Sachsen-Anhalt, Band 1, C § 3 Rn. 24.
[25] S. hierzu *Henneke,* DÖV 1994, 705ff.

tungsrechts der Kreise entwertet würden.[26] Davon ist aber lediglich der Mindestbestand an eigenverantwortlichen Aufgaben des Landkreises umfasst. Allzu große Konsequenzen für den legislativ bestimmten Aufgabenbereich der Landkreise hat dies jedoch nicht, da dem Rahmen des Gesetzgebers bei der Aufgabenzuweisung durch die weiterreichende Selbstverwaltungsgarantie der Gemeinden Grenzen gesetzt sind. Die Abhängigkeit der Selbstverwaltungsgarantie vom Gesetzgeber wirkt sich indessen auf die Aufgabenverteilung im eigenen und übertragenen Wirkungskreis der Landkreise aus.[27] Diese Aufgaben sind in „Ausgleich" zu bringen, d. h. eine Fülle an übertragenen, staatlichen Aufgaben könnte einen geringfügigen eigenen Aufgabenbereich nicht kompensieren, da in letzterem Fall die Garantie des Art. 28 II 2 GG inhaltslos wäre.[28] Zum Ausgleich gehört es aber auch, dass die Aufgabenzuweisung nicht erdrückend in das Selbstverwaltungsrecht eingreift. Ebenso wie bei einem Aufgabenentzug ist in dieser Konstellation darauf zu achten, dass den Landkreisen ausreichend Kapazitäten für die Selbstverwaltungsaufgaben des eigenen Wirkungskreises verbleiben. Ein Manko ist jedoch, dass den Landkreisen im Unterschied zu den Gemeinden kein fester Aufgabenbereich durch die Verfassung zugewiesen ist.[29] Daher betrifft diese Überforderung nur den garantierten Mindestbestand an Selbstverwaltungsaufgaben[30] und ist damit wesentlich eingeschränkter als bei den Gemeinden. Da nur ein Kernbereichsschutz gewährleistet ist, ist ein Eingriff in das Selbstverwaltungsrecht nur in besonderen Fällen anzunehmen und ein damit einhergehender Abwehranspruch aus Art. 28 II 2 GG regelmäßig nicht gegeben.[31] Dies gilt für den Entzug von Aufgaben. Hingegen für die Übertragung von Aufgaben, z. B. durch den Bundesgesetzgeber, sind die Landkreise (ebenso wie die Gemeinden) explizit durch das **Aufgabenübertragungsverbot** der Art. 84 I 7 GG, Art. 85 I 2 GG geschützt.[32] In diesem Zusammenhang ist als Absicherung finanzieller Überforderung infolge Aufgabenübertragung das **Konnexitätsprinzip** zu nennen. Dieses tritt neben den kommunalen Finanzausgleich und dient als Ausgleichsregelung für die aus der Aufgabenübertragung resultierenden Kosten. Infolgedessen ist der Gesetzgeber bereits im Vorfeld verfassungsrechtlich verpflichtet, die Kostenbelastung der übertragenen Landkreisaufgaben abzuschätzen.[33] Für eine Verletzung der Selbstverwaltungsgarantie steht auch den Landkreisen nach Erschöpfung des Rechtsweges die Verfassungsbeschwerde nach Art. 93 I Nr. 4b GG zum Bundesverfassungsgericht offen, sofern sie eine Verletzung ihres Rechts aus Art. 28 II 2 GG geltend machen können.[34]

Kraft der Selbstverwaltungsgarantie dürfen die Landkreise die zugewiesenen Aufgaben in eigener Verantwortung, also frei von staatlichen Weisungen ausführen. Das schließt allerdings nicht aus, dass der Gesetzgeber darüber hinaus den Landkreisen noch weitere Aufgaben überträgt, die sie weisungsgebunden auszuführen haben. Die Landkreise unterstehen dabei in gleicher Weise wie die Gemeinden der staatlichen Aufsicht. 5

---

[26] BVerfG, NVwZ 2008, 183 (183).
[27] Dazu noch § 16 I.
[28] BVerfG, NVwZ 2008, 183 (183).
[29] BVerfGE 21, 117 (128f.); BVerfGE 23, 353 (365); BVerfGE 83, 363 (383).
[30] Vgl. BVerfG, NVwZ 2008, 183 (184).
[31] Kritisch gegenüber der Rechtsprechung: *Schoch*, DVBl. 2008, 937 ff.
[32] Dazu ausführlich, *Kluth*, ZG 2008, 292 ff.
[33] NWVerfGH, NVwZ 2010, 705 (705); allgemein: *Zieglmeier*, NVwZ 2008, 270 ff.; NWVerfGH, NVwZ-RR 2011, 41 ff.
[34] Zu diesem Problemkreis nach aktueller Rechtsprechung, *Schoch*, DVBl. 2008, 937 ff.

Bei Angelegenheiten des eigenen Wirkungskreises des Landkreises/weisungsfreien Aufgaben besteht Rechtsaufsicht, bei Angelegenheiten des übertragenen Wirkungskreises/Weisungsangelegenheiten besteht Fachaufsicht. Die Befugnisse der Aufsichtsbehörden entsprechen denen bei der Gemeindeaufsicht.

§ 15. Organe

Literatur: *Henneke,* Entwicklungen der inneren Kommunalverfassung am Beispiel der Kreisordnungen, DVBl. 2007, S. 87 ff.

1 Organe des Landkreises sind je nach Bundesland der **Kreistag,** der **Kreisausschuss** und der **Kreisvorsteher/Landrat** (ausdrücklich: Art. 22 LKrO BY). In Baden-Württemberg und Sachsen werden im Landesgesetz der Kreistag und der Landrat als Organe des Landkreises benannt (vgl. § 18 LKrO B.-W., § 1 III LKrO SA). In Nordrhein-Westfalen werden die Landkreise durch den Kreistag, den Kreisausschuss und den Landrat (§ 8 KrO NRW) verwaltet. Das **Landratsamt** kann zwar als Behörde des Landkreises tätig werden, es ist aber kein Organ des Landkreises, sondern der Verwaltungsunterbau unter dem Landrat/Kreisvorsteher. Darüber hinaus gibt es spiegelbildlich zu den Gemeinden beschließende und beratende Ausschüsse (§§ 34, 36 LKrO B.-W.; Art. 29 I 1 LKrO BY; §§ 37, 39 LKrO SA).

I. Kreistag

1a Der Kreistag ist die von Art. 28 I 2 GG geforderte demokratisch gewählte Vertretung der Kreiseinwohner. Er ist für die Entscheidung über Kreisangelegenheiten von grundsätzlicher Bedeutung zuständig – wohingegen weniger wichtige Aufgaben dem Kreisausschuss obliegen und für laufende Angelegenheiten der Landrat zuständig ist. Als Hauptorgan des Landkreises kommt dem Kreistag eine Kompetenzvermutung zu.[1] Der Kreistag legt die Grundsätze der Landkreisverwaltung fest und entscheidet nach dem Ausschlussprinzip über alle Angelegenheiten des Landkreises, soweit nicht der Landrat kraft Gesetz oder Übertragung zuständig ist. In diesem Sinne überwacht der Kreistag die Ausführung seiner Beschlüsse und sorgt für die Abhilfe von Missständen durch den Landrat.[2] Wie bereits erwähnt haben die Kreistage und auch der Gemeinderat die Möglichkeit, einen sog. Kreistagsbürgerentscheid zu initiieren (Art. 12a II LKrO BY, beschränkt auf Angelegenheiten des eigenen Wirkungskreises; § 23 I 2 KrO NRW; § 22 I LKrO SA). Die „plebiszitäre Beteiligung" des Kreistages (und des Gemeinderates) ist jedoch durchaus kritisch zu beurteilen. Nachdem es ohnehin Aufgabe des Kreistages ist, über Angelegenheiten des Kreises zu beraten und zu entscheiden, stellt es sich als systemwidrig dar, „von außen" mittels Kreistagsentscheid die Arbeit zu erledigen. Infolgedessen könnte man den Kreistagsentscheid als „Flucht aus der Verantwortung"[3] beurteilen, wenn der Kreistag die Entscheidung an die Bürger abgibt. Andererseits könnte dies auch als Absicherung dienen, um bei problematischen Angelegenheiten eine Mehrheit der Kreisbürger hinter sich zu wissen.

---

[1] S. a. *Sponer,* LKV 1995, 101 (102).
[2] § 19 LKrO B.-W.; Art. 23, 34 LKrO BY; § 26 KrO NRW; § 24 LKrO SA.
[3] Vgl. dazu ausf.: *Hofmann,* NWVBl. 2009, 41 (45 f.) m.w.N.

In B.-W. werden die Kreistagsmitglieder von den Kreiseinwohnern auf fünf Jahre gewählt; außerdem gehört der Landrat dem Kreistag an (§§ 20f. LKrO B.-W.). In BY besteht der Kreistag aus den für sechs Jahre gewählten Kreisräten und dem Landrat (Art. 12, Art. 24f. LKrO BY). In NRW bilden die auf fünf Jahre gewählten Kreistagsmitglieder und der Landrat den Kreistag (§§ 25, 27 I KrO NRW). In SA gehören dem Kreistag die auf fünf Jahre gewählten Kreisräte und der Landrat an (§ 25 I, § 29 I LKrO SA). In B.-W., BY, NRW und SA führt jeweils der Landrat im Kreistag den Vorsitz. Die Kreistagsmitglieder sind ehrenamtlich tätig, und auch sonst entspricht ihre Rechtsstellung im Wesentlichen der der Gemeinderäte.

Die Vorschriften zum Geschäftsgang im Kreistag sind denen zum Geschäftsgang im Gemeinderat sehr ähnlich. Auch die sich stellenden rechtlichen Probleme sind in gleicher Weise zu handhaben wie beim Geschäftsgang im Gemeinderat.

II. Kreisausschuss

Eine wichtige Besonderheit der Landkreisverwaltung gegenüber der Gemeindeverwaltung ist die Existenz des **Kreisausschusses,** eines **dritten Hauptorgans.** Seine Existenz beruht darauf, dass der Kreistag angesichts der in der Regel sehr hohen Mitgliederzahl und der zum Teil beachtlichen Größe des Landkreisgebietes von Aufgaben entlastet werden soll, die für den Landkreis keine grundlegende Bedeutung aufweisen. Während in NRW strikt zu unterscheiden ist zwischen den Ausschüssen des Kreistages und dem Kreisausschuss, ist in BY der Kreisausschuss ein besonderer Ausschuss des Kreistages (Art. 25, Art. 26 S. 1 LKrO BY). In NRW verfügt der Kreisausschuss über eine besonders starke Stellung. Hier sind ihm sehr umfangreiche Aufgaben, wie z. B. die Planung von Verwaltungsaufgaben mit besonderer Bedeutung, unmittelbar durch Gesetz übertragen (§ 50 II KrO NRW). In B.-W. und SA existiert kein Kreisausschuss, lediglich beschließende und beratende Ausschüsse.

Der Kreisausschuss ist ein beschließendes Gremium, bestehend aus Landrat und Kreistagsmitgliedern. Den Vorsitz hält nach dem Gesetz der Landrat (Art. 33 LKrO BY; § 51 III KrO NRW). Ein Selbstversammlungsrecht hat er nicht (Art. 28 LKrO BY). Dem Kreisausschuss werden vom Kreistag durch Beschluss diejenigen Angelegenheiten übertragen, die der Kreistag nicht als grundlegend für den Landkreis betrachtet. Die Zuständigkeit des Kreisausschusses endet in Angelegenheiten, die das Landratsamt als Staatsbehörde wahrnimmt. Welche Angelegenheiten das sind, ist aus den Negativkatalogen der Landkreisordnungen zu entnehmen (vgl. den gesetzlichen Vorbehaltskatalog in Art. 30 LKrO BY und § 26 I i.V.m. § 50 KrO NRW). Die umfangreichen dem Kreistag vorbehaltenen Aufgaben dürfen nicht darüber hinwegtäuschen, dass der Kreisausschuss für den Landkreis von besonderer Bedeutung ist. In BY ist der Kreisausschuss ein „ständiger Ausschuss" (Art. 26 S. 1 LKrO BY), der nicht wie ein beratender oder beschließender Ausschuss aufgelöst werden kann. Der Kreisausschuss bereitet die Verhandlungen bzw. Beschlüsse des Kreistages vor (Art. 26 S. 2 LKrO BY; § 50 I 2 KrO NRW) und überwacht die Geschäftsführung des Landrats (§ 50 I 2 KrO NRW).

III. Landrat

1. Stellung des Landrats

5a Der Landrat ist Vertreter des Landkreises, Vorsitzender des Kreistages, des Kreisausschusses und der sonstigen Ausschüsse. Er führt die Beschlüsse des Kreistages aus und ist als Leiter des Landratsamts Vorgesetzter der Landkreisbeamten/-angestellten. Der Landrat ist kommunaler Wahlbeamter auf Zeit. In Bayern bedarf es neben der Wahl keiner Ernennung des Landrats (Art. 31 S. 2 LKrO BY i. V. m. Art. 4 KWBG BY). In Baden-Württemberg tritt er dagegen nicht unmittelbar durch die Wahl, sondern erst durch die Ernennung bzw. Aushändigung der Ernennungsurkunde in das Beamtenverhältnis.[4] Damit behält sich der Staat aufgrund der Position des Landrats zwischen Staat und Landkreis seinen Einfluss vor (vgl. dazu: § 19 II 4 LKrO BW; § 37 IV LKrO BW); anders z. B. als bei einem Bürgermeister, der unmittelbar durch die Wahl in das Beamtenverhältnis rückt. Vertreten wird der Landrat durch einen vom Kreistag (§ 20 I LKrO BW; Art. 32 LKrO BY, vgl. auch § 46 KrO NRW) gewählten Stellvertreter. In anderen Bundesländern wird zur Stellvertretung ein hauptamtlicher Beigeordneter bestellt, der den Landrat allgemein und in einem bestimmten Geschäftskreis sogar ständig vertritt (§ 50 LKrO SA). Die Stellvertreter in Sachsen kommen erst zum Einsatz, wenn Landrat und Beigeordnete verhindert sind (§ 51 LKrO SA). In Baden-Württemberg und Sachsen gibt es noch den sog. **„Amtsverweser"** (§ 39 LKrO BW; § 51 LKrO SA). Dieser hat die Voraussetzungen zur Wahl des Landrats erfüllt und ist daher in seiner Stellung dem Landrat gleichgestellt. In Baden-Württemberg ist der Amtsverweser ein zum Landrat gewählter Bewerber, der aufgrund eingelegter Rechtsbehelfe nicht zum Landrat bestellt werden kann (§ 39 VI LKrO BW). In Sachsen übernimmt er durch Bestellung des Kreistages die Stelle des Landrats, sofern dieser voraussichtlich länger verhindert ist (§ 51 II LKrO SA). Die Stellvertretung im Kreistag ist von der Stellvertretung im Landratsamt zu unterscheiden. So wird der Landrat vom Ersten Landesbeamten im Landratsamt vertreten (§ 42 V 1 LKrO BW). Als Leiter des Landratsamtes regelt er dessen innere Organisation, erledigt in eigener Zuständigkeit die laufende Verwaltung oder die durch Gesetz oder vom Kreistag übertragenen Aufgaben. Gleiches gilt für die Weisungsaufgaben des Landkreises. Hinsichtlich der personalrechtlichen Stellung ist der Landrat Vorgesetzter, Dienstvorgesetzter und oberste Dienstbehörde der Bediensteten des Landkreises.

2. Landesrechtliche Unterschiede

6 Die Regelungen der Landkreisordnungen zur Verwaltungsspitze des Landkreises, also zum Landrat bzw. Kreisvorsteher, weisen – v. a. im Detail – durchaus Unterschiede auf: In B.-W. wird die Verwaltungsleitung vom Landrat wahrgenommen. Er wird vom Kreistag für die Dauer von acht Jahren gewählt (§ 37 II S. 2 KrO B.-W.). Bei der Auswahl der Bewerber wirkt das Innenministerium mit (§ 39 III KrO B.-W.). Der Grund hierfür ist in der Schnittstellenfunktion des Landrats zwischen Staat und Landkreis zu sehen. Mit der Personalhoheit des Landkreises steht die Mitwirkung des Innenministeriums gerade noch in Einklang.[5] Die Wahl durch den Kreistag stellt keinen Verwaltungsakt dar, sondern eine politische Beschlusswahl. Der Landrat führt den Vorsitz im Kreistag und leitet das Landratsamt (§ 37 I S. 1 KrO B.-W.). Er vertritt den Landkreis

---

[4] Vgl. *Dols/Plate,* Kommunalrecht BW, 6. Aufl. 2005, Rn. 426 f.
[5] Vgl. VGH Mannheim, ESVGH 34, 45.

nach außen (§ 37 I S. 2 KrO B.-W.). Er ist Beamter des Landkreises (§ 37 II S. 1 KrO B.-W.). Die Ausgestaltung seiner Stellung entspricht der des Bürgermeisters für die Gemeinden in B.-W. In die originäre Zuständigkeit des Landrats fallen also insbesondere die laufenden Angelegenheiten. Obwohl er dem Kreistag angehört (§ 20 I LKrO BW), hat er bei der Beschlussfassung kein Stimmrecht (§ 32 VI LKrO BW).

In BY liegt die Verwaltungsleitung ebenfalls beim Landrat. Er wird jedoch für eine Amtszeit von sechs Jahren direkt durch die Kreisbürger gewählt (Art. 12 LKrO BY, Art. 31 S. 2 LKrO BY i. V. m. Art. 6 III 2 KWBG BY). Der Landrat führt den Vorsitz im Kreistag, im Kreisausschuss und in den übrigen Ausschüssen des Kreistags (Art. 33 S. 1 LKrO BY). Er vertritt den Landkreis nach außen (Art. 35 I LKrO BY). Der Landrat ist Kreisbeamter (Art. 31 I S. 1 LKrO BY). Er leitet das Landratsamt. Seine Stellung ist ähnlich der des ersten Bürgermeisters bei den Gemeinden in BY. Er ist demnach insbesondere für den Vollzug von Kreistagsbeschlüssen (Art. 33 S. 2 LKrO BY) und laufende Angelegenheiten (Art. 34 I LKrO) zuständig und verfügt über ein Beanstandungsrecht gegenüber Kreistagsbeschlüssen (Art. 54 II LKrO BY). 7

In NRW wurde 1994 das Institut des Kreisvorstehers durch das des Landrats ersetzt. Er ist Landkreisbeamter (§ 44 VI KrO NRW) wird von den Kreisbürgern auf die Dauer von sechs Jahren in allgemeiner, unmittelbarer, freier, gleicher und geheimer Wahl gewählt (§ 44 I S. 1 KrO NRW). Er führt den Vorsitz im Kreistag (§ 25 II S. 1 KrO NRW) und vertritt den Landkreis nach außen (§ 25 II S. 2 KrO NRW). Seine weiteren Zuständigkeiten sind in § 42 KrO NRW aufgelistet: die Geschäfte der laufenden Verwaltung, die Erledigung von ihm vom Kreisausschuss übertragenen Aufgaben, die Vorbereitung und der Vollzug von Beschlüssen des Kreistags, die Ausführung von Weisungen der Fachaufsichtsbehörde und die Leitung und Verteilung der Geschäfte. 8

In SA wird die Kreisverwaltung vom Landrat verwaltet. Er wird auf sieben Jahre (§ 47 III S. 1 LKrO SA) von den Bürgern des Landkreises in allgemeiner, unmittelbarer, freier, gleicher und geheimer Wahl gewählt (§ 44 I S. 1 LKrO SA). In Sachsen stand zur Zeit der DDR der Landrat nicht allein an der Verwaltungsspitze, sondern neben ihm noch der Kreistagspräsident. Durch die Reform der sächsischen Landkreisordnung bzw. durch die Einführung der Direktwahl des Landrats ist diese „Doppelspitze" entfallen.[6] Der Landrat ist stimmberechtigtes Mitglied des Kreistags und führt bei seinen Sitzungen den Vorsitz (§ 48 I LKrO SA). Gegen seine Beschlüsse hat er ein Widerspruchsrecht (§ 48 II LKrO SA). Er ist Beamter des Landkreises (§ 47 II LKrO SA). Zu seinen originären Zuständigkeiten gehören unter anderem die Erledigung der laufenden Angelegenheiten (§ 49 II LKrO SA) und der Weisungsaufgaben (§ 49 III LKrO SA). 9

3. Wahl- und Abwahlverfahren

Die Landratswahl ist die bedeutsamste Personalentscheidung eines Landkreises. Der Wahlmodus unterscheidet sich in den verschiedenen Bundesländern. Letztes aktuelles Beispiel für den Wechsel zur Direktwahl des Landrats zum 1.10.2010 ist das Land Brandenburg.[7] Aus verfassungsrechtlicher Sicht sprechen im Sinne des Demokratieprinzips oder des kommunalen Selbstverwaltungsrechts keine Bedenken für oder gegen eine Direktwahl.[8] Die Geltung des Demokratieprinzips und der damit verbun- 10

---

[6] Vgl. *Sponer,* LKV 1995, 101 (103).
[7] § 126f. LV Bbg vom 18.12.2007, GVBl. 784.
[8] Siehe dazu ausführlich: *Henneke/Ritgen,* DÖV 2010, 665 (665).

denen demokratischen Legitimation der Landräte durch Wahlen ergibt sich bereits aus Art. 28 I 2 GG. Die verschiedenen Wahlmodi sind indessen Ausdruck freier Umsetzung der Demokratie durch die Landkreise und ihrer Organisationshoheit. Die entscheidende Vorgabe ist letztlich die demokratische Legitimation des Landrates (direkt oder mittelbar) durch die Kreisbürger. Infolge der Direktwahl des Landrats ist zudem von einer Stärkung seiner Position gegenüber dem Kreistag auszugehen.[9] Die Direktwahl ist indes ein entscheidendes Argument des Bundesverfassungsgerichts gegen die Zulässigkeit der **Fünf-Prozent-Sperrklausel** im Kommunalwahlrecht, da der Landrat (bzw. auch der direkt gewählte Bürgermeister) unabhängig von Mehrheitsverhältnissen im Kreistag die Verwaltung führen kann.[10] Im Gegensatz dazu war die Abschaffung der Stichwahl in NRW hinsichtlich der demokratischen Legitimation des Landrats problematisch, durch die eine Stimmenmehrheit nicht mehr erforderlich gemacht wurde.[11] Durch die Wiedereinführung der Stichwahl wurde diesen Bedenken mittlerweile Rechnung getragen.

11 In Nordrhein-Westfalen und Sachsen sind landesgesetzliche plebiszitäre Abwahlverfahren vorgesehen. Die Besonderheit besteht darin, dass der Landrat von den wahlberechtigten Landkreisbürgern vorzeitig abgewählt werden kann. In Nordrhein-Westfalen ist das Abwahlverfahren von Mitgliedern des Kreistags oder von mindestens 15% der wahlberechtigten Bürger (§ 45 I 1 Nr. 1, 2 KrO NRW) zu initiieren. Den Beschluss über die Abwahl treffen die Bürger mit mehrheitlichem Votum, an dem mindestens 25% der Wahlberechtigten mitgewirkt haben (§ 45 I 2 KrO NRW). Problematisiert wird die Initiative durch den Kreistag, wenn die plebiszitäre Beteiligungsquote nicht erfüllt wird, jedoch eine Mehrheit für die Abwahl stimmt. Die Zusammenarbeit zwischen Kreistag und Landrat würde in dieser Konstellation erheblich erschwert, so dass das Kollegium nicht selten aus politischen Gründen nahezu gezwungen wäre, entgegen den Grundsätzen der Neutralität und des Sachlichkeitsgebots amtlichen Handelns, die Abwahl des Landrats zu propagieren.[12] Sachsen hingegen ermöglicht die Abwahl des Landrats neben einem Kreistagsbeschluss (§ 47 VIII LKrO SA) durch einen „Bürgerentscheid" (§ 47 VI, VII LKrO SA). Die Initiative geht hierbei von den Bürgern im Rahmen eines Bürgerbegehrens aus. In Bayern und Baden-Württemberg sind derartige Abwahlverfahren in der Landkreisordnung nicht vorgesehen.

§ 16. Aufgaben

Literatur: *Wimmer,* Ausgleichs- und Ergänzungsaufgaben der Kreise? NVwZ 1998, 28; *Meyer,* Regionalkreisbildung: Länder zu Landkreisen, DÖV 2006, 929.

I. Die Aufgaben der Landkreise

1 In B.-W. und SA wird zwischen originären Kreisaufgaben, Ergänzungsaufgaben und Ausgleichsaufgaben unterschieden:[1] **Originäre Kreisaufgaben** sind Aufgaben bezüg-

---

[9] So auch BVerfGE 120, 82 (117).
[10] Vgl. BVerfGE 120, 82 ff.; s. a. *Theis,* KommJur 2010, 168 (168 f.).
[11] Vgl. *Mehde,* DVBl. 2010, 465 (467).
[12] Vgl. dazu ausf. *Schmehl,* KommJur 2006, 321 (321 ff.).
[1] Zu dieser Unterscheidung *Gern,* DKommR, Rn. 868; *Schmidt-Jortzig,* DÖV 1993, 973 ff. Weiterführend zu den Ausgleichs- und Ergänzungsaufgaben *Wimmer,* NVwZ 1998, 28 ff.

lich des Kreisgebiets, die Bestand und Funktion des Landkreises begründen und sichern. Hierzu gehören etwa die Personalverwaltung, die Organisation der Kreisverwaltung und die Vermögensverwaltung. Ergänzungsaufgaben sind überörtliche Aufgaben, die in Ergänzung zu den gemeindlichen Aufgaben bestehen. Bei den Ergänzungsaufgaben resultiert die Aufgabenzuweisung an den Landkreis daraus, dass die Gemeinden aufgrund unzureichender Leistungsfähigkeit, d. h. insbesondere mangelnder Verwaltungs- und Finanzkraft, zu einer sachgerechten Aufgabenerfüllung nicht in der Lage sind.[2] Bei Ausgleichsaufgaben handelt es sich um Aufgaben, die sich auf die Unterstützung der gemeindlichen Aufgabenerledigung beziehen. Die Gemeinden verfügen in dem betreffenden Aufgabenbereich über die Erledigungskompetenz und die Landkreise unterstützen sie hierbei, um gleichwertige Lebensverhältnisse in den Gemeinden herzustellen. Dies kann etwa durch die Verteilung von Zuschüssen erfolgen.[3]

Bei **Ausgleichs- und Ergänzungsaufgaben** verbleibt also die Kompetenz auch bei der Gemeinde. Die Landkreise ergänzen bzw. unterstützen das gemeindliche Handeln lediglich. Ungeachtet dessen ist die Schaffung von Ergänzungs- oder Ausgleichsaufgaben im Hinblick auf das gemeindliche Selbstbestimmungsrecht nicht unproblematisch. Zwar behält die Gemeinde die Kompetenz, die Co-Kompetenz des Landkreises stellt jedoch eine Vorstufe zur Hochzonung dar. Dementsprechend muss auch die Kreation von Ergänzungs- oder Ausgleichsaufgaben verfassungsrechtlich gerechtfertigt sein. Dies setzt die Wahrung des Verhältnismäßigkeitsgrundsatzes und das Vorliegen tragfähiger Gründe des Gemeinwohls voraus. Einen solchen stellt insbesondere das Fehlen der Leistungsfähigkeit der Gemeinden zur alleinigen Aufgabenerledigung dar.[4] Darüber hinaus gilt es zu bedenken, dass die Landkreise nicht originär, sondern nur subsidiär, abhängig von der Leistungsfähigkeit der Gemeinden, zuständig werden. Damit wird der Zuständigkeitsvorrang der Gemeinden bestätigt; eine mangelnde Zuweisung steht daher nicht dem Entzug der gemeindlichen Aufgaben nach dem Gesetz gleich.[5]

In BY und NRW ist die Erfüllung von Ergänzungs- und Ausgleichsaufgaben durch die Landkreise nicht vorgesehen (Art. 1, Art. 51 ff. LKrO BY; § 2 KrO NRW). Stattdessen wird in BY gleichsam über das Leistungsfähigkeitskriterium bestimmt, wann die Aufgabenerfüllung in kommunaler Zusammenarbeit (Art. 51 IV LKrO BY) zu erfolgen hat, um eine Benachteiligung leistungsschwächerer Gemeinden zu verhindern.[6] Sollte auch eine kommunale Zusammenarbeit mangels Leistungsfähigkeit nicht ausreichen, so kann auf Antrag der Gemeinde, sofern die Erfüllung einer freiwilligen Aufgabe zu besorgen ist, der Landkreis die Aufgabe übernehmen (Art. 52 LKrO BY). Die Aufgaben der Landkreise und der Gemeinden sind aufgrund gegenseitiger Einflussnahme auf das jeweilige Selbstverwaltungsrecht zu trennen. Diese Grenzziehung ist allerdings nicht einfach. Konflikte treten insbesondere dann auf, wenn Aufgaben örtliche *und* überörtliche Bezüge aufweisen. Die Zuordnung der Aufgabe zur Gemeinde oder zum Landkreis kann nach Kostengesichtspunkten oder Aufgabenschwerpunkten erfolgen. Im Zweifel gilt als Aufgabenverteilungsprinzip Art. 28 II 1 GG der Aufgabenvorrang der Gemeinde.[7] Aus diesem Aufgabenvorrang erwächst auch die Pflicht des Landkrei-

---

[2] Vgl. BVerwG, NVwZ 1998, 63.
[3] Zu den Ausgleichsaufgaben s. BVerwG, NVwZ 1998, 63.
[4] Vgl. BVerwG, NVwZ 1998, 63.
[5] Dazu: *Henneke,* NVwZ 1996, 1182.
[6] Vgl. *Knemeyer,* Bayerisches Kommunalrecht, Rn. 150, 155.
[7] Siehe dazu schon § 6 II 4; BVerfGE 79, 127 (150 ff.) „Rastede-Beschluss".

ses, sich stetig der Erforderlichkeit seiner Aufgabenerfüllung für die Gemeinden zu vergewissern und gegebenenfalls die Aufgabe wieder in die Gemeindeebene zu verlagern.[8]

4 Ähnlich wie die Gemeindeaufgaben lassen sich auch die Landkreisaufgaben unterscheiden in einerseits Selbstverwaltungsaufgaben bzw. weisungsfreie Aufgaben bzw. Aufgaben des eigenen Wirkungskreises und andererseits Weisungsaufgaben bzw. Aufgaben des übertragenen Wirkungskreises. Bei Letzteren können die Fachaufsichtsbehörden den Landkreisen Weisungen erteilen. In BY ist dieses Weisungsrecht allerdings – ähnlich wie das der Fachaufsichtsbehörden gegenüber den Gemeinden – durch Art. 95 II S. 2 LKrO BY sehr stark eingeschränkt und der Eingriff in das Verwaltungsermessen unterliegt strengen Voraussetzungen. Anders als bei den Gemeindeaufgaben steht den Landkreisen aber ein Aufgabenfindungsrecht nicht im Bereich der örtlichen Angelegenheiten der Gemeinden zu, sondern nur insoweit, wie ein Aufgabenfindungsrecht der Gemeinden aufgrund einer logischen Überörtlichkeit der Aufgabe ausscheidet.[9]

II. Landkreishoheiten

5 Vergleichbar mit den Hoheiten der Gemeinden stehen den Landkreisen eine Reihe von Hoheiten zu. Zu nennen sind namentlich die **Personalhoheit**, die **Finanz- und Haushaltshoheit**, die **Kooperationshoheit**, die **Organisationshoheit**, die **Planungshoheit** und nicht zuletzt auch die **Satzungshoheit**. In der Ausgestaltung ergeben sich nur geringfügige Abweichungen gegenüber den Gemeinden. So ist die Planungshoheit mit Ausnahme bei der Erfüllung überörtlicher Aufgaben des Landkreises (z. B. Straßenverkehrswege) weniger ausgeprägt als bei den Gemeinden. Hervorzuheben ist die Finanzhoheit, die den Landkreisen, wie auch den Gemeinden, ein Recht auf angemessene Finanzausstattung gewährleistet. Allerdings steht eine „wirtschaftskraftbezogene und mit Hebesatzrecht ausgestattete Steuerquelle" (Art. 28 II 3 Hs. 2 GG), also das Aufkommen an der Grund- und Gewerbesteuer, nur den Gemeinden zu.[10] Hingegen existiert als eine besondere – den Landkreisen vorbehaltene – Einnahmequelle die Kreisumlage.[11]

III. Die Landkreiswirtschaft

1. Allgemeines zur Haushaltswirtschaft

6 Die Wirtschaftsführung des Landkreises entspricht im Großen und Ganzen der der Gemeinde.[12] Insbesondere unterliegen auch die Landkreise dem Haushaltsrecht, d. h. sie haben Haushaltspläne und Wirtschaftspläne der selbständigen Kommunalunternehmen und der Eigenbetriebe aufzustellen.[13] Im Vordergrund der Haushaltswirt-

---

[8] Teilweise gesetzlich geregelt in § 122 V BbgKVerf; § 5 IV NKomVG; § 2 IV LKO RP; § 143 V SaarlKSVG.
[9] Vgl. *Schmidt*, DÖV 2013, 509 (513).
[10] *Nierhaus*, in: Sachs, GG-Kommentar, 5. Aufl. 2009, Art. 28 Rn. 87.
[11] Dazu noch ausführlich § 16 III; Art. 16 LKrO BY.
[12] Vgl. Verweise auf die jeweilige Gemeindeordnung in § 48 LKrO B.-W.; § 61 LKrO SA; § 53 KrO NRW bzw. der deckungsgleiche Wortlaut von Art. 61 GO BY und Art. 55 LKrO BY; siehe 2. Teil § 12 Gemeindewirtschaft.
[13] Dazu *Bauer/Böhler/Ecker*, Bayerische Kommunalgesetze-Kommentar, Art. 55 LKrO Rn. 1 ff.

schaft steht die dauerhafte, finanzielle Sicherstellung der Landkreisaufgaben (Art. 55 I LKrO BY). Die Leistungsfähigkeit des Landkreises ist sicherzustellen und die Überschuldung der Landkreise zu vermeiden. Auch zugunsten der Landkreise greift im Falle der landesrechtlichen Aufgabenerfüllung der Konnexitätsgrundsatz in gleichem Umfang wie für die Gemeinden Raum, ist doch regelmäßig in den jeweiligen Normierungen zum Konnexitätsprinzip in den Landesverfassungen der Kreis bzw. der Gemeindeverband, unter den auch der Landkreis zu subsumieren ist, genannt. Maßstäbe wie das Wirtschaftlichkeits- und Sparsamkeitsprinzip finden auch in der Haushaltswirtschaft der Landkreise Anwendung (§ 48 LKrO B.-W.; Art. 55 II 1 LKrO BY; § 53 KrO NRW; § 61 LKrO SA jeweils mit Verweis auf die Gemeindeordnungen). Wie auch auf Gemeindeebene enthalten die Landkreisordnungen Privatisierungsklauseln, den Grundsatz der Risikominimierung und die Einführung (bzw. das Wahlrecht) der Doppik (vgl. für Bayern Art. 55 II 2, III, IV LKrO BY).

2. Die Kreisumlage

Eine Besonderheit der Wirtschaftsführung der Landkreise bildet die **Kreisumlage**. 7 Die Kreisumlage ist ein spezifisches Instrument des Finanzausgleichs zwischen Staat, Gemeinden und Gemeindeverbänden. Reichen die sonstigen Einnahmen der Landkreise nicht aus, können sie ihren Finanzbedarf über die Kreisumlage von den Gemeinden decken. Über einen bestimmten Berechnungsschlüssel, der aus dem Finanzausgleichsgesetz (FAG) der jeweiligen Länder errechnet wird, erhalten die Landkreise Gelder von den Gemeinden. In diesem Zusammenhang dient die Kreisumlage nicht als Ausgleich zur Herstellung gleichwertiger Lebensverhältnisse im Landkreis,[14] sondern wird gegenüber den Gemeinden nach einem einheitlichen Schlüssel erhoben um deren Beitrag zur Finanzierung der Landkreisaufgaben einzuholen. Die Höhe der Umlage ist Gegenstand der Haushaltssatzung der Landkreise.[15] In NRW sind die kreisangehörigen Gemeinden bei der Erstellung der Haushaltssatzung zu beteiligen und Stellungnahmen zur Höhe des Umlagesatzes einzuholen.[16] In das „Umlagesoll", das ist der Betrag, der nicht durch sonstige Einnahmen der Landkreise gedeckt ist,[17] dürfen keine Umlagen von kreisangehörigen Gemeinden für Aufgaben erhoben werden, die der Landkreis nicht rechtmäßigerweise wahrnehmen durfte.[18]

Problematisch ist insoweit, dass die Landkreisordnungen, z. B. Art. 56 II LKrO BY, die 8 Einnahmen der Landkreise nicht von der Rechtmäßigkeit wahrgenommener Aufgaben abhängig macht. Dem ist entgegenzuhalten, dass Gemeinden nicht durch kompetenzüberschreitende Aktivitäten der Landkreise unverhältnismäßig belastet werden.[19] Schließlich rechtfertigt sich das Instrument der Kreisumlage aus der gegenseitigen Aufgabenverflechtung und der übergangslosen Zuständigkeitsverteilung zwischen Kreisen und Gemeinden.[20] Die besondere Funktion der Kreisumlage ist darüber hinaus in der

---

[14] Vgl. BayVGH, BayVBl. 1993, 112ff.).
[15] § 49 II 2 LKrO BW; Art. 57 II 1 Nr. 4 LKrO BY; in Nordrhein-Westfalen geht aus der Landkreisordnung nicht ausdrücklich hervor, ob die Kreisumlage in der Haushaltssatzung enthalten ist oder in der Anlage, vgl. § 55 II 2 KrO NRW.
[16] § 55 I KrO NRW.
[17] Siehe Art. 18 FAG BY.
[18] Dazu ausführlich: VG München, Urteil vom 22.10.2009, Az.: M 10 K 09.1380; a. A. OVG NRW, Urteil vom 22.2.2005, Az.: 15 A 130/04.
[19] VG München, Urteil vom 22.10.2009, Az.: M 10 K 09.1380.
[20] BVerfGE 23, 353 (368f.).

Einflussnahme auf das gemeindliche Selbstverwaltungsrecht zu sehen. Die Kreisumlage des Landkreises ist der Höhe nach vom Selbstverwaltungsrecht der Gemeinden begrenzt. Denn sollte die Kreisumlage die kreisangehörigen Gemeinden unzumutbar belasten, so dass die Leistungsfähigkeit hinsichtlich der eigenen Aufgabenerfüllung gefährdet wird, ist ein Eingriff in das gemeindliche Selbstverwaltungsrecht nicht ausgeschlossen. Infolgedessen sind an die Kreisumlage folgende Anforderungen zu stellen: Verhältnismäßigkeit, Willkürfreiheit und ein Gebotensein im Sinne des Allgemeinwohls.[21]

3. Einnahmequellen nach dem Finanzausgleich

9 Die Landkreise haben über die Kreisumlage hinaus weitere Einnahmequellen, die ihnen nach den Finanzausgleichsgesetzen oder Gemeindefinanzierungsgesetzen der Länder zustehen. Darunter fallen Zuweisungen für die von den Gemeinden und Gemeindeverbänden zu übernehmenden Aufgaben. Diese Zuweisungen werden aus einer Finanzausgleichsmasse zugeteilt, die das Land aus einem prozentualen Anteil des Steuerverbundes, bestehend aus Gemeinden und Gemeindeverbänden, ermittelt. Allen Ländern gleich sind die allgemeinen Schlüsselzuweisungen für die Ausgabenlasten der Gemeinden und Gemeindeverbände (§ 4 ff. FAG B.-W.; Art. 1 ff. FAG BY; § 5 GFG NRW; § 5 SächsFAG). Darüber hinaus erhalten die Gemeinden und Gemeindeverbände spezielle Zuweisungen für besondere Belastungen. Darunter fallen Bedarfszuweisungen für Investitionsvorhaben (z. B. Krankenhäuser, Schulen, Sportstättenbau etc.), Kompensationszahlungen und Entlastungsausgleichszahlungen, z. B. für Arbeitsmarktmaßnahmen, oder Zuweisungen für den Sonder- und Straßenlastenausgleich. Die Landkreise erhalten zudem für ihren Verwaltungsaufwand als staatliches Landratsamt Ersatz in Form der Finanzzuweisung (vgl. Art. 7 FAG BY).

4. Die Kreissteuer

10 Aufgrund ihrer Stellung als Gebietskörperschaften wird für die Landkreise auch immer wieder die Möglichkeit der ergänzenden Steuerfinanzierung diskutiert. Als problematisch wird in diesem Zusammenhang jedoch vor allem gesehen, einen Besteuerungskorridor zu identifizieren, der zu den wahrgenommenen Aufgaben kompatibel ist.[22] So sieht unter anderem § 10 KAG BW explizit ergänzend erhobene Kreissteuern vor, wobei unter anderem in Form der Jagd- oder der Fischereisteuer eine geeignete Steuerquelle ausfindig gemacht werden konnte. Insoweit ist also die Finanzierungsform der Kreisumlage keineswegs verfassungsrechtlich determiniert. Allerdings wird im Hinblick auf die für die Kreise nur beschränkt wahrnehmbare Besteuerungsmöglichkeit eine Finanzierung einzig auf Steuerbasis und damit ohne Umlagen oder Zuweisungen kaum realisierbar sein.

IV. Das Regionsmodell als Sonderform der Aufgabenwahrnehmung

11 Ein vergleichsweise junges Modell zur Wahrnehmung und Verteilung von Aufgaben haben sich die Städte und Gemeinden unter Einbeziehung der Landkreisebene im

---

[21] Vgl. *Gern*, Sächsisches Kommunalrecht, 2. Aufl. 2000, S. 414; wobei die Verhältnismäßigkeit eingeschränkt und nicht im Sinne des Äquivalenzprinzips, mangels Abgabencharakter der Kreisumlage, herangezogen werden darf, siehe BVerfG, NVwZ 1992, 365 (369).
[22] Vgl. Diskussionsbeitrag *Junkernheinrich* in: Ritgen, Der Landkreis als Zukunftsmodell – Zur Rolle der Kreise im Mehrebenensystem, DVBl. 2013, 708 (711).

Großraum Hannover gegeben. 2001 wurde in einer Weiterentwicklung von Formen kommunaler Zusammenarbeit die sog. Region Hannover ins Leben gerufen, die aus der kreisfreien Stadt Hannover und den 20 Kommunen des vormaligen Landkreises Hannover besteht und als Nachfolgerin des ehemaligen Landkreises Hannover und des Zweckverbandes Großraum Hannover auftritt.[23] Das nunmehr gewählte und bundesweit einzigartige **Regionsmodell** wurde dabei explizit als eigene Gebietskörperschaft konzipiert, in der die Kreisebene sowohl im ehemaligen Landkreis, als auch weitgehend in der kreisfreien Stadt Hannover die Wahrnehmung der Kreisaufgaben und -funktionen auf eine gemeinsame Institution übertragen hat. Zusätzlich wurden Aufgabenteile aus der Bezirksregierung und der Landeshauptstadt Hannover übernommen, um in solidarischer Weise die Wahrnehmung von Aufgaben und die Verteilung von Lasten auf jeder Ebene primär von der Leistungsfähigkeit der inkludierten Kommunen abhängig machen zu können und flexibel auf ein Fehlen derselben reagieren zu können. Viele Aufgaben, die vormalig redundant im Landkreis und in der Landeshauptstadt ausgeführt wurden, waren für die jeweilige Körperschaft nur noch unter immer größeren Belastungen wahrnehmbar, sodass zur Aufrechterhaltung schlagkräftiger Strukturen eine stärkere Zusammenarbeit unter einem Dach erforderlich schien. Auch in politischer Hinsicht bildet die Region Hannover ein Novum, wird ihre Regionsversammlung und ihr Regionspräsident analog der Landkreisebene doch direkt vom Bürger gewählt, was der Region, ebenso wie einem Landkreis, in ihrem Selbstverwaltungswirken einen enormen Legitimationsfaktor vermittelt. Für die Region kann aus diesem Grund in Analogie auch kein Unterschied hinsichtlich der Rechte bestehen, die aus dem Selbstverwaltungsrecht entstehen – auch sie wird unproblematisch unter den Gemeindeverbandsbegriff des Art. 28 II GG zu subsumieren sein.

§ 17. Rechtsstellung der Kreiseinwohner

Landkreiseinwohner sind alle Bewohner der Gemeinden des Landkreises und der gemeindefreien Gebiete (§ 9 KrO B.-W.; Art. 11 LKrO BY; § 20 KrO NRW; § 9 I LKrO SA). In B.-W., NRW und SA gibt es das Institut einer mit der Gemeindebürgerschaft (s. hierzu A VII 1) vergleichbaren Landkreisbürgerschaft nicht, wohingegen für BY Art. 11 II LKrO das Landkreisbürgerrecht ausdrücklich regelt. 1

Zu den Rechten der Kreiseinwohner gehören das Wahlrecht zum Kreistag und für den Landrat und das Recht auf Benutzung der öffentlichen Einrichtungen des Landkreises. Des Weiteren gibt es in BY, NRW und SA auch auf Landkreisebene **Bürgerbegehren** und **Bürgerentscheid** (Art. 25a LKrO BY; § 23 KrO NRW; §§ 21 f. LKrO SA). Die Regelungen in diesen Ländern entsprechen im Wesentlichen denen zu Bürgerbegehren und Bürgerentscheid auf Gemeindeebene (s. hierzu unter § 10 Rn. 59 ff.), wobei andere Unterschriftenquoren als dort vorgesehen sind. Parallel zur Rechtslage in den Gemeinden sind die Landkreiseinwohner zur Übernahme ehrenamtlicher Tätigkeiten und zur Tragung der Landkreislasten verpflichtet. 2

---

[23] *Jagau*, Idealer Lebensraum und ein einzigartiges öffentlich-rechtliches Modell, Redaktionsbeilage zum 70. Deutschen Juristentag Hannover, 2014, S. 37.

§ 18. Staatliche Verwaltung im Gebiet des Landkreises

1 In B.-W., BY, NRW und SA ist das Gebiet der Landkreise identisch mit dem Gebiet der entsprechenden unteren staatlichen Verwaltungsbehörde. Dies hat gewisse Interdependenzen und Überschneidungen zwischen Landkreisverwaltung und Staatsverwaltung zur Folge, wobei sich die Rechtslage in den Bundesländern in Einzelheiten unterscheidet:

2 In B.-W. und BY hat das **Landratsamt** eine **Doppelstellung** inne. Es ist Behörde des Landkreises und zugleich untere staatliche Verwaltungsbehörde (für BY explizit Art. 37 I LKrO BY). In welcher Funktion das Landratsamt handelt, bestimmt sich aus der jeweiligen ausgeführten Aufgabe.[1] Das Landratsamt ist sowohl mit Beamten des Landkreises als auch mit Beamten des Landes besetzt. Dennoch tritt es stets als einheitliche Behörde auf.[2] Das bedeutet, dass alle Beamten für das Landratsamt handeln dürfen, und zwar unabhängig davon, ob das Landratsamt als Behörde des Landkreises oder des Landes fungiert. Der Landrat ist Beamter des Landkreises. Er ist Leiter der einheitlichen Behörde Landratsamt, ist also zu Weisungen an alle Mitarbeiter befugt – unabhängig davon, ob deren Anstellungskörperschaft der Landkreis oder das Land ist, und unabhängig davon, ob das Landratsamt für den Landkreis oder für das Land handelt. Da in B.-W. und BY sich der Staat zur Erfüllung seiner Aufgaben einer Institution bedient, die (auch) Behörde einer kommunalen Körperschaft ist, spricht man hier von **Institutionsleihe**.[3]

3 In NRW üben der Landrat und der Kreisausschuss die Aufgaben der unteren staatlichen Verwaltungsbehörde aus (§§ 58f. KrO NRW). Sie handeln unmittelbar für den Staat in dessen Namen und nicht in ihrer Eigenschaft als Kreisorgane (§ 60 KrO NRW). Es handelt sich insofern um den klassischen Fall einer **Organleihe**, da Organe des Landkreises vom Staat zur Erfüllung seiner Aufgaben eingesetzt werden.[4]

4 In SA sind die Landratsämter Behörde allein des Landkreises (§ 1 IV LKrO SA).[5] Die Landratsämter fungieren zwar auch als untere Verwaltungsbehörde (§ 2 V LKrO SA), auch in diesem Fall handelt das Landratsamt aber als Behörde des Landkreises. Die Aufgaben der unteren staatlichen Verwaltungsbehörde werden demnach als Landkreisaufgaben verstanden, wobei es sich um Weisungsaufgaben handelt, d. h. das Landratsamt ist an Weisungen der höheren Staatsbehörden gebunden. Die Organzuständigkeit innerhalb des Landkreises liegt beim Landrat (§ 49 III LKrO SA). Er bedient sich zur Aufgabenerfüllung des Landratsamtes in seiner Eigenschaft als dessen Leiter. Da untere staatliche Verwaltungsbehörde eine reine Landkreisbehörde ist, spricht man davon, dass in SA die Aufgaben der unteren Verwaltungsbehörde „vollkommunalisiert" sind.[6] Für die studentische Ausbildung bzw. Klausur und auch für die anwaltliche Praxis ergibt sich daraus, dass in Sachsen stets der Landkreis richtiger Klagegeg-

---

[1] Vgl. VerfGHE BY 12, 99.
[2] S. hierzu VGH Mannheim, ESVGH 26, 153; VerfGHE BY 12, 99.
[3] Vgl. *Gern,* DKommR, Rn. 898, wo zutreffend darauf hingewiesen wird, dass die Bezeichnung in VGH Mannheim, ESVGH 26, 153 als Organleihe unrichtig ist, da das Landratsamt eine Behörde und kein Organ ist.
[4] Vgl. *Gern,* DKommR, Rn. 904.
[5] S. hierzu OVG Bautzen, DÖV 1998, 1021.
[6] Vgl. *Gern,* DKommR, Rn. 906. Ausführlich zur Thematik *Belz,* SächsVBl 1993, 226.

ner ist, sofern das Landratsamt handelt. In den meisten übrigen Bundesländern ist der Rechtsträger für die Ausübung staatlicher Aufgaben durch das Landratsamt eben das jeweilige Bundesland, dass sodann auch Klagegegner ist.

Vierter Teil. Der Bezirk

§ 19. Rechtsstellung und Organe

Literatur: *Hörster,* Höhere Kommunalverbände, HKWP I, S. 919 ff.; *Draf/Spitzner (Hrsg.),* Die bayerischen Bezirke, Aufgaben und Perspektiven für die Zukunft, 1992; *Merk,* Reform der Bezirke, BayVBl. 1999, S. 545 ff.; *Simnacher,* Die Bezirke zu Zweckverbänden reformieren?, BayVBl. 2000, S. 357 ff.

1 Die Institution Bezirk – die hier nicht mit den Stadt- oder Gemeindebezirken verwechselt werden darf – ist eine Besonderheit des bayerischen Kommunalrechts. Bezirke sind Gebietskörperschaften (Art. 1 BezO BY), also eigenständige juristische Personen des öffentlichen Rechts. Sie sind **Gemeindeverbände höherer Stufe** (im Gegensatz zu den Landkreisen als Gemeindeverbänden der unteren Stufe). Das Gebiet jedes der sieben bayerischen Bezirke entspricht dem Amtssprengel der räumlich entsprechenden höheren staatlichen Verwaltungsbehörde, also der jeweiligen Regierung.

2 Die Regierung ist Staatsbehörde, nicht Behörde oder Organ des Bezirks. Eine Janusköpfigkeit der Regierung – vergleichbar mit der des Landratsamts – gibt es also nicht. Es besteht aber gemäß Art. 35 BezO BY ein Verwaltungsverbund zwischen Bezirk und Regierung, im Rahmen dessen die Regierung den Bezirk in personeller und sachlicher Hinsicht unterstützt (Organleihe). Art. 35a BezO BY regelt die Bereitstellung von Personal der Regierung für den Bezirk näher. Gemäß Art. 35b I S. 1 BezO BY kann des Weiteren der Bezirkstag beschließen, Bezirksaufgaben auf die Regierung zu übertragen.

3 Hauptorgane des Bezirks sind der Bezirkstag, der Bezirksausschuss und der Bezirkstagspräsident (Art. 21 BezO BY). Hinsichtlich der Hauptorgane bestehen also weitgehende Parallelen zum Landkreis. Der **Bezirkstag** (s. hierzu Art. 22–24 BezO BY) wird – parallel zum Landtag – durch das Volk auf fünf Jahre gewählt. Er ist für die Verwaltung des Bezirks zuständig, sofern nicht das Gesetz die Zuständigkeit des Bezirksausschusses oder des Bezirkstagspräsidenten vorsieht (Art. 21 BezO BY).

4 Der **Bezirksausschuss** (s. hierzu Art. 26 f. BezO BY) ist vergleichbar mit dem Kreisausschuss auf der Ebene des Landkreises. Er ist gemäß Art. 25 S. 1 BezO BY ein vom Bezirkstag bestellter ständiger Ausschuss. Gemäß Art. 25 S. 2 BezO BY bereitet er die Sitzungen des Bezirkstags vor und beschließt über die Angelegenheiten, die ihm der Bezirkstag übertragen hat. Er ist also sowohl vorberatender als auch beschließender Ausschuss. In der Praxis werden dem Bezirksausschuss in erheblichem Maße Bezirkstagsangelegenheiten übertragen. Nicht übertragen werden dürfen allerdings diejenigen Angelegenheiten, für die Art. 29 BezO BY ein Übertragungsverbot vorsieht.

5 Der **Bezirkstagspräsident** wird gemäß Art. 30 I S. 1 BezO BY vom Bezirkstag aus seiner Mitte gewählt. Der Bezirkstagspräsident ist gemäß Art. 30 II S. 1 BezO BY Ehrenbeamter des Bezirks. Der Bezirkstagspräsident führt im Bezirkstag den Vorsitz (Art. 32 S. 1 BezO BY). Er vollzieht die Beschlüsse des Bezirkstags und des Bezirksausschusses (Art. 32 S. 2 BezO BY). Er vertritt den Bezirk nach außen (Art. 33a BezO BY). Art. 33 BezO BY regelt, welche Angelegenheiten der Bezirkstagspräsident in eigener Zuständigkeit ausführt. Hierzu gehören insbesondere gemäß Art. 33 I S. 1 Nr. 1 BezO BY die laufenden Angelegenheiten, die für den Bezirk keine grundsätzliche Bedeutung haben und keine erheblichen Verpflichtungen erwarten lassen.

§ 20. Aufgaben und Aufsicht

Gemäß Art. 1 BezO sind die Bezirke für diejenigen kommunalen Aufgaben zuständig, 1
die die Leistungsfähigkeit der Gemeinden und Landkreise überschreiten. Die Aufgaben der Bezirke sind in den Art. 48–50 BezO BY näher geregelt. Im eigenen Wirkungskreis müssen die Bezirke gemäß Art. 48 I BezO BY öffentliche Einrichtungen schaffen, die für das wirtschaftliche, soziale und kulturelle Wohl ihrer Einwohner erforderlich sind. Gemäß Art. 48 II BezO BY sind die Bezirke nach Maßgabe der Gesetze zur Schaffung der notwendigen Einrichtungen auf den Gebieten der Sozialhilfe (auf die faktisch nahezu 90 % des gesamten Haushaltsvolumens der Bezirke entfallen), der Jugendhilfe, der Kriegsopferfürsorge, des Gesundheitswesens, des Sonderschulwesens, des Wasserbaus, der Denkmalpflege und der Heimatpflege verpflichtet. Daneben müssen sie gemäß Art. 48 III BezO BY die notwendigen stationären Einrichtungen auf den Gebieten der Psychiatrie und Neurologie, für Suchtkranke, Schwerbehinderte, Hörbehinderte, Sprachbehinderte und für die Eingliederung von Körperbehinderten (insb. die sog. Bezirkskrankenhäuser, die z. T. lange Tradition aufweisen, so Bayreuth 1870, Kaufbeuren 1876, Haar 1901) schaffen[1]. Gemäß Art. 49 BezO BY ist auch die Übernahme von Aufgaben des eigenen Wirkungskreises der Landkreise auf deren Antrag hin möglich. Gemäß Art. 50 BezO BY existiert auch ein übertragener Wirkungskreis der Bezirke, der jedoch wegen der Zurückhaltung des Gesetzgebers bei der Aufgabenzuweisung keine nennenswerte praktische Bedeutung aufweist. Die Aufgaben, die von den Bezirken in BY wahrgenommen werden, werden in anderen größeren Bundesländern im Regelfall in Form von Zweckverbänden oder anderen Formen kommunaler Zusammenarbeit erfüllt.

Die Bezirke stehen in gleicher Weise wie die Gemeinden und Landkreise unter der 2
Aufsicht des Staates (Art. 90 ff. BezO BY). Bei Angelegenheiten des eigenen Wirkungskreises des Bezirks besteht Rechtsaufsicht, bei Angelegenheiten des übertragenen Wirkungskreises Fachaufsicht (Art. 91 BezO BY). Rechtsaufsichtsbehörde ist das Staatsministerium des Innern (Art. 92 BezO BY). Die Befugnisse der Aufsichtsbehörde entsprechen denen der Gemeindeaufsicht (Art. 93–99 BezO BY).

---
[1] Vgl. dazu Verband der bayerischen Bezirke, Resolution zur Weiterentwicklung der psychiatrischen Versorgung, 2001.

Fünfter Teil. Kommunale Kooperation

§ 21. Öffentlich-rechtliche Zusammenarbeit

Literatur: *Oebbecke,* HKWP I, § 29, S. 843 ff.; *Oehler,* Die Verwaltungsgemeinschaft als Alternative zur Einheitsgemeinde in den neuen Bundesländern, LKV 1992, S. 72 ff.; *Pencereci,* Quo vadis interkommunale Zusammenarbeit, LKV 2005, S. 137 ff.; *Steger,* Interkommunale Zusammenarbeit ist das Modell der Zukunft, BWGZ 2006, S. 667 ff.; *Schmidt,* Das Mitverwaltungsmodell, 2016

1 Gemeinden, Landkreise und Bezirke sehen sich in vielen Bereichen mit der Situation konfrontiert, dass sie ihre Aufgaben auf sich allein gestellt nicht oder nicht in befriedigender Weise erfüllen können. Technische Entwicklungen oder gemeinsame ökologische Probleme (z. B. gebietsübergreifende Altlasten) können zur Folge haben, dass Aufgaben, die herkömmlich von einer Kommune allein bewältigt worden sind, nun in kooperativer Weise erledigt werden müssen. Daneben spielen die Absicherung kommunaler Aufgabenerfüllung, die Serviceorientierung gegenüber dem Bürger und die Steigerung der Wirtschaftlichkeit eine tragende Rolle.[1] Gerade in Zeiten finanzieller Engpässe der Kommunen erlangen diese Handlungsformen zunehmend an Bedeutung. Die Kommunalgesetze bieten für diese Konstellationen eine Vielzahl an juristischen Kooperationsinstrumenten an. Aktuell im Fokus interkommunaler Zusammenarbeit steht wiederum das Vergaberecht, wobei die Frage, ob Kooperationen zwischen Gemeinden/Gemeindeverbänden eine Ausschreibung erfordern, weitestgehend verneinend beantwortet werden dürfte.[2] In diesem Bereich fordern Verbände wie der Deutsche Landkreistag, der Deutsche Städtetag, der Deutsche Städte- und Gemeindebund und der Verband kommunaler Unternehmen mehr Rechtssicherheit für kommunale Gebietskörperschaften im Europäischen Binnenmarkt.[3] Der Respekt kommunaler Organisationshoheit ist in interkommunalen Kooperationen als innerstaatliche Akte der Gebietskörperschaften zu sehen und nicht als Vergabe am freien Markt.[4]

I. Verwaltungsgemeinschaften

2 In B.-W., BY und SA existiert das Institut der **Verwaltungsgemeinschaft,** das die engste Form der öffentlich-rechtlichen Zusammenarbeit zweier Gemeinden darstellt. In NRW gibt es dieses Institut dagegen nicht mehr; die §§ 27 f. KGAG NRW wurden aufgehoben, gleiches gilt seit 2013 nach Abschluss aller diesbezüglichen Landesverfassungsbeschwerden in Sachsen-Anhalt, wo im Rahmen der Gemeindegebietsreform alle Verwaltungsgemeinschaften in Einheitsgemeinden und Verbandsgemeinden umgewandelt wurden. Im Ergebnis vergleichbare Zustände wie in einer Verwaltungsgemeinschaft können in NRW und auch allgemein durch die Schaffung von Zweckverbänden herbeigeführt werden, wobei das Fehlen von gesetzlichen Regelungen zur Verwaltungsgemeinschaft durch entsprechend ausführliche Bestimmungen in den die

---

[1] Vgl. *Gruneberg/Jänicke/Kröcher,* ZfBR 2009, 754 (754), mit Verweis auf eine Studie zur „Interkommunalen Zusammenarbeit" der Kienbaum Management Consultants GmbH in Kooperation mit dem Deutschen Städte- und Gemeindebund, Düsseldorf Juni 2004.
[2] Vgl. EuGH, Urteil vom 09.6.2009, EuZW 2009, 529 ff.; *Gruneberg/Jänicke/Kröcher,* ZfBR 2009, 754 (754); kritisch: *Ruhland,* VerwArchiv 2010, 399 ff.; s. a. § 12 IV Nr. 4.
[3] Deutscher Landkreistag, KommJur 2008, 211 ff.
[4] Deutscher Landkreistag, KommJur 2008, 211 (212).

Zweckverbände gründenden öffentlich-rechtlichen Verträgen kompensiert werden muss. Eine in gleicher Weise enge Beziehung zwischen Gemeinden wie in einer Verwaltungsgemeinschaft kann aber auch damit nicht erreicht werden. Eine den Verwaltungsgemeinschaften in weiten Teilen entsprechende Funktion üben in S.-H., Bdbg. und M.-V. sogenannte **Ämter** bzw. Amtsgemeinden aus. Als amtsfreie Gemeinden werden dabei Gemeinden mit eigener Verwaltung bezeichnet.

Das Institut der Verwaltungsgemeinschaft ist eine Folgeerscheinung der Gemeindegebietsreformen: Durch die Schaffung von Verwaltungsgemeinschaften zwischen selbstständig bleibenden Gemeinden konnte ein Kompromiss gefunden werden zwischen dem Interesse am Erhalt der historisch gewachsenen Identität einer kleinen Gemeinde einerseits und dem Interesse an einer effizienten Verwaltung andererseits. Das hinsichtlich ihrer Fläche übermäßige Anwachsen von Gemeindestrukturen durch die Zusammenfassung in Einheitsgemeinden wird so verhindert, ohne dass die Leistungsfähigkeit der Kommunen in Gefahr geriete. Im Kern der Überlegungen zur Bildung von Verwaltungsgemeinschaften steht also die Aufgabenerledigung, die durch Aufgabenübertragung funktional abgesichert sein soll. Welche Aufgabentransfers diesbezüglich möglich sind, differenziert. Übergreifend über alle Verwaltungsgemeinschaften muss jedoch gelten, dass Aufgaben, deren Übertragung beispielsweise vom Gemeinderat nicht an andere Organe übertragen werden dürfen, nicht einem Verwaltungsträger überlassen werden dürfen, der in seiner demokratischen Legitimation hinter das eigentlich zuständige Gremium zurückfällt.[5] Am deutlichsten wird dies am Beispiel des Beschlusses über die Haushaltssatzung – diesen auszulagern käme einer zu weitgehenden Aufgabe der Willensbildung im Rahmen örtlicher Angelegenheiten gleich. 3

Da sich die Regelungen zur Verwaltungsgemeinschaft in B.-W., BY und SA wiederum in etlichen Details unterscheiden, erfolgt im Übrigen eine länderspezifische Darstellung:

1. Ausgestaltung in Baden-Württemberg

In **Baden-Württemberg** können benachbarte Gemeinden, die demselben Landkreis angehören, eine Verwaltungsgemeinschaft bilden (§ 59 GemO B.-W.). Hierfür gibt es zwei Modelle: Möglich ist zum einen die **Bildung eines Gemeindeverwaltungsverbandes** mit formal gleichberechtigten Gemeinden und zum anderen die **Schaffung einer vereinbarten Verwaltungsgemeinschaft** in der Form, dass die eine Gemeinde – die als erfüllende Gemeinde bezeichnet wird – die Aufgaben eines Gemeindeverbandes wahrnimmt. Bei der Bildung von Verwaltungsgemeinschaften ist die Abgrenzung in der Weise vorzunehmen, dass die gebildeten Verwaltungsgemeinschaften im Hinblick auf die Zahl der Mitgliedsgemeinden, die Einwohnerzahl und die räumliche Ausdehnung unter Berücksichtigung der örtlichen Verhältnisse und der Aspekte der Landesplanung in der Lage sind, ihre Aufgaben zweckmäßig und wirtschaftlich zu erfüllen. Die Verwaltungsgemeinschaft in Form eines Gemeindeverwaltungsverbandes ist eine eigenständige juristische Person des öffentlichen Rechts, und zwar eine mitgliedschaftlich organisierte Körperschaft und zugleich eine Spezialform des Zweckverbandes. In B.-W. besteht die Besonderheit, dass die Verwaltungsgemeinschaft über eine landesverfassungsrechtlich fundierte Position verfügt (Art. 71 I LBV B.-W.). Demgegenüber ist die Verwaltungsgemeinschaft in Form der vereinbarten Verwal- 4

---

[5] Vgl. *Knickmeier/Matthes,* Flexible Helfer oder starre Strukturen, VerwArch 2014, 73 (94 f.).

tungsgemeinschaft nicht selbst eine eigene juristische Person. Handlungen der Verwaltungsgemeinschaft gelten hier als solche der erfüllenden Gemeinde.

5   Die Gründung eines Gemeindeverwaltungsverbandes erfolgt in derselben Weise wie die Bildung eines Zweckverbandes (§ 2 GKZ B.-W.). Demgegenüber erfolgt die Gründung einer vereinbarten Verwaltungsgemeinschaft durch den Abschluss einer öffentlich-rechtlichen Vereinbarung nach §§ 25f. GKZ B.-W. Die gleichen Analogien gelten für den Gemeindeverwaltungsverband und die vereinbarte Verwaltungsgemeinschaft auch hinsichtlich ihrer Genehmigung und ihrer zwangsweisen Bildung. § 60 II S. 2 GemO B.-W. regelt hinsichtlich der erforderlichen Genehmigung der Rechtsaufsichtsbehörde noch näher, dass diese über die Erteilung nach pflichtgemäßem Ermessen entscheidet. Es handelt sich also nicht lediglich um einen Akt der Rechtsaufsicht (s. § 118 I GemO B.-W.), sondern um eine autonome Entscheidung der Rechtsaufsichtsbehörde. Es liegt ein **kondominialer Organisationsakt** vor, dessen Verweigerung die Rechtsaufsichtsbehörde nicht nur mit der Rechtswidrigkeit der Gründung begründen kann, sondern auch mit politischen Zweckmäßigkeitsüberlegungen.[6] Dementsprechend verfügen die Gemeinden auch bei Rechtmäßigkeit der beabsichtigten Gründung nicht über einen (einklagbaren) Anspruch auf Erteilung der Genehmigung, sondern lediglich über einen Anspruch auf ermessensfehlerfreie Entscheidung hierüber. Eine **Auflösung einer Verwaltungsgemeinschaft** kann nur durch Gesetz oder Rechtsverordnung erfolgen, falls hierfür Gründe des öffentlichen Wohls vorliegen (§ 62 GemO B.-W.).

6   Als **Organe** einer Verwaltungsgemeinschaft in Form eines Gemeindeverwaltungsverbandes existieren die **Verbandsversammlung** und der **Verbandsvorsitzende** (§ 60 I GemO B.-W.; § 12 GKZ B.-W.). Die Verbandsversammlung besteht aus den Bürgermeistern und mindestens einem weiteren Vertreter jeder Mitgliedsgemeinde, der vom Gemeinderat zu wählen ist (§ 60 III GemO B.-W.). Im Übrigen gelten die Vorschriften über den Zweckverband und ergänzend die GemO B.-W. in entsprechender Anwendung. Der Verbandsvorsitzende wird von der Verbandsversammlung aus deren Mitte gewählt (§ 16 GKZ B.-W.). Er führt den Vorsitz in der Verbandsversammlung und leitet die Verbandsverwaltung, die aufgrund § 61 II GemO B.-W. errichtet wird. Er ist zur Außenvertretung des Gemeindeverwaltungsverbandes befugt (§ 16 GKZ B.-W.).

7   Als Organ der **keine eigenständige juristische Person** bildenden vereinbarten Verwaltungsgemeinschaft existiert lediglich ein **gemeinsamer Ausschuss** aus Vertretern der beteiligten Gemeinden. Seine Zusammensetzung wird in der Vereinbarung der Mitgliedsgemeinden festgelegt. Wenn eine in der Vereinbarung benannte sogenannte Erfüllungsaufgabe (s. u.) vorliegt, dann ist grundsätzlich der gemeinsame Ausschuss zuständig. Falls jedoch eine gesetzliche Zuständigkeit des ersten Bürgermeisters besteht (wie insbesondere bei laufenden Angelegenheiten), so liegt die Organkompetenz bei diesem. Das Gleiche gilt dann, wenn der gemeinsame Ausschuss ihm eine von seinen Zuständigkeiten überträgt (§ 60 IV GemO B.-W.). Den Vorsitz im gemeinsamen Ausschuss führt der Bürgermeister der erfüllenden Gemeinde. Ansonsten gelten für den gemeinsamen Ausschuss dieselben Regeln wie für die Verbandsversammlung eines Gemeindeverwaltungsverbandes. Jede Gemeinde verfügt über ein Widerspruchsrecht

---

[6] S. näher hierzu *Gern*, KommR B.-W., Rn. 493; *von Mutius*, KommR, Rn. 882; S. auch VGH Mannheim, ESVGH 25, 47.

gegen Beschlüsse des gemeinsamen Ausschusses, das innerhalb von zwei Wochen nach einem Ausschussbeschluss auszuüben ist (§ 60 VGemO B.-W.).

Ein Gemeindeverwaltungsverband hat unter anderem die Aufgabe, die Mitgliedsgemeinden bei der Erledigung ihrer Angelegenheiten zu beraten und zu unterstützen (§ 61 I S. 1 GemO B.-W.). Eine Gemeinde muss dies in Anspruch nehmen, falls Belange anderer Mitgliedsgemeinden von ihrem Handeln berührt werden (§ 61 I S. 2 GemO B.-W.). Darüber hinaus obliegen dem Gemeindeverwaltungsverband so genannte **Erledigungsaufgaben** (§ 61 III GemO B.-W.) und so genannte **Erfüllungsaufgaben** (§ 61 IV GemO B.-W.). Erledigungsaufgaben erledigt der Gemeindeverwaltungsverband für eine Mitgliedsgemeinde in deren Namen, Erfüllungsaufgaben in eigener Zuständigkeit im eigenen Namen. Bei den Erfüllungsaufgaben findet also ein Übergang der Verbandskompetenz statt, bei den Erledigungsaufgaben hingegen nicht. Zu den Erledigungsaufgaben gehören unter anderem die technische Abwicklung der verbindlichen Bauleitplanung, die Bauleitung bei gemeindlichen Vorhaben des Hoch- und Tiefbaus, die Unterhaltung und der Ausbau von Gewässern zweiter Ordnung sowie das Abgabenwesen. Erfüllungsaufgaben sind die vorbereitende Bauleitplanung (also die Erstellung eines gemeinsamen Flächennutzungsplans) sowie die Aufgaben des Trägers der Straßenbaulast für die Gemeindeverbindungsstraßen. Die Mitgliedsgemeinden können einzeln oder gemeinsam weitere Aufgaben auf den Gemeindeverwaltungsverband übertragen (§ 61 V GemO B.-W.). Gemäß § 61 VII GemO B.-W. finden die Vorschriften des § 61 I 6 GemO B.-W. über den Gemeindeverwaltungsverband auf die vereinbarte Verwaltungsgemeinschaft mit der Maßgabe entsprechende Anwendung, dass an die Stelle des Gemeindeverwaltungsverbandes die erfüllende Gemeinde tritt. 8

2. Ausgestaltung in Bayern

In BY ist eine Verwaltungsgemeinschaft gemäß Art. 1 II S. 1 VGemO BY eine **Körperschaft des öffentlichen Rechts**. Anders als bei Gemeinden, Landkreisen und Bezirken handelt es sich nicht um eine Gebietskörperschaft, sondern um eine Verbands- bzw. Personalkörperschaft, da Mitglieder der Körperschaft selbstständige juristische Personen des öffentlichen Rechts (Art. 1 I S. 1 VGemO BY), nämlich die beteiligten Gemeinden, sind.[7] Die fortbestehende Selbstständigkeit der beteiligten Gemeinden ist nicht nur eine formale. Vielmehr behalten die Gemeinden – trotz einiger Einschränkungen aufgrund von Art. 4 V GemO – ihr verfassungsrechtlich garantiertes Selbstverwaltungsrecht (Art. 28 II GG; Art. 11 II S. 2 BV).[8] Die Verwaltungsgemeinschaft steht unter staatlicher Aufsicht (näher hierzu Art. 10 II VGemO BY i. V. m. Art. 49 f., Art. 26 I KommZG BY). 9

Die Bildung einer Verwaltungsgemeinschaft (von notwendigerweise benachbarten Gemeinden: Art. 1 I S. 1 VGemO BY) kann freiwillig oder auf staatliche Verpflichtung hin erfolgen. Zur freiwilligen Bildung einer Verwaltungsgemeinschaft ist lediglich das durch Gemeinderatsbeschluss bekundete Einverständnis der Mitgliedsgemeinden erforderlich (Art. 2 I Nr. 1, Art. 2 II Nr. 1 VGemO BY). Zur Bildung einer Verwaltungsgemeinschaft von Amts wegen müssen hingegen entsprechend gewichtige Gründe des öffentlichen Wohls vorliegen (Art. 2 I Nr. 2, Art. 2 II Nr. 2 VGemO BY). 10

---

[7] Vgl. *Lissack*, Bay. KommR, § 9 Rn. 4.
[8] Vgl. VerfGH BY, BayVBl 1978, 427; *von Mutius*, KommR, Rn. 325.

Der Staat muss in diesem Zusammenhang eine Verhältnismäßigkeitsprüfung vornehmen, wobei hierfür eine Abwägung zwischen den Vorteilen der Bildung einer Verwaltungsgemeinschaft einerseits und den Beschränkungen des kommunalen Selbstverwaltungsrechts der Mitgliedsgemeinden andererseits vorzunehmen ist.[9] Der formale Akt zur Bildung einer – freiwilligen oder erzwungenen – Verwaltungsgemeinschaft ist stets ein formelles Gesetz: Art. 2 III, Art. 9 I, 2 VGemO.

11 **Organe** der Verwaltungsgemeinschaft sind gemäß Art. 6 I VGemO BY die Gemeinschaftsversammlung und der Gemeinschaftsvorsitzende. Daneben besteht zur Unterstützung der Verwaltungstätigkeit der Verwaltungsgemeinschaft eine Geschäftsstelle (Art. 7 II, Art. 10 V GemO BY i. V. m. Art. 39 I S. 1 KommZG BY). Für diese wird ein Geschäftsleiter bestellt, dem bei der Erledigung laufender Angelegenheiten große Bedeutung zukommt (s. hierzu Art. 7 II VGemO BY; Art. 10 II VGemO BY i. V. m. Art. 39 II KommZG BY).

12 Die **Gemeinschaftsversammlung** ist ein aus Vertretern der Mitgliedsgemeinden zusammengesetztes Gremium (Art. 6 I, 2 VGemO BY). Ihre ersten Bürgermeister sind kraft Amtes „geborene Mitglieder" der Gemeinschaftsversammlung. Daneben gibt es auch noch „gekorene Mitglieder", die von den Gemeinderäten der Mitgliedsgemeinden entsprechend dem jeweiligen Stärkeverhältnis der Gemeinderatsfraktionen gewählt werden (Art. 6 II S. 5 VGemO BY). Jede Mitgliedsgemeinde verfügt in der Gemeinschaftsversammlung über so viele Stimmen, wie Vertreter von ihr anwesend sind (Art. 6 II S. 6 VGemO BY). Jede Mitgliedsgemeinde hat gegenüber ihren Vertretern ein Weisungsrecht hinsichtlich deren Abstimmungsverhalten in der Gemeinschaftsversammlung (Art. 10 II VGemO BY i. V. m. Art. 33 II S. 4 KommZG BY). Die Missachtung der Weisung durch einen Vertreter berührt jedoch die Wirksamkeit und Maßgeblichkeit seines tatsächlichen Abstimmungsverhaltens nicht (Art. 10 II VGemO BY i. V. m. Art. 33 II S. 5 KommZG BY).

13 Aus der Mitte der Gemeinschaftsversammlung wird der Gemeinschaftsvorsitzende gewählt (Art. 6 III S. 1 VGemO). Des Weiteren werden von dieser aus ihrer Mitte zwei Stellvertreter gewählt, die selbst nicht erste Bürgermeister sein müssen. Bei der Wahl des Gemeinschaftsvorsitzenden und seiner Stellvertreter sind die Mitglieder der Gemeinschaftsversammlung an Weisungen nicht gebunden. Der Gemeinschaftsvorsitzende hat dieselben Befugnisse wie der Verbandsvorsitzende eines Zweckverbandes (Art. 6 IV VGemO BY i. V. m. Art. 36 KommZG BY). Demnach hat der Gemeinschaftsvorsitzende innerhalb der Verwaltungsgemeinschaft eine Stellung inne, die der des ersten Bürgermeisters innerhalb einer Gemeinde vergleichbar ist. So gehört es insbesondere zu seinen Aufgaben, die laufenden Angelegenheiten der Verwaltungsgemeinschaft zu besorgen (Art. 6 IV VGemO BY i. V. m. Art. 36 II KommZG BY i. V. m. Art. 37 I Nr. 1 GO BY).

14 Die Verwaltungsgemeinschaft hat weitreichende Zuständigkeiten im Bereich des übertragenen Wirkungskreises der Gemeinden, wohingegen die Gemeinden in ihrem eigenen Wirkungskreis ihre Autonomie weitgehend behalten.

15 Für den übertragenen Wirkungskreis normiert Art. 4 I S. 1 VGemO BY, dass die Verwaltungsgemeinschaft in eigener Verantwortung die Angelegenheiten des übertrage-

---

[9] Vgl. BVerfG, NVwZ 1989, 351; VerfGH BY, BayVBl 1978, 431 f.

nen Wirkungskreises der Mitgliedsgemeinden wahrnimmt. Den Mitgliedsgemeinden fehlt umgekehrt hinsichtlich solcher Aufgaben die Verbandskompetenz, mit der Übertragung der Zuständigkeiten gehen alle Aufgaben und Befugnisse der Mitgliedsgemeinden exklusiv auf die Verbandsgemeinschaft über. Ein Weisungsrecht haben die Mitgliedsgemeinden nicht. Sie können lediglich über das oben beschriebene Weisungsrecht gegenüber ihren Vertretern in der Gemeinschaftsversammlung Einfluss auf das Verhalten der Verwaltungsgemeinschaft nehmen. Da es sich bei den Angelegenheiten des übertragenen Wirkungskreises überwiegend um laufende Angelegenheiten handelt, die in die originäre Zuständigkeit des Gemeinschaftsvorsitzenden fallen, läuft auch dieses Weisungsrecht meist leer. Gemäß Art. 4 I S. 1 Hs. 2 VGemO BY bleibt jedoch der Erlass von Satzungen und Rechtsverordnungen bei der Mitgliedsgemeinde. Weitere Ausnahmen enthält die aufgrund von Art. 4 I S. 3 VGemO BY erlassene Rechtsverordnung.

Gänzlich anders ist die Rechtslage im eigenen Wirkungskreis. Hier bleibt die Verbandskompetenz bei der Mitgliedsgemeinde. Art. 4 II VGemO BY sieht allerdings vor, dass die Verwaltungsgemeinde für den Vollzug der Beschlüsse der Mitgliedsgemeinden zuständig ist und dass die Verwaltungsgemeinschaft auch im eigenen Wirkungskreis der Gemeinden für die Besorgung der laufenden Angelegenheiten zuständig ist. Des Weiteren haben die Mitgliedsgemeinden gemäß Art. 4 III VGemO BY die Möglichkeit, durch Zweckvereinbarung Aufgaben des eigenen Wirkungskreises an die Mitgliedsgemeinde zu übertragen (Bemerkenswert ist, dass Zuständigkeiten des übertragenen Wirkungskreises, die infolge von Art. 4 I VGemO BY bei den Mitgliedsgemeinden verbleiben, wegen des eindeutigen Wortlauts von Art. 4 III VGemO BY nicht auf die Verwaltungsgemeinschaft übertragen werden dürfen.[10]). 16

3. Ausgestaltung in Sachsen

In SA existieren Verwaltungsgemeinschaften (ähnlich wie in B.-W.) in zwei Formen. Zum einen kann eine Verwaltungsgemeinschaft in der Weise gegründet werden, dass bestimmt wird, dass eine Gemeinde (die so genannte erfüllende Gemeinde) für die anderen beteiligten Gemeinden die Aufgaben eines Verwaltungsverbandes wahrnimmt (§ 36 KommZG SA). Daneben besteht die Möglichkeit der Gründung eines eigenständigen Verwaltungsverbandes (§§ 3 f. KommZG SA), den das Kommunalrecht in SA allerdings nicht als Verwaltungsgemeinschaft bezeichnet. **Verwaltungsverbände** gibt es als freiwilligen Zusammenschluss (**Freiverband**) und als zwangsweise herbeigeführten Zusammenschluss (**Pflichtverband**): § 3 I KommZG SA. 17

Der Verwaltungsverband ist eine **selbständige juristische Person** des öffentlichen Rechts (§ 5 I S. 1 KommZG SA) in Form einer Körperschaft mit den beteiligten Gemeinden als Mitgliedern. Demgegenüber besitzt die Verwaltungsgemeinschaft im engeren Sinne keine eigene Rechtspersönlichkeit. 18

Die Gründung eines Verwaltungsverbandes in Form eines Freiverbandes erfolgt in der Weise, dass die beteiligten Gemeinden eine Verbandssatzung vereinbaren (§ 11 I S. 1 KommZG SA). In der Verbandssatzung werden die rechtlichen Grundfragen des Verwaltungsverbandes im Detail geregelt (näher hierzu § 11 II, III KommZG SA). Die Verbandssatzung bedarf der Genehmigung der Rechtsaufsichtsbehörde (§ 12 I S. 1 19

---

[10] Vgl. *Lissack*, Bay. KommR, § 9 Rn. 14.

KommZG SA). Diese entscheidet hierüber nach pflichtgemäßem Ermessen (§ 12 I S. 2 KommZG SA). Letztlich gelten hier dieselben Grundsätze wie bei der Gründung eines Gemeindeverwaltungsverbandes in B.-W.: Es erfolgt kein Akt der Rechtsaufsicht, also keine bloße Überprüfung der Rechtmäßigkeit. Stattdessen kann die Rechtsaufsichtsbehörde darüber hinausgehend die Genehmigung auch aus politischen Zweckmäßigkeitserwägungen versagen.

20 Zur Gründung eines Verwaltungsverbandes in Form eines Pflichtverbandes muss die oberste Rechtsaufsichtsbehörde zunächst den Gemeinden eine Frist zur Bildung eines Verwaltungsverbandes setzen (§ 14 I KommZG SA). Wenn die Gemeinden diese Frist verstreichen lassen, kann die oberste Rechtsaufsichtsbehörde nach Anhörung der beteiligten Gemeinden (§ 14 II S. 2 KommZG SA) die Bildung anordnen und die Verbandssatzung selbst erlassen (§ 14 II S. 1 KommZG SA). Die Anordnung hat Verwaltungsaktscharakter. Zur Auflösung eines Verwaltungsverbandes bedarf es eines mit Dreiviertelmehrheit gefassten Beschlusses der Verbandsversammlung (§ 27 I KommZG SA). Aus dringenden Gründen des öffentlichen Wohls kann die oberste Rechtsaufsichtsbehörde die Auflösung anordnen.

21 Die Gründung einer Verwaltungsgemeinschaft im technischen Sinn erfolgt durch eine Gemeinschaftsvereinbarung der Mitgliedsgemeinden (§ 37 S. 1 KommZG SA). Sie bedarf der Genehmigung der Rechtsaufsichtsbehörde, deren Versagung nach denselben Regeln wie die Genehmigung eines Verwaltungsverbandes möglich ist (§ 38 I KommZG SA). Die Bildung einer Verwaltungsgemeinschaft im technischen Sinn kann von der obersten Rechtsaufsichtsbehörde nach denselben Regeln angeordnet werden wie die eines Verwaltungsverbandes (§ 43 I KommZG SA).

22 Organe eines Verwaltungsverbandes sind die Verbandsversammlung und der Verbandsvorsitzende (§ 15 KommZG SA). Mitglieder der Verbandsversammlung sind der Verbandsvorsitzende, die Bürgermeister der Mitgliedsgemeinden und eine bestimmte Zahl (§ 16 III KommZG SA) von weiteren Vertretern der Mitgliedsgemeinden (§ 16 I S. 1 KommZG SA). Die Vertreter einer Mitgliedsgemeinde können nur einheitlich abstimmen (§ 16 I S. 2 KommZG SA) und sind an Weisungen ihrer Mitgliedsgemeinden gebunden (§ 16 V GO SA). Die Verbandsversammlung ist das Hauptorgan des Verwaltungsverbandes (§ 17 S. 1 KommZG SA). Es nimmt die Aufgaben des Verwaltungsverbandes wahr, soweit dem nicht originäre Zuständigkeiten des Verbandsvorsitzenden entgegenstehen (§ 17 S. 2 KommZG SA). Die Verbandsversammlung kann beschließende Ausschüsse bilden (näher hierzu § 18 KommZG SA). Der Verbandsvorsitzende wird auf sieben Jahre (§ 20 I S. 2 KommZG SA) von der Verbandsversammlung gewählt (§ 20 III S. 1 KommZG SA). Er ist hauptamtlicher Beamter auf Zeit (§ 20 I S. 1 KommZG SA). Er führt den Vorsitz in der Verbandsversammlung (§ 21 I S. 1 KommZG SA). In dringenden und unaufschiebbaren Angelegenheiten entscheidet er anstelle der Verbandsversammlung (§ 21 II KommZG SA).

23 In einer Verwaltungsgemeinschaft im technischen Sinn existiert ein Gemeinschaftsausschuss, für den dieselben Regeln gelten wie für die Verbandsversammlung eines Verwaltungsverbandes (§ 40 I KommZG SA). Den Vorsitz führt der Gemeinschaftsvorsitzende (§ 40 II KommZG SA). Gemeinschaftsvorsitzender ist der Bürgermeister der erfüllenden Gemeinde (§ 40 III S. 1 KommZG SA).

24 Kraft Gesetzes (§ 7 I KommZG SA) erledigt der Verwaltungsverband alle Weisungsaufgaben einschließlich des Erlasses von Satzungen und Rechtsverordnungen sowie

die vorbereitende Bauleitplanung, also die Flächennutzungsplanung. Hierbei handelt es sich um eine Verlagerung der Verbandskompetenz einschließlich des Übergangs aller Aufgaben und Befugnisse. Den Mitgliedsgemeinden steht kein Weisungsrecht zu. Sie können gemäß § 7 II S. 1 KommZG SA dem Verwaltungsverband weitere Aufgaben zur eigenständigen Ausübung übertragen. Des Weiteren erledigt der Verwaltungsverband nach Weisung der Mitgliedsgemeinden die Vorbereitung und den Vollzug von deren Beschlüssen, die Geschäfte der laufenden Verwaltung der Mitgliedsgemeinden und die Vertretung der Mitgliedsgemeinden im gerichtlichen Verfahren (§ 8 I KommZG SA). Die Mitgliedsgemeinden können dem Verwaltungsverband weitere Aufgaben zur Erledigung nach ihrer Weisung übertragen (§ 8 II KommZG SA).

Bei einer Verwaltungsgemeinschaft im technischen Sinn entspricht die Aufgabenverteilung der zwischen einem Verwaltungsverband und dessen Mitgliedsgemeinden mit dem Unterschied, dass an die Stelle des Verwaltungsverbandes die erfüllende Gemeinde tritt (§ 36 I KommZG SA). 25

4. Kommunenübergreifende Gemeinschaftsbehörden anderer Länder

Dem Institut der Verwaltungsgemeinschaft grundsätzlich durchaus ähnlich sind die **Verbandsgemeinden** in Sachsen-Anhalt und Rheinland-Pfalz. In beiden Ländern erfordert der Zusammenschluss zu einer Verbandsgemeinde eine resultierende Mindestzahl an Verbandsgemeindebürgern. Die Verbandsgemeinden sollten den angehörigen Gemeinden bestimmte, zugewiesenen Aufgaben als nunmehr eigene Aufgabe abnehmen und dabei im wesentlichen die Geschäfts der angeschlossenen Gemeinden als Auftragsverwaltung übernehmen (§ 91 I, II KVG LSA, §§ 67, 68 GemO RLP). Die Rechtsstellung der Verbandsgemeinden entspricht auch im Übrigen weitgehend der bayerischen Konstruktion der Verwaltungsgemeinschaften. Auch bei den Verbandsgemeinden handelt es sich um eigene Gebietskörperschaften (§ 89 I KVG LSA, § 64 I GemO RLP). Allerdings werden die Verbandsgemeinderäte und Verbandsgemeindebürgermeister in beiden Ländern jeweils direkt von den Bürgern im jeweiligen Verbandsgemeindegebiet gewählt (§§ 95, 96 KVG LSA und § 64 II GemO RLP, wobei zweiterer auf die Wahlmodalitäten der Gemeinden verweist). 25a

Eine vergleichsweise neue Diskussion in den Ländern, die als interkommunale Kooperationsmodelle das Amt vorsehen, ist das **Mitverwaltungsmodell.** Dieses Modell, dass insbesondere in Brandenburg erwägt wird, soll es ermöglichen, dass künftige Amtsgemeinden oder eine amtsfreie Gemeinde vollständig durch eine andere Amtsgemeinde oder amtsfreie Gemeinde verwaltet wird – letztlich also überhaupt keine eigenen Behörden mehr vorhält. Hierbei handelt es sich um eine, zumindest unter Beachtung der kommunalen Grundsätze zulässige, Sonderform der kommunalen Zusammenarbeit, die sowohl einer gesetzlichen Grundlage bedarf, als auch des Abschlusses entsprechender Vereinbarungen durch die Kommunen selbst.[11] Oktruiert kann ein derartiges Mitverwaltungsmodell nicht, die beteiligten Kommunen müssen vielmehr selbst diese Form der Zusammenarbeit wählen wollen.

---

[11] Vgl. *Schmidt*, Das Mitverwaltungsmodell, S. 155, 157 ff.

II. Kommunale Zweckverbände

Literatur: *Naumann,* Der Streit um die Heilung von Gründungsfehlern der Abwasserzweckverbände in Sachsen-Anhalt, NVwZ 2002, 175; *Aschke,* Transformationslast und Fehlertoleranz des Verwaltungsrechts – Zur Dogmatik der Folgen von Fehlern bei der Gründung von Zweckverbänden in der Rechtsprechung des OVG Weimar, NVwZ 2003, 917; *Schröder,* Die vergaberechtliche Problematik der interkommunalen Zusammenarbeit am Beispiel der Bildung von Zweckverbänden – Zugleich ein Beitrag zur Auslegung des öffentlichen Auftrages i. S. des § 99 GWB, NVwZ 2005, 25; *Oebbecke,* HKWP I, § 29, Rn. 29 ff.

26 Zweckverbände werden gebildet, um Aufgaben, mit deren Erfüllung eine Kommune allein überfordert wäre, in Zusammenarbeit auszuführen. Dies gilt sowohl für den Bereich eigener als auch übertragener Angelegenheiten. Mit der Bildung des Zweckverbandes erfolgt eine Kompetenzverlagerung auf den Zweckverband.[12] Rechtlich handelt es sich um eine Verbandskörperschaft und damit um eine eigene juristische Person des öffentlichen Rechts. Ein Zweckverband ist aber kein Gemeindeverband im Sinne von Art. 28 II 2 GG und kann sich damit nicht auf die grundgesetzliche kommunale Selbstverwaltungsgarantie berufen.[13] In B.-W. sieht jedoch Art. 71 I LV eine Selbstverwaltungsgarantie für die Zweckverbände innerhalb ihres Aufgabenbereichs vor.

27 Mitglieder von Zweckverbänden können Gemeinden, Landkreise und Bezirke, sonstige juristische Personen des öffentlichen Rechts sowie juristische und natürliche Personen des Privatrechts sein: §§ 2 f. GKZ B.-W.; Art. 17 f. KommZG BY; §§ 4 f. GKG NRW; §§ 44 f. KommZG SA. Der Zusammenschluss kann freiwillig (sog. **Freiverband**) oder zwangsweise erfolgen (sog. **Pflichtverband**). Daneben existiert in NRW noch das Konstrukt des unmittelbar durch Gesetz gebildeten Zweckverbands (§ 22 GKG NRW).

28 Ein Pflichtverband wird gebildet aufgrund einer Weisung der Rechtsaufsichtsbehörde, wenn diese dringende Gründe des öffentlichen Wohls für die Zweckverbandsbildung sieht (§ 11 GKZ B.-W.; Art. 28 KommZG BY; § 13 GKG NRW; § 50 KommZG SA). Solche liegen vor, wenn ein sofortiger oder baldiger Bedarf besteht und wenn die Nachteile bei Nichterfüllung der Aufgaben schwerwiegend wären.[14]

29 Zur Bildung eines Freiverbandes bedarf es eines öffentlich-rechtlichen Vertrages (§§ 54 ff. VwVfG) der Beteiligten des Zweckverbandes, durch den die **Verbandssatzung** vereinbart wird.[15] Darüber hinaus bedarf es einer Genehmigung der Rechtsaufsichtsbehörde (§ 7 GKZ B.-W.; Art. 20 BY; § 10 KGAG NRW NRW; § 49 KommZG SA). Bei der Genehmigungserteilung handelt es sich im materiellen Sinn nicht um einen Akt der Rechtsaufsicht, da die Rechtsaufsichtsbehörde die Genehmigung nicht nur dann verweigern darf, wenn die Bildung des Zweckverbandes rechtswidrig ist, sondern auch dann, wenn sie dessen Bildung als unzweckmäßig einstuft. Dementsprechend haben die Beteiligten auch keinen Anspruch auf Genehmigungserteilung, sondern lediglich einen Anspruch auf ermessensfehlerfreie Entscheidung. Die Genehmigung besitzt den Beteiligten gegenüber Regelungscharakter und ist daher ein Verwal-

---

[12] S. hierzu BVerwG, NVwZ-RR 1992, 429; OVG Bautzen, LKV 1997, 419; *Hofmann/Muth/Theisen,* KommR NRW, S. 592.
[13] Vgl. BVerfGE 52, 95 f.
[14] Vgl. BVerfGE 26, 228; VerfGH NRW, DVBl 1979, 668; *von Mutius,* KommR, Rn. 330.
[15] Weiterführend zur Heilung von Fehlern bei der Gründung eines Zweckverbandes, *Naumann,* NVwZ 2002, 175 ff. und *Aschke,* NVwZ 2003, 917 ff.

tungsakt in Form eines Kondominialakts, also eines Akts der durch einvernehmliches Zusammenwirken von Staat und Kommunen zustande gekommen ist. Ist die durch öffentlich-rechtlichen Vertrag vereinbarte Verbandssatzung fehlerhaft, so werden die Fehler durch die Genehmigung nicht geheilt.[16] Die Gründung des Zweckverbandes ist vollzogen, wenn die Genehmigung und die Verbandssatzung bekanntgemacht sind.[17]

Die Einzelheiten der Rechtsverhältnisse des Zweckverbandes sind in der Verbandssatzung näher geregelt. Darüber hinaus ist der Zweckverband im Rahmen seines Aufgabengebietes zum Erlass weiterer Satzungen befugt. Die Regeln für den Satzungserlass von Gemeinden gelten hier entsprechend.

Organe des Zweckverbandes sind die Verbandsversammlung und der Verbandsvorsitzende (§ 12 GKZ B.-W.; Art. 29 KommZG BY; § 14 GKG NRW; § 51 KommZG SA). Daneben kann in SA noch als weiteres Organ ein Verwaltungsrat geschaffen werden (§ 51 II KommZG SA), der beratende Funktion aufweist.

Hauptorgan des Zweckverbandes ist die **Verbandsversammlung.** Sie verfügt über die Entscheidungskompetenz in allen wichtigen Angelegenheiten des Zweckverbandes (§ 13 GKZ B.-W.; Art. 34 KommZG BY; § 15 KGAG NRW; § 53 KommZG SA). Die Verbandsversammlung besteht aus einer in der Verbandssatzung festgelegten Zahl von Vertretern der Beteiligten. Entsendet ein Beteiligter mehrere Vertreter, so können diese nur einheitlich abstimmen und sind hinsichtlich ihres Abstimmungsverhaltens an Weisungen des Vertretenen gebunden. Die Missachtung der Weisung beeinflusst jedoch die Wirksamkeit der Stimmabgabe im Außenverhältnis nicht. Die Beteiligten haben einen – gegebenenfalls im Wege eines Kommunalverfassungsstreitverfahrens durchsetzbaren – Anspruch auf Beachtung der Mitgliedschaftsrechte ihrer Vertreter in der Verbandsversammlung, nicht aber darauf, dass die Verbandsversammlung rechtmäßige Beschlüsse fasst.[18] Die Regelungen über den Geschäftsgang der Verbandsversammlung sind denen über den Geschäftsgang im Gemeinderat ähnlich.

Ein Zweckverband verfügt über das **Recht zu eigener wirtschaftlicher Betätigung** im Rahmen des Verbandszwecks (häufig ist dies sogar ein wichtiges Motiv für die Gründung, z.B. bei einem Krankenhauszweckverband). Ihm steht auch eine eingeschränkte Finanz- und Haushaltshoheit zu. Er darf keine Steuern erheben, grundsätzlich aber Gebühren und Beiträge; Hauptfinanzierungsquelle ist aber i. d. R. die **Verbandsumlage,** deren Maßstäbe in der Verbandssatzung zu bestimmen sind,[19] und die gegenüber den Mitgliedern durch Verwaltungsakt festgesetzt werden.[20] Der Zweckverband ist dienstherrenfähig, er darf also eigene Beamte haben.

Die Haftung eines Zweckverbandes ist stets unbeschränkt und unbeschränkbar. Notfalls muss der Zweckverband die Verbandsumlage erhöhen. Letztlich haften also seine Mitglieder für seine Schulden. Die Änderung oder Auflösung eines Zweckverbandes sowie die Beendigung der Mitgliedschaft einzelner Mitglieder des Zweckverbandes erfolgen grundsätzlich nach ähnlichen Regeln wie die Gründung. Die Gesetze sehen

---

[16] Vgl. VGH Mannheim, ESVGH 27, 150. Zu Problemen fehlerhafter Zweckverbände näher BVerfG, LKV 2002, 569; OVG Bautzen, LKV 1999, 61; *Anders,* LKV 1999, 50; *Kollhosser,* NJW 1997, 3265ff.
[17] S. hierzu VGH Mannheim, NVwZ-RR 1990, 215; *Klügel,* LKV 1997, 197.
[18] Vgl. *Gern,* DKommR, Rn. 939 m.w.N.
[19] BbgOVG, LKV 1997, 460 (461); *Oebbecke,* HKWP I, 29 Rn. 53.
[20] ThürOVG, LKV 2003, 290.

aber eine Reihe von Besonderheiten vor: §§ 21 GKZ B.-W.; Art. 44f. KommZG BY; §§ 20f. KGAG NRW; § 62 KommZG SA.

34a Als eine noch relativ junge Form der kommunalen Zusammenarbeit ist das seit 2004 in Bayern eingeführte **gemeinsame Kommunalunternehmen** (gKU) gem. Art. 49f. KommZG BY.[21] Dieses in der Rechtsform einer Anstalt öffentlichen Rechts geführte Unternehmen ermöglicht es mehreren Gebietskörperschaften ein gemeinsames Kommunalunternehmen mit eigener Rechtspersönlichkeit zu gründen; und das mit den Vorteilen öffentlicher Rechtsformen wie der Wahrnehmung hoheitlicher Aufgaben und Befugnisse, Dienstherrenfähigkeit etc. Diese Möglichkeit eines gemeinsamen Unternehmens stand den Kommunen bislang nur über privatrechtliche Rechtsformen offen oder über den den Umweg eines Zweckverbandes, der dann entsprechend die Anstalt öffentlichen Rechts gründete. Damit war jedoch ein hoher organisatorischer und finanzieller Aufwand verbunden[22], der nunmehr erspart bleibt und die Gründung leistungsfähiger Kommunalunternehmen direkt durch die Gebietskörperschaften ermöglicht.

III. Öffentlich-rechtliche Vereinbarungen

35 Das flexibelste Mittel der Kooperation von Kommunen stellt der öffentlich-rechtliche, **koordinationsrechtliche Vertrag** (§§ 54ff. VwVfG)[23] dar. Neben schlichten Vereinbarungen kann dies auch in der Sonderform der **Arbeitsgemeinschaft** geschehen. Eine Arbeitsgemeinschaft ist eine gelockerte Form der Zusammenarbeit mehrerer Kommunen, die über keine eigene Rechtspersönlichkeit verfügt. Die Länder BY und NRW haben das Institut Arbeitsgemeinschaft näher geregelt (Art. 4–6 KommZG BY; §§ 2f. GKG NRW). Dabei wird zwischen einfachen und besonderen Arbeitsgemeinschaften differenziert; besondere Arbeitsgemeinschaften zeichnen sich dadurch aus, dass die beteiligten Kommunen an die ordnungsgemäß gefassten Beschlüsse der Arbeitsgemeinschaft gebunden sind. Eine stärkere Bindung bietet sich indessen für dauerhafte, nachhaltige Kooperationen an. Diese Möglichkeit ist in Bundesländern wie z. B. Baden-Württemberg, Nordrhein-Westfalen und Sachsen nicht vorgesehen.

36 **Kommunale Arbeitsgemeinschaften**[24] entstehen durch öffentlich-rechtlichen Vertrag. Anders als z. B. bei einer Verwaltungsgemeinschaft oder einem Zweckverband verbleiben die Aufgaben bei den jeweiligen Mitgliedsgemeinden oder -gemeindeverbänden. Eine Aufgabenübertragung oder Delegation findet nicht statt. Entsprechend ihrer Handlungen gegenüber dem Bürger sind die Mitgliedsgemeinden allein oder gemeinsam aktiv- oder passivlegitimiert. Arbeitsgemeinschaften zeichnen sich durch Synergie- und Kosteneinsparungseffekte aus; denn anders als bei einer Verbandskörperschaft wie dem Zweckverband hat die Arbeitsgemeinschaft keinen Aufwand durch die Gründung einer neuen juristischen Person. Ebenso bedarf sie keiner aufsichtsrechtlichen Genehmigung. Darüber hinaus bleiben die Zuständigkeiten der Gemeinden erhalten, ergänzt um die Unterstützung der Arbeitsgemeinschaftsmitglieder. Neben den gesetzlich beschriebenen Tätigkeitsbereichen der Arbeitsgemeinschaft in der Planung,

---

[21] Dazu *Kronawitter*, KommJur 2008, 401ff.
[22] Vgl. Bay LT-Drs. 15/1063, 16f.
[23] Dazu *Maurer*, AVwR, § 14 Rn. 12 mit Beispielen.
[24] Ausf. dazu: *Zörcher/Neubauer*, LKV 2010, 193ff.

insbesondere Flächennutzungsplanung, ist deren Wirkungsbereich sehr vielseitig. So bietet sich der Einsatz von Arbeitsgemeinschaften z. B. in der Kultur, im Sport, im Bereich der Daseinsvorsorge (Krankenhäuser, Feuerwehr etc.) an.

§ 22. Privatrechtliche Zusammenarbeit

Es ist auch denkbar, dass die Kooperation durch privatrechtlichen Vertrag erfolgt. Sein Anwendungsbereich ist aber begrenzt, da Verträge zum Zwecke der gemeinsamen Aufgabenerfüllung in der Regel öffentlich-rechtlichen Charakter haben und damit §§ 54ff. VwVfG unterfallen. Insbesondere können durch privatrechtlichen Vertrag keine Kompetenzen übertragen werden. Möglich ist es aber, dass zwei oder mehr Kommunen zur gemeinsamen Aufgabenerfüllung einen eingetragenen Verein oder eine privatrechtliche Gesellschaft mit eigener Rechtspersönlichkeit – also eine GmbH oder AG – gründen[1], insbesonders um, wie im Fall der „kommunalen Dienstleistungsgesellschaften"mbH, kostengünstig den Eigenbedarf der Gemeinden sicherzustellen.[2] Selbstverständlich sind auch „normale" zivilrechtliche Rechtsgeschäfte möglich, z. B. Kaufverträge oder Mietverträge über Immobilien oder auch Fahrzeuge.[3]

§ 23. Kommunalverbände

I. Öffentlich-rechtliche Verbände

In manchen Bundesländern existieren bestimmte Formen von **Kommunalverbänden.** Erwähnenswert sind folgende Kommunalverbände:

In B.-W. existieren **Nachbarschaftsverbände,** die ihre Rechtsgrundlage im Nachbarschaftsverbandgesetz B.-W. finden. Ihrer Rechtsnatur nach handelt es sich hierbei um Zweckverbände besonderer Art. Mitglieder sind benachbarte Gemeinden und der Landkreis, dem sie angehören. Sinn ihrer Existenz ist die Förderung der nachbarschaftlichen Beziehungen, die Entschärfung von Stadt-Umland-Problemen und die Vorbereitung der Bauleitplanung. Kein Nachbarschaftsverband, aber rechtlich ähnlich konstruiert ist der **Verband Region Stuttgart.** Seine Besonderheit besteht darin, dass die Mitglieder der Regionalversammlung unmittelbar durch das Volk gewählt werden.[1] Insoweit besteht durchaus Ähnlichkeit zu der Weiterentwicklung derartiger Modelle in Form der Region Hannover – wenngleich der Verband Region Stuttgart noch nicht so weit ging, sich als eigene Gebietskörperschaft konzipiert zu haben.

Gemäß § 205 BauGB können (in allen Bundesländern) **Planungsverbände** aus mehreren Gemeinden gegründet werden, deren Aufgabe in der gemeinsamen Bauleitplanung

---
[1] S. hierzu ausführlich *Ehlers,* DVBl 1997, 137; *von Mutius,* KommR, Rn. 335; *Hofmann/Muth/Theisen,* KommR NRW, S. 584. Auch die kommunalen Spitzenverbände sind privatrechtliche Vereine (vgl. unten § 23 II).
[2] OVG NRW, DVBl. 2011, 45ff.
[3] Weit verbreitet ist etwa die Übernahme oder die Ausleihe gebrauchter Feuerwehr-, Bau- und Reinigungsfahrzeuge sowie von Bussen oder Straßenbahnwägen bis hin zum Ankauf gebrauchter „historischer" Kopfsteinpflaster. Vgl. i. ü. *Wachsmuth,* Zur Nichtigkeit privatrechtlicher Verträge einer Gemeinde, ThürVBl. 2008, 153.
[1] Näher hierzu *Groß,* VBlBW 1994, 429; VGH Mannheim, VBlBW 1998, 461.

besteht. Derartige übergreifende Planungsverbände sind keine Gemeindeverbände i. S. d. Art. 28 II 2 GG. Sie sind Verbandskörperschaften, bestehend aus Gemeinden und Gemeindeverbänden (Landkreise).[2] In einer Verbandssatzung werden die Rechtsverhältnisse der Planungsverbände geregelt. Planungsverbände haben keinen eigenen Wirkungskreis, sie erfüllen lediglich Aufgaben im übertragenen Wirkungskreis. Ähnlich verhält es sich mit den Regionalen Planungsverbänden nach dem Landesraumordnungsrecht/Landesplanungsrecht.

3 In B.-W. und SA existieren **Landeswohlfahrtsverbände,** die jeweils auf der Grundlage des Gesetzes über die Landeswohlfahrtsverbände des jeweiligen Landes errichtet wurden. Sie sind Träger der Sozialhilfe, des Landesjugendamtes und der Kriegsopferfürsorge. Auf der Grundlage der Sparkassengesetze sind in allen Bundesländern Sparkassenverbände geschaffen worden.

4 In NRW gibt es auf der Basis des Ruhrverbandsgesetzes, des Lippeverbandsgesetzes und der Landschaftsverbandsverordnung NRW die **Landschaftsverbände** Rheinland, Westfalen-Lippe und den Ruhrverband. Ihnen obliegen Aufgaben in den Bereichen Jugendhilfe, Soziales, Gesundheit, Straßenwesen und landschaftliche Kulturpflege.[3] Die demokratische Legitimation der Landschaftsverbände wurde immer wieder in Zweifel gezogen, im Jahre 2002 aber vom Bundesverfassungsgericht überzeugend bejaht.[4]

5 Die Bezirke in BY haben ein vergleichbares kulturelles und soziales Aufgabenfeld, sind aber keine Kommunalverbände, da ihre Mitglieder nicht die Kommunen, sondern die Einwohner sind (Art. 11 I BezO BY; vgl. § 19).

II. Kommunale Spitzenverbände

Literatur: *Articus/Hennecke/Landsberg,* HKWP I, § 32–35; *Hennecke,* Die kommunalen Spitzenverbände, 2. Aufl. 2012.

6 Kommunale Spitzenverbände nehmen politisch, kommunalrechtlich und europarechtlich eine sehr wichtige Stellung ein. Diese sind, anders als die Kommunen selbst, nicht als öffentlich-rechtliche Körperschaften, sondern als **freiwillige Zusammenschlüsse kommunaler Gebietskörperschaften** privatrechtlich organisiert.[5] Die kommunalen Spitzenverbände sind demzufolge keine Hoheitsträger.[6] Vielmehr sind sie Verbände auf Landes- oder Bundesebene, die die Gesamtheit aller Interessen der im Verband zusammengeschlossenen Gebietskörperschaften gegenüber Regierungen oder gesetzgebenden Körperschaften vertreten („Sprecher öffentlicher Anliegen").[7] Abzugrenzen

---

[2] Vgl. §§ 31 ff. LplG B.-W.; Art. 5 II BayLplG.
[3] Näher hierzu *Erichsen,* NWVBl 1995, 1 ff.; s. auch VerfGH NRW, DÖV 2002, 475 zur Problematik der Überleitung von Aufgaben des Landschaftsverbandes auf das Land. Zusammenfassend hierzu *Hofmann/Muth/Theisen,* KommR NRW, S. 579 ff.
[4] BVerfGE 107, 59 ff. – Emschergenossenschaft und Lippeverband; krit. *Jestaedt,* JuS 2004, 649 (652); S. hierzu auch BVerwG, NVwZ 1999, 870; *Görischke,* NWVBl 2002, 418 ff.; *Musil,* DÖV 2004, 116 ff.
[5] Vgl. *Burgi,* KommR, § 1 Rn. 7; *Steiner,* Besonderes Verwaltungsrecht, I F. Rn. 429; *von Mutius,* Kommunalrecht, § 5 III 2., Rn. 334.
[6] Als Ausnahme dazu haben die vier bayerischen kommunalen Spitzenverbände (Bayerischer Gemeindetag, Bayerischer Städtetag, Bayerischer Landkreistag, Verband der bayerischen Bezirke) den Rechtsstatus einer Körperschaft des öffentlichen Rechts erhalten; vgl. auch *Knemeyer,* Bayerisches Kommunalrecht, Anhang I, Rn. 479.
[7] *Knemeyer,* Bayerisches Kommunalrecht, Anhang I, Rn. 469.

sind sie von Interessenverbänden, die nur einzelne, bspw. wirtschaftliche, soziale, etc. Belange verfolgen.

Aufgabe und Zielsetzung der kommunalen Spitzenverbände ist die Vertretung kommunaler Interessen und der kommunalen Selbstverwaltung, sowie die Information ihrer Mitglieder über kommunal bedeutsame Entwicklungen und der gegenseitige Erfahrungsaustausch.[8] Aufgrund dieser Aufgabengebiete bietet sich entsprechend der Verbandssatzungen eine Aufteilung in innere (Erfahrungsaustausch und Beratung der Mitglieder) und äußere (Vertretung und Wahrnehmung staatlicher Aufgaben) Verbandstätigkeiten an.[9] Hierfür treten die Verbände mit Bundestag, Bundesregierung, Bundesrat, Europäischer Union und anderen Organisationen in Kontakt und unterhalten dazu oft eigene Büros.[10] Trotz der privatrechtlichen Organisation der kommunalen Spitzenverbände (regelmäßig als eingetragene Vereine), werden ihnen je nach Landesrecht (§ 129 RhPfGO, § 147 HessGO, § 126 ThürKO), Vorschlagsrechte oder Beteiligungsrechte bei der Landesgesetzgebung eingeräumt. Ihre (politische) Mitwirkung an staatlichen Rechtssetzungsverfahren erfolgt zum einen auf eigene Initiative und zum anderen über Anhörungen, die zum Teil in Landesverfassungen und in Geschäftsordnungen von Bundestag, Landtagen und Landesregierungen vorgesehen sind (s. hierzu §§ 69f. GO BT; Art. 71 IV LV B.-W., § 50a III GO LT B.-W.; § 6 V GO Staatsregierung BY; § 35 II, IV GO für die Ministerien NRW; Art. 84 II LV SA). Soweit sich die Anhörungspflicht lediglich aus einer Geschäftsordnung eines Gremiums ergibt, bleibt allerdings denknotwendig der Verstoß gegen diese Innenrechtsregelungen für die Rechtmäßigkeit eines Gesetzes unbeachtlich – einzig dann, wenn die jeweilige Landesverfassung explizit die Anhörung vorschreibt, muss aus der Missachtung dieser Regelung ein unheilbarer Nichtigkeitsgrund resultieren.[11] Infolge ihrer Stellung im Staatsgebilde repräsentieren die Spitzenverbände zum einen die Dezentralisierung, zum anderen sind sie Mittler zwischen Staat und Gemeinden. Die Bedeutung der kommunalen Spitzenverbände geht indes weit über eine bloße „Verbandsarbeit" hinaus. So zeichnet sich die Mittlerfunktion landesverfassungsrechtlich im sog. Konsultationsverfahren (§ 71 IV LV BW, Art. 83 VII LV BY) ab. Danach werden die Spitzenverbände vom Land oder von der Staatsregierung in Entscheidungen, welche die Angelegenheiten der Gemeinden oder der Gemeindeverbände berühren, miteinbezogen. Diese Regelung dient der partnerschaftlichen Umsetzung des Konnexitätsprinzips.[12] Nach Empfehlung der Bundesfinanzkommission aus den Jahren 2010/11 wurde die Einbeziehung der kommunalen Spitzenverbände bereits bei mündlichen Anhörungen über Gesetzesvorlagen durch die Einfügung von § 47 V in die Gemeinsame Geschäftsordnung der Bundesministerien (GGO) zeitlich deutlich früher als bis dahin üblich bei kommunalrelevanten Gesetzgebungsverfahren integriert. Seit dieser Reform sollen die Spitzenverbände baldmöglichst auf neue Gesetzesvorhaben einwirken können. Diese Anhörungen kompensieren die Nichtmitwirkung der Kommunen am staatlichen Rechtssetzungsverfahren und stellen bedeutsame politische Absicherungen juristischer Positionen der Kommunen, namentlich des kommunalen Selbstverwaltungsrechts und des Konnexitätsprinzips, dar.

7

---

[8] Vgl. Aufgaben- und Zielsetzung eines kommunalen Spitzenverbandes, www.staedtetag.de.
[9] *Knemeyer*, KommJur 2005, 361 (361).
[10] Z. B. das „Europabüro der bayerischen Kommunen" oder das „Büro des Deutschen Landkreistages" in Brüssel.
[11] Vgl. auch *Schmidt*, Kommunalrecht, Rn. 97, 778.
[12] Weiterführend, *Zieglmeier*, NVwZ 2008, 270ff.

8 Die kommunalen Spitzenverbände sind auf Landes- und Bundesebene abhängig von ihren Mitgliedern jeweils in drei Säulen organisiert. Auf der Landesebene gibt es die Städte-, Gemeinde-, und Landkreistage,[13] z. T. mit Untergruppen. Diesen sind die entsprechenden Verbände auf Bundesebene, namentlich **Deutscher Städtetag, Deutscher Städte- und Gemeindebund** und **Deutscher Landkreistag**, übergeordnet. Mitglied der jeweiligen Spitzenverbände sind regelmäßig nicht nur die Städte, Landkreise oder Gemeinden selbst, sondern nicht selten auch weitere kommunale Gesellschaften oder Verbände. Die drei Verbände auf Bundesebene haben sich schließlich wiederum zur Bundesvereinigung kommunaler Spitzenverbände zusammengeschlossen, die die Koordination der Bundesverbände übernimmt. Der Vorsitz dieses Gremiums, nicht jedoch denknotwendig seine inhaltliche Ausrichtung, wechselt jährlich.

9 Welche Bedeutung den kommunalen Spitzenverbänden für die Gemeinden zukommt, wird bei Betrachtung der Größenordnungen dieser Verbände offensichtlich. So vertritt der auf Bundesebene agierende Deutsche Städtetag derzeit ca. 4700 Städte und Gemeinden mit über 50 Millionen Einwohnern, wobei die Struktur ungewöhnlich ist: Unmittelbare Mitglieder sind die kreisfreien Städte und Stadtkreise sowie die Stadtstaaten Berlin, Hamburg und Bremen. Die kreisangehörigen Städte sind als Mitglieder der jeweiligen Gemeindetage der Flächenländer mittelbare Mitglieder. Der Deutsche Städte- und Gemeindebund, der die kreisangehörigen Gemeinden vereint, repräsentiert und vertritt ca. 12 500 Gemeinden mit 47 Millionen Einwohnern, der Deutsche Landkreistag hingegen 295 Landkreise in den 13 Flächenländern (ohne Stadtstaaten) mit 55 Millionen Einwohnern.

10 Über den nationalen Wirkungskreis hinaus, werden die kommunalen Spitzenverbände auch europapolitisch tätig. Die Rolle der Verbände beschränkt sich im europäischen Bereich nicht auf eine Informationspolitik, sondern sie hat sich zu einer institutionalisierten Mitwirkungspolitik entwickelt.[14] Dies gelingt unter anderem über den sog. **„Ausschuss der Regionen"**, der als Beratungsgremium des europäischen Rates und der europäischen Kommission zur Willensbildung beiträgt (Art. 300 III AEUV). Damit sollen die lokalen und regionalen Interessen der Gemeinden gewahrt werden und Berücksichtigung im Rechtssetzungsverfahren finden.[15] Nach Art. 300 III, Art. 305 I AEUV sind im „Ausschuss der Regionen" 24 deutsche Vertreter regionaler und lokaler Gebietskörperschaften vertreten, die von der jeweiligen Regierung des Mitgliedstaates gewählt werden. Die Bundesregierung schlägt die von den Ländern benannten Vertreter vor (§ 14 EUZBLG i. V. m. Art. 305 III AEUV), wobei die Länder sicherzustellen haben, dass drei Vertreter von Gemeinden oder Gemeindeverbänden durch die kommunalen Spitzenverbände benannt werden.

11 Dieser Funktion kommt angesichts der Tatsache, dass der europäische Integrationsprozess das Selbstverwaltungsrecht der Kommunen beeinträchtigt, eine enorme Bedeutung zu.[16] Zur Wahrung der föderativen Grundsätze in der europäischen Union (Art. 23 I 1 GG) ist es notwendig, dass über die kommunalen Spitzenverbände auch

---

[13] Terminologisch nicht mit dem „Kreistag" als Kreisorgan zu verwechseln! Vgl. zu Bayern Fn. 5.
[14] Siehe dazu Erster Teil § 4 III sowie *Heberlein*, LKV 1996, S. 6 (9).
[15] Dazu: *Schladebach*, LKV 2005, S. 95 (96).
[16] Siehe auch: *Heberlein*, BayVBl. 1996, S. 1 (2, 3), wonach Art. 10 der „Europäischen Charta der kommunalen Selbstverwaltung" eine nur ungenügende und nicht bindende Verankerung des kommunalen Selbstverwaltungsrechts und der kommunalen Spitzenverbände bietet.

die kleinsten regionalen und lokalen Gebietskörperschaften schon im Vorfeld am Informationsfluss beteiligt sind und so an Entscheidungsprozessen mitwirken können.[17] Der Ausschuss der Regionen bzw. die Interessensvertretung der Spitzenverbände stärkt jedoch nur bedingt die Stellung der Kommunen auf europäischer Ebene. Ein Kritikpunkt ist, dass die Kommunen mit 3 Sitzen deutlich unterrepräsentiert sind, und die Kommunikation mit den Landesvertretungen verbesserungswürdig ist.[18]

Im Übrigen entsenden die kommunalen Spitzenverbände Vertreter in zahlreiche Organisationen und Institutionen, z. B. in Rundfunkräte, Medienbeiräte, Sparkassendachorganisationen etc., und bilden Netzwerke mit anderen vergleichbaren Zusammenschlüssen von Gebietskörperschaften in Europa (nicht nur in der EU). 12

Formen kommunaler Zusammenarbeit (am Beispiel Bayern)

	Arbeitsgemeinschaft	Zweckvereinbarung	Zweckverband	Verwaltungsgemeinschaft
Rechtsnatur	keine eigene Rechtspersönlichkeit	Keine eigene Rechtspersönlichkeit	Verbandskörperschaft des öff. Rechts	Verbandskörperschaft des öff. Rechts – lässt Bestand der Gemeinden unberührt
Gründung	Öff.-rechtl. Vertrag	Öff.-rechtl. Vertrag	Verw.rechtlicher Vertrag, in dem Verbandssatzung vereinbart wird	Durch formelles Gesetz; entweder Zustimmung der Gemeinden oder Gründe des Gemeinwohls
Mitglieder	Gemeinden, LKR, Bezirke, sonstige jur. Personen des öff. Rechts; jur./nat. Pers. d. Privatrechts	Gemeinden, LKR; Bezirke	Gemeinden, LKR, Bezirke, sonstige jur. Personen des öff. Rechts; jur./nat. Pers. d. Privatrechts	Gemeinden
Aufgaben	Gemeinsame Planung und Abstimmung	Aufgabenübertragung auf kommunale Körperschaft od. Errichtung gemeinsamer Einrichtung	Übertragung von Befugnissen der Mitglieder auf den Verband; auch Satzungs- und VO Erlass	1. Eigenständige Wahrnehmung von Aufgaben des übertragenen WK (nicht: Satzungserlass) 2. Aufgaben des eigenen WK verbleiben bei Gemeinden („Büro"); aber Übertragung durch Zweckvereinbarung
Einfluss der Gemeinde	Zustimmung zu den Beschlüssen			Informationsrecht; Gemeinschaftsversammlung
Passivlegitimation	Gemeinde	Gemeinde	Zweckverband	Eigener WK: Mitgliedsgemeinde Übertragene Aufgabe: Verwaltungsgem.
Aufsicht		Rechts- und Fachaufsicht je nach WK	Satzung bedarf Genehmigung der Rechts-/Fachaufsicht (je nach WK)	Bestimmung für Zweckverbände analog

---

[17] Vgl. *Heberlein*, LKV 1996, S. 6 (9, 10).
[18] *Schmidt-Eichstaedt*, KommJur 2009, 249 (253).

Sechster Teil. Aufsicht und Rechtsschutz

§ 24. Kommunalaufsicht

Literatur: *Schrapper,* Zweckmäßigkeitskontrolle in der Kommunalaufsicht?, NVwZ 1990, 931; *Knemeyer,* Staatsaufsicht über Kommunen, JuS 2000, 521; *Becker,* Einführung in die kommunale Rechtsetzung am Beispiel gemeindlicher Benutzungssatzungen, JuS 2000, 144, 348, 552; *Ehlers,* Kommunalaufsicht und europäisches Gemeinschaftsrecht, DÖV 2001, 412; *Oebbecke,* Kommunalaufsicht – nur Rechtsaufsicht oder mehr?, DÖV 2001, 406; *Franz,* Die Staatsaufsicht über die Kommunen, JuS 2004, 937; *Reimer,* Fortgeschrittenenhausarbeit – Öffentliches Recht: Kommunalaufsicht, JuS 2005, 628; *Leisner-Egensperger,* Direktive Beratung von Gemeinden durch die Aufsicht: Gefahren für Autonomie und Rechtsschutz?, DÖV 2006, 761; *Rennert,* Die Klausur im Kommunalrecht, JuS 2008, 119.

1 Wie dargestellt, hat der Staat einen erheblichen Teil der Verwaltungszuständigkeiten und damit seiner Staatsgewalt auf die kommunalen Körperschaften als selbständige Rechtsträger delegiert. Zur Wahrung des Legitimationszusammenhangs (Art. 20 III GG) bedarf es daher einer Rückbindung der Entscheidungsverantwortlichkeit der Gemeinden an den Staat. Diese Funktion stellt die staatliche Aufsicht über die Gemeinden dar.[1] Sie kompensiert den Freiraum, der den Gemeinden durch Art. 28 II GG eingeräumt ist. Die von ihr ausgehenden Beschränkungen des kommunalen Selbstverwaltungsrechts sind daher von der Ausgestaltungsbefugnis des Gesetzgebers nicht nur gedeckt,[2] sondern verfassungsrechtlich unverzichtbar.

2 Zuständig für die Staatsaufsicht sind stets allein die Länder (Art. 83 GG), auch dann, wenn die Gemeinden Bundesgesetze ausführen.[3] Denkbar ist aber, dass die Länder bei der Ausführung von Bundesgesetzen durch die Gemeinde dem Bund gegenüber unter dem Gesichtspunkt des bundesfreundlichen Verhaltens zum kommunalaufsichtlichen Einschreiten verpflichtet sind.[4]

3 Die Kommunalaufsicht lässt sich nach verschiedenen Kriterien systematisieren. Die wichtigste Unterscheidung ist die zwischen Rechtsaufsicht (s. hierzu unter 2) und Fachaufsicht (s. hierzu unter 3). Diese Differenzierung ist danach vorzunehmen, welche Gemeindeaufgabe vorliegt: Bei weisungsfreien Aufgaben bzw. solchen des eigenen Wirkungskreises ist nur die Rechtsaufsicht, bei Weisungsaufgaben bzw. solchen des übertragenen Wirkungskreises ist die weitergehende Fachaufsicht gegeben. Rechtsaufsicht bedeutet die bloße Überprüfung der Rechtmäßigkeit des gemeindlichen Handelns. Bei der Fachaufsicht wird demgegenüber neben der Rechtmäßigkeit auch die Zweckmäßigkeit des gemeindlichen Handelns überprüft. Ein anderer Systematisierungsansatz ist die Unterscheidung zwischen präventiver und repressiver Aufsicht. Zur präventiven Aufsicht gehört die Beratung der Gemeinde durch die Aufsichtsbehörde. Des Weiteren fallen in diesen Bereich Genehmigungsvorbehalte zugunsten der Aufsichtsbehörde. Die präventive Aufsicht wird im Rahmen des Neuen Steuerungs-

---

[1] Zur Kommunalaufsicht zusammenfassend *Knemeyer,* BayVBl 1999, 193 ff.; *Oebbecke,* DÖV 2001, 406 ff. und *Franz,* JuS 2004, 937; *Becker,* JuS 2000, 144, 348, 552; weiterführend mit Bezügen zum Europarecht *Ehlers,* DÖV 2001, 412 ff.
[2] Vgl. BVerfGE 6, 118.
[3] Vgl. BVerfGE 8, 137; 26, 181.
[4] Vgl. BVerfGE 8, 137; *Meßerschmitt,* Verw 1990, 425 ff.

modells größere Bedeutung erlangen.⁵ Dabei geht es vorwiegend um die Beratungs- und Informationsfunktion der Aufsichtsbehörde gegenüber der Gemeinde, um die Umsetzung von Zielvereinbarungen, aber auch, um wirtschaftliche und organisatorische Fragestellungen zu erleichtern. Zur repressiven Aufsicht zählen die im Gesetz geregelten Eingriffsbefugnisse der Aufsichtsbehörde, die ein Einschreiten nach erfolgtem gemeindlichen Handeln ermöglichen. Diskutiert wird das Verhältnis zwischen Rechts- und Fachaufsicht und der Gemeinde aufgrund des Neuen Steuerungsmodells.⁶ Die in den Gemeindeordnungen verankerten Experimentierklauseln sollen die für die Verwaltungsmodernisierung notwendigen Freiräume schaffen, denen allerdings die Restriktionen der Aufsichtsbehörden entgegenstehen können. Daher wird man sich die Frage stellen müssen, ob die Aufsichtsbehörden uneingeschränkt ihren Kontrollbefugnissen nachgehen können, oder ob sie nicht vielmehr in die Umsetzung der Zielvereinbarungen eingebunden werden. Sicher ist, dass die Vernachlässigung gesetzlicher Aufgaben durch die Gemeinde, z. B. infolge ökonomischer Zielsetzungen, ein Einschreiten der Aufsichtsbehörde verlangt.⁷

I. Generelle Prinzipien

Die Gemeindeordnungen von B.-W., BY, NRW und SA sehen vor, dass die Entscheidung hinsichtlich des Ob des rechtsaufsichtlichen Tätigwerdens von der Rechtsaufsichtsbehörde nach pflichtgemäßem Ermessen getroffen wird; es liegt also Entschließungsermessen i. S. d. **Opportunitätsprinzips** vor (z. B. § 118 III GemO B.-W.; Art. 108 GO BY;⁸ § 111 III GO SA). 4

Auch im Zusammenhang mit der Kommunalaufsicht gilt der Grundsatz gemeindefreundlichen Verhaltens,⁹ wonach Staat und Gemeinden gegenseitig dazu verpflichtet sind, auf die berechtigten Belange der jeweils anderen Seite hinreichend Rücksicht zu nehmen. Als Konsequenz dieses Grundsatzes muss die Rechtsaufsichtsbehörde bei der Ermessensentscheidung über ein Einschreiten berücksichtigen, dass ein rechtsaufsichtliches Tätigwerden nur dann gerechtfertigt ist, wenn es im öffentlichen Interesse geboten ist.¹⁰ Ein solches öffentliches Interesse muss gerade an der Rechtmäßigkeit des gemeindlichen Handelns als solchem bestehen. Es ist also nicht zulässig, Zweckmäßigkeitserwägungen dazu anzustellen, ob das durch das Einschreiten letztlich herbeigeführte Ergebnis erwünscht ist oder nicht.¹¹ Das wäre ein sachfremder Gesichtspunkt, der das rechtsaufsichtliche Einschreiten wegen eines Ermessensfehlers (Verstoß gegen § 40 VwVfG) rechtswidrig machen würde. 5

Ungeschriebene Voraussetzung eines Einschreitens ist die Beachtung des aus dem Rechtsstaatsprinzip i. V. m. Art. 28 II GG herzuleitenden Verhältnismäßigkeitsgrundsatzes. Aus diesem folgt z. B., dass rechtsaufsichtliche Eingriffsmaßnahmen unterblei- 6

---

⁵ Dazu ausf.: *Shrivani*, DVBl. 2009, 29 (31 ff.).
⁶ Siehe oben § 6 VI.
⁷ Weiterführend: *Shrivani*, DVBl. 2009, 29 (32 ff.).
⁸ In BY galt allerdings bis zum Jahre 1997 das Legalitätsprinzip.
⁹ Vgl. OVG Münster, OVGE 19, 192, sowie oben § 6 II 5a).
¹⁰ Vgl. VGH Mannheim, NJW 1990, 136.
¹¹ Zu einer Klage der Gemeinde gegen Aufsichtsmaßnahmen *Rennert*, JuS 2008, 119 (120 f.).

ben müssen, wenn das Ziel der Herstellung rechtmäßiger Zustände auch durch Beratung der Gemeinde erreicht werden kann.[12]

II. Rechtsaufsicht

Literatur: *Meyer*, Amtspflichten der Rechtsaufsichtsbehörde – Staatliche Fürsorge statt Selbstverantwortung? NVwZ 2003; 818; *Spiecker gen. Döhmann*, Grenzen kommunalrechtlicher Weisungsbefugnis in Finanz- und Steuersachen, NVwZ 2005, 1276.

7 Bei weisungsfreien Aufgaben bzw. im eigenen Wirkungskreis besteht nur Rechtsaufsicht. In B.-W. (§ 119 GO) ist untere Rechtsaufsichtsbehörde für die Großen Kreisstädte und für die Stadtkreise das Regierungspräsidium. Für die übrigen Gemeinden ist das Landratsamt untere und das Regierungspräsidium obere Rechtsaufsichtsbehörde. Für alle Gemeinden in B.-W. ist das Innenministerium oberste Rechtsaufsichtsbehörde.

8 In BY (Art. 110 GO) ist untere Rechtsaufsichtsbehörde bei kreisangehörigen Gemeinden (einschließlich der Großen Kreisstädte) das Landratsamt als untere staatliche Verwaltungsbehörde und bei kreisfreien Gemeinden die Regierung. Obere Rechtsaufsichtsbehörde für die kreisangehörigen Gemeinden ist ebenfalls die Regierung. Das Staatsministerium des Innern ist oberste Rechtsaufsichtsbehörde für die kreisangehörigen Gemeinden und obere Rechtsaufsichtsbehörde für die kreisfreien Gemeinden.

9 In NRW (§ 120 GO) ist für die allgemeine Aufsicht über die kreisangehörigen Gemeinden der Landrat als untere staatliche Verwaltungsbehörde und über die kreisfreien Städte die Bezirksregierung zuständig. Diese ist außerdem auch obere Rechtsaufsichtsbehörde für die kreisangehörigen Gemeinden. Der Innenminister ist oberste Rechtsaufsichtsbehörde für die kreisangehörigen Gemeinden und obere Rechtsaufsichtsbehörde für die kreisfreien Städte.

10 In SA (§ 112 I GO) ist für Große Kreisstädte und kreisfreie Städte das Regierungspräsidium untere Rechtsaufsichtsbehörde, für die übrigen Gemeinden ist es das Landratsamt als untere Verwaltungsbehörde. Für alle Gemeinden ist obere Rechtsaufsichtsbehörde das Regierungspräsidium und oberste Rechtsaufsichtsbehörde das Staatsministerium des Innern.

1. Kontrolle der Gesetzmäßigkeit

11 Die Rechtsaufsicht ist stets auf die Überprüfung der Rechtmäßigkeit des gemeindlichen Handelns beschränkt.[13] Angesichts des im weisungsfreien Bereich bzw. im eigenen Wirkungskreis geltenden kommunalen Selbstverwaltungsrechts nach Art. 28 II GG wäre eine darüber hinausgehende Aufsicht auch nicht verfassungsgemäß, da nur durch Gesetz vorgenommene Regelungen vom Gesetzesvorbehalt in Art. 28 II GG gedeckt sind.[14] Umstritten ist bislang die Frage, inwieweit die Rechtsaufsicht bei privatrechtlichen Pflichtverletzungen durch die Kommune zum Einschreiten verpflichtet

---

[12] Weiterführend zur Abgrenzung zwischen direktiver Beratung und Kommunalaufsicht *Leisner-Egensperger*, DÖV 2006, 761 ff.

[13] Ausführlich zu den Grenzen der Pflichten einer Rechtsaufsichtsbehörde *Meyer*, NVwZ 2003, 818 ff.

[14] Vgl. VGH Mannheim, ESVGH 20, 141. Weiterführend zu den Grenzen der Rechtsaufsicht in Finanz- und Steuersachen *Spiecker gen. Döhmann*, NVwZ 2005, 1276 ff.

ist.[15] Dabei wird angenommen, dass die Rechtsaufsicht einzig bei Verstößen gegen Rechtssätze, die in objektiv-rechtlicher Form erlassen worden sind (beispielsweise das BGB), aktiv werden muss, nicht jedoch dann, wenn lediglich Ansprüche Dritter gegen eine Kommune durchgesetzt werden sollen.[16] Einzig in Bayern und Thüringen hat der Landesgesetzgeber den Umfang der Aufsicht auf öffentlich-rechtliche Aspekte beschränkt.[17]

Eine Kontrolle der Zweckmäßigkeit erfolgt nicht. Bei Ermessensentscheidungen kann daher nur eine Überprüfung auf die die Rechtswidrigkeit begründenden Ermessensfehler vorgenommen werden (die Stellung der Rechtsaufsichtsbehörde entspricht insoweit der des Verwaltungsgerichts nach § 114 S. 1 VwGO).[18] Gleiches gilt beim Vorliegen eines Beurteilungsspielraums: Auch hier prüft die Rechtsaufsichtsbehörde nur, ob die Gemeinde rechtswidrig gehandelt hat, weil sie die Grenzen des Beurteilungsspielraums überschritten hat. 12

Für die kreisangehörigen Gemeinden sind regelmäßig die Landratsämter als untere staatliche Verwaltungsbehörde, für die kreisfreien Städte, Großen Kreisstädte und Stadtkreise die (Bezirks-)regierungen zuständig; wo es keine solchen gibt, liegt die Zuständigkeit beim jeweiligen (Innen-)ministerium. Nur in BY hat sich für die Großen Kreisstädte eine – heute nicht mehr zeitgemäße – Regelung erhalten: Danach werden sie im Bereich der Rechtsaufsicht als kreisangehörige Gemeinden behandelt und unterliegen daher der Aufsicht des Landratsamtes; sind ihnen aber Aufgaben im übertragenen Wirkungskreis zugewiesen, werden sie wie kreisfreie Städte behandelt und unterliegen der Fachaufsicht der Regierungen (Art. 115 II GO BY). 13

2. Mittel der Rechtsaufsicht

Die Mittel der Rechtsaufsicht können in präventive und repressive unterteilt werden. Zu den präventiven Mitteln zählen Beratung und Betreuung sowie Genehmigungsvorbehalte. Repressive Mittel sind das Informationsrecht, das Beanstandungsrecht, das Anordnungsrecht, die Ersatzvornahme, die Bestellung von Beauftragten, die Auflösung des Gemeinderats und die vorzeitige Amtsenthebung des Bürgermeisters. 14

a) Präventive Mittel

Ein in der Praxis in quantitativer Hinsicht sehr bedeutsames Element der Rechtsaufsicht stellen **Beratung** und **Betreuung** der Gemeinde dar (explizit im Gesetz geregelt nur in BY: Art. 108 GO). Damit erhalten die Gemeinden Zugang zu den überörtlichen Erfahrungen der Staatsbehörden und vor allem auch zu der dort angesiedelten juristischen Kompetenz. Die Aufgaben der Rechtsaufsichtsbehörden zur Beratung und Betreuung sind Ausfluss des Grundsatzes gemeindefreundlichen Verhaltens. Die in diesem Bereich getätigten Maßnahmen der Rechtsaufsichtsbehörden haben häufig informellen Charakter, doch reicht dies in sehr vielen Fällen aus, um die Gemeinde vor Schaden zu bewahren und ein repressives Einschreiten der Rechtsaufsichtsbehörde zu vermeiden. 15

---

[15] Vgl. *Lange,* KommR, § 17 Rn. 24.
[16] *Engels/Krausnick,* KommR, § 10 Rn. 13.
[17] § 109 I BayGO; § 117 I ThürKO; vgl. auch *Lange,* KommR, § 17 Rn. 25; *Engels/Krausnick,* KommR, § 10 Rn. 13.
[18] Vgl. BVerwG, DÖV 1981, 178; DÖV 1982, 744.

16 Ein weiteres Mittel der Rechtsaufsicht sind die in vielen Gesetzen angeordneten Vorbehalte einer Genehmigung des gemeindlichen Handelns durch die Rechtsaufsichtsbehörde (z. B. § 6 BauGB). Bei Genehmigungsvorbehalten im eigenen Wirkungskreis bzw. weisungsfreien Bereich gilt auch ohne ausdrückliche gesetzliche Anordnung wegen des kommunalen Selbstverwaltungsrechts nach Art. 28 II GG die Regel, dass die Rechtsaufsichtsbehörde die Genehmigung nur dann versagen darf, wenn der von der Gemeinde beabsichtigte genehmigungsbedürftige Akt rechtswidrig ist. Darin unterscheiden sich diese Genehmigungsvorbehalte grundlegend von denen bei Weisungsaufgaben bzw. im übertragenen Wirkungskreis. Dort kann der Gesetzgeber auch normieren, dass eine erforderliche Genehmigung aus Zweckmäßigkeitserwägungen versagt werden darf. In solchen Konstellationen mit gleichberechtigter Mitwirkung von Gemeinde und Staat spricht man von Kondominialverwaltung.[19]

b) Repressive Mittel

17 Der Rechtsaufsichtsbehörde steht das Recht zu, sich über alle Angelegenheiten der Gemeinde zu informieren (§ 120 GemO B.-W.; Art. 111 GO BY; § 121 GO NRW; § 113 GO SA). Gegenstand des **Informationsrechts** der Rechtsaufsichtsbehörde ist der gesamte Selbstverwaltungsbereich – unabhängig davon, in welcher Rechtsform die Gemeinde die Aufgaben erfüllt. Die Rechtsaufsichtsbehörde darf sich jedoch immer nur über einzelne Vorgänge informieren; ihr steht es also nicht zu, von der Gemeinde – gewissermaßen flächendeckend – fortlaufend Berichte über den gesamten Selbstverwaltungsbereich anzufordern. Hinsichtlich der konkreten Mittel steht der Rechtsaufsichtsbehörde ein Auswahlermessen zu. In Betracht kommen etwa Maßnahmen wie schriftliche oder telefonische Anfragen, die Teilnahme an Gemeinderatssitzungen (einschließlich eines Rederechts[20]), die Anforderung von Akten sowie die Einbestellung von Gemeindeorganen oder -bediensteten. Gegenüber einem Auskunftsverlangen kann sich die Gemeinde niemals auf Geheimhaltungs- oder Datenschutzvorschriften berufen oder darauf, dass die Angelegenheit in nichtöffentlicher Sitzung behandelt wurde. Die hierzu bestehenden Geheimhaltungsvorschriften werden durch das Informationsrecht der Rechtsaufsichtsbehörde beschränkt.[21]

18 Das zentrale repressive Mittel der Rechtsaufsicht ist das **Beanstandungsrecht** (§ 121 GemO B.-W.; Art. 112 GO BY; § 122 GO NRW; § 114 GO SA).[22] Es hat zur Voraussetzung, dass die Gemeinde einen rechtswidrigen Beschluss gefasst oder eine rechtswidrige Anordnung vorgenommen hat, betrifft also die Konstellation, dass die Gemeinde bereits gehandelt hat (bei Unterlassen der Gemeinde ist eine Beanstandung hingegen wegen der Spezialität des Mittels der Anordnung nicht möglich[23]). Die Beanstandung ist ein Verwaltungsakt (§ 35 VwVfG), dessen Erlass im Ermessen der Rechtsaufsichtsbehörde steht. Mit ihr stellt die Rechtsaufsichtsbehörde die Rechtswidrigkeit der Maßnahme fest. Für die Aufhebung und Rückgängigmachung der beanstandeten Maßnahme muss die Rechtsaufsichtsbehörde der Gemeinde eine angemessene Frist setzen. Die Frist muss hinreichend lange bemessen sein, um der Gemeinde die Möglichkeit zu geben, ihre Entscheidung zu überdenken und gegebenenfalls abzu-

---

[19] Grundlegend hierzu *Jestaedt,* Demokratieprinzip und Kondominialverwaltung, 1993.
[20] S. hierzu von *Mutius/Rugls,* LKV 1998, 377.
[21] Vgl. *Gern,* DKommR, Rn. 811.
[22] Instruktiv hierzu OVG Münster, NVwZ-RR 1992, 449.
[23] Vgl. OVG Münster, NVwZ-RR 1992, 449.

ändern. Eine unangemessen kurze Frist (die den Entscheidungsgang in Behörden und Gremien respektieren muss) ist rechtswidrig. Wird von der Kommune jedoch angekündigt, dass der Beanstandung keine Beachtung geschenkt werde, so kann sich aus einer unangemessen kurzen Frist keine Rechtswidrigkeit der Beanstandung ergeben.[24] Im Rahmen der Beanstandung kann die Rechtsaufsichtsbehörde auch verlangen, dass alle Vollzugsmaßnahmen des rechtswidrigen Akts rückgängig gemacht werden.

Wird ein Gemeinderatsbeschluss beanstandet, so hat die Beanstandung in etlichen Ländern in dem Sinne aufschiebende Wirkung, dass sein Vollzug bis zur abschließenden Klärung der Angelegenheit nicht erfolgen darf.[25] Diese aufschiebende Wirkung darf aber auf keinen Fall verwechselt werden mit der Suspensivwirkung des § 80 I VwGO: wenn ein Gemeinderatsbeschluss, der den Erlass eines Verwaltungsaktes vorsieht, bereits vollzogen worden ist, indem der Verwaltungsakt erlassen und bekannt gegeben worden ist, dann tritt im Hinblick auf diesen Verwaltungsakt nicht eine mit der in § 80 I VwGO angesprochenen vergleichbare aufschiebende Wirkung ein. Geht jedoch die Gemeinde gegen den Verwaltungsakt mit Widerspruch[26] bzw. Anfechtungsklage vor, so haben diese wiederum aufschiebende Wirkung gemäß § 80 I VwGO (sofern nicht gemäß § 80 II S. 1 Nr. 4 die sofortige Vollziehung der Beanstandung angeordnet wurde). Folge hiervon ist, dass die Gemeinde dann wieder zum Vollzug eines beanstandeten Gemeinderatsbeschluss berechtigt ist. Einzig in Bayern, Thüringen, Hessen und Nordrhein-Westfalen folgt aus der Beanstandung keine aufschiebende Wirkung,[27] sodass der Vollzug grundsätzlich möglich ist. 19

Verwandt mit dem Beanstandungsrecht der Rechtsaufsichtsbehörde ist das **Anordnungsrecht** (§ 122 GemO B.-W.; Art. 112 S. 2 GO BY; § 123 I GO NRW; § 115 GO SA). Es betrifft zum einen die Konstellation, dass die Gemeinde noch nicht gehandelt hat und beabsichtigt, rechtswidrig zu handeln. Zum anderen greift es bei gesetzwidrigem Unterlassen der Gemeinde. Das gilt auch bei Verpflichtungen der Gemeinde, die durch Verwaltungsakt oder öffentlich-rechtlichen Vertrag begründet wurden.[28] Die Rechtsaufsichtsbehörde kann auch dann noch zum Mittel der Anordnung greifen, wenn sie längere Zeit trotz Kenntnis des rechtswidrigen Handelns der Gemeinde von einer Anordnung absieht.[29] Denn wegen des Grundsatzes der Gesetzmäßigkeit der Verwaltung (Art. 20 III GG) kann die Gemeinde die Fortführung rechtswidriger Praktiken nicht über den Gedanken des Vertrauensschutzes rechtfertigen. Auch eine Anordnung stellt einen Verwaltungsakt nach § 35 VwVfG dar, dessen Erlass im Ermessen der Rechtsaufsichtsbehörde steht. 20

Wenn eine Anordnung erlassen worden ist und die Gemeinde ihr nicht nachkommt, kann die Rechtsaufsichtsbehörde im Wege der **Ersatzvornahme** die angeordnete Tätigkeit selbst vornehmen oder die Vornahme einem Dritten übertragen (§ 123 GemO B.-W.; Art. 113 GO BY; § 123 II GO NRW; § 116 GO SA). Da es sich bei der Ersatzvornahme um einen Spezialfall der Verwaltungsvollstreckung handelt, müssen die all- 21

---

[24] Vgl. *Engels/Krausnick*, KommR, § 10 Rn. 24.
[25] § 121 I 3 GemO BW; § 113 I 3 BbgKVerf; § 81 I 2 KommVerf. M.V.; § 173 I 2 NKomVG; § 121 S. 3 GemO RP; § 64 S. 3 LKrO RP; § 130 S. 2 KSVG; § 114 I 3 SächsGemO; §§ 146 I 3 KVG LSA; § 123 I 3 KrO S.-H.
[26] Soweit nach Landesrecht zulässig.
[27] Vgl. *Engels/Krausnick*, KommR, § 10 Rn. 25.
[28] S. hierzu VGH Mannheim, VBlBW 1993, 338.
[29] Vgl. VGH Mannheim, ESVGH 15, 7.

gemeinen Vollstreckungsvoraussetzungen vorliegen. Das bedeutet insbesondere, dass die durchzusetzende Anordnung entweder wegen Ablaufs der Widerspruchs- bzw. Klagefrist bestandskräftig geworden oder sie für sofort vollziehbar erklärt (§ 80 II S. 1 Nr. 4 VwGO) worden ist. Weiter sehen die Gemeindeordnungen vor, dass die der Gemeinde gesetzte angemessene Frist abgelaufen ist. Thematisch einschlägig ist die Ersatzvornahme bei allen Angelegenheiten, bei denen die Ausführung durch einen anderen möglich ist. Insbesondere Verwaltungsakte und Gemeinderatsbeschlüsse können im Wege der Ersatzvornahme erlassen werden. Aber auch der Erlass von Satzungen, zu deren Erlass die Gemeinde verpflichtet ist (z. B. Haushaltssatzung), können erforderlichenfalls durch Ersatzvornahme hergestellt werden.[30] Im Wege der Ersatzvornahme kann auch die angeordnete Aufhebung von Akten – wie z. B. einem Gemeinderatsbeschluss – vollzogen werden.

22 Die Ersatzvornahme ist – zusätzlich zu der auch einen Verwaltungsakt darstellenden Anordnung – ein (weiterer) Verwaltungsakt nach § 35 VwVfG. Die Rechtsaufsichtsbehörde handelt bei der Ersatzvornahme als Vertreter der Gemeinde. Ihr Handeln wird also dieser zugerechnet. Das hat zur Folge, dass ein Bürger, der sich gegen einen von der Rechtsaufsichtsbehörde im Wege der Ersatzvornahme erlassenen Verwaltungsakt wehren möchte, seine Klage gemäß § 78 I VwGO gegen die Gemeinde richten muss, auch wenn dadurch der Gemeinde u. U. ein Handeln zugerechnet wird, das sie gar nicht wollte. Dies ist eine Folge ihrer Bindung als Exekutive an Gesetz und Recht (Art. 20 III GG).

23 Sollte es unter Einsatz der beschriebenen Mittel nicht möglich sein, für gesetzmäßige Verwaltungstätigkeit bzw. den geordneten Gang der Verwaltung der Gemeinde zu sorgen, kann die Rechtsaufsichtsbehörde einen **Beauftragten** bestellen, der bestimmte oder alle Aufgaben der Gemeinde in deren Namen wahrnimmt (§ 124 GemO B.-W.; Art. 114 II GO BY; § 124 GO NRW; § 117 GO SA).

24 Als Beauftragte kommen in B.-W., NRW und SA nur Personen außerhalb der Gemeindeverwaltung in Betracht. In Art. 114 GO BY ist demgegenüber vorgesehen, dass der erste Bürgermeister als Beauftragter zu bestellen ist. Sollte auch hiermit keine gesetzmäßige Verwaltung hergestellt werden können, können seine Stellvertreter zu Beauftragten ernannt werden. Falls auch dies nicht weiterhelfen sollte, dann kann die Rechtsaufsichtsbehörde für die Gemeinde handeln (z. B. durch Einsetzung eines „Staatskommissars").

25 In B.-W., NRW und SA ist hingegen vorgesehen, dass nicht ein Beauftragter bestellt wird, der für die Gemeinde als Ganzes handelt, sondern (nur) ein Organ der Gemeinde substituiert. Möglich ist auch die Ersetzung einzelner Bediensteter der Gemeinde. Unzulässig ist demgegenüber die Ersetzung eines Organteils, also z. B. eines Gemeinderatsmitglieds.

26 Da die Einsetzung eines Beauftragten einen besonders schweren Eingriff in das Selbstverwaltungsrecht der Gemeinde darstellt, bedarf sie als „ultima ratio" einer sorgfältigen Prüfung anhand des Verhältnismäßigkeitsgrundsatzes. Mildere Mittel müssen zur Herstellung gesetzmäßiger Zustände untauglich sein, und es muss gesichert sein, dass sich die Zustände in der Gemeinde in sehr erheblichem Umfang von geordneten Ver-

---

[30] Vgl. OVG Münster, NVwZ 1990, 187.

hältnissen unterscheiden. Der Aufsichtsbehörde steht bei der Beurteilung, ob der geordnete Gang der Verwaltung behindert ist, kein Ermessen zu, handelt es sich hierbei doch um reine Rechtsbegriffe.[31]

Die Gemeindeordnungen stellen die Einsetzung eines Beauftragten in das pflichtgemäße Ermessen der Rechtsaufsichtsbehörde. Wenn jedoch die strengen Voraussetzungen einschließlich des Verhältnismäßigkeitsgrundsatzes vorliegen, dann wird es für die Rechtsaufsichtsbehörde in der Regel keine Alternative zum Einschreiten geben. Die Einsetzung eines Beauftragten stellt einen Verwaltungsakt nach § 35 VwVfG dar. Sie begründet ein öffentlich-rechtliches Rechtsverhältnis sui generis.[32] Der Beauftragte ist Vertreter der Rechtsaufsichtsbehörde und nimmt zugleich die Aufgaben des ersetzten Organs wahr. Sein Handeln wird der Gemeinde zugerechnet. Er ist an Weisungen der Rechtsaufsichtsbehörde gebunden. 27

In BY und NRW hat die Rechtsaufsichtsbehörde die Befugnis, den Gemeinderat aufzulösen und Neuwahlen anzuordnen (Art. 114 III GO BY; § 125 GO NRW). Für diese außerordentlich einschneidende Maßnahme gelten allerdings strenge Voraussetzungen. Mildere Mittel müssen erfolglos versucht worden sein, und es muss feststehen, dass der Gemeinderat dauerhaft arbeitsunfähig ist, was z. B. bei dauerhafter Beschlussunfähigkeit oder andauerndem Sitzungsboykott der Fall ist.[33] 28

In B.-W., SA und S.-A. gibt es die Möglichkeit der vorzeitigen Amtsenthebung des Bürgermeisters (§ 128 GemO B.-W.; § 118 GO SA; § 153 KVG LSA). Voraussetzung dafür ist, dass der Bürgermeister den Anforderungen des Amtes nicht gerecht wird und dadurch Missstände in der Verwaltung verursacht wurden. Darüber hinaus muss auch für diese sehr einschneidende Eingriffsmaßnahme der Grundsatz der Verhältnismäßigkeit gewahrt sein, was insbesondere bedeutet, dass zuvor mildere Maßnahmen erfolglos versucht werden müssen. Unabhängig von diesem Aufsichtsmittel ist grundsätzlich in allen Ländern ein dem üblichen Disziplinarverfahren bei Beamten ähnliches Verfahren durchzuführen.[34] 29

III. Fachaufsicht

Literatur: *Groß*, Was bedeutet „Fachaufsicht"?, DVBl. 2002, 793 ff.

Bei Weisungsaufgaben bzw. im übertragenen Wirkungskreis der kreisfreien Städte und der Großen Kreisstädte besteht Fachaufsicht (§ 129 GemO B.-W.; Art. 109 II GO BY; § 106 II GO NRW; § 123 GO SA).[35] Dies korrespondiert mit der Konzeption der Weisungsaufgaben bzw. des übertragenen Wirkungskreises, dass dort sachlich gesehen staatliche Aufgaben formell den Landkreisen zugewiesen sind und infolgedessen dem Staat ein weitreichendes Weisungsrecht zusteht. Die Zuständigkeit für die Fachaufsicht richtet sich nach dem Fachgesetz, das der Gemeinde die einschlägige Aufgabe überträgt, sie fällt grundsätzlich der nächsthöheren Behörde im Verwaltungsaufbau 30

---

[31] Vgl. VGH Freiburg (Baden), VerwRspr 1952, 197.
[32] S. hierzu *Gern*, DKommR, Rn. 815.
[33] Vgl. *Gern*, DKommR, Rn. 817.
[34] Vgl. *Engels/Krausnick*, KommR, § 10 Rn. 34.
[35] Ausführlich zu dem Begriff der Fachaufsicht *Groß*, DVBl. 2002, 793 ff; *Wolff/Berchof/Stober*, VwR, Bd. 3, 5. Aufl. (2004), § 94 Rn. 159 ff.

zu. In BY besteht subsidiär eine Zuständigkeit der Rechtsaufsichtsbehörde (Art. 115 I S. 2 GO BY).

1. Kontrolle von Recht- und Zweckmäßigkeit

31 Die Fachaufsicht umfasst sowohl die Kontrolle der Rechtmäßigkeit als auch der Zweckmäßigkeit des gemeindlichen Handelns.[36] Die Aufgabenverteilung zwischen Rechtsaufsichtsbehörde und Fachaufsichtsbehörde ist nicht so zu verstehen, dass die Rechtsaufsicht nur für die Kontrolle der Rechtmäßigkeit und die Fachaufsicht ausschließlich für die der Zweckmäßigkeit zuständig ist. Vielmehr nimmt die Fachaufsichtsbehörde in den Fällen, in denen das Gesetz Fachaufsicht vorsieht, auch die Kontrolle der Rechtmäßigkeit vor. Die Fachaufsichtsbehörde kann also sowohl Weisungen wegen Rechtswidrigkeit (sog. Rechtmäßigkeitsweisungen) als auch wegen Unzweckmäßigkeit (sog. Zweckmäßigkeitsweisungen) erlassen.

2. Mittel der Fachaufsicht

32 Zur Ermöglichung der Überprüfung der Rechtmäßigkeit und der Zweckmäßigkeit steht der Fachaufsichtsbehörde ein Informationsrecht in derselben Weise zu, wie es auch die Rechtsaufsichtsbehörde hat (so explizit Art. 116 I S. 1 i. V. m. Art. 111 GO BY).

33 Das zentrale Mittel des Einschreitens der Fachaufsichtsbehörde ist das **Weisungsrecht** (§ 129 GemO B.-W.; Art. 116 GO BY; § 116 GO NRW; § 123 GO SA). Die Gemeinden sind zur Beachtung der Weisungen verpflichtet. Verletzen sie diese Pflicht, so ist für das Einschreiten gegen dieses rechtswidrige Verhalten der Gemeinde nicht die Fachaufsichtsbehörde, sondern die Rechtsaufsichtsbehörde zuständig. Diese hat mit ihren Mitteln für die Durchsetzung der Weisung zu sorgen.[37] Bei diesem Einschreiten hat die Rechtsaufsichtsbehörde inzident die Rechtmäßigkeit der Weisung der Fachaufsichtsbehörde zu prüfen. Eine Überprüfung der Zweckmäßigkeit des Handelns der Fachaufsichtsbehörde findet hingegen nicht statt.[38] In der juristischen Ausbildung nicht selten relevant ist die Diskussion darüber, ob auch Maßnahmen der Fachaufsicht Verwaltungsaktqualität besitzen und damit letztlich auch, welcher Rechtsbehelf hiergegen statthaft ist. Stellenweise wird, gerade in der Rechtsprechung, vertreten, dass es sich bei fachaufsichtlichen Weisungen in der Regel nicht um Verwaltungsakte handeln würde, da es an einer Außenwirkung fehle.[39] Folgte man dieser Ansicht, so stellt sich die Frage, weshalb es überhaupt eines gesetzlich normierten und als Befugnis ausgestalteten Weisungsrechts bedarf, wie es überlicherweise die Kommunalgesetze vorsehen – Berücksichtigung muss vielmehr finden, dass auch bei fachaufsichtlichen Maßnahmen die Kommune nicht Staatsbehörde ist.[40] Auch im übertragenen Wirkungskreis ist eine Gemeinde Inhaber eigener Rechtspositionen.[41] Das Handeln der Rechtsaufsichtsbehörde zur Durchsetzung fachaufsichtlicher Weisungen hat demnach denselben Rechtscharakter wie das sonstige Eingriffshandeln der Rechtsaufsichtsbehörde – es handelt sich also auch hierbei zumeist um Verwaltungsakte. Dem-

---

[36] Weiterführend zur Zweckmäßigkeitskontrolle in der Kommunalaufsicht *Schrapper*, NVwZ 1990, 931 ff.
[37] S. hierzu VGH München, DÖV 1978, 100.
[38] Näher hierzu *Erlenkämper*, NVwZ 1990, 122.
[39] Vgl. BVerwG, BayVBl. 1978, 374; BayVGH, BayVBl. 1977, 152; so in abgestufter Modifikation auch *Engels/Krausnick*, KommR, § 10 Rn. 46.
[40] Vgl. eingehender *Widtmann*, BayVBl. 1978, 723, (725 f.).
[41] Insbesondere in BY, vgl. hierzu insb. BayVGH BayVBl. 1985, 368 ff.

entsprechend kann die Gemeinde in derselben Weise hiergegen förmliche Rechtsbehelfe einlegen wie gegen sonstiges Handeln der Rechtsaufsichtsbehörde (s. hierzu unter § 26 I).

In B.-W., NRW und SA ist das Weisungsrecht der Fachaufsichtsbehörde unbeschränkt. In BY existiert demgegenüber die Einschränkung des Art. 109 II 2 GO BY. Danach darf eine Weisung nur unter den dort genannten äußerst engen Voraussetzungen ergehen. Das hat zur Folge, dass in BY den Gemeinden auch im übertragenen Wirkungskreis ein weitreichender weisungsfreier Bereich verbleibt, dessen Verletzung ein klagefähiges Recht begründet. In erheblichem Maße ist in BY die Fachaufsicht daher auf Rechtmäßigkeitsweisungen beschränkt, die von den Beschränkungen des Art. 109 II 2 GO BY nicht erfasst werden, da sich die Norm ausdrücklich nur auf Eingriffe in das Verwaltungsermessen (bzw. in die Zweckmäßigkeit) bezieht.[42] 34

In B.-W. und BY enthalten die Gemeindeordnungen Regelungen bezüglich des Weisungsrechts in Bundesauftragsangelegenheiten nach Art. 85 GG (§ 129 III GemO B.-W.; Art. 109 II 2 Nr. 2 GO BY). § 129 III GemO B.-W. ordnet ein Weisungsrecht der Fachaufsichtsbehörden in Bundesauftragsangelegenheiten an, um Weisungen des Bundes nach Art. 85 III GG gegenüber dem Land an die ausführende Gemeinde weitergeben zu können. In BY wird aus demselben Grund die oben beschriebene Beschränkung des fachaufsichtlichen Weisungsrechts nach Art. 109 II S. 2 GO BY in den Fällen von Weisungen des Bundes nach Art. 85 III GG durch Art. 109 II S. 2 Nr. 2 GO BY außer Kraft gesetzt. Jeweils das Gleiche wie bei der Bundesauftragsverwaltung gilt in B.-W. und BY für Weisungen der Bundesaufsichtsverwaltung nach Art. 84 V GG. 35

IV. Verhältnis zwischen Bürger bzw. Gemeindeorganen und Aufsichtsbehörde

Die **Kommunalaufsicht**, und zwar sowohl Rechts- als auch Fachaufsicht, wird stets **ausschließlich im öffentlichen Interesse** ausgeübt. Die Normen über die Kommunalaufsicht dienen nicht dem Schutz der Bürger. Dementsprechend besteht auch kein subjektives öffentliches Recht auf ein Einschreiten der Kommunalaufsicht. Da die Interessen der Bürger auch bei der Ermessensentscheidung über ein Einschreiten nicht berücksichtigt werden müssen, gibt es nicht einmal einen Anspruch auf ermessensfehlerfreie Entscheidung über ein Einschreiten. Genauso wenig ist es denkbar, dass ein Bürger einen Anspruch auf ein Nichteinschreiten oder zumindest einen entsprechenden Anspruch auf ermessensfehlerfreie Entscheidung haben kann. Dies hat zur Folge, dass Rechtsbehelfe eines Bürgers gegen das Nichteinschreiten oder Einschreiten der Rechts- oder Fachaufsichtsbehörde mangels Widerspruchs- bzw. Klagebefugnis (§ 42 II VwGO, ggb.falls analog) stets unzulässig sind.[43] 36

Ebenso wenig ist es möglich, dass ein Bürger wegen eines Nichteinschreitens oder wegen eines Einschreitens der Kommunalaufsicht einen **Amtshaftungsanspruch** nach § 839 BGB i. V. m. Art. 34 GG hat. Denn die möglicherweise verletzten Amtspflichten bestehen nicht dem Bürger gegenüber. Es besteht lediglich eine Amtspflicht dem Bürger gegenüber, eine Eingabe, mit der ein gemeindliches Handeln beanstandet und ein aufsichtliches Einschreiten verlangt wird, zu bescheiden.[44] Denkbar ist es le- 37

---

[42] Zur Rechtslage in BY ausführlich *Lissack,* Bay. KommR, § 8 Rn. 40f.
[43] Vgl. BVerwG, DÖV 1972, 723; ganz h. M., vgl. etwa *Maurer,* AllgVerwR, § 23 Rn. 22.
[44] Vgl. BGH, NJW 1971, 1700.

diglich, dass durch ein unzulängliches Agieren der Kommunalaufsicht eine Amtspflicht gegenüber der Gemeinde verletzt wird. Der Gemeinde steht ein Anspruch darauf zu, dass die Kommunalaufsicht durch ordnungsgemäßes Tätigwerden sie vor Schaden bewahrt.[45]

38 Ebenso hat ein Organ oder ein Organteil der Gemeinde niemals einen Anspruch auf ein Einschreiten oder ein Nichteinschreiten der Kommunalaufsicht, auch nicht auf ermessensfehlerfreie Entscheidung. Auch eine solche Klage scheitert an der mangelnden Klagebefugnis (§ 42 II VwGO). Dadurch wird auch verhindert, dass ein Gemeinderatsmitglied, das in einer Abstimmung unterlegen ist, über den Weg der Aufsicht „nachkartet".

Kommunalaufsicht (am Beispiel Bayern)

	Rechtsaufsicht	Fachaufsicht
Wirkungskreis	Angelegenheiten des eigenen Wirkungskreises	Angelegenheiten des übertragenen Wirkungskreises
Umfang	Nur Rechtmäßigkeits-, keine Zweckmäßigkeitskontrolle	Recht- und Zweckmäßigkeitskontrolle (insb. Verwaltungsermessen)
Aufsichtsbehörden	**Landratsamt** kontrolliert kreisangehörige Gemeinden **Landesregierung** kontrolliert kreisfreie Gemeinden **Innenministerium** kontrolliert als obere RAB kreisfreie Gemeinden	Spezialgesetz Art. 115 I S. 1 GO: Bei **fehlender** Zuweisung: **Rechtsaufsichtsbehörde** zuständig. **Ausnahme:** Große Kreisstadt – übertragener Wirkungskreis (Art. 9 II GO) Fachaufsicht der Landesregierung
Mittel der Aufsicht	**Informationsrecht, Art. 111 GO:** alle Angelegenheiten **Beanstandung, Art. 112 GO:** Gerügt wird Rechtswidrigkeit kommunalen Handelns oder Unterlassens (Art. 112 S. 2 GO) **Ersatzvornahme, Art. 113 GO:** Zwangsweise Durchsetzung der Anordnungen der Rechtsaufsichtsbehörde, **Bestellung eines Beauftragten, Art. 114 GO:** wenn geordneter Verwaltungsgang ernstlich behindert und gesetzwidriger Zustand zu beheben ist	**Unterrichtungsrecht, Art. 116 I S. 1 GO:** entspricht Informationsrecht **Weisungsrecht, Art. 116 I S. 2 GO:** konkrete Handlungsanweisung an Gemeinde **Beauftragung** der Rechtsaufsichtsbehörde Art. 116 II GO Ersatzvornahme (Art. 113 GO) Rechtsaufsichtsbehörde wird Gemeinde gegenüber eigenständig tätig
Rechtsschutz	Eigener Wirkungskreis der Gemeinde, Außenwirkung der Aufsichtsmaßnahme (+) → Anfechtungsklage	Übertragener Wirkungskreis der Gemeinde, Außenwirkung strittig. Wahrnehmung staatlicher Aufgaben durch die Gemeinde BVerwG: VA (-) mangels Außenwirkung a. A. Maßnahme nicht nur auf Innenverhältnis beschränkt, Außenwirkung und VA (+)

---

[45] Vgl. BGH, DÖV 2003, 415.

§ 25. Der Kommunalverfassungsstreit

Literatur: *Schröder,* Die Geltendmachung von Mitgliedschaftsrechten im Kommunalverfassungsstreit, NVwZ 1985, 246; *Ehlers,* Die Klagearten und besonderen Sachentscheidungsvoraussetzungen im Kommunalverfassungsstreitverfahren, NVwZ 1990, 105; *Müller,* Zu den Abwehrrechten des Ratsmitglieds gegenüber organisationsrechtswidrigen Eingriffen in seine Mitwirkungsrechte, NVwZ 1990, 120; *Rennert,* Die Klausur im Kommunalrecht, JuS 2008, 119; *Hufen,* Verwaltungsprozessrecht, 7. Aufl 2008, § 21.

I. Der Kommunalverfassungsstreit als Organstreit

Als Kommunalverfassungsstreit bezeichnet man verwaltungsgerichtliche **Streitigkeiten zwischen Organen oder Organteilen einer Kommune.** Hierbei handelt es sich um eine Sammelbezeichnung und nicht um ein eigenständiges Rechtsinstitut oder um eine Klageart sui generis.[1]

Lange Zeit war es umstritten, ob die Innenrechtsbeziehungen innerhalb einer staatlichen oder öffentlich-rechtlichen Institution überhaupt Gegenstand eines Verwaltungsprozesses sein können. Diese Auffassung stützte sich auf die frühere **Impermeabilitätstheorie.** Seit dem Niedergang des Instituts des besonderen Gewaltverhältnisses in den 1970er Jahren hat die Impermeabilitätstheorie aber ihre Position in der rechtswissenschaftlichen Diskussion vollständig verloren. Im Gegenzug wurde der Kommunalverfassungsstreit zunehmend akzeptiert.

Ein Argument in der Diskussion war auch Art. 19 IV GG gewesen. Da dort nur von einer Rechtswegeröffnung bei Verletzung subjektiver Rechte die Rede ist, wurde argumentiert, dass für Streitigkeiten zwischen Organen der Rechtsweg nicht eröffnet sei. Inzwischen ist jedoch anerkannt, dass auch die Rechtspositionen zwischen Organen oder Organteilen als einklagbare Rechte i. S. d. Art. 19 III GG anzusehen sind, auch wenn sie nicht die gleiche grundrechtstheoretische Begründung haben. Außerdem wird heute ganz überwiegend der Sinn und Zweck des Art. 19 IV GG in einer möglichst umfassenden Rechtsschutzgewähr gesehen, nicht etwa als Rechtfertigungsgrund für dessen Einschränkungen.

Begrifflich unterschieden werden können **Interorganstreitigkeiten** (Streitigkeiten zwischen Organen derselben kommunalen Körperschaft) und **Intraorganstreitigkeiten** (Streitigkeiten innerhalb desselben kommunalen Organs), ohne dass von dieser Differenzierung unmittelbar Rechtsfolgen abhängen.

Kommunalverfassungsstreitigkeiten werden in der Weise konstruiert, dass nicht die Organwalter – also die natürlichen Personen, die die Organe bilden – gegeneinander streiten, sondern vielmehr das Organ bzw. der Organteil, das bzw. der sich in seinen (Organ-)Rechten als verletzt ansieht, als Kläger auftritt. Geltend gemacht werden also nicht subjektiv-individuelle Rechte der Organwalter, sondern solche der Organe bzw. Organteile selbst. Kommunalverfassungsstreitigkeiten werden also als Organstreitigkeiten verstanden.

Auch wurden Organstreitigkeiten zum Teil als unzulässige Insichprozesse abgelehnt, da sowohl auf Kläger- als auch auf Beklagtenseite derselbe Rechtsträger stehe. Mittler-

---

[1] Hierzu unter 3. Siehe auch *Rennert,* JuS 2008, S. 119 (123).

weile wird dieser Einwand jedoch nicht mehr erhoben, da es keine Vorschrift in der VwGO gibt, die derartige Verfahren verbietet,[2] und er sich letztlich auch gegen den – völlig unstreitigen – verfassungsrechtlichen Organstreit richten müsste. Auch ist es möglich, die praktischen Probleme zu lösen, die sich daraus ergeben, dass die streitenden Organe bzw. Organteile dieselben natürlichen Personen als Organwalter in ihren Reihen haben können. Letztlich gibt es für jeden zur Vertretung eines Organs Befugten auch einen Stellvertreter, der erforderlichenfalls die Vertretung übernehmen kann, so dass nicht der Fall auftreten kann, dass in einem Prozess Kläger- und Beklagtenseite von derselben natürlichen Person vertreten werden.

II. Einzelne Zulässigkeits- und Begründetheitsvoraussetzungen

1. Eröffnung des Verwaltungsrechtswegs

7   Für Kommunalverfassungsstreitigkeiten ist gemäß § 40 VwGO der Verwaltungsrechtsweg eröffnet (zur Irrelevanz der Impermeabilitätstheorie s. oben I). Kommunalverfassungsstreitigkeiten sind stets Streitigkeiten nichtverfassungsrechtlicher Art im Sinne von § 40 I S. 1 VwGO. Die Bezeichnung „Kommunalverfassungsstreitigkeit" hat nichts mit einer Streitigkeit verfassungsrechtlicher Art zu tun, welche nur bei doppelter Verfassungsunmittelbarkeit gegeben wäre. Vielmehr geht es hier um das Verfasstsein einer Kommune.[3]

2. Beteiligten- und Prozessfähigkeit

8   Es ist nicht unumstritten, in welchen Teilen von §§ 61 f. VwGO Beteiligten- und Prozessfähigkeit bei einem Kommunalverfassungsstreit geregelt sind. Wenn man konsequent von der Prämisse ausgeht, dass die Organwalter hier nicht als natürliche Person auftreten, sondern die Organe bzw. Organteile als solche Beteiligte sind, dann kann die Beteiligtenfähigkeit nicht auf § 61 Nr. 1 VwGO (natürliche Person) gestützt werden. Somit kann sich die Lösung nur aus § 61 Nr. 2 VwGO ergeben. Zum Teil wird dessen direkte Anwendbarkeit bejaht, doch kann ein Organ bzw. Organteil nicht ohne Weiteres unter den Begriff „Vereinigung" subsumiert werden. Somit ist § 61 Nr. 2 VwGO (lediglich) analog anwendbar.[4]

9   Hält man oben genannte Prämisse auch bezüglich der Prozessfähigkeit konsequent durch, so kann die Prozessfähigkeit nicht auf § 62 I Nr. 1 VwGO gestützt werden, da hier gerade keine natürliche Person als Beteiligter auftritt, sondern ein Organ bzw. Organteil. Daraus folgt als Konsequenz, dass das Organ bzw. Organteil, das als Beteiligter fungiert, nicht prozessfähig ist und daher gemäß § 62 III VwGO durch den gesetzlichen Vertreter vertreten werden muss.

3. Klageart

10 Kommunalverfassungsstreit ist keine Bezeichnung für eine eigene Klageart („sui generis"), sondern eine Sammelbezeichnung für alle möglichen Konstellationen von Bin-

---

[2] Vgl. *Kopp/Schenke,* VwGO, vor § 40 Rn. 6; § 63 Rn. 7. Auch im Hochschulbereich werden mittlerweile Organstreitigkeiten anerkannt.
[3] S. hierzu etwa *Lissack,* Bay. KommR, Rn. 149.
[4] Vgl. *Erichsen,* FS Menger, 221 ff.; *Schoch,* JuS 1989, 786; a. A. (direkte Anwendung) *Kopp/Schenke,* VwGO, § 61 Rn. 11.

nenrechtsstreitigkeiten.[5] Die Klageart richtet sich nach der VwGO, die ein hinreichendes Repertoire an Rechtsbehelfen bereithält, so dass es nicht der Konstruktion einer Klageart sui generis für Kommunalverfassungsstreitigkeiten bedarf. Ausschlaggebend für die statthafte Klageart ist die Klassifizierung der Maßnahme, gegen die sich das Vorgehen des Klägers richtet. Auch wenn die VwGO primär für Streitigkeiten zwischen Bürgern und Staat ausgestaltet wurde, ist heute anerkannt, dass die Anwendung der in ihr enthaltenen Klagetypen auch in Innenrechtsstreitigkeiten in modifizierter Form opportun ist.[6]

Wenn ein Verwaltungsakt (§ 35 S. 1 VwVfG) vorliegt, ist die Anfechtungsklage statthaft (§ 42 I Alt. 1 VwGO).[7] In der Regel wird es sich bei der angegriffenen Handlung jedoch nicht um einen Verwaltungsakt handeln, da es bei Binnenrechtsstreitigkeiten zwischen Organen bzw. Organteilen regelmäßig an der notwendigen Außenwirkung (wie im Staat-Bürger-Verhältnis) fehlt.[8] 11

Für Ausnahmefälle wird das Vorliegen eines Verwaltungsakts diskutiert, so in Konstellationen, bei denen ein innergemeindlicher Akt auf die Rechtsstellung des Organwalters in seiner Eigenschaft als natürliche Person übergreift. Dies ist etwa der Fall bei der Verhängung eines Ordnungsgeldes, wodurch in das Vermögen des Organwalters eingegriffen wird, oder beim dauerhaften Ausschluss eines Gemeinderatsmitglieds aus dem Gremium, wodurch der Organwalter seinen Organwalterstatus gänzlich einbüßt.[9] Teilweise wird auch in diesen Konstellationen die Außenwirkung unter Hinweis darauf verneint, dass Adressat der Maßnahme nicht die natürliche Person Organwalter, sondern das vom Organwalter verkörperte Organ (bzw. der Organteil) ist. Andere hingegen stellen hier auf die faktische Auswirkung der Maßnahme ab und bejahen den Verwaltungsaktscharakter. Letztlich hat sich hier eine unübersichtliche Kasuistik ohne klare Kriterien herausgebildet. Jedenfalls bei Geldzahlungspflichten wird man aber von einem VA ausgehen müssen. 12

Bejaht man einen Verwaltungsakt, so sind Widerspruch und Anfechtungsklage nur dann einschlägig, wenn sich der Verwaltungsakt noch nicht erledigt hat. Hat er sich vor Klageerhebung erledigt, was häufig der Fall sein wird, so ist die erweiterte Fortsetzungsfeststellungsklage (§ 113 I S. 4 VwGO analog) die statthafte Klageart (neuerdings wird für derartige Konstellationen häufig die Einschlägigkeit einer allgemeinen Feststellungsklage nach § 43 I VwGO vertreten[10]). 13

Für die Mehrzahl der Fälle, bei denen kein Verwaltungsakt vorliegt, verbleiben als in Betracht kommende Klagearten die **allgemeine Leistungsklage** und die **allgemeine** 14

---

[5] Weiterführend zu den Klagearten und besonderen Sachentscheidungsvoraussetzungen der Kommunalverfassungsbeschwerde *Ehlers,* NVwZ 1990, 105 ff.
[6] Vgl. *Engels/Krausnick,* KommR, § 6 Rn. 9.
[7] Soweit im Landesrecht nicht ausgeschlossen (wie in BY, Nds. und NRW) ist zuvor ein Widerspruchsverfahren durchzuführen; vgl. dazu *Geis,* in: Sodan/Ziekow, NKVwGO, §§ 68–73.
[8] Vgl. BVerwG, NVwZ-RR 1994, 352; VGH Mannheim, NVwZ 1993, 396; VGH München, BayVBl 1988, 16; OVG Münster, DVBl 1991, 495; *Ehlers,* NVwZ 1990, 106; a. A. *Hufen,* Verwaltungsprozessrecht, § 21, Rn. 12; *Kopp/Schenke,* VwGO, Anhang zu § 42, Rn. 87.
[9] Weiterführend zu Eingriffen in Mitgliedschaftsrechte: *Schröder,* NVwZ 1985, 246 ff.; *Müller,* NVwZ 1994, 120 ff.
[10] Hierfür *Wehr,* DVBl 2001, 787 ff.; *Renck,* JuS 1970, 113 f.; *Weber,* BayVBl 2003, 494; a. A. BVerwGE 87, 25; VGH München, BayVBl 1997, 634; *Sodan/Kluckert,* VerwArch 2003, 20 f. S. hierzu auch BVerwG, NVwZ 2000, 64.

Feststellungsklage. Konstruktiv sind meist beide Klagearten möglich. An sich ergibt sich damit nach § 43 II 1 VwGO ein Vorrang der allgemeinen Leistungsklage. Das BVerwG hat jedoch in seiner Rechtsprechung die hier angeordnete Subsidiarität der Feststellungsklage hinter der allgemeinen Leistungsklage durch stark einschränkende Auslegung der Norm beseitigt:[11] Zweck des § 43 II 1 VwGO sei nur die Verhinderung der Umgehung der besonderen Zulässigkeitsvoraussetzungen von Anfechtungs- und Verpflichtungsklage durch Wahl der Feststellungsklage. Das Verhältnis zwischen allgemeiner Leistungsklage und Feststellungsklage sei demgegenüber in der Norm nicht geregelt, da es bei der allgemeinen Leistungsklage keine besonderen Zulässigkeitsvoraussetzungen gibt, die durch die Wahl der Feststellungsklage umgangen werden könnten. Außerdem bedürfe es bei einer gegen den Staat gerichteten Klage nicht des mit einer erfolgreichen Leistungsklage einhergehenden Zwangsvollstreckungsdrucks, da bei staatlichen Institutionen angenommen werden könne, dass sie sich auch ohne diesen einem gerichtlichen Urteil beugen werden, da sie gemäß Art. 20 III GG als teil der Exekutive an Recht und Gesetz gebunden sind. Legt man diese Rechtsprechung des BVerwG zugrunde, so ist eine eindeutige Abgrenzung des Anwendungsbereichs von allgemeiner Leistungsklage und Feststellungsklage anhand verallgemeinerungsfähiger Kriterien nicht möglich. Letztlich obliegt es dann vor allem der Dispositionsbefugnis des Klägers, die Klageart zu bestimmen.

15 Die Rechtsprechung des VGH München weist die Besonderheit auf, dass sie bei Kommunalverfassungsstreitigkeiten einer allgemeinen Leistungsklage, die auf Aufhebung eines innergemeindlichen Aktes gerichtet ist, **kassatorische** Wirkung zuerkennt. Das bedeutet, dass der angegriffene Akt wie bei einer Gestaltungsklage unmittelbar als Folge des gerichtlichen Urteils beseitigt wird, ohne dass es noch eines Tätigwerdens des Beklagten bedarf. Die Konstruktion einer derartigen allgemeinen Leistungsklage mit kassatorischen Wirkung wird von der herrschenden Literaturmeinung scharf kritisiert.[12] Denn diese Konstruktion sei in sich widersprüchlich. Habe eine Urteil kassatorische Wirkung, so liege ein Gestaltungsurteil und kein Leistungsurteil und damit keine Leistungsklage, sondern eine Gestaltungsklage vor. Um zu einer kassatorischen Urteilswirkung zu gelangen, müsste der VGH München mit einer allgemeinen Gestaltungsklage[13] operieren, was jedoch auch von ihm abgelehnt wird.

4. Klagebefugnis

16 Auch bei Kommunalverfassungsstreitigkeiten muss die Klagebefugnis nach § 42 II VwGO (gegebenenfalls in analoger Anwendung) vorliegen. Als problematisch wurde deren Vorliegen in solchen Konstellationen lange Zeit deshalb angesehen, weil bezweifelt wurde, dass die Rechtspositionen von Organen bzw. Organteilen **subjektive Rechte** im Sinne von § 42 II VwGO sind. Dies lässt sich durchaus mit den herkömmlichen Argumentationsmustern der Schutznormtheorie begründen: Letztlich kommt es nach ihr darauf an, ob einer Rechtsnorm entnommen werden kann, dass sie einem Rechtssubjekt eine eigene Rechtsstellung zusprechen möchte. Bedenkt man den demokratischen Hintergrund der Kommunalverfassung und den in ihr verwirklichten Gedanken der Gewaltenteilung, dann ist es konsequent, davon auszugehen, dass die

---

[11] BVerwGE 40, 323.
[12] S. zur Diskussion eingehend *Widtmann/Grasser*, BayGO, Art. 49 Rn. 20 m.w.N.
[13] Für eine solche allgemeine Gestaltungsklage aber *Stumpf*, BayVBl 2000, 103 ff.; *Felix/Schwarplys*, ZBR 1996, 38 f.

Vorschriften, die die Kompetenzen der Organe voneinander abgrenzen, diesen wehrfähige Positionen verleihen. Deshalb sind diese als „echte" subjektive Rechte anzusehen.

Schwieriger ist die Frage zu beantworten, ob sich Organe bzw. Organteile auch auf **Grundrechte** berufen können. Diskutiert wird insbesondere, inwieweit sich Gemeinderatsmitglieder in der Gemeinderatssitzung auf das Grundrecht auf Meinungsäußerungsfreiheit (Art. 5 I GG) berufen können und Maßnahmen der Sitzungsgewalt (Wortentzug) als Einschränkung zu sehen ist. Richtig ist es, hier zu differenzieren: Handelt es sich um Äußerungen, die ihren Grund in der Ausübung der organschaftlichen Stellung haben (Beteiligung in der Diskussion), so fehlt es an einer grundrechtstypischen Gefährdungslage. Für private Äußerungen „bei Gelegenheit" der Sitzung ist der Schutzbereich des Grundrechts auf Meinungsäußerungsfreiheit eröffnet, aber auch durch die allgemeinen Vorschriften zur Ordnungsgewalt des Bürgermeisters einschränkbar.[14]

5. Passivlegitimation

Die in § 78 VwGO geregelte Frage nach dem **richtigen Beklagten** wird überwiegend als Frage der Passivlegitimation und damit als Begründetheitsvoraussetzung der Klage eingeordnet.

Zwischen der herrschenden Auffassung und der bayerischen Sondermeinung ist umstritten, ob die Klage gegen das Organ bzw. den Organteil zu richten ist, das auf der Passivseite des vom Kläger geltend gemachten subjektiven Rechts steht, oder gegen die Kommune, für die das Organ bzw. der Organteil handelt. Letztere Ansicht wird vom VGH München vertreten, und ihr folgt die gesamte Literatur zum bayerischen Kommunalrecht.[15] Aus dem Rechtsträgerprinzip (§ 78 I Nr. 1 VwGO) ergebe sich, dass die Klage gegen den Rechtsträger des Organs bzw. Organteils zu richten ist, und das sei die Kommune. Die Gegenmeinung ist in der übrigen Rechtsprechung und Literatur herrschend.[16] Sie beruft sich darauf, dass das streitgegenständliche Rechtsverhältnis das Rechtsverhältnis zwischen den Organen bzw. Organteilen ist. Maßgebend für die Passivlegitimation sei, wer auf der Passivseite dieses Rechtsverhältnisses stehe.

In NRW, wo das Behördenprinzip gilt (§ 78 I Nr. 2 VwGO), existiert ein vergleichbarer Streit nahe liegender Weise nicht. Hier ist die Klage auf jeden Fall gegen das Organ bzw. den Organteil zu richten, um dessen Pflichten es im Kommunalverfassungsstreit geht.

---

[14] Ausführlich hierzu *Geis*, BayVBl. 1992, 41 ff. Dogmatisch unklar BayVerfGH BayVBl. 1984, 621 ff. und BVerwG NVwZ 1988, 837 f.
[15] Hierfür VGH München, BayVBl. 1987, 239; NVwZ-RR 1990, 99; *Stumpf*, BayVBl. 2000, 108.
[16] Hierfür BVerwG, DVBl 1988, 792; VGH Mannheim, ESVGH 25, 203; DVBl 1978, 274; DÖV 1982, 84; DÖV 1983, 862; OVG Münster, DVBl 1981, 874; DVBl 1991, 449; DVBl 1992, 445; NVwZ-RR 1990, 101; *Hufen* (Fn. 8), Rn. 10.

Der Kommunalverfassungsstreit (KVS)

> I. Zulässigkeit der Klage
> 1. Eröffnung des Verwaltungsrechtswegs, § 40 I 1 VwGO
>   – Öffentlich-rechtliche Streitigkeit, da Normen des Kommunalrechts einschlägig.
>   – Keine doppelte Verfassungsunmittelbarkeit, da keine Verfassungsorgane i. S. d. GG.
> 2. Statthafte Klageart
>   – Kein KVS, wenn auch Außenrechte des Organs betroffen.
>   – Differenzieren: Interorganstreit (verschiedene Organe); Intraorganstreit (Teile eines Organs)
>   – Mangels Außenwirkung kein VA, daher keine Anfechtungs- od. Verpflichtungsklage (§ 42 I VwGO).
>   – Vornahme von Handlungen/Dulden/Unterlassen: Leistungs-/Unterlassungsklage (nach BayVGH Leistungsklage mit kassatorischer Wirkung, umstritten)
>   – Feststellung der RWK der Maßnahme: Feststellungsklage, § 43 I VwGO.
>   – Überprüfung der Geschäftsordnung: Normenkontrolle, § 47 I Nr. 2 VwGO.
> 3. Klagebefugnis
>   – (Mögliche) Verletzung eines zu benennenden Organrechts des Klägers.
>   – Begründet ebenso Feststellungsinteresse nach § 43 VwGO.
> 4. Rechtsschutzbedürfnis
>   – Sonderfall: RSB des Bürgermeisters fehlt, wenn Rechtsverletzung durch Beanstandung (Art. 59 II GO) vermeidbar.
> II. Begründetheit der Klage
> 1. Richtiger Beklagter
>   Str.: Klage gegen Gemeinde oder gegen handelndes Organ?
>   – BayVGH: Gemeinde, Rechtsgedanke des § 78 I Nr. 1 VwGO
>   – a. A.: handelndes Organ, KVS hat gerade Streitigkeiten um konkrete Rechtsverhältnisse zw. Organen zum Gegenstand
> 2. Prüfung der Verletzung (eines oder mehrerer) organschaftlicher Rechte

§ 26. Rechtsschutz der Gemeinde gegen staatliche Maßnahmen

I. Verwaltungsgerichtliches Verfahren

Gegen staatliche Einzelakte, die das kommunale Selbstverwaltungsrecht verletzen, kann sich die Gemeinde mittels verwaltungsgerichtlicher Klage wehren. Vor Erhebung einer Anfechtungs- oder Verpflichtungsklage ist gemäß § 68 VwGO ein behördliches Widerspruchsverfahren durchzuführen, sofern dies nicht durch Landesrecht ausgeschlossen ist.[1]

1. Rechtsschutz gegen Maßnahmen der Rechtsaufsicht

1 Rechtsaufsichtliche Maßnahmen wie etwa bloße Informationsgewinnung sind mangels Regelungscharakters kein Verwaltungsakt nach § 35 VwVfG. Gegen sie kommt daher eine Anfechtungsklage oder ein Widerspruch nicht in Betracht.

2 Die förmliche Beanstandung gemeindlichen Verhaltens als rechtswidrig durch die Rechtsaufsichtsbehörde ist ein Verwaltungsakt. Hiergegen muss die Gemeinde also

---

[1] In Bayern, Niedersachsen und Nordrhein-Westfalen ist ein Widerspruchsverfahren nur noch in wenigen Fällen vorgesehen, die hier nicht einschlägig sind. Vgl. im übrigen *Geis*, in: Sodan/Ziekow, NKVwGO, §§ 68–73; *Hufen*, Verwaltungsprozessrecht, § 5 Rn. 4f.

mittels Widerspruch (§ 68 I S. 1 VwGO) und Anfechtungsklage (§ 42 I Alt. 1 VwGO) vorgehen.

Der Verwaltungsaktscharakter der rechtsaufsichtlichen Beanstandung ist unstreitig, da alle Merkmale des § 35 S. 1 VwVfG erfüllt sind. Insbesondere liegt auch Außenwirkung vor. Denn die Gemeinde ist eine eigenständige juristische Person des öffentlichen Rechts, die dem Staat mit einer eigenen Rechtsposition gegenübertritt, da sie sich im eigenen Wirkungskreis bzw. bei den weisungsfreien Aufgaben auf ihr kommunales Selbstverwaltungsrecht berufen kann. Diese Rechtsposition würde durch jede rechtswidrige rechtsaufsichtliche Anordnung verletzt werden.

2. Rechtsschutz gegen Maßnahmen der Fachaufsicht

Komplizierter als der Rechtsschutz gegen rechtsaufsichtliche Maßnahmen ist der Rechtsschutz gegen **fachaufsichtliche Weisungen.** Problematisch ist hier, ob überhaupt und – falls dies bejaht wird – in welchen Fällen der Gemeinde eine eigenständige Rechtsposition gegenüber solchen Weisungen zusteht. Damit zusammen hängt die Diskussion über die Frage, ob die Weisung ein Verwaltungsakt nach § 35 S. 1 VwVfG ist. Hiervon wiederum hängt ab, ob gegen die Weisung Widerspruch (§ 68 VwGO) und Anfechtungsklage (§ 42 I Alt. 1 VwGO) statthaft sind. Der Streitstand zu diesen Fragen ist in den Bundesländern uneinheitlich:

In B.-W., NRW und SA werden fachaufsichtliche Weisungen mangels Außenwirkung grundsätzlich nicht als Verwaltungsakte angesehen. Für die Außenwirkung wird das Betroffensein des Adressaten in einer eigenen Rechtsstellung verlangt. Da sich die Gemeinden bei den Weisungsaufgaben nicht auf ihr Selbstverwaltungsrecht berufen können (dieses betrifft nur den weisungsfreien Bereich) und auch sonst keine generelle Rechtsposition für diese Konstellation ersichtlich ist, steht ihnen gegenüber fachaufsichtlichen Weisungen eine solche grundsätzlich nicht zu.[2] Mangels Verwaltungsaktsqualität der Weisung käme somit keine Anfechtungs- oder Verpflichtungsklage, sondern allenfalls eine allgemeine Leistungsklage in Betracht.[3] Diese wäre zwar statthaft, mangels Klagebefugnis (§ 42 II VwGO analog) wäre sie aber dennoch unzulässig.[4] Demzufolge stehen den Gemeinden gegen fachaufsichtliche Weisungen grundsätzlich keine förmlichen Rechtsbehelfe offen. Ihnen bleibt aber selbstverständlich die Möglichkeit, von ihrem Petitionsrecht (Art. 17 GG) Gebrauch zu machen und sich etwa an die Landesministerien oder den Landtag zu wenden.

Von dem Fehlen einer eigenständigen Rechtsposition der Gemeinde und daher auch des Verwaltungsaktscharakters der Gemeinde wird jedoch überwiegend eine Ausnahme anerkannt: Wenn eine fachaufsichtliche Weisung letztlich in den Selbstverwaltungsbereich der Gemeinde übergreift, dann steht der Gemeinde gegenüber der Weisung eine eigene Rechtsposition zu, und folglich stellt diese einen Verwaltungsakt dar.[5] Statthafte Klageart ist dann die Anfechtungsklage. Beispiele für Übergriffe fachaufsichtlicher Wei-

---

[2] Vgl. BVerwG, DVBl 1995, 744; NVwZ 1983, 610; DÖV 1982, 826; VGH Mannheim, VBlBW 1986, 217; *Erlenkämper,* NVwZ 1991, 329.
[3] Vgl. BVerwG, NJW 1974, 836; DÖV 1982, 826; VGH Mannheim, NVwZ 1987, 512.
[4] Vgl. BVerwGE 36, 199; 59, 326; 60, 150.
[5] Vgl. BVerwG, DVBl 1995, 744; *Erlenkämper,* NVwZ 1995, 652; a. A. *Gern,* DKommR, Rn. 838, der zwar der Gemeinde eine eigene Rechtsposition zugesteht, aber meint, diese sei mangels Verwaltungsaktsqualität der Weisung mittels allgemeiner Leistungsklage durchzusetzen.

sungen in den Selbstverwaltungsbereich sind etwa die Anordnung, eine Tätigkeit durch einen bestimmten Bediensteten auszuführen[6] (da die Organisationshoheit berührend), sowie die Weisung, eine bestimmte straßenverkehrsrechtliche Anordnung zu treffen, falls diese so einschneidenden Charakter aufweist, dass die getroffene straßenrechtliche Widmungsentscheidung der Gemeinde (und damit die Planungshoheit) nachhaltig berührt wird.[7]

7 In BY ist der Rechtsschutz gegen fachaufsichtliche Weisungen weitaus umstrittener. Überwiegend anerkannt wird auch in BY die zuletzt dargestellte Konstellation des Übergriffs in den Selbstverwaltungsbereich als Fall der Verwaltungsaktsqualität. Liegt eine solche Konstellation nicht vor, so steht den Gemeinden jedoch – nur in BY – ein eigener weisungsfreier Bereich auch im übertragenen Wirkungskreis zu, da das fachaufsichtliche Weisungsrecht ganz generell durch die Beschränkungen des Art. 109 II 2 GO BY beschränkt ist. Dieser weisungsfreie Bereich vermittelt den Gemeinden in BY auch gegenüber fachaufsichtlichen Weisungen eine eigene Rechtsstellung. Der VGH München und ein Teil der Literatur stützen auf das Betroffensein dieser eigenen Rechtsstellung den Verwaltungsaktscharakter der Weisung.[8] Ein anderer Teil der Literatur verzichtet für das Verwaltungsaktserfordernis der Außenwirkung gänzlich auf die Betroffenheit einer eigenen Rechtsstellung der Gemeinde und begründet die Außenwirkung bereits damit, dass die Gemeinde auch im übertragenen Wirkungskreis als vom Staat getrennte eigenständige juristische Person des öffentlichen Rechts agiert.[9] Im Ergebnis besteht aber Einigkeit darin, dass statthafte Klageart die Anfechtungsklage ist.

II. Verwaltungsgerichtliche Normenkontrolle

Literatur: *Pache/Burmeister,* Gemeinschaftsrecht im verwaltungsgerichtlichen Normenkontrollverfahren, NVwZ 1996, 979; *Hufen,* Verwaltungsprozessrecht, 7. Aufl. 2008, §§ 19, 30.

8 Gegen untergesetzliche staatliche Eingriffe in das kommunale Selbstverwaltungsrecht steht den Gemeinden der Normenkontrollantrag nach § 47 VwGO zur Verfügung.[10] Statthaft nach § 47 I VwGO ist ein Normenkontrollantrag aber nur gegen Außenrechtssätze, also nicht gegen Verwaltungsvorschriften, sondern nur gegen Satzungen nach dem BauGB sowie Satzungen und Verordnungen nach Landesrecht. Während B.-W., BY und SA (§ 5 AGVwGemO B.-W.; Art. 5 S. 1 AGVwGO BY; Art. 4 § 2 GerOrgG SA) von der Möglichkeit des § 47 I Nr. 2 VwGO Gebrauch gemacht haben, das Normenkontrollverfahren gegen untergesetzliches Landesrecht zuzulassen, und damit Landesrechtsverordnungen in B.-W., BY und SA taugliche Angriffsgegenstände sind, sind Rechtsverordnungen des Bundes in § 47 I VwGO nicht genannt und damit kein tauglicher Angriffsgegenstand im Normenkontrollverfahren. Gleiches gilt für Landesrechtsverordnungen in NRW. Im Hinblick auf das Gebot effektiven Rechtsschutzes nach Art. 19 IV GG ist jedoch inzwischen anerkannt, dass auch diese einer verwaltungsgerichtlichen Überprüfung unter Heranziehung der übrigen verwaltungs-

---

[6] Vgl. *Gern,* DKommR, Rn. 838.
[7] Vgl. BVerwG, DVBl 1995, 744.
[8] So VGH München, BayVBl 1977, 152; *Becker,* in: Becker/Heckmann/Kempen/Manssen, 2. Teil, Rn. 604; *Riegl,* BayVBl 1985, 369.
[9] So *Hölzl/Hien,* GO BY, Art. 116 Anm. 2; *Lissack,* Bay. KommR, § 8 Rn. 44.
[10] Weiterführend mit Bezügen zum Europarecht *Pache/Burmeister,* NVwZ 1996, 979 ff.

prozessualen Rechtsbehelfe zugeführt werden können. Statthafte Klageart im letzteren Fall ist die Feststellungsklage nach § 43 I VwGO.[11]

Die für die Antragsbefugnis nach § 47 II 1 Alt. 1 VwGO erforderliche Möglichkeit einer Rechtsverletzung kann bei einer Gemeinde als Antragsteller insbesondere in der Möglichkeit der Verletzung des kommunalen Selbstverwaltungsrechts liegen. Diese Verletzung kann sowohl materieller Art, wenn beispielsweise die Planungshoheit der Gemeinde durch übergeordnete Maßnahmen abwägungsfehlerhaft beschnitten wird, als auch formeller Art, unter anderem durch Verstoß gegen Gemeindebeteiligungspflichten in Planungsverfahren, sein.[12] Die Rüge von Verfahrensverstößen ist für die Kommune jedoch nur zulässig, wenn diese auch dem konkreten Schutz eigener Rechte der Gemeinde dienen – insoweit ist die Position der klagenden Gemeinde also mit der verwaltungsgerichtlichen Stellung privater Individualkläger vergleichbar.[13] Daneben kommt auch eine Antragsbefugnis nach § 47 II 1 Alt. 2 VwGO („jede Behörde") in Betracht. Die Gemeinde ist Behörde im Sinne dieser Vorschrift. Das Rechtsschutzbedürfnis ist in diesem Fall allerdings nur gegeben, wenn die Gemeinde mit der Anwendung der Norm betraut ist. Nicht gestützt auf § 47 II S. 1 Alt. 2 VwGO werden kann aber im Übrigen ein Normenkontrollantrag einer Gemeinde gegen eine von ihr selbst erlassene Rechtsverordnung oder Satzung. Denn hier würde stets das Rechtsschutzbedürfnis fehlen, da das außergerichtliche Mittel der Aufhebung durch einen actus contrarius besteht.

9

Hinsichtlich des Prüfungsmaßstabs ist der Vorbehalt für die Landesverfassungsgerichtsbarkeit nach § 47 III VwGO zu beachten. Hiernach scheidet die Überprüfung von Landesrecht im Normenkontrollverfahren aus, soweit gesetzlich bestimmt ist, dass eine solche Überprüfung nur durch das Landesverfassungsgericht erfolgen darf. Praktische Bedeutung hat dieser Vorbehalt nur in BY. Dort wird die Überprüfungsbefugnis des VerfGH BY im Zuge der Popularklage nach Art. 98 S. 4 BV als ausschließlich angesehen, mit der Folge, dass die Vereinbarkeit der angegriffenen Norm mit Grundrechten der BV im Normenkontrollverfahren nach § 47 VwGO nicht geprüft werden darf.[14] Da der VerfGH BY das kommunale Selbstverwaltungsrecht nach Art. 11 II 2 BV als Grundrecht einstuft (s. oben unter § 5 Rn. 18), ist dieses im Normenkontrollverfahren nicht zu prüfen. Die praktische Bedeutung hiervon ist aber eher gering, da die Möglichkeit der Überprüfung der angegriffenen Norm an Art. 28 II GG von § 47 III VwGO unberührt bleibt.

10

III. Landesrechtliche Normenkontrolle und Landesverfassungsbeschwerde

Mit Ausnahme von Berlin und Hamburg existieren in allen Bundesländern besondere verfassungsprozessuale Rechtsbehelfe zur Verteidigung der in den Landesverfassungen enthaltenen Garantien der kommunalen Selbstverwaltung. Diese sind freilich recht unterschiedlich ausgestaltet: In den Ländern, deren Verfassung jene eher als eigenstän-

11

---

[11] Vgl. BVerwGE 111, 278f.; BVerwG, DVBl 2004, 382; NVwZ 2004, 1229. S. hierzu *Geis*, in: FS Bartlsperger, 2006, S. 219ff.
[12] Vgl. eingehender *Dietz/Meyer*, Erweiterte Drittanfechtungsklagen von Kommunen, AöR 2015, 198 (216f.).
[13] Vgl. *Dietz/Meyer*, Erweiterte Drittanfechtungsklagen von Kommunen, AöR 2015, 198 (219).
[14] Vgl. VerfGH BY, BayVBl 1984, 236; VGH München, BayVBl 1983, 272; 1985, 437; *Sachs*, BayVBl 1982, 397; *Tilch*, BayVBl 1984, 428; *Kopp/Schenke*, VwGO, § 47 Rn. 103.

dige Rechtsgarantie konstruiert hat, dominiert die Ausgestaltung als (rechtssatzbezogenes) Normenkontrollverfahren, in den Ländern, in denen die Selbstverwaltungsgarantie als grundrechtsähnliches Recht gesehen wird, ist die (kommunale) Verfassungsbeschwerde einschlägig:[15]

12 In B.-W. sieht die Landesverfassung die Möglichkeit einer **kommunalrechtlichen Normenkontrolle** vor (Art. 76 LV B.-W. i. V. m. § 8 I Nr. 8 StGHG B.-W.). Mit diesem können Gemeinden und Gemeindeverbände die Verletzung der Art. 71–75 LV B.-W. geltend machen. Tauglicher Angriffsgegenstand sind nur Gesetze im formellen Sinn.[16] Andere Rechtsnormen der LV B.-W. oder Normen des GG können mit dem Rechtsbehelf nicht als verletzt gerügt werden. Gemeindeverbände im Sinne von Art. 76 LV B.-W. sind die Landkreise und die Stadtkreise, nicht aber auch die Zweckverbände, obwohl diesen in Art. 71 I LV B.-W. eine eigene verfassungsrechtliche Position eingeräumt wird.[17] Die Zulässigkeit der kommunalrechtlichen Normenkontrolle setzt insbesondere eine Beschwer des Antragstellers voraus. Die Gemeinde muss hierfür substantiiert darlegen, dass die Art. 71–75 LV B.-W. verletzt sind und dass gerade ihre eigenen Rechte unmittelbar konkret betroffen sind.[18] Es reicht hierfür nicht aus, wenn erst ein möglicher Ausführungsakt die Gemeinde in ihren Rechten verletzt. Vielmehr muss die Rechtsverletzung bereits durch das Gesetz selbst erfolgen.[19] Die Erschöpfung des Rechtswegs ist demgegenüber nicht Zulässigkeitsvoraussetzung. Andere Rechtsschutzmöglichkeiten der Gemeinde sind also unschädlich.[20]

13 In SA gibt es das Institut der **kommunalen Normenkontrolle.**[21] Nach Art. 81 I Nr. 5, Art. 90 LV SA i. V. m. § 7 Nr. 8, § 36 VerfGHG SA können die kommunalen Träger der Selbstverwaltung – also Gemeinden und Gemeindeverbände – den VerfGH SA anrufen, wenn sie sich durch ein Gesetz in den Normen zur Selbstverwaltung (Art. 82 II, Art. 84–89 LV SA) verletzt fühlen. Gesetz in diesem Sinne und damit tauglicher Angriffsgegenstand sind auch Rechtsverordnungen.[22] Einzuhalten ist gemäß § 36 VerfGHG SA eine Frist von einem Jahr ab In-Kraft-Treten der angegriffenen Rechtsnorm. Eine ähnliche Regelung weist auch Bremen[23] auf.

14 In BY können die Gemeinden gegen Gesetze, die ihr Selbstverwaltungsrecht berühren die **Popularklage** zum VerfGH BY nach Art. 98 S. 4 BV, Art. 2 Nr. 7, Art. 55 VerfGHG BY erheben. Deren Zulässigkeit setzt keine eigene Betroffenheit der Gemeinde voraus. Sie muss zwar die Möglichkeit der Verletzung eines Grundrechts dartun, nicht notwendigerweise aber eines eigenen. Der VerfGH BY sieht dabei das Selbstverwaltungsrecht nach Art. 11 II S. 2 BV als (klagefähiges) grundrechtsähnliches Recht an (möglich ist z. B. ein Vorgehen einer Gemeinde gegen ihre Einbeziehung in eine Verwaltungsgemeinschaft[24] oder gegen eine Fusion[25]). Ein Rechtsschutzbedürfnis

---

[15] S. hierzu auch *Burgi*, KommR, § 9 Rn. 5 f.
[16] Vgl. StGH B.-W., ESVGH 27, 185.
[17] Vgl. *Gern*, DKommR, Rn. 841.
[18] Vgl. StGH B.-W., VBlBW 1981, 348.
[19] Vgl. StGH B.-W., ESVGH 29, 152.
[20] Vgl. StGH B.-W., VBlBW 1959, 138.
[21] S. hierzu ausführlich *Rinken*, NVwZ 1994, 29.
[22] Vgl. VerfGH SA, LKV 1995, 369.
[23] Art. 140 Verf. Brem. i. V. m. §§ 10 Nr. 2, 24 StGHG Brem.
[24] Vgl. VerfGH BY, BayVBl 1978, 428.
[25] Siehe dazu Erster Teil, § 5 Rn. 18.

ist nicht erforderlich. Der VerfGH BY hat jedoch in einigen zurückliegenden Entscheidungen verlangt, dass die klagende Gemeinde durch die Norm zumindest konkret „betroffen" sei.[26] Der Einhaltung einer Frist bedarf es nicht. Tauglicher Angriffsgegenstand sind nicht nur formelle Gesetze, sondern jede Rechtsnorm (Art. 55 I VerfGHG BY). Begründet ist die Popularklage, wenn die angegriffene Rechtsnorm verfassungswidrig ist. Der VerfGH BY prüft im Rahmen der Begründetheit nicht nur die Vereinbarkeit mit Grundrechten, sondern mit allen Verfassungsnormen.[27] Daneben steht in BY den Gemeinden die **Verfassungsbeschwerde** nach Art. 66, 120 BV zur Verfügung, da der VerfGH BY das Recht nach Art. 11 II 2 BV – wie erwähnt – als grundrechtsähnliches Recht ansieht. In BY können mit der Verfassungsbeschwerde allerdings nur Einzelakte der Exekutive und der Judikative angegriffen werden. Eine Rechtssatzverfassungsbeschwerde gibt es neben der Popularklage nicht.

In den anderen Ländern überwiegt die Statthaftigkeit der **Verfassungsbeschwerde.** So 15 steht den Gemeinden in NRW die Möglichkeit zu, mittels Verfassungsbeschwerde nach Art. 75 Nr. 4 LV NRW i. V. m. § 12 Nr. 8, § 52 VGHG NRW die Verletzung des landesverfassungsrechtlichen kommunalen Selbstverwaltungsrechts zu rügen. Tauglicher Angriffsgegenstand sind Rechtsnormen des Landesrechts aller Art, also sowohl formelle Gesetze als auch untergesetzliches Recht (aber keine Verwaltungsvorschriften), seit einer kürzlich erfolgten Rechtsprechungsänderung nunmehr sogar ein Unterlassen des Gesetzgebers (in Form der Erhaltung des gesetzlichen Status Quo), solange diesen eine Handlungspflicht treffe und anderer Rechtsschutz für die Kommune nicht zu erlangen ist.[28] Die Zulässigkeit setzt die hinreichend substantiierte Geltendmachung einer Verletzung des Selbstverwaltungsrechts voraus. Im Rahmen der Begründetheit prüft der VerfGH NRW auch die Vereinbarkeit der angegriffenen Rechtsnormen mit allen landesverfassungsrechtlichen Normen, die das Bild der Selbstverwaltung mitprägen, sowie mit Art. 3 I GG.[29] Ebenfalls die Möglichkeit zu kommunalen Verfassungsbeschwerden eröffnen die Verfassungen von Brandenburg,[30] Hessen,[31] Mecklenburg-Vorpommern,[32] Niedersachsen,[33] Saarland,[34] Sachsen-Anhalt,[35] Thüringen[36] und – seit dem 1. 5. 2008 – Schleswig-Holstein.[37]

IV. Kommunalverfassungsbeschwerde

Literatur: *Starke,* Grundfälle zur Kommunalverfassungsbeschwerde, JuS 2008, 319.

Nach Art. 93 I Nr. 4b GG entscheidet das Bundesverfassungsgericht über Kommunal- 16 verfassungsbeschwerden von Gemeinden und Gemeindeverbänden (näher hierzu § 13

---

[26] Vgl. *Knöpfle.* in: Nawiasky u. a., BV, Art. 98 Rn. 23 m. w. N.
[27] Vgl. VerfGH BY, BayVBl 1996, 463.
[28] Vgl. VerfGH NRW, DÖV 2015, 207 (208 f.).
[29] Vgl. VerfGH NRW, OVGE 39, 292.
[30] Art. 100 Verf. Bbg. i. V. m. §§ 12 Nr: 5, 51 VerfGG Bbg.
[31] Art. 131 I, III HessVerf i. V. m. §§ 15 Nr. 5, 46, 43 ff. HessStGHG („Grundrechtsklage").
[32] Art. 53 Nr. 8 Verf. M.-V. i. V. m. §§ 11 I Nr. 10, 52 ff. LVerfGG M.-V.
[33] Art. 54 Nr. 5 NdsVerf i. V. m. §§ 8 Nr. 10, 36 NdsStGHG.
[34] Art. 97 Nr. 4, 123 SaarlVerf i. V. m. §§ 9 Nr. 13, 55 ff. VerfGHG Saarl.
[35] Art. 75 Nr. 7 Verf. S.-A. i. V. m. §§ 2 Nr. 8, 51 LVerfGG S.-A.
[36] Art. 80 I Nr. 2 ThürVerf i. V. m. §§ 11 Nr. 2, 31 ff. ThürVerfGHG.
[37] Art. 44 I Nr. 4, 46 I. II Verf. S.-H. i. V. m. § 3 Nr. 4, § 47 f. LVerfGG S.-H.; Art 59 c Verf. S.-H. ist damit gegenstandslos.

Nr. 8a, § 90 II, §§ 91 ff. BVerfGG). Das Verfahren unterliegt wesentlich strengeren Voraussetzungen als die allgemeine Verfassungsbeschwerde nach Art. 93 I Nr. 4a GG, insbesondere hinsichtlich des Prüfungsgegenstandes und der Subsidiarität.[38] Geltend gemacht werden kann allein eine Verletzung des Rechts auf kommunale Selbstverwaltung nach Art. 28 II GG durch **Bundes- und Landesgesetze.** Gesetz im Sinne dieser Vorschrift sind nicht nur formelle Gesetze, sondern auch Gesetze im nur materiellen Sinne, also Satzungen und Rechtsverordnungen.[39] Trotz begrifflicher Nähe hat die Kommunalverfassungsbeschwerde wenig mit der Kommunalverfassungsstreitigkeit gemein – während erstere die Geltendmachung einer Selbstverwaltungsrechtsverletzung darstellt, bezeichnet zweitere die intrapersonale Streitigkeit verschiedener Organe einer juristischen Person des öffentlichen Rechts über körperschaftliche Rechte (siehe hierzu auch § 25).

17 Die Zulässigkeitsvoraussetzungen entsprechen im Wesentlichen der der allgemeinen Verfassungsbeschwerde (zumal § 90 II, §§ 92 ff. BVerfGG auch auf die Kommunalverfassungsbeschwerde Anwendung finden), weisen aber einige Besonderheiten auf. Im Wesentlichen kann also hinsichtlich des Aufbaus der Zulässigkeitsprüfung in der studentischen Praxis auf diesbezügliche Schemata allgemeiner Art zurückgegriffen werden. Wie bei der allgemeinen Verfassungsbeschwerde setzt die **Beschwerdebefugnis** bei der Kommunalverfassungsbeschwerde voraus, dass zum einen der Beschwerdeführer die Möglichkeit einer Verfassungsrechtsverletzung dartut und zum anderen der Beschwerdeführer vom angegriffenen Akt selbst, gegenwärtig und unmittelbar betroffen ist.[40] Als gerügte Verfassungsrechtsverletzung kommt hier gemäß § 91 S. 1 BVerfGG nur das kommunale Selbstverwaltungsrecht nach Art. 28 II GG in Betracht, da es der Kommune an einer Grundrechtsträgerschaft mangelt und sie sich damit auf diese nicht berufen kann. Hinsichtlich der Selbstbetroffenheit und der gegenwärtigen Betroffenheit bestehen keine Unterschiede zur allgemeinen Verfassungsbeschwerde. Bei der unmittelbaren Betroffenheit ist zu beachten, dass dieses Erfordernis anders als bei der allgemeinen Verfassungsbeschwerde nicht zur Folge hat, dass ein Vollzugsakt abgewartet werden muss.[41] Denn die Kommunalverfassungsbeschwerde ist nur gegen Rechtsnormen statthaft. Damit beschränkt sich die Bedeutung des Unmittelbarkeitserfordernisses auf das Verhältnis zwischen formellem Gesetz und Rechtsverordnung: Bedarf ein formelles Gesetz der Umsetzung durch eine Rechtsverordnung, so ist der Beschwerdeführer durch das formelle Gesetz nicht unmittelbar betroffen.[42]

18 Vor Erhebung der Kommunalverfassungsbeschwerde ist der Rechtsweg zu den Fachgerichten zu beschreiten (§ 90 II BVerfGG). Insbesondere ist ein Normenkontrollverfahren nach § 47 VwGO durchzuführen, sofern die beschwerdegegenständliche Rechtsnorm nach § 47 I VwGO in dessen Anwendungsbereich fällt.[43] Ist ein Normenkontrollverfahren nicht statthaft (was insbesondere bei Rechtsverordnungen des Bundes der Fall ist), so muss im Hinblick auf die **Subsidiarität auch der Kommunalverfassungsbeschwerde** gegenüber dem fachgerichtlichen Rechtsschutz zunächst

---

[38] Siehe hierzu den Überblick bei *Starke* JuS 2008, 319 ff.
[39] Vgl. BVerfGE 26, 236; 56, 309; 71, 34; BVerfG, NVwZ 2003, 850; *Burgi*, KommR, § 9 Rn. 3.
[40] S. hierzu ausführlich *Goos*, in: Hillgruber/Goos, Verfassungsprozessrecht, Rn. 283 ff.
[41] Vgl. BVerfGE 71, 35 f.
[42] Vgl. BVerfGE 71, 36.
[43] Vgl. BVerfGE 70, 53 f.; 71, 335 f.; *Goos* (Fn. 40), Rn. 290.

Rechtsschutz mittels verwaltungsgerichtlicher Klagen gesucht werden.[44] In Betracht kommt hier insbesondere die Feststellungsklage nach § 43 I VwGO. Zu beachten ist jedoch, dass auch dann, wenn im Hinblick auf die Subsidiarität der Kommunalverfassungsbeschwerde erfolglos verwaltungsgerichtlicher Rechtsschutz in Anspruch genommen wurde, die Kommunalverfassungsbeschwerde Rechtssatzverfassungsbeschwerde und nicht Urteilsverfassungsbeschwerde ist. Angriffs- und Überprüfungsgegenstand der Kommunalverfassungsbeschwerde ist also auch in diesem Fall die Rechtsnorm und nicht das verwaltungsgerichtliche Urteil.[45]

Eine wesentliche Einschränkung des Anwendungsbereichs ist, dass eine **gegen Landesrecht gerichtete Kommunalverfassungsbeschwerde** nach Art. 93 I Nr. 4b GG und § 91 S. 2 BVerfGG durch gleichwertige landesverfassungsgerichtliche Rechtsbehelfe verdrängt wird; existieren solche (was fast in allen Ländern der Fall ist, s. o. Rn. 15) tritt **Sperrwirkung** ein; es handelt sich nicht um einen Sonderfall der Rechtswegerschöpfung. Auch bei Erfolglosigkeit auf Landesebene ist daher keine Kommunalverfassungsbeschwerde mehr zulässig. Die Rechtslage ist damit ganz anders als bei der allgemeinen Verfassungsbeschwerde, deren Erhebung nach § 90 III BVerfGG unabhängig von parallelen Landesverfassungsbeschwerden zulässig ist. Hinsichtlich der unter IV. geschilderten Verfahren ist die Gleichwertigkeit Rechtsschutz zu den Landesverfassungsgerichten möglich ist. Verwaltungsgerichtliche Rechtsschutzmöglichkeiten sind in diesem Zusammenhang irrelevant.[46] Bei Eingriffen durch Bundesrecht verbleibt es bei Art. 93 I Nr. 4b GG. 19

Da die Kommunalverfassungsbeschwerde stets Rechtssatzverfassungsbeschwerde ist, ist die **Jahresfrist** des § 93 III BVerfGG anwendbar.[47] Dies gilt selbst dann, wenn zum Zwecke der gebotenen Rechtswegerschöpfung ein verwaltungsgerichtliches Normenkontrollverfahren durchgeführt wurde, da auch dann Angriffsgegenstand die Rechtsnorm und nicht das Urteil ist. In diesem Fall beginnt die Jahresfrist aber erst mit rechtskräftigem Abschluss des Normenkontrollverfahrens zu laufen. 20

Begründet ist die Kommunalverfassungsbeschwerde dann, wenn die das Verfahren führende Körperschaft tatsächlich in ihrem kommunalen Selbstverwaltungsrecht verletzt ist. Dabei können auch formelle Fehler des angegriffenen Gesetzes zur Begründetheit der Kommunalverfassungsbeschwerde führen, da das kommunale Selbstverwaltungsrecht – vergleichbar mit der Elfes-Konstruktion – nur durch ein in jeder Hinsicht verfassungsgemäßes Gesetz eingeschränkt werden darf.[48] 21

Ein abstrakter Normenkontrollantrag der Gemeinden zum Bundesverfassungsgericht scheidet aus, da die Gemeinden nicht zu den in Art. 93 I Nr. 2 GG genannten Antragsberechtigten gehören. Dagegen kann eine konkrete Normenkontrolle nach Art. 100 GG im Rahmen einer Richtervorlage in einem Verwaltungsstreitverfahren ganz regulär stattfinden. 22

---

[44] S. zu derartigem Rechtsschutz BVerwGE 111, 278 f.; BVerwG, DVBl 2004, 382; NVwZ 2004, 1229; *Geis,* in: FS Bartlsperger, 2006, S. 219 ff.
[45] In diesem Sinne BVerfG, NVwZ 2003, 850.
[46] Vgl. BVerfG, NVwZ 2003, 850; a. A. *Goos* (Fn. 40), Rn. 295.
[47] Vgl. BVerfG, NVwZ 2003, 850; a. A. *Goos,* (Fn. 40), Rn. 297 f. mit ausf. Problemerörterung.
[48] Vgl. BVerfGE 1, 181; 91, 242.

V. Zivilgerichtliches Verfahren

23 Bei Rechtsverletzungen durch privatrechtliche Akte des Staates kann die Gemeinde nach § 13 GVG den Zivilrechtsweg beschreiten. Als juristische Person des öffentlichen Rechts ist sie parteifähig (§ 50 I ZPO) und kann in derselben Weise ihre privatrechtlichen Ansprüche einklagen wie juristische Personen des Privatrechts oder natürliche Personen. Ebenfalls auf dem Zivilrechtsweg kann die Gemeinde auch gemäß Art. 34 GG i. V. m. § 839 BGB Amtshaftungsansprüche gegen fehlerhaft ausgeübte Kontrolle durch die Aufsichtsbehörden geltend machen, wenn diese ihre Schutzpflichten gegenüber der Kommune verletzt haben.[49] Grundsätzlich kann diese Verletzung auch aus einem sanktionierbaren Unterlassen bestehen – dann ist jedoch eine Reduzierung des Einschreitensermessens auf Null erforderlich, welches enormen Nachweisschwierigkeiten begegnet.[50] Ist gegenüber einer kreisangehörigen Gemeinde für die fehlerhafte Aufsichtsrechtsausübung der Landrat verantwortlich, so wird unter Berücksichtigung des Rechtsträgerprinzips das Land selbst passivlegitimiert sein müssen.[51]

---

[49] Vgl. BGHZ 153, 198.
[50] Eingehender s. *Oebbecke,* Ostdeutsche Impulse für die Entwicklung des Kommunalrechts, DVBl. 2009, 1152 (1156).
[51] Vgl. *Lange,* KommR, Kap. 17 Rn. 16 (Fn. 16), m. w. N.; a. A. OLG Bdbg, LKV 2002, 389 (390 f.).

Anhang
Kommunalgesetze der Bundesländer
– Normensynopse –

Anhang

B.-W. §	BY Art.	Bbg. §	Hessen §	M.-V. §	Nds. §	NRW §	RhPf §	Saarl §	Sachsen §	S.-A. §	S.-H. §	Thür. §
1	1	1	1		2	1	1	1	1	1, 2	1	1
2 I	6, 7	2 I	2	2 I	4	2	2 I	5	2 I	2 II	2 I	1 III
2 II		2 IV	3	3 I	5 I, 6 I	3 I, IV	2 I, III	5 III	2 II	5 I	2 II	3 I, II
2 III	8	2 IV	4	3	6 II	3 II	2 II	6 I, III	2 III	6 I	3 I	3
2 IV		2 III	3	2 IV	1 II	3 III	2 III	5 III	2 IV	1 II	1 III	3 Ia
3 I	5 III								3 I	12 II		6 II
3 II	5a	1 III			14 III	4 I, III	6 I	4 III	3 III	8 I	4 I	6 IV
4 I	23, 24	3 I	5 I	5 I	10 I	7 I	24 I	12 I, II	4 I	10 II	4 I	19 I
4 II		4 I	6	5 II	12	7 III	25		4 II			20 I
4 III	26	3 III, V	5 III	5 IV	10 III, 11 I	7 IV	24 III	12 IV, V	4 III	9 I, 8 IV	4 III	21 I, II
4 IV		3 IV	5 III	5 V, VI	10 II	7 V, VI, VII	24 VI	12 VI	4 IV	8 III	4 IV	21 IV
4 V		3 VI		5 VII	10 VI	7 VI		12 VII	4 V	8 VII		21 VI
5 I	2 I, II	9 I	12	8 I	19 I	13 I	4 I	2 I	5 I	13 I	11 I	4 I
5 II	3 I	9 II	13 I	8 III	20 I	13 II	4 II	2 II	5 II	14 I		5 I
5 III		9 V	13 II	8 IV	20 II	13 III	4 III		5 III	14 III	11 II	4 II, III
5 IV	2 II Nr. 1	11 III	12				4 IV		5 IV	13 III		4 II
6 I	4 I	10 I	14 I	9 I	22 I	14 II	5 I	3 I	6 I	15 I	12 II	7 I
6 II	4 II	10 I	14 II	9 II	22 II	14 I	5 II	3 II	6 II	15 II	12 I	7 III
7 I	10 I	5	15 I	10 I	23 I	16 I	9 I	13 I	7 I	16 I	13 I	8 I
7 II				10 III	23 II	15		13 III		16 II		
7 III	10a I	5	15 II	10 II	23 IV	16 II	9 I	13 II	7 II		13 II	8 I, IV
8 I	11 III 1 Nr. 1	6 I	16 I	11 I	24 I	17 I	10	14 I	8 I	17 I	14 I	9 I
8 II	12 I	6 II	17 I	11 II, 12 I	25 I	18 I		15 I	8 II, 9 I	18 I	15 I, II	9 II

284

Kommunalgesetze der Bundesländer

B.-W. §	BY Art.	Bbg. §	Hessen §	M.-V. §	Nds. §	NRW §	RhPf §	Saarl §	Sachsen §	S.-A. §	S.-H. §	Thür. §
8 III		6 VII			25 I	19 III	11 II, III	15 III	8 III	18 III	15 I	9 III
8 IV	11 I					19 II				18 IV		
8 V		6 VIII		11 I	25 IV	19 III, IV				18 III		9 II
8 VI										18 V		
9	13	7	17		27	20	12	16		19, 20		
10 I	15 I	11 I	8 I	13 I	28 I	21 I	13 I	18 I	10 I	21 I	6 I	10 I
10 II	21 I	12 I	19 I, 20 I	14 II	30 I	8 I, II	14 II	19 I	10 II	24 I	18 I	14 I
10 III	21 III		20 II	14 III	30 II	8 III	14 III	19 II	10 III	24 II	18 II	14 II
10 IV	21 IV		20 III	14 III	30 III	8 IV	14 IV	19 III	10 V	24 III	18 III	14 III
10 V	24 I Nr. 4		22						10 IV			
11 I	24 I Nr. 2	12 II	19 II	15 I	13	9	26 I	22 I	14 I	11 I	17 I	20 II Nr. 2
11 II	24 I Nr. 3	12 III	19 II	15 II	13	9	26 II	22 II	14 II	11 I	17 II, III	20 II
12 I	15 II	11 III iVm 10 BbgKWahlG	8 II iVm 30 I	13 II iVm 7 I KWG M-V	28 II iVm 48 I	21 II iVm 7 KWahlG NRW	13 I	18 II	15 I	21 II	6 II	10 II
12 II			30 I	13 II iVm 7 I KWG M-V	28 II iVm 48 I		13 I	18 II	15 I	21 II		10 II
12 III					48 I				15 III	20 VI		
12 IV									15 I			
13	15 arg. e contrario	11 II iVm 8 BbgK WahlG	8 II iVm 31	13 II iVm 8 KWG M-V	28 II iVm 48 II	21 II iVm 8 KWahlG NRW	13 III				10 II	
14 I	15 II	8 BbgK WahlG	30	7 KWG M-V	48 I	7 KWahlG NRW	13 II	32 III iVm 13 Saarl KWG	16 I	23 I	6 II iVm 7 KWG S.-H.	10 II iVm 7 KWahlG Thür

B.-W. §	BY Art. §	Bbg. §	Hessen §	M.-V. §	Nds. §	NRW §	RhPf §	Saarl §	Sachsen §	S.-A. §	S.-H. §	Thür. §
14 II			31		48 II	8 KWahlG NRW	13 III iVm 2 KWahlG RhPf	32 III iVm 14 Saarl KGW	16 II	23 II	8 KWahlG SchlH	8 KWahlG Thür
15 I	19 I	20 I	21 I	19 II	38 II	28 I, II	18 I	24 II	17 I	30 I	19	12 I
15 II			21 II	19 III	38 III		18 III		17 II	30 II		12 I
16 I	19 I, II	20 I	23 I	19 III	39 I	29 I	19 I, II	25 I	18 I	31 I	20 I, II	12 II
16 II						29 II	19 I	25 I	18 II		20 I	12 III
16 III	19 I 4	20 I			39 II	29 III	19 III	25 II	19 IV	31 II		12 II
17 I	20 I		21 II	19 I	40 I	30 I		26 III	19 I	32 I	21 I	12 III
17 II	20 II	20 I	24 I	19 IV iVm 23 VI	41 I	32	20 I	26 II	19 II	32 II	21 I	12 III
17 III			26	19 IV iVm 24, 26	42 I	30 VI	21 I	26 IV	19 III	32 III	23	
17 IV	20 IV	20 I	24a	24 I	39 II	31 I	20 II	27 I	19 IV	32 IV	22 I	12 III
18 I		22 I	25 I		41 I	31 II	22 I	27 II	20 I	33 I	22 I	
18 II		22 II	25 I	24 II	41 II	31 III	22 II	27 III	20 I	33 II	22 II	
18 III		22 III	25 I 2, II	24 III	41 III	31 IV	22 III		20 III	33 I	22 III	
18 IV		22 IV	25 III, IV	24 III	41 IV	31 IV	22 V		20 IV	33 IV	22 IV	
18 V		22 IV	25 IV	24 III	41 V		22 IV		20 IV	33 IV	22 IV	
18 VI		22 VI	25 VI	24 IV	41 VI		22 VI	27 VI	20 V	33 V	22 V	
19 I	20a I, II	24 iVm 30 IV	27 I	27 I	44 I	33 iVm 45	18 IV	28 I	21 I	35 I	24 I, II	13 I
19 II	20 I, II		27 I	27 II					21 I	35 II	24 III	13 I
19 III	20 I, II	30 IV	27 IIIa		44 II				21 II			

286

Kommunalgesetze der Bundesländer

B.-W. §	BY Art.	Bbg. §	Hessen §	M.-V. §	Nds. §	NRW §	RhPf §	Saarl §	Sachsen §	S.-A. §	S.-H. §	Thür. §
19 IV	Art. 20 aII Nr. 3	24	§ 27 I		44 I	33				35 II		
19 V			27 II							35 II		
19 VI				27 III					21 III		24 IV	
19 VII	20a I 4 4		27 V	27 III	44 III			28 II	21 IV	35 III	24 III	
20 I		13	X	16 I		23 I, II	15 I	20 I	11 I	28 I	16a I	15 I
20 II			X	16 II		23 I, II			11 II		16a II	
20 III					11 II							
20a I	18 I	13	8a I				16 I, II		22 I	28 I	16b I	
20a II	18 II								22 II			
20a III	18 III		8a II				16 III		22 III			
20a IV	18 IV								22 IV		16b II	
20b I	18b I	14 I		18 I	31 I	25 I	17 I	21 I	23	25 I	16f I	16 I
20b II	18b II	14 II, III	8b II	18 II	31 II	25 II	17 II	21 II	23 IV m 22 II	25 II, III, IV	16f II	16 II
20b III	18b IV	14 VII	8b I, III, IV	18 III	31 V	25 VII	17 VI	21 III	23 IV m 22 III	25 V	16f II, V	16 III
20b IV	18b VI		8b IV				17 VII					
21 I	18a I	15 II		20 I	35	26 I	17a I	21a I	24 I	27 II	16g I	17 II
21 II	18a III	15 III	8b II	20 II	32 II	26 V	17a II	21a II	24 II	26 II	16g II	17 II
21 III	18a I	15 I	8b I, III, IV	20 IV	32 I, III, IV	26 I, II, IV	17a I	21a I	25 I	26 I, III-V	16 III, IV	17a I, III
21 IV	18a VIII	15 II	8b IV	20 IV	32 VII	26 VI	17a IV	21a V	25 III, 24 V	26 VI	16g V	17 IV
21 V			8b V	20 III							16g VI	17 IV

B.-W. §§	BY Art.	Bbg. §§	Hessen §§	M.-V. §§	Nds. §§	NRW §§	RhPf §§	Saarl §§	Sachsen §§	S.-A. §§	S.-H. §§	Thür. §§
21 VI	Art. 18a X 1	15 VI	§ 8b IV, V							27 I	16g VI	
21 VII	18a XII	15 IV	8b VI	20 VI	33 III	26 VII	17a VII	21a VI	24 III	27 III	16g VII	17 VI
21 VIII	18a XIII	15 V	8b VII	20 VII	33 IV	26 VIII	17a VIII	21a VII	24 IV	27 IV	16g VIII	17 VIII
21 IX	18a XVII	15 VI	8b VIII	20 VIII		26 X	17a IX	21a VIII		27 V		
22 I	16 I	26 I	28 I, II	22 III Nr. 15	29 I	34 I	23 I	23 I, II	26 I	22 I,		1 I
22 II	16 II	26 III	28 III		29 II	34 II	23 II	23 III	26 II	22 III		11 II
23	29		9	21	7	40	28 I	29 I	1 IV	7 I	7	22 I
24 I	30 I	28 I	50 I, 9 I	22 I, II	45 I, 58 I, II, IV	40 II, 41 I	32 I, II	34, 35	27 I, 28 I	36 I, 45 I	27 I	22 III, 26 II
24 II	30 II iVm 29	62 IV		22 I, II		41 I	32 I, II	34, 35	28 III	45 V Nr. 1	50 IV	22 III
24 III		29 I	50 II, III		56		33 III	37 I	28 IV	45 VI	30	22 III
24 IV		29 I		22 VI	56		33 IV	37 I, 39	28 V	45 VII	27 III iVm 36 II	
24 V					58 IV		33 V	37 II	28 VI	45 VIII		
25 I	31 I	27 I	49	22 I	45 I	40 II	29 I	32 I	29 I	36 I	31 I	23 I iVm II
25 II	31 II 1	27 II iVm 6 Bbg KWahlG	38		46 I	42 I iVm 3 KWahlG NRW	29 II	32 II	29 II	37 I	31 II iVm KWahlG	23 III
25 III	31 II 4						29 III, IV		29 IV	37 IV		23 III
26 I	17 iVm 22 I GLKr WG	27 II	29 II iVm 1 I Hes KWG	23 I, 37 I	47 I	42 I	29 I	32 I	30 I	38 I iVm 3 I KWG	31 II	23 II

Kommunalgesetze der Bundesländer

§	B.-W. §	BY Art.	Bbg. §	Hessen §	M.-V. §	Nds. §	NRW §	RhPf §	Saarl §	Sachsen §	S.-A. §	S.-H. §	Thür. §
26 II		17 iVm 22 I GLKr WG	27 II iVm 5 I Bbg KWahlG	29 II iVm 1 I HesKWG		47 I iVm 4 II Nds KWG	42 I iVm I KWahlG NRW			30 II	38 I iVm 3 II KWG	31 II iVm 7 I GKWG	
26 III		17 iVm 22 II, 38 GLKr WG		29 II iVm 1 II, IV HesKWG		47 I iVm 4 II NDS KWahlG	42 I iVm I KWahlG NRW			30 III	38 I iVm 3 II KWG	31 II iVm 7 I GKWG	
27		17 iVm 11 GLKrWG		29 II iVm 3, HesKWG		47 II iVm 8 NDS KWG	42 I iVm 4 KWahlG NRW	29 I iVm 9 I RhPf KWG	32 III iVm 4 Saarl KWG	2 KomWG	39	31 II iVm 2 GKWG	
28 I		17 iVm 1 GLKrWG	27 II iVm 8 Bbg KWahlG	32 I	32 iVm 10 KWG M-V	49 I	42 iVm 12 I KWahlG NRW	29 I iVm 4 I KWG RhPf	32 III iVm 16 I Saarl KWG	31 I iVm 16 I	40 I	31 II iVm 6 I GKWG	23 II iVm 12 I ThürKW-G
28 II		17 iVm 2 GLKrWG	27 II iVm 9 Bbg KWahlG	32 II	32 iV, 8 KMG M-V	49 II	42 iVm 12 II KWahlG NRW	29 II iVm 4 II KWG RhPf	32 III iVm 16 II SaarlKWG	31 II	40 II	31 II iVm 6 II GKWG	23 II iVm 12 I, II ThürKW-G
29 I		31 III		37	25 I, II	50 I				32 I, II	41 I	31 a I	23 IV
29 V										32 II			
30 I			27 II	36	23 I	47 II	42 I	29 I	31 I	33 I	38 I	31 II iVm 1 II GKWG	23 II iVm 8 I ThürKW-G
30 II					23 VII	59 II	42 II	34 I	31 II	33 II	3 II	34 I	
30 III					28 I					33 III			
31 I				33 iVm 33 HesKWG		52 I		31 I		34 I	42 I	40a	23 IV

289

B.-W. §	BY Art.	Bbg. §	Hessen §	M.-V. §	Nds. §	NRW §	RhPf §	Saarl §	Sachsen §	S.-A. §	S.-H. §	Thür. §
31 II			34 HesKWG						34 II	42 IV		
31 III							31 III		34 VII	42 V		
32 I	30, 31 IV		46 I	28 III	60		30 I, II	30 I, 33 II	35 I	43 I, 53 II		24 I, II
32 II		30 II	35a I	27 V, VI	54 II	44		30 I	35 II	43 II	32 III iVm 24a	
32 III		30 I	35 I	23 III	54 I	43 I, II	30 I		35 III	43 I	32 I	24 I
32 IV									35 V	35 IV		
32 V									35 VI			
32a I		32 I	§ 36a I	§ 23 V	57 I	56 I	30a I	30 V	35a I	44	32a I	25
32a II		32 II	§ 36a III	§ 23 V	57 II	56 II	30a III		35a II			
32a III			§ 36a IV	§ 23 V	57 III	56 III			35a III		32a IV	
33 I		60 IV					36 I	42 I	44 V	50		32 VIII
33 II								42 I	44 VI			
33 III		43 IV	62 VI			48 I	35 II	20a	44 II		16c II	
33 IV		13		17 I, II	62		35 II		44 III, IV		16c I	
33a I							34a I		45 I			
33a II							34 II		45 II			
34 I	46 II	34 I, 35 I	56 I, II iVm 58 I	29 I, II	59 I, V	47 I, II	34	41	36 III	53 I, IV	34 I	35 I
34 II										53 IV		35 II
34 III	48 I 1	31 I						38	35 IV	54		37
35 I	52	36	52 I	29 V	64	48 II	35	40	37 I	52 I, II	35	40 I
35 II		31 II iVm 21		23 VI	54 III iVm 40				37 II	52 III		

Kommunalgesetze der Bundesländer

B.-W.	BY	Bbg.	Hessen	M.-V.	Nds.	NRW	RhPf	Saarl	Sachsen	S.-A.	S.-H.	Thür.
§	Art.	§	§	§	§	§	§	§	§	§	§	§
36 I	46 I, 53 I 1	37 I	58 IV	29 I	63 I	51 I	36 II	43 I	38 I	57 I	37	41
36 II	45	28 II Nr. 2	60 I		69	51 II	37	39	38 II	59	34 II	34 I
36 III	53 I 3	37 II	60 II	30 I	63 II, III	51 III	38	43 II	38 III	57 II	42	41
37 I	47 I		67 I	30 I	65 I			44 I	39 I	55 I	38 I	36 I
37 II	47 II	38 I	53 I	30 I, II	65 I	49 I	39 I	44 I	39 II	55 I, III	38 I	36 I
37 III	49 I, IV		53 II	30 III	65 II	49 II	39 I	44 III, IV	39 III	55 II	38 II	36 II
37 IV									39 IV			
37 V	51 I	39 I	54, 55	31, 32	66, 67	50		45, 46	39 V	56 I	39, 40	39
37 VI	51 I	39 I	54	31	66	50 I	40 I	45 I, II	39 VI	56 II	39 I, II	39 I
37 VII	51 III	39 I	54 II iVm 55 III	32	67	50 II	40 II	46	39 VII	56 III	40	39 II
38 I	54 I	42 I, II	61 I	29 VIII	68	52 I	41 I	47 I	40 I	58 I	41 I	42 I
38 II	54 II	42 III	61 II	29 VIII		52 I, II	41 I, II	47 IV, VI	40 II	58 I, III	41 I, III	42 II, III
39 I	32 I, II	43, 44	62 I			57 I, 59 I	44 I	48 I	41 I	48 I	45	26 I 2.Alt
39 II	32 II 2		62 I iVm 51						41 II iVm 28 II	48 I Vm 45 II-IV		26 II
39 III	32 III								41 III	48 IV		
39 IV							44 III		41 IV	48 III		26 III
39 V			62 V			58	44 IV	48 V, VI	41 V		46 VII	
40 I	33 I		62 II iVm 55			58	45 I	48 II	42 I	47 I	46	27 I, V
40 II		§ 43					45 I	48 II	42 II			27 I
40 III	33 II	§ 43					46 I	48 IV	43 III	48 II		27 IV
41 I	32 I	§ 43 I	62 I	36 I, V	71 I, VII		44 I	48 I	43 I	49 I, III, 47 I	45 I	26 I 1.Alt

B.-W. §	BY Art.	Bbg. §	Hessen §	M.-V. §	Nds. §	NRW §	RhPf §	Saarl §	Sachsen §	S.-A. §	S.-H. §	Thür. §
41 II	33 II	§ 43 II, V			71 VIII			48 II	43 III	49 II		
41 III		§ 43 IV	62 V	36 VII				58 V, VI	43 III			36 I Vm 34
41a I			§ 4c				16c	49 a I			47 I	
41a II					36							
41a III												
41a IV												
42 I	36 S. 1, 34 I 1, 38 I	53 I	71 I	38 II, 39 II	86 I	62 I, 63	47 I	59 I, II	51 I	60 I, II	51 I	31 I
42 II	34 I 3, 34 II		44 I	38 I, 39 I	80 V		51 I, II	51 II	51 II		48 I, II	28 II
42 III	17 iVm 41 I, 42 II GLKrWG	53 II	39 III	37 II, III	80 I	65 I	52 I, II	31 II	51 III	61 I, II	57 IV	28 III
42 IV	34 I 2	53 IV	45 I	38 I	7 II	28 II	29 III	29 III	51 IV	60 III	61 II	28 I
42 V			41	37 II, III	80 V		52 III		51 V	61 II, III	52 II	
42 VI			46 I	37 IV	81 I	65 III	54 I, II		51 VI	61 IV	53, 58	28 V
43 I	36	53 III	70 I	38 III	85 I	62 II	47 I Nr. 1, 2	59 I, II	52 I	65 I	50 I, 55 I Nr. 2	29 I
43 II	59 II	55	63 I, II	33 I, II	88 I	54 I, II	42	60	52 II	65 III	43	44
43 III	59 II	55	63 III	33 III	88 II	54 III	46 V iVm 42	48 VI iVm 60	52 III	65 III	47	44
43 IV	37 III	58	70 III	38 IV	89	60	48	61	52 IV	65 IV	50 III	30
43 V		54 II	50 III	38 V	85 IV	62 IV	33	37	52 V	65 II	30	
44 I		54 I	70 I	38 II	85 III	62 I	47 I	59 II	51 I, 53 I	66 I	50 I, V, 55 I	29 I

Kommunalgesetze der Bundesländer

B.-W. §	BY Art.	Bbg. §	Hessen §	M.-V. §	Nds. §	NRW §	RhPf §	Saarl §	Sachsen §	S.-A. §	S.-H. §	Thür. §
44 II	37 I, II	54 I Nr. 2 und 5	70 II	38 III	85 I	62 II, III	47 I	59 III	53 II iVm 28 II	66 I-III	55 I	29 II, IV
44 III	37 I	54 I Nr. 3		38 V	85 I		47 I	59 IV	53 III	66 II, IV	50 II	29 II
44 IV	37 IV		73 II	38 II	85 III	73 II	47 II	59 V	53 IV	66 V	55 I	29 III
45 I	17 iVm 40 I GLKrWG	53 II	39 I a	37 I,	80 I iVm 4 I, II, 45 g II NKWG	65 I	53 I	56 I	48	61 I iVm 30 I, II KWG	52, 57 I, II	28 III, 24 I Thür-KWG
45 II	17 iVm 46 I GLKrWG	59 II iVm 72 BbgK-WahlG	39 I b	37 IVm 64 II KWG	80 I iVm 45 g II NKWG	65 I iVm 46c II Komm-WahlG NRW	53 I	56 II i.V.m. 46	48 iVm 44a KomWG	61 I iVm 30 VIII, 30 a KWG	52 I iVm 47 IGKWG	24 VIII-Thür-KWG
46	17 iVm 39 GLKrWG	53 II iVm 11 BbgK-WahlG	39 II	37 IVm 61 KWG	80 IV	65 II	53 III, IV	54 I	49	62	57 III	24 II-IV-Thür-KWG
47 I		74 II KWahlG	42 III	37 IVm 57 IIKWG	80 II		53 V	56 V	50	63 I	57 a I	25 II KWG
47 II			42 IV	37 II			53 VI	55		63 II	57 a II	
48 I	35 I-III, 39 I	56	47	40 I-III	81 II, III	67		63 I, II	54 I	67 I	52 a, 57 e	32 I
48 II									54 IV			
48 III									54 V			
49 I		59 I, II	44 II	40 IV	81 II	68 II	50 I	64, 68 I	55 I	68 I		32 I, II
49 II		56 II		40 V 2		68 I	50 II	63 I	55 III	68 III		
49 III		56 II	47	40 IV		68 I	50 II	63 I	55 IV	67 II		32 I
50 I		60 I	39 a II, 44 II	40 IV iVm 37 II		71 I	51 I, 52 I	68 I	56 I	69 I		32 III-V

Anhang

B.-W. §	BY Art.	Bbg. §	Hessen §	M.-V. §	Nds. §	NRW §	RhPf §	Saarl §	Sachsen §	S.-A. §	S.-H. §	Thür. §
50 Ia				§ 40 V								
50 II	39 II		39a I	40 V iVm 40 I		71 I	53a I, II iVm 40	65 I, IV, 68 III	56 II	69 I		32 IV, V
50 III		60 II	42 II	40 V iVm 40 I		71 II	53a IV, V	68 II	56 III	6 II iVm 63		32 V
50 IV												
51			43			72	53a I iVm 53 IV	68 VI iVm 65 II	57 iVm 49	70		
52 (iVm 17 I-III, 18)									58 iVm 19 I-III, 20	71 iVm 32, 33		
53 I	39 II			38 II	86 III	68 III	50 III	63 III	59 I	72 I		32 VII
53 II									59 II	72 II		
54 I	38 II 1, 2	57 II	71 II	38 VI	86 II	64 I	49 I	62 I	60 I	73 I	51 II	31 II
54 II	38 II 2, 3			38 VI	86 III	64 I	49 II	62 II	60 II	73 II	51 III	31 II 2
54 III	38 II 2		71 III						60 III	73 III		31 II 2
54 IV			71 II 2	38 VI 2	86 IV	64 II	49 III	62 I 2	60 IV	73 IV		
55									46			
56	42 I	62	73 I		107 I	74 I	61 I	78	61 I, III	75		33 I
57	44 iVm 64 II 2	62		46 II 2	107 III	74 II	5 GemHVO	79	63	76 I	78 II 2	56 II 2
58	42 II				107 I				61 II	75 II		33 II
59	1 f. VGemO		33 KGG	167 I					36 KomZG	75, 75a GO	19a I GkZ	46 I, II

B.-W. §	BY Art.	Bbg. §	Hessen §	M.-V. §	Nds. §	NRW §	RhPf §	Saarl §	Sachsen §	S.-A. §	S.-H. §	Thür. §
60 I	10 II VGemO											52 II
60 II			33 iVm 27 I KGG						38 KomZG	76 IV GO		
60 III	6 II, III VGemO		15 II KGG						40 iVm 16 KomZG			48
60 IV									40, 41 KomZG	78, 79 GO		
60 V									41 II iVm 19 III KomZG			
61	4 VGemO		33 KGG 30 III KGG	167 II						77 GO		47
62	9 VGemO		21 KGG							84 GO		46 III, IV, V
63 (BW spez.)												
64	60 I, II		81		90	35, 39 I, II	74	70	70			
65 I	60 III		82 I		91 I, II	36	75 IV	71	71 I			
65 II			82 III, IV		93, 94	37, 39 III	75 I, II	73	71 II			
65 III			82 V		92	36 II, 39 VI	75 V		71 III			
65 IV							75 VIII					
66 iVm 73												
67		45 I, 48								81 I		45 I
68					90				65 I	81 I, 82 I, II	47 a, 47 b I	45 I
									65 II-IV			

295

Anhang

B.-W. §	BY Art.	Bbg. §	Hessen §	M.-V. §	Nds. §	NRW §	RhPf §	Saarl §	Sachsen §	S.-A. §	S.-H. §	Thür. §
69		45 II, 46							66	82 III-V	47b II-V	45 III, IV
70					91				67	84	47c	45 V, VI
71		47			93	39 VI, VII	76	75	68	85		45 II
72					96				69			
73									69a	87		45 I
77 I	61 I	63 I	92 I	43 I	110 I	75 I	93 I	82 I	72 I	98 I	75 I	53 I, 52a
77 II	61 II	63 II	92 II	43 IV	110 II	75 I	93 II	82 II	72 II	98 II	75 II	53 II, 53a
77 III	61 III	63 III			110 III		94 I-III			114 I	75 IV	
78	62	64	93	44	111	77	95 I, II, IV, V	83	73	99	76	54
79	63	65	94	45	112	78	96 I- III	84	74, 76 III	100	77 I, II, IV, V	55
80	64 I, II	66	95	46	113	79		85	75 I-IV	101	78	56
81 I	65 I		97 III	47 I	114 I	80 I, III			76 I	102 I		
81 II	65 II	67 IV	97 IV	47 II	114 I	80 IV		86 I	76 II 1	102 I	79 I, II	57 I
81 III	65 III	67 V	97 II	47 III-V	114 II	80 V	97	86 II	76 II 2	102 II	79 II	57 II
82	68	68	98 I-III	48	115	81	98	87	77	103	80	60
83	69	69	99	49	116	82	99	88	78	104	81	61
84 I	66 I, III	70 I	100 I, IV	50 I	117 I	83 I	100 I, IV	89 I, IV	79 I	105 I	82 I, IV	58 I, III
84 II	66 IV	70 II	100 II	50 II	117 II	83 II	100 II	89 II	79 II	105 II	82 II	58 IV
84 III	66 II	70 III	100 III	50 III	117 III	83 III	100 III	89 III	79 III	105 III	82 III	58 II
85 I	70 I	72 I	101 I	46 V	118 I	84 I		90 I	80 I	106	83 I	62 I
85 II	70 III	72 I	101 II	46 V	118 II	84 II		90 II	80 II		83 III 1	62 III
85 III	70 II		101 III		118 III	84 III		90 III	80 III		83 II 2	62 II
85 IV	70 IV		101 IV		118 V	84 V		90 IV	80 IV			62 IV

B.-W.	BY	Bbg.	Hessen	M.-V.	Nds.	NRW	RhPf	Saarl	Sachsen	S.-A.	S.-H.	Thür.
§	Art.	§	§	§	§	§	§	§	§	§	§	§
85 V	70 V	72 V	101 V	46 V	118 IV	84 IV		90 V	80 V	106	83 IV	62 V
86 I	67 I	73 I	102 I	54 I	119 I	85 I 1	102 I	91 I	81 I	107 I	84 I 1	59 I
86 II	67 II	73 II	102 II	54 II	119 II	85 II	102 II	91 II	81 II	107 II	84 II	59 II
86 III	67 III	73 III	102 III	54 III	119 III	85 III	102 III	91 III	81 III	107 III	84 III	59 III
86 IV	67 IV	73 IV	102 IV iVm 103 II 2, 3	54 IV iVm 52 II	119 IV			91 IV	81 IV	107 IV	84 IV, V	59 IV
86 V	67 V	73 V	102 V iVm 100 I 2, 3		119 V	85 I 2		91 V iVm 89 I 2	81 V	107 V	84 I 2	
87 I	71 I	74 I	103 I	52 I	120 I	86 I	103 I	92 I	82 I	108 I	85 I	63 I
87 II	71 II	74 II	103 II	52 II	120 II		103 II	92 II	82 II	108 II	85 II	63 II
87 III	71 III	74 III	103 III	52 III	120 III	86 II	103 III	92 III	82 III	108 III	85 III	63 III
87 IV	71 IV, V	74 IV	103 IV, V	52 IV	120 IV	86 III	103 IV, V	92 IV, V	82 IV	108 IV	85 IV	63 IV, V
87 V	72 I	74 V	103 VII		120 VI	86 IV	103 V	92 V	82 V	108 V	85 V	64 I
87 VI	71 VI	74 VI	103 VIII	52 VII	120 VII	86 V	103 VI	92 VI	82 VI, VII	108 VI	85 VII	63 VI
88 I	72 III, IV	75 I	104 I	57 I 2	121 I	87 I	104 I	93 I	83 I	109 I	86 I	64 II
88 II	72 II	75 II	104 III iVm 103 II 2, 3	57 I 1, III	121 II	87 II	104 II	93 II	83 III iVm 82 II 2, 3	109 II	86 II	64 III
88 III	72 II	75 III	104 III		121 III	87 III	104 III	93 III	83 III	109 III	86 III	
88 IV	72 V	75 IV, V	104 IV		121 IV		104 IV		83 IV	109 IV	86 IV	64 V
89	73	76	105	53	122	89	105	94	84	110	87	65, 53 IV
90	76	77	106	75 II	123	90	78	95	85	111	88	68
91 I	74 I	78 I	108 I	56 I	124 I	90 I	78 I	95 I	89 I	112 I	89 I	66 I
91 II	74 II	78 II	108 II	56 II	124 II	90 II	78 II	95 II	89 II	112 II	89 II	66 III

B.-W. §§	BY Art.	Bbg. §§	Hessen §§	M.-V. §§	Nds. §§	NRW §§	RhPf §§	Saarl §§	Sachsen §§	S.-A. §§	S.-H. §§	Thür. §§
91 III	74 III				124 III	90 V	78 IV		89 IV	112 III		
91 IV	74 IV		108 III 2		124 IV					113 II		
92 I	75 I	79 I, II	109 I	56 IV 1	125 I	90 III	79 I	95 III	90 I	115 I	90 I	67 I
92 II	75 II		109 II	56 V	125 II	90 IV	79 II	95 IV	90 II	115 II	90 II	67 II
92 III		79 III	109 III	56 VI Nr. 1	125 III				90 III			67 III-V
93 I	100 I	80 I	110 I	58 I	126 I	93 I	106 I	97 I	86 I	116 I	91 I	78 I
93 II	100 II	80 II	110 II, III	58 II	126 II	93 II	106 II, III	97 II, III	86 I, III	116 II, III	91 II	78 II
93 III	100 III	80 III	110 IV	58 IV	126 III	93 V	106 IV	99 IV	86 IV	116 IV	91 III	78 III
94	101	81	111	59	127	94	107	98	87	117	92	79
95 I	102 I 1	82 I	112 I	60 I	128 I	95 I	108 I	99 I	88 I	118 I	93 I	80 I
95 II	102 I 2	82 II	112 II, III	60 II	128 II	95 I, II	108 II, III	99 II, III	88 II	118 II, III	93 II	
95 III	102 I 2	82 III	112 IV	60 III	128 III	96 II	108 IV	99 IV	88 IV	118 IV		
95a		83	112 V-IX	61	128 IV, V, VI					119		
95b	102 III	82 III, V; 83 VII		60 VI-VI, 61 IX, X	129					120		
96 I		86 I	115 I	64	130 I	97 I	80 I	102 I	91 I	121 I	96 I 1, 97	
96 II		86 III	115 II	64 I 2	130 II	97 II	80 II	102 II	91 II	121 II	96 I 2	
96 III		86 II	115 III, IV		130 IV 3	97 III, IV	80 III, IV	102 III, IV		121 III, IV		
97 I		87 I	116 I	65 I	131 I	98 I	81 I	103 I	92 I	122 I, II	98 I	
97 II		87 II	116 II	65 III	131 II	98 II	81 II	103 II	92 II	122 III	98 III	
97 III			116 III		131 III	98 III		103 III		122 IV		
97 IV			116 IV	65 IV	131 IV	98 IV		103 IV	92 III		98 IV	
98	100 IV	88	117	66	132		82	104		123	99	78 IV

Kommunalgesetze der Bundesländer

B.-W. §	BY Art.	Bbg. §	Hessen §	M.-V. §	Nds. §	NRW §	RhPf §	Saarl §	Sachsen §	S.-A. §	S.-H. §	Thür. §
99		89			133			105	93		100	
100 I			119		134 II	99 II, III	83 II	106 II, I		124 II		
100 II						99 I		106 I				
100 III												
100 IV					134 III	99 II 2		106 II 2				
100 V												
101 I		90 I	120 I 1	64 III	135 I	100 I 2	84 I	107 I	94 I	125	96 II	
101 II	84 I	90 II	120 II 2		135 II	100 II		107 III 2	94 II	126 I		
101 III		90 III							94 III	126 II		
101 IV			120 III			100 III	84 II	107 IV	94 IV	127		
102 I	87 I	91 II	121 I	68 II	136 I	107 I	85 I	108 I	94a I	128 I	101 I	71 II
102 II			121 VI	68 VII		109 I		108 V			107	
102 III	95 I		121 VIII	75 I		109 I	85 III	116	94a IV		101 IV	
102 IV		91 III	121 II	68 III	136 III	107 II	85 IV	108 II	94a III		101 VI	71 IV, 73 II
102 V	87 IV	91 VII	127 IX	68 V	136 V	107 VI, VII	85 V	108 VII	94a VI	128 VI		
102 VI				68 VI		110	85 VII	108 III			109	77
102 VII	Art. 87 II			§ 68 IV		107 III	85 II	108 IV	94a V	128 III	101 II	71 V
102a I	Art. 89 I	94 I	§ 121 V	§ 70 I	141 I 1 i. V. m. 136	114a I	86a I				106a I	76a I
102a II	Art. 89 II 1,2	94 IV	§ 126a I	§ 70 IV	143 S. 1 u. 2	114a III	86a III				106a III	76a II
102a III	Art. 89 III 1, 2	94 II	§ 126a II	§ 70 V	142	114a II	86a II				106a II	76a IV

299

B.-W. §	BY Art.	Bbg. §	Hessen §	M.-V. §	Nds. §	NRW §	RhPf §	Saarl §	Sachsen §	S.-A. §	S.-H. §	Thür. §
102 a IV	Art. 89 III 3, 4										106 a II aE, V iVm 120–131	
102 a V	Art. 89 II 3	94 V	§ 126 a III	§ 70 IV	143 S. 3	114 a III						76 a II
102 a VI			§ 126 a IX									
102 a VII						114 a IX	86 b IV				106 a I	76 b IV
102 a VIII	Art. 89 IV	94 IX		§ 70 VI	141 III	114 a V					106 a IV	76 a V
102 b I	Art. 90 I 1, II 1		§ 126 a V	§ 70 a I	145 I	114 a VII	86 b I, II					76 b I, II
102 b II	Art. 90 I	95 I	§ 126 a V	§ 70 a II	145 II	114 a VI	86 b I, II					76 b I, II
102 b III	Art. 90 II	95 II	§ 126 a VI	§ 70 a III	145 III	114 a VII						76 b II
102 b IV	Art. 90 III	95 II	§ 126 a VII	§ 70 a IV	145 IV	114 a VIII	86 b III					76 b III
102 b V	Art. 90 III		§ 126 a VII	§ 70 a IV	145 VIII i. V. m. 138 VI u. VII							
102 c I	Art. 89 IIa 1, 2			§ 70 II	141 I S. 4							76 a III
102 c II	Art. 89 IIa 3–6				141 I S. 3 u. 6							76 a III
102 c III	Art. 89 IIa 7											76 a III
102 d I	Art. 91 I	95 III		§ 70 b I i. V. § 73 I Nr. 2	147 I i. V. m. 157 S. 1	114 a X						

Kommunalgesetze der Bundesländer

B.-W. §	BY Art.	Bbg. §	Hessen §	M.-V. §	Nds. §	NRW §	RhPf §	Saarl §	Sachsen §	S.-A. §	S.-H. §	Thür. §
102d II			§ 128 I i.V.m. 129	§ 70b I	147 I i.V.m. 157 S. 1							76c I
102d III			§ 132	§ 70b II	147 I i.V.m. 157 S. 1							
102d IV		95 III		§ 70b I i.V.m. § 73 I Nr. 5								
102d V	Art. 91 III											
102d VI		94 X	§ 136		115 I h							
103 I	92 I 1	96 I	122 I	69 I	137 I	108 I	87 I	110 I	96 I	129 I	102 I	73 I
103 II		96 IV	122 III			108 IV	87 II		96 II			
103 III		96 III	122 IV	69 II		108 III	87 IV		99 I	129 II	102 V	
103a	92 I 2					108 V	87 III		96a			73
104 I	93 I	97 I	125 I	71 I	138 I, II		88 I	114 I	98 I	131 I		
104 II			125 II		138 III			114 II, III	98 II	131 III, I	104 II	74 III
104 III						113 I 1	88 IV		98 III			
104 IV	93 III	97 VI	125 III	71 III	138 VI	113 VI	88 VI	114 V	98 IV	131 IV	104 II → 25 III	
105 I	94 I	98	123 I, 213a I	73 I		112 I	90 I			133 I		75 IV
105 II	94 III		123a I, II	73 III	151		90 II	115 II	99 II, III			75a I, II
105 III	94 III 5		123a III	73 III	151		90 II	115 II	99 IV			
105 IV				73 IV			90 III		99 IV			75a III

301

Anhang

B.-W. §	BY Art.	Bbg. §	Hessen §	M.-V. §	Nds. §	NRW §	RhPf §	Saarl §	Sachsen §	S.-A. §	S.-H. §	Thür. §
105a I	92 II	96	122 V iVm I-III	69 II iVm 68 II		108 VI	91 I	112 I			102 VI	
105a II			122 V iVm III				91 II					
105a III												
106		79	124		148 I	111	91a	113		134	103	
106a			126									
106b					148 II							
107				76					101			
108	96	100	127a	77 I	152	115	92	118	102	135	108	72
109 I	104 I	101 I	129	1 KPG	153 I	102	111 I	119	103 I	136, 138 I	114	81 I
109 II	104 II	101 III	130 I	2 I 3 KPG	154 I	104 I	111 II	120 I	103 II	139 I	115 I	81 III
109 III	104 IV	101 V	130 IV 1	2 III KPG			111 III		103 III	139 II		81 V
109 IV	104 III	101 IV	130 III		154 II	104 II	111 IV, V		103 IV	139 V	115 II	81 IV
109 V	104 V 3 iVm 100 III	101 V	130 IV 2, V	2 III KPG	154 III	104 III, IV		120 II, III	103 V	139 III, IV	115 III, V	81 VI iVm 78 III
109 VI												
110 I	103 III	102 I	128 I	3a I KPG	155 I	101 I	113	122 I	104 I	136 iVm 141 I	94 I	82 I
110 II	103 IV	102 II	128 II	3a V		101 III	113 IV	122 II	104 II		94 III	82 II
111 I	103 I	106	27 II EigBGes		157	106 I, II	89	124	105	142	10, 13 KPG	82 I, 85
111 II												
112 I			131 I	3 IKPG	155 I	103 I	112 I	121 I	106 I, II	140 I	116 I	

Kommunalgesetze der Bundesländer

B.-W. §§	BY Art.	Bbg. §§	Hessen §§	M.-V. §§	Nds. §§	NRW §§	RhPf §§	Saarl §§	Sachsen §§	S.-A. §§	S.-H. §§	Thür. §§
112 II			131 II	3 II KPG	155 II	103 II	112 II	121 II	106 III	140 II	116 II	
113 I	105 I	105	132 I iVm 1 ÜPKKG	4 I KPG	1 I NKPG	105 I, II	110 V	123 II, III	108	138 I, III	1 III iVm 2, 3 KPG	
113 II												
114 I	106	105	132 I iVm 3 I ÜPKKG	7 KPG	2 NKPG	105 III	110 V	123 I	109 I	137 I, IV	5 I KPG	
114 II									109 II			
114 III	105 II					105 VII			109 III			83 I
114 IV			132 I iVm 6 I ÜPKKG	9 I, II KPG	4 NKPG	105 IV		123 IV, V	109 IV	137 V, VI	7 I KPG	
114 V				9 III KPG	4 I 3 NKPG	105 VI			109 V		7 III KPG	
114a	6 KommPrV		111 II			95 I 3	108 II	99 II	87 II, 19 Kom PrüfVO			
116 I		84	45 II			71 IV						
116 II												
116 III												
117 I			134 I		176 II	130 I	119 II	125 I	120 I		118 I	
117 II		111 IV	134 II			130 II	115	125 II	120 II		118 II	
118 I	109 I	109	135 S. 1	78 II	170 I	119 I	117 S. 1	127 I 1	111 I	143 II	120	117 I
118 II	109 III 1	121 I	135 S. 1	78 IV	170 I	119 II	127 II	111 II	143 III		117 II
118 III	108	108	135 S. 2	78 I	170 I		117 S. 2	127 I 2	111 III	143 I		116
119	110	110	136	79	171 II	120	118	128	112	144	121	118 I-III

303

Anhang

B.-W. §§	BY Art.	Bbg. §§	Hessen §§	M.-V. §§	Nds. §§	NRW §§	RhPf §§	Saarl §§	Sachsen §§	S.-A. §§	S.-H. §§	Thür. §§
120	111	112	137	80	172	121	120	129 I	113	145	122	119
121 I	112 S. 1	113	138	81	173 I	122	121	130	114	146 I	123	120 I 1
121 II	117 II		143 I		176 I		119		119	146 II		123 II, III
122	112 S. 2	115	139	82 I	174 I	123 I	122	132	115	147	124 I	120 I 2
123	113	116	140	82 II	174 II	123 II	123	133	116	148	125	121 I
124	114 I, II	117	141	83	175	124	124	134	117	149	127	122 I
125	120	119	142	85		126	126	136		154		
126 I			77 I					36 I	121 I	151 I	29 I	
126 II			77 II					36 II	121 II	151 II	29 II	
127		118		62	125 IV	128 I	128	138 I	122	152	131 I	69 I, II
128 I									118 I	153 I		
128 II									118 II	153 II		
128 III									118 III	153 III		
129 I	115 I 1	121 I		86 I	171 V	13 II LOG NRW		13 II Saar-LOG	123 I	155 I	14 II, III LVwG	118 IV-VI
129 II	116 I	121 II		87 I		13 III LOG NRW		13 III SaarLOG	123 II	155 II	16 I LVwG	119
129 III										155 III		
129 IV									123 VI			
129 V									123 VII			
130			-									
131–141 b-w spez.												
142	3 II		24a	172	10 V	7 II	24 V	12 III	124	8 VI	134	19 II, 98
143	122		148	171	177		130	219	125	158	133	128

B.-W.	BY	Bbg.	Hessen	M.-V.	Nds.	NRW	RhPf	Saarl	Sachsen	S.-A.	S.-H.	Thür.
§§	Art.	§§	§§	§§	§§	§§	§§	§§	§§	§§	§§	§§
144	123 I	107 I	154 I-III	174	178	133 I, II	132	222	127	161 I	135	129
145	123 II	107 II	154 IV		178 III	133 III		222 IV	128	161 II	135 IV	129 IV
147	121	141	155			134	133		132			132

Sachverzeichnis

Die **fett** gesetzten Zahlen verweisen auf die Paragraphen dieses Buches, die mageren auf deren Randnummern. Hauptfundstellen sind *kursiv* gesetzt.

Abberufung eines Ausschussmitgliedes **11** 82
Abgabenhoheit **6** 23
Abgeschwächte Subsidiaritätsklausel **12** 80
Abwasserbeseitigung **10** 13, 78, **12** 62, 70
Aktivtausch **12** 11
Allgemeine Gestaltungsklage **25** 15
Allgemeine Leistungsklage **25** 15
Allmenderechte **2** 4
Allzuständigkeit **6** *4f.*, 13
Alternativkultur **6** 24
Ältestenrat **11** 89
Altlasten **21** 1
Amtsenthebung **24** 29
Amtshaftung **5** 14, **13** 3, **24** 37
Amtsverweser **15** 5a
Angelegenheiten der örtlichen Gemeinschaft **3** 6, **6** 2
Annexkompetenz **10** 43
Annextätigkeit **12** 76
Anschlusskosten **12** 40
Anschlusszwang **10** 79
Anstalt des öffentlichen Rechts **10** 12, 21, **12** 70
Anstaltsgewalt **10** 48
Anteilmasse **12** 26, 53
Anteilsfeststellung **12** 42
Anzeigepflicht **8** 30
Äquivalenzprinzip **12** 42
Arbeitsgemeinschaft **21** 35
Armenhilfe **4** 4
Aufgaben des übertragenen Wirkungskreises **3** *2f.*
Aufgabendualismus **3** *2f.*
Aufgabenfindungsrecht **3** 2, **6** 5
Aufgabenmonismus **3** *5f.*
Aufgabenprivatisierung **12** 100, 111
Aufgabenübertragungsverbot **14** 4
Aufwandsermittlung **12** 42
Ausbaubeitrag **12** 44
Ausgleichsaufgaben **16** 1
Ausländerausschuss, Ausländerbeirat **10** 7, 9
Ausländerbeauftragte **10** 10
Ausschluss der Öffentlichkeit **11** 131, 132
Ausschreibungspflichten **12** 108
Ausschuss **11** 19, 73 ff
Ausschuss der Regionen **4** 16, **23** 10
Außenwirkung **11** 150
außerplanmäßige Ausgabe **12** 18

Beanstandung **25** 2
Beanstandungsrecht **11** 69, **24** 18

Beauftragter **24** 23, 23, 24
Bebauungsplan **8** 37
Befangenheit **11** 158
Begegnungsstätte **10** 13
Beherrschungsvertrag **12** 72
Behördenprinzip **25** 20
Beigeordneter **11** 31, 35
Beihilfen **12** 99
bekannt und bewährt **10** 41
Beliehene **12** 104
Benutzungsanspruch **10** 26
Benutzungsgebühren **12** *46ff.*
Benutzungsordnung **10** 26, 43, 51
Benutzungsverhältnis **10** 31, 51
Benutzungszwang **10** 80
Beratende Ausschüsse **11** 75
Beratungsmodell **12** 106
Beratungsunterlagen **11** 120
beschließender Ausschuss **11** 78
Beschlussfähigkeit **11** 143
Beschwerdebefugnis **26** 17
Beteiligungsgesellschaft **12** 103, 123
Beteiligungsprüfung **12** 123
Betreiber, Betreibermodell **12** 106, **12** 107a
Betriebsführungsmodell **12** 106
Bezirksausschuss **19** 4
Bezirksbeirat **11** 105
Bezirkstag **19** 3
Bezirkstagspräsident **19** 5
Bild- oder Tonaufzeichnung **11** 129
Binnenrechtsstreitigkeit **25** 10
bottom-up-Grundsatz, -Prinzip **2** 33, **5** 9
Bruttobetrieb **12** 68
Bundesaufsichtsverwaltung **4** 3, **7** 19, **24** 35
Bundesauftragsverwaltung **24** 35
Bürgerantrag **10** 59
Bürgerbegehren und Bürgerentscheid **10** 59
Bürgereid **2** 10
Bürgermeister **11** 24
Bürgerversammlung **10** 54
Bußgeld **12** 57
Bußgeldvorschrift **8** 28

Chancengleichheit **10** 41, **11** 95
Communordnung Baden (1760) **2** 16

Dachgesellschaft **12** 72
Daseinsvorsorge **10** 11, **12** 76
Deliktsfähigkeit **13** 12

demographischer Wandel 1 5
Demokratie 1 2
Demokratische Gemeindeordnung (SBZ 1946) 2 39
demokratischer Zentralismus 2 39
Demokratisierung 2 34, 39
Deutsche Gemeindeordnung (1935) (DGO) 2 29, 12 60
Deutsche Hanse 2 15
Deutsche Wirtschaftskommission 2 39
Deutscher Landkreistag 23 8
Deutscher Städte- und Gemeindebund 23 8
Deutscher Städtetag 23 8
Dezentralisierung 4 12
Dienstleistungskonzessionär 12 110
Dienstvorgesetzter 11 59
Doppik 2 44, 6 35, 12 11, 12 114
Dritte Säule der Verwaltung 5 24
Drittschadensliquidation 13 6

echte Rückwirkung 8 25
Ehrenamt 10 85
Ehrenbürger 10 6
Eigenbetrieb 10 21, 12 66, 69
eigener Wirkungskreis 3 2f., 10 63
Eigengesellschaft 12 103
Eilentscheidungskompetenz 11 48
Eingemeindung 9
Einheimischenmodell 12 23
Einkommensteueraufkommen 12 26
Einwirkungspflicht 12 71
Einwohnergemeinde 2 23
Energie- und Konzessionsvertrag 12 112
Energieversorgungsunternehmen 12 83
Entwurf einer Reichsstädteordnung (1930) 2 27
Erfüllungsaufgaben 21 8
Erfüllungsprivatisierung 12 100
Ergänzungsaufgaben 16 1
Erledigungsaufgaben 21 8
Ermessensreduzierung 7 7
Ersatzvornahme 24 21, 22
Erschließungsbeitrag 12 40
Erschließungslast 7 11
Erstreckungsgarantien 6 11
Ertragshoheit 6 23
Europäische Bürgerinitiative 4 19
Europäische Charta der kommunalen Selbstverwaltung (Europäische Kommunalcharta) 4 12
Europarat 4 12
Europarecht 4 14
Experimentierklauseln 6 35

Fachaufsicht 24 3, 30
Fachplanung 6 11
falsus procurator 11 65
Fauna-Flora-Habitat-Richtlinie (FFH) 4 18
Feldgeschworene 5 25

Fernwärmeversorgung 10 78
Finanzbeihilfen 11 100
Finanzhilfen 12 57
Finanzhoheit 12 1
Finanzkontrolle 12 113
Finanzmasse 12 56
Flexibilitätsklausel (Art. 12 EKC) 4 12, 15
Flucht ins Privatrecht 12 123
Fonds „Deutsche Einheit" 12 26
Forderungsmanagement 12 106
Formenwahlrecht 10 21, 29
Fragerecht 11 114
Fraktionen 11 90
Fraktionsausschluss 11 98
fraktionslose Gemeinderatsmitglieder 11 81, 95
Frauen-, Gleichstellungsbeauftragte 6 18
Frauenwahlrecht 2 25
Freie Reichsstädte 2 9, 17
freie Spitze 6 29
Freiverband 21 17, 27
freiwillige Aufgaben 7 7
freiwillige Satzung 8 8
Fremdenverkehrsbeitrag 12 45
Frontmetermaßstab 12 42
Fünf-Prozent-Sperrklausel 15 10
funktionale Privatisierung 12 105 ff
Fusion 2 37

Garantie der kommunalen Selbstverwaltung 2 26, 4 2, 5 18, 6 2ff.
Gasversorgung 10 78
Gebietsänderung 4 12, 9 1, 2
Gebietskörperschaft 5 1, 14 1
Gebietsreform 2 36, 42, 9 1
Gebot gemeindefreundlichen Verhaltens 6 30
Gefährdungshaftung 10 34
Gegenstromprinzip 6 11
Gemeindebeamte 4 6
Gemeindebezirk 11 104, 110
Gemeindebürger 10 4
Gemeindedienst 10 77
Gemeindeeinwohner 10 1
Gemeindefinanzverwaltung 4 4
Gemeindefreies Gebiet 6 14
Gemeindehaushalt 10 72
Gemeindelast 10 7
Gemeindeordnung (Baden 1831) 2 22
Gemeindeordnung (Bayern 1818) 2 21
Gemeindeordnung (Bayern 1869) 2 21
Gemeindeprüfungsanstalt 12 120
Gemeinderat 11 1ff., 10
Gemeindesenat 11 74
Gemeindesondervermögen 12 21
Gemeindeverband 4 7, 14 2
Gemeindeverband höherer Stufe 19 1
Gemeindeverwaltungsverband 21 4
Gemeinschaftssteuer 12 26

Gemeinschaftsversammlung 21 12
gemischt-wirtschaftliche Unternehmen 5 19
Geschäft der laufenden Verwaltung 11 39
Geschäftsordnung 11 114, 155
Geschäftsverteilung, -plan 6 17, 11 55
Gesundheitswesen 20 1
Getränkesteuer 12 31
Gewerbesteuer 12 26, 36
Gewerbesteuerkraft 12 26
Gewinnerzielung, -absicht 12 63, 77
Gleichschaltung 6 6
Gleichstellungsbeauftragter 11 57
Goldene Bulle (1356) 2 14
Grunderwerbssteuer 12 39
Grundfreiheiten 12 80
Grundsatz der Allzuständigkeit 5 23
Grundsatz der aufgabengerechten Verteilungssymmetrie 12 55
Grundsatz der europarechtsfreundlichen Auslegung 4 18
Grundsatz der Gesamtdeckung 12 16
Grundsatz der Verhältnismäßigkeit 8 15
Grundsatz des gemeindefreundlichen Verhaltens 6 10, 24 5
Grundsteuer 12 26, 36
Gruppeninteresse 11 165
Güterabwägung 8 15, 33

Haftungsbeschränkung 10 36
Haftungsübernahme 10 44
Hand- und Spanndienste 2 4, 10 77
Hartz-Reform 4 4
Hauptausschuss 11 48
Hauptsatzung 6 19, 11 19, 34, 74
Hauptwohnsitz 10 2
Haushaltshoheit 12 1
Haushaltsplan 12 9
Haushaltssatzung 10 72, 12 *1ff.*, 24 21
Haushaltssicherungskonzept 12 12
Hausrecht 11 61, 135
Hebesatz 12 37
Heilung 11 173
Heimatpflege 20 1
Hochzonung 6 4, 7, 8 33, 16 2
Hoheitsbetrieb 12 62, 84
horizontaler Finanzausgleich 12 51
Hundesteuer 12 32

Impermeabilitätstheorie 25 2, 7
Infrastruktur 1 2
In-House-Geschäft **12,** 108
Inkompatibilität 11 9
Insichprozess 25 6
institutionelle Garantie 6 1
Institutionsleihe 18 2
Interessenkonflikt 11 160
Internet 12 86

Investitionspauschale 12 53
Investitionsprogramm 12 19

Jagdsteuer 12 32
Jahresabschluss 12 114
Jahresrechnung 12 114
Jugendgemeinderat 1 2
Jugendhilfe 20 1 23 4
Jugendzentren 10 13

Kameralistik 2 44, 12 114
Kämmerer 11 31, 12 53
Kaskadenprinzip 12 109
kassatorische Urteilswirkung 25 15
Kernbereich der Selbstverwaltungsgarantie 6 *7ff.*, 8 2
Klagebefugnis 25 16
Klassenwahlrecht 2 25
Kommunalaufsicht 24 36
kommunale Arbeitsgemeinschaft 21 36
kommunale Einrichtung 1 2, **10,** *11ff.*
kommunale Kabelgesellschaft 12 65
kommunale Mindestquote 12 52
kommunale Verfassungsbeschwerde 25 15
kommunaler Finanzausgleich 1 2, 12 *51ff.*
kommunaler Mietspiegel 10 13
kommunaler Prüfungsverband 12 120
kommunaler Spitzenverband 23 6
kommunales Jugendzentrum 1 2
kommunales Unternehmen, Kommunalunternehmen 12 66, *70ff.,* 123
kommunales Wahlrecht 4 17, 10 4
Kommunalobligationen (Kommunalanleihen) 5 22, 12 59
kommunalrechtliche Normenkontrolle 25 12
kommunalrechtliche Schrankentrias 12
Kommunal-Stellenobergrenzenverordnung 6 18
Kommunalverfassung der DDR 2 41
Kommunalverfassungsbeschwerde 25 16
Kommunalverfassungsstreit 25 1
Kommunalwissenschaft 1 4
Kondominialakt 8 33, 34, 21 29
konkrete Normenkontrolle 25 22
Konkurrenten 12 86, 98
Konkurrentenklage 12 88, 93
Konkurrentenschutz 12 82
Konnexitätsgrundsatz, -prinzip 4 3, 6 22, *33f.,* 7 22, 14 4
Konsultationsverfahren 6 33
Konzessionsabgaben 12 58
Konzessionsmodell 12 107c
Koppelungsverbot 12 87
Kostendeckungsprinzip 12 42, 48
Kosten-Nutzen-Analyse 2 44
Kosten-Nutzen-Verhältnis 12 114
Kostenüberdeckung 12 48
Kredite 12 59

Sachverzeichnis

kreisangehörige Gemeinde **2** 36
Kreisaufgaben **16** 1
Kreisausschuss **15** 4
kreisfreie Gemeinden, – Städte **2** 36, **7** *23ff.*
Kreistag **15** *1ff.*
Kreisumlage **12** 54, **16** 7
kulturelle Einrichtung **6** 24, **7** 8
Kulturförderabgabe **12** 34
Kulturhoheit **4** 18, **6** 24
Kulturpflege **23** 4
Kurbeitrag **12** 45

Landeshoheit **5** 25
Landeswohlfahrtsverband **23** 3
Landgemeindeordnung (1891) **2** 20
Landrat **15** *6ff.*, **18** 2
Landratsamt **15** 6ff, **18** *2 ff*
Landschaftsverband **23** 4
Legitimationsniveau **5** 5
Lehre vom Verwaltungsgesellschaftsrecht **12** 124
Leistungsfähigkeit **12** 78
Leistungsstörungen **10** 35

Machtdezentralisation **2** 33
Magistratsverfassung **2** 39
Markt **5** 10
Marktkonformität **12** 98
Maximalprinzip **12** 1
Mediatisierung **2** 17, 21
Mehrheitswahl **11** 25
Minderheitenschutz **11** 95
mittelbare Staatsverwaltung **5** 2
Modellkommunengesetz **4** 9
Monopolbetrieb **12** 61, 87
Mündelsicherheit **12** 59
Munizipalordnung **2** 2

Nachbarschaftsverband **23** 1
Nachtragssatzung **12** 8
NATO-Doppelbeschluss **6** 3
negative Planungshoheit **6** 21
Negativliste **12** 62
Nettobetrieb **12** 68
New Public Management **2** 44, **6**, 35
Neue Steuerungsmodelle **2** 44, **6** 35
Nichtigkeit einer Satzung **8** 38
nichtöffentliche Sitzung **11** 131
nichtwirtschaftlicher Betrieb **12** 62
Niederschrift **11** 142
Norddeutsche Ratsverfassung **2** 39
Normenkontrollantrag, -verfahren **25** *8ff*, 22
Notbekanntmachung **8** 21
Nutzungsübertragung **12** 106

öffentliche Bekanntmachung **8** 17ff, 19, 23
öffentliche Einrichtung **8** 10f, **10** *11ff.*
öffentliche Last **12** 43

öffentliche Sicherheit und Ordnung **3** 2, **10** 47
öffentlicher (Personen)nahverkehr **12** 60, 79
öffentlich-rechtlicher Verschaffungsanspruch **10** 27
Opportunitätsprinzip **24** 4
Ordnungsgewalt **11** 61
Ordnungsprüfung **12** 121
Ordnungsrecht **11** 135
Ordnungswidrigkeit **13** 13
Organisationsgewalt **10** 21
Organisationshoheit **26** 6
Organisationsprivatisierung **12** 67, 100, 103
Organleihe **18** 3
örtlicher Träger der Wohlfahrtspflege **4** 4
Örtlichkeitsprinzip **12** 83
Orts- und Straßenbezeichnung **5** 8
Ortsbezug **6** 2, 3, **10** 37
Ortschaft **11** 104, 106
Ortschaftsrat **11** 106
Ortsgericht **5** 25
Ortssprecher **11** 108
Ortsteile **5** 8
Ortsvorsteher **11** 104, 106, 110

Parteiveranstaltung **10** 47
passive Erb- und Vermächtnisfähigkeit **5** 12
Passivlegitimation **25** 18
Paulskirchenverfassung **2** 23
Pflichtaufgaben **3** 5, 7 9, **12** 62
Pflichtaufgaben nach Weisung **3** 5, 7 13
Pflichtausschuss **11** 73
Pflichtsatzung **8** 8, **12** 3
Pflichtverband **21** 17, 27
Planungshoheit **16** 5
Planungsverband **23** 2
Popularklage **25** 14
Preußische Städteordnung (1808) **2** 18
Preußisches Gemeindeverfassungsgesetz (1933) **2** 28
Prinzip aufgabengerechter Verteilungssymmetrie **6** 31
Prinzip der Bruttoveranschlagung **12** 14
Prinzip der Jährlichkeit **12** 14
Prinzip der Kassenwirksamkeit **12** 15
Prinzip der Öffentlichkeit **11** 124
Prinzip der Sparsamkeit **12** 1
Prinzip der vertikalen Gewaltenteilung **5** 3
Prinzip der Vollständigkeit **12** 14
Prinzip des demokratischen Zentralismus **2** 40
Prinzip des solidarischen Ausgleichs **12** 51
Prioritätsprinzip **10** 41
Privatisierung **12** 100, 100 ff
prozedurale Lösung **6** 32
Prüfungsbericht **12** 122
Prüfungsrecht **12** 123
Public-Private-Partnership (PPP) **12** 102, 107a

Quorum **10** 67, 74

Randbereich **6** 7
Randnutzung **12** 76
Rastede-Beschluss **6** 7ff.
Ratsbegehren **10** 71
Raumordnung **6** 11, **9** 5
Realsteuer **12** 36
Rechnungshof **12** 120
Rechnungslegung **12** 113, 114
Rechnungsprüfung **2** 32, **12** *113ff.*
Rechnungsprüfungsamt **11** 47, 50, **12** 116
Rechnungsprüfungsausschuss **12** 116
Rechnungsprüfungsbehörden **12** 115ff.
Recht am eigenen Ortsbild **6** 20
Recht auf angemessene Finanzausstattung **6** 26
Recht auf finanzielle Mindestausstattung **6** 28
Recht zur eigenen Steuerfindung **12** 29
Rechtsaufsicht **24** 3, 7
Rechtsstaatsprinzip **8** 22
Rechtsträgerprinzip **25** 19
Redezeitbegrenzung **11** 137
Regiebetrieb **10** 21, **12** 66, 68
Regionalprinzip **6** 13
Regulierungsbehörde **12** 112
Residenzstädte **2** 16
Revidierte Preußische Städteordnung (1831) **2** 19
Rheinischer Städtebund **2** 14
Römerstädte **2** 5
Rückgriff **13** 6

Sale-and-Lease-Back **12**, 58
Satzung **8** *5ff.*
Satzungsautonomie **8** 1 ff
Schädigungsverbot **12** 95
Schlüssel der mangelnden Steuerkraft **12** 53
Schlüsselmasse **12** 53
Schlüsselzuweisung **12** 53
Schrankentrias **12** 92, 97, 98
Schuldenbremse **2** 44, **12** 56
Schutznormtheorie **25** 16
Schwäbischer Städtebund **2** 14
Schwellenwert **12** 109
Selbstorganisationsrecht **11** 114
Selbstversammlungsrecht **11** 116
Selbstverwaltung der Landkreise **14** 4
Sicherheitsleistung **10** 44
Siedlungsgemeinschaft **2** 3
Siegelrecht **5** 11
Sitzungszwang **11** 156 Sonderabgaben **12** 34a
Sonderinteresse **11** 165
Sonderopfer **10** 81
Sowjetische Besatzungszone **2** 38
Sozialbindung, -pflichtigkeit des Eigentums **10** 24, 81
Sozialhilfe **6** 30, **12** 55, **20** 1, **23** 3

Sparkasse **2** 24, **6** 13; **12** 70, 73
Sparsamkeit **12** 47
Sperrklausel **11** 9
Spiegelbild **11** 11, 81
Spielautomatensteuer **12** 32
Stadtbezirk **11** 107, 109
Stadtkreise **2** 36, **7** 24
Stadtrechte **2** 13
Stadtrechtsfamilie **2** 13
Stadtschreiber **2** 12
Stadtstaat **1** 1, **4** 11
Stadtteilkultur **6** 24
Stadtwerke **12** 69, 71
Statutum in favorem principum **2** 14
Stellenpläne **6** 17
Steuerertragshoheit **12** 36
Steuerhoheit **12** 29
Steuerkraftmesszahl **12** 53
Steuermessbetrag **12** 37
Stromversorgung **10** 13
Subsidiarität **4** 12, **12** 74, *80ff.*
Subsidiaritätsklausel **12** 80
Subsidiaritätsprinzip **4** 14, **12** 97
Subtraktionsmethode **6** 8, 9
Süddeutsche Ratsverfassung **2** 39, **3** 1
Süddeutscher Städtebund **2** 14

Tagesordnung **11** 120
Teilinsolvenz **5** 22
Teilnichtigkeit **8** 38
Tischvorlage **11** 120
Tonbandaufnahme **11** 129
Tonbandaufzeichnung **11** 141
Transformationsprozess **2** 43
Treu und Glauben **11** 65
Treuhandvermögen **12** 21
Truppenübungsplatz **6** 14

Überschreitung der Vertretungsmacht **13** 11
übertragener Wirkungskreis **3** 3, **7** *3ff.*, 20
Umlagesatzung **12** 54
Umsatzsteueraufkommen **12** 26
unechte Rückwirkung **8** 26
Universalität **6** 4
untere staatliche Verwaltungsbehörde **18** 1
Unterlassungsanspruch **13** 1
Urproduktion **12** 64
US-Cross-Border-Lease **12** 58
UVP-Richtlinie **4** 18

Veräußerung **12** 23, 58
Verband Region Stuttgart **23** 1
Verbandssatzung **21** 29
Verbandsumlage **21** 33
Verbandsversammlung **21** 6, 22, 31f.
Verbandsvorsitzender **21** 6, 22, 31
Verbundmasse **12** 26, 53

Sachverzeichnis

Vergabekammer **12** 110
Vergaberecht **12** 108
Vergabeverfahren **12** 110
Vergnügungssteuer **12** 32
Verhältnismäßigkeitsgrundsatz **24** 6
Verhältniswahlsystem **11** 3
Verhansung **2** 15
Verkehrsbetrieb **12** 64
Verkehrssicherungspflicht **5** 15
Vermögenshaushalt **12** 10
Vermögensprivatisierung **12** 100 f.
Verpackungssteuer **12** 31
Verpflichtungsermächtigung **12** 9
Verschwiegenheit, -spflicht **11** 134
Versorgungsbetrieb **12** 64
vertikaler Finanzausgleich **12** 51
Vertretungsbefugnis **11** 63
Vertretungsverbot **11** 13 ff.
Verwaltungsgebühr **12** 50
Verwaltungsgemeinschaft **21** *2 ff.*, 21
Verwaltungshaushalt **12** 10
Verwaltungshelfer **12** 105 f.
Verwaltungsprivatrecht **10** 27
Verwaltungsverband **21** 17
Verwaltungsvereinfachung **6** 7
Verwaltungsvorschrift **11** 59
Volkseigentum **2** 39
Volksfeste **10** 13, **11** 43
Volksgesundheit **10** 84
Vorbehalt der finanziellen Leistungsfähigkeit **6** 31
Vorbehaltsaufgabe **11** 77

Vorlagepflicht **8** 31
Vorrang des Gesellschaftsrechts **12** 123

Wahlrechtsgrundsatz **4** 1, **11** 7
Wappen- und Fahnenrecht **5** 11
Wasserversorgung **10** 13, 28, 78, **12** 70
Weinheimer Entwurf **3** 5
Weisung **25** 4
Weisungsaufgabe **7** 3, *12 ff.*
Weisungsfreie Aufgabe **3** 5, **7** 3, *6 ff.*
Weisungsrecht **24** 33 f.
Weisungsrecht des Bundes **7** 20
Widmung **10** 15, 16
Widmungsakt **10** 12
Willkürverbot **6** 30, **11** 95
Wirtschaftlichkeits- und Organisationsprüfung **12** 121
Wirtschaftlichkeitsgrundsatz, -prinzip **10** 41, **12** 84
Wohnungsbaugesellschaft **12** 96

Zivilrechtsweg **26** 23
Zulassungsanspruch **10** 36, 51
Zulassungssystem **10** 41
Zünfte und Gilden **2** 11
Zusammenlegung, Zusammenschluss von Gemeinden **2** 37, **5** 9, **9** 1
Zuständigkeitskonzentration **6** 7
Zwangsvollstreckung **12** 24
Zweckverband **21** 26 ff.
Zweistufentheorie **10** 51, **12** 49
Zweitwohnungssteuer **12** 33 f.